*Regina Fuchs*

# Kamerun

## *Vom Mount Cameroon zum Tschadsee*

**Die Deutsche Bibliothek – CIP Einheitsaufnahme:**
**Kamerun: Vom Mount Cameroon zum Tschadsee** / Regina Fuchs
– 2. Aufl. – 1998
Hohenthann: REISE KNOW-HOW Verlag Därr GmbH, 1998
ISBN 3-89662-032-0

**Auslieferung für den Buchhandel:**
*Deutschland:* Prolit Buchvertrieb, PF 9, D-35463 Fernwald/Annerod
*Schweiz:* AVA Buch 2000, PF 89, CH-8910 Affoltern
*Österreich:* Mohr und Morawa Buchvertrieb, PF 260, A-1101 Wien
*Niederlande:* Nilsson & Lamm, NL-Weesp

**Impressum**
© 1994, REISE KNOW-HOW Verlag Därr GmbH
2. Auflage Januar 1998
REISE KNOW-HOW Verlag Därr GmbH, Im Grund 12, 83104 Hohenthann
Tel. (0 80 65) 91 72, Fax (0 80 65) 91 73, e-mail rkh.daerr.@t-online.de
- Alle Angaben ohne Gewähr -
- Alle Rechte vorbehalten -

**Umschlag-Konzept und Design:** Manfred Schömann, Köln, Peter Rump, Bielefeld
**Umschlagfotos:** Erika Därr, Regina Fuchs
**Layout:** Astrid Därr
**Fotos:** Regina Fuchs, Erika Därr, Hubertus von Lindeiner, DPA,
Archiv f. Kunst und Geschichte (s. Fotonachweis S. 528)
**Illustrationen Prakt. Teil:** Klaus Schmerfeld
**Karten:** Eva Lörsch, Miesbach
**Satz:** Astrid Därr
**Lektorat/Korrektur:** Astrid Därr
**Lithographie:** Repro Heinloth, München
**Druck und Bindung:** Clausen & Bosse, Leck

Wer im Buchladen kein Glück hat, bekommt das Reisehandbuch gegen Voreinsendung
des Kaufpreises per Euroscheck direkt beim Verlag.
(44,80 DM plus 4,50 DM für Porto)

*Praktische Tips*

*Land und Leute*

*Douala*

*Der Westen*

*Der Süden*

*Zentrum & Osten*

*Der Norden*

*Die Nachbarstaaten*

*Anhang*

## REISE KNOW-HOW im Internet

Aktuelle Reisetips und Neuigkeiten
Ergänzungen nach Redaktionsschluß
Büchershop und Sonderangebote
Leserforum rund ums Reisen

http://www.reise-know-how.de

Unter dem Gütesiegel

# Inhaltsverzeichnis

Vorwort ................................................................ 11

### Praktische Tips von A – Z

Als Gast in Kamerun ................................................ 14
Adressen ............................................................. 19
Anreise/Weiterreise ................................................ 21
Ausrüstung .......................................................... 34
Bücher, Karten und Hintergrundinformationen ............... 37
Einreiseformalitäten ............................................... 47
Essen und Trinken .................................................. 49
Feste ................................................................. 51
Fotografieren ....................................................... 52
Frauen allein unterwegs .......................................... 54
Geld .................................................................. 56
Gesundheitsvorsorge .............................................. 57
Kleidung ............................................................. 65
Notfall ............................................................... 66
Öffnungszeiten ..................................................... 68
Post .................................................................. 69
Preise ................................................................ 70
Reiseplanung ....................................................... 71
Reiseveranstalter .................................................. 73
Reiseversicherung ................................................. 74
Sicherheit .......................................................... 76
Souvenirs/Einkauf/Märkte ........................................ 79
Sprache/Sprachführer ............................................. 85
Straßen .............................................................. 95
Strom ................................................................ 98
Telefonieren ........................................................ 98
Übernachtung ...................................................... 99
Uhrzeit .............................................................. 102
Verkehrsmittel/Reisen im Land .................................. 103
Zoll .................................................................. 116

## Land und Leute

# Geographie .................................................. 118

Die Küstenregion ... 118
Das südliche Hochland und die Regenwaldzone ... 119
Das Adamaoua-Hochland im Zentrum ... 121
Das Hochland Westkameruns ... 122
Der Norden ... 123
Flüsse und Seen ... 126
Klima ... 128

# Geschichte .................................................. 133

Frühe Besiedlung und die Zeit der Wanderungen ... 133
Geschichte Nordkameruns ... 135
Im Süden und Zentrum Kameruns ... 140
Völker Westkameruns ... 141
Das Königreich Bamoun ... 141
Der europäische Einfluß ... 148
Die Missionierung ... 149
Die deutsche Kolonie ... 152
Das britische Mandat ... 162
Das französische Mandat ... 162
Der Weg zur Unabhängigkeit ... 163

# Aktuelle Politik und Landesstruktur ............................. 168

Die Wiedervereinigung ... 168
Kamerun heute ... 169
Innen-/Außenpolitik ... 171, 173
Verwaltungsstruktur ... 175
Gewerkschaften ... 177

# Bevölkerung und Sozialwesen ......................................... 178

Die Ethnien ... 178
Demographische Daten ... 196
Sozialstruktur ... 200
Gesundheitswesen ... 206
Schulbildung ... 208

# Religion ........................................................ 213

Naturreligionen ... 213
Der Islam ... 215
Christentum ... 216

## Kunst und Kultur ............................................. 218
*Das traditionelle Handwerk ... 218*
*Wohn- und Siedlungsformen ... 227*
*Literatur ... 234*
*Musik ... 240*
*Die kamerunische Küche ... 242*

## Wirtschaft ........................................................ 251
*Landwirtschaft ... 251*
*Viehwirtschaft ... 254*
*Forstwirtschaft ... 256*
*Fischerei ... 256*
*Industrie ... 257*
*Energie- und Wasserwirtschaft ... 258*
*Bergbau ... 259*
*Tourismus ... 259*
*Außenhandel ... 261*
*Entwicklungsplanung ... 261*

## Pflanzen und Tierwelt ...................................... 263
*Vegetation ... 263*
*Die Zerstörung des Regenwaldes ... 265*
*Tierwelt ... 267*

### Städte, Routen, Sehenswürdigkeiten

## Douala ............................................................ 272

## Der Westen ...................................................... 290
## Douala – Limbe ............................................... 292
*Limbe ... 292*
## Limbe – Buea .................................................. 300
*Buea ... 300*
*Mount Cameroon ... 303*
## Buea (Limbe) – Kumba ................................... 315
*Kumba ... 317*
## Kumba – Mundemba (Korup Nationalpark) ......... 319
*Mundemba ... 320*
## Douala – Loum ................................................ 329
## Kumba – Loum – Nkongsamba ........................ 330
*Nkongsamba ... 331*

**Nkongsamba – Bafang** ............................................................... **336**
*Bafang ... 338*
**Bafang – Bafoussam** ................................................................. **339**
*Bana ... 339*
*Bangangté ... 341*
*Chefferie von Bandjoun ... 342*
*Bafoussam ... 343*
**Bafoussam – Foumban** ............................................................. **348**
*Foumbot ... 348*
*Foumban ... 349*
**Bafoussam – Bamenda** .............................................................. **355**
*Mbouda ... 355*
*Dschang ... 355*
*Bamenda ... 359*
**Bamenda – Mamfé** ..................................................................... **364**
*Bali ... 364*
*Mamfé ... 364*
**Mamfé – Ekok (Nigeria)** ........................................................... **365**
**Die Ring-Road** ........................................................................... **366**
*Jakiri ... 367*
*Kumbo ... 368*
*Oku ... 368*
*Ndu ... 371*
*Nkambe ... 372*
*Kimbi River Reserve ... 373*
*Nyos ... 373*
*Wum ... 374*
*Chefferie von Bafut ... 374*
**Foumban – Ngaoundéré** ........................................................... **375**
*Banyo ... 376*
*Tibati ... 376*

**Der Süden** ................................................................................. **377**
**Douala – Edéa – Kribi** ............................................................... **377**
*Edéa ... 378*
*Kribi ... 381*
*Eboundja ... 387*
*Campo ... 388*
**Kribi – Ebolowa (über Lolodorf)** .............................................. **389**
*Lolodorf ... 392*
**Kribi – Ebolowa (über Akom II)** ............................................... **392**
*Ebolowa ... 394*
**Ebolowa – Grenze Kongo** ......................................................... **396**

*Ebolowa – Mbalmayo – Yaoundé* ................................................. **396**
Mbalmayo ... 397

**Das Zentrum und der Osten** ....................................... **399**
**Yaoundé** ................................................................................ **399**
**Yaoundé – Douala** ............................................................... **413**
**Yaoundé – Bangangté** ......................................................... **414**
**Yaoundé – Bertoua** .............................................................. **414**
Bertoua ... 415
**Bertoua – Abong Mbang – Lomié** ....................................... **416**
Doumé ... 417
Abong Mbang ... 417
**Bertoua – Batouri – Berbérati (ZAR)** ................................. **419**
Batouri ... 419
Kenzou ... 420
**Yaoundé – Ngaoundéré** ........................................................ **420**
Route I ... 420
Route II ... 420
Route III ... 422
**Lokoli – Garoua Boulaï** ......................................................... **422**
Garoua Boulaï ... 422
**Das Adamaoua-Plateau** ...................................................... **429**
**Ngaoundéré** ......................................................................... **430**

**Der Norden** ........................................................................ **437**
**Ngaoundéré – Bénoué-Nationalpark** ................................... **438**
Bénoué-Nationalpark ... 438
**Bénoué-Nationalpark – Bouba Ndjidda-Np.** ....................... **442**
Tcholliré ... 442
Bouba-Ndjidda Nationalpark ... 443
**Tcholliré – Garoua** ............................................................... **444**
Rey Bouba ... 444
**Bénoué-Nationalpark – Monts Alantika** ............................. **447**
Faro-Nationalpark ... 448
Alantika-Berge ... 449
**Benoué-Nationalpark – Garoua** .......................................... **449**
Lagdo-Stausee ... 449
Garoua ... 450
**Garoua – Maroua** ................................................................ **455**
Maroua ... 456
**Die Logone-Ebene (Maroua – Maga – Pouss – Yagoua)** ............. **468**
**Die Mandara-Berge** ............................................................. **472**

**Maroua – Roumsiki** ................................................................... **473**
*Mokolo ... 473*
*Roumsiki ... 479*
**Mokolo – Mora** ........................................................................ **484**
*Col de Koza ... 484*
*Djingliya ... 485*
*Oudjilla ... 486*
*Mora ... 487*
**Maroua – Waza Nationalpark** ................................................ **489**
*Parc National de Waza ... 490*
**Waza – Kousséri** .................................................................... **493**
*Kalamaloué-Nationalpark ... 494*
*Kousséri ... 494*
**Maltam – Tschadsee** .............................................................. **497**
*Blangoua ... 498*
*Auf dem Tschadsee zur Insel Kofia ... 498*

## Die Nachbarstaaten

**Tschad** ...................................................................................... **500**
**Zentralafrikanische Republik** ................................................ **503**
**Äquatorial-Guinea** .................................................................. **505**

## Anhang

**Glossar** .................................................................................... **508**
**Sach-, Orts- und Personenregister** ...................................... **512**
**Kartenverzeichnis** .................................................................. **518**
**Kastentexte** ............................................................................ **518**
**Über die Autorin** ..................................................................... **519**
**Fotonachweis** .......................................................................... **520**
**Interessante Internetadressen** ............................................... **521**
**Werbung** .................................................................................. **521**

## Vorwort

*Reisen in Kamerun hat seinen besonderen Reiz – hier am „Knick" Afrikas, vom Tschadsee im Norden bis zu den Mangrovensümpfen und weißen Palmenstränden im Süden, erlebt man den Schwarzen Kontinent wie im „Brennglas", denn nahezu die ganze Vielfalt, die Afrika an Landschaften, Bevölkerung, Kultur, Flora und Fauna zu bieten hat, liegt in Kamerun gebündelt vor. Nicht umsonst trägt das Land den Beinamen „**Afrique en miniature**".*

*In Kamerun hat sich einerseits die Ursprünglichkeit von mehr als 200 verschiedenen Volksstämmen zum Teil bis heute erhalten, andererseits ist die Moderne mit all ihren Vorzügen und Problemen in die großen Städte des Landes eingezogen – nicht zuletzt auch infolge des Tourismus. So wird die Spannung zwischen schwarzem Lebensrhythmus und europäischen Einflüssen spürbar. Dieses Buch wendet sich an all jene, die dieses Kaleidoskop Afrikas entdecken wollen, sei es auf eigene Faust oder im Rahmen einer organisierten Reise.*

*Nicht allein Sonne und Strand locken den Reisenden nach Kamerun, sondern mannigfaltige Gelegenheiten zur aktiven Urlaubsgestaltung: **Safaris** durch die tierreichen weiten Savannen im Norden des Landes, **botanische Exkursionen** und **Trekking-Touren** auf Dschungelpfaden und im vulkanischen Bergland, **die Besteigung** des höchsten Gipfels im westlichen Afrika, des Mount Cameroon. Neben seinen natürlichen Vorzügen bietet Kamerun eine reichhaltige „Kulturlandschaft": Sultanate und Chefferien im westlichen Grasland, Handwerkskünste, die in Afrika ihresgleichen suchen, die Bräuche alteingesessener Bergstämme im Norden. Farbenfrohe Märkte, islamische Reiterspiele, die landestypische Architektur und eine überaus unkomplizierte, gastfreundliche Bevölkerung runden dieses Bild ab.*

*Trotz einer relativ guten touristischen Infrastruktur sind die Besucherzahlen klein, wohl schon deshalb, weil Kamerun kein Billigreiseland ist wie etwa Gambia oder Kenya. Dennoch lassen sich die verschiedenen Regionen – etwas Eigeninitiative und Komfortverzicht vorausgesetzt – recht gut und preiswert auf eigene Faust erkunden.*

*Dieser Reiseführer will mit aktuellen Informationen und praktischen Tips zum Gelingen Ihrer Reise beitragen und – auf der Grundlage einer Einführung in Geographie, Geschichte, Kultur und Bevölkerung Kameruns – zu einem besseren Verständnis zwischen Gast und Gastgeber beitragen.*

*Ich konnte natürlich – bei aller Mühe um Objektivität und Vollständigkeit – nur von meinen eigenen Erfahrungen ausgehen und will in meinen Darstellungen keinen allgemeingültigen Anspruch erheben, doch schließlich – was anderes ist Reisen, als die Entdeckung der Individualität in der Fremde und im Fremden? – als daß der Besucher aus seinem Blickwinkel heraus ein Land und dessen Kultur und Menschen zu verstehen sucht ?*

## Zur 2.Auflage

*An dieser Stelle möchte ich mich zunächst für die vielen, sehr ausführlichen Leserbriefe bedanken, die mir bei dieser Neuauflage wertvolle Hilfe leisteten. Erfreut stellten viele Kamerun-Besucher fest, daß das Reisen im Land seit der Abwertung des Franc CFA 1994 sehr viel günstiger geworden ist, da die Preise nicht im gleichen Verhältnis nachzogen. Ich würde mich freuen, auch weiterhin so rege Resonanz von den Lesern dieses Buches zu erhalten, damit eine große Aktualisierung gewährleistet bleibt. Denn, wie Sie sich vorstellen können, ist es nicht möglich, jeden einzelnen genannten Ort vor Überarbeitung nochmals selbst zu bereisen oder jede kleinste Information ständig persönlich auf dem Laufenden zu halten.*

*Seit Herbst 1994 lebe und arbeite ich nun auf den Kapverdischen Inseln und erhielt hier, zusammen mit meinen Partnern, vom Deutschen Reisebüroverband die „Internationale Umweltauszeichnung 1995" verliehen für unsere Arbeit im sozialintegrierten Tourismus. Da ich nun Tourismus direkt vor Ort, sozusagen mitten im Geschehen, organisiere und betreue, habe ich einen gänzlich neuen Blickwinkel für Reisen in die sogenannte "Dritte Welt" bekommen, zu der ja auch Kamerun gehört. Reisen ist heutzutage ein Konsumartikel geworden, wie so vieles andere. Es wird bezahlt für Dienstleistungen und dementsprechend auch gefordert. Die Entwicklungsländer, meist tief verschuldet, haben keine Wahl: sie müssen sich der Ausbeutung und Fremdbestimmung beugen, da sie im Tourismus meist noch eine kleine Chance sehen, ihre marode Wirtschaft zu stützen.*

***Wer sich auf Reisen als Gast in einem fremden Land benimmt, wird selbstverständlich auch als Gast behandelt.*** *Ein Beispiel: Ein wohlhabender Mann ist bei einer sehr bescheidenen Familie eingeladen. Es wird ihm der beste Wein angeboten, den sich diese Familie leisten kann. Dieser Wein allerdings hält keinen Vergleich stand mit dem, was der Mann von zuhause gewohnt ist. Er beschwert sich sodann über die Qualität des Gebotenen und fordert gar einen besseren Wein. Dies ist die grobste Form der Unhöflichkeit, er tritt die Gastfreundschaft mit Füßen.*

*Oder, mit etwas Humor und viel Ernst ausgedrückt: Jeder Tourist, der einen Pygmäenstamm besucht und an einer Folkloredarbietung teilnimmt, sollte sich bereit erklären, dem nächsten Pygmäen, der als Tourist nach Deutschland reist, seine Wohnung zu zeigen, ihm einen Schuhplattler aufzuführen und dazu zu jodeln. Ich will damit sagen: Afrika ist kein Museum, es lebt und fühlt! Die Verantwortung für all die negativen Folgen, die aus Tourismus entstehen, obliegen nicht nur Reiseorganisatoren und Reisebuchautoren, sondern jedem einzelnen, der sich auf den Weg begibt.*

*Ich wünsche Ihnen unterwegs viel Zeit, um darüber nachzudenken und viel Freude und Verständnis für ein Land, das sich soviel bewahrt hat, wie Kamerun!*

*Cabo Verde, Sto. Antao, Juni 1997                    Regina Fuchs*

Praktische Tips von A bis Z

## *Als Gast in Kamerun*

*Am ersten Tag soll der Fremde nur seine Augen und Ohren öffnen, aber nicht seinen Mund.* (Afrikanisches Sprichwort)

In der westlichen Welt herrschen noch immer viele **Vorurteile gegenüber Afrika** und seinen Menschen. Nicht nur während der Ankunft des ersten Europäers an der Küste Afrikas und der darauffolgenden Kolonialzeit wurden die Einwohner als „primitiv" und „rückständig" bezeichnet, ohne Kultur, Geschichte oder dem, was wir allgemein als „Zivilisation" betrachten. Dabei haben sich gerade hier im Gebiet von West- und Zentralafrika schon in der Frühzeit zahlreiche hochstehende Kulturen und Reiche entwickelt (s. a. Kapitel Geschichte/Land und Leute).

Die Vorstellung, daß in Europa vieles besser gemacht wurde/wird und dieses Schema auf Afrika zu übertragen, wird jedenfalls nicht zum Verständnis dieser an Tradition reichen Kulturen beitragen. Ebenso bleibt es Illusion der Industrienationen, ein afrikanisches Land mit eigenen Maßstäben verändern oder analysieren zu wollen, und trägt, wie sich in der Vergangenheit in vielen Ländern Afrikas gezeigt hat, nur zu Differenzen und Verunsicherung innerhalb der in vielen Jahrhunderten gewachsenen Traditionen der Völker bei oder erzeugt ein Streben nach westlichem materialistischem Denken.

Ganz anders wird man sich einem uns so fremden Land wie Kamerun nähern, wenn man sich mit **Rücksicht und Respekt** vor der Andersartigkeit seiner Menschen auf Reise begibt und die Lebensformen und Zeitbegriffe des Gastlandes akzeptiert. Das afrikanische Zeit-Verständnis umschreibt ein afrikanisches Sprichwort so: Von nichts gibt es soviel wie von der Zeit, denn es kommt immer noch mehr Zeit.

Jedesmal, wenn ich in Afrika aus dem Flugzeug steige, spüre ich sehr schnell, wie ich die Hektik aus Europa ablege und sich eine angenehme Ruhe spürbar macht. Das beginnt schon bei den Kontrollen am Flughafen, für die man sich mit sehr viel Geduld wappnen muß. Aber auch auf den Busbahnhöfen, in Restaurants, bei Straßenkontrollen oder Behördengängen wird man bei nervösem Drängeln nur verständnislos belächelt. Gerade der tief verwurzelte, übergründliche und unangreifbar selbstbewußte Bürokratismus wird sich dadurch nicht beeindrucken lassen, und es gibt eine undenkbare Anzahl von Möglichkeiten und verwirrenden Instanzwegen, einen Vorgang zu verzögern. Wer dabei geduldig und höflich bleibt, hat sehr viel bessere Chancen, an sein erstrebtes Ziel zu gelangen.

In Kamerun wird herzliche **Gastfreundschaft** großgeschrieben. Höflichkeit und Freundlichkeit, nicht Überheblichkeit, sind es, die einem dabei die Sympathie der Gastgeber einbringen. Die Kameruner lachen gerne und oft, auch über sich selbst, und es ist leicht, mit ihnen auszukommen. Gespräche ergeben sich, wenn man dazu offen ist, überall sehr schnell, sei es am Busbahnhof, im Restaurant, auf dem Markt oder einfach nur auf der Straße, wenn man sich nach dem Weg erkundigt. Gerade die oft endlos scheinenden Wartezeiten auf den Busbahnhöfen habe ich dazu genutzt, mehr über die Menschen und ihr Denken zu erfahren. Dabei ist mir aufgefallen, daß ich oft mehr von den Kamerunern ausgefragt wurde, als daß ich selbst im Gespräch aktiv werden konnte. Das liegt wohl daran, daß ein Afrikaner, besonders wenn er noch nicht über den Kontinent hinaus gereist ist, sehr viel wissen will über seinen „Traum" Europa, so wie wir dort umgekehrt Abstand von unserem hektischen Alltag suchen.

Beginnt man ein **Gespräch**, so begrüßt man sein Gegenüber zunächst mit „Guten Tag", wobei es sehr viel Freude bereitet, wenn man den Gruß in der Landessprache sagen kann. Auch die Erkundigung „Wie geht es?" (frz. „Ça va?" oder engl. „How are you?") wird üblicherweise der eigentlichen Frage vorangestellt. Gerade unter Afrikanern selbst entwickelt sich dabei oft ein wahres „**Begrüßungsritual**" mit Fragen nach den Kindern, der Familie, der Arbeit oder sonstigen Dingen des Alltags. Wird man jemandem vorgestellt oder kennt man die Person bereits, gibt man sich zur Begrüßung üblicherweise die Hand. Dabei bemerkt man häufig, daß sich die Männer untereinander lachend mehrmals gegenseitig in die Hände klatschen, während die Begrüßungsfragen ausgetauscht werden.

Grundsätzlich begrüßt man aus Respekt vor dem Alter zunächst die älteste Person, z.B. in einer Familie. Als oberste Regel gilt, daß man sich bei Ankunft in einem Dorf zuerst nach dem **Dorfchef** erkundigt und diesen

dann begrüßt und höflicherweise auch nach dem Ergehen seiner Familie fragt. Aus Gastfreundschaft wird er sich dann um das Wohl und die Sicherheit seines persönlichen Gastes bemühen. Dies ist nicht nur Sitte, wenn man im Dorf einen kleinen Halt macht, sondern auch, wenn man z.B. auf Trekkingtouren durch ein Dorf kommt. Ebenso erkundigt man sich beim Besuch einer *Chefferie* im Westen Kameruns nach dem Fon oder Sultan. Oft läßt sich dieser durch seinen Sekretär oder einen Bruder vertreten, von dem der Gast dann durch den Palast geführt wird. Auch wenn man die Sprache des besuchten Ortes nicht spricht, wird sich immer jemand finden, der mit Französisch oder Englisch weiterhilft. All das erfordert Zeit und Muße für Gespräche und man sollte sich daher den Zeitrahmen der Reise nicht zu eng stecken oder versuchen, sich einen genauen Terminplan zu machen, der dann meist sowieso nicht eingehalten werden kann. Stundenlange Wartezeiten und Offenheit für spontane Situationen sind ein wesentlicher Bestandteil des Reiseplans in Afrika.

Kameruner betrachten **Touristen** als Gäste in ihrem Land. So werden unterwegs gelegentlich Einladungen zum Essen oder Übernachten ausgesprochen. Sind Sie zum Essen im Dorf oder in der Familie eingeladen worden, wird eine Ablehnung in der Regel als unhöflich betrachtet. Wenigstens einmal probieren sollte man von der Mahlzeit als Zeichen der Höflichkeit. Verständnis erhält man allerdings, wenn man auf einen kranken Magen verweist oder gerade eben vom Essen kommt und sich so bei seinem Gastgeber entschuldigt. Meist wird in der Familie mit der Hand gegessen, wobei in islamischen Regionen nur die rechte Hand benutzt wird, die linke dagegen gilt als „unrein". In der Regel wird gemeinsam aus einer Schüssel gegessen, wobei der Gast die besten Stücke erhält. Einladungen zur Übernachtung sollte man nicht als billige Gelegenheit betrachten, die Hotelkosten zu sparen. Mit absoluter Selbstverständlichkeit wird von manchen „Globetrottern" diese Gastfreundschaft manchmal ausgenutzt, obwohl die Familien selbst nur über wenig Platz verfügen und mit Mühe ihre vielen Kinder unterbringen und versorgen können. Persönlich kam ich ein paar Mal in die Situation, daß ein Buschtaxi aufgrund einer Panne erst tief in der Nacht oder gar nicht im jeweiligen Ort ankam. In solchen Fällen ist die Übernachtung bei Privatpersonen der im Freien aus Sicherheitsgründen vorzuziehen.

Für jede Einladung kann man sich abschließend mit einer Kleinigkeit erkenntlich zeigen. Es sollte jedoch keinesfalls Geld gegeben werden, sondern ein **Mitbringsel** von zuhause oder vom Markt. Dabei habe ich besonders bei den Frauen viel Freude über Stoffe vom Markt und kleine Parfums erlebt, aber auch gute Seifen, schöne Kugelschreiber, Fotos aus Deutschland oder Stoffe und Lederetuis vom Markt bieten sich an. Das Geschenk sollte als Zeichen der Dankbarkeit verstanden werden und nicht als eine gönnerhafte Geste. Wer unterwegs Versprechungen macht, zum Beispiel Fotos von zuhause aus zu schicken oder Briefe zu schreiben, sollte beachten, daß dies sehr ernst genommen wird und daher auch unbedingt einzuhalten ist. Die Enttäuschung wäre andernfalls groß.

Zum **Thema „Geschenke"** möchte ich auch erwähnen, daß ich es als falsch empfinde, unterwegs Bonbons, Luftballons oder gar Geld leichtfertig und wahllos zu verteilen. Dies fordert die Nachfrage und Bettelei nach *Cadeaux* (Geschenken) förmlich heraus, die Kinder gehen nicht mehr in die Schule, weil sie so ein besseres „Geschäft" machen können und letztlich wird das Bild der „reichen" Touristen entworfen, die es sich nicht nur leisten können, so weit zu reisen, sondern auch eine Kluft zwischen der scheinbaren „Armut" und dem westlichen „Reichtum" öffnen. Wenn Sie auf Ihrer Reise Kleidung oder (noch länger haltbare) Medikamente übrig haben, sollten Sie diese besser einer Missionsstation oder einem ländlichen Krankenhaus übergeben, die es zu schätzen wissen. Häufig werden Sie zwar von Privatpersonen nach Medizin, vor allem Kopfschmerz- oder Magenmitteln, gefragt werden, doch kann hier die falsche Dosierung mehr Schaden als Heil anrichten. Bei einem Besuch der Pygmäen nördlich von Kribi wird beispielsweise erwartet, daß der Besucher neben Salz und Zündhölzern (was ja sehr sinnvoll erscheint) auch Alkohol in Form von Wein mitbringt. Dies hat zu einer relativ starken Abhängigkeit der dortigen Bewohner von einer sonst nicht bekannten Droge geführt. Solche **abschreckenden Folgen des Tourismus** sollten jedem als negatives Beispiel zu denken geben. Ein anderes Beispiel ist die Ortschaft *Roumsiki*, in der jeder Besucher bereits von einer ganzen Gruppe von Kindern empfangen wird, die sich als „Touristenführer" spezialisiert haben und sich damit ihr Geld verdienen, anstatt in die Schule zu gehen. Jeder einzelne Tourist ist mit seinem Verhalten dafür verantwortlich, daß sich diese Beispiele nicht weiter fortsetzen.

Dazu gehört ebenfalls ein zurückhaltendes Auftreten, das die Privatsphäre der Bewohner des Gastlandes respektiert. Es ist auch bei uns nicht üblich, ohne Erlaubnis in ein Haus einzutreten oder über Zäune und Absperrungen zu schauen. Zum Fotografieren holt man gewöhnlich die Erlaubnis seines Gegenübers ein (s. a. Kapitel Fotografieren) und vermeidet Situationen, die den Fotografierten beschämen oder die Religion (zum Beispiel Islam) verletzen könnten. Jeder/jede kennt dieses unangenehme Gefühl der Peinlichkeit, das sprichwörtliche vom-Boden-verschluckt-werden-wollen, das entsteht, wenn der mit Kamera behangene Tourist die barbusige Afrikanerin wenigstens auf seinen Fotos mit nach Hause nehmen will…

In ländlichen Gebieten, in denen **Naturreligionen** dominieren, gibt es auch heute noch zahlreiche Opferstätten, die von Touristen nicht besucht werden dürfen, oder Tabus, die eingehalten werden müssen. So ist z.B. das Baden in Seen, die als heilig gelten, nicht erlaubt. Gerne wird man Ihnen überall Auskunft geben über die herrschenden Sitten und Bräuche.

**Religion und Kultur** bestimmen auch das Weltbild der islamischen Gebiete, in denen gewisse Normen und Moralvorstellungen zu berücksichtigen sind. Die Buschtaxis im Norden halten zu den Gebetszeiten in der Regel an, die Gläubigen breiten ihre Teppiche am Straßenrand aus und sprechen ihr Gebet. Ungeduld oder gar Fotos sind hier unerwünscht.

*Kleine Moschee auf dem Land*

Sehr viel Wert wird in Kamerun, wie überall in Afrika, auf **angemessene Kleidung** gelegt, die gerade hier als wichtiges Statussymbol verstanden wird. Shorts und Badekleidung gehören ausschließlich an den Strand und können andernfalls das moralische Empfinden eines Afrikaners, nicht nur in islamischen Regionen, stark stören. Auch eng anliegende, weit ausgeschnittene Oberbekleidung und kurze Röcke bei Frauen können in diesem Kulturkreis sehr schnell falsch interpretiert werden. Die Afrikaner achten grundsätzlich, auch wenn sie nur über sehr wenige Mittel verfügen, auf eine ordentliche und saubere äußere Erscheinung. Dies erwarten sie auch von Touristen. Ein junger Student, der sich zwar sein Studium kaum finanzieren konnte, jedoch trotzdem sehr gut gekleidet war, fragte mich beim Anblick von Touristen in Shorts und schmuddeligem T-Shirt einmal, ob sich diese Leute nichts Besseres leisten könnten. Er meinte es ernst und diese Situation war ziemlich beschämend. Nicht nur bei Behördenbesuchen sollte man ungepflegte Kleidung also besser vermeiden. Genauso unsinnig ist es allerdings, sich mit Schmuck und teuren Uhren als reicher Angehöriger der vermeintlichen „Oberschicht" auszuweisen. Dann muß man sich nicht wundern, wenn es zu Diebstählen und Überfällen kommt, die durch derartiges Verhalten nur gefördert werden. In der Regel wird man auch nicht sein ganzes Geld aus der Tasche ziehen, wenn man auf dem Markt eine Kleinigkeit einkauft, sondern immer ein bißchen Kleingeld separat bei sich tragen.

Selbstverständlich läßt man auch seinen **Abfall** nicht achtlos im Land zurück, sondern nimmt ihn wieder mit nach Hause (oder versucht, ihn ganz zu vermeiden). Dies gilt besonders für die Trekking-Gebiete, z.B. am *Mt. Cameroon*, wo sich sowieso schon Berge von „Touristen-Souvenirs" in Form von Blechdosen und Plastikmüll türmen. Lassen Sie sich von diesem Anschauungsunterricht der negativen Art zu umweltunbewußtem Verhalten anregen! Die Vermeidung von Müll ist in Afrika nicht schwer, wenn man sich an die traditionellen Verpackungsmethoden hält (Basttaschen, Pappkartons oder einfach nur Bananenblätter), Akku-Batterien sollten die herkömmlichen ersetzen und

leere Plastikflaschen werden von manchen Leuten gerne angenommen und im „Mehrweg-Verfahren" weiterverwendet.

Abwertende Äußerungen oder negative **Kritik** über das Land werden als unhöflich betrachtet. Noch vor einigen Jahren wurde in der Öffentlichkeit kaum über Politik gesprochen, heute ist dieses Thema für Kameruner nicht mehr tabu und wird überall diskutiert. Es wird jedoch ungern gesehen, wenn Touristen und Fremde sich allzu kritisch, wertend oder offen über die Politik des Landes äußern.

Auch Reisende, die sich über ihr eigenes Zuhause negativ äußern, werden nicht ernst genommen. Für einen Afrikaner kommt dies manchmal einer Selbstverleugnung gleich. Man freut sich zwar darüber, daß Europäer auf das afrikanische Gastland eingehen, doch allzu große **Anpassung**, hinter der die Negation der eigenen Herkunft vermutet wird, stößt auf Unverständnis.

Ein afrikanisches Sprichwort erläutert dies: Ein Baum, der ins Wasser fällt, wird niemals zum Krokodil.

Ein Reisender, dem ich begegnete und der bereits viele Monate in Afrika unterwegs war, hat es bildlich einmal so ausgedrückt: Auch wenn Du unterwegs im Lehmhaus auf dem Boden schläfst, solltest Du immer „mit Messer und Gabel essen", um Deine Identität zu wahren – das ist nichts anderes als der Versuch, den richtigen Mittelweg zu finden.

Bei etwas **Einfühlungsvermögen** in die afrikanische Mentalität und Aufgeschlossenheit gegenüber dem fremden Kulturkreis wird man in Kamerun als Gast sehr herzlich aufgenommen.

# *Adressen*

## Vertretungen von Kamerun
**Deutschland:**

♦ *Botschaft der Republik Kamerun mit Konsularabteilung*
Bad Godesberg, Rheinallee 76
53173 Bonn
Tel. (02 28) 35 60 38
Fax (02 28) 35 90 58
Sprechzeit: Mo bis Fr 9–15.30 Uhr
Geschäftsbereich der Botschaft:
Deutschland und Österreich, Konsularabteilung: Deutschland und Österreich.

Folgende **Konsulate** stellen außerdem Visa aus:

♦ Geschäftsbereich Land Nordrhein-Westfalen:
*Honorarkonsulat von Kamerun*
Erkrather Straße 306
40231 Düsseldorf
Tel. (02 11) 73 08 23 0
Fax (02 11) 73 70 22 0
Sprechzeiten nur nach tel. Vereinbarung.

♦ *Büro Essen des Honorarkonsulates Düsseldorf*
Heierbusch 28
45133 Essen
Tel. (02 01) 42 09 88
Fax (02 01) 41 31 36
Sprechzeiten nur nach tel. Vereinbarung.

### Schweiz:
(Visaangelegenheiten)
♦ *Generalkonsulat von Kamerun*
Rue du Nant 6 – 8
CH – 1207 Genève

Tel. (0 22) 7 36 20 22
Fax (0 22) 7 36 21 65
Sprechzeit:
Mo bis Fr 9–16.30 Uhr

### Österreich:
(Visaangelegenheiten)
♦ *Honorarkonsulat der Republik Kamerun*
Villa Flora
Hüttelbergstraße 23 A
A – 1140 Wien
Tel. (00 43) 1 / 914 77 44 0
Fax (00 43) 1 / 914 77 44 8
Sprechzeit:
Mo bis Fr 9–12 Uhr

## Vertretungen in Kamerun
**Deutschland:**

♦ *Ambassade de la RFA*
B.P. 11 60 Yaoundé
Tel. (00 237) 21 00 56 und 20 05 66
Fax (00 237) 20 73 13
In der Rue Charles de Gaulle, Yaoundé; Amtsbezirk: Kamerun, Äquatorial-Guinea und Tschad

♦ **Außenstelle Douala** (= Konsulat):
*Ambassade de la République Fédérale d'Allemagne*
Section consulaire de Douala
B.P. 509 Douala (Stadtteil Bonanjo)
Tel. (00 237) 42 86 00
Fax (00 237) 43 28 45
Im Immeuble Flatters, Rue Flatters,

### Österreich:
♦ *Consulat Honoraire d´Autriche*
c/o Trap Cameroun SARL
B.P. 5803, Yaoundé

Tel. (00 237) 20 38 26, 20 14 86
Fax (00 237) 20 00 94
Telex (00 237) 86 42

## Schweiz:

♦ *Ambassade de Suisse*
B.P. 1169 Yaoundé
Tel. (00 237) 21 28 96 und 21 30 52
Fax (00 237) 20 62 20 in der Villa
Zogo Massy, Route du Mont Fébé,
Quartier Bastos

## Auskunftsstelle

♦ *Secrétariat Ministère du Tourisme*
B.P. 266 Yaoundé
Cameroun

## Weitere Anschriften

♦ *DZG (Deutsche Zentrale für
Globetrotter e.V.)*
Postfach 80 04 63, 81604 München.
Fax (0 89) 48 95 13 32, eMail:
Thomas_Simoneit @m2.maus.de
Regionaltreffen und Jahrestreffen
für Interessierte und Mitglieder und
das Infomagazin der Trotter helfen
Globetrottern und solchen die es
werden wollen, weiter.

♦ *Globetrotter-Club*
Rennweg 35
CH – 8023 Zürich
Tel. (00 41) 01/2 11 77 80
Der *Globetrotter-Club* bringt ein
sehr informatives Globetrotter Ma-
gazin heraus, gibt Reiseberatung
und Tips und verkauft über den an-
geschlossenen Globetrotter Travel
Service Flugtickets und Reisehand-
bücher.

♦ *Sahara Club e.V.*
c/o Gunter Frenzel
Schmaler Weg 17
61352 Bad Homburg

Der Sahara Club e.V. legt Heftchen
mit Informationen zu den Sahara-
ländern und Nordafrika vor und
schart Gleichgesinnte zusammen
(Infos, Treffen, Zeitschrift etc.).

♦ *Traveller's Network*
Winfried Richter
Postfach 80 14 66
81614 München
Informations- und Kontaktbörse für
Globetrotter

♦ *Traveller Club Austria*
Schreyvogelgasse 3
A – 1010 Wien
Er gibt die Traveller Club News, die
Mitteilungen der akademisch-sozia-
len Arbeitsgemeinschaft Öster-
reichs heraus.

♦ *Deutsch-Afrikanische-Brücke e.V.*
c/o Dritte Welt Café, Daiserstraße
83371 München, Tel. (0 89) 77 26 96
Kontakttel.: (0 89) 21 80-26 72 vormittags, (0 89)1 23 73-36 nachmit-
tag/abends
Der „Verein für interkulturelle Begegnung" will durch Veranstaltungen (u. a. Lesungen, Feste, Film-
vorführungen) ein differenziertes
Bild von Afrika vermitteln.

♦ Einreisevisum S. 47.
♦ Botschaften der Nachbarländer ab
S. 500
♦ Telefonnummern der Fluggesell-
schaften unter Douala S. 289
♦ Autovermietungen jeweils bei den
Städten
♦ Billigflugbüros S. 28
♦ Reiseveranstalter in Deutschland
und Kamerun S. 73
♦ Bücher/Landkarten/Hintergrundin-
formationen S. 37

# Anreise / Weiterreise

## Auf dem Landweg

Erkundigen Sie sich vor der Planung einer Transsahara-Reise über die Lage an den Grenzen und die **politische Situation** der bereisten Länder bei den jeweiligen Botschaften und beim Auswärtigen Amt. Derzeit (Sommer 1997) gibt es politische Probleme in Algerien (Fundamentalismus) und Unsicherheiten in Südalgerien und Nordniger, wo es vermehrt zu Überfällen kam.

Die **Transsahara-Strecken** sind eine beliebte Anreisemöglichkeit, vor allem, wenn man auf das eigene Fahrzeug nicht verzichten will. Dennoch ist diese Reise noch immer ein großes Abenteuer und eine fahrtechnische Herausforderung, auch wenn Berichte von Fahrten in Kleinwagen (z.B. Citroëns, per Fahrrad etc.) die Touren manchmal eher zu verharmlosen scheinen.

Die beste **Reisezeit** für die Durchquerung der Sahara sind die Monate von **November bis März**, dies ist auch die ideale Zeit für die westafrikanischen Länder und Kamerun.

Voraussetzung ist ein geeignetes, **gut ausgestattetes Fahrzeug**, das auch in schwierigem Gelände (Dünen, felsiger Untergrund) genügend Sicherheit bietet, vor allem dann, wenn Sie sich abseits der Normalrouten bewegen.

Normalerweise ist ein Allrad-Fahrzeug für die Sahara-Durchquerung auf der *Hoggar-Route* nicht nötig, dennoch sollten Sie erwägen, ob Sie später auf den oft schwierigen Lehmpisten in Zentralafrika, besonders bei „Off-road-Touren", nicht einen Geländewagen mit höherem Radstand benötigen.

Außerdem brauchen Sie eine umfassende **Ausrüstung** – lassen Sie sich in guten Fachgeschäften (s. Seite 35) beraten – und genügend Lebensmittel, Medikamente, Benzin- und Wasservorräte. Bereiten Sie sich vor auf Hitze bis zu 50° C im Schatten, kalte Nächte, Sandstürme und Fahrzeugpannen. Ausführliche Details zu Wüstendurchquerungen, Routen und Ausrüstung finden Sie in der **Spezialliteratur**, z.B. „Durch Afrika" und „Transsahara" (vergriffen, erhältlich in Bibliotheken), beide REISE KNOW-HOW *Verlag Därr GmbH.*

Zu beachten sind die **Gesundheits- und Einreisebestimmungen** der bereisten Länder, z.B. Impf-, Visa- und Zollvorschriften. Auskünfte über die aktuellen Bestimmungen erteilen die Reisebüros und Botschaften.

Als gute **Landkarten** sind die *Michelin-Karte 953, Nord- und Westafrika*, die Einzelkarten der jeweiligen Länder bzw. die detaillierten, regionalen *IGN-Blätter* geeignet; wenden Sie sich an geographische Spezialbuchhandlungen (s. Seite 43).

Folgende **Fahrzeugpapiere** werden benötigt:
- **Internationaler Führerschein**, zu erhalten bei der Führerscheinstelle des Landratsamtes gegen Vorlage des nationalen Führerscheins. Nehmen Sie in jedem Falle beide Führerscheine mit, damit Sie beim etwaigen Verlust des einen noch über Ersatz verfügen.

◆ **Internationale Zulassung**, bei der Zulassungsstelle des Landratsamtes/beim Straßenverkehrsamt erhältlich. Das Nationalitätszeichen „D" muß am Auto angebracht sein.
◆ **Grüne Versicherungskarte**
◆ **Carnet de Passage**
(Zollbürgschaftsdokument). Mit dem „Carnet de passage" verbürgt sich der Aussteller (s. u.), beim Verbleib des Fahrzeugs im Ausland die Zollkosten zu übernehmen. Bei der Einreise in das jeweilige Land brauchen Sie also keine Zollkosten für das Fahrzeug zu bezahlen, vorausgesetzt sie bringen das Fahrzeug auch wieder aus dem Land.

Sie erhalten das Carnet bei den folgenden **Automobil-Clubs:**
◆ *ADAC Abt. Grenzverkehr*
Am Westpark 8, 81373 München
Tel. (0 89) 76 76-1

Ausstellungsgebühr DM 330 (für Mitglieder DM 210), die Bürgschaftssumme beträgt DM 4000 bis zu einem Fahrzeugwert von DM 100 000 (bei einem höherem Fahrzeugwert kostet es mehr).

◆ *AvD Automobilclub*
Lyonerstraße 16
60528 Frankfurt
Tel. (0 69) 6 60 62 87
Ausstellungsgebühr wie ADAC, Bürgschaftssumme DM 20 000. Das Carnet ist gültig für ein Jahr und elf Länder.

Die Bürgschaftssummen können jeweils auch in Form einer Bankbürgschaft hinterlegt werden. Der zollfreie Aufenthalt in einem Land ist eventuell zeitlich begrenzt. Auskünfte darüber können Sie beim jeweiligen Automobilclub erhalten.

Empfehlenswert ist die Mitnahme einer Adressenliste des Fahrzeugherstellers mit den Niederlassungen in den jeweiligen Ländern.

Vor Abreise sollten Sie eine **Vollkaskoversicherung** für Ihr Fahrzeug abschließen (Nachweis mitführen). Eine **Kfz-Unfall-Haftpflichtversicherung** muß außerdem in der Regel obligatorisch an den jeweiligen Grenzen (unter anderem Kamerun) bei Einreise abgeschlossen werden (auch wenn Sie eine Grüne Versicherungskarte haben).

Die **beliebteste Transsahara-Strecke** war die *Hoggar-Route*, die von *Algier* über *Tamanrasset* nach *Agadez* (Niger) führt; sie ist nach wie vor die kürzeste Route, wenn man auf dem Weg nach Zentralafrika ist. Der längste Teil dieser Strecke ist asphaltiert, die unbefestigte Pistenstrecke führt von Tamanrasset nach *Arlit* (ca. 600 km). Von Niger aus führt die Anreise nach Kamerun über die Grenze nach Nigeria, dann entweder über die Nordroute *Kano – Maiduguri – Mora* (Nordkamerun) oder über die Südroute *Enugu – Ekok – Mamfé* (Westkamerun). Sehr viel schwieriger ist die Strecke über *Nguigmi* und *N'Djaména* (Tschad) am Rande des Tschad-Sees entlang. Sie ist nur während der Trockenzeit befahrbar; auf jeden Fall sollten Sie aktuelle Infos über den Zustand der Piste einholen!

Auf direktem Wege benötigt man für die Strecke von Algier bis Kamerun ohne längere Zwischenaufenthalte ca. elf bis zwölf Tage, dennoch sollte man sich keinen zu engen Zeitrahmen stekken und unerwartete Verzögerungen bereits vorher einplanen. Außerdem ist die Route landschaftlich extrem reizvoll und lohnt eine zwei- bis dreiwö-chige Tour. Derzeit ist die **Strecke zwischen Algerien und Niger** wegen häufiger Überfälle sehr unsicher (Stand Sommer 1997), es kann nur im Konvoi gefahren werden. (Zum Grenzverkehr von/nach Kamerun siehe unten.)

Der **Autoverkauf** ist in West- und Zentralafrika, auch Kamerun, nicht mehr profitabel, da viele Sahara-Durchquerer ihre Fahrzeuge angeboten haben und so die Preise langsam sanken. Außerdem ist das Angebot größer als die Nachfrage. Bei Veräußerung eines zollfrei importierten Fahrzeugs hat der Käufer den Zoll nachzuzahlen. In jedem Fall muß dies auf dem *Carnet de passage* vermerkt werden, denn sonst werden Sie nach der Rückkehr aufgefordert, den Importzoll bei Ihrem Automobilclub nachzuzahlen. Sollten Sie das Fahrzeug nicht verkaufen können und auch nicht damit zurückfahren wollen, bleibt als einzige Möglichkeit die Verschiffung von Douala aus nach Hause (siehe Seite 26).

## Grenzverkehr

Der grenzüberschreitende Verkehr von/nach Kamerun ist derzeit zu fast allen Nachbarländern möglich. Es gibt Straßenverbindungen in den Tschad, die Zentralafrikanische Republik, nach Äquatorial Guinea, Nigeria und Gabun. Einzige Ausnahme bildet die Grenze zum Kongo, da die Piste seit einiger Zeit nicht befahrbar ist. Auch an der Grenze zu Nigeria gibt es zum Teil heftige Unruhen, erkundigen Sie sich sicherheitshalber nach der aktuellen Lage vor Ort.

### Von/nach Tschad

Die Grenze von *Kousséri* nach *N'Djaména* führt auf einer Brücke über den *Logone-Fluß*. Die Grenze schließt allerdings gegen 17.30 Uhr. Für die Fahrt zwischen *Ngaoundéré* nach *N'Djaména* benötigt man etwa einein-halb bis zwei Tage, es besteht Busch-taxiverkehr. Mit dem eigenen Wagen kann man auch bei *Figuil* (90 km nörd-lich von *Garoua*) ausreisen. Näch-ster Ort ist *Léré*. Dieser Übergang lohnt sich vor allem bei Reisen in den Süden des Landes mit eventueller Weiterreise in die Zentralafrikanische Republik.

## Von/nach Nigeria
Der meistbenutzte Grenzübergang von Kamerun nach Nigeria ist die Rou-te im Westen von *Mamfé* aus über den Grenzort *Ekok* (Route nach *La-gos*). Allerdings ist die Straße von

*Schlammpartie in Kamerun*

Mamfé aus bis zur Grenze extrem schlecht und wird erst in Nigeria bes-ser. Um nach Mamfé zu gelangen, kann man man entweder von *Bamen-da* aus auf schlechter Piste fahren (vor allem in der Regenzeit eine Schlamm-partie) oder alternativ über die bereits großteils geteerte Strecke von *Kumba* Richtung Norden. Weitere mögliche Grenzübergänge von/nach Nigeria bie-ten sich in Nordkamerun über *Fotokol* (Grenzort Kamerun, Tschadseeregion) nach *Ngala* (Grenzort Nigeria) und *Maiduguri* sowie von *Maroua* via *Mora, Kolofata* (Grenzort Kamerun) nach *Bama* (Nigeria) und *Maiduguri*. Von Maiduguri aus gelangt man weiter nach *Kano* in Nigeria. Auch bei diesen Strek-ken sind die Passagen in Nigeria je-weils besser ausgebaut als in Kame-run. Auf allen Grenzverbindungen be-stehen Buschtaxi-Verbindungen, je-weils mit Umsteigen im Grenzort.

## Von/nach Zentralafrikanische Republik (ZAR)
Die Strecke in die ZAR führt von *Ya-oundé* über *Bertoua* nach *Garoua-Boulaï* (Grenzort Kamerun) und wei-ter via *Baboua* (Grenzort ZAR) nach *Bouar* und *Bangui*. Auch hier sind die Strecken vor der Grenze in Kamerun schwierige Pisten, nach der Grenze bessern sich die Verkehrswege. Mit öffentlichen Verkehrsmitteln bietet sich als schnellste und bequemste Verbin-dung die Fahrt im *Transcamerounais* (Eisenbahn) von Yaoundé nach *Bela-bo* an, dort weiter im Buschtaxi via Bertoua nach Garoua-Boulai. Etwas länger dauert die Fahrt von Yaoundé im Buschtaxi nach Bertoua und von dort weiter. Ein nur wenig frequentier-ter Grenzübergang führt von Bertoua über *Batouri* nach *Berbérati* (ZAR).

**Praktische Tips**

### Von/nach Gabun und Äquatorial-Guinea

Kamerunischer Grenzübergang zu beiden Ländern ist *Ambam* südlich von *Ebolowa*. Nach Äquatorial-Guinea führt die Strecke von hier aus über *Ebebiyin* (Grenzort) nach *Bata* an der Küste. In Richtung Gabun geht es von Ambam aus weiter über *Aban Minkoo* und *Bitam* nach *Oyem* und *Libreville*. Von Yaoundé aus erreicht man Ebolowa in ca. drei Stunden, von dort aus den Grenzort Ambam in etwa weiteren fünf Stunden. Die meisten Buschtaxis von Ebolowa aus starten am frühen Morgen in Richtung Grenze.

Weitere Informationen zu den Nachbarländern siehe ab Seite 500.

## Anreise mit dem Schiff

Es gibt keine internationalen Passagierschiff-Dienste in die Hafenstadt *Douala*. In unregelmäßigen Abständen verkehren **Frachtschiffe.**

Wann diese von den europäischen Häfen abfahren, und wann sie in Douala ankommen, wird wöchentlich freitags in der „blauen Schiffsliste" der DVZ *(Deutsche Verkehrs-Zeitung)* veröffentlicht. Die DVZ bekommt man weder auf Einzelanforderung vom Verlag noch am Kiosk, sondern nur im Abo. Es ist deshalb ratsam, bei einer Spedition aufzukreuzen, dort einen guten Eindruck zu machen und eine solche Schiffsliste zu erbitten.

In ihr findet man die Schiffe, Reedereien, Agenturen, Abfahrts- und Ankunftstermine.

Günstigster Abfahrtshafen scheint **Antwerpen** zu sein, was einen nicht daran hindern sollte, die Verschiffung über eine deutsche Spedition ab Antwerpen in Auftrag zu geben. Als Spediteure bieten sich solche an, die weltweit operieren, z.B. *Danzas, Kühne und Nagel, Panalpina, Thyssen Haniel Logistik.*

Auf die **Verschiffung von Kraftfahrzeugen** ist z.B. spezialisiert:

- *deugro van&car*
  Hovestraße 61
  20539 Hamburg
  Tel. (0 40) 37 60 07 45 *(Fr. Erikson)*
  Fax (0 40) 37 60 07 25
- *Carl Hartmann Überseespedition*
  Postfach 10 50 65
  28050 Bremen
  Tel. (04 21) 30 29 30
  Fax 3 02 93 48
  Kompetente Spedition
- *NAVIS Seefracht- und Speditionsgesellschaft*
  Billhorner Kanalstr. 69
  20539 Hamburg
  Tel. (0 40) 78 94 82 44
  an Roland Schmidt wenden (Abwicklung von KFZ weltweit)

**Anfragen und Buchungen** auch bei:
- *Därr Expeditionsservice GmbH*
  Theresienstr. 66
  80333 München
  Tel. (0 89) 28 20 32, Fax 28 25 25

Sehr **wichtig ist bei dem Angebot**, das Sie sich schriftlich einholen, welche Leistungen es tatsächlich beinhaltet, ob also die komplette Abwicklung in Europa, die eigentliche Seefracht, die Entladung und Zollabwicklung in Douala und die Frachtversicherung mit abgedeckt sind. Es mag sinnvoll sein, die Kosten im Hafen Douala nicht mit in Auftrag zu geben, sondern dort zu bezahlen, weil man evtl. vor Ort bessere Möglichkeiten hat, die Kosten im Griff zu behalten, als der Spediteur das von Deutschland aus kann.

Wichtig ist auch die Entscheidung, ob man sein Fahrzeug, einschließlich Ausrüstung und Gepäck, in einem **Container** verschiffen möchte **oder** ohne Gepäck und Ausrüstung als **einzelnes Frachtgut**. Im zweitgenannten Fall sind dann Gepäck und Ausrüstung nur versicherbar, wenn sie wohl verpackt als eigenes Frachtgut aufgegeben werden.

In einen Container paßt das Fahrzeug nur dann, wenn es nicht höher als ca. 2,3 Meter ist. Diese Einschränkung kann gegebenenfalls dadurch eingehalten werden, daß Gepäckträger entladen oder gar demontiert werden und bei den Reifen Druck abgelassen wird.

Ist das Schiff in Douala angekommen, so hat man zehn Tage Zeit, die Ware (Fahrzeug) aus dem Hafen zu holen. Dauert das länger, z. B. weil man selbst zu spät in Douala angekommen ist, fehlende Papiere erst in Deutschland anfordern muß oder weil man zu wenig Schmiergeld anbietet, so bezahlt man Lagergebühr für jeden weiteren Tag. Die genannte Frist von zehn Tagen einzuhalten ist gar nicht so einfach, denn man erfährt erst einige Tage vor Ankunft des Schiffes, ob es Verspätung hat oder gar verfrüht eintrifft.

**Fahrzeugverschiffung von Douala nach Europa:**

♦ *Saga Cameroon*
  Rue Joss
  zuständig ist M. Ponthieu

**Preisbeispiel:**
20-Fuß-Container Douala – Hamburg ca. DM 2 600

Auch hier äußerst langwierige Zollformalitäten bei der Fahrzeugausfuhr.

**Reisen auf Frachtschiffen** sind in keiner Weise mit Kreuzfahrten auf Passagierschiffen zu vergleichen. Es sind in der Regel keine besonderen Einrichtungen für Passagiere vorhanden, sondern es werden die für Seeleute geschaffenen Kabinen und Freizeiteinrichtungen genutzt. Auf den Frachtschiffen wurden je nach Gegebenheit zwei bis zwölf Plätze geschaffen, um es Passagieren zu ermöglichen, an solchen Reisen teilzunehmen. Bei Frachtschiffreisen muß grundsätzlich mit – auch kurzfristigen – zeitlichen Verschiebungen gerechnet werden, da Ladung, Hafenarbeitszeiten, Schleusenzeiten, Wind und Wetter starken Einfluß auf den Reiseplan ausüben. Die Liegezeiten in den Häfen betragen zwischen einigen Stunden und einigen Tagen und variieren von Reise zu Reise. Es empfiehlt sich, vor und nach der Schiffsreise genügend Spielraum einzuplanen für etwaige Änderungen.

Die Reise auf dem Frachtschiff ist in der heutigen Zeit eine fast in Vergessenheit geratene Reiseform. Unterwegs auf dem Schiff erlebt man die Arbeit der Mannschaft hautnah mit und erhält einen Einblick in die echte Seefahrt. **Informationen** dazu bei:

♦ *ASECO Westafrika*
  Am Sandtorkai 37, 20457 Hamburg
  Fax (0 40) 37 84 86
  Preise nach Container-Größen

**Auskünfte in Kamerun** auch bei:

♦ *Cameroon Shipping Line*
  B.P. 4054, Douala,
  Tel. 42 39 80 und 42 62 40
♦ *SOAEM*
  B.P. 4057,
  5, Bd de la Liberté, Douala,
  Tel. 42 63 44, Fax 42 05 18

Praktische Tips

**Fahrten für** einzelne **Passagiere auf Frachtschiffen** vermitteln folgende Agenturen:

◆ *Frachtschiff-Touristik*
   *Kapitän Peter Zylmann*
   Exhüfter Damm 12
   24404 Maasholm/Ostsee
   Tel. (0 46 42) 62 02
   Fax (0 46 42) 67 67

◆ *First Reisebüro GmbH*
   Große Bleichen 68
   20354 Hamburg
   Tel. (0 40) 34 72 49 17
   Fax (0 40) 35 27 96

◆ *Grimaldi Freighter cruises*
   *Seetours International*
   Tel. (0 69) 13 33 0
   Fax (0 69) 13 33 25 4
   Grimaldi-Lines ermöglicht die Begleitung des Fahrzeugs in konfortablen Kabinen für ca. 1900 US$ (DZ) und 730 US$ fürs Auto (Länge bis 4 Meter, sonst teurer).

## Anreise mit dem Flugzeug

Die meisten Besucher Kameruns reisen per Flugzeug an, internationale Flughäfen gibt es in *Douala*, *Yaoundé* und *Garoua*.

Flugverbindungen nach Kamerun bestehen sowohl von Europa als auch von anderen afrikanischen Ländern mehrmals wöchentlich. Die Flüge sind in der Regel nicht ausgebucht, vor und nach den französischen Schulferien (Anfang Juli bis Anfang September) sollten jedoch wegen des Urlaubsverkehrs Reservierungen frühzeitig erfolgen, ebenso während der Weihnachts- und Osterferien.

### Flugverbindungen zwischen Europa und Kamerun

Es bestehen zur Zeit **keine Direktflüge ab Deutschland** oder Öster-

reich. Umsteigeverbindungen via *Paris, London, Brüssel, Moskau, Genf, Zürich*. Alle Fluggesellschaften bieten Zuflüge aus Deutschland an, nur bei Cameroon Airlines muß ein separates Ticket von Deutschland nach Paris oder London gekauft werden.

### Cameroon Airlines
➡ *Paris – Douala*
   4 x wöchentl. (Mo/Mi/Sa/So)
➡ *Paris – Yaoundé*
   Flug geht weiter nach Douala (s.o.)
➡ *Paris – Garoua*
   Tage jeweils erfragen

### Air France
➡ *Paris – Yaoundé*
   1 x wöchentl
➡ *Paris – Douala*
   3 x wöchentl.

### Sabena
➡ *Brüssel – Douala*
➡ *Brüssel – Yaoundé*
   Beide Flüge 1 x wöchentlich.

### Swiss Air
➡ *Genf – Douala*
➡ *Genf – Yaoundé*
➡ *Zürich – Douala*
➡ *Zürich – Yaoundé*
   Alle Verbindungen 1 x wöchentlich.

### Aeroflot
➡ *Moskau – Douala*
   1 x wöchentl.

### Durchschnittliche Flugzeit:
➡ *Zürich – Douala*: 6½ Std.,
➡ *Paris/Brüssel – Douala* : 7 Std.

**Flugpreise** *(Stand Sommer 1997):*
**Aeroflot**
ab/bis München od. Frankfurt DM 1370

**Cameroon Airlines**
ab/bis Paris DM 1460
**Air France**
ab/bis Deutschland DM 1600
**Sabena**
ab/bis Deutschland DM 1660
**Swissair**
ab/bis Zürich DM 1870

**Zum Vergleich:**
Ein Flug in der Business Klasse kostet ungefähr DM 4300.

Erkundigen Sie sich nach dem erlaubten Mindest- bzw. Maximalaufenthalt, ob der Rückflug evtl. umgebucht werden kann, nach Stornogebühren, Studentenermäßigungen und so weiter.

*Billigfluganbieter*
Ein weitgehend **vollständiges Verzeichnis von Billigfluganbietern** finden Sie im Info-Heft der *DZG (Deutsche Zentrale für Globetrotter –* Adresse siehe Seite 20) oder in der zweimonatlich erscheinenden Zeitung *Reise & Preise* aus dem Relax-Verlag, Oliver Kühn, in Hamburg (erhältlich im Zeitschriftenhandel).

Inzwischen gibt es **in jeder größeren Stadt Billigflugbüros**, die spezialisiert sind auf die Vermittlung von Flugtickets zu Sondertarifen (sogenannte Graumarkt-Tickets). Diese Büros inserieren regelmäßig in den Reiseseiten der Tages- und Wochenzeitungen ( *z.B. Süddeutsche Zeitung,*

*Die Zeit, Frankfurter Rundschau, Stern, Tours, Abenteuer & Reisen).*

Da nicht alle seriös arbeiten, viele immer wieder pleite machen und dann womöglich Ihr Geld futsch ist, sind hier einige zuverlässige Adressen von Billigflugbüros aufgelistet:

*Deutschland*
**Aachen**
♦ *Reiseagentur UNITRA*
Alexianergraben 9, 52064 Aachen
Tel. (02 41) 2 15 73
**Berlin**
♦ *Reiseladen*
Zossener Straße 20
10961 Berlin
Tel. (0 30) 6 91 50 81
♦ *Sun Travel*
Gasteiner Straße 3
10717 Berlin
Tel. (0 30) 8 61 06 75
♦ *Team Reisen*
Hauptstr. 9, 10827 Berlin
Tel. (0 30) 7 81 40 05
**Bonn**
♦ *ReisebüroFernweh*
Meckenheimer Allee 72
53115 Bonn
Tel. (02 28) 65 00 01
♦ *Walther-Weltreisen*
Udo Schwark
Hirschberger Straße 30
53119 Bonn
Tel. (02 28) 66 12 39
(Preisliste gegen frankierten Rückumschlag)

Praktische Tips

### Bremen
- *Travel Overland*
  Fedelhören 14
  28203 Bremen
  Tel. (04 21) 33 75 50

### Düsseldorf
- *Explorer GmbH*
  Hüttenstraße 17
  40215 Düsseldorf
  Tel. (02 11) 99 49 01,
  Fax 37 60 87 und:
  Oststraße 122, 40210 Düsseldorf
  Tel. (02 11) 13 35 13 und:
  Luisenstraße 5, 40215 Düsseldorf,
  Tel.(02 11) 37 70 55

### Essen
- *Explorer GmbH*
  Weber Straße 1–3
  45127 Essen
  Tel. (02 01) 23 36 41

### Frankfurt am Main
- *Flugbörse D+S Reisen GmbH*
  Münchner Straße 15
  60329 Frankfurt
  Tel. (0 69) 23 97 50 und:
  Berger Straße 21
  60316 Frankfurt
  Tel. (0 69) 4 90 90 76 und 77

### Freiburg
- *SSF Reisebüro*
  Universitätsstr. 15, 79098 Freiburg
  Tel. (07 61) 3 10 78

### Hamburg
- *Travel Overland*
  Eppendorfer Landstr. 49
  20249 Hamburg
  Tel. (0 40) 4 80 02 40
- *Explorer GmbH*
  Steinstr. 7, 20095 Hamburg
  Tel. (0 40) 3 09 79 00

### Hannover
- *Explorer GmbH*
  Röselerstr. 1
  30159 Hannover
  Tel. (05 11) 32 68 21

### München
- *Äquator*
  Hohenzollernstraße 93
  80796 München
  Tel. (0 89) 2 71 13 50
- *Dr. Kneifel Fernreisen*
  Landwehrstr. 10
  80336 München
  Tel. (0 89) 59 66 01
- *Getaway Travel*
  Dachauerstr. 37
  80335 München
  Tel. (0 89) 55 32 11
- *Nouvelles Frontières*
  Augustenstraße 54
  80333 München
  Tel. (0 89) 5 23 40 56
- *Travel Overland*
  Barerstr. 73
  80799 München
  Tel. (0 89) 27 27 60 (24 Std. Info)
  Fax 2 72 55 09
- *Ticket-Shop* (Travel Overland)
  Theresienstraße 66
  80333 München
  Tel. (0 89) 28 08 50

### Nürnberg
- *Explorer GmbH*
  Färberstraße 52
  90402 Nürnberg
  Tel. (09 11) 20 94 49

### Stuttgart
- *Explorer GmbH*
  Theodor-Heuss-Straße 6
  70174 Stuttgart
  Tel. (07 11) 1 62 52 22
- *Schwaben International*
  Charlottenplatz 6, 70173 Stuttgart
  Tel. (07 11) 24 16 51

### Belgien
- *Nouvelles Frontières*
  National Straße 14
  B – 2000 Antwerpen
  Tel. (00 32) 3/2 32 98 75

### Frankreich
♦ *Nouvelles Frontières*
31, Allée de Tourny
F – 33000 Bordeaux
Tel. (00 33) 56 44 60 38

### Österreich
♦ *Ökista*
Türkenstraße 6
A – 1090 Wien
Tel. (00 43) 1/40 14 80
Büros auch in Graz, Linz, Salzburg
♦ *Reiseladen*
Reisebüro und Buchhandlung
Dominikanerbastei 4
A – 1010 Wien
Tel. (00 43) 1/5 13 75 77
Fax 5 13 79 49/19

### Schweiz
♦ *Nouvelles Frontières*
19, Rue de Berne
CH – 2010 Genève
Tel. (00 41) 22/7 32 04 03
♦ *Nouvelles Frontières*
3, Av. du Rond-Point
CH – 1600 Lausanne
Tel.(00 41) 21/6 16 88 91
♦ *Schweizer Studentenreisen SSR*
Ankerstr. 112
CH – 8026 Zürich
Tel. (0041) 1/2 97 11 11
Filialen in Basel, Bern, Biel, Chur,
Fribourg, Genf, Lausanne, Luzern,
Neuchâtel, St. Gallen, Winterthur,
Zürich (günstige Flüge und Miet-
wagen mit dem *fly-and-drive-Tarif*).

## Flugverbindungen innerhalb Afrikas nach Kamerun
Hin- und Rückflüge nach Douala und
Yaoundé gibt es von:
### Äquatorial-Guinea
➠ *Malabo – Douala*
3 x wöchentlich mit Cameroon Airlines

### Benin
➠ *Cotonou – Douala*
3 x wöchentlich mit Cameroon Airlines

### Burundi
➠ *Bujumbura – Nairobi – Douala*
einmal wöchentlich mit Cameroon Airlines; Verbindung nur noch via Nairobi

### Côte d'Ivoire
➠ *Abidjan – Douala*
täglich mit Air Afrique und Cameroon
Airlines

### Gabun
➠ *Libreville – Douala*
4 x wöchentl. mit Cameroon Airlines
und Air Gabun

### Kenya
➠ *Nairobi – Douala*
1 x wöchentlich mit Cameroon Airlines

### Kongo
➠ *Brazzaville – Douala*
Verkehr zur Zeit eingestellt; vorher 2 x
wöchentl. mit Cameroon Airlines,1 x
wöchentlich mit Inter Air (pleite)

### Mali
➠ *Bamako – Douala*
einmal wöchentlich mit Air Afrique

### Nigeria
➠ *Lagos – Douala*
täglich mit Air Afrique, Cameroon Airlines oder Nigeria Airways
➠ *Calabar – Douala*
einmal wöchentlich mit Nigeria Airways
➠ *Port Harcourt – Douala*
einmal wöchentlich mit Nigeria Airways

### Ruanda
➠ *Kigali – Douala*
2 x wöchentlich mit Cameroon Airlines

**Senegal**
➠ *Dakar – Douala*
einmal wöchentlich mit Air Afrique

**Südafrika**
➠ *Johannesburg – Douala*
einmal wöchentlich mit Cameroon Airlines

**Togo**
➠ *Lomé – Douala*
einmal wöchentlich mit Air Afrique

**Tschad**
➠ *N'Djamena – Douala*
zweimal wöchentlich mit Air Afrique oder Cameroon Airlines
➠ *N'Djamena – Yaoundé*
zweimal wöchentlich mit Cameroon Airlines
➠ *N'Djamena – Garoua*
zweimal wöchentlich mit Cameroon Airlines

**Zaïre**
➠ *Kinshasa – Douala*
viermal wöchentlich mit Cameroon Airlines

**Zentralafrikanische Republik**
➠ *Bangui – Douala*
dreimal wöchentlich mit Air Afrique oder Cameroon Airlines

**Zimbabwe**
➠ *Harare – Douala*
einmal wöchentlich mit Cameroon Airlines

**Preisbeispiele:**
(Stand Sommer 1997)
Afrika ist kein ausgesprochener „Billigflugmarkt" und die Flüge sind verglichen mit denen innerhalb Asiens oder Amerikas teuer.

**Hin- und Rückflug von Douala/Yaoundé** nach:
➠ *Dakar*
CFA 413 400 od. 738 200
➠ *Johannesburg*
CFA 365 000 od. 810 600
➠ *Lomé*
CFA 173 400 od. 304 500
➠ *N´Djamena*
CFA 212 200 od. 377 200
➠ *Kinshasa*
CFA 320 600 od. 563 300
➠ *Bangui*
CFA 205 500 od. 360 200
➠ *Malabo*
CFA 67 800 od. 116 300
➠ *Cotonou*
CFA 171 200 od. 294 900
➠ *Nairobi*
CFA 538 300 od. 978 700
➠ *Libreville*
CFA 85 000 od. 145 900
➠ *Brazzaville*
CFA 204 800 od. 366 100
➠ *Abidjan*
CFA 239 200 od. 404 800
➠ *Bamako*
CFA 360 800 od. 643 900
➠ *Lagos*
CFA 188 100 od. 256 900
➠ *Kigali*
CFA 485 500 od. 732 700

Der erste genannte Preis ist jeweils ermäßigt, der zweite ist der Normaltarif für Hin- und Rückflug. Bei den ermäßigten Hin- und Rückflugtarifen muß der Aufenthalt mindestens zehn und maximal 25 Tage betragen, sonst liegen die Tarife höher.

Auskünfte über günstigere Studentenermäßigungen bei Cameroon Airlines; ein internationaler Studentenausweis muß vorgelegt werden.

Praktische Tips

### Ankunft/Abflug am Flughafen

Die meisten Fluggäste kommen auf dem Flughafen in **Douala**, dem Drehkreuz Kameruns, an. Daneben gibt es den internationalen Flughafen in **Garoua**, der günstig ist, falls Sie eine Tour durch den Norden Kameruns planen; am 1. Juni 1993 wurde der internationalen Airport in **Yaoundé** geöffnet.

Nach Ankunft und vor Abflug (international) erfolgen **Paß-, Gesundheits-** und **Zollkontrolle**, die meist mit großer Gründlichkeit durchgeführt werden. Dabei sollte man sich mit entsprechender Geduld und guten Nerven wappnen. Für die Paßkontrolle sind Ein- bzw. Ausreiseformulare auszufüllen. Für Geschäftsreisende empfiehlt sich auch die Vorlage eines Begleitschreibens (in Französisch) über Zweck und Dauer der Reise. Devisenerklärungen werden in der Regel nicht verlangt. Bei der Ausreise wird jedoch häufig geprüft, ob der ausgeführte Betrag in Landesnoten CFA 20 000 nicht überschreitet. Bei Souvenirs ist der Zoll meist kulant (s.a. bei Souvenirs/Einkauf).

Da in der Regel alle Koffer geöffnet werden müssen, sollte man einen inländischen Weiterflug nicht zu knapp planen und bei einem internationalen mindestens zwei Stunden vor der Ausreise am Check-in-Schalter am Flughafen sein. Das Handgepäck wird aus Sicherheitsgründen sowohl bei der Ankunft als auch beim Abflug mehrmals kontrolliert.

Die offizielle **Mindestübergangszeit** zwischen den Flügen beträgt eine Stunde, doch in der Praxis benötigt man immer länger. In Kamerun wird für internationale Flüge eine **Fluggastgebühr** in Höhe von CFA 10 000 erhoben (vor Abflug zu bezahlen, in-

---

RÉPUBLIQUE DU CAMEROUN
Paix — Travail — Patrie

*REPUBLIC OF CAMEROON*
*Peace — Work — Fatherland*

**CARTE D'EMBARQUEMENT / DEBARQUEMENT**
EMBARCATION /DISEMBARCATION CARD

Mrs
1. Miss.................................................(1)
Mr          Nom (Name)

2. ..........................................................
     Prénom ( First Name )

3. **Nom de jeune fille**..............................
     Maiden name

4. **Date et lieu de naissance**.......................
     Date and place of birth

5. **Nationalité**............................................
     Nationality

6. **Domicile légal**......................................
     Legal residence

7. **Profession**..........................................
     Occupation

Rayer la mention inutile (Delete where inapplicable)

Mettre une croix dans la case correspondante
( cross where appropriate )

8. **Destination/Provenance**............................
     Going to/Coming from

9. **Mode de transport**     Air (Air) ☐
     Means of transport     Mer (Sea) ☐
     ☐ Route (Road)     ☐ Rail (Rail) ☐   (2)

10. **Durée du séjour**....................................
      Duration of stay

11. **Motif de visite** ☐ **Affaires**
      Reason for the trip     Business
      **Vacances** (2) Holidays ☐

      ☐ **Autres à préciser** ...........................
           ( Other reasons )

12. **Moyen d'hébergement**.............................
      Means of accommodation

13. **Passeport no.**.......................................
      Passport number

14. **Date**                      Signature du Passager
      Date                        Signature of Passenger

*Avec les compliments de* CAMEROON AIRLINES
*With the compliments of*

---

*Dieser Einreise-Zettel ist im Flugzeug auszufüllen*

ländische Flüge CFA 1000). Halten Sie diesen Betrag daher vor Abflug jeweils in Landeswährung bereit. Alle internationalen Flughäfen verfügen über eine **Bank** zum ersten Geldumtausch, über **Restaurant, Bars** und **Duty-Free-Shop** sowie **Souvenir-Läden.** Hotelreservierungen können von den Flughäfen aus nicht vorgenommen werden, *Douala* und *Yaoundé* verfügen über **Autovermietung** am Flughafen.

Für Fahrten von den Flughäfen zu den Hotels stehen **Taxis** zur Verfügung, in Douala z.B. zahlen Sie für die Strecke Flughafen – Stadt (10 km) ca. CFA 3500, nachts mit Aufschlag. Der Taxipreis muß in jedem Fall vorher vereinbart werden, die Taxis verfügen nicht über Taxameter. Die großen Hotels bieten in Douala und Yaoundé einen **Busservice** an, der die Fahrt zum Hotel kostenlos ausführt.

**Flugrückbestätigungen** der Weiter- und Rückflüge müssen bis spätestens 72 Stunden vor Abreise für alle Fluggesellschaften erfolgen, sonst besteht kein Anspruch auf einen Platz im Flugzeug, auch wenn man ein OK im Ticket hat. Die Rückbestätigungen müssen **persönlich** (nicht telefonisch) erfolgen, da ein Vermerk in das Ticket gemacht wird. Zuständig dafür ist das Büro der jeweiligen Fluggesellschaft. Dort erfolgen auch Um- oder Neubuchungen. Flugscheine erhalten Sie bei den Fluggesellschaften oder den örtlichen Reisebüros.

Das **Freigepäck** auf internationalen sowie inländischen Flügen beträgt **20 Kilogramm**/Person. Diese Toleranzgrenze sollte unbedingt eingehalten werden, da die *Cameroon Airlines* mit Übergepäck sehr streng ist. Für jedes Kilogramm Übergepäck rechnet man in der Regel 1% des First-Class-Flugpreises der jeweiligen Strecke.

Für das Gepäck gibt es an allen Flughäfen **Gepäckträger.**

**Büros der kamerunischen Fluggesellschaft in Europa:**

◆ *Cameroon Airlines*
12, Bd. des Capucines
Paris/Frankreich
Tel. (00 33) 1 /43 12 30 10 (Reservierung) oder 43 12 30 20 (Verkauf), Fax 49 24 93 98

◆ *Cameroon Airlines*
Speicherstraße 2
60327 Frankfurt
Tel. (0 69) 23 20 62
Fax 23 38 06

◆ *Cameroon Airlines*
Im Taubengrund 23
65451 Kelsterbach/Main
Tel. (0 61 07) 60 37, 6038 , 6039
Fax (0 61 07) 6 23 71

*Volbeladene Taxis kehren vom Markt zurück*

## *Ausrüstung*

Erfahrene Reisende wissen, daß es besser ist, **so wenig Gepäck wie möglich** mitzunehmen, denn meistens hat man auch nach sorgfältiger Auswahl des Reisegepäcks am Schluß dennoch zuviel dabei. Jedes überflüssige Gepäckstück bedeutet zusätzlichen Ballast, der unterwegs in tropischer Hitze nur behindert.

Koffer, Rucksack oder Reisetasche? Art und Inhalt des Gepäcks richten sich neben den persönlichen Bedürfnissen in erster Linie danach, auf welche Weise Sie reisen.

Für reine Hotelaufenthalte oder organisierte Hotelrundreisen ist ein Koffer ideal. Reisetasche oder Rucksack eignen sich besser für individuelle Touren oder Wanderreisen. Wichtig ist dabei, daß das Gepäckstück robust und strapazierfähig ist, denn in überfüllten Bussen, Booten und Zügen wird es nicht gerade schonend behandelt. Schmutz, Lehm- oder Ölflecken fallen bei dunkler Farbe weniger auf. Am besten hat sich auf meinen Reisen ein **Kofferrucksack** bewährt, der sowohl auf dem Rücken als auch mit der Hand zu tragen ist. Er läßt sich praktisch öffnen, was auch bei den Kontrollen unterwegs nützlich ist. Ist das Material nicht wasserdicht, sollte man das Gepäck innen mit Folie gegen Nässe schützen (speziell auf Wandertouren im Urwald).

Für Fotoausrüstung, Dokumente oder Dinge, die Sie unterwegs öfter benötigen, eignet sich ein **Tagesrucksack** oder eine Umhängetasche. Unterwegs in öffentlichen Verkehrsmitteln kommt man kaum an das große Gepäck heran.

## *Ausrüstungs-Checkliste*

❏ Koffer, Rucksack oder Reisetasche
❏ Tagesrucksack/Umhängetasche
❏ Vorhängeschloß (für Rucksack oder Reisetasche)
❏ Reisedokumente: Flugschein, Reisepaß (mit gültigem Visum), Führerschein (international), evtl. internationaler Studentenausweis, Impfpaß **(1.)**
❏ Paßbilder (für Visa unterwegs)
❏ Bargeld und Reiseschecks
❏ Geldgürtel, Brustbeutel, Hüfttasche
❏ Fotoausrüstung (s. Seite 52)
❏ Fernglas, evtl. Thermometer
❏ Reiseapotheke (s. Seite 63)
❏ Sonnenhut
❏ Sonnenbrille
❏ Sonnenschutzmittel (mit hohem Faktor), Lippenschutz
❏ Ersatzbrille
❏ Toilettenartikel (Zahnbürste, Zahnpasta, umweltgerechte Seife, Shampoo, Naßrasierer und Ersatzklingen, Tampons, Präservative)
❏ Papiertaschentücher
❏ Reisewaschmittel
❏ Taschenlampe, Kerzen **(2.)**
❏ Taschenmesser (Schweizer Offiziersmesser o.ä.)
❏ Handtuch (nicht nötig für Hotels)
❏ Wasserflasche und Mineraldrinks **(3.)**
❏ Mikropur oder Wasserfilter
❏ Schlafsack bzw. Jugendherbergs-Schlafsack **(4.)**
❏ Regenschirm oder -poncho **(5.)**

❏ Moskitospiralen, Moskitonetz **(6.)**
❏ Mückencreme
❏ Nähzeug, Sicherheitsnadeln
❏ Paketschnur oder Wäscheleine, einige Wäscheklammern
❏ Reisewecker
❏ Schreibzeug, Notizheft oder Block
❏ Adressbuch
❏ Reiseliteratur, Landkarten (siehe Seite 37), evtl. Französisch-Sprachführer
❏ Kompaß und eventuell Höhenmesser
❏ Reiselektüre
❏ Gastgeschenke **(7.)**
❏ Plastikbeutel für Schmutzwäsche oder zur Müllentsorgung

## Erläuterungen

1. Ihre Wertsachen und Dokumente sollten Sie immer bei sich tragen, am besten direkt am Körper. Es ist vorteilhaft, sich von allen Papieren Kopien anzufertigen und getrennt von den Originalen (z.B. beim Reisepartner) aufzubewahren. So kann bei Verlust rasch für Ersatz gesorgt werden.
2. Ersatzbatterien für Taschenlampen (umweltgerechter sind wiederaufladbare Batterien); als Kerzen haben sich Teelichter bewährt, die lange brennen und nicht umfallen können.
3. Durch die ständige Hitze trocknet der Körper leicht aus, die Salzzufuhr wird durch Mineraldrinks oder Brausetabletten ergänzt. Es gibt in Kamerun große Plastikflaschen mit Mineralwasser zu kaufen, die sich immer wieder nachfüllen lassen. Doch sind sie in der Regel nicht strapazierfähig genug für Trekkingtouren, hier empfiehlt sich deswegen eine Metall- oder Plastikflasche aus dem Ausrüstungsbedarf.
4. Für Trekkingtouren oder Zelten ist ein Schlafsack nötig, für Bergtouren auf den *Mt. Cameroon* im Komfortbereich bis 0° C. Ein leichter Leinenschlafsack (Jugendherbergs- oder Hüttenschlafsack) ist in sehr einfachen Unterkünften nützlich (da hygienischer, manchmal kein Bettzeug vorhanden).
5. Für Bergtouren ist der Poncho vorteilhaft, sonst aber ein Schirm besser, da man sich bei tropisch feuchten Temperaturen unter dem Umhang leicht wie in der Sauna fühlt.
6. Ein Moskitonetz halte ich lediglich beim Urwaldtrekking mit Zelt für sinnvoll (z.B. im *Korup Nationalpark*), ansonsten haben sich Moskito-Spiralen bewährt, die es auch vor Ort zu kaufen gibt.
7. Als kleines Dankeschön bei Einladungen oder als Gastgeschenke eignen sich Musikkasetten, Taschenlampen, Feuerzeuge, Armbanduhren, Zigaretten, Parfums oder Duftseifen, Taschenmesser, Kugelschreiber oder Ansichtskarten von zu Hause.

**Tips zur Ausrüstung für Trekking- und Bergtouren** können Sie dem Reiseteil „Der Westen", ab Seite 290 entnehmen.

## Ausrüstungsläden

Nachfolgend eine **Liste von Ausrüstungsläden** mit einem guten Sortiment und ausführlicher Beratung durch erfahrene Mitarbeiter.

### Deutschland:

◆ *Därr Expeditionsservice*
Theresienstr. 66, 80333 München
Tel. (0 89) 28 20 32. Katalog gegen Portogebühr von 3,00 DM.

◆ *Globetrotter Ausrüstung*
 *Denart & Lechardt*
 Wiesendamm 1, 22305 Hamburg
 Tel. (0 40) 29 12 23 und

◆ *Denart & Lechardt*
 Wilsdruffer Str. 3, 01067 Dresden
 Tel. (03 51) 4 95 21 16

◆ *Denart & Lechardt (ehemals AFT)*
 Bundesallee 88,
 12161 Berlin
 Tel. (0 30) 8 5 89 20

◆ *Bannat Globetrotter Ausrüstungen*
 Lietzenburgerstr. 65, 10719 Berlin
 Tel. (0 30) 8 82 76 01

◆ *Transglobe*
 Zülpicherstr. 38, 50674 Köln
 Tel. (02 21) 23 93 98 und

◆ *Transglobe*
 Alexanderstr. 35, 40210 Düsseldorf
 Tel. (02 11) 32 64 29
 Fax (02 11) 32 70 05

◆ *Lauche & Maas*
 Karl-Liebknecht-Str. 11
 07749 Jena

◆ *Sahara Spezial*
 Bahnhofstr. 69, 35390 Giessen
 Tel. (06 41) 7 47 74 und 7 31 95
 Fax. (06 41) 7 67 70

◆ *Pritz Globetrotter Ausrüstungen*
 Schmiedgasse 17–19
 94032 Passau
 Tel. (08 51) 3 62 20

## Österreich:

◆ *Hof u. Turecek Expeditionsservice*
 Markgraf-Rüdiger-Str. 1
 A – 1150 Wien
 Tel. (02 22) 9 82 23 61 und
 9 85 21 74
 Fax (02 22) 9 83 46 42

## Schweiz:

◆ *Transa Backpacking*
 Josefstr. 59, CH – 8005 Zürich
 Tel. (00 41-1) 2 71 90 40

◆ *Atlas Travel Shop*
 Bahnhofstr. 76 (Autoausrüstung)
 CH – 3232 Ins
 Tel. (00 41-32) 3 13 44 07
 Fax (00 41-32) 3 13 44 08
 und Schauplatzgasse 21
 CH – 3011 Bern
 Tel. (00 41-31) 3 11 90 44
 Fax (00 41-31) 3 12 54 05

Die Besitzer und Mitarbeiter obiger Ausrüstungsläden kennen alle Afrika aufgrund mehrerer eigener Reisen durch den Kontinent und können deshalb auch gute Beratung zu den erforderlichen Ausrüstungen bieten.

Es gibt noch eine Reihe weiterer Ausrüstungsläden in allen Großstädten die mehr oder minder gut Bescheid über Afrika wissen und sinnvolle Ausrüstungen empfehlen können. Ein fast vollständiges Verzeichnis finden Sie im Infoheft der *Deutschen Zentrale für Globetrotter* (s. Informationsstellen).

## *Bücher, Karten und Hintergrundinformationen*

### *Bücher*

*Barbier, Jean-Claude*
Femmes du Cameroun, mères pacifiques, femmes rebelles. ORSTOM-Karthala, Bondy, Paris 1985

*Barley, Nigel*
Die Raupenplage. Von einem, der auszog, Ethnologie zu betreiben. Klett-Cotta, Stuttgart 1989

*Barley, Nigel*
Traumatische Tropen. Notizen aus meiner Lehmhütte. Klett-Cotta, 1990

*Binam, B. u. Soundjock, E.*
Les contes du Cameroun. Yaoundé 1984.

*Camus, Alain*
Au Cameroun. Guide Hachette, Visa, Frankreich 1984. Neuauflage 1988

*Chilver, Elizabeth and Phyllis M. Kaberry*
Traditional Bamenda. The Pre-Colonial History and Ethnography of the Bamenda Grassfields. Buea (Cameroon) 1967

*Damay, Jean*
Lettres du Nord-Cameroun, Karthala, Paris 1985

*Debel, Anne*
Le Cameroun aujourd'hui, Edition J.A., Paris 1986

*Denis, Alain*
Au-delà des légendes: L'Ouest Cameroun. Paris 1986. (Bildband über die Königreiche im Kameruner Grasland)

*Dugast, I.*
Géographie du Cameroun. Yaoundé 1971.

*Edelman, Nancy* (Hrsg.)
L'Art Camerounais du Monastère Bénédictin du Mont Fébé, Yaoundé. USA 1989. (Im Benediktinerkloster Yaoundé erhältlich)

*Fröhlich, Max*
Gelbgiesser im Kameruner Grasland. Ein technologischer Bericht. Museum Rietberg, Zürich, 1979

*Gardi, Bernhard*
Kunst in Kamerun. Ausgewählte Stüke aus den Sammlungen des Museums für Völkerkunde Basel und der Basler Mission. Begleitschrift zur Ausstellung. Basel 1994. 139 S., 141 Abb., teils in Farbe, Karten;

*Gardi, Bernhard* (Hrsg.)
René Gardi. Momente des Alltags. Fotodokumente aus Nordkamerun (Tschadsee, Mandara, Alantika). Mit Beiträgen von Bernhard Gardi, René Gardi und Christraud Geary. Basel 1995, 139 S., 320 s/w. Abb., Karten.

*Gardi, René*
Alantika, Bergland in Kamerun. Bern 1964, neu aufgelegt 1981

*Grimaldi, Jean u. A. Bikia*
La grand livre de la Cuisine Camerounaise. Yaoundé 1985

*Geary, C. und Ndam Njoya, A.*
Mandu Yenu. Bilder aus Bamum, einem westafrikanischen Königreich. Trickster, München 1985 (Fotos aus der Zeit vor dem Ersten Weltkrieg)

*Geary, C.*
Things of a palace. A catalogue of the Bamum Palace Museum in Foumban, Cameroon; Wiesbaden 1983

*Géographie du Cameroun*
Paris. Lehrwerk an kamerunischen Schulen.

*Harter, Pierre*
Arts anciens du Cameroun, Arnouville 1986

*Hirsch, K.*
Bamiléké. Berlin 1988

*Hetzel, W.*
Ngaoundéré. Tradition und Wandel im Raum einer Fulbe-Stadt, Kölner Geograph. Arbeiten, Sonderfolge, Beiträge zur LK Afrikas 12, Köln 1983

*Hücking, Renate u. Launer, E.*
Aus Menschen Neger machen. Wie sich das Handelshaus Woermann an Afrika entwickelt hat.
Galgenberg-Verlag, Hamburg 1986

*Hurault, J.*
La structure sociale des Bamiléké; Paris 1962

*Imbert, Jean*
Le Cameroun, Collection „que saisje?", PUF Paris 1973

*Kurzbach, Gerlinde* (Hrsg.)
Kamerun. Ein Reisebuch. VSA-Verlag, Hamburg 1992

*Koloß, Hans Joachim*
Kamerun. Könige, Masken, Feste. Ethnologische Forschungen im Grasland der Nordwestprovinz von Kamerun. Institut für Auslandsbeziehungen Stuttgart und Lindenmuseum Stuttgart 1977

*Koloß, Hans Joachim*
Opfer an die Königsahnen, Tikar (Kameruner Grasland), Göttingen 1985

*Koloß, Hans Joachim*
Auftritt der Nachtmasken, Tikar (Kameruner Grasland), Göttingen 1985

*Lauber, Wolfgang*
Deutsche Architektur in Kamerun 1884 – 1914. Karl Krämer Verlag, Stuttgart 1988

*Lauber, Wolfgang*
Paläste und Gehöfte im Grasland von Kamerun. Karl Krämer Verlag, Stuttgart, 1990

*Lukas, R.*
Nicht-islamische Ethnien im südlichen Tschadraum. Franz Steiner Verlag, Wiesbaden 1973

*Morgen, Curt von*
A travers le Cameroun du Sud au Nord, Yaoundé 1972. (Übersetzung des Reisewerkes „Durch Kamerun von Süd nach Nord" des deutschen Offiziers, dem es als erstem gelang, von der Küste bis zum Bénoué zu gelangen)

*Mveng, E.*
Histoire du Cameroun, Présence africaine, 1963. (Das erste ernstzunehmende Geschichtswerk, das von einem Kameruner verfaßt wurde.)

*Ndumbe III, Kum´a*
Was will Bonn in Afrika? Zur Afrika-
Politik der Bundesrepublik Deutsch-
land. Centaurus 1992

*Ngoh, Victor*
Cameroon 1884–1985. A Hundred
Years of History. Yaoundé 1987

*Njiassé Njoya*
De Njoya à Njimoluh. Cent ans
d'histoire bamoun. Foumban 1984.

*Schramm, J.*
Kamerun. Bonn 1969

*Seignobos, Christian* (Hrsg.)
Montagnes et Hautes Terres du Nord
Cameroun. Collection Architectures
traditionelles. Editions Parenthèses,
Roquevaire (Frankreich) 1982.
(Sehr detaillierte Informationen und
Zeichnungen zur Architektur Nord-
kameruns).

*Statistisches Bundesamt Wiesbaden*
(Hrsg.)
Länderbericht Kamerun 1992. Wies-
baden 1993

*Tardits, C.*
Le royaume Bamoun, Paris 1980

*Valentin, Peter*
„Juju's" in the forest areas of West-
Cameroon;
Basler Afrika Bibliographien, Basel
1980

*Wirz, A.*
Vom Sklavenhandel zum Kolonialhan-
del, Wirtschaftsräume und Wirt-
schaftsformen in Kamerun vor 1914.
Zürich 1972.

### Weiterführende Literatur

*Ansperger, Franz*
Politische Geschichte Afrikas im 20.Jh., Beck'sche Reihe, 1.Aufl. 1993

*Bender, Wolfgang*
Sweet Mother – Afrikanische Musik, Trickster Verlag, München 1985. ( sehr umfassendes und informatives Werk vom Leiter des Archivs für die Musik Afrikas a. d. J. Gutenberg Uni Mainz)

*Bertaux, P.* (Hrsg.)
Afrika. Fischer Weltgeschichte Band 32, Frankfurt 1990

*Bertelsmann Lexikon*
Die Völker der Erde, Kulturen und Nationalitäten von A–Z, Gütersloh/München 1992

*Cornevin, Robert u. Marianne*
Geschichte Afrikas, Klett-Cotta, Ullstein TB, Frankfurt, 1980

*Cropp, Wolf Ulrich*
Schwarze Trommeln. Auf Entdeckungsreise durch Westafrika. Erlebnisberichte, Reisetips, Völkerkunde.

*Crowther, Geoff*
Afrika on a shoestring, Lonely Planet, Victoria/ Australia, 1987. Deutsche Übersetzung Schettler, 2. Aufl. 1989

*Därr/TCS*
Durch Afrika. Reise Know-How, Afrika-Führer, Band 2. Routenbeschreibungen für ganz Afrika, Reise Know-How Verlag Därr GmbH 1987

*Dorst, J. und P. Dandelot*
Säugetiere Afrikas, Paul Parey Verlag, Hamburg 1973, gutes Bestimmungsbuch

*Förster , Till*
Kunst in Afrika, Dumont Verlag, Köln 1988 (u.a.: Fürstentümer und Königreiche, Das Kameruner Grasland, S. 181ff.)

*Friedhuber, Sepp*
Afrika, Berge – Wüsten – Regenwälder (u.a. Mt. Cameroon), Verlag J.Berg 1991

*Frobenius, Leo*
Schwarze Sonne Afrika. Mythen, Märchen und Magie, Düsseldorf/Köln 1980

*Frobenius, Leo*
Kulturgeschichte Afrikas (1933). Neuauflage im Peter Hammer Verlag, Wuppertal 1993

*Graudenz, K.H. u. Schindler, H.M.*
Die deutschen Kolonien. 100 Jahre Geschichte in Wort, Bild und Karte.

*Guide Routard*
Afrique noire. Hachette, Paris 1990. Führer über die frankophonen Länder Schwarzafrikas (u.a. Kamerun), für Rucksacktouristen

*Heise, Gertraud*
Das dritte Paradies. Reisereportagen (u.a. aus Kamerun). Fischer TB, 1985
*IC-Guide*
Travellers Guide to Africa, 7. Aufl. 1988, London

*Kagame, A.*
Sprache und Sein. Die Ontologie der Bantu Zentralafrikas. Heidelberg 1985

*Ki-Zerbo, Joseph*
Die Geschichte Schwarz-Afrikas. rororo Taschenbuch 6417

*Leuzinger, Elsy*
Afrika. Kunst der Negervölker (Kunst der Welt), Holle-Verlag, Baden-Baden 1959 (verb. Neuauflage 1980)

*Lewis, M.*
Schamanen, Hexer, Kannibalen. Die Realität des Religiösen. Frankfurt 1989

*Lötschert, W. und Beese, G.*
Pflanzen der Tropen. BLV-Bestimmungsbuch, München 1981

*Fritz, Wolfgang u. Lutz, Erich*
Kochen wie in Afrika. Berlin 1980

*Manshard, Walter*
Afrika – südlich der Sahara. Fischer Länderkunde 5, Frankfurt 1970

*Martin, C.*
West- und Zentralafrikanische Regenwälder: Kaum genutzt und doch zerstört, in: *Stüben, P.E.* (Hrsg.) Kahlschlag im Paradies, Gießen 1985, S. 103 ff.

*Meder, Angela*
Gorillas, Ökologie und Verhalten. Springer-Verlag, Berlin 1993

*Nestvogel, R. und Tetzlaff, R.* (Hrsg.)
Afrika und der Deutsche Kolonialismus. Berlin 1987

*Raunig, Walter* (Hrsg.)
Schwarz-Afrikaner. Gütersloh 1987 (u.a. Götter und Ahnen, Hexen und Medizin, zum Weltbild in Oku – Kameruner Grasland, von H.J. Koloß)

*Rosny, Eric de*
Heilkunst in Afrika. Mythos, Handwerk und Wissenschaft. Peter Hammer Verlag, Wuppertal 1994

*Scholl-Latour, Peter*
Mord am großen Fluß. Ein Vierteljahrhundert afrikanische Unabhängigkeit. DVA Stuttgart, 1986 (u.a.: „Kamerun: Bandenkrieg unter roter Fahne". Größtenteils besteht das Buch aus Texten aus den frühen 60er Jahren.)

*Thiam, Awa*
Die Stimme der schwarzen Frau. rororo TB 4840, Hamburg 1981 (zu Polygamie, Beschneidung, Erziehung etc.)

*WWF-Umweltstiftung*
Silberstreifen am Horizont. Aufbruch zur Vernunft. Pro Futura Verlag, München 1992 (u.a. Kamerun, Korup Nationalpark)

*Yahmed, Danielle*
La Cuisine Africaine. Les Editions J.A., Paris, 1986

### *Romane und Prosa zum Einstimmen (Auswahl)*
*Bebey, Francis*
King Albert. Peter Hammer Verlag, Wuppertal

*Bebey, Francis*
Alle Menschen sind schwarz. Geschichten und Gedichte. P. Hammer Verlag, Wuppertal 1994

*Bebey, Francis*
Eine Liebe in Douala. Roman, P. Hammer Verlag, Wuppertal 1987

*Bebey, Francis*
Das Alphabet der Sonne während des Regens. Roman. P. Hammer Verlag

*Beti, Mongo*
Der arme Christ von Bomba. Peter Hammer Verlag

*Essome, Emmanuel*
Nuits chez l'ancêtre. Paris 1987.
(Erzählungen aus Kamerun)

*Hoffmann, Gisela und E.u.H. Lüllau*
Justin. Ein Junge aus Kamerun erzählt. Kinderbuch, Peter Hammer Verlag, Wuppertal

*Oji, Chima*
Unter die Deutschen gefallen. Erfahrungen eines Afrikaners. (Bericht eines nigerianischen Arztes, der in
Deutschland studierte und lebte). Peter Hammer Verlag, Wuppertal

*Philombe, René*
Der weiße Zauberer von Zangali. Roman aus Kamerun. Verlag Otto Lem-
beck, Frankfurt 1980

*Riepe, Regina und Gerd*
Du schwarz – ich weiß. Bilder und
Texte gegen den alltäglichen Rassis-
mus. Peter Hammer Verlag, Wuppertal

*Smith Bowen, Elenore*
Rückkehr zum Lachen. Ein ethnologi-
scher Roman, rororo TB 5851

*Trojanow, Ilja* (Hrsg.)
Afrikanissimo. Ein heiter-sinnliches
Lesebuch. München 1991
(Erzählungen von zeitgenössischen
Autoren Schwarzafrikas, u.a. Kame-
runs)

### Literatur zu den Nachbarländern
*Diezemann, Eckart*
Nigeria. Goldstadt-Reiseführer, 1992

*Franceschi, P.*
Kongo. 4 Männer gegen den Dschungel. Reisen – Menschen – Abenteuer

*Newton, Alex*
Central Africa, a travel survival kit.
Aufl. 1993

*Stahn, Eberhardt*
Nigeria. Mai-Weltführer Nr.3, Mai-Ver-
lag, 3. Aufl. 1990

*Stanley, H.M.*
Die Entdeckung des Kongo. Hrsg. v.
H. Pleticha. Tübingen/Basel 1979

*Wirz, Albert*
Krieg in Afrika – Die nachkolonialen
Konflikte in Nigeria, Sudan, Tschad
und Kongo, Wiesbaden 1982

*Wöhe, Gerti*
Westafrika – mit Schwerpunkt Nigeria. (im Eigenverlag erschienen, Hems-
bach 1986)

*Wöhe, Gerti*
Nigeria hinter den Kulissen. Reisesto-
ry, Reise Know-How Verlag Därr
GmbH, Hohenthann, 1990

## Landkarten
*Atlas of the*
*United Republic of Cameroon*
Editions J.A., Paris 1980

*Macmillan*
Road Map of Cameroun, 1:1.5 Mio.,
1988

*Kamerun Autokarte*
F & B, 1:1.5 Mio.

*IGN (Institut Géographique National)*
Douala, NB-32/33, 1:1 Mio.
Garoua, NC-33, 1:1 Mio.
Kousseri, ND-33-III, 1:200 000
Mokolo, NC-33-XIV, 1:200 000
Mora, NB-33-XXI, 1:200 000

*Nigeria Autokarte*
F & B, 1:1.5 Mio.

*Gabon*
Carte Générale et Routière,
IGN, 1:1.5 Mio.

Aktuelle Straßenkarten von Kamerun
sind auch in diversen Geschäften in
Yaoundé zum Preis von ca. CFA 6000
erhältlich.

Wer **mit dem eigenen Fahrzeug** durch
die Sahara nach Kamerun reist (bei
Drucklegung aufgrund der Grenzlage
nicht möglich), sollte sich unbedingt
detailliertes Kartenmaterial von Afrika
beschaffen. Zur Übersicht nützlich und
ständig aktuell ist die *Michelin-Karte
953, Nord- und Westafrika.* Außerdem
gibt es vom *IGN* detailliertes Kartenmaterial über die jeweiligen Streckenabschnitte im Maßstab 1:1 Mio.,
1:500 000 und 1:200 000. Manche sind
nur in den Hauptstädten der jeweiligen Länder erhältlich (z.B. *Institut
Géographique Yaoundé*). Gute Stadtpläne sowie Karten, französische und
afrikanische Literatur erhalten Sie in
Douala und Yaoundé in den größeren
Buchhandlungen.

Eine gute **Auswahl an Afrika-Detailkarten und guter Reiseliteratur** finden Sie im Katalog von
♦ *Därr-Expeditionsservice-GmbH*
  Theresienstr. 66
  80333 München
  Tel. (0 89) 28 20 32

Außerdem bei:
♦ *Internationales Landkartenhaus
  (ILH)*
  Schockenriedstr. 40 a
  70565 Stuttgart

## Geographische Buchhandlungen

Folgende Buchhandlungen mit geographischen Spezialabteilungen (Auswahl) führen eine große Auswahl an
Literatur und Afrika-Detailkarten:

*Deutschland*
**Aachen**
♦ *Mayersche Buchhandlung*
  Talbotstr. 25
  52068 Aachen
**Bielefeld**
♦ *Phönix-Bücher*
  Jahnplatz/Oberntorwall 23
  33602 Bielefeld
**Berlin**
♦ *Kiepert KG*
  Hardenbergstraße 4– 5
  10623 Berlin
♦ *Schropp'sche Landkartenhandlung*
  Lauterstr. 14 – 15
  12159 Berlin
♦ *Outdoor*
  Bergmannstr. 108
  10961 Berlin
**Bremen**
♦ *Fata Morgana,*
  Auf den Häfen 9 – 10
  28203 Bremen
**Düsseldorf**
♦ *Sack & Pack*
  Brunnenstr. 6
  40223 Düsseldorf
**Essen**
♦ *Baedeker GmbH*
  Kettwiger Str. 35
  45127 Essen
♦ *Landkartenhaus Orgs*
  Rosastr. 12
  45130 Essen
**Frankfurt am Main**
♦ *Schwarz Landkartenhaus*
  Berliner Str. 72
  60311 Frankfurt

### Freiburg
◆ *Gerhard Voigt Landkartenhaus*
Schiffstr. 6
79098 Freiburg

### Hamburg
◆ *Dr. Götze & Co. GmbH*
Hauptbahnhof
20095 Hamburg

### Hannover
◆ *Schmorl & von Seefeld GmbH*
Bahnhofstr. 14
30159 Hannover

### Heidelberg
◆ *Books on African Studies*
Jerry Bedu-Addo, PF 1320
69198 Schriesheim (Versandbuch-
handlung mit sehr vielfältigem Angebot zu Afrika; Nordafrika ist un-
terrepräsentiert; viele CDs und Musikkassetten)

### Köln
◆ *Gleumes & Co*
Hohenstaufenring 47–51
50674 Köln
◆ *Mayersche Buchhandlung*
Neumarkt/Kronengasse
50667 Köln

### Ludwigsburg
◆ *Aigner GmbH*
Arsenalstr. 8
71638 Ludwigsburg

### Mainz
◆ *Gutenberg Buchhandlung*
Große Bleiche 29
55116 Mainz

### München
◆ *Äquator*
Hohenzollernstr. 93, 80796 Mün-
chen
◆ *Därr Expeditionsservice GmbH*
Theresienstr. 66
80333 München
◆ *Geographische Buchhandlung*
Rosental 6
80331 München

### Regensburg
◆ *Friedrich Pustet*
Gesandtenstr. 6–8
93047 Regensburg

### Stuttgart
◆ *Konrad Wittwer*
Hauptbahnhof
70173 Stuttgart

### Tübingen
◆ *Osiandersche Buchhandlung*
Unter dem Holz 25
72072 Tübingen

### Wiesbaden
◆ *Angermann*
Mauergasse 21
65183 Wiesbaden

### Wuppertal
◆ *Baedeker KG*
Friedrich-Ebert-Str. 31
42103 Wuppertal

Ein gutes und auch vielfältiges Angebot an Büchern und Landkarten führen ferner die *Hugendubel-Buchhand-
lungen.*

### *Österreich*
### Wien
◆ *Freytag & Berndt*
Kohlmarkt 9, A – 1010 Wien
◆ *Hof & Turecek GmbH*
Markgraf-Rüdiger-Str. 1, 1150 Wien
◆ *Reiseladen*
Dominikanerbastei 4
A – 1010 Wien (Katalog)

### *Schweiz*
### Bern
◆ *Atlas-Reisebuchladen*
Schauplatzgasse 31
CH – 3011 Bern

### Zürich
◆ *Travel Book Shop*
Rindermarkt 20
8001 Zürich (sehr gutes Sortiment)

Praktische Tips

◆ *Trottomundo*
Rindermarkt 6
CH – 8001 Zürich

### Niederlande
◆ *Nilsson & Lamm*
Pampuslaan 212–214
NL – 1380 ad Weesp
◆ *Pied à Terre*
Singel 393
NL – 1012 WN-Amsterdam
◆ *Olivier van Noort*
Pannekoekstraat 43a
NL – 3011 LC-Rotterdam

### Großbritannien
◆ *Edward Stanford Ltd.*
12–14 Long Acre
London WC2E 9LP

Die **Deutsche Afrikagesellschaft** gibt zahlreiche kleine und preiswerte Ländermonographien heraus, die über Geschichte, Bevölkerung, Politik, Verkehr, Wirtschaft, Natur, Sehenswürdigkeiten und andere Themen aus jeweils einem afrikanischen Land berichten. **Informationen** sind zu bekommen über:

◆ *Deutsche Afrikagesellschaft*
Markt 10 – 12
53111 Bonn
oder
◆ *Kurt Schroeder-Verlag*
Rheinallee 21
53639 Königswinter.

## Museen
Alle großen Völkerkundemuseen verfügen über Afrika-Abteilungen, die einen Überblick über Afrikas Kunst und Handwerk bieten. Nachfolgend einige Museen mit besonders interessanter Afrika-Ausstellung (u.a. Kamerun):

**Basel**
◆ *Museum für Völkerkunde,
Schweizerisches Museum für
Volkskunde*
Augustinergasse 2
CH – 4001 Basel
Tel. (00 41) 61/ 26 65 50 0
Unter anderem große Sammlung zu West- und Zentralafrika, darunter auch ethnographische Sammlung der Basler Mission. Ein wichtiger Schwerpunkt der Afrika-Ausstellung ist Kamerun, eine Vielzahl der Objekte stammt aus der Zeit vor 1914. Diese Objekte betreffen im wesentlichen das küstennahe Gebiet (Douala, Sakbayeme) sowie das Grasland (Foumban, Bali). Ausstellungskatalog von Bernhard Gardi (SFR 48) beim Museum erhältlich (siehe Literaturverzeichnis Seite 37).

**Berlin**
◆ *Stiftung Preußischer Kulturbesitz,
Museum für Völkerkunde*
Berlin-Dahlem. Afrika allgemein, Ife, Benin, Kamerun, Zaïre-Becken, südliches Afrika. Hier steht das Original des Throns von Sultan Njoya von Foumban.

**Bremen**
◆ *Überseemuseum*
Afrika allgemein, moderne Ausdrucksformen

**Brüssel**
♦ *Musée Royal de L'Afrique Centrale*
**Frankfurt**
♦ *Museum für Völkerkunde*
  Afrika allgemein, Zentralafrika
**Köln**
♦ *Rautenstrauch-Joest-Museum*
  Afrika allgemein
**Leipzig**
♦ *Museum für Völkerkunde*
  Afrika allgemein
**London**
♦ *Museum of Mankind*
  Afrika allgemein, Ausstellungsstük-
  ke aus den ehemaligen englischen
  Kolonien
♦ *Horniman-Museum*
  Afrika allgemein, Kamerun
**München**
♦ *Staatliches Museum für
  Völkerkunde*
  Afrika allgemein
**Paris**
♦ *Musée de l'Homme*
  Ausstellungsstücke aus den ehe-
  maligen frz. Kolonialgebieten Afri-
  kas

*Holzmaske der Bafo*

♦ *Musée des Arts Africains
  et Océaniens*
  Afrika allgemein
**Stuttgart**
♦ *Linden-Museum*
  Afrika allgemein, Kamerun.
  Im Stuttgarter Linden-Museum be-
  findet sich mit über 50 000 Einzel-
  stücken die bedeutendste Samm-
  lung Schwarzafrikas (vergleichbar
  sind nur Berlin und London).
  Sammlungsschwerpunkte sind das
  Kameruner Grasland, Zaïre und
  Ostafrika. Das Museum enthält eine
  Rekonstruktion des Königspalastes
  aus *Oku* im Kameruner Grasland (s.
  auch S. 368).
**Wien**
♦ *Museum für Völkerkunde*
  Afrika allgemein, westafrikanischer
  Sudan
**Zürich**
♦ *Museum für Völkerkunde der Uni-
  versität Zürich*
  Afrika allgemein
♦ *Museum Rietberg*
  West- und Zentralafrika

**Informationen zu Kamerun** erteilen:

♦ *DSE (Deutsche Stiftung für inter-
  nationale Entwicklung)*
  Zentralstelle für Auslandskunde
  (ZA)
  Lohfelder Str. 128
  53604 Bad Honnef

♦ *Deutsches Übersee-Institut*
  Institut für Afrikakunde
  Dokumentationsleitstelle für Afrika
  (regionale Auskünfte und Literatur-
  recherche)
  Neuer Jungfernstieg 21
  D – 20354 Hamburg
  Tel. (0 40) 3 56 21

## *Einreiseformalitäten*

Es besteht **Visumpflicht** für alle Reisenden (mit Ausnahme von Staatsangehörigen einiger afrikanischer Länder und den Inhabern einer offiziellen Arbeitserlaubnis und Aufenthaltsgenehmigung). Ein Touristenvisum wird für einen Aufenthalt von höchstens drei Monaten ausgestellt (nicht verlängerbar). Geschäftsreisevisa können für mehrere Einreisen und für einen Aufenthalt von zwölf Monaten ausgestellt werden. Studienvisa berechtigen meist zu einem Aufenthalt bis zu sechs Monaten (vor Ort verlängerbar). Folgende **Unterlagen** werden **zur Beantragung eines Visums** benötigt:

Zwei Antragsformulare (drei beim Konsulat Düsseldorf), gegen frankierten Rückumschlag erhältlich bei den Konsulaten; zwei Paßbilder (drei in Düsseldorf); Reisepaß (der noch mindestens sechs Monate gültig sein muß) oder Kinderausweis; Kopie des internationalen Impfpasses mit eingetragener Gelbfieberimpfung; Einschreiben-Freiumschlag für die Rücksendung des visierten Passes.

**Flugreisende** müssen außerdem die Bestätigung von Reisebüros oder Fluggesellschaft über die bezahlte Hin- und Rückreise mitsenden. Alle ausländischen Reisenden müssen bei Ankunft in Kamerun im Besitz eines bestätigten Rück- oder Weiterreise-Tickets sein.

**Kfz-Reisende** müssen das Carnet eines Automobilclubs, eine Vollkaskoversicherung sowie eine Bankbescheinigung über ausreichende Geldmittel (einschl. Reiseschecks) nachweisen. Die **Mitnahme eines internationalen Führerscheins** ist sinnvoll.

**Geschäftsreisende** haben ein Schreiben des Unternehmens über Zweck und Dauer der Reise und eine Bestätigung der Übernahme der Reise- und Aufenthaltskosten vorzulegen.

Im Falle einer **Arbeitsaufnahme** ist ein von den kamerunischen Behörden genehmigter Arbeitsvertrag oder eine beglaubigte Versetzungsbescheinigung der deutschen Firma erforderlich.

Fügen Sie je nach Antrag einen Verrechnungsscheck über folgende **Gebühren** bei:

◆ Touristenvisum bis zu maximal drei Monaten: DM 90 (Düsseldorf DM 140)

◆ Geschäftsreisevisum für drei bis sechs Monate: DM 180 (Düsseldorf DM 230)

◆ Geschäftsreisevisum über sechs Monate (max. ein Jahr): DM 360 (Düsseldorf DM 410)

Die Antragsdauer beträgt ca. drei Wochen. Sind mehrere Einreisen geplant, sind diese bei der Beantragung des Touristen-/Geschäftsreisevisums zu begründen, sonst berechtigt das Visum nur zur einmaligen Einreise. Bei mehrmaliger Einreise wird streng auf die Daten geachtet.

**Hinweis:** Die Botschaften von Kamerun in den afrikanischen Nachbarländern (speziell Zentralafrikanische Republik) stellen für europäische Reisende keine Ein- oder Durchreisevisa für Kamerun aus. Sie sollten sich das Visum daher rechtzeitig vor der Abreise im Heimatland besorgen. Wenn Sie von Kamerun aus Nachbarländer besuchen möchten oder eine Rundreise durch mehrere Länder unternehmen, empfiehlt es sich unbedingt, alle nötigen Visa bereits vor Abreise zu beantragen (rechtzeitig!); andernfalls sind genügend Paßbilder mitzunehmen. Die Beantragung vor Ort ist mit viel Bürokratie und Zeitaufwand verbunden.

Fotokopieren Sie Ihren Paß für den Verlustfall. Bei Ankunft in Kamerun müssen Sie im Besitz Ihrer bestätigten Rück- oder Weiterreise-Tickets, der Einreisedokumente für Ihr nächstes Ziel und des gelben Impfpasses mit eingetragener obligatorischer Gelbfieberimpfung sein.

**Wichtig:** Der Reisepaß muß in Kamerun von Reisenden immer mitgeführt werden (Polizeikontrollen!).

*Essen in Kamerun – lassen Sie sich vom Küchenchef überraschen*

# Essen und Trinken

Eine **reiche Auswahl an internationalen Restaurants** für jeden Geschmack findet man in *Douala, Yaoundé* und in den größeren Hotels des Landes. Die langen Jahre französischer Kolonialzeit haben dabei den Speisezettel sehr stark geprägt, aber auch libanesische, chinesische, italienische, nordafrikanische und andere internationale Gerichte werden in den diversen Lokalen angeboten. Zu den Spezialitäten des Südens gehören *Garnelen* („Crévettes", besonders in *Kribi* und Douala) und ausgezeichnete Fischgerichte in allen möglichen Variationen. Die Bars schließen in den meisten internationalen Hotels erst, wenn der letzte Gast gegangen ist.

Das **Essen in** den **gehobenen Restaurants** ist allgemein **nicht** gerade **billig**. So rechnet man für ein Frühstück CFA 2400 bis CFA 5500, ein Mittagessen ist ab ungefähr CFA 6500 erhältlich.

Zum Erlebnis einer Kamerun-Reise gehört es natürlich, sich mit der einheimischen Küche des Landes vertraut zu machen (siehe im Teil Land und Leute, Die kamerunische Küche). Überall im Land findet man die kleinen, **typischen Restaurants**, die man *Circuits* oder *Chantiers* nennt. Hier wird zubereitet, was die Region und der jahreszeitlich bedingte Markt gerade anzubieten haben. Betritt man einen Circuit, erkundigt man sich beim Kellner, was die Küche heute vorsieht und bekommt dann meist eine Auswahl von zwei bis drei Speisen (meist auch auf einer Tafel angeschrieben).

Manche Gerichte gibt es nur auf Vorbestellung. Erkundigen Sie sich daher nach den Wartezeiten. Ein **Blick in den Kochtopf** kann oft die Entscheidung erleichtern. Die Preise in diesen Lokalen sind sehr viel günstiger, für eine Mahlzeit rechnet man ab ungefähr CFA 3500, für ein Frühstück ab ca. CFA 1300.

Die Ausstattung der Lokale ist recht einfach, manchmal sitzt man im Freien in kleinen Hinterhöfen oder unter strohgedeckten *Boukarous*. Besonders in den islamischen Regionen wird dem Gast vor und nach dem Essen eine Schüssel mit Wasser und Seife zum Händewaschen sowie ein Handtuch gereicht. In den einfacheren Lokalen ißt man z. T. auch mit den Händen. Dabei ist es üblich, nur die rechte Hand zu benützen, die linke gilt als „unrein".

Die **Essenszeiten** liegen mittags zwischen 12 und 15 Uhr, abends ab 19.30/20 Uhr. Nur sehr selten werden in die späteren Nachtstunden hinein noch warme Gerichte serviert.

Am ehesten vertraut mit den Essensgewohnheiten wird man, wenn man als Gast zum Essen in einer Familie eingeladen ist. Dies ist ein besonderes Zeichen der **Gastfreundschaft**, da das Essen im afrikanischen Alltag eine sehr wichtige Rolle spielt. In dörflichen Regionen sitzt man dabei im Kreis und ißt mit der (rechten) Hand aus einer gemeinsamen Schüssel, wobei der Gast die besten Stücke erhält. Sind Sie in einer islamischen Familie zu Gast, wird Ihnen auffallen, daß Männer, Frauen und Kinder getrennt voneinander jeweils aus einer eigenen Schüssel essen. Für eine Einladung zum Essen sollte man sich mit einem kleinen Gastgeschenk erkenntlich zeigen.

**In den** vorwiegend **islamischen Regionen** gilt ein **Tabu für Schweinefleisch und Alkohol.** Auch sind während des *Ramadan* die einheimischen Lokale tagsüber meist geschlossen.

Für eine Reise nach Kamerun ist es nicht notwendig, **Lebensmittel**vorräte mitzubringen. Das **Angebot** an Frischwaren auf den Märkten ist **groß** und in den Zentren findet man überall gut ausgestattete Supermärkte. Auch bei längeren Fahrten im Buschtaxi kann man sich an den zahlreichen Haltestellen gut versorgen. Straßenhändler bieten Früchte, Fleischspießchen *(Brochettes)*, Schmalzgebäck *(Beignets)*, frisches Stangenweißbrot,

*Ananas*

hartgekochte Eier und Getränke (manchmal auch gekühlt) preiswert an. Daneben gibt es kleine Garküchen, an denen man einen Imbiß einnehmen oder preiswert frühstücken kann (Milchkaffee und Weißbrot ab ca. CFA 1500).

In den größeren Ortschaften gibt es gute Bäckereien u.a. mit französischem Gebäck (z.B. Croissants). Sehr gutes Stangenweißbrot wird am kleinsten Kiosk und von Straßenhändlern angeboten.

**Im allgemeinen ist das Essen in Kamerun gut und bekömmlich**, bessere Restaurants entsprechen durchaus dem europäischen Standard von Sauberkeit und Hygiene, aber auch in Garküchen läßt sich in der Regel unbedenklich speisen. Erfahrene Reisende wissen, daß selbst bei größter Vorsicht Durchfallerkrankungen kaum zu vermeiden sind, doch wer sich an die grundsätzliche Regel **Cook it, peel it or forget it** hält, wird kaum Probleme haben (s. a. unter Gesundheitsvorsorge). Außerdem sind scharfe Gewürze (z.B. Pili-Pili) eine erprobte Abhilfe.

Die Speisekarten sind auf französisch oder (in der anglophonen Region) englisch abgefaßt (Begriffe aus der landestypischen Küche werden im Teil Land und Leute, Kapitel „Die kamerunische Küche" erklärt).

In Afrika nimmt man sich für das Essen ausreichend Zeit, Geduld für längere Wartezeiten ist daher unumgänglich. Bezahlt wird in der Regel am Tisch oder in größeren Restaurants auch am Ausgang. Auch wenn Bedienungsgeld berechnet wurde, ist darüber hinaus noch ein kleines Trinkgeld üblich. (S. auch Kapitel Kameruns Küche S. 242)

# Feste

- 1. Januar (Neujahr, Tag der Unabhängigkeit 1960)
- 11. Februar (Fest der Jugend)
- 1. Mai (Tag der Arbeit)
- 20. Mai (Nationalfeiertag, erinnert an die Verfassungsänderung 1972)
- 15. August (Mariä Himmelfahrt)
- 1. November (Allerheiligen)
- 10. Dezember (Wiedervereinigungstag, 1961)
- 25. Dezember (Weihnachtsfest)

Hinzu kommen die jährlich im Datum **wechselnden Feiertage:**
Karfreitag, Ende der Fastenzeit *Ramadan (Eid al-Fitr)* und Hammelfest *(Eid al-Adha).*

Ostermontag, Pfingstmontag und der zweite Weihnachtsfeiertag sind in Kamerun keine Feiertage.

Die **islamischen Feiertage** *(Eid al-Fitr, Eid al-Adha)* richten sich nach dem Mondkalender und verschieben sich daher von Jahr zu Jahr. Während des Fastenmonats **Ramadan**, der dem Festtag Eid al-Fitr vorangeht, essen Muslime erst nach Sonnenuntergang, wodurch der normale Geschäftsablauf gestört werden kann. Allerdings öffnen im Norden die Geschäfte und Büros früher, um ab ca. 13.30 Uhr (Zeitpunkt des Großen Gebets) zu schließen.

Falls ein Feiertag auf einen Sonntag fällt, gilt der folgende Montag ebenfalls als Feiertag. Liegt zwischen zwei Feiertagen ein Werktag, so wird dieser häufig zum Feiertag erklärt. Diese – ursprünglich französische – Sitte nennt man *„le pont"*, die Brücke.

Nach dem **Kalender der** *Bamiléké*, einer großen Volksgruppe im Westen Kameruns, hat die Woche acht Tage. Daher werden in den Regionen, in denen Bamiléké ansässig sind, die Märkte auch nur alle acht Tage abgehalten, so daß sich der Markttag wöchentlich verschiebt und man sich danach vor Ort erkundigen muß.

*„Fantasia"* in Maroua

# Fotografieren

Kameras sollten mit **Diskretion** benutzt werden, besonders in ländlichen Regionen: Fragen Sie immer zuerst um Erlaubnis, bevor Sie jemanden fotografieren!

Gerade demjenigen, der mit öffentlichen Verkehrsmitteln reist, bieten sich eine Menge Gelegenheiten, Alltagssituationen und Porträts aufzunehmen. Menschen zu fotografieren, setzt ein hohes Maß an **Feingefühl** voraus. Der Respekt gegenüber dem fremden Kulturkreis und die Achtung religiöser Bräuche ist dabei sicherlich wichtiger als der Wunsch, möglichst exotische Bilder mit nach Hause zu bringen. Der einfachste Weg zu einer guten Porträtaufnahme führt in jedem Fall über das Gespräch. Durch Höflichkeit, Humor, Lächeln oder einen Gruß in der Landessprache kann man leicht Brücken bauen und seinem Gegenüber zeigen, daß man echtes Interesse an seinen Lebensgewohnheiten hat. Bedanken Sie sich und respektieren Sie auch eine eventuelle Absage. Bittet man Sie um ein Geschenk oder Geld, sollten Sie lieber auf das Foto verzichten. Gute Erfahrungen habe ich gemacht, wenn ich mich zuerst selbst von den betreffenden Personen fotografieren ließ: Dann wurde ich sogar manchmal um ein Gegenfoto gebeten. Gerade in Familien kam es vor, daß man sich vor dem Fotografieren erst schick gemacht hat, ein kleines Kind wurde dafür sogar extra gebadet und einparfümiert. Häufig wird der Wunsch nach einem Abzug des Bildes geäußert. Ein von daheim aus eingelöstes Versprechen

kann viel Freude bereiten. Die besten Bildergebnisse erhält, wer sich intensiv mit der bereisten Region vertraut macht und auch kleine Details am Wegrand beachtet.

**Generell** gibt es in Kamerun **keine Probleme beim Fotografieren und Filmen**, speziell in den touristischen Regionen. Dennoch gibt es auch hier, wie in allen Ländern, einige Ausnahmen.

**Fotografierverbot** gilt für: Offizielle Gebäude, darunter der Präsidentenpalast in Yaoundé, der ehemalige deutsche Gouverneurspalast in Buea, der Hafen in Douala, Flughäfen, militärische Einrichtungen oder Polizeistationen, Soldaten, Polizisten, Sicherheitskräfte oder Beamte. Auch das Ablichten von Situationen, die gegen die Sitten oder den Ruf des Landes verstoßen, sind nicht erwünscht. Zuwiderhandlungen werden sehr streng bestraft.

Sollten Sie Probleme bekommen, übergeben Sie Ihren Film am besten gleich freiwillig den Polizisten. Verhandlungen vor Ort sind in der Regel zwecklos.

Auf dem Markt habe ich einmal erlebt, daß eine ganze Menschenmenge zusammenlief, als ein Tourist eine der Marktfrauen ungefragt vor die Linse nahm. Schließlich schritt die Polizei ein und der junge Mann landete auf der Polizeistation zum Verhör. Also besser Respekt vor den Gepflogenheiten zeigen!

Für offizielle Veranstaltungen oder nationale oder andere Feste empfiehlt es sich, im Informations- und Kultusministerium in Yaoundé, bei den örtlichen Touristenbehörden oder beim jeweiligen Präfekten eine Genehmigung einzuholen. Dies erübrigt sich, sollten Sie persönlich vom Dorfchef oder einer anderen Obrigkeit eingeladen worden sein.

## Fotoausrüstung

Den größten Einsatzbereich bietet eine **Spiegelreflexkamera mit Tele- und Weitwinkelobjektiv**. Außerdem hat sich die Mitnahme einer zweiten kleinen Kamera bewährt, die sich gut für unauffällige Schnappschüsse eignet. Für Museen, Handwerksausstellungen und andere dunkle Innenräume benötigen Sie ein **Blitzgerät**. Bei der oft intensiven Sonneneinstrahlung schützt ein **Pol-Filter** gegen Lichtreflexe und gewährt kräftigere, klare Farben. Zur Ausrüstung gehören außerdem ein Kleinstschraubenzieher, Fotopinsel und Linsenreinigungspapier, Objektivdeckel und Ersatzbatterien. Alte Batterien am besten schon vor der Reise ersetzen.

Unterwegs ist es wichtig, die Ausrüstung vor Feuchtigkeit und Staub zu schützen. Bei Fahrten im Sammeltaxi über staubige Pisten empfiehlt es sich, die Kamera in ein Tuch zu wickeln und nicht den Stößen und Schlägen auf dem Fahrzeugboden auszusetzen. Als Schutz gegen feine Staubpartikel auf der Linse eignen sich UV- oder Skylight-Filter. Die Objektive können dabei zusätzlich in speziellen Objektiv-Köchern aufbewahrt werden.

Obwohl Sie in Douala und Yaoundé alle möglichen Filmmarken erhalten können, ist das Material meist überlagert und doppelt so teuer wie hierzulande. Besser nehmen Sie also gleich das voraussichtlich benötigte Film-

und Fotomaterial von zu Hause mit (großzügig kalkulieren!). Grundsätzlich erlaubt der Zoll die Mitnahme von zehn Filmen und zehn Videokasetten, ich habe allerdings noch nie erlebt, daß dies kontrolliert wurde.

Hitze und Feuchtigkeit schaden dem Filmmaterial. Belichtete Filme sind dabei empfindlicher als unbelichtete. Die Verfallszeit eines Filmes kann sich bei 30°C auf etwa die Hälfte verringern. Zur trockenen Aufbewahrung empfehlen sich geschlossene Filmdosen, luftdichte Plastikbeutel und der Zusatz von Silica-Gel, das man bei uns in Apotheken erhält. Kontrollgeräte am Flughafen sind nicht hundertprozentig „Film-Safe", einen sicheren Schutz gegen unliebsame Schäden durch Röntgenstrahlen bietet ein bleiummantelter Beutel („Film-Shield"; in Fotofachgeschäften erhältlich).

Wegen der grellen Lichtverhältnisse gelingen die besten Bilder in der Regel am frühen Vormittag bis spätestens 10 Uhr oder nachmittags ab 16 Uhr.

**Grundsätzlich sollte man die Kamera nie offen sichtbar mit sich herumtragen.** Gerade dort, wo schon einfache Kameras einen höheren sozialen Status symbolisieren, ist statt eines protzigen Fotokoffers eine unauffällige Umhängetasche vorzuziehen, die nicht schon von weitem auf den wertvollen Inhalt hinweist.

# Frauen allein unterwegs

Eine Frau allein unterwegs durch Afrika ist keine Seltenheit mehr, aber auch nicht selbstverständlich.

Da ich selbst mehr als ein halbes Jahr allein mit öffentlichen Verkehrsmitteln in West- und Zentralafrika unterwegs war und diese Reiseart allen anderen vorziehe, kann ich aus eigener Erfahrung bestätigen, daß das Reisen als Frau allein in Afrika im allgemeinen nicht gefährlich ist. Vorausgesetzt, es werden einige **Regeln und Tips** beachtet:

Vor allem ist eine gewisse Anpassung gefragt. **Angemessene Kleidung** ist nicht nur im vorwiegend moslemischen Norden angebracht. Um sich vor unerwünschten Blicken zu schützen, eignen sich weite Blusen oder T-Shirts, lange Röcke und Hosen. Wer dagegen in Shorts oder ausgeschnittener Oberbekleidung umherläuft, sollte sich nicht wundern, wenn dies als „Aufforderung" betrachtet wird. Ein Kopftuch unterwegs schützt nicht nur vor Staub und Sonne, sondern wird üblicherweise auch von afrikanischen Frauen getragen.

Daß afrikanische Männer europäische Frauen anmachen, ist eher unwahrscheinlich, außer natürlich, frau legt es darauf an. Angesprochen wurde ich bisher nur von Europäern, die lange Zeit relativ isoliert irgendwo auf dem Land lebten, oder von Zöllnern und Polizisten, die sich ein kurzes Abenteuer erhofften. Grundsätzlich haben Afrikaner eine sehr natürliche Beziehung zur **Sexualität** und akzeptieren es gewöhnlich, wenn auf eine „direkte Frage" ein direktes „Nein" folgt. Mit **Vergewaltigungen und Agressivität** hat frau meiner Ansicht nach nicht zu rechnen. Dennoch sind Beziehungen zu europäischen Frauen für manche Afrikaner erstrebenswert, nicht nur des vermeintlichen Reichtums wegen oder aus Prestigegründen. Gerade einige junge Leute erhoffen sich dadurch, einmal nach Europa zu kommen und so den Absprung zu schaffen. Diese Überlegungen sollte man auch bei intensiveren Freundschaften zunächst miteinbeziehen.

Wer partout nicht auf Männerbekanntschaften aus ist, sollte einen **Ehering** (oder einen, der so aussieht) tragen und möglichst auch Bilder vom Ehemann und den Kindern bei sich haben, die man dann bei jeder Gelegenheit vorzeigen kann. Einer verheirateten Frau mit Familie wird sehr viel mehr Respekt entgegengebracht als einer unverheirateten und kinderlosen Frau.

Unterwegs sollte frau besser nicht als Touristin auftreten, die bereits längere Zeit einfach aus Spaß am Reisen unterwegs ist. Dafür haben die Afrikaner kein großes Verständnis, denn dazu sind finanzielle Mittel nötig, die frau schnell als „reiche Europäerin" erscheinen lassen. Es ist daher besser, einfach zu sagen, daß frau von A nach B unterwegs sei, um dort Verwandte, Freunde oder den Ehemann zu besuchen, der im Land arbeitet. Verwandtenbesuche sind in Afrika an der Tagesordnung und werden als wichtiger Grund zum Reisen verständnisvoll akzeptiert.

Unterwegs im Buschtaxi und im Zug wurde mir als alleinreisender Frau gewöhnlich sehr viel **Hilfsbereitschaft und Gastfreundschaft** entgegengebracht, vor allem in ländlichen Gebieten. Ob es mir recht war oder nicht, ich hatte den besten Platz im Fahrzeug vorne beim Fahrer, wurde von den Passagieren mit Lebensmitteln versorgt und ständig war jemand darum bemüht, daß ich am Ziel auch eine saubere, ordentliche Unterkunft bekam. Auch an Gesprächspartnern, die mir tausend Fragen stellten, mangelte es nicht. In dem Moment, wo ich mich anderen europäischen Reisenden anschloß, fehlten diese Erfahrungen meistens.

Die alleinreisende Frau kann unbesorgt auch in einfacheren, landestypischen Hotels wohnen.

Als gewisses Handikap empfand ich die Tatsache, daß eine Frau **nachts nicht allein durch die Straßen gehen** kann. Besonders in Städten wie Douala oder Yaoundé ist dies sehr riskant und gefährlich, aber auch unüblich. Da es andererseits bereits sehr früh am Abend dunkel wird, ist die Aussicht, sich bereits um halb sieben Uhr in sein (mehr oder weniger einfaches) Hotelzimmer verziehen zu müssen, nicht besonders verlockend. Häufig ergeben sich jedoch auch vertrauenswürdige Bekanntschaften aus dem Buschtaxi oder es findet sich eine nette Kneipe (Taxi nehmen), in der frau auch ohne besonderes Aufsehen allein sitzen kann. Rotlichtdistrikte, düstere Discos oder ausgesprochene Männerkneipen wird frau ganz selbstverständlich meiden.

Der **Sicherheitsfaktor** ist bei Reisen allein – egal ob als Mann oder als Frau – immer ein Kriterium, das zu bedenken ist. Denn wer gemeinsam unterwegs ist, hat in Notfällen immer jemanden, der rasch für Hilfe sorgen kann. Wenn möglich, ist es sinnvoll, im Hotel oder bei Reisebekanntschaften die Nachricht zu hinterlassen, wohin frau unterwegs ist oder wann zurück sein will. Dies gilt besonders für Touren in abseits gelegene Gebiete.

Eine Reise als Frau allein erfordert ein gewisses Vertrauen in sich selbst und eine gute **Menschenkenntnis**, aber auch ein gesundes Mißtrauen. Wichtig sind auch **Unternehmungslust** und **Entscheidungsfreudigkeit**, denn der Tagesplan, die verschiedenen Aktivitäten und Reiserouten können nicht mit einem Reisepartner abgesprochen werden. Manchmal wird frau sich auch einsam, verloren oder beklommen fühlen, ein Gefühl, das sich im fremden Kulturkreis noch verstärkt bemerkbar machen kann. Eine intensive Reisevorbereitung ist nützlich, damit frau weiß, was sie erwartet.

An **Gesprächspartner**n mangelt es unterwegs in Afrika absolut nicht. Im Gegenteil, um manchmal ganz mit mir allein sein zu können, mußte ich mich entweder in mein Hotelzimmer zurückziehen oder mich am Buschtaxi-Bahnhof demonstrativ in ein Buch vertiefen, was allerdings eher selten war. Und schließlich: frau muß nicht allein verreisen! Wer allein auf Reisen geht, der will es in der Regel auch. Es ist meiner Ansicht nach jedenfalls eine großartige Erfahrung, mit sich selbst konfrontiert zu sein, auch größere Strecken Einsamkeit durchzustehen, ohne die Möglichkeit zu Ablenkungsmanövern oder sich bei jeder Gelegenheit in die Arme eines Partners „flüchten" zu können.

## *Geld*

**Kamerun ist Mitglied der zentralafrikanischen Finanzgemeinschaft** *Communauté Financière Africaine*, die Währung ist der **CFA-Franc**.

Es gibt Münzen zu CFA-Franc 5, 10, 25, 50, 100, 500 und Banknoten zu CFA 500, 1000, 2000, 5000, 10 000.

Der CFA ist eine **frei konvertierbare Währung**, d. h. problemlos überall umzutauschen. Sie können CFA-Francs bei deutschen Banken kaufen, achten Sie jedoch darauf, daß Sie zentralafrikanische CFA der **Banque des Etats de l'Afrique Centrale** bekommen, nur diese haben in Kamerun Gültigkeit. Die Noten der *Banque des Etats de l'Afrique de l'Ouest* werden nicht akzeptiert. Die Währung muß rechtzeitig bestellt werden, da die Banken meist keinen Vorrat an CFA haben.

Die **Einfuhr** von Landeswährung unterliegt keiner Beschränkung. Bei der **Ausfuhr** muß man allerdings beachten, daß nicht mehr als CFA 20 000 im Portemonnaie sind. Auch die Mitnahme von **Fremdwährung** ist un-

beschränkt möglich. Bei Ausreise aus Kamerun darf nur ein Devisenbetrag in Höhe der deklarierten Einfuhr abzüglich der umgetauschten Beträge ausgeführt werden.

Der CFA-Franc steht in einer festen **Kurs**relation zum Französischen Franc: **100 CFA = 1,00 FF** = ungefähr **DM 0,30**.

Es empfiehlt sich daher, FF in bar (in kleinen Scheinen) oder Reiseschecks als Zahlungsmittel mitzunehmen, Bargeld in FF wird in der Regel ohne Gebühren getauscht. Bei den **Reisechecks** wird eine manchmal ziemlich hohe Gebühr erhoben, die sich nach der Anzahl der eingetauschten Scheckformulare richten kann. Die Banken der *Credit Lyonnais* tauschen American-Express-Reisechecks ohne Gebühren ein; sonst betragen die Gebühren je nach Bank ca. 5% des Scheckwertes. Manche Hotels akzeptieren auch eine Bezahlung in FF, der fast wie eine Zweitwährung behandelt wird, doch sollten Sie sich darauf nicht verlassen. Mit dem **Tausch von DM** hatte ich des öfteren

Probleme, der Umtausch war umständlich, zeitraubend und nicht selten wurde ich von Bank zu Bank geschickt. Also lieber bereits in Deutschland Französische Francs oder CFA eintauschen. Vor Ort zuviel getauschte Währung kann vor der Rückreise am Flughafen in FF zurückgetauscht werden.

Kamerun verfügt – neben der Elfenbeinküste – über das am besten ausgebaute **Bankensystem** im frankophonen Schwarzafrika **mit etwa 20 verschiedenen Banken** und Kreditinstituten. Überall im Land, auch in kleinen Städten, befinden sich Bankfilialen. Jedoch kommt es in ländlichen Regionen auch einmal vor, daß die einzige

Bank des Ortes nicht genügend Bargeld vorrätig hat. Tauschen Sie also immer rechtzeitig!

**Kreditkarten** *(American Express, Diners Club, Eurocard, Visa)* werden nur äußerst selten und nur in größeren, internationalen Hotels angenommen, **Euroschecks** werden überhaupt nicht akzeptiert.

Noch ein **Tip:** Bei Einkäufen herrscht besonders auf den Märkten ein ständiger Mangel an Wechsel- und Kleingeld. Tragen Sie daher immer kleine Münzen bei sich und vermeiden Sie es aus Sicherheitsgründen, größere Geldbeträge offen zu zeigen.

## Gesundheitsvorsorge

### Impfungen

Die **Gelbfieberimpfung** ist bei der Einreise aus allen Ländern der Welt nach Kamerun **obligatorisch** und muß am Flughafen durch Vorlage des internationalen Impfausweises nachgewiesen werden. Der Impfschutz beginnt zehn Tage nach der Impfung und ist für zehn Jahre gültig. Ausgenommen von dieser Regelung sind Kinder unter einem Jahr. Die Impfung bietet nahezu vollständigen Schutz und wird in Deutschland von Tropeninstituten oder -ärzten vorgenommen (bei Ihrem Hausarzt oder in Ihrer Apotheke bekommen Sie Auskunft über den nächsten berechtigten Arzt). Die Impfung erfolgt in Form einer einmaligen Einspritzung unter die Haut. Die Erreger von Gelbfieber sind überall im tropischen Afrika anzutreffen und werden von Stechmücken übertragen.

**Tetanus** (Wundstarrkrampf) und **Polio** (Kinderlähmung) gehören zu den **Standardimpfungen** und sollten, sofern die Grundimmunisierung oder letzte Auffrisch-Impfung länger als acht bis zehn Jahre zurückliegt, ebenfalls vorgenommen werden. Lassen Sie die Impfungen im Impfpaß eintragen, auch wenn sie keiner internationaler Bestätigung bedürfen. Empfohlen wird außerdem eine Impfung gegen **Typhus**, die bei strikter Einhaltung der Einnahmerichtlinien einen guten Schutz für mind. ein Jahr bietet. Es handelt sich um eine Schluckimpfung mit *Typhoral L*, die nicht zusammen mit Antibiotika, Sulfonamiden sowie Malariamitteln eingenommen werden darf. Typhus tritt lediglich bei sehr ungünstigen hygienischen Bedingungen auf, die Beachtung der Hygiene ist daher der beste Schutz.

**Tollwut** kommt vor. Wer ein erhöhtes Risiko eingeht (z.B. längerer Aufenthalt in abgelegenen Gebieten), sollte vor Reiseantritt eine Schutzimpfung erwägen. Bei Bißwunden so schnell wie möglich ärztliche Hilfe in Anspruch nehmen.

Eine **aktive Impfung gegen Hepatitis A** (Gelbsucht) wird dringend angeraten. Die Schutzwirkung wird bereits mit zwei Impfungen im Abstand von mindestens 14 Tagen erreicht und gibt einen Schutz für ein Jahr. Eine dritte Impfung erfolgt sechs bis zwölf Monate nach der ersten Impfung und hält dann fünf bis zehn Jahre vor. Die Hepatitis A ist in allen tropischen Gegenden aufgrund unzureichender hygienischer Verhältnisse weit verbreitet und wird durch Nahrungsmittel, Trinkwasser, Kontakt mit infizierten Personen oder Spritzen übertragen. Dabei scheiden die infizierten Personen die Erreger mit dem Stuhl aus. Die in Afrika weit verbreitete Fäkaliendüngung stellt dabei ein hohes Risiko zur Infizierung von Speisen (Salate, Obst etc.) dar. Ebenso birgt mangelnde Hygiene ein Infektionsrisiko, das man durch entsprechende Sorgfalt verringern kann. Symptome der infektiösen Gelbsucht sind Übelkeit, Mattigkeit, Durchfall, Appetitlosigkeit, Schmerzen in der Leber, Gelbfärbung im Weiß der Augen, Dunkelfärbung des Urins bei gleichzeitiger Entfärbung des Stuhls (weißlich). Der Erkrankte sollte nur leichte Speisen (Schonkost, kein Fett!) zu sich nehmen, jede körperliche Anstrengung vermeiden und so rasch wie möglich einen Arzt aufsuchen.

Da die Schutzwirkung des **Choleraimpfstoffes** als relativ gering gilt und häufig Unverträglichkeiten auftreten, wird diese Impfung von der WHO nicht mehr verlangt. Eine neue, angeblich sehr zuverlässige Schluckimpfung *(Orochol)* ist seit Frühjahr 1996 in der Schweiz erhältlich, erkundigen Sie sich bei Ihrem Arzt.

**Informationen** über den aktuellsten Stand der erforderlichen Impfungen erhalten Sie vom zuständigen Tropeninstitut oder von einem Impfarzt. In manchen Städten bieten Tropeninstitute Sprechstunden für Fragen zu Impfproblemen an. Meist sind sie jedoch überlaufen. Seit kurzem gibt es nun auch in Apotheken einen Informationsdienst für Impffragen. Über Computer werden Programme angeboten, die unter Einhaltung aller zeitlichen Mindestabstände optimale Daten für den Impfkalender errechnen. Dabei werden sowohl Wechselwirkungen der Impfstoffe untereinander, Alter, Gewicht und bereits absolvierte Impfungen, Reisezeit und besuchte Region berücksichtigt. Bringen Sie eine Kopie des Impfpasses in die Apotheke mit!

Man unterscheidet Maßnahmen bei Trekking-Touren und Komfortreisen sowie Kombinationen mehrerer Reiseländer. Außerdem enthalten die Programme medizinische Zusatzinformationen über die jeweiligen Reiseländer. Die meisten größeren, aber auch manche kleinen Apotheken verfügen über eines der derzeit sieben Impfprogramme und verlangen dafür Gebühren bis zu 15 DM.

Solche Impfpläne sind Grundlage für den Besuch beim Arzt. Er wird entscheiden, welche Impfungen abhängig vom Gesundheitszustand des Reisenden und der bis zur Abreise noch verbleibenden Zeit vorgenommen werden.

In jedem Fall benötigen Sie einen **Impfpaß**. Dieser ist bei Impfanstalten, Tropenärzten, im Reisebüro oder Tropeninstitut erhältlich.

## Malariaprophylaxe

Ein Malariarisiko besteht ganzjährig im gesamten Land. Malaria ist die am weitesten verbreitete Infektionskrankheit der Tropen und wird durch die Stiche der weiblichen *Anophelesmükke* übertragen, meist in der Zeit zwischen Abenddämmerung und Sonnenaufgang. Die Inkubationszeit beträgt zwischen acht Tagen und zehn Monaten. In Kamerun kommt auch die gefährliche Form der *Malaria tropica* vor, die tödlich verlaufen kann.

Der **Schutz vor Moskitostichen** ist die **wichtigste Vorbeugemaßnah-me** gegen Malaria. Grundsätzlich empfiehlt es sich, bei Wanderungen im Regenwald und auch während der Dämmerung eine lange Hose, Socken und Oberbekleidung mit langen Ärmeln aus festem Baumwollmaterial zu tragen. Tagsüber schützen Sie sich mit Mitteln zum Auftragen auf die Haut (z.B. *Zedan, Autan, Djungle-Oil* etc.). Nachts empfiehlt sich ein Moskito-Netz (auf Dichte überprüfen!) oder die überall im Land erhältlichen Räucherspiralen, die sich als wirklich nützlich erwiesen haben. Diese aus Kräutern hergestellten Spiralen glühen langsam durch und entwickeln dabei einen Rauch, der die Mücken vertreibt.

Zusätzlich sollte eine **medikamentöse Malariaprophylaxe** vorgenommen werden. Welches Anti-Malaria-

*Klinik in Bamenda*

Mittel ist geeignet? Da es zu dieser Frage abweichende Meinungen gibt, informieren Sie sich am besten bei einem Tropeninstitut. Dabei können auch eventuelle Unverträglichkeiten berücksichtigt werden. Am besten verträglich ist die Einnahme des Medikaments abends nach dem Essen mit reichlich (alkoholfreier) Flüssigkeit. Die Einnahme, die unbedingt regelmäßig erfolgen muß, beginnt eine Woche vor Abreise und muß bis zu sechs Wochen nach Rückkehr fortgesetzt werden. Aufgrund gelegentlicher Medikamenten-Resistenz ist die Mitnahme einer Therapiereserve (z.B. *Lariam)* empfehlenswert.

**Keine Prophylaxe bietet einen hundertprozentigen Schutz.**

Beim Auftreten von Fieber innerhalb der ersten sieben Tage nach Ankunft kann es sich nicht um Malaria handeln, da die Inkubationszeit mindestens eine Woche beträgt. Deshalb sollte man erst, wenn ab dem siebten Tag nach Einreise Fieber eintritt, sofort einen Arzt konsultieren. **Anzeichen für eine Malariaerkrankung** sind Mattigkeit, Appetitlosigkeit, Kopf- und Gliederschmerzen, Schüttelfrost, Schweißausbrüche und hohe mehrstündige Fieberschübe. Sollte kein Arzt erreichbar sein, empfiehlt sich auf Verdacht eine Sofortbehandlung mit dem Therapie-Medikament laut der beiliegenden Verordnung. Eine **Überdosierung** kann sehr gefährlich sein. Dies sollte daher nur als kurzfristige Notmaßnahme erfolgen und entbindet nicht vom späteren Arztbesuch. Unterstützend empfehlen sich viel Flüssigkeitszufuhr, Wadenwickel und Bettruhe. Die medizinischen Einrichtungen in Kamerun sind sehr gut auf Malariabehandlung eingestellt. Bei fieberhaften Erkrankungen, die nach der Rückkehr zuhause auftreten, sollte man seinen Arzt grundsätzlich auf die Möglichkeit einer Malariainfektion hinweisen.

Neuerdings gibt es einen von *Standby Diagnostics* entwickelten **Malaria-Test „MalaQuick"**, mit dem auch ein Laie problemlos und zuverlässig eine Erkrankung mit Malaria feststellen kann. Eine unnötige Therapie im Verdachtsfall entfällt also mit diesem Test! „MalaQuick" ist in der Apotheke erhältlich.

## Empfehlungen zum Gesundheitsschutz

Vor der Abreise in die Tropen sollte der Hausarzt und Zahnarzt zu einer **Routineuntersuchung** aufgesucht werden. Anhand Ihres Reiseplans wird er Sie informieren, ob gesundheitliche Bedenken bestehen.

Gelegentlich wird bestimmten, gefährlichen, aber durchaus seltenen Krankheiten bei Tropenreisen großes Interesse gewidmet, dafür bleiben vermeintlich banale Krankheiten oft unbeachtet. Die erste „tropische Krankheit" ist meist eine **Erkältung**, verursacht durch Klimawechsel oder Klimaanlagen (Flugzeug, Fahrzeug etc.). Auch die Zugluft in Bussen und Sammeltaxis ist tückisch, vor allem wenn man überhitzt ist. Also die Klimaanlagen besser erst gar nicht anstellen und Zugluft meiden! Gerade im extrem feuchtheißen Klima im Süden ist eine **Kreislaufschwäche** nicht ungewöhnlich. Oberste Regel: viel trinken, aber nicht zu kalt! Ausreichende Salzzufuhr mit den Mahlzeiten (z.B. Bouillon) oder durch Mineraldrinks, Salztabletten etc. gleichen den hohen Salzverlust aus, der durch das Schwitzen entsteht. Ebenso hilft eine ausreichende Vitaminzufuhr durch frisches Obst und Säfte. Muten Sie sich nach Möglichkeit in den ersten Tagen nach Ankunft keine größeren Aktivitäten zu. So werden Sie sich wesentlich leichter an die neuen Gegebenheiten anpassen.

Die **Sonneneinstrahlung** in tropischen Breiten ist äußerst intensiv und wird häufig unterschätzt. Man sollte sich daher nicht nur während der Mittagshitze mit Kopfbedeckung und Sonnencreme (hoher Faktor!) schützen. Der Körper ist so gut wie möglich mit Kleidung zu bedecken: Dies verhindert nicht nur Feuchtigkeitsverlust und Mückenstiche, sondern auch unliebsamen Sonnenbrand.

Leider kommt es in den Tropen oft zu lästigen **Durchfällen**, die jedoch völlig harmlos sein können. Sie entstehen neben Infektionen durch Bakterien oder Viren auch als Folge von ungewohnter Kost, zu kalten Getränken, Überanstrengung oder durch Verwendung von schlechtem Fett beim Braten. Achten Sie daher zu Beginn auf leichte, frisch zubereitete Mahlzeiten, gut durchgebratenes Fleisch, ausreichend Salz und scharfe Gewürze (zum Beispiel Piment, Chili), die das Risiko einer Darminfektion verringern. Die **Grundregel** in Ernährungsfragen lautet: **Cook it, peel it or forget it!**

**Wasser** (auch Milch) sollte vor dem Trinken mindestens fünf Minuten abgekocht werden. Alternativ kann Trinkwasser durch Zusatz von *Micropur* (Wirkung erst nach einer Stunde) oder *ROMIN* behandelt oder mit einem *Katadyn-Filter* entkeimt werden. Der Filter ist angeblich absolut virendicht und filtert auch Krankheitserreger heraus,

jedoch ist er nur für wirklich trübes, stark verschmutztes Wasser notwendig. Essen Sie Obst nur geschält (aber die Hände vorher waschen…).

**Salate, Speiseeis und Eiswürfel** in Getränken sollten – aufgrund des undesinfizierten Wassers – besser gemieden werden. Wasser, das unterwegs an Buschtaxibahnhöfen in Plastiktüten und offenen Flaschen angeboten wird, ist nicht abgekocht. Achten Sie daher beim Kauf von Mineralwasser unbedingt auf einen Originalverschluß. Sollte Sie „Montezumas Rache" trotzdem erwischen, nehmen Sie Glukose und Mineralsalze ein, wie sie z.B. in Apotheken als *Elotrans* oder *Saltadol* erhältlich sind (frz. *Sel de Rehydration orale)*. Mineralsalze allein verstärken den Durchfall! Sollte Ihre Reiseapotheke (siehe unten) solche Mittel nicht enthalten, können Sie sich mit schwarzem Tee helfen, dem Sie pro Liter einen Teelöffel Kochsalz und vier Eßlöffel normalen Zucker oder, noch besser, Traubenzucker zusetzen. Nur so ergibt sich das richtige Verhältnis zwischen Mineralsalz und Zucker. Davon mehrmals am Tag 200 ml trinken! Starke Medikamente wie z.B. *Immodium* sind nur im Ernstfall zu nehmen, da sie unerwünschte Nebenwirkungen haben können. Wenn sich der Durchfall jedoch länger hinzieht und von Fieber, Mattigkeit oder Krämpfen begleitet wird, ist auf alle Fälle ein Arzt aufzusuchen.

Meiner Erfahrung nach braucht das Risiko von Durchfällen aber auch nicht überschätzt zu werden. Ich hatte nur bei meiner ersten Afrika-Reise Schwierigkeiten, das gleiche haben mir auch Bekannte berichtet. Auf allen weiteren Reisen trat offensichtlich eine Art Abhärtungseffekt ein, obwohl ich verhältnismäßig oft in Garküchen auf dem Markt aß. Und eine Cola oder eine Banane zwischendurch sind immer ganz hilfreich.

Eine allerdings sehr ernst zu nehmende Art von Durchfall ist die **Amöbenruhr**, erkennbar an einem schleimigen, von Blut durchsetzten Stuhl. Die Verschleppung der Erreger in der Leber und anderen Organen ist zu vermeiden, bei rechtzeitiger Diagnose ist die Behandlung aber kein Problem.

Eine in Afrika weit verbreitete Krankheit ist die **Bilharziose**, deren Erreger, parasitäre Würmer, von bestimmten Süßwasserschnecken ausgebrütet werden. Diese Parasiten leben in seichtem, stehendem oder langsam fließendem, trübem Gewässer oder in schwach salzhaltigen Lagunen. Sie dringen durch die unverletzte Haut und gelangen zunächst in die Leber und von dort nach einigen Wochen in den Unterleib (eine Ansteckung von Mensch zu Mensch ist nicht möglich). **Symptome** wie Mattigkeit, Fieber, Schmerzen im Oberbauch, Blut im Urin oder aus dem Darm kündigen die Krankheit an, deren Inkubationszeit zwischen sechs und zwölf Wochen liegt. Meiden Sie das Baden in tropischen Binnengewässern; die einsamen Kraterseen im Westen Kameruns oder um *Ngaoundéré* sind in der Regel bilharziosefrei (allerdings ist das Baden aufgrund eines „Tabus" oft nicht erlaubt), schnellfließende Flüsse abseits von Ortschaften dürften auch unproblematisch sein. Es gibt inzwischen zur Behandlung ein wirksames Medikament.

In diesem Zusammenhang ist natürlich auch die **Immunschwächekrankheit AIDS** (frz. *SIDA)* zu nennen, für die bisher kein wirksames Gegenmittel bekannt ist. Die Infizierungsquote in Kamerun ist gegenwärtig noch lange nicht so hoch wie in den Nachbarländern, z.B. im Kongo oder in Zentralafrika. AIDS ist keine afrikanische Krankheit und die Vorsichtsmaßnahmen sind dort wie hier die gleichen – eine strikte Vermeidung der Infektionsrisiken, d. h. der Kontaktnahme mit infizierten Körperflüssigkeiten!

Die Gruppe der Prostituierten ist zumeist überdurchschnittlich Aids-infiziert, z.B. in der Hafenstadt Douala. Da der HI-Virus hauptsächlich durch Geschlechtsverkehr übertragen wird und niemand als Infizierter erkennbar ist, gilt beim Intimkontakt die Benutzung von Kondomen als oberstes Gebot. Dadurch ist ebenso ein Schutz gegen andere sexuell übertragbare Krankheiten gewährleistet. Zur Vermeidung weiterer AIDS-Infektionsrisiken sollten Zahnarztbesuche besser zu Hause vorgenommen werden und Einwegspritzen (evtl. ärztliche Bescheinigung, um bei Zollkontrollen nicht als Fixer verdächtigt zu werden) in der Reiseapotheke Platz finden. Es gibt keine Hinweise darauf, daß eine Übertragung durch Mücken, Eßgeschirr oder Händeschütteln erfolgt.

Die **medizinischen Einrichtungen** in Kamerun sind insgesamt **unzureichend und teuer;** Sie finden aber in jeder größeren Stadt Krankenhäuser und Apotheken. *Yaoundé* hat zwei Krankenhäuser, das *Hauptkrankenhaus* und das *Jamot-Krankenhaus*. In *Douala* gibt es das große *Laquintinie-Krankenhaus*. Außerdem stehen mehrere medizinische Versorgungszentren, Kliniken und private Pflegestationen im ganzen Land zur

Verfügung. Erkundigen Sie sich bei einem Notfall in ländlichen Gebieten nach der nächsten Missionsstation, die meist von Europäern geleitet ist. Oder rufen Sie zur Information die Deutsche Botschaft in Yaoundé an (s. unter Adressen, Seite 19).

Am gesündesten auf einer Tropenreise hält sich meist derjenige, der zwar einige grundsätzliche Hygiene- und Gesundheitsregeln beachtet, aber nicht zu übertriebener Ängstlichkeit oder gar Hysterie neigt. Auch bei den diversen empfohlenen Impfungen sollte man bedenken, welche Art von Reise man plant und wie empfindlich man gegen fremde Erreger ist.

## Reiseapotheke

Die folgende **Checkliste** soll Ihnen bei der Zusammenstellung Ihrer persönlichen Reiseapotheke behilflich sein:

❑ Malariaprophylaxe, für den Notfall ein Therapiemittel
❑ Insektenschutz:
Mückencreme, Salbe zur Behandlung von Stichen, z.B. *Fenistil*, *Soventol* ( hilft auch bei Sonnenbrand) und Moskitospiralen
❑ Verbandsmaterial:sterile Kompressen, Schere, Mullbinden, elastische Binde, Dreieckstuch, Pinzette, 2- und 5-ml-Einmalspritzen und -kanülen, Hansaplast ( auch nützlich um eine defekte Benzinleitung oder ein Moskitonetz zu reparieren)
❑ Fieberthermometer
❑ Schmerzmittel
❑ Mittel gegen Erkältungskrankheiten (Hustentropfen, Nasentropfen, Ohrentropfen, Halstabletten)
❑ Sonnenschutzmittel (hoher Faktor, Lichtschutzcreme, Lippenpomade,

After Sun und Gels bei Sonnenbrand)
❑ Augentropfen (wichtig bei staubigen Pisten)
❑ Mittel gegen Übelkeit und Magenverstimmung
❑ Kreislaufmittel
❑ Antibiotika
❑ Mittel gegen Durchfall
❑ Wasserentkeimung
z.B. *Micropur, Certisil, Romin* oder *Katadyn-Filter*
❑ Desinfektion für Wunden, Wund- und Brandsalbe, Wundpuder
❑ Zugsalbe
❑ „Allheilmittel": *Tiger-Balm* (gibt es auch in Kamerun) oder japanisches Heilpflanzenöl
❑ Medikamente, die Sie auch zu Hause regelmäßig einnehmen, in ausreichender Menge

Um ein lästiges Zuviel an Gepäck zu vermeiden, hat es sich bewährt, nur wenige Tabletten aus der jeweiligen Packung auszuschneiden und mit einem Gummiring am Beipackzettel zu befestigen. So sind Sie für alle Fälle gerüstet. Prüfen Sie vor Reiseantritt Ihre Krankenversicherung auf Auslandsschutz und schließen Sie gegebenenfalls eine Reisekrankenversicherung ab.

Weitere **Informationen über Tropenkrankheiten** finden Sie in folgenden Büchern:
♦ *Wo es keinen Arzt gibt*
Dr. Werner
Reihe Reise Know-How
♦ *Dünnpfiff, Gips und Reisefieber* bzw. *Taschenklinik*
beide von Dr. Rainer Lössl
♦ *Medizinischer Ratgeber für Tropen und Fernreisen*, Tropeninstitut der Universität München

◆ *Reise-Erkrankungen – Prophylaxe und Erstbehandlung*
Dr. Schlemmer, Prof. von Werder, Deutscher Apotheker-Verlag, Stuttgart, 1993

## Tropenmedizinische Institute
### Deutschland

◆ *Landesinstitut für Tropenmedizin*
Engeldamm 62
10179 Berlin-Mitte
Tel. (0 30) 2 74 60
Fax (0 30) 2 74 67 36

◆ *Hygiene-Institut der Uni*
Sigmund-Freud-Str.25
53127 Bonn
Tel. (02 28) 2 87 56 72
Fax (02 28) 2 87 43 30

◆ *Städt. Klinikum Dresden-Friedrichsstadt, Zentrum für Reisemedizin*
Schäferstr. 49-51
01067 Dresden
Tel. (03 51) 4 96 31 72, 4 96 30 92

◆ *Bernhard-Nocht-Institut*
Bernhard-Nocht-Str. 74
20359 Hamburg
Tel. (0 40) 31 18 20,
Fax (0 40) 31 18 24 00

◆ *Institut für Tropenhygiene*
Im Neuenheimer Feld 324
69120 Heidelberg
Tel. (0 62 21) 56 29 05
Fax (0 62 21) 56 59 48

◆ *Ernst-Rodenwald-Institut*
Viktoria-Str. 11-13, 56068 Koblenz
Tel. (02 61) 40 69 50

◆ *Institut für Infektions- und Tropenmedizin der Uni*
Leopoldstr. 5, 80802 München
Tel. (0 89) 33 33 22
Automatische Ansage zur Impfberatung für Afrika:
Tel. (0 89) 33 67 44

◆ *Tropenmedizinisches Institut*
Wilhelmstr. 27
72074 Tübingen
Tel. (0 70 71) 29 23 65
Fax (0 70 71) 29 60 21

◆ *Missionsärztliche Klinik, Tropenmedizinische Abt.*
Salvatorstr. 7
97074 Würzburg
Tel. (09 31) 79 10, automat. Ansage (09 32) 7 91 28 25

### Tropenärzte in Kamerun

◆ *Yaoundé*
Dr. Bertevas (spricht französisch)
Hôpital Central,
Tel. 22 40 20

◆ *Douala*
Dr. Daniel Vogelsberger
Tel. 42 89 13

# *Kleidung*

Für das extrem feuchtheiße Klima im Süden so gut wie für die trockene Hitze im Norden eignet sich luftige, strapazierfähige, leicht waschbare und weite **Baumwollkleidung**. Lange Hosen, die zwar aus leichtem Leinen- oder Baumwollmaterial, aber dicht gewebt sind, schützen vor lästigen Mückenstichen und Kratzern bei Urwald- oder Buschwanderungen. Leichte Wollsachen, ein Pullover oder Sweat-Shirt empfehlen sich sowohl für klimatisierte Räume und Autos als auch für das kühle Hochland; zweckdienlich ist auch das „Zwiebelschalen-Prinzip": Man trägt mehrere leichte Sachen übereinander.

Bei intensiver Sonneneinstrahlung empfehlen sich lange Ärmel und eine **Kopfbedeckung**, die auch vor dem allgegenwärtigen Staub auf sandigen Pisten schützt. Safaris in die Wildreservate sollten eher in dunkler Kleidung unternommen werden, um die Tiere nicht zu erschrecken. Für Behördengänge und Einladungen sollte zumindest ein „schickeres" Kleidungsstück eingepackt werden; es sei nochmals darauf verwiesen, daß nachlässige Bekleidung in Kamerun auf Unverständnis stößt (s. Seite 17f.).

Es gibt fast überall **europäische Kleidung** zu kaufen, meist aus Synthetikstoffen gefertigt. Auf den Märkten kann man hübsche, bunt bedruckte Baumwollstoffe bekommen, die Ihnen die Marktschneider für wenig Geld und in kurzer Zeit nach Ihren Wünschen nähen. Diese Stoffe (auch *Pagne* genannt) sind übrigens auch nützlich als Umhängetuch beim Duschen,

als Bettauflage (im Falle verdreckter Bettlaken) oder als Unterlage am Strand. Unterwegs im Landesinneren trägt man am besten leichte, strapazierfähige, geschlossene **Schuhe** mit einer griffigen Profilsohle. Feste Turnschuhe oder leichte Wildlederboots sind auf den staubigen, in der Regenzeit schlammigen Pisten ganz praktisch. Sandalen eignen sich nur für den Strand oder evtl. für die Stadt. Sonst rate ich von offenen Schuhen oder Espandrillos ab, nicht nur wegen Schmutz und Staub, sondern auch wegen Dornen, Ameisen oder (selten) Schlangen. Feste Trekking-Schuhe sind für Wandertouren erforderlich, auch hier sollte man auf leichtes und strapazierfähiges Material achten. Auf den Märkten werden billige Gummisandalen angeboten. Sie sind nicht nur am Strand, sondern auch in der Hoteldusche nützlich.

## *Kleidungs-Checkliste*

❑ Lange Hosen bzw. Röcke, leichtes Sommerkleid

❑ weite T-Shirts, Baumwollhemden, Blusen (auch langärmelig)

❑ 1 Sweat-Shirt oder Wollpullover, Badekleidung, Shorts

❑ Unterwäsche und Socken (Baumwolle)

❑ Dünne Windjacke und Regenschutz, Hals- bzw. Kopftuch (gegen Sonne, Staub, Erkältung, auch als Dreieckstuch oder Verbandszeug zu verwenden)

❑ 2 Paar geschlossene Schuhe, ein Paar Sandalen oder Badeschuhe

❑ *Pareo* oder *Pagne* (s. o.)

## *Notfall*

### Rückholflüge
Für Mitglieder des Roten Kreuzes oder des Malteser Hilfsdienstes sind in einigen Landesverbänden (z. B. Bayern) die Kosten für den Flugrettungsdienst bereits durch die Mitgliedsgebühr abgedeckt (Erkundigen Sie sich bei Ihrem Landesverband!). Grundsätzlich ist für Rückholflüge eine ärztliche Begründung erforderlich. Folgende Unternehmen führen **Rückholflüge** durch:

◆ *Deutsche Flugambulanz*
40474 Düsseldorf/
Flughafen Halle 3
Tel. (00 49) 2 11/43 17 17
Fax (00 49) 2 11/4 36 02 52

◆ *Deutsche Rettungsflugwacht*
Postfach 23 01 27
70624 Stuttgart/Flughafen
Tel. (00 49) 7 11/70 10 70

◆ *Flugdienst des
Deutschen Roten Kreuzes*
Friedrich-Ebert-Allee 71
53113 Bonn
Tel. (00 49) 2 28/23 00 23
Fax 23 00 27

◆ *SOS-Flugrettung e.V.*
Postfach 23 03 23
70623 Stuttgart/Flughafen
Tel. (00 49) 7 11/70 55 55

◆ *Malteser Hilfsdienst (MHD)*
Einsatzzentrale
Leonhard-Tietz-Str. 8
50676 Köln
Tel. (00 49) 2 21/98 22 01

◆ *Flugrettungsring*
Postfach 230311
70623 Stuttgart/Flughafen
Tel. (00 49) 7 11/79 50 79

◆ *Verein für internationale
Krankentransporte*
Villemombler Str. 62–64
53123 Bonn
Tel. (00 49) 2 28/61 20 32-33

◆ *KVDB Westerheim*
Tel. (00 49) 0 73 33/80 82 02

**Schweiz:**
◆ *Rettungsflugwacht REGA*
Zürich
Tel. (00 41) 1/3 83 11 11

### Notfax
Sollten Sie trotz aller Vorsichtsmaßnahmen unterwegs in eine Notsituation geraten, etwa ein lebenswichtiges Medikament, ein wichtiges Autoersatzteil benötigen oder eine wichtige Nachricht an Angehörige weiterleiten wollen, so haben verschiedene Globetrotter-Läden in Deutschland dafür ein Notfax eingerichtet.

Vergewissern Sie sich jedoch, bevor Sie diese Einrichtung in Anspruch nehmen, ob Sie nicht auch vor Ort bereits Hilfe finden!

Folgende **Angaben** sind für eine reibungslose Abwicklung erforderlich:
◆ Auf dem Fax sollte Adresse/Telefonnumer der Person vermerkt sein, die die Kosten für die Hilfeleistung übernimmt,
◆ die genaue Anschrift des Nachrichtenempfängers,
◆ die genaue Anschrift des Nachrichtenübermittlers beziehungsweise wohin eventuelle Ersatzteile oder Medikamente geschickt werden sollen.

Folgende **Firmen** haben ein Notfax eingerichtet:

◆ *Därr Expeditionsservice GmbH*
   Fax (0049) 89/28 25 25
◆ *Dr. Kneifel Fernreisen GmbH*
   Fax (0049) 89/55 35 04

**Schweiz:**
◆ *Globetrotter Travel Service AG*
   Fax (0041) 1/2 11 43 39

## Notrufnummern

In allen Städten und größeren Ortschaften gibt es Krankenhäuser, ärztliche Versorgung und Polizeistation. Die Telefonnummern finden Sie unter den jeweiligen Orten. In ganz Kamerun gibt es einheitliche Telefonnummern für:

◆ **Polizei/Notruf** Tel. 17
◆ **Feuerwehr** Tel. 18

Bei Diebstählen oder Überfällen sollte in jedem Fall Anzeige bei der Polizei erstattet werden. Ohne diese Bestätigung erhalten Sie z.B. keine neuen Reisedokumente bei der Botschaft, keine Erstattung durch die Reiseversicherung (siehe S.74f.) für Gepäckverlust und kein Geld von der Bank für verlorene Reiseschecks.

## Deutsche Botschaft

◆ **Yaoundé** – Tel. 21 00 56, 20 05 66
◆ **Douala** – Tel. 42 86 00

Bei Verlust Ihrer Dokumente, im Falle eines Unfalls, wenn Ihre Sicherheit allgemein gefährdet ist oder in Notfällen sonstiger Beschaffenheit können Sie sich auch an die Deutsche Botschaft wenden. Die Botschaft ist gesetzlich dazu verpflichtet, jedem deutschen Staatsbürger zu helfen, der im Ausland in Not gerät und die Notlage nicht selbst beheben kann.

Folgende **Hilfe** kann die Botschaft gewähren:
◆ Vermittlung eines Anwalts (bei Konflikten mit der Polizei oder einem Unfall)
◆ Ausstellen von Ersatzdokumenten (z.B. Reisepaß, Führerschein); separat aufbewahrte Kopien der Originale sind dabei sehr hilfreich.
◆ Unterstützung in finanziellen Notlagen (z.B. bei Diebstahl).
◆ Finanzielle Hilfe im Krankheitsfall, Darlehen für Arzt- oder Krankenhauskosten
◆ Hilfe im Falle einer Naturkatastrophe oder bei politischen/sozialen Unruhen im Land
◆ Suche nach vermißten Reisegefährten (natürlich nicht, wenn sich einer absichtlich aus dem Staub gemacht hat!).

**Bei einer Festnahme** durch die Polizeibehörden haben Sie das Recht, innerhalb von 72 Stunden nach Verhaftung mit Ihrer Auslandsvertretung Kontakt aufzunehmen. Schriftstücke bei der Polizei im Zweifelsfall vor Rücksprache mit einem Rechtsvertreter nicht unterschreiben.

## Öffnungszeiten

Die Geschäftszeiten werden offiziell
wie folgt angegeben:

◆ **Banken**
Mo bis Fr 7.30/8–11.30/12.30, teilw.
14.30–16.30 Uhr; Sa/So geschl.

◆ **Geschäfte**
Mo bis Fr 8/8.30–11.30/12.30 und
15.00 –18/19 Uhr, Sa 8.30–12 Uhr.

◆ **Postämter**
Mo bis Fr 7.30–18 Uhr

◆ **Telefonämter (INTELCAM)**
Mo–Fr 8–20 Uhr, So 8–12 Uhr (z.B.
Yaoundé).

◆ **Büros**
Mo bis Fr 8–12 Uhr und 14.30–
17 Uhr, teilweise auch Sa 8–13 Uhr.

Im *Ramadan* können im Norden andere Öffnungszeiten gelten.

An den obigen Angaben ist zu erkennen, daß die **Öffnungszeiten** im
Land recht **unterschiedlich gehandhabt** werden. Viele Büros und Ämter
haben die sogenannte *„Journée con-
tinue"* eingeführt und sind von 8–15
Uhr durchgängig geöffnet. In der an-

*Kameruns Kioske kennen keine offiziellen Öffnungszeiten*

glophonen Zone öffnen die Banken in der Regel von 8–14 Uhr, im Norden von 8–13 Uhr und schließen nachmittags ganz. Im Süden dagegen gibt es auch nachmittags Schalterstunden. Bankgeschäfte sollte man am besten vormittags abwickeln, um sicher zu gehen, daß geöffnet ist.

Im **islamischen Norden** sind die Geschäfte **freitags** während der Gebetszeiten **meist geschlossen**, doch kann man dort teilweise auch sonntags einkaufen. Die kleinen Kioske am Straßenrand sind oft bis in die späten Abendstunden geöffnet.

Die **Märkte** sind generell morgens am aktivsten, die größeren Märkte (in Douala, Yaoundé und Maroua) öffnen ganztägig.

In den **Restaurants** serviert man mittags von 12–15 Uhr und abends ab 19.30/20 Uhr, selten gibt es spätabends noch warme Küche. Dagegen findet man in den traditionellen Circuits und in den Garküchen am Straßenrand auch bis in die Nachtstunden noch etwas zu essen.

Während des **Ramadan** kann es in islamischen Regionen vorkommen, daß Geschäfte nur kurzzeitig geöffnet und die lokalen Restaurants tagsüber geschlossen sind. Die Restaurants der größeren Hotels bleiben jedoch geöffnet.

## *Post*

Postämter gibt es in allen größeren Städten Kameruns. Auch wenn es mancherorts **Briefkästen** gibt, empfiehlt es sich, die Post direkt am Postamt oder an der Rezeption des Hotels abzugeben; die Beförderung erfolgt zumindest von den größeren Städten recht zuverlässig.

In den Provinzstädten im Zentrum (z.B. Ngaoundéré) ist auf die an der Post angeschlagenen **Öffnungszeiten** nicht immer Verlaß.

Der Briefverkehr zwischen Kamerun und Europa benötigt fünf Tage bis zwei Wochen (je nach Absendeort).

**Briefmarken** erhält man in Postämtern oder manchmal im Hotel.

Innerhalb Kameruns gibt es keine Postzustellung ins Haus, sondern nur Postfächer (B.P. in den französischsprechenden Landesteilen, P.O. Box in den englischsprachigen).

Sie können sich nach Kamerun auch **postlagernde Sendungen** schicken lassen, die Aufbewahrung der Post erfolgt am *Poste restante*-Schalter des jew. Postamts. Diese Briefe sollten wie folgt adressiert sein:

Name des Empfängers
Poste Centrale
Poste Restante
Douala (oder Yaoundé)
Cameroun.

Die Sendungen können gegen Vorlage des Reisepasses im Gebäude der Hauptpost zu den Öffnungszeiten abgeholt werden.

**Gebühren** nach Deutschland:
(Stand Sommer 1997)
◆ Luftpostbrief (10 g) CFA 410
◆ Postkarte CFA 200

# *Preise*

Bei einer 100%igen Abwertung des CFA-Francs im Januar 1994 waren alle Preise **starken Veränderungen** unterworfen. Die Preissteigerung entsprach nicht immer dem Abwertungsverlust. Als Folge wurde das Reisen in Kamerun seither wesentlich preiswerterer. Trotzdem ist **Kamerun kein ausgesprochen billiges Reiseland**. Wenn Sie einen etwas besseren Standard, Unterkunft und Verpflegung nach europäischem Niveau und einen klimatisierten Mietwagen in Anspruch nehmen wollen, werden Sie mit relativ hohen Reisekosten rechnen müssen.

Bei einem Einkauf in den großen Supermärkten Yaoundés und Doualas stellt man fest, daß die **Lebenshaltungskosten** in Kamerun nicht selten 50% über deutschem Niveau liegen, weil viele der dortigen Waren und Luxusgüter importiert werden müssen. Für Mahlzeiten europäischen Standards (meist französische Küche) in einem der größeren Hotels oder Restaurants in der Stadt rechnet man ab etwa CFA 5000, in ländlichen Regionen ab CFA 3000.

Wer allerdings nicht unbedingt in einem der größeren Touristenhotels wohnen möchte und trotz feuchttropischer Hitze und Pistenstaub bereit ist, auf Komfort zu verzichten, das Land mit öffentlichen Verkehrsmitteln zu bereisen und in kleinen afrikanischen Restaurants, den Circuits, zu essen, kann sich das Land auf recht preiswerte Art erschließen. So kostet z.B. eine große Flasche Mineralwasser im Hotel ca. CFA 1000, im kleinen Kiosk um die Ecke nur noch CFA 600.

Die **einfache**ren **Unterkünfte**, die nicht speziell für Touristen zur Verfügung stehen, sondern in denen auch die Kameruner selbst wohnen, sind in der Regel recht sauber und kosten ein Bruchteil des Preises klimatisierter Touristenhotels (s. a. Seite 99f., Übernachtung).

**Mietwagen** sind in Kamerun extrem teuer, mit günstigen öffentlichen Bussen und Überlandtaxis erreicht man aber auch das entlegenste Dorf, wenngleich etwas unbequemer und zeitaufwendiger. Man kann sich allerdings auch mit einem Taxifahrer einigen und einen Tagesmietpreis aushandeln, der immer noch unter dem der Autoverleihfirmen liegt.

Wer mit **öffentlichen Verkehrsmitteln** reist, hat den Vorteil, die Region auf eine viel intensivere Art erleben und einen unmittelbaren Kontakt zur Bevölkerung herstellen zu können.

**Preisbeispiele** (Stand Sommer 1997):

- Mietwagen/Tag
  ab CFA 17 000 (zzgl. km-Gebühren)
- Mittelklassehotel/Zimmer
  ab CFA 10 000
- Buschtaxi
  je 100 km ca. CFA 1300
- Stadttaxi (Sammelverkehr)
  CFA 150
- Frühstück im Hotel
  CFA 1500 – CFA 3000
- Frühstück im Circuit
  ab CFA 600
- Mittagsmenü im Hotel
  ab CFA 5000
- Mittagsmenü im Circuit
  ab CFA 3500

- Cola oder Softdrinks
  CFA 500
- 1 Flasche Mineralwasser
  CFA 400, im Hotel CFA 800
- Bier pression (vom Faß)
  CFA 500
- Bier in der Flasche
  CFA 200
- Stangenweißbrot
  CFA 150–200
- Zigaretten
  CFA 400
- Tageszeitung
  CFA 250
- Afrikanischer Stoff (Pagne)
  pro Meter ab CFA 4000

- 10 Bananen
  CFA 250
- Würfelzucker
  CFA 460
- Yoghurt
  CFA 2000
- Milchpulver
  CFA 1500 (400 g)

**Hinweis:** Alle in diesem Buch angegebenen **Preise sind Richtwerte**, die regional bzw. durch Preissteigerungen Änderungen unterliegen und daher vorbehaltlich gelten. Aufgrund der Inflation muß ständig mit allgem. Preissteigerungen gerechnet werden.

## Reiseplanung

Die Entscheidung, das Land auf eigene Faust zu entdecken oder sich einer Reisegruppe anzuschließen, hängt von verschiedenen Überlegungen ab.

Die **Vorteile einer organisierten Reise** liegen auf der Hand:

- Der Reiseveranstalter übernimmt die gesamte **Vorbereitung der Reise**, wodurch man sich viel Zeit spart.
- Die **Begleitung durch** einen erfahrenen **Reiseleiter** kann unterwegs manches Hindernis oder Sprachproblem aus dem Weg räumen und gerade dem Afrika-Neuling die erste Begegnung mit dem fremden Kulturkreis vereinfachen.
- In speziell für die Gruppe angemieteten Fahrzeugen können auch entlegene Gebiete sehr viel leichter bereist werden. Die Routen sind vom örtlichen Veranstalter der Reise erkundet und bekannt, so daß keine eigene **Orientierung** erforderlich ist.
- Auf Trekkingtouren braucht man sich nicht um Vorbereitung und **Ausrüstung** zu kümmern.
- Unterwegs benötigt man kaum Zeit für **Organisation**, daher wird man in kürzerer Zeit mehr sehen können.
- Die **Unterkünfte** sind im voraus reserviert und man erspart sich die lange Suche nach dem passenden Zimmer.

Mit am entscheidendsten für eine organisierte Reise ist wohl die Gruppe selbst. Ein harmonisches Verständnis innerhalb der Gruppe erfordert den Teamgeist jedes einzelnen Teilnehmers und jeder, der sich für mehrere Wochen einer Reisegruppe anschließt, wird eine gewisse Kompromißbereitschaft mitbringen müssen.

Wo für den einen die gute Voraus-
planung eine wichtige Rolle spielt, sieht
ein anderer gerade in der **Flexibilität
einer individuellen Reise** einen ent-
scheidenden Vorteil:

**Unabhängigkeit** unterwegs, kein
festes Programm mit vorausgeplan-
ten Tageszielen; die Möglichkeit, das
Land auf **preiswerte Art** in öffentlichen Verkehrsmitteln oder im eigenen
Fahrzeug zu erkunden.

Einzelreisende haben im Gegensatz zur Gruppe, die nach außen hin
eine „Einheit" bildet, oft einen intensiveren **Kontakt zur Bevölkerung**.

Die **Wahl der Reisepartner** erfolgt
bereits vor der Reise, und falls esun-
terwegs verschiedene Reisewün-
sche, (unvorhergesehene) persönliche Differenzen, gar Streit gibt, ist die
gemeinsame Weiterreise nicht bin-
dend.

Voraussetzung für eine Individual-
Reise ist eine gute Vorbereitung und
Organisation der Reise schon von zu
Hause aus, was sicher zeitintensiver
ist. Auch unterwegs benötigt man einen **größeren Zeitrahmen**, denn man
muß sich orientieren, Pannen und Verspätungen einplanen. Und schließlich
sind für eine Reise durch Kamerun
**Sprachkenntnisse** in Englisch und
möglichst auch Französisch erforderlich.

Wer auf eigene Faust unterwegs ist
und die Bescheidenheit eines einfachen Gästehauses oder landestypischen Restaurants nicht scheut, wird
das Land auf eine sehr authentische
Art erleben und gerade die intensive
Auseinandersetzung mit den Gegebenheiten vor Ort kann zum Landes-
verständnis wesentlich beitragen.

Sollten Sie einen Reisepartner für
die geplante Tour suchen, können Sie
eine Anzeige an das Schwarze Brett
der Ausrüstungs- und Globetrotter-
Läden hängen, in der Zeitung aufgeben oder eine **Reisepartnervermitt-
lung** einschalten, z.B.:

♦ *Bon Voyage*
  Peschkestraße 10
  12161 Berlin
  Tel. (0 30) 851 51 04
  Fax 859 18 00 (Filialen in Hamburg,
  Essen, Köln, Frankfurt und Stutt-
  gart)

♦ *Frauen-Reisebörse*
  Lütticher Str. 25
  50674 Köln
  Tel./Fax (02 21) 51 52 54
  (vermittelt Reisepartnerinnen für
  Frauen)

*Swimmingpools sind in Kamerun
selten (hier in Douala)*

## *Reiseveranstalter*

Nur **wenige Veranstalter** in Deutschland **bieten Kamerun-Reisen an.** Rundreisen werden angeboten von:

♦ *Hauser Exkursionen international*
Marienstraße 17, 80330 München
Tel. (0 89) 23 50 06-0

♦ *Ikarus Tours GmbH*
Fasanenweg 1, 61462 Königstein/
Ts., Tel. (0 61 74) 29 02-0

♦ *Karawane Studienreisen*
Schorndorfer Straße 149
71638 Ludwigsburg
Tel. (071 41) 28 48-0

♦ *Minitrek Expeditionen*
Bergstraße 153, 69121 Heidelberg
Tel. (0 62 21) 40 14 43

♦ *Natur Studienreisen GmbH*
Untere Dorfstraße 12, 37154 Northeim, Tel. (0 55 51) 99 47-0

♦ *Studiosus Reisen*
Trappentreustraße 1, 80339 München, Tel. (0 89) 50 06 00

♦ *TVC-Cameroun*
Xavier Tijé - Dra
Scheckenbachstraße 13
97199 Ochsenfurt
Tel./Fax (0 93 31) 17 42

♦ *VOGT Erlebnisreisen*
Ehrhornsweg 8
21649 Regesbostel,
Tel. (0 41 65) 81 84 1, Fax 81 83 0
(Geländewagen- und Safaritouren/
Urwaldcamps in kleinen Gruppen)

Seitdem die staatliche Organisation *SOCATOUR* geschlossen und ihre monopolartige Stellung in der Organisation des Tourismus in Kamerun verloren hat, öffneten im Land eine Vielzahl von kleineren, privaten Touristikunternehmen, die aber teilweise schnell an den Finanzen scheitern.

Als **zuverlässige Reiseveranstalter** sind mir bekannt:

♦ *Africa-Tour-Cameroon*
B.P. 507, Maroua
Tel. 29 33 56, Fax 29 21 00

♦ *Cameroon Safari Agency*
Immeuble de l'Office Céréalier
B.P. 1053, Garoua
Tel. 27 23 26
Fax 27 21 22

♦ *Cameroon Travel Center*
B.P. 6977, Yaoundé
Tel. 22 62 21, Fax 22 67 05

♦ *Djabbama Tours*
B.P. 169, Ngaoundéré
Tel. 25 11 48 und 25 16 72
Fax 25 17 77

♦ *Jully Voyages*
B.P. 1868, Douala
Tel. 42 32 09 und 42 84 38

♦ *TVC - Tourisme et Visages du Cameroun*
B.P. 684, Maroua
Tel. 29 25 83

Die örtlichen Veranstalter bieten in der Regel **Rundreisen** durch den Norden und Westen Kameruns bzw. **Bade- aufenthalte** in *Limbé* und *Kribi* an. Einige der Veranstalter haben regelmäßige Abfahrtstermine für Kleingruppen, andere ausschließlich Einzel- oder Individualreisen, z.B. im Mietwagen mit Chauffeur. *Djabbama Tours* und *TVC-Cameroun* sind mir als Veranstalter bekannt, die auch Trekkingtouren organisieren, zum Beispiel auf den *Mt. Cameroon, Mandara-Berge* oder in die *Manengouba-Berge.*

# Reiseversicherung

Bei organisierten Reisen, die über einen deutschen Reiseveranstalter gebucht werden, ist in der Regel ein Versicherungspaket enthalten. Erkundigen Sie sich genau über die Leistungen und Bedingungen der jeweiligen Versicherung.

Ebenso ist es aber auch für Individual-Reisen ratsam, Reiseversicherungen abzuschließen. Über Art und Umfang lassen Sie sich am besten im Reisebüro beraten.

Folgende **Versicherungen** stehen zur Auswahl:

♦ **Reiserücktrittskostenversicherung**

Sie haftet bei einem Krankheitsfall des Reisenden oder seiner nächsten Angehörigen, wenn Stornokosten für die Reise anfallen. Ebenso sind meist die Kosten, die bei einem frühzeitigen Reiseabbruch im Krankheitsfall entstehen, eingeschlossen (Stornokosten vor Ort für Hotelreservierungen etc.). Eine Eigenbeteilung in Höhe von ca. 20% der Stornokosten fällt in der Regel dennoch an. Die Stornokosten für Linienflüge, die über Reisebüros gebucht sind, sind meist gering. Bei Reisen auf eigene Faust fallen auch kaum Hotel-Stornokosten an. Im Falle einer durch Krankheitsfall verursachten früheren Rückreise können bei Flugscheinen, die aufgrund des Tarifes nicht umgebucht werden dürfen, jedoch erhebliche Kosten auftreten.

Erkundigen Sie sich, ob diese bei Ihrer Versicherung abgedeckt sind. Die Krankenversicherung selbst kommt für diese Aufwendungen nicht auf, sondern nur die Rücktrittskostenversicherung.

♦ **Reisekrankenversicherung/ Reiseunfallversicherung**

Der Krankheitsfall auf einer Reise nach Kamerun (sowie den meisten afrikanischen Ländern) ist bei den gesetzlichen Krankenkassen nicht eingeschlossen. Nur bei privaten Krankenversicherungen kann eine weltweit geltende Zusatzversicherung abgeschlossen werden. Erkundigen Sie sich als Privatversicherter bei Ihrer Krankenversicherung.

Reisekrankenversicherungen werden auch von speziellen Reiseversicherungen (z.B. *Europäische Reiseversicherung, ELVIA* etc.) angeboten, nähere Auskünfte im Reisebüro.

Krankenversicherungen für Langzeitaufenthalte (vier, sechs, neun, zwölf Monate und jeweils monatsweise verlängerbar) bietet unter anderen an:

ADAC
Am Westpark 8
81373 München
Tel. (0 89) 76 76-1

Es lohnt sich bei diesen Langzeitversicherungen in jedem Fall ein Preisvergleich und Nachfrage bei den verschiedenen Krankenversicherungen (Adressen aus dem Telefonbuch Ihrer Stadt), die Gebühren und Leistungen sind sehr unterschiedlich. Erkundigen Sie sich, ob ein Rückholflug durch einen Flugrettungsdienst (s. Seite 66, Notfall) eingeschlossen ist.

Wenn aus gesundheitlichen Gründen eine Unterbrechung oder gar ein Abbruch der Reise erforderlich wird, müssen Sie sich unbedingt – eventuell auch nur kurz – im Zielland in ärztliche Behandlung begeben, da andernfalls die Versicherung eine Übernahme der Kosten verweigern kann. Ebenso müssen Sie für die Kosten vor Ort zunächst selbst aufkommen. Die weitere Schadensabwicklung erfolgt direkt zwischen Ihnen und der Versicherung nach Rückkunft.

♦ **Reisegepäckversicherung**
Auch wenn man auf eine Reise nach Afrika nicht unbedingt viele Wertgegenstände mitnimmt, sollte man sich dennoch gegen Gepäckverlust versichern. Die Fluggesellschaften haften nur bis zu einem begrenzten Betrag pro kg des verlorenen Gepäcks. Durch die Reiseversicherung ist Diebstahl abgedeckt, soweit nicht fahrlässig gehandelt wurde, sowie anderweitiger Verlust, der nicht selbst verschuldet ist. Achten Sie unbedingt darauf, daß Sie nicht unterversichert sind, d. h. die Summe der Versicherung nicht niedriger ist, als der eigentliche Wert

Ihres Gepäcks. Foto- und Filmausrüstung wird nur begrenzt (etwa zu 50%) versichert. Damit Sie zu Hause den Verlust erstattet bekommen, müssen Sie sich vor Ort den Schaden von der Polizei bestätigen lassen und zuhause die Kaufquittungen der Reiseausrüstung aufgehoben haben.

Außerdem können Sie, falls Sie ganz sicher gehen wollen, eine **Reisehaftpflichtversicherung** abschließen.

Die wichtigsten Reiseversicherungen gibt es meist als „**Paket**", das preiswerter ist als die Summe der Einzelversicherungen. In jedem Fall sollten Sie sich unbedingt das Kleingedruckte genau durchlesen. Das Original des Versicherungsscheines bleibt zuhause, da es sonst im Falle eines Diebstahls auch verlorengeht. Alle Auslagen erfolgen vor Ort direkt und werden nach Rückkehr bei der Versicherung vorgelegt.

## *Sicherheit*

Die in den letzten Jahren **gestiegene Kriminalität** in Kamerun ist nicht zuletzt auf die schlechte wirtschaftliche Lage zurückzuführen. Diebstähle und Überfälle beschränken sich jedoch meist auf die großen Städte, vor allem die Hafenstadt Douala, die Touristenzentren und einige Strandabschnitte. Dies ist in Kamerun nicht anders als in aller Welt und Sicherheitsrisiken können in der Regel durch eigenes Verhalten eingeschränkt oder verhindert werden. Beachten Sie daher die üblichen Sicherheitsvorkehrungen auf Reisen.

Das Gepäck (Rucksack, Reisetasche etc.) sollte beim Flug oder unterwegs in öffentlichen Verkehrsmitteln mit einem Vorhängeschloß abgeschlossen sein. Überflüssige Wertgegenstände (Schmuck, teure Uhren oder ähnliches) läßt man am besten bei einer Afrika-Reise zuhause.

Geld, Schecks, Reisedokumente und andere wichtige Utensilien müssen stets diebstahlsicher untergebracht sein. Sie sollten sie nie im Reisegepäck verstauen oder im Hotelzimmer aufbewahren, sondern ständig am Körper bei sich tragen, z.B. in einem Geldgürtel, Hüftgurt oder Beinbeutel o.ä. Brustbeutel dagegen können von geschickten Taschendieben relativ unbemerkt entwendet werden.

Nur in den größeren Hotels deponiert man die Wertsachen im Hotelsafe, allerdings muß der Reisepaß unterwegs wegen evtl. Kontrollen immer mitgeführt werden. Kleinere Beherbergungsbetriebe verfügen selten über verschlossene Depots.

Fertigen Sie bereits zu Hause **Kopien aller Reisedokumente** an und notieren Sie die Nummern der Reiseschecks. Diese Kopien sollten an separater Stelle, z.B. beim Reisepartner, aufbewahrt sein. Im Verlustfall erspart dies einigen Ärger. Zeigen Sie größere Geldbeträge nicht in der Öffentlichkeit, sondern stecken Sie kleine Beträge für Taxis, Trinkgelder oder Einkäufe unterwegs griffbereit in eine separate Geldbörse (nicht in die Hosentasche).

**Erhöhte Diebstahlgefahr** besteht auf lokalen Märkten, Busbahnhöfen oder in Geschäften, eben überall dort, wo dichtes Gedränge herrscht. Wer mit dem eigenen Fahrzeug unterwegs ist, sollte nichts leichtsinnig im abgestellten Wagen liegen lassen und die Fahrzeugtüren beim Entfernen vom Auto immer abschließen. Ich habe öfter von Reisenden gehört, daß Gegenstände aus Fahrzeugen entwendet wurden, selbst wenn der Insasse (allerdings bei geöffnetem Fenster) im Wagen saß. Rasch wurden dabei die auf dem Rücksitz deponierten Gegenstände aus dem Auto „gefischt". Viel leichter als in einem Pkw passiert das noch in einem Kleinbus, in dem speziell Pauschalreisen durchgeführt werden. Meist ist der Wagen beim Anhalten in Orten dicht von Leuten umringt, die Souvenirs anbieten oder Gespräche führen, wodurch die Passagiere abgelenkt werden. Viele Hände strecken sich ins Wageninnere und manchmal bleibt nichts anderes übrig, als die Fenster einfach hochzukurbeln. Selbst wenn man sich nur ein paar

Meter vom Auto entfernt, sollte man es stets im Auge behalten.

Handtaschen und Kameras sollten immer in Blickrichtung abgestellt werden. Statt einem teuren Fotokoffer oder einer edlen Ledertasche eignen sich unterwegs einfache Beutel und Umhängetaschen, die nicht schon von außen auf den Wert des Inhalts verweisen. Kurz gesagt: Gelegenheit macht Diebe, und je unauffälliger und sicherer man sich verhält, umso weniger wird man Langfinger auf sich aufmerksam machen.

Sicherheitsprobleme können in Kamerun auch an **einsamen Strandabschnitten** auftreten, z.B. in der Umgebung von *Limbe*. Hier ist nur die *Six-Mile-Beach* bewacht. An anderen Stränden sollte man nichts im abgestellten Fahrzeug liegen lassen und sein Hab und Gut stets im Auge behalten.

Zu **Überfällen** durch Banditen kann es speziell im grenznahen Bereich, so z.B. auf der Route von *Roumsiki* über *Dourbeye* nach *Garoua*, kommen, die derzeit angeblich sogar deswegen ab Dourbeye gesperrt ist. Selbst Polizeikontrollen können diese professionellen Gaunereien nicht verhindern. Auf diesen Routen kann es daher vorteilhaft sein, im Konvoi aus mindestens zwei Fahrzeugen zu fahren.

Achten Sie nach Möglichkeit als Fahrzeugreisender darauf, daß Sie Ihr Auto während längerer Abstellzeit stets von einem **Parkwächter** bewachen lassen oder es in der Nähe des Hotels sicher untergestellt werden kann. Dies ist zwar nicht immer, aber in vielen Fällen auf Rückfrage doch möglich und kostet meist nur ein kleines Trinkgeld.

In kleinen Orten sollte man einen Jungen als Wächter engagieren; handeln Sie den Preis aus und merken Sie sich das Gesicht „Ihres" Aufpassers, damit später nicht zehn Halbwüchsige Ihr Parkwächter gewesen sein wollen.

Bei **gewaltsamen Überfällen** sollte man auf jede Verteidigung seines Besitzes verzichten. Wenn Sie einen Diebstahl festgestellt haben, kann es nützen, die Umgebung lautstark aufmerksam zu machen, um den Gauner evtl. noch zu erwischen. In afrikanischen Ländern gibt es sehr viel Gemeinschaftsgeist und Gerechtigkeitssinn, recht schnell findet sich eine Schar von Helfern.

In jedem Fall müssen Diebstähle bei der **Polizei** angezeigt werden, auch wenn sich dabei meist nichts wiederfindet. Diese Bestätigung benötigen Sie für die Reiseversicherung (s.o.) zur Erstattung des Gepäckverlusts, für die Botschaft zur Neuausstellung von Reisedokumenten oder für die Bank zur Rückerstattung der verlorenen Reiseschecks. In den meisten Städten Kameruns sind viele Straßen nachts unbeleuchtet. Auf dem Weg in die Kneipe, auch wenn diese nicht weit entfernt ist, empfiehlt es sich, nach Einbruch der Dämmerung ein Taxi zu nehmen. In Douala sollte man selbst tagsüber bei Spaziergängen umsichtig sein.

Erfahrene Reisende verstehen es, sich nicht durch auffälliges Verhalten mit umgehängten Kameras etc. als vermeintlich reiche „Touristen" auszuweisen. Aber auch Afrika-Neulinge werden in relativ kurzer Zeit ein offenes, ehrliches und vertrauenerweckendes Gesicht von dem eines Gauners zu unterscheiden wissen.

Auch wenn Douala von manchen Leuten als „unsicheres Pflaster" betrachtet wird, ist eine Reise durch Kamerun nicht risikoreicher als durch andere Länder dieser Welt. Zwar habe ich einige Reisende getroffen, denen durch Unachtsamkeit etwas gestohlen wurde, aber ich kenne niemanden persönlich, der mit gewaltsamer Kriminalität in Konflikt geraten wäre. Daher ist bei verantwortungsbewußtem Verhalten ein übertriebenes Mißtrauen nicht nötig. Auf meinen eigenen Reisen, meist mit öffentlichen Verkehrsmitteln, hatte ich nie ernsthafte Probleme. Im Gegenteil: Mir wurde einmal eine Leinentasche mit völlig nutz- und wertlosem Inhalt, die ich in einem Buschtaxi vergessen hatte, über mehrere hundert Kilometer bis zu meinem nächsten Standort gebracht, den man detektivisch herausgefunden hatte. Über die Ehrlichkeit und Gastfreundschaft der Kameruner war ich in der Regel positiv angetan, gerade auch gegenüber einer allein reisenden Frau (s.a. Seite 54 f.).

Sollten Sie einmal mit der Polizei in Konflikt geraten (z.B. weil Sie bei einer Kontrolle Ihre Ausweispapiere nicht bei sich führen), kann es erfahrungsgemäß nützen, den Beamten mitzuteilen, daß Sie sich an die Deutsche Botschaft wenden werden. Dazu haben Sie innerhalb von 72 Stunden nach Verhaftung das Recht.

Wer in **öffentlichen Verkehrsmitteln** durch Kamerun reist, wird sich bewußt machen, daß die meisten Fahrzeuge nicht den (uns) üblichen Si-

*In Städten sollten Sie sich vor Langfingern in Acht nehmen*

cherheitsbestimmungen entsprechen. Verkehrsuntüchtige oder überladene Fahrzeuge, alkoholisierte Fahrer und überhöhte Geschwindigkeit bergen ein nicht zu unterschätzendes Risiko, das manches Autowrack am Straßenrand dokumentiert. Erscheint Ihnen der Zustand eines Fahrzeugs als nicht vertetbar, dann nehmen Sie lieber eine längere Wartezeit auf das nächste (eventuell bessere) in Kauf!

Informieren Sie sich vor Reiseantritt über die **politische Situation** im Land selbst und bei einem Besuch der Nachbarländer speziell auch dort. **Kamerun gilt** immer noch **als ein vergleichsweise stabiles und ruhiges Land**. Dennoch ist auch hier der Weg von der Einparteienherrschaft zu einem demokratischen Mehr-Parteien-System ein langwieriger Prozeß, der in den vergangenen Jahren Demonstrationen, Streiks und Aufruhr beinhaltete. Daß die Entwicklung zu mehr Mitsprache und Selbstbestimmung in Afrika nicht nur auf friedliche Weise erfolgt, bestätigen die Schlagzeilen der Tagespresse. Achten Sie daher auf Meldungen in den Medien, erkundigen Sie sich bei Reiseveranstaltern, der Botschaft oder dem Auswärtigen Amt in Bonn über die aktuelle Situation.

Noch wichtiger ist dies, wenn Sie eines der Nachbarländer, wie zum Beispiel Kongo oder Nigeria, besuchen möchten, die immer wieder von politischen Unruhen bedroht sind.

## Souvenirs / Einkauf / Märkte

Kunsthandwerk hat – besonders im Westen Kameruns – eine uralte Tradition und ist so vielfältig wie die Zahl der verschiedenen Ethnien. Einen guten Überblick verschafft man sich im jeweiligen *Centre Artisanal*, auf den Kunsthandwerks-Märkten Doualas und Yaoundés oder in den Läden der größeren Hotels. Natürlich erhalten Sie die diversen Objekte dort viel billiger, wo sie hergestellt werden, z.B. in den Handwerkszentren des Nordens und Westens. Und wenn man die Künstler im Landesinneren bei ihrer Arbeit beobachten kann und um die schönsten Stücke feilscht, erhalten die Souvenirs erst den wirklichen, authentischen Wert.

Das wichtigste **künstlerische Zentrum** ist die Stadt *Foumban* im Land der *Bamoun*. Auf der berühmten **Künstlerstraße** von Foumban reihen sich Werkstätten und Souvenirläden nahtlos aneinander. Vieles, was hier angeboten wird, ist „Touristenkunst"; wertvolle Gegenstände, wie man sie vorher vielleicht im Palastmuseum bewundert hat, wird man hier kaum erstehen können.

Doch in dem großen Angebot finden sich auch sehr schöne Objekte, und es lohnt sich, etwas herumzustöbern: Terrakottafiguren und -pfeifen, rot oder geschwärzt; Bronzemasken, Figuren und Reiterstatuen aus Bronze, Kupfer oder Messing; typische Bamoun-Ornamente wie die doppelköpfige Schlange, das Zeichen des Sultans, oder die Doppelglocke; Holzschnitzereien im *Bamiléké*-Stil, meist

Bilder mit schönen Reliefs; Korbwaren und Schmuckgegenstände.

*Bafoussam* ist das Zentrum der **Bamiléké-Schnitzer**, deren kleine Handwerksläden sich über die ganze Stadt verteilen. Die alten Stücke werden auch hier wieder in den Maskenhäusern der *Chefferien* aufbewahrt und zum Verkauf gelangt hauptsächlich Touristenware. Neben den Reliefschnitzereien mit menschlichen und Tiermotiven, die man auf Bildern, Tabletts, Hockern, kleinen und großen Möbelstücken findet, gibt es auch schöne, mit Perlen verzierte Kalebassen. In einigen Regionen Kameruns wird noch der handwerklich aufwendige, wertvolle **Gelbguß** praktiziert, doch dieses Handwerk ist allmählich im Aussterben begriffen und kann der Konkurrenz der „fabrikmäßig" hergestellten Bronzewaren nicht standhalten. Wenn Sie im Norden unterwegs sind, können Sie z.B. den **Schmied von Amsa** südlich von *Roumsiki* noch bei seiner Arbeit, dem Bronzeguß in der „verlorenen Form", beobachten und die Objekte auch kaufen.

Der Norden Kameruns ist bekannt für seine **Lederarbeiten**, die sie besonders günstig auf dem Markt in *Maroua* erstehen können. Handtaschen, Gürtel, Geldbörsen, Schuhe – die Auswahl ist unbegrenzt. Auch schöne *Kotoko*-Töpfereien, Korbwaren, Silberschmuck der *Kirdi* und andere Kuriositäten finden sich in Maroua, dem Zentrum des Kunsthandwerks in Nordkamerun.

**Kunsthandwerkliche Souvenirs** finden Sie vor allem in den Touristenzentren *Bafoussam, Foumban, Maroua* und auch im

- Centre Artisanal in *Djingliya* (im Norden zwischen *Mokolo* und *Kora)*

- Handwerksladen in *Roumsiki*
- Campement von *Waza* (hauptsächlich billige Touristenware)
- Kunsthandwerkszentrum von *Bali* (im Westen bei *Bamenda)*
- auf den Handwerksmärkten in *Douala* und *Yaoundé*; in diesen Städten, die übrigens teuere Pflaster sind, gibt es auch spezielle Kunstgeschäfte
- in den Boutiquen der großen Hotels (sehr teuer)
- in den Abflughäfen der internationalen Flughäfen („Airport"-Kunst).

Ein **guter Tip** ist die Verkaufsausstellung auf der Terrasse des Hotels *Porte Mayo* in Maroua. Hier entdeckt man oft interessantere Objekte (z.B. schönen Schmuck) als auf dem großen Markt. Wenn Sie etwas Spezielles suchen, wird man dort nichts unversucht lassen, Ihnen sogar eine Auswahl aus der Stadt zu besorgen. Pferdeliebhaber können sich nach Decken, Sätteln oder Zaumzeug erkundigen, wie sie für die *Fantasias* im Norden typisch sind.

Überall im Land gibt es schöne afrikanische **Stoffe** in bunten Farben, die Ihnen die Markt-Schneider in kürzester Zeit nach Ihren Wünschen zunähen. Auch wenn es sich meist um Importware handelt, haben die Baumwollstoffe sehr viel praktischen Wert und man kann sie vielseitig verwenden, z.B. als *Pareo* oder Unterlage am Strand, als Tischdecken, Vorhänge etc. Typisch sind auch **Kalebassen**, getrocknete Kürbisfrüchte, die oft mit schönen, dekorativen Mustern verziert sind.

**Musikkassetten** mit den neuesten afrikanischen Hits oder traditioneller Musik werden überall an kleinen Ständen auf dem Markt „lautstark" und preiswert angeboten. Achten Sie hier jedoch auf Originalkassetten, es gibt viele qualitativ schlechte Raubkopien.

Neben den vielen verschiedenen Souvenirs gibt es auch praktische Mitbringsel zu kaufen. Dazu gehören der ausgezeichnete **Kaffee** *(Arabica* oder Mischung *Arabica/Robusta)*, guter Hochlandtee, exotische Gewürze, herrliche Früchte, die kurz vor der Abreise gekauft werden können.

## Artenschutz

Bei der Auswahl Ihrer Souvenirs sollten Sie bedenken, daß viele freilebende Tier- und Pflanzenarten in ihrer Existenz gefährdet, manche sogar vom Aussterben bedroht sind.

Um den Handel mit diesen Souvenirs zu unterbinden, wurde 1973 das Washingtoner Artenschutzübereinkommen geschlossen. Seitdem gelten verschärfte Bestimmungen für Deutschland und die gesamte Europäische Gemeinschaft. **Es ist verboten, lebende Tiere und Pflanzen,** **Teile davon und daraus gefertigte Erzeugnisse nach Deutschland einzuführen.** Das betrifft für Kamerun Handwerksgegenstände aus Elfenbein, die Felle sämtlicher wildlebender Katzen (z.B. Leoparden), Artikel aus Reptilleder (Schlangen, Warane, oder Krokodile), wie sie vor allem in Maroua angeboten werden. Prüfen Sie auch Fetische aus traditionellen Apotheken oder Masken, ob nicht etwa Leopardenkrallen, Häute, Affenhände oder Elfenbeinschmuck daran befestigt sind. Kaufen Sie überlegt ein – den Tieren und der Natur zuliebe! Sie ersparen sich Ärger am Zoll, die Einziehung der Souvenirs und hohe Bußgelder.

## Antiquitäten

Antiquitäten, wertvolles altes Kunsthandwerk oder Gegenstände mit rituellem Wert dürfen in der Regel nicht aus Kamerun ausgeführt werden. Ausnahmegenehmigungen erteilt u. U. die Präfektur. Erkundigen Sie sich vor Ort. Im Zweifelsfall kann man sich auch an das Kultur- und Informati-

*Kameruns Graslandmasken sind gefragte Antiquitäten (Museum Foumban)*

onsministerium (Tel. 23 40 75) in Yaoundé wenden. Grundsätzlich ist zu bedenken, ob die „Kulturschätze" eines Landes nicht in diesem selbst am besten aufgehoben sind.

## Handeln

In den Touristen-Shops der Hotels und in einigen *Centres Artisanaux*, z.B. in *Roumsiki* oder *Djingliya*, sind die Preise festgelegt. Ansonsten ist es durchaus üblich, um den Preis zu handeln – mit **Geduld, Ausdauer und Humor.** Handeln Sie aber nur, wenn Sie auch wirkliches Kaufinteresse haben. Denn wer bei seinem Einkauf auf dem Markt oder bei „Fliegenden Händlern" nur mal so nach dem Preis fragt, ist meist schon mitten in einer langwierigen Diskussion. Auf einen Preis zu bestehen, entspricht übrigens nicht den Regeln beim Handeln; er pendelt sich erst langsam als Kompromiß zwischen Händlerforderungen und Kaufangeboten ein. Wenn Sie Ihre Vorstellungen nicht erreichen, hilft es manchmal, sich zu entfernen. Oft wird man Ihnen dann hinterherrennen, um Ihnen den „allerletzten", günstigsten Preis zu offerieren. Natürlich hat am Ende jeder das „beste Geschäft" gemacht.

Die Händler nehmen für ihre Ware soviel sie eben bekommen können – was legitim ist; nur gilt es zu bedenken, daß in touristischen Regionen die Preise oft „verdorben" sind, weil Vorgänger überhöhte Forderungen akzeptiert haben.

Wenn Sie kein Interesse haben, lassen Sie sich am besten erst gar nicht auf das Gespräch ein. „Fliegende Händler", denen Sie besonders in Douala und Yaoundé überall begegnen, sind z.T. recht aufdringlich, um Sie in Preisverhandlungen zu verwik-

keln. **Generell dürfen** die recht hohen **Ausgangspreise auf die Hälfte oder gar ein Drittel heruntergehandelt werden**, besonders dort, wo man an Touristen gewöhnt ist. Ein Tausch gegen mitgebrachte Gegenstände ist in Kamerun nicht mehr üblich.

## Reisebedarf

**Fast alles**, was Sie während einer Reise durch das Land benötigen, **bekommen Sie bei den einheimischen Märkten.** Gegenstände des persönlichen Bedarfs sowie eine Auswahl von Nahrungsmitteln (auch Kekse, Bonbons, Zigaretten etc.) erhält man selbst am kleinsten Kiosk. Das Angebot der meist gut ausgestatteten Lebensmittelgeschäfte und **Supermärkte** in den Städten reicht bis zu europäischen Markenartikeln und Importprodukten, die allerdings in Kamerun sehr viel teurer sind als bei uns. Supermärkte mit einer guten Auswahl findet man in Douala ( *Monoprix*, Seitenstraße des Bd Liberté) und Yaoundé ( *T. Bella, Prisunic, Tigre, Score).*

## Märkte

Handel und Märkte gehören zum afrikanischen Alltag und sind außerdem Mittel der Kommunikation. Auch in den kleinsten Orten Kameruns finden farbenfrohe, lebhafte Märkte statt, die sich nach verschiedenen **Markttypen** unterscheiden.

Der **tägliche Markt** spielt sich vor allem in den größeren Städten *Douala, Yaoundé, Bafoussam, Garoua, Maroua* usw. ab. Hier gibt es manchmal sogenannte „Große Markttage", an denen sich dann die Bewohner aus Nah und Fern versammeln. Diese Märkte bestehen in der Regel aus Markthallen aus Lehm oder Beton oder aus einer Vielzahl von Bretterbuden, durch die dunkle, z. T. überdachte Gassen führen. Angeboten werden alle Gegenstände des täglichen Bedarfs, Gemüse, Früchte, viele Importwaren bis hin zum Stereo-Kassettenrecorder.

Daneben gibt es vor allem die **Wochenmärkte**, die jeweils an einem bestimmten Tag der Woche abgehalten werden. Ein Kuriosum in Kamerun stellen die *Bamiléké-Märkte* dar, die jeweils nur alle acht Tage stattfinden. Hintergrund: Im Kalender dieser Ethnie hat die Woche nicht sieben, sondern acht Tage.

**Sehr reizvoll, echt und unverfälscht sind die kleinen Märkte in ländlichen Regionen**, die meist unter freiem Himmel stattfinden. Beson-

ders im Kontaktbereich von Bauern und Nomaden im Norden Kameruns findet man dann neben Nahrungsmitteln wie Getreide, Fleisch, Gemüse auch noch schöne Viehmärkte, auf denen Rinder, Schafe und Ziegen zum Verkauf gelangen. Außerdem treffen sich hier die verschiedensten Ethnien, so daß neben dem Warenangebot auch ein farbiges, kulturelles Durcheinander entsteht. Auf dem Markt in *Tourou* tragen die Frauen Kalebassen-Hälften als Kopfbedeckung, in *Mora* treffen die *Podoko*-Frauen aus den Bergen auf die Bewohner der Ebene und so hat jeder Markt seine speziellen Eigentümlichkeiten.

Wer es sich einrichten kann, sollte seinen Reiseplan auf die Markttage der besuchten Regionen abstimmen.

*Auf dem Markt (bei Roumsiki)*

### Markttage
(alphabetisch geordnet)

**Adoumri:** Donnerstag großer Rindermarkt (zwischen *Garoua* und *Bibémi*)

**Bafoussam:** Mittwoch

**Bandjoun:** Montag

**Blangoua:** Samstag

**Bogo:** Sonntag, Pferde- und Rindermarkt (zwischen *Maroua* und *Maga*)

**Bougay:** Donnerstag (südwestlich von *Yagoua*)

**Datchéka:** Mittwoch (südlich von *Yagoua*/Grenze Tschad)

**Djilbe:** Mittwoch (direkt an der Grenze zu Nigeria, von *Waza* Richtung Tschad-See. Früher kamen die Nomaden hier auf Kamelen her.)

**Eséka:** Sonntag

**Foumban:** Mittwoch; Freitagsfest!

**Foumbot:** Sonntag (ca. 25 km von *Bafoussam*)

**Garoua:** Markt sonntags

**Gazawa:** Freitag (westl. von *Maroua* in Richtung *Mokolo*, großer Rindermarkt)

**Guider:** Freitag

**Guirvidig:** Samstag (10 km westlich von *Maga*, Fischmarkt)

**Guili:** Samstag (ca. 20 km südlich von *Roumsiki* in Richtung *Garoua*)

**Haou:** Dienstag (südlich von *Roumsiki*, Höhe *Amsa*)

**Kousséri:** Donnerstag

**Koza:** Sonntag

**Magba:** Sonntag (nordöstlich von *Foumban*)

**Maroua:** Montag großer Markt, auch täglich auf dem Marktplatz

**Mayo Plata:** Samstag (südlich von *Maroua*, einer der typischsten und schönsten Märkte der Umgebung)

**Mogodé:** Freitag

**Melong:** Samstag (zwischen *Nkongsamba* und *Bafang*)

**Meri:** Freitag

**Mokolo:** Mittwoch

**Mora:** Sonntag (einer der schönsten Kameruns!)

**Mundemba:** Samstag und Mittwoch

**Mogodé:** Freitag

**Mokong:** Sonntag (auf halbem Weg von *Maroua* nach *Mokolo*, zwischen *Gazawa* und *Zamay*)

**Ngaoundéré:** Freitag Umzug des Lamido

**Pitoa:** Sonntag (nahe *Garou*a) sehr schön!

**Pouss:** Dienstag

**Roumsiki:** Sonntag

**Roufta:** Donnerstag (östlich von *Roumsiki*)

**Roumzou:** Sonntag (ca. 30 km hinter *Mokolo* in Richtung *Roumsiki*)

**Sir:** Montag (von *Mogodé* oder *Roumsiki* aus, Piste praktikabel)

**Tcholliré:** Sonntag

**Tourou:** Donnerstag (bei *Mokolo*, sehr schöner Markt, auf dem die Frauen Kalebassen als Kopfbedeckung tragen)

**Waza:** Freitag

**Yagoua:** Donnerstag


### Die bekanntesten Märkte
(im Norden)
*Pouss, Tourou, Mayo Plata, Mora, Gazawa*

# Sprache/Sprachführer

*von Hubertus von Lindeiner*

Kamerun hat als einziges Land in Afrika durch die einstige koloniale Aufteilung **zwei offizielle Amtssprachen: Englisch** und **Französisch.**

Aus ehemals zwei einsprachigen Bundesstaaten wurde 1972 ein allgemeiner zweisprachiger Staat (Vereinigte Republik). Dabei wird Englisch nur von etwa einem Fünftel der Bevölkerung im früheren britischen Mandatsgebiet im Westen gesprochen (Provinzen *South-West* und *North West),* Französisch im ganzen restlichen Land. **Französisch** ist also die **dominierende Sprache** und Sie sollten, wenn Sie nach Kamerun reisen, wenigstens ein paar Grundkenntnisse mitbringen, vor allem wenn Sie auf eigene Faust unterwegs sind. Im frankophonen Gebiet wird man Englisch nur sehr selten verstehen (mit Ausnahme von Polizisten, die beide Sprachen beherrschen müssen). An den Universitäten Kameruns wird zweisprachig gelehrt, in Grundschulen gelten Englisch und Französisch als Pflichtfach, es gibt Zeitungen und Fernsehfilme in beiden Sprachen.

Da **Deutsch** in Schulen als Wahlfach angeboten wird, begegnen Sie wahrscheinlich dem einen oder anderen, der stolz darauf ist, seine Deutschkenntnisse anwenden zu können.

Als **nützliche Verständnishilfe** ist das Büchlein „Kauderwelsch – Französisch für Afrika", Peter Rump Verlag, Bielefeld, zu empfehlen.

Daneben existieren in Kamerun nicht weniger als **200 verschiedene Muttersprachen** der diversen ethnischen Volksgruppen. Wenige davon werden geschrieben, keine gelehrt und viele sind immer noch ungenügend aufgezeichnet. Diese vielen verschiedenen Sprachen und Dialekte lassen nicht immer eine eindeutige sprachliche Verständigung zwischen der Bevölkerung zu, oft ändert sich von Dorf zu Dorf die Sprache. So entwickelten sich aus diesen Grundsprachen heraus einige Verkehrs- oder Umgangssprachen als Mittel der Verständigung, darunter *Bantu-* und *Semibantu-* und *Sudanesische Sprachen*:

**Arabisch** ist das kulturelle Bindeglied zwischen den *Kotoko* und *Choa*-Arabern des Départments *Logone* und *Chari* im äußersten Norden.

Das **Mandara** wird von den ethnischen Gruppen aus dem gleichnamigen Bergmassiv im Norden verstanden.

**Fulfulde** wird im ganzen, von den Fulbe beherrschten Norden gesprochen und ist seit der Kolonialzeit die Verkehrssprache. Als Handelssprache reicht das Verbreitungsgebiet des Fulfulde von Senegal über Mali und Niger bis in den Norden Kameruns.

Weitere Verkehrssprachen sind das *Bali* im Hochland Westkameruns, das *Douala* im Raum der gleichnamigen Hafenstadt, das *Bassa* und *Ewondo* im Zentrum und Süden. Keine dieser einzelnen Sprachen hat jedoch eine hegemoniale Stellung wie etwa das *Suaheli* in Ostafrika.

Zunehmende Verbreitung – ausgehend von Westkamerun – findet das **Pidgin-Englisch** (s.u.).

Unterwegs in den ländlichen Gebieten wird Ihnen die Verständigung nicht immer leicht fallen, denn ein Großteil der Bevölkerung spricht weder Englisch noch Französisch. Vieles läßt sich natürlich durch Mimik und Gestik sagen. Oft können auch Kinder dolmetschen, die die Fremdsprachen in der Schule lernen. Wenn Sie über einen kleinen Wortschatz in der Landessprache verfügen, z.B. einen Gruß und ein paar Worte Fulfulde oder Pidgin-Englisch, wird Ihnen das auf Märkten, in Familien und unterwegs recht hilfreich sein und viel Sympathie einbringen.

## Pidgin – das „Englisch" der Westküste Afrikas

Die meisten Afrikaner beziehungsweise Kameruner beherrschen neben ihrer Muttersprache mindestens zwei Sprachen, auch wenn sie weder lesen noch schreiben können. Meistens handelt es sich um die Sprache eines benachbarten Volkes und um eine der beiden offiziell proklamierten „Staats"-Sprachen, das heißt Französisch oder Englisch. Hierbei wundert man sich immer wieder über das relativ hohe Sprachniveau im Französischen und die schwer verständliche Artikulation des von westkamerunischen Intellektuellen gesprochenen Englisch. Ein

Blick in das Fernsehprogramm genügt.

Englisch als Verkehrssprache spielt in den breiteren Bevölkerungsschichten so gut wie überhaupt keine Rolle. Hier – d.h. nicht nur im anglophonen Westen (Provinzen *South-West* und *West)* sondern auch an der Küste um Douala und im *Bamiléké*-Land – spricht das Volk Pidgin.

Oft wird Pidgin fälschlicherweise als eine verballhornte Form des Englischen angesehen und nicht als **eigenständige und neue Verkehrssprache** der Völker entlang der Küste Westafrikas zwischen Sierra Leone und der *Wouri*-Mündung. Natürlich gibt es große Unterschiede innerhalb dieses Sprachraums.

Wer mit dem Pidgin Kameruns in Kontakt kommt und meint, sein Englisch sei ausreichend für diese Art von Sprache, wird bald merken, daß er gewaltig auf dem Holzweg ist.

Wie bei fast allen afrikanischen Sprachen der Fall, findet man kaum jemanden, der diese Sprache auch schreiben könnte. Es gibt auch keine Zeitung in Pidgin. Die ersten Missionare, die sich an die Arbeit machten und die „Frohe Botschaft" ins Pidgin übersetzen wollten, kamen aus Deutschland beziehungsweise aus der deutschsprachigen Schweiz. Dementsprechend ist auch die Orthographie des Pidgin ausgefallen: wo man zum Beispiel für „Ich" das englische „I" erwartet, steht da nur einfach „A".

Auch das **Vokabular**, das nicht ausschließlich aus dem Englischen stammt, sondern unter anderem etliche Wörter aus dem Spanischen und Portugiesischen übernommen hat, verblüfft den Anfänger. So ist beispielsweise das Wort für „wissen" dem spanischen „saber" entlehnt, „Kinder" hei-

*Die Fulbe sind in ihrer Mehrzahl Hirten*

ßen „Pikin" (vom span. „pequeño" = klein) etc.

Mit der **Grammatik** hat es auch so seine Bewandtnis. So sind zum Beispiel die Verbformen für Vergangenheit und Zukunft nur mit etwas Übung in den Griff zu bekommen:

(für das Verb „gehen")
Er geht gerade – Yi di go
Er ist gegangen – Yi dong go
Er wird gehen – Yi go go

Andere Ausdrücke, die man immer wieder hört, sind beispielsweise *fo weti?* (warum ?), *ashia!* (na sowas!), *hau nau?* (wie gehts ?), *yu dong kam?* (auch mal wieder da?!) und so fort.

## Fulfulde – die Sprache der Fulbe

Auch wenn es „reinrassige" *Fulbe* nur noch bei den *Mborroro* beziehungsweise bei den Nomaden im *Faro*-Tal oder bei „verarmten" Fulbe-Familien gibt, die sich seinerzeit keine Sklaven leisten konnten, hat dieses Volk nahezu dem gesamten Norden seinen kulturellen Stempel aufgedrückt. Sei es die Religion oder die Siedlungsform – alles erinnert an das alte *Adamaoua*-Reich.

Aber vor allem ist es die Sprache der Fulbe, das **Fulfulde**, die Nordkamerun gegenüber dem Süden eine gewisse kulturelle Identität und auch Homogenität verleiht.

Das Fulfulde Nordkameruns ist bei weitem nicht so rein wie das der *Wodaabe* im Niger oder gar das *Pular* im Senegal. Es gibt auch weitreichende Unterschiede, regelrechte Dialekte, über die Witze gemacht werden innerhalb der nordkamerunischen Städte. So spricht man z.B. in Maroua das reinste Fulfulde, wogegen in Ngaoundéré viele Elemente der *Mboum*-Sprache eingeflossen sind: Wenn man in Maroua jemanden mit „bahaudje" begrüßt, erntet man – je nach Bildungsgrad und Erziehung des Gesprächspartners – höhnisches Lachen oder nachsichtiges Grinsen. Wer dagegen in Ngaoundéré aus dem Buchstaben „W" ein „U" macht, gilt als eingebildeter Schnösel – ähnlich dem Hamburger, der in München über den „s-pitzen S-tein s-tolpert". Einfach ist diese Sprache nicht – vor allem nicht für denjenigen, der es ernst meint.

**Als Europäer** muß man erst einmal Abstand nehmen von Kategorien wie z.B. Vergangenheit/Gegenwart/Zukunft: Im Fulfulde gibt es nur Vollendetes/Unvollendetes, ergänzt durch den Kontext und kleine Beiwörter, die z.B. besagen, daß „man gerade dabei ist, etwas zu machen"...

Oder: Während wir im Deutschen immerhin fünf Adjektivendungen (männlich – weiblich – neutrum im Singular bzw. weiblich – männlich/neutrum im Plural) beherrschen können müssen, muß sich der gepflegte Fulbe-Intellektuelle mit 25 solcher Endungen herumschlagen. Da ist nicht gut gleich gut, wenn es um so verschiedene Dinge geht wie Mensch *(gorko bood-o)*, Hund *(rauaandu bood-*

*ndu)* oder Auto *(mota bood-nga)*... Der Normal-Sterbliche sagt dann einfach *bood-dum*... auch wenn sich dabei dem Puristen die Nackenhaare sträuben.

Wer immer sich dem ausführlichen Studium dieser sehr schönen und bildreichen Sprache widmen will, kann sich in der katholische Mission in Maroua den **Cours de foulfouldé** von *Pater Dominique Noye* besorgen, muß dafür aber eine etwas unübersichtliche Didaktik in Kauf nehmen bzw. in Französisch recht firm sein.

In Ngaoundéré kann man bei der Protestantischen Mission hinter dem „Norweger-Krankenhaus" nachfragen, ob es noch Exemplare eines Fulfuldekurses (mit Kassetten) zu kaufen gibt. Auf dem Gelände dieser Mission befindet sich übrigens das Radio-Studio der Mission, in dem eine Reihe von Sendungen in den verschiedensten Sprachen Nordkameruns produziert wird.

In diversen Buchläden gibt es kleine Bücher mit Kindergeschichten, praktischen Tips (Stichwort: „Händewaschen vor dem Essen" oder „Mein Gemüsegarten") oder sonstigen Inhalts, die beim Erlernen dieser Sprache hilfreich sein können.

Das Glossar der folgenden Seiten beschränkt sich auf einige **nützliche Redewendungen**, die **gebräuchlichsten Wörter** sowie **Zahlen**; ein paar Worte Fulfulde z.B. beim Feilschen auf dem Markt tragen immer sehr zur Erheiterung der Leute bei, bringen Sympathien ein und können sich somit auch auf den Preis auswirken.

## Fulfulde-Glossar
### Zur Aussprache

Die im folgenden verwendete Lautschrift entspricht zwar nicht dem international anerkannten phonetischen Alphabet, kommt aber dem tatsächlichen Fulfulde am nächsten. Hierbei sind einige Schreibweisen zu beachten:

♦ **betonte Silben** werden durch Verdoppelung des Vokals deutlich gemacht: djabbaama (Willkommen)
♦ **die Schreibweise** *Dj* entspricht dem weichen dsch, wie z.B. im Englischen „German" – „Djam bandu-na?" (Geht es dir gut?)

### Zur Grammatik

Wie schon oben erwähnt, reicht es, wenn man bei Adjektiven die allgemein verwendete Endung -dum gebraucht. Was Verben anbetrifft, so werden sie in der folgenden Liste in ihrem Infinitiv, d. h. mit der Endung -ugo, aufgeführt.

**Konjugiert werden sie dann wie folgt:**
Beispiel: nyaam-ugo essen

| Vergangenheit (=Vollendet) | Gegenwart („ich bin dabei zu ...") | Zukunft („ich werde ..." oder „ich mache normalerweise") | Verneinung |
|---|---|---|---|
| (Ich) mi nyaam-i | don nyaam-a | nyaam-an | nyaam-ataa |
| (Du) a nyaam-i | don nyaam-a | nyaam-an | nyaam-ataa |
| (Er) o nyaam-i | don nyaam-a | nyaam-an | nyaam-ataa |
| (Wir) min nyaam-i | don nyaam-a | nyaam-an | nyaam-ataa |
| (Ihr) an nyaam-i | don nyaam-a | nyaam-an | nyaam-ataa |
| (Sie) be nyaam-i | don nyaam-a | nyaam-an | nyaam-ataa |

Die Befehlsform wird einfach mit der Endung -u ausgedrückt:
nyaam-u! Iss!

Es gibt noch eine ganze Reihe von Verbformen, die unserem Konjunktiv und anderen Feinheiten entsprächen. Es würde aber den hier vorgegeben Rahmen sprengen, wenn man diese im einzelnen behandeln würde. Auch auf Feinheiten wie Aktiv-Passiv-Reflexiv kann hier nicht eingegangen werden. Die Substantive werden jeweils mit ihrem Plural angegeben, sofern dies erforderlich ist.

### Nützliche Redewendungen

Bei den nützlichen Redewendungen handelt es sich um das Allernötigste wie z.B. Begrüßung, Fragen nach Weg oder Preis und dergleichen.

| Deutsch | Fulfulde |
|---------|----------|
| Wie geht es dir ? | Djam bandu-na? |
| Wie geht es zu Hause? | Djam suudu-na? |
| Wie geht es den Kindern?(etc.) | Djam bikkoy-na? |
| Antwort immer | Djam! oder: |
| | Djam koo-dume! |
| Gott gebe dir Frieden! | Allah hokke Djam! |
| Willkommen ! | Djabbaama! |
| Antwort (Einz.) | Mi djabbi – (Mehrz.) Min djabbi |
| Wie heißt du? | Noy innde ma? |
| Ich heiße ... | Innde am ... |
| Wo wohnst Du? | Toy a wonni? |
| Ich wohne in ... | Mi wonni haa ... |
| Ich bin Deutscher | Mi Djamman-djo (German) |
| Wir sind Deutsche | Min Djamman-be |
| Wohin gehst/fährst Du? | Toy a yahata? |
| Ich fahre nach ... | Mi don yaha haa ... |
| Wo ist der Markt? | Toy Luumo? |
| Wie heißt dieses Dorf/dieser Ort | Noy innde Uro-do? |
| Dieses Dorf hat den Namen ... | Innde Uro ... |
| Was kostet ... ? | Dala noy noy? |
| Wie? | Noy? |
| Ich will nur mal sehen | Tan mi laara |
| So soll es sein! | nonnon ! |
| So ist es recht! | deydey ! |
| Ich bin satt! | mi haari! |
| Gib mir! | hokk-am! |
| Ich geb es nicht! | mi hokkataa! |
| Nein | Kay! A-a! |
| Ja | O-ho! |
| Ich will ... | mi yiddi |
| Ich will nicht | mi yidda |
| Ich liebe dich! | mi yiddi ma |
| Komm her! | warr(-u)! warr-le! |
| Geh weg! | dillu! |
| Geh nach Hause | dillu saare! |
| Wir gehen nach Hause | min dilli |
| Ich gehe nach Hause | mi huutchi |
| Laßt uns gehen | en dilla |

Praktische Tips

## *Wörter-Grundwissen*

| Deutsch | Fulfulde |
|---|---|
| Abend | Kikide |
| bis heute abend! | see kikide |
| Auto | moota |
| Bank | labank |
| Busbahnhof | stationnement(franz.) |
| beten | jul-ugo |
| bezahlen | yob-ugo |
| bitte | usseni |
| Brot | B(u)red |
| Buch/Papier | Dereuol/Pl. deredji |
| Butter/Öl | Nebbam |
| danke | usseko |
| Ding/Sache | Hunnde/Pl. Kuudje |
| Deutscher | Djamman (German) |
| Deutschland | (Allemagne) |
| Du | a |
| Eier (Pl.) | Geraade |
| Elefant | Nyiiwa/Pl. Nyiibi |
| Ente | Tchagal/Pl. Tchaide |
| Essen | Nyaamdu |
| essen | nyaam-ugo |
| Feld | Ngessa |
| Fisch | Liingu/Pl. Liddi |
| Fleisch | Kussel |
| Frau | Debbo/Pl. Re'ube |
| Geld | Tcheede |
| Geschäft (Laden) | Butik |
| gestern | keenya |
| groß (Ding) | manga |
| (Mensch) | maudo |
| Hammel | Ndjaudi |
| Haus | Saare; Suudu (im Sinne von Gehöft) |
| heiß (sein) | wull-ugo |
| heute | hande |
| hinter | bauo |
| Hirse | Gauri |
| Hitze | Guldum |
| Huhn | Gertogal/Gertoode |
| Hund | Rauaandu/Bossaaru |
| ja | o-ho |

| | |
|---|---|
| Jahre (Pl.) | Dubi |
| jetzt | djonnta |
| kalt (sein) | peew-ugo |
| Kälte | Peewol |
| kaputtmachen | wonn-ugo |
| kaufen | sood-ugo |
| Kind/Kinder | Binngel/Pl. Bikkoy |
| Kloß (frz. la boule) | Nyiiri |
| Hirse- | Nyiiri gauri |
| Mais- | Nyiiri butaali |
| Reis- | Nyiiri maroori |
| krank (sein) | nyau-ugo |
| Kranker | Nyaudo |
| Kuh | Nagge / Pl. Na'i |
| langsam/vorsichtig | hakkilo |
| Leben (das L. im allgemeinen, die Welt) | Dun(u)yaaru |
| so ist das Leben | banani wa'i dunyaru |
| Leber | Henre |
| Mais | Butaali |
| Markt | Luumo |
| Milch | Kossam |
| Mond/Monat | Le'uru/Pl. Lebbi |
| morgen | django |
| Bis morgen! | sse django! |
| Moschee | Djullirde |
| Moslem | Djul-do |
| Name | Innde |
| neben | kombi |
| nein | a-a, kay (haussa) |
| Öl | Nebbam |
| Pfeffer/Piment (Chili) | Tchiita |
| Polizei | Lapolis |
| Rede/Angelegenheit | Haala |
| Regen | yeende |
| Rindfleisch | Kussel nagge |
| Salz | Mannda |
| Schlüssel | lakle |
| schreiben | djanng-ugo |
| schön | woodi |
| Schule | Djanngirde |
| sehen | yi'-ugo |
| (hinsehen, anschauen) | laar-ugo |
| Seife | Sabun |

| | |
|---|---|
| Silber | Tchardi |
| Sonne | Naange |
| Stadt/Ortschaft | Uro |
| Streichhölzer | Assana |
| Sauce | Haako |
| Tag | Nyande/Pl.Balde |
| Tasse/Schüssel (Maßeinheit) | Taassauo |
| Tee | Tchai |
| teuer (sein) | sad-ugo |
| trinken | yar-ugo |
| Tür | Parewal/Pareedje |
| viel | duud-dum |
| Vogel | Tchoolel/Tcholli |
| waschen | loot-ugo |
| Wäsche/Kleidung | Limsse |
| Wasser | Ndiyam |
| Weg | Laauol |
| Weißer | Nassara |
| wenig | sseeda |
| wieviel? | noy noy? |
| wo? | toy? |
| Zimmer (Hütte) | Suudu |
| Zitrone | Limon |
| Zucker | ssukar |
| Zwiebel | Tinyeere/Tinyeedji |

### Zahlen

Im Fulfulde wird eigentlich nur bis fünf gezählt, d. h. daß das Wort für sechs wörtlich übersetzt „fünf plus eins" bedeutet.

| | |
|---|---|
| 1 | go'o |
| 2 | diddi |
| 3 | tati |
| 4 | nai |
| 5 | djoy |
| 6 | djeego |
| 7 | djeediddi |
| 8 | djeetati |
| 9 | djeenai |
| 10 | sappo |
| 11 | sappo-e-go'o |
| 12 | sappo-e-diddi |
| 20 | nogass |

| | |
|---|---|
| 30 | tchappande tati |
| 40 | tchappande nay |
| 50 | tchappande djoy |
| 100 | temeere |
| 200 | temeere diddi |
| 300 | temeere tati |
| 500 | temeere djoy |
| 1000 | usineere |
| 5000 | usineere djoy |
| 10000 | usineere sappo |
| 100000 | usineere temeere |

Beim Geldverkehr wird mit der **5 als Grundeinheit** gerechnet. So ist ein **Dala** (von „Taler") oder **Sunku** immer gleich 5 Francs CFA. Demnach sind 25 Francs *Sunku djoy*, 100 Francs *Sunku nogass* etc. Das Wort für 1000 Francs CFA entspricht der Übersetzung für „Säckchen", also **Booro**, was auf die vorkoloniale Währungseinheit der Kaurimuscheln zurückzuführen ist.

| | |
|---|---|
| 5   Francs | Sunku (Dala) gootel |
| 10   Francs = 2 x 5 | diddi |
| 25   Francs (5 x 5) | djoy |
| 50   Francs (10 x 5) | sappo |
| 100   Francs (20 x 5) | nogass |
| 500   Francs (100 x 5) | temeere |
| 1000   Francs | Booro |
| 1500   Francs = 1½ „Säckchen" | Booro reeta |
| 2000   Francs | diddi |
| 5000   Francs | djoy |
| 10000  Francs | sappo |
| 50000  Francs | djoy |
| 100000  Francs | temeere |

**Beispiele:**

| | |
|---|---|
| 3575   Francs | Booro tati be reeta dala sappo e djoy |
| 12980  Francs | Booro sappo e diddi dala temeere tchappande djee-nay e djee-goo |

94

Praktische Tips

# *Straßen*

Im Vergleich der zentralafrikanischen Länder hat Kamerun ein relativ dichtes und **gut ausgebautes Straßennetz**. Etwa **4000 km** der Verkehrswege sind **Teerstraßen**, deren Ausbau ständig erweitert wird. Die asphaltierten und damit ganzjährig passierbaren **Hauptverbindungen** führen:

### von Douala
➠ auf der Hauptachse in die Hauptstadt *Yaoundé;*
➠ über *Nkongsamba* und *Bafang* nach *Bafoussam, Bamenda* und *Foumban;*
➠ nach *Limbe, Buea, Kumba;*
➠ auf sehr gut ausgebauter Strecke in den Süden über *Eséa* bis nach *Kribi.*

Von Douala aus in den Westen Kameruns und nach Yaoundé herrscht starkes Verkehrsaufkommen.

### von Yaoundé
➠ nach *Bafia* und *Bafoussam;*
➠ nach *Mbalmayo* und *Sangmélima* im Süden.

### von Ngaoundéré
➠ über *Garoua, Maroua* und *Mora* bis nach *Kousséri* im äußersten Norden an der Grenze zum Tschad;
➠ über *Garoua, Kaélé* nach *Yagoua* zum Fluß Logone.

Neben diesen Hauptverbindungsstrecken ist das Land durch **zahllo-**

*Piste in Richtung Ngaoundéré*

se **Pisten** erschlossen, die auch in die entlegensten Dörfer führen. Ihr Zustand variiert von hervorragenden, breiten Lehmstraßen, die mehrmals jährlich ausgebessert werden, bis hin zu holprigen, einspurigen Fahrwegen, durchsetzt mit Schlaglöchern und Rinnen (Wellblech). Die meisten unbefestigten Strecken sind Allwetterstraßen und damit ganzjährig befahrbar, einige sind jedoch in der Regenzeit schwer passierbar. Dazu zählen auch drei wichtige, ungeteerte **Hauptverbindungen nach Norden:** Von *Foumban* via *Banyo* und *Tibati* nach *Ngaoundéré* bzw. von *Yaoundé* via *Tibati* nach *Ngaoundéré*, wobei die Strecke von *Yaoundé* nach *Tibati* zum schlechtesten Streckenabschnitt zählt. Dann gibt es noch die Strecke von *Yaoundé* über *Bertoua*, *Garoua-Boulaï* (Grenze Zentralafrikanische Republik) nach *Ngaoundéré*.

Um in den Norden zu gelangen, wählt man daher von Douala aus besser die Route über Foumban und Banyo, wenngleich dies – in Kilometern – die weiteste Strecke ist. Im gesamten *Adamaoua-Plateau* ist das Wegenetz nur äußerst spärlich ausgebaut und besteht meist aus gebirgigen, serpentinenreichen Strecken. Außerdem blockieren bei großen Regenfällen oft liegengebliebene Lkw die schmalen Pisten.

An manchen Überlandstraßen gibt es *„Barrières de Pluie"* (Regenschranken), die zum Schutz der Straße für sechs (Pkw) bis zwölf (Lkw) Stunden nach dem letzten Regen geschlossen bleiben können.

Wer sich die anstrengende, mindestens dreitägige Fahrt von Douala nach Ngaoundéré ersparen will, kann sein Auto in Yaoundé auch auf die Eisenbahn verladen (s. Seite 408).

Das dichteste Straßen- und Pistennetz besteht im stark besiedelten **Westen** Kameruns, eine der interessantesten und landschaftlich schönsten Routen ist hier die **Ringroad** (s. Seite 366). Zu den schlechtesten und gefährlichsten Strecken ganz Kameruns zählt *Bamenda-Mamfé* und weiter in Richtung Nigeria: Riesige Schlaglöcher in der Trockenzeit, steile Streckenabschnitte, eine absolute Schlammpiste in der Regenzeit.

In den großen Waldgebieten im **Süden und Osten** existiert neben den wenigen Teerstraßen nur ein spärlich ausgebautes Pistennetz, das die weit verstreut liegenden Orte miteinander verbindet. In besserem Zustand sind vor allem diejenigen Pisten, die von Holztransportern frequentiert werden, so z. B. von Kribi nach *Campo* oder nach *Ebolowa*.

Im **Norden** des Landes gibt es nur eine **geteerte Nord-Süd-Verbindung** von *Ngaoundéré* via *Garoua* und *Maroua* nach *Kousséri*, teils mit vielen Schlaglöchern, und eine Asphaltstraße von *Maroua* aus nach *Mokolo*, von wo es nur noch wenige Kilometer nach *Roumsiki* sind. Via *Kaélé* führt eine Teerstraße bis nach *Yagoua* am Fluß *Logone*, wo es eine Reisfabrik gibt. Die restlichen Routen im Norden sind Pisten, viele davon ganzjährig befahrbar. Für Fahrten auf den meisten Strecken genügt in Kamerun ein normaler Pkw, nur auf einigen entlegenen Pisten wird, speziell in der Regenzeit, ein Geländewagen mit Vierradantrieb nötig sein.

Grundsätzlich sind die Straßen und Pisten in Kamerun – wie überall in Afrika – nicht nur Verkehrs- und Transportwege, sondern **„Lebensadern"**,

Treffpunkte der Bewohner, Rastplätze mit Marktständen und Kneipen. Die Hirten treiben Ziegen, Schafe und Rinder die Straßen entlang, Fahrradfahrer und Fußgänger bevölkern den Fahrweg.

### Einige wichtige Fahrzeiten und Entfernungen:

➠ *Douala – Bafoussam*
266 km/4–5 Std.

➠ *Douala –Limbe*
75 km/1½ Std.

➠ *Douala – Yaoundé*
179 km/3 Std.

➠ *Yaoundé – Bafoussam*
313 km/4–5 Std.

➠ *Yaoundé – Bamenda*
393 km/6 Std.

➠ *Yaoundé – Maroua*
1254 km/2–3 Tage

➠ *Ngaoundéré – Garoua*
286 km/4 Std.

➠ *Garoua – Maroua*
212 km/3 Std.

➠ *Maroua – Kousséri*
260 km/4 Std.

Die beste und aktuellste **Straßenkarte** ist die *Autokarte Freytag & Berndt*,

*1:1,5 Mio.*, die eine sehr gute mehrfarbige Darstellung mit den wichtigsten touristischen Sehenswürdigkeiten sowie Stadtpläne von Douala und Yaoundé aufweist. Einziges Manko: Das Straßennetz entspricht nicht dem allerneuesten Stand. Man erhält die Karten in guten Buchhandlungen (auch unter der Bezeichnung *Macmillan-Karte*), unter Umständen auch vor Ort in Douala oder Yaoundé.

Wer das Land abseits der Hauptrouten bereist, sollte sich auch die relativ genauen **IGN-Blätter** besorgen (siehe unter Landkarten, Seite 42), entweder in geographischen Fachbuchhandlungen oder im

◆ *Institut Géographique National*
Av. Monseigneur-Vogt
B.P. 157, Yaoundé
Tel. 22 34 65

◆ *Olivier Iyebi-Mandjek*
B.P. 406, Maroua
Tel. 29 18 94
(Geograph, zu erfragen im Porte Mayo Hotel)

Hinweise zu **Tankstellen, Fahrzeugausrüstung** etc. siehe unter Tips für Selbstfahrer, Seite 112f.

*Holzbrücke und Piste im Westen*

## Strom

Die **Stromspannung** entspricht europäischen Normen mit 220 Volt Wechselstrom, 50 Hz (gelegentlich auch 110 Volt).

Die **Mitnahme eines Adapters** (französisches System) empfiehlt sich. Es kann zu Stromschwankungen kommen.

Durch die Überlandleitungen aus zentralen Kraftwerken *(SONEL)* werden die meisten Gebiete Kameruns ausreichend mit Strom versorgt. In abgelegenen Campement-Hotels liefern Generatoren den Strom, die nachts evtl. abgeschaltet werden. Dennoch kommt es in ländlichen Regionen immer wieder zu vorübergehenden Stromausfällen, man sollte sich daher mit einer Taschenlampe (oder Teelichtern) ausrüsten. **Straßenbeleuchtungen** gibt es nur in größeren Ortschaften.

## Telefonieren

Telefonieren kann man von allen Postämtern und den großen Hotels, auch wenn man dort nicht Gast ist. Rechnen Sie auf den Postämtern mit längeren **Wartezeiten**.

In Douala und Yaoundé gibt es Telefonämter, auch mit Öffnungszeiten am Wochenende *(Télécabines)*, z. B. Yaoundé, *INTELCAM* (Telefon- und Telexamt), Avenue du 8 Mai, gegenüber der Hauptpost (Öffnungszeiten: wochentags von 8–20 Uhr, sonntags von 8–12 Uhr), meist reibungslose Verbindungen. Gute Erfahrungen habe ich auch mit der (öffentlichen) Telefonkabine des *Hotels Porte Mayo* in *Maroua* gemacht.

**Telefonbücher** sind in Kamerun äußerst schwer zu finden (selbst auf den Postämtern) und außerdem oft nicht auf dem neuesten Stand. Die **Telefonnummern** ändern sich häufig und kurzfristig, so daß auch die in diesem Buch angegebenen Nummern nur mit Vorbehalt gelten.

Die **Überseeverbindungen** klappen in der Regel gut, meist sogar besser als die inländischen.

**Selbstwählferndienst** für internationale Verbindungen von Kamerun aus (nach der Ländervorwahl jeweils die 0 der nationalen Vorwahl weglassen) **nach:**

- Deutschland: 00 49
- Österreich:   00 43
- Schweiz:     00 41
- Frankreich:   00 33
- Niederlande: 00 31
- Vorwahl **von Europa nach Kamerun**:   00 237
- Ausnahme **von Frankreich** aus:   19 237

Innerhalb Kameruns gibt es keine speziellen Vorwahlen für die Städte, diese sind bereits in der sechsstelligen Telefonnummer enthalten. Das interne Telefonnetz kann mitunter Probleme bereiten, bei Inlandsverbindungen kommt es häufig zu Ausfällen. In den größeren Städten gibt es öffentliche **Kartentelefone** (auch mit Durchwahl nach Europa). Die Karten erhalten Sie auf den Postämtern. In Kürze wird Kamerun auch an das GSM-Netz angeschlossen sein. Bald kann man also auch **mobil telefonieren**, was aber für Touristen in der Regel nicht anwendbar ist.

**Telex-Service** steht in den INTEL-CAM-Büros, Postämtern und größeren Hotels zur Verfügung.

**Telegramme** können von den Postämtern von Yaoundé und Douala so-wie den größeren Hotels abgeschickt werden, dies kann aber einige Zeit in Anspruch nehmen.

Im März 1994 fiel mir folgender Artikel einer deutschen Zeitung in die Hand:

*„In weiten Teilen der kamerunischen Wirtschaftsmetropole Douala funktionieren die Telefone nicht mehr. Kupferdiebe haben die Freileitungen abgerissen und anscheinend zur Herstellung von Druckplatten an Geldfälscher verkauft."*

Wappnen Sie sich also in Kamerun beim Telefonieren mit viel Geduld!

## *Übernachtung*

### *Hotels*

**Luxus- und Mittelklassehotels** mit internationalem Standard und allem Komfort gibt es vor allem in *Douala* und *Yaoundé, Bamenda, Bertoua, Garoua* und *Maroua.* Hotels dieser Kategorie verfügen über Klimaanlagen, Swimmingpool und Sportanlagen, die Zimmer sind mit Dusche/WC, oftmals auch TV und Telefon ausgestattet und sind verhältnismäßig teuer.

Dank einer relativ guten Infrastruktur verfügt Kamerun über **viele Unterkunftsmöglichkeiten** in fast allen Städten und größeren Orten.

In den touristischen Regionen, wie z.B. im *Waza-* und *Benoué-Nationalpark* oder in *Roumsiki,* wurden spezielle **Campement-Hotels** errichtet, die Unterkunft in einfachen, landestypischen Rundbungalows *(Boukarous)* mit Dusche/WC bieten und über Restaurants verfügen. Mangels anderer Unterkünfte ist man in diesen Gebieten meist auf diese Touristenhotels

angewiesen, die nicht sehr preiswert sind.

**In komfortablen Hotels** ist man weit weg von den Gerüchen und Farben, vom Alltagsgeräusch und -gedränge, damit auch vom eigentlichen Leben in Afrika. Häufig kann man die Fenster nicht öffnen und das einzige Geräusch ist das Surren der Klimaanlage. Wer es nicht scheut, auf Komfort zu verzichten und sich auf einfache Verhältnisse einzustellen, der wohnt wesentlich preiswerter in den landestypischen, kleinen und sehr einfachen Hotels. Die Zimmer sind dabei oftmals nur mit einem Bett, Tisch und Stuhl, evtl. noch mit Waschbecken (selten Dusche im Zimmer) ausgestattet. Das „Bettzeug" besteht teilweise nur aus einem Leintuch auf der Matratze (Jugendherbergsschlafsack mitnehmen!). Die sanitären Gemeinschaftseinrichtungen lassen an Sauberkeit manchmal zu wünschen übrig, teils gibt es nur kaltes Fließwasser. Diese Zimmer werden üblicherweise als „**Chambres de passage**" bezeichnet.

Nicht immer kann der **Standard** kamerunischer Hotels mit europäischen Maßstäben gemessen werden. Da vielerorts die Mittel zur Instandhaltung fehlen, weisen einige Häuser deutliche Mängel auf. In der Regel sind die Unterkünfte aber sauber (auch einfachere Hotels) und der Service ist, wenn auch manchmal etwas langsam, sehr freundlich. Die **Übernachtungspreise** schließen keine Mahlzeiten ein und beziehen sich (mit wenigen Ausnahmen, die dann jeweils angegeben sind) immer auf das gesamte Zimmer für zwei Personen, unabhängig von einer Einzel- oder Doppelbelegung. Spezielle Preise für Einzelzimmer gibt es (nach französischem Vorbild und mit wenigen Ausnahmen) nicht, d.h. es muß jeweils der volle Zimmerpreis bezahlt werden. Die Preise schwanken je nach Hoch- oder Nebensaison; Vorreservierungen sind (mit Ausnahme der Strandhotels oder Campement-Hotels am Wochenende) normalerweise nicht erforderlich.

Außerdem muß man sich darauf einstellen, daß gelegentlich die regelmäßige Wasser- oder Stromversorgung nicht gewährleistet ist. Dies ist verständlich, wenn man bedenkt, daß manche Campements abseits und isoliert im Busch liegen und die Stromversorgung, wie z.B. für *Waza*, über viele Kilometer extra für die Lodge erfolgt; während der Trockenzeit kann allgemein Wassermangel herrschen.

Generell sollte man bei Unterkünften in Afrika nicht empfindlich sein, was **Insekten und Krabbeltiere** anbelangt. Das hat nichts mit der (man-gelnden) Sauberkeit der Zimmer zu tun, sondern ist eine ganz natürliche Erscheinung. Ein *Gecko* im Zimmer schafft Abhilfe gegen unliebsame Moskitos. Oft sind auch Insektensprays vorhanden, und die Zimmer werden vor Ankunft des Gastes förmlich „ausgeräuchert", ohne daß dabei schädliche Umwelteinflüsse berücksichtigt würden. Nur wenige Hotels verfügen über Moskitonetze; die Mitnahme von Moskito-Spiralen (die auch vor Ort erhältlich sind) dient als guter Ersatz. Mücken sind in klimatisierten oder mit Ventilatoren ausgestatteten Zimmern sowie in trockenen Regionen kaum anzutreffen.

Da sich die Situation im Land ständig ändert, besonders, was Sauberkeit, Leistung und Preis betrifft, empfiehlt es sich, vor Ort aktuellste Informationen einzuholen: Kein Wasser im Pool, eine defekte Klimaanlage, kein Fließwasser, ein Hotel schließt, das andere öffnet... – der permanente Wechsel ist Bestandteil des afrikanischen Alltags. Die Angaben in diesem Buch können daher nur als Empfehlung gelten, die Beschreibungen basieren auf eigenen Erfahrungen und können (wollen) keinen Anspruch auf immerwährende Allgemeingültigkeit erheben.

## Missionen

Unterkunft in den zahlreichen Missionen und religiösen Institutionen Kameruns finden Entwicklungshelfer, Missionare, Ethnologen und Studenten mit Feldforschungsaufträgen oder im Sozialdienst in Kamerun beschäftigte Reisende, die dort, je nach Verfügbarkeit (es gibt meist nur wenige Gästezimmer), gerne aufgenommen werden.

*Das Luxushotel Mont Fébé in Yaoundé*

Die Missionen sind allerdings offiziell nicht verpflichtet, Touristen und Individualreisenden Unterkunft zu gewähren. Im Gegenteil: Mancherorts werden die Missionen als Konkurrenz zu staatlich subventionierten Häusern betrachtet und haben Anweisungen, Durchreisende nicht aufzunehmen. Auch hier gibt es in manchen Missionsstationen Ausnahmen und wer im Notfall kein anderes Bett findet, kann dort sicherlich anfragen. Die Unterkunft in den Missionsstationen ist meist ausgezeichnet, in der Regel kann man auch Essen erhalten.

## Campingplätze

**Ausgewiesene Campingplätze** mit den dazugehörigen Einrichtungen **gibt es** in Kamerun **nicht**.

Teilweise ist das Campen in der Nähe von Hotels oder Campements in ländlichen Regionen oder am Strand erlaubt (siehe entsprechende Hinweise). Wildes Campen am Strand oder in der Nähe von Städten ist aus Sicherheitsgründen nicht empfehlenswert (Gefahr von Diebstählen etc.). Sollten Sie keine andere Unterkunft finden, fragen Sie am besten in der Polizei- oder Missionsstation, ob Sie

*Wildes Campen ist nicht überall problemlos möglich*

dort zelten können. Ansonsten sollten Sie die Nähe eines Dorfes (auch am Strand) suchen und dort den jeweiligen Dorfchef um Erlaubnis fragen. Das Dorf wird sich dann in aller Regel um die Sicherheit seines Gastes kümmern, allerdings müssen Sie auch mit der Neugier der Dorfbewohner, speziell der Kinder, rechnen.

In dünn besiedelten Regionen ist es normalerweise problemlos möglich, im Busch, „en brousse" zu campen, aber auch hier wird man in Kürze von neugierigen Hirten, Kindern oder Passanten umringt sein.

Da fast überall – vom *Adamaoua-Plateau* und einigen Regionen im Norden abgesehen – intensive Feldbauwirtschaft betrieben wird, sollte man, sofern sich kein freier Platz zum campen findet, bei Bauernhöfen um die Erlaubnis fragen. Es wird Ihnen sicher nicht verwehrt werden; ganz im Gegenteil: Es bieten sich Gelegenheiten für nette Gespräche und unliebsamer Besuch wird sich kaum einstellen. Ein kleiner Obulus und Gastgeschenke für die Familie sollten aber bereitgehalten werden!

## Uhrzeit

Die Lokalzeit in Kamerun entspricht **GMT + eine Stunde (= MEZ)**, also derselben Zeit wie in Deutschland.

Während der europäischen **Sommerzeit** liegt Kamerun eine Stunde zurück. Somit gibt es auf einer Reise von Europa nach Kamerun keine Zeitverschiebung.

Durch die Äquatornähe ist die Tageslänge im wesentlichen konstant, es ist hell von sechs bis 18.30 Uhr. Es bestehen also keine jahreszeitlich bedingten Schwankungen wie in unseren Breiten. Auch gibt es praktisch keine Dämmerung, nach Sonnenuntergang wird es sehr rasch dunkel.

## Verkehrsmittel / Reisen im Land

Praktische Tips

### Öffentliche Verkehrsmittel

Das **Angebot** an öffentlichen Verkehrsmitteln in Kamerun ist sehr **groß**, denn Reisen gehört zum afrikanischen Alltag: Zahllose Händler sind mit ihren Waren unterwegs zu den Märkten, Dorfbewohner haben Erledigungen in der Stadt zu machen und andere besuchen Familienmitglieder im nächsten Ort. Das Reisen in Bahn, Bus und Buschtaxi ist zwar anstrengend und zeitaufwendig, man bekommt so aber einen sehr intensiven Kontakt zur Bevölkerung. Vor allem gelangt man auf diese Art auch in die kleinsten Ortschaften.

Die **Wahl des Verkehrsmittels** ist abhängig vom Reisebudget und der zur Verfügung stehenden Zeit. Die teuerste Variante ist eine Kombination aus Flugzeug und Mietwagen. Sehr viel preiswerter, jedoch auch zeitaufwendiger sind Bus, Buschtaxi und Eisenbahn. Am schönsten und erlebnisreichsten ist es meiner Ansicht nach, sich gelegentlich zu Fuß fortzubewegen: Für Wanderungen durch die Berge oder von Dorf zu Dorf gibt es in Kamerun ideale Voraussetzungen.

Das Reisen in Kamerun erfordert **Geduld und Zeit**, wenn man die Strecken innerhalb des Landes nicht per Flugzeug zurücklegen will. Bei Hitzegraden, die schon im Ruhezustand anstrengend sind, erfordern die Fahrten in öffentlichen Transportmitteln – Bus, Buschtaxi oder Eisenbahn – sehr viel Ausdauer und Flexibilität, auch für unvorhergesehenen Ereignisse wie z.B. Verspätungen, Pannen usw.

Schon bei der Planung der Reise sollte man sich daher keine großen Fahretappen vornehmen und bedenken, daß ein Großteil der Zeit für die Überlandfahrten beansprucht wird. Dies ist charakteristisch für jede Reise auf eigene Faust durch Afrika und gerade bei den langen Wartezeiten auf Busbahnhöfen und beim Be- und Entladen der Transportmittel, bei Pannen oder einfach nur unterwegs kommt es meist zu interessanten Begegnungen mit der Bevölkerung und dem Alltag Afrikas.

### Flugzeug

*Cameroon Airlines* bietet innerhalb Kameruns täglich Flugdienste nach *Douala, Yaoundé, Garoua* und *Maroua* an. Die Flüge erfolgen mit Maschinen des Typs Boeing 737. Die Flugverbindungen in Kamerun ändern sich häufig, es kommt gelegentlich zu Verspätungen und Flugstreichungen.

Zu den ursprünglichen Flughäfen in *Bafoussam, Bamenda, Batouri* und *Bertoua* besteht kein Linienflugverkehr mehr.

**Fluggastgebühren** werden jeweils vor Abflug erhoben:
- bei Inlandsflügen CFA 500
- bei intern. Flügen CFA 10 000

Inhaber von Diplomatenpässen und Kinder, die im Reisepaß der Eltern oder eines Elternteils aufgeführt sind, bezahlen keine Fluggastgebühr.

Sämtliche **Informationen** erhalten Sie beim nächstliegenden **Büro** der nationalen Fluggesellschaft **Cameroon Airlines:**

◆ *Douala* (Head Office)
3, Av. du Général-de-Gaulle
B.P. 4092
Tel. 42 25 25 od. 42 01 11 (Reservierungen), 42 49 49 (Flughafen)
Fax 42 12 83

◆ *Yaoundé*
Av. Monseigneur-Vogt
B.P. 1186
Tel. 23 40 01 oder 22 39 74 (Reservierungen), 23 06 11 (Flughafen), Fax 22 39 74

◆ *Garoua*
B.P. 66
Tel. 27 10 55 (Reservierung) oder 27 14 81/83 (Flughafen)
Fax 27 15 49

◆ *Maroua*
B.P. 37, Tel. 29 10 50

*Preisbeispiele*
(Stand Sommer 1997):

➡ *Douala – Maroua:* CFA 53 350
➡ *Yaoundé – Maroua:* CFA 46 950
➡ *Garoua – Maroua:* CFA 13 150

Für **inländische Flüge** werden **keine Rückflugermäßigungen** gewährt, der Hin- und Rückflug kostet immer das doppelte des einfachen Fluges. Kinder im Alter von zwei bis zwölf zahlen nur 50%. Informieren Sie sich über Wochenend- und Studentenermäßigungen (gegen Vorlage des Studentenausweises).

Vor jedem Flug muß eine **Rückbestätigung** erfolgen, sonst besteht kein Anspruch auf einen Platz im Flugzeug, auch wenn man ein OK im Tikket hat. Nachteil: Die Rückbestätigung muß **persönlich** in einem Büro der Cameroon Airlines oder am Flughafen erfolgen – telefonische Rückbestätigungen werden nicht akzeptiert, da ein Vermerk ins Ticket kommt. Vor-

teil: Die sich kurzfristig oft ändernden Flugzeiten können auf diese Weise nochmals überprüft werden.

Wenn Sie auf Warteliste gebucht sind, sollten Sie sich früh am Check-in-Schalter einfinden. Ergibt sich ein freier Platz, werden die Passagiere auf Warteliste nicht nach einer bestimmten Reihenfolge, sondern nach "First come, first serve" mitgenommen.

Die Kontrollgeräte an den Flughäfen sind nicht immer hundertprozentig „Film-Safe", nehmen Sie daher ihr Filmmaterial vorher aus dem Gepäck heraus.

**Flugscheine** erhalten Sie bei den Reisebüros oder direkt bei Cameroon Airlines.

## Busse und Sammeltaxis

Die **billigste Art, das Land zu bereisen**, ist die Fahrt in Bussen und Buschtaxis, den landesüblichen Verkehrsmitteln. Komfortverzicht, Ausdauer und Geduld sind Voraussetzung, lange Wartezeiten an der Tagesordnung.

Die **Busbahnhöfe** heißen *Gare routière*, man findet sie in fast allen größeren Dörfern und Ortschaften als zentrale Abfahrtsstelle in der Nähe des Marktplatzes. In den Städten gibt es meist mehrere Busbahnhöfe an den Ausfallstraßen der jeweiligen Fahrtrichtung. Oft herrscht auf den großen Abfahrtsstellen ein unüberschaubares Chaos und dichtes Gedränge, in dem jeder Chauffeur lautstark um seine Fahrgäste wirbt. Außer den Busbahnhöfen gibt es unterwegs keine eigens dafür vorgesehenen Haltestellen. Es ist also überall üblich, ein Sammeltaxi auf offener Straße anzuhalten und je nach Verfügbarkeit der Plätze darin mitgenommen zu werden.

Praktische Tips

*Ein größeres Buschtaxi in Wartestellung*

Dei den **Sammel- oder Buschtaxis** *(Taxi Brousse)* sind die **Abfahrtszeiten** nicht festgelegt, die Fahrzeuge fahren erst dann ab, wenn sie bis auf den letzten Platz besetzt sind. Stundenlange Wartezeiten sind dabei keine Seltenheit. Finden Sie sich daher schon sehr früh morgens am Busbahnhof ein, am besten zwischen sechs und neun Uhr, da dann die Chance am größten ist, daß sich die Fahrzeuge rasch füllen. Wenn man das erste Fahrzeug in die jeweilige Richtung versäumt, dauert es oft lange, bis sich wieder genügend Fahrgäste für ein weiteres Buschtaxi einfinden. Außerdem vermeidet man bei früher Abfahrt die **gefährlichen Nachtfahrten**. Auf frequentierteren Strecken, z.B. *Douala/Yaoundé* oder *Garoua/Maroua* erfolgen die Abfahrten in relativ kurzen Abständen. In entlegene Dörfer verkehrt manchmal nur ein Fahrzeug pro Tag und es ist günstig, sich an den Markttagen zu orientieren, an denen die Händler verstärkt unterwegs sind.

Unter den verschiedenen **Fahrzeugtypen** wird in Kamerun der *Peugeot 504* (Kombi) am häufigsten eingesetzt, der acht Fahrgäste befördert. Daneben gibt es Minibusse mit 14/16/18 Plätzen und die *Saviem* für 27 Fahrgäste. Auf abgelegenen Pisten verkehren manchmal auch *Pick-ups* mit seitlichen Holzbänken und noch seltener werden Lastwagen als Transportmittel benutzt. Alle Fahrzeuge haben jedenfalls immer mehr „Plätze" als „Sitze", das heißt sie werden in der Regel hoffnungslos übersetzt. Hin und wieder kommt es vor, daß Reisende einen zweiten Fahrplatz bezahlen, um entweder mehr Sitzkomfort zu haben oder damit alle Plätze bezahlt sind und das Fahrzeug startet. Denn man braucht gute Nerven, um Stunden auf den „letzten" Passagier zu warten, ohne den das Buschtaxi niemals abfahren wird. Und irgendwo hat immer noch ein weiterer Fahrgast Platz!

Auf gängigen Strecken sind normalerweise verschiedene Fahrzeugtypen im Einsatz. Die größeren Fahrzeuge sind u. U. etwas billiger, dafür aber auch langsamer und länger in Kontrollen involviert, da mehr Fahrgäste und Gepäck durchsucht werden können. Wer die Wahl hat, sollte daher immer den kleinsten Fahrzeugvarianten den Vorzug geben, die vor allem morgens auch als erste besetzt sind und dann früh losfahren können.

Der **Fahrscheinkauf** erfolgt normalerweise am Abfahrtstag in den kleinen Ticket-Ständen direkt am Busbahnhof. Vor der Abfahrt werden Namen und Paßdaten in eine Liste eingetragen. Bewahren Sie Ihren Fahrschein gut auf, er enthält die Fahrzeugnummer und ist nützlich bei Verlusten und Reklamationen. **Verloren gegangene Gepäckstücke** kommen immer zum Abfahrtsbahnhof zurück, an den man sich dann wenden muß. Es klingt zwar eher unwahrscheinlich, daß dieses „Fundbüro" funktioniert, aber ich habe persönlich positive Erfahrungen damit gemacht.

Bei den **Buschtaxis** handelt es sich um Privatfahrzeuge, die einem staatlichen Syndikat mit **festgelegten Tarife**n unterliegen. Dabei wird unter der Hand schon einmal ein Aufschlag gemacht, wenn die Straßen- oder Pistenverhältnisse schlecht sind. Kameruns Buschtaxis gehören zu den preiswertesten in Zentralafrika, vergleicht man die Tarife etwa mit denen in Gabun, dem Kongo oder der ZAR, wo man für die gleiche Strecke leicht den doppelten Fahrpreis bezahlt.

**Preisbeispiele**

➠ *Maroua – Garoua*
   ca. CFA 3000
➠ *Maroua – Ngaoundéré*
   ca. CFA 6200
➠ *Maroua – Mora*
   ca. CFA 1000
➠ *Maroua – Kousseri*
   ca. CFA 3300
➠ *Douala – Kribi*
   ca. CFA 2500

In der Regel sind die Preise am Fahrkartenschalter oder am Fahrzeug angeschrieben. Als grobe **Richtlinie** rechnet man **CFA 1500 je 100 km**. Für jedes Gepäckstück wird ein Aufschlag bezahlt. Der Tarif für ein **Gepäckstück mit 20 kg** liegt bei etwa **CFA 800**, Gewicht und Preis werden in der Regel geschätzt, bei Touristen mit einem kleinen „Aufschlag" versehen und können verhandelt werden.

Nehmen Sie sich für die Fahrten im Buschtaxi nur **kleine Etappen** vor und rüsten Sie sich mit viel Geduld, denn Pannen gehören zur Tagesordnung.

In der Regenzeit ist der Sammeltaxiverkehr aufgrund der schlechten Pistenverhältnisse sehr eingeschränkt. Gegen Wind und Staub schützt man sich mit Kopfbedeckung und Sonnenbrille. Unterwegs können Sie sich an den zahlreichen Stops auf Märkten mit ausreichend Proviant versorgen, eine Flasche Mineralwasser sollte man jedoch immer dabei haben. Auf längeren Strecken werden mittags Essenspausen an Straßenständen oder kleinen Restaurants eingelegt.

**Bedenken zur Sicherheit dieser Transportmittel** sind berechtigt. Buschtaxis sind das wichtigste Verkehrsmittel Kameruns und ständig im

Einsatz. Meist handelt es sich um altersschwache Vehikel, deren Fahrtüchtigkeit zweifelhaft ist. Das Gepäck wird zu einem bedenklich schwankenden Turm auf das Dach gepackt, das Fahrzeug mit Passagieren völlig überladen. Zu den Passagieren gesellen sich manchmal Hühner, Ziegen und Schafe, und auch im hintersten Winkel hat noch ein Sack mit Hirse Platz. Die Fahrer legen oft ein halsbrecherisches Tempo vor, speziell auf den gut ausgebauten Asphaltstraßen.

An jedem kleinen Marktflecken wird angehalten, das Auto be- und entladen, lautstark um weitere Mitreisende geworben. Dabei wird das Fahrzeug belagert von Händlern, die Maniok, Bananen, Fisch und Fleisch, *Beignets* und *Brochettes*, Früchte, Wasser und Brot anbieten. Die meisten Reisenden verlieren trotz des Tumults ihre gute Laune nicht. Selbst die häufigen Polizeikontrollen unterwegs bringen kaum jemanden aus der Fassung. Sicherheitsvorkehrungen und Ladung werden kontrolliert, manchmal auch die Papiere der Reisenden. Da die geltendenRegeln fast nie eingehalten werden, kommt es dabei häufig zu Verzögerungen.

Im Vergleich zu den Nachbarländern sind die Buschtaxis in Kamerun zwar in verhältnismäßig „gutem" Zustand, jedoch empfiehlt es sich vor Abfahrt, einen Blick auf die Verkehrstüchtigkeit des Fahrzeugs zu werfen. Bevor man in ein verrostetes, überladenes Auto mit abgefahrenem Reifenprofil steigt, wartet man besser ein anderes ab. Ich habe auch schon von Reisenden gehört, die dem Fahrer ein Trinkgeld gaben, damit er die Geschwindigkeit etwas herabsetzt, dies sollte jedoch nicht zur Regel werden.

Große **Überlandbusse** verkehren auf den wichtigsten Hauptverbindungen zwischen *Douala/Bafoussam/Bamenda* und *Douala/Yaoundé*. Diese Fahrzeuge sind recht modern, niemals übersetzt und ermöglichen eine sehr bequemes Reisen. Die **Abfahrtszeiten** sind **festgelegt** und werden in der Regel auch eingehalten. Fahrscheine kann man schon am Vortag kaufen. Auf den frequentierten Routen ist das in der Regel nicht nötig, da täglich genügend Abfahrten bestehen. Um sich einen guten Platz zu sichern, lohnt es sich, frühzeitig an der Abfahrtsstelle zu sein.

Die **Preise** für diese regelmäßigen Verbindungen liegen kaum über denen der Buschtaxis und so sind die Busse ein sehr beliebtes Verkehrsmittel. Private Busunternehmer, unter der Bezeichnung *Agence de voyage* bekannt (nicht zu verwechseln mit Reisebüros!), sind häufig Betreiber dieser Überlandbusse (s. a. unter den Stadtbeschreibungen). Bei ihnen kann man Fahrkarten im voraus auch telefonisch bestellen, wie sie dann zu einer vereinbarten Zeit am Fahrkartenschalter abzuholen. Die Unternehmen gelten als relativ zuverlässig und gut organisiert. Ein Vergleich zu den staatlich betriebenen Bussen lohnt sich.

## Eisenbahn

Zwischen dem Norden und Süden Kameruns existieren keine Teerstraßen. Nur wenige, schwierig zu befahrende Pisten ermöglichen eine Fahrt im Auto in diese oder jene Richtung. Aus diesem Grund ist der **Transcamerounais**, die kamerunische Eisenbahn, eine der wichtigsten Verkehrsverbindungen zwischen dem Süden und dem Norden. Sie führt von Douala aus über Yaoundé nach Ngaoundéré. Ein kurzer Abzweiger verbindet die Hauptstrecke mit *Mbalmayo*. Die Eisenbahnverbindung zwischen Douala und *Nkongsamba* (Westen) dient nicht mehr zur Personenbeförderung, sondern ausschließlich zum Frachtgut-Transport.

**Die Züge sind preiswerte, aber langsame Verkehrsmittel.** Es verkehren allerdings immer weniger Züge, da weder Geld noch Personal vorhanden sind für Wartung und Reperatur. Der Zustand der Gleise ist schlecht, auch hier fehlt es an Wartungsarbeiten.

Wer Richtung Norden unterwegs ist, kommt mit dem Transcamerounais dennoch schneller nach Ngaoundéré als auf der zweitägigen Fahrt mit dem Buschtaxi oder Wagen über schlechte Pisten. Außerdem ist die Bahnfahrt ein Erlebnis, das man sich nicht entgehen lassen sollte (siehe auch S. 423). Der Bau der Eisenbahn zwischen Douala und *Makak* wurde noch während der deutschen Kolonialzeit begonnen, die letzten Gleise auf der Strecke von Yaoundé nach Ngaoundéré wurden 1974 im Auftrag der nationalen Eisenbahngesellschaft *Regie Nationale des Chemins de Fer du Cameroun* mit europäischer Finanzierung verlegt und die Schienenstrecke von Douala nach Yaoundé wurde Ende der 80er Jahre sehr gut ausgebaut. Die gesamte Eisenbahnstrecke Kameruns umfaßt etwa 1300 km.

**Fahrkarten** für die Erste und Zweite Klasse erhält man an den Bahnhöfen und sollten bereits am Vortag besorgt werden. Für den Liegewagen ist eine Reservierung erforderlich. **Informationen** über Fahrplan und Preise erhalten Sie an den Bahnhöfen, die Telefonnummern entnehmen Sie den Städtebeschreibungen im Routenteil.

Grundsätzlich kann man in Kamerun jederzeit in der Zweiten Klasse fahren, die Züge sind sauber, jedoch oft überfüllt. Dies gilt auch für die Erste Klasse. Der **Fahrplan** ändert sich häufig und ist nur als Richtschnur zu verstehen, da stundenlange Verspätungen an der Tagesordnung sind. Wer in der Zweiten Klasse fährt, sollte sich bis spätestens zwei Stunden vor Abfahrt am Bahnhof einfinden, da das Gedränge nach den besten Plätzen sehr groß ist.

Auf der Strecke des **Transcamerounais I von Douala nach Yaoundé** verkehren vier Züge täglich in beide Richtungen:

➡ *Douala – Yaoundé*
Ab Douala um 7, 13, 14 und 19 Uhr nach Yaoundé, in Gegenrichtung um 7, 9, 12.30 und 18.30 Uhr.

Diese Intercity Express-Züge benötigen ca. vier Stunden für die etwa 300 km lange Strecke.

Die Erste-Klasse-Waggons (inkl. Speisewagen) im Intercity auf dieser Strecke sind sehr komfortabel (Klimaanlage, TV). Auch die Zweite Klasse ist gut ausgestattet, allerdings herrscht hier großes Gedränge.

**Preisbeispiel** in der Ersten Klasse ca. CFA 5600, in der Zweiten Klasse ca. CFA 3100.

Auf der 622 km langen Strecke **Transcamerounais II von Yaoundé nach Ngaoundéré** verkehrt nur noch ein Zug täglich in beide Richtungen (Stand Sommer 1997):

➡ *Yaoundé – Ngaoundéré*
Yaoundé ab 18:10 Uhr, Ngouandéré

an 05:43 Uhr (1 Wagons Lits sowie 1 Couchette mit jeweils 4-Bett-Abteilen, sonst 2.Klasse) und zurück: Ngouandéré ab 20:20 Uhr, Yaoundé an 07:20 Uhr (2 Wagons Lits, sonst 2.Klasse).

**Preisbeispiel** 1.Klasse Yaoundé - Ngaoundéré (oder zurück): CFA 13 425 (+ Zuschlag für Schlaf- oder Liegewagen).

Der Ticketverkauf in Yaoundé erfolgt im Bahnhofsgebäude im 1.Stock für 1.Klasse, im Erdgeschoß für 2.Klasse.

Für den Nachtzug in beide Richtungen wird eine Reservierung mindestens 1 Tag vor Abfahrt empfohlen, da der Zug häufig ausverkauft ist.

Der Tageszug verkehrt derzeit nicht mehr. Im Schnitt muß mit ca. 2 Stunden Verspätung gerechnet werden. Die **Nachtzüge** haben Anschluß an die Strecke Douala/Yaoundé.

Die Eisenbahn in Kamerun dient vor allem auch dem **Frachtgut-Transport**: Kochbananen, Avocados, Ananas und andere Früchte aus dem Süden, Bierkisten und Holz werden verladen.

Restaurants gibt es auf dem nördlichen Streckenabschnitt nicht im Zug. Mit **Proviant** kann man sich unterwegs bei den Fliegenden Händlern versorgen, die an den kleinen Haltestellen mitten im Busch auf die Ankunft des Zuges warten: es gibt Früchte, Gemüse oder Fleisch, gekocht oder gebraten und dazu die beliebten *„Bâton de manioc"*. Im Zug werden unterwegs auch Bier und Softdrinks angeboten. Trotzdem ist es

*Kameruns Eisenbahn: Der „Transcamerounais"*

sinnvoll, sich für die lange Strecke sein eigenes Trinkwasser mitzunehmen. An den Bahnhöfen wird nur ungefiltertes Wasser verkauft. Und wenn der Magen auf Affenfleisch empfindlich reagiert, sollte man sich vor Abfahrt in Yaoundé mit ein paar Lebensmitteln eindecken. Bananen *(douce)*, Brot oder gar Kekse sind rar. Es ist nur im Angebot, was wächst, gejagt und gefischt wird!

Außerdem empfiehlt es sich, auf jeder Bahnfahrt eine **Taschenlampe** mitzunehmen. Im Zug funktioniert das Licht oft nicht. Das Gepäck sollte man auf der Fahrt stets im Auge behalten, die Wertsachen am Körper tragen.

## Mietwagen

Wer den geringen Komfort einer Reise mit öffentlichen Transportmitteln scheut und kein eigenes Fahrzeug vor Ort hat, kann sich in Kamerun auch einen Wagen mit oder ohne Fahrer mieten.

Der **Vorteil** gegenüber Bussen und Buschtaxis ist die größere Unabhängigkeit und **Flexibilität**, der **Nachteil** liegt allerdings in den extrem **hohen** **Mietwagenprei**sen im Land.

Die diversen **Mietwagenagenturen** in den Städten *(Douala, Yaoundé, Garoua, Maroua* etc.) bieten Autos unterschiedlicher Kategorien und Preisklassen an. Anstatt das billigste Fahrzeug zu wählen, sollte man auf die Seriosität des Vermieters und den Zustand des Fahrzeuges achten. Prüfen Sie die Vertragsbedingungen, Versicherungen und das Kleingedruckte. Der Zustand des Fahrzeugs sollte vor der Abfahrt genau gecheckt werden, Reifen (Profil, Reserverad), Werkzeug, Kilometerleistung, Baujahr, auch die Autopapiere (Fahrzeugschein).

Fahren Sie in keinem Fall ohne Wagenheber los, Reifenpannen sind auf Kameruns Pisten und Straßen nicht selten.

Die **Adressen und Telefonnummern** der Autovermieter finden Sie unter den jeweiligen Orten. Als derzeit einzige **internationale Mietwagenagentur** hat die Firma *AVIS* Büros in mehreren Ortschaften. Die Fahrzeuge können bereits von Europa aus reserviert werden, Auskünfte erhalten Sie in Reisebüros.

### AVIS-Büros in Kamerun:

◆ *Douala*
Im Hotel Akwa Palace, B.P. 1217
Tel. 42 70 56 oder 42 03 47
Fax 42 74 16 (auch Flughafenbüro)
◆ *Bafoussam*
B.P. 1045, Tel. 44 13 88, Telex 7039
◆ *Garoua*
B.P. 336, Tel. 27 12 98, Telex 7619
◆ *Yaoundé*
B.P. 1740
Tel. 30 02 85 oder 30 06 27,
Fax 30 10 10 (auch ein Büro am Flughafen).

Für diese Mietautos gelten folgende **Bedingungen:** Mindestalter des Fahrers 21 Jahre, Führerscheinbesitz mindestens seit zwei Jahren, Kautionshinterlegung durch Kreditkarte *(Amexco, Visa, Avis Charge)*

### Mietwagenpreise:

(Stand Sommer 1997)
◆ *Toyota Starlet*
je Tag CFA 25 000,
je km CFA 140,
Vollkasko CFA 3750/Tag
◆ *Toyota Corolla*
je Tag CFA 30 000, je km CFA 180,
Vollkasko CFA 5000/Tag

◆ *Toyota HiLux/4Runner*
(Geländewagen)
je Tag CFA 40 000, je km CFA 240,
Vollkasko CFA 6000
(jeweils zzgl. Benzin und 14% Steuern)

Die Fahrzeuge können auch mit Fahrer angemietet werden, Preise auf Anfrage. **Einwegmieten** sind möglich, aber extrem teuer (ca. CFA 60 000 zusätzliche Gebühr für die Abgabe des Autos in einer anderen Stadt).

**Empfehlenswerte Autovermietung** (nur mit Fahrer) **in Maroua:**
◆ *Porte Mayo Voyages*
(im Hotel Porte Mayo)
B.P. 112, Tel. 29 33 56
Der deutsche Besitzer des Hotels, *Reinhard Visse*, hat selbst eine Autowerkstatt und vermittelt Mietautos zu folgenden **Preise**n: Geländefahrzeug ca. CFA 40 000, jeweils pro Tag mit Fahrer und etwa 300 Freikilometer/Tag, Benzin extra.

Aufgrund der relativ hohen Mietwagenkosten (obwohl immer noch günstiger als in anderen Ländern der CFA-Zone) ziehen es viele Touristen vor, sich ein preiswerteres Stadttaxi für einen halben oder ganzen Tag zu mieten (siehe unten).

## Fahrrad und Moped

Vor allem im Norden, rund um *Ngaoundéré* oder *Maroua*, sind das Fahrrad und Moped/Mofa *(Mobylette)* beliebte und praktische Verkehrsmittel. Gerade mit den Mobylettes gelangt man mühelos und preiswert in die nahegelegenen Ausflugsziele der Umgebung.

Suchen Sie in der Nähe des Busbahnhofs oder des Marktes nach Ver-

mietern, z.B. in Ngaoundéré am Gare routière oder in der Rue du Petit Marché, in Maroua in der Straße vor dem großen Markt. Für ein Mobylette benötigt man keinen Führerschein.

**Preise:** Für ein Fahrrad rechnet man am Tag ca. CFA 800, für ein Mofa das gleiche pro Stunde oder ca. CFA 5500 pro Tag. Falls Sie einen Führer als Begleitung mitnehmen möchten, ist dies auch per Mofa möglich.

## Tips für Selbstfahrer

In Kamerun herrscht **Rechtsverkehr.** Es gilt die Vorfahrtsregel rechts vor links, sofern nichts anderes angegeben ist. Höchstgeschwindigkeit in geschlossenen Ortschaften 60 km/h, für Lkw und Motorräder 30 km/h.

Internationalen Führerschein, Fahrzeugpapiere und Reisepaß sollte man stets bei sich führen, da es unterwegs häufig **Straßensperren** durch Polizei und Militär gibt. Meist befinden sie sich an den Ein- und Ausfahrtsstraßen zu größeren Orten, vor allem im Süden, Westen und in den englischen Provinzen. Diesen Kontrollstationen nähert man sich im Schrittempo und hält auf Verlangen an. Steht kein Kontrolleur am Straßenrand, muß zunächst grundsätzlich angehalten werden. Meist wird man als Ausländer durchgewunken oder es werden nur die Papiere kontrolliert, seltener das *Carnet* und die Versicherung, evtl. das Gepäck. Manchmal erwarten die Kontrolleure einen kleinen „Wegezoll" von den Passanten, den man aber – ist mit dem Fahrzeug und den Papieren alles in Ordnung – strikt ablehnen sollte.

Entlang der Hauptrouten und in allen größeren Ortschaften gibt es ausreichend **Tankstellen**. Vor allem im dichtbesiedelten Westen und bei Rundreisen auf den Normalrouten benötigen Sie daher nicht unbedingt einen Reservekanister. Grundsätzlich sollte man auf längeren Strecken sofort volltanken, wenn sich die Möglichkeit ergibt. In den großen Städten dagegen kann es ratsam sein, den Tank fast leer zu halten, da hier manchmal das Benzin aus den parkenden Autos gezapft wird. In dünnbesiedelten Gebieten (z.B. im Osten) oder abseits der Hauptrouten kann es vorkommen, daß die Tankstellen kein Benzin haben, hier sollte also sicherheitshalber ein Reservekanister mitgeführt werden. Dies gilt auch für Fahrten im Norden *(Tschad-See-Region, Mandara-Berge)* und alle Nebenstrecken. Die Tankstellen befinden sich in der Regel in der Umgebung der Bus- und Buschtaxibahnhöfe in den Ortschaften. Außerhalb der größeren Städte schließen sie früh. Speziell im Norden wird am Straßenrand oft das in Flaschen abgefüllte, rote **Billig-Benzin aus Nigeria** angeboten. Dieser Treibstoff ist qualitativ minderwertig und kann dem Motor schaden.

**Treibstoffpreise**
pro Liter (Stand Sommer 1997)
- **Normalbenzin** 85 Oktan:
  ca. 230 CFA
- **Superbenzin** 93 Oktan:
  ca. 250 CFA
- **Diesel**:
  ca. 210 CFA

In von der Küste (Douala) entfernten Städten sind die Kraftstoffpreise meist etwas höher. Die Preise in Kamerun sind die günstigsten in Zentralafrika, daher vor Grenzübertritt volltanken.

Auf Asphalt wird eine **Straßenbenutzungsgebühr** von CFA 500 erhoben (Mautstellen zwischen den Ortschaften).

Die **Beschilderung** ist entlang der Hauptrouten und in den Städten sehr gut, **Entfernungen** werden **in Kilometern** angegeben. Auf Pistenstrekken in ländlichen Regionen sind die Richtungshinweise nur unzureichend. Man kann sich dort unterwegs bei Passanten nach dem Weg erkundigen, Kilometer- oder Fahrzeit-Angaben sind dabei oft Schätzungen. Freundlich und hilfsbereit mit Auskünften zeigte sich auf meinen Reisen die Polizei an den zahlreichen Kontrollstationen unterwegs.

Mit Ausnahme des verkehrsreichen Westens und im Umkreis der großen Städte ist die **Verkehrsdichte** in Kamerun nur **sehr gering**. Vorsicht

*„Flaschenbenzin" am Straßenrand*

ist auf den großen, gut ausgebauten Verkehrsachsen (beispielsweise *Douala/Yaoundé*) geboten, die viele zur Raserei und unüberlegten Überholmanövern verleiten. In Kamerun ist der Führerschein sehr einfach zu erwerben, daher empfiehlt sich in jedem Fall ein defensiver Fahrstil. **Chaotischer Verkehr** herrscht **in den Städten**, besonders während des Berufsverkehrs. Staus auf den Ausfallstraßen, Hupkonzerte, wild abgestellte Fahrzeuge gehören zum Straßenbild und erfordern gute Nerven und Geduld. Besonders auf Fahrrad- und Mofafahrer ist Rücksicht zu nehmen, da sie sehr unkontrolliert fahren.

Dagegen verläuft der Verkehr in kleineren Orten und in der „Provinz" relativ diszipliniert und defensiv. Die Bevölkerung ist zum Teil nicht an (motorisierten) Fahrzeugverkehr gewöhnt, und da sich das Leben in Afrika gewöhnlich auf der Straße abspielt, sollte man mit sehr viel Rücksicht fahren. Es muß jederzeit mit Fußgängern gerechnet werden, die unerwartet die Straße überqueren. Spielende Kinder, Viehherden, Radfahrer und Händler bevölkern mit Vorliebe den Fahrweg. Lautstarkes Hupen ist üblich, auch als Warnzeichen in unübersichtlichen Kurven und Streckenabschnitten.

Viele Straßen sind sehr eng und es weicht stets das kleinere Fahrzeug aus (unbefestigte Straßenränder!). Liegengebliebene Fahrzeuge können u. U. die ganze Fahrbahn blockieren. Unüberlegte Überholmanöver sind auch auf Nebenstrecken (aufgrund der geringen Verkehrsdichte) zu erwarten. Recht rücksichtslos fahren in der Regel die großen Holztransporter auf den Urwaldpisten (Steinschlaggefahr!).

Fahrzeuge sind in Afrika oft in mangelhaftem Zustand, Bremsen oder Licht können defekt sein, schlechte Reifen verlängern den Bremsweg.

**Nachtfahrten** sollte man nach Möglichkeit vermeiden, nicht nur der Passanten und Schlaglöcher wegen, sondern auch aufgrund der Gefahr, die unbeleuchtete Fahrzeuge darstellen. Die Stadtbewohner fahren nachts oft mit Standlicht.

Pistenfahrten während der Regenzeit können in Rutschpartien enden, nicht selten sind die Wege verschlammt und unpassierbar. Generell sollte man sich daher vor Abfahrt in entlegenere Regionen über den aktuellen Pistenzustand erkundigen und genügend Benzinreserven und Trinkwasser mitführen.

Im Falle einer **Panne** wird die Straße vor und hinter dem Wagen mit einigen Zweigen von Büschen oder mit großen Steinen markiert. Auch in scheinbar unbewohnten Regionen finden sich immer schnell Helfer. Reperaturwerkstätten gibt es nur in größeren Orten, die Mechaniker verfügen über eine erstaunlich große Improvisationsgabe (Informationen zu Straßen s. Seite 95).

## Stadtverkehr

Es gibt keine öffentlichen Stadtbusse mehr. Dagegen stehen in allen größeren Orten gelbe Taxis in ausreichender Zahl zur Verfügung. Man unterscheidet zwischen *Taxi course* (Einzelfahrt) oder *Taxi ramassage* (Sammelfahrt).

Das **Taxi ramassage** befördert gleichzeitig mehrere Personen zu unterschiedlichen Zielen in die gleiche Richtung. Hält man auf der Straße ein Taxi an, erkundigt man sich beim Fah-

*Taxi in der Innenstadt von Bafoussam*

rer zunächst nach seiner Route oder nennt sein eigenes Fahrziel. Der Taxifahrer entscheidet dann, ob man zusteigen darf. Auf diese Weise kommt man zwar meist erst über kleine Umwege zum Ziel, bezahlt jedoch einen günstigen **Einheitstarif.** Diese Taxis sind eine praktische Einrichtung, so wenn man neu in der Stadt ist und sich zunächst einen groben Überblick verschaffen will. Man nennt dem Fahrer dann nur ein weit entferntes Ziel und unternimmt so eine kleine Stadtrundfahrt.

Das **Taxi course** dient der Beförderung eines Fahrgastes bzw. einer einheitlichen Fahrgastgruppe; unterwegs steigt niemand mehr zu. Die Taxis unterscheiden sich äußerlich nicht voneinander; man weist den Fahrer beim Einsteigen nur darauf hin, ob man *course* oder *ramassage* vorzieht.

Auch bei den Einzelfahrten handelt es sich in der Regel um Einheitstarife, es sei denn, das gewünschte Ziel liegt etwas weiter entfernt. Daher sollte man sich zunächst beim Fahrer nach dem Preis erkundigen. Die Preise sind normalerweise am Fenster der Taxis angeschrieben, Taxameter gibt es nicht.

*Taxitarife (Sommer 1997) in CFA:*
- ◆ **Taxi ramassage,** tagsüber:
  *Yaoundé, Douala* und *Garoua* 125
- ◆ **Taxi ramassage,** nachts:
  *Yaoundé, Douala* 220; *Garoua* 200
- ◆ **Taxi course,** tagsüber:
  *Yaoundé, Douala, Garoua* 220
- ◆ **Taxi zum Flughafen,** tagsüber:
  *Yaoundé* und *Douala* 2500;
  *Garoua* 2200
- ◆ **Taxi zum Flughafen,** nachts:
  *Yaoundé* und *Douala* 3500;
  *Garoua* 3300.

**Taxis können** auch stunden- oder tageweise **gemietet werden**, z.B. anstelle der teueren Mietwagen. Dabei sind die Preise Verhandlungssache und liegen bei etwa CFA 18 000/Tag inklusive Kilometer plus Benzin. Die Haftung und Versicherung des Fahrzeugs liegt hier beim Eigentümer und muß somit nicht zusätzlich bezahlt werden.

## Orientierung

Zur Orientierung in größeren Städten ist es hilfreich, sich zunächst durch eine „Stadtrundfahrt" in einem *Taxi ramassage* (s.o.) einen groben Überblick zu verschaffen.

Passanten, die man unterwegs nach dem Weg fragt, sind sehr hilfreich und kommen sogar manchmal ein Stück mit. Da es in Afrika kaum Straßennamen gibt, wählt man als Orientierungshilfe markante Gebäude, z.B. Banken, Post, Moschee etc.

Entfernungen werden nur sehr grob, manchmal falsch eingeschätzt, daher sollte man nach der Zeit (Gehminuten, Fahrzeiten, Fahrstunden) fragen. Auch dann sollten Sie sich auf Überraschungen gefaßt machen, denn ein „gleich um die Ecke" ist für einen Afrikaner, der längere Fußwege gewöhnt ist, etwas anderes als für einen „fußfaulen" Europäer...

**Wichtiger Hinweis:** Reisende müssen in Kamerun ihren Reisepaß ständig bei sich führen, da es häufig Polizeikontrollen gibt.

# Zoll

**Devisen** dürfen bei der **Einreise** in unbeschränkter Höhe mitgeführt werden, bei der **Ausreise** in Höhe der deklarierten Einfuhr abzüglich der umgetauschten Beträge. Die Mitnahme von Landeswährung (CFA) ist bei der Einreise ebenfalls unbeschränkt, bei Ausreise dürfen bis zu CFA 20 000 mitgeführt werden.

**Eingeführt werden dürfen:** Gegenstände für den persönlichen Bedarf, 500 g Tabak oder 400 Zigaretten oder 125 Zigarren, drei Liter Wein, ein Liter Spirituosen, zwei Fotokameras und je zehn Filme, ein Fernglas, ein kleiner Video-Recorder mit zehn Filmen, ein tragbares TV-Gerät, ein Radioempfänger, ein tragbarer Kassettenrecorder, eine kleine Camping- und Sport-Ausrüstung, Toilettenartikel, Kinderwagen.

Bei der **Ausfuhr** ist darauf zu achten, daß die Mitnahme von antiken Kunstwerken nicht gestattet ist. Alle neu produzierten Waren unterliegen keiner Beschränkung.

**Auskunft in Kamerun:**
♦ *Ministère de l'Information et de la Culture*
   Yaoundé, Tel. 22 10 22

**Auskunft in Deutschland:**
♦ *Bundesstelle für Außenhandelsinformationen*
   Postfach 10 05 22
   50455 Köln, Tel. (02 21) 20 57-0

Land und Leute

# Geographie

Kamerun liegt am Schnittpunkt zwischen Zentral- und Westafrika, zwischen dem 8. und 16. Längengrad Ost und dem 2. und 13. Breitengrad nördlich des Äquators. Mit einer **Fläche** von 475 439 km² ist es etwa **eineinhalb mal so groß wie Deutschland**. Die größte Nord-Süd-Ausdehnung beträgt rund 1200 km vom Atlantik bis zum Tschad-See und an seiner breitesten Stelle mißt das Land von Osten nach Westen etwa 800 km.

Kamerun grenzt im Nordosten an den *Tschad*, im Osten an die *Zentralafrikanische Republik*, im Süden an *Kongo*, *Gabun* und *Äquatorialguinea*; der Nordwesten und Westen bildet die Staatsgrenze zu *Nigeria*, dem einzigen Nachbarn auf dieser Seite. Im Südwesten öffnet sich Kamerun zum *Golf von Guinea* mit einer rund 350 km langen Atlantikküste.

In **Form** eines **unregelmäßigen Dreiecks** erstreckt sich das Land von der Küste landeinwärts, genau dort, wo der afrikanische Kontinent eine Einbuchtung hat. Zum Norden hin verengt es sich zu einem sehr schmalen Streifen, der bis in den Tschad-See hineinreicht.

Durch seine Nord-Süd-Ausdehnung durchschneidet Kamerun die verschiedensten Vegetations- und Klimazonen, vom regenreichen Küstentiefland mit riesigen Urwäldern über die zentrale Hochebene bis hin zu den halbwüstenartigen Trockenzonen des Nordens. Aufgrund dieser geographischen Vielfalt trägt Kamerun auch den Beinamen *„Miniaturafrika"*, da sich hier in einem einzigen Land fast alle unterschiedlichen Landschaftsbilder und Lebensräume Afrikas gegenüber stehen: Palmenstrände und Küstenebenen mit Mangrovensümpfen, vulkanisches Bergland, dichte Regenwälder, weite Savannen und Steppen mit Wildtieren in Nationalparks und ganz im Norden die wüstenhafte und staubige Sahelzone.

Das **Relief** Kameruns ist in drei Hauptzonen gegliedert:

◆ Das **südliche Hochland**, eine Hochebene in der tropischen Regenwaldzone; dort herrscht feuchttropisches Klima.

◆ Das **westliche Hochland** und das zentrale **Adamaouaplateau** mit hohen Gebirgszügen und Vulkanmassiven; gemäßigtes Klima; fruchtbare Böden.

◆ Die **nördlichen Ebenen und Gebirge** mit der Bénoué-Ebene, der Waza-Ebene bzw. dem Tschad-Becken und den Mandara-Bergen. Sehr heißes Klima während der langanhaltenden Trockenperiode, kurze und heftige Regenzeit.

## Die Küstenregion

Die 350 km lange **Atlantikküste** im Südwesten Kameruns wird gesäumt von riesigen Mangrovensümpfen, schwarzen Lavasstränden, Felsenküste und herrlichen weißen Palmensträndern. Bekannt und touristisch erschlossen sind die Strände von *Limbé*, 50 km westlich von *Douala*, deren Sand und Felsen durch die Nähe des

Mt. Cameroon-Vulkans tiefschwarz sind. Im Süden Doualas, im 200 km entfernten *Kribi*, erstrecken sich Bilderbuchstrände mit Palmen und feinem weißen Sand entlang der sanft abfallenden Küste. Bis hinunter an die Grenze zu Äquatorial-Guinea findet man versteckte, herrlich einsame Sandbuchten. Unmittelbar dahinter beginnt der große äquatoriale Regenwald mit seinen bis zu 50 m hohen Baumriesen.

An den Deltas der großen Flüsse *Rio del Rey* (Mündungsgebiet des *Nian* im Grenzgebiet zu Nigeria), *Mungo*, *Wouri* (Hafen von Douala) und *Sanaga* erstrecken sich entlang der Küste riesige Schwemmebenen und Mangrovensümpfe, durchzogen von Lagunen und Buchten. Diese Sumpflandschaft erreicht eine Breite von über 100 km.

Landeinwärts dehnt sich die Küstenebene zwischen dem Ozean und dem Süd-Kamerun-Plateau bis zu 150 km aus. Die Ebenen entlang des Sanaga-Flusses erstrecken sich am weitesten in das Landesinnere. Die flache Küstenregion wird unterbrochen durch das 4095 m hohe Massiv des *Mount Cameroon*, der sich auf Höhe der Stadt *Limbe* fast unmittelbar an der Küste erhebt. Seine fruchtbare Erde bietet ideale Voraussetzungen für den Plantagenanbau in der Umgebung von *Buea*.

Charakteristisch für die Küstenebene am Atlantik ist das feucht-heiße Klima mit extrem hohen Niederschlägen im Jahresverlauf (bei *Kap Debundscha* bis zu 11 000 mm) und entsprechend üppiger und immergrüner Vegetation. Der äquatoriale Regenwald reicht mancherorts direkt bis an den Ozean.

### Das südliche Hochland und die Regenwaldzone

Das südöstliche Hochland Kameruns mit den Provinzen *Sud*, *Centre* und *Est* hat eine durchschnittliche Meereshöhe von 600 m und wird großteils bedeckt von dichtem Tropenwald. Durchzogen wird das relativ gleich-

förmige Plateau von den Flüssen *Ntem, Nyong* und *Sanaga,* die ihr Wasser hinab zum Atlantik führen, und *Sangha* und *Ngoko,* die ins Kongobecken fließen.

Der weite, undurchdringliche **Regenwald** besteht aus gewaltigen Baumriesen, die, handelt es sich um **Primär-** oder **Urwald,** eine Höhe von bis zu 50 m erreichen. Ihr Blätterdach, das wie ein natürliches Gewölbe erscheint, läßt kaum Sonnenlicht bis zum Boden vordringen. Das Unterholz in den wenigen noch erhaltenen Primärwaldbereichen ist spärlich und es fällt nicht schwer, sich zwischen den Stämmen der Baumkolosse zu bewegen. Doch mehr und mehr greift der Mensch in dieses schützenswerte Ökosystem ein, um dessen Ressourcen auszubeuten. Es entsteht der lich-

*Bambuswälder im Süden*

tere, an Arten ärmere **Sekundärwald,** dessen charakteristische mittelhohe Baumarten, wie Ölpalmen und Schirmbäume, von einem fast undurchdringlichen Unterholz umgeben sind.

In den Waldgebieten im Süden und Osten Kameruns gibt es zahlreiche Plantagen und Kleinpflanzungen. Neben den großen Kakao-Anbaugebieten in der Umgebung von *Ebolowa* und *Yaoundé,* die vorwiegend für den Export genutzt werden, pflanzen die Farmer Maniok, Erdnüsse, Makabo, Ölpalmen, Bananen, nördlich von Yaoundé auch Orangen und Zuckerrohr. Das feuchtwarme Klima und die großen Niederschläge in dieser Region bieten die idealen Voraussetzungen dafür.

Der Süden und Osten Kameruns ist außerhalb der Kakaoanbaugebiete – d.h. südlich von *Yaoundé,* im *Bulu-Land* um *Sangmelima* und *Ebolowa* – relativ gering besiedelt. Die Provinz *Est,* an der Grenze zur Zentralafrikanischen Republik, gilt sogar als „Kolonie" der Leute aus dem Zentrum und Westen. In der Provinz *Centre* liegt die **Hauptstadt Yaoundé** als großer Verkehrsknotenpunkt.

Zwischen *Yoko* und *Linté* erhebt sich eine steile Böschung über das **Süd-Kamerun-Plateau,** das von diesen Erhebungen dominiert wird. Einige Unregelmäßigkeiten unterbrechen die Gleichförmigkeit des Reliefs, so die Schwelle zwischen *Nyong* und *Sanaga,* die Kette von *Ngovayang,* die Bergmassive von *Ntem* und *Yaoundé* (1295 m bei *Mbam Minkom*), die Inselberge von *Yoko, Linte* und *Badzerer.* Im Südosten fällt die Anhöhe sanft ab in Richtung *Kongo-Becken.*

Nach Norden hin nimmt die tropische Vegetation merklich ab, der Regenwald weicht der Feuchtsavanne. Nur entlang der Flußläufe kann man die charakteristische „Treibhausatmosphäre" finden, in den sog. „Galeriewäldern".

Die Trennungslinie zwischen Savanne und Regenwald entspricht der Grenze zwischen denjenigen Völkern, deren Grundnahrung Hirse und andere Getreide sind und solchen, die sich hauptsächlich von Knollenfrüchten wie Maniok oder Yams ernähren.

## Das Adamaoua-Hochland im Zentrum

Am Mittellauf des Sanaga und nördlich des breiten Waldgürtels steigt das Land an zum rund 1200 m hohen, ausgedehnten **Adamaoua-Plateau**. Auf einer Breite von bis zu 300 km erstreckt es sich von Westen nach Osten durch die Mitte Kameruns.

Diese vorwiegend flache Hochebene, ein riesiges Block-Fundament mit wenigen kleineren vulkanischen Bergen, bildet den sog. „Wasserturm" des Landes: zahlreiche kleinere Flüsse entspringen hier. Das Gebiet um *Ngaoundéré* ist die Wasserscheide sämtlicher Flußsysteme Zentralafrikas: das *Béonué-Niger-Becken,* die *Tschad-See-Senke,* die nördlichen Nebenflüsse des *Kongo* und die Zuflüsse des mächtigen *Sanaga,* der wiederum in den Golf von Guinea mündet. Das Plateau erhebt sich mit einer steil abfallenden Kante über das nördliche Bénoué-Becken, zum Süden hin fällt es dagegen sanft ab. Es bildet somit eine Schranke, die das Eindringen der feuchten Südwinde verhindert und auch den von Norden aus der Wüste kommenden Harmattan-Wind abhält.

Die Höhenlage bedingt ein gemäßigtes, kühles und weniger schwüles Klima als im Süden; die Regen- und Trockenzeiten halten sich in etwa die Waage.

Im Westen ist das Hochland gebirgig mit den *Tchabals* (z.B. *Tschabal Mbabo* 2460 m), die bereits zur vulkanischen *Kamerun-Linie* gehören. Im Zentrum des Adamaoua herrschen große Savannen mit Weideflächen und sumpfigen Tälern vor. In seiner südlichen Hälfte findet man nur entlang der Flüsse noch Galeriewälder, ansonsten nimmt die Vegetation nach Norden hin immer mehr ab, und die Strauchsavanne macht riesigen grünen Weideflächen oder ausgedehnten Trockenwäldern Platz, die die Fulbe für ihre Viehherden nutzen. Dieses **Weideland** bildet den Reichtum des *Adamaoua-Hochlandes,* das somit in erster Linie zur extensiven Viehwirtschaft genutzt wird. Aufgrund des felsigen Bodens und der langen regenlosen Zeit (vier bis sechs Monate) gibt es keine Möglichkeiten zum Plantagenanbau, mit Ausnahme der riesigen Maisfelder von *Borongo* bei *Ngaoundéré.* Um die Dörfer herum findet man allenfalls Hirsefelder und einzelne Äcker mit Yams oder Süßkartoffeln. Allerdings gedeihen in diesen Höhenlagen auch Gurken, Tomaten, Auberginen oder Erdbeeren.

Aus dem Süden führen **kaum Verkehrswege** in das Hochland und somit in den Norden, auf weiten Landstrichen fehlt jegliche Piste. *Ngaoundéré,* die einzige größere Stadt der Region, erhält ihre wichtigste Verkehrsanbindung durch die *Transcamerounais,* die Eisenbahn, die von *Douala* und *Yaoundé* kommend dem Lauf des Sanaga und seiner Quellflüsse folgt. Außerdem führt von Südwesten her (via *Foumban-Banyo-Ti-*

**Land und Leute**

*bati)* eine nichtasphaltierte Straße. Das Gleiche gilt für die Piste von Yaoundé entlang der zentralafrikanischen Grenze nach Ngaoundéré. Das gesamte Hochplateau ist nur sehr spärlich besiedelt. Das Hügelland um Ngaoundéré, durchsetzt von vulkanischen Bergkegeln und Kraterseen, ist landschaftlich recht reizvoll.

## Das Hochland Westkameruns

Kameruns westliches Hochland liegt zwischen dem *Douala-Becken*, dem *Mbam-Tal* und der nigerianischen Grenze und weist **unterschiedliche Reliefs** auf: Stufen-Ebenen, gesenkte Becken wie die *Mbo-* und die *Ndop-Ebene*, mittelhohe Berge und große vulkanische Strukturen mit abgerundeten und zerklüfteten Bergen. Eine vulkanische Gebirgskette erstreckt

sich vom Massiv des *Mount Cameroon* an der südwestlichen Küste bis zu den *Mandara-Bergen* im äußersten Norden des Landes. Würde man dieser Linie folgen, erreichte man das *Tibesti-Massiv* im Tschad.

Diese sogenannte **Kamerun-Linie** *(Dorsale Camerounaise)* besteht aus vulkanischen Bergmassiven, die mit den Inseln *Sao Tomé e Principe* und *Bioko* (ehemals Fernando Poo; Äquatorialguinea) im Golf von Guinea ihren Ausgangspunkt nimmt und deren höchste Erhebung und gleichzeitig höchster Berg Westafrikas, der wuchtige Mount Cameroon (4095 m), fast direkt an der Atlantikküste liegt. Ihm folgen landeinwärts der *Mt. Koupé* (2064 m), die *Manengouba-Berge* (2411 m), weiter westlich die *Rumpi Hills* (1768 m), nördlich die *Bambouto-Berge* (2740 m) und der *Mount Oku*

*Grashügellandschaft im Westen*

(1200 m). Längs dieser großen Linie fanden in der Vergangenheit große geologische Erschütterungen statt, die von vulkanischen Eruptionen begleitet wurden. Der letzte Ausbruch des Mount Cameroon fand 1982 statt und im August 1986 hatte ein Giftgasausbruch im Kratersee *Nyos* an der *Ring-Road* verheerende Folgen.

Die Bergmassive Westkameruns – die sog. *„Grassfields"* – sind umgeben von sanftwelligem grünen Hügelland, durchsetzt mit kleinen Kraterseen und unzähligen Flüssen und Wasserfällen. Savanne wechselt sich mit Kulturland und Waldgebieten ab. Hügelkette reiht sich an Hügelkette, eine wunderschöne Bilderbuchlandschaft mit Hecken und Weideland, in der man sich fast auf Schweizer Almen versetzt fühlt.

Das **Bamoun-Plateau** (Umgebung von *Foumban*) weist eine durchschnittliche Höhe von 1200 m auf und wird durchzogen von kleinen vulkanischen Massiven und Strukturen bis zu 2300 m *(Nkogam, Mbam, Mbapit-Kette)*. Das **Bamiléké-Plateau** (zwischen *Dschang, Bafoussam* und *Bangangté*) erhebt sich darüber, seine basaltischen Vorgebirge reichen bis zu den *Bambouto-Bergen* (2740 m). Auf einer Höhe von rund 1800 m bilden das **Bamenda-Plateau** und das Grasland von *Jakiri* bis nach Nkambé eine Hochmoorlandschaft.

Der Westen Kameruns – insbesondere die Bamiléké-Region in der Provinz *Ouest* – ist die **am dichtesten besiedelte Region** des Landes mit zahlreichen kleineren und größeren Städten, aber auch über die Hügel verstreuten winzigen Siedlungen. Dank seines milden Höhenklimas und der fruchtbaren vulkanischen Erde ist der Westen auch der reichste **landwirtschaftliche „Garten"** Kameruns mit großen Plantagen von Kaffee und Tee im Hochland, Kautschuk und Ölpalmen im Küstengebiet, sowie allen Sorten von Früchten und Wurzelgemüsen. Auf guten Verkehrswegen erreichen die Bewohner die überreich sortierten Märkte.

Der Westen ist auch das Land der großen Häuptlingstümer *(„Chefferien")* oder Sultanate mit einer weit zurückreichenden Geschichte. Die Kulturen und Traditionen haben sich bis heute weitgehend erhalten und drücken sich aus in Masken, Tänzen und einem reichen Kunsthandwerk.

Die ursprünglichsten Traditionen und Riten findet man noch an der sogenannten *„Ring Road"*, einer Straße, deren Ausgangs- und Endpunkt *Bamenda* ist und die durch eine sehr unzugängliche Region im Nordwesten an der Grenze zu Nigeria führt.

## Der Norden

Am vielseitigsten – sowohl was die Landschaften als auch die Zusammensetzung der Völker anbetrifft – erscheint einem der Norden Kameruns.

Die *Kamerun-Linie* setzt sich von Südwesten kommend bis in den Norden fort. Westlich des *Bénoué-Tieflandes*, an der Grenze zu Nigeria, liegen die rund 1300 m hohen *Alantika-Berge*, die in der 1885 m hohen *Aiguille* (= Felsnadel) de *Saptou* gipfeln, und schließlich erheben sich im äußersten Norden die *Mandara-Berge* bis zu 1500 m.

Der Norden ist mit nur einer einzigen kurzen Regenzeit, die immer kürzer wird, je mehr man sich dem Tschad-See nähert, extrem trocken

**Land und Leute**

123

und sehr heiß. Die Stadt *Garoua* und ihre Umgebung werden jährlich von den höchsten Temperaturen des Landes „heimgesucht".

Vom Adamaoua-Hochplateau her fällt das Land über eine *Falaise* (Abbruch) urplötzlich steil ab in das 700 m tiefer gelegene **Bénoué-Becken**, in dem Strauchsavanne dominiert. Dort in den weiten Ebenen stehen isoliert einige kahle, bis zu 1000 m hohe Berge. Der Bénoué-Fluß, einer der größten des Nordens, entspringt nördlich von Ngaoundéré auf dem Adamaoua-Hochland und mündet in Nigeria in den Niger. Er ist manchmal in der Regenzeit schiffbar, der einzige Flußhafen Kameruns liegt in Garoua. An den Ufern des Flusses liegt einer der wildreichsten Nationalparks des Nordens, der *Bénoué-Nationalpark*.

Die **Mandara-Berge** an der Grenze zu Nigeria sind das letzte Glied der kamerunischen Gebirgskette. Diese Region ist eine der touristisch interessantesten und schönsten des Landes. Bizarre Felsformationen, eine wilde und unwirtliche Steinlandschaft charakterisieren den Bergzug. Berühmt und zu einer Touristenattraktion geworden sind die fremdartig anmutenden Vulkanreliefs und Felsnadeln in der Umgebung *Roumsikis*, die – wie im Hoggar in der Zentralsahara – aus erodierten Vulkanen übriggebliebene Vulkanschlote darstellen. Diese Gegend ist so dicht besiedelt wie die Hügel Westkameruns. Doch trotz der schönen Landschaft, das Leben der Bewohner ist mühsam: Die Dörfer der Bergwelt haben große Probleme, das nötige Wasser für die Terrassenfelder (Hirseanbau) zu beschaffen.

Nach Norden und Nordosten hin geht die Berglandschaft über in die weite, nur von einzelnen Granithügeln durchsetzte *Diamaré-Ebene*. Ausgedehnte Gebiete mit sanften Hängen, dazwischen 700 bis 900 m hohe Inselberge – wie z.B. der Berg von *Mindif* – charakterisieren die Umgebung von *Maroua*. Zahlreiche *Mayos*, ausgetrocknete Flußbetten, die nur wenige Monate im Jahr Wasser führen, schlängeln sich durch diese Region.

Der *Logone* bildet im Osten die Staatsgrenze zur Republik Tschad; auf Höhe von *Kousséri* fließt er dann mit dem *Chari* zusammen, um weiter nördlich in den Tschad-See zu münden. Beide führen das ganze Jahr über Wasser und während der Regenzeit sind ihre Uferregionen in weiten Bereichen überflutet. Diese Sumpf- und Schwemmlandgebiete, die *Yaérés*, werden zum Anbau einer besonderen Hirsesorte oder, in der Gegend von *Pouss* und *Maga*, zu Reisanbau genutzt.

Landwirtschaftlich dominiert im Norden vor allem die Produktion von Baumwolle, Hirse und Erdnüssen, die in diesem Klima gut gedeihen. Der industrielle Reisanbau an den Ufern des *Logone* hat sich als wirtschaftlicher Flop und ökologisches Desaster herausgestellt: dem Logone wird übermäßig viel Wasser für eine Monokultur entnommen, deren Endprodukt Reis letztendlich zu teuer ist.

In der Provinz *Extrême Nord* liegt, nördlich von *Maroua*, der bekannteste Nationalpark Kameruns und gleichzeitig der wildreichste Westafrikas, der **Waza-Nationalpark**. An seinen zahlreichen Wasserlöchern und in den weiten Grasebenen kann man unzählige Vögel (z.B. „unsere" Zugvögel) sowie nahezu alle afrikanischen Großwildarten beobachten, am zahl-

*Abbildungen aus dem 19. Jh. zeigen die südlichen Ufer des Tchadsees noch dicht bewachsen*

reichsten darunter die Elefanten. Diese werden mittlerweile von einigen Experten als eine regelrechte „Plage" angesehen, da sie der zerbrechlichen Umwelt mit ihrem Heißhunger nach Grünzeug nicht unerheblichen Schaden zufügen. Anfang der 60er Jahre gab es in Waza noch keinen einzigen Elefanten. Mit der fortschreitenden Austrocknung des Tschad-Sees und der Besiedlung anderer Gebiete fanden die Dickhäuter in Waza ihre letzte Zuflucht.

Weiter nach Norden zu wird die Landschaft immer trockener und ausgebrannter, hier liegt das Übergangsgebiet zur *Sahel-Zone*. Flach erstreckt sich die weite **Tschadebene** bis zum Horizont, die Vegetation nimmt bis hin zu den Ufern des Tschad-Sees immer mehr ab. Diese halbwüstenartige Region, die bis auf eine Höhe von 280 m ü. NN abfällt, ist nur noch spärlich bewohnt. Fulbe und Choa-Araber, ein Nomadenvolk aus dem Tschad, dessen Ahnen vor etwa 500 Jahren aus dem heutigen Ägypten in diese Gegend kamen, durchstreifen die herbe, versandete Landschaft und suchen mit ihren Ziegen- und Zebu-Herden nach Weideland.

Während der langanhaltenden Trockenzeit ist der Norden Kameruns gelbbraun und dürr, weite Landstriche sind Opfer der alljährlichen Buschbrände, der *Harmattan* (Nord-Ost-Passat) fegt über das Land und bringt tonnenweise Staub mit sich, so daß an manchen Tagen die Sonne nur als milchiger heller Fleck am weißen Himmel steht und die Nächte richtig frisch werden. Die Hitze kann in der Zeit von März bis Juli bis weit über 40° C steigen. Während der wenigen Regenmo-

nate aber überzieht eine zarte, blaß-
grüne Vegetation die Region. Der Norden ist für die meisten in Kamerun
ansässigen Europäer jedesmal eine
Wohltat, wenn sie aus dem feucht-
schwülen Süden kommen. Sie genießen hier vor allem den weiten Blick
über grandiose Landschaften, die trok-
kene Luft und das so völlig anders
anders geartete Leben in den Städten
und Dörfern der *Sudan-Savanne*.

## Flüsse und Seen

Kamerun wird von zahlreichen Flüssen bewässert. Die meisten entspringen in den beiden *Wasserreservoirs*
des Landes, im *westlichen Bergland*
und auf dem *Adamaoua-Hochplateau*
im Zentrum.

Die größten Flüsse Kameruns sind
der **Sanaga** und die Küstenflüsse:
**Nyong, Ntem, Mungo** und **Wouri**.
Dabei ist der Sanaga mit 920 Kilometern Länge und einem Becken von
140 000 km$^2$ der größte und längste
Fluß Kameruns. Er sammelt das Wasser des südlichen Adamaoua-Plateaus und des Zentral-Plateaus durch
die Flüsse *Djerem, Men, Vina, Pangar
und Lom*. Von Westen erhält er das
Wasser des *Mbam* und seiner Zuflüsse, dem Noun und dem Kim. Der Sanaga überquert die „Escarpements"
(Schwellen) nach dem Verlauf des Reliefs in Wasserfällen und Stromschnellen, die letzten davon in *Edéa*. Die
Ausnutzung seiner Wassermengen im
Kraftwerk von Edéa machte es notwendig, Dämme zu bauen, um das
Wasser zu regulieren: den Mbakaou
am Djerem, den Bamendjing am Noun
und den Song Loulou unterhalb der
Stromschnellen von Kikot. Die westlichen Küstenflüsse (Ndian, Mungo,
Wouri) laufen im Tiefland von Rio del

Rey zusammen und im ausgedehnten
Kamerun-Delta, das das Wasser des
*Wouri, Mungo* und *Dibamba* auffängt.
Der **Cross River** durchläuft das Ge-
biet von *Mamfé* und fließt nach Nige-
ria.

Südlich des Sanaga gibt es mit Ausnahme des *Nyong* und *Ntem*, die durch
Sumpfgebiete laufen, nur kleine Flüsse mit sehr unregelmäßigen Flußläufen: den *Lokoundjé, Kienké* und den
*Lobé*.

Das Kongobecken im Südosten
wird bewässert durch den *Kadei* und
den *Ngoko*. Der erstere mit den Zuflüssen *Doumé* und *Boumbé*, trifft auf
den *Mambéré* und bildet den *Sangha*
an der Grenze zur Zentralafrikanischen Republik. Der Ngoko mit den
Zuflüssen *Dja* und *Boumba* trifft auf
den Sangha in der Republik Kongo in
der Nähe von *Ouesso*.

Der **Bénoué** und seine Nebenflüsse, von denen der wichtigste der **Faro**
ist, der das Wasser des nördlichen
Adamaoua-Plateaus und der Alantika-Berge empfängt, gehört zum Ni-
gerbecken. Ein weiterer relativ wichtiger Nebenfluß des Bénoué ist der
**Mayo Kebbi**, der aus dem Südwesten der Republik Tschad kommt.

Das Tschadbecken ist das kleinste
unter den kameruner Flußsystemen.
Der größte Fluß ist hier der **Logone.**
Seine Quellflüsse *Mbéré* und nördlicher *Vina* entspringen im nordwestlichen Adamaoua und vereinen sich im
Süden der Republik Tschad zu einem
relativ großen Strom. Der Logone tritt
unterhalb von *Yagoua* alljährlich über
seine Ufer.

Die sog. *Mayos* (Fulbe-Wort für
Fluss) Nordkameruns, besonders in
der Gegend um *Maroua* sind Wadis,
die von den Bergen herabkommen und

in der Trockenzeit in ihren sandigen Flußbetten verschwinden.

Allen Flüssen ist gemeinsam, daß sie in ihrem Flußlauf von Stromschnellen und Wasserfällen unterbrochen werden (*Nachtigal-Fälle* des Sanaga, *Ekom-Fälle* des Nkam), einer davon sogar direkt ins Meer (*Lobé-Fall* südlich von Kribi). Die meisten Flüsse sind nicht besonders tief (saisonal unterschiedlich während der Regen- und Trockenperioden) und von Sandbänken durchzogen. Die Schiffahrt beschränkt sich daher auf einige wenige Teilstrecken des Bénoué unterhalb Garouas (nur in der Regenzeit). Ansonsten sind die Flüsse in Kamerun nicht schiffbar. Während der deutschen Kolonialzeit hatte man zwar große Pläne mit dem *Nyong* (Eisenbahnlinie bis Mbalmayo – dann weiter mit kleinen Dampfschiffen bis tief in den Osten hinein), ließ diese aber recht bald fallen angesichts der viel günstigeren Möglichkeiten mit dem Lastverkehr über die Straße. Alle Wasserläufe werden jedoch mit Pirogen, den schmalen traditionellen Holzbooten oder Einbäumen, befahren, mit denen die Fischer auf Fang gehen oder die als Fähren zum anderen Flußufer dienen.

Vielfach werden die Flüsse als Energiequelle genutzt, an den Dämmen entstehen riesige **Stauseen** wie der *Lac de Bamendjing* (Provinz *Ouest*), der *Lac de Mbakaou* (Adamaoua-Hochplateau) und der *Lac de Lagdo* (Provinz *Nord*). Der *Maga-See* (Provinz *Extrême Nord*) dient als eine Art „Reservoir" für den Reisanbau entlang des Logone, der in der Regenzeit zwar sehr stark über die Ufer tritt, aber in der Trockenzeit oft „angezapft"

*Kratersee bei Wum*

wird, um die Bewässerung der Reisfelder zu gewährleisten – sehr zum Leidwesen der tschadischen Bauern auf der anderen Seite des Flusses.

Besonders im gebirgigen Westen und auf dem Adamaoua-Hochplateau gibt es zahlreiche natürliche Seen, die meisten davon tiefgrüne, ruhige **Kraterseen**. Sie sind von einem Ring von Bergen und dichter Vegetation umgeben, wie der *Lake Barombi Mbo* bei *Kumba* oder der *Lac Tizon* nahe *Ngaoundéré*. Einige der Seen gelten als heilig und werden beopfert, in anderen schwimmen die Kinder, Dorfbewohnerinnen waschen ihre Wäsche und die Pirogenfischer gleiten lautlos über das Wasser. Der *Lake Nyos* an der Ring-Road (Provinz *North-West*) ließ vor einigen Jahren giftige, vulkanische Gase ab, nahezu 2000 Menschen und mindestens genausoviel Vieh starben dabei in einer Nacht.

Nicht zuletzt sei der große **Tschadsee** erwähnt, der zu einem kleinen Teil in die Staatsgrenzen Kameruns hineinragt. Als man 1884/85 auf der Berliner Konferenz die Grenzen des heutigen Afrika zog, vermeinte man hier ein riesiges Binnenmeer. Deshalb wollte das kaiserliche Deutschland sich das Südufer dieses Gewässers sichern, dessen Ausdehnung von Regen- und Trockenzeit stark beeinflußt ist, und hoffte, hier einen blühenden Binnenschiffsverkehr aufzuziehen. In Wirklichkeit können hier nur Pirogen oder Schilfboote verkehren.

Sämtliche Gewässer Kameruns versorgen die Bevölkerung auf das üppigste mit Fisch. Im Norden wird der Fang meistens geräuchert und nicht wenig davon geht ins benachbarte Nigeria.

## Klima

So unterschiedlich die geographischen Gegebenheiten Kameruns sind, so sehr unterscheiden sich auch die einzelnen **Klimazonen**.

Von der Halbwüste am Tschadsee im Norden über Bergmassive und tropische Regenwälder bis zur Atlantikküste bietet das Land eine Reihe von klimatischen Gegensätzen. Das milde Klima an der Atlantikküste wird von feuchtheißen Tropenregionen abgelöst; die zwar tropischen aber gemäßigten, fruchtbaren Zonen des Westens gehen in die von den feuchten Südwinden abgeschirmten Regionen des Ostens über. Das Klima im Norden wird von den Ausläufern der trockenen Sahel-Zone bestimmt.

Im tropischen Afrika gibt es keine markanten jahreszeitlichen Temperaturdifferenzen. Südlich der Sahara wird das Jahr klimatisch eingeteilt nach den periodisch schwankenden Niederschlägen. Der Rhythmus im Jahresverlauf wird nach Regenzeiten und Trockenzeiten bestimmt. Die Tagesdiffererenzen zwischen höchster und niedrigster Temperatur sind in Äquatornähe am geringsten und vergrößern sich zu den Polen hin. Dies zeigt sich vor allem bei den Tag/Nacht Temperaturschwankungen.

Die **Temperaturen** in Kamerun sind allgemein hoch und variieren nur wenig während des Jahresverlaufes. Von Süden nach Norden steigen die Durchschnittstemperaturen an. So hat z.B. Yaoundé eine durchschnittliche Jahrestemperatur von 23,5° C, dagegen Garoua und Kousséri im Norden bereits 28° C. Jedoch sind die Temperaturen im westlichen Hochplateau aufgrund der Höhenlage vergleichsweise niedriger: In Dschang auf 1400 m

Höhe liegen sie im Durchschnitt bei 20° C. Dieses für Europäer so gut verträgliche, gesunde Hochlandklima im Westen hatte bereits die früheren Kolonialherren dazu angeregt, hier ihre Kuraufenthalte zu verbringen.

Die jahreszeitlichen Temperaturschwankungen, auch die Tag- und Nacht-Differenzen, sind im Süden erheblich geringer als im Norden. Die Sonnenscheindauer verhält sich entsprechend: In der äquatorialen Zone im Süden wird sie verringert durch die Niederschlagsmenge, die relative Luftfeuchtigkeit und die Wolkendecke. Douala hat durchschnittlich 1023 Sonnenscheinstunden im Jahr, Yaoundé bereits 1841 und Garoua sogar 2969 Stunden.

Drei Faktoren bestimmen die **Niederschlagsmenge**: Die Entfernung zum Meer, die Höhenlage und der Breitengrad. Die Niederschläge verringern sich von der Küste in das Landesinnere und von Süd nach Nord, verstärken sich jedoch mit der Höhenlage:

◆ *Lomié* (Südosten): 1654 mm, 152 Regentage
◆ *Douala:* 4004 mm, 260 Regentage
◆ *Yaoundé:* 1456 mm, 140 Regentage
◆ *Bamenda* (Westen): 2692 mm, 160 Regentage
◆ *Ngaoundéré:* 1455 mm, 128 Regentage
◆ *Garoua* (Norden): 985 mm, 74 Regentage
◆ *Kousséri:* 630 mm, 64 Regentage

Durch die Lage am Meer regnet es in Douala wesentlich mehr als in Yaoundé auf etwa demselben Breitengrad. Die Region um Bamenda ist wegen ihrer Höhe niederschlagsreich.

*Gegen die Sonne schützt man sich mit dem „Regenschirm"*

Die relative **Luftfeuchtigkeit** folgt diesen Schwankungen, nimmt also von Süden nach Norden ab. Während im Jahresmittel in Douala 83% Luftfeuchtigkeit herrschen, sinkt diese in Kousseri auf 47% ab, während der Trockenzeit sogar auf 10%. Verantwortlich für diese Unterschiede sind die Zirkulationen der Luftmassen und der Einfluß des Reliefs.

Das Klima in Kamerun wird beeinflußt von zwei verschiedenen Luftströmungen zu beiden Seiten des Äquators. Aus Süden weht der Südostpassat oder Monsun, eine instabile und feuchte Luftströmung. Sie senkt die Temperaturschwankungen und bringt Regen. Der Norden wird beeinflußt durch den Nordostpassatwind oder Harmattan. Dieser stetige und trockene Wind aus der Sahara führt

Staub und heiße Luft mit sich. Jahreszeitlich verschieden treffen diese beiden Winde in unterschiedlichen Grenzlinien aufeinander. Während der Regenzeit zieht das System nordwärts und bringt das ganze Land unter den Einfluß feuchter Luft. Die Niederschläge sind an der Südwestküste und auf den Hochplateaus am höchsten. Während des „Winters" zieht das System südwärts. Der trockene Harmattan dringt von Norden in das Land vor, während der Süden meist unter dem Einfluß der feuchten Luft bleibt – dies ist die Trockenzeit. Zwischenperioden treten im März/April und Oktober/November auf. Wenn es Ende März im Süden und Zentrum Kameruns einige Tage regnet, spricht man vom „Mangoregen", die eigentliche Regenzeit beginnt dann erst im Juni.

## Klimazonen

Kamerun gliedert sich in **vier regional unterschiedliche Klimazonen:**

Der **Südosten des Landes** mit seinen tropischen Regenwäldern ist geprägt durch das **äquatoriale Guinea-Klima** mit viel Regen und einer hohen Luftfeuchtigkeit. Im Westen ist das Gebiet durch das Meer und den *Sanaga-Fluß* begrenzt, im Norden durch die Flüsse *Mekié* und *Lom*. Die Temperaturen liegen im Jahresdurchschnitt bei 25° C, an der Küste *(Kribi)* bei ungefähr 30° C und die Niederschlagsmengen zwischen 1500 und 2000 mm. Die Hauptregenzeiten liegen im September und im März/April, die Trockenzeiten im Dezember/Januar und Juli/August.

Der **Westen Kameruns** bis nach Mamfé im Norden und dem Sanaga-Delta im Südosten liegt im **äquatoria-len Kamerun-Klima**. Charakteristisch sind auch hier die feuchte Hitze und die ständigen Niederschläge, die mit 2000 mm bis 11000 mm noch höher als im Osten sind.

Die Region an der Südostflanke des Mount Cameroon ist mit durchschnittlich 11000 mm im Jahr eine der regenreichsten der Erde. Hier gibt es nur eine ausgeprägte Regenzeit von Juli bis September. Die Haupt-Trockenzeit erstreckt sich auch hier über die Monate Dezember bis Februar, ist aber nicht, wie im Norden, als absolut regenfreie Zeit anzusehen. Die Temperatur in Douala liegt fast das ganze Jahr über bei 25° bis 28° C.

An diese „feuchten" Klimazonen schließt sich im Norden das **semiaride Sudan-Klima** an. Auch hier gibt es nur zwei ausgeprägte Jahres-Zeiten. In der *Adamaoua-Hochebene* mit Niederschlägen von bis zu 1500 mm pro Jahr dauert die Regenzeit, die mit heftigen Gewitterstürmen eingeleitet wird, von März bis Oktober. Dabei ist der August der regenreichste Monat. So gut wie keine Niederschläge fallen in der darauffolgenden Trockenzeit von November bis Februar/März. Die Temperaturen bleiben ganzjährig mit ca. 22° C relativ kühl. Doch sind die Temperaturunterschiede im Jahresverlauf hier höher als im Süden, das Maximum im März liegt bei 25° C, das Minimum im Januar bei 9° C.

Das klassische **Sudan-Klima** gibt es im *Bénoué-Tal* mit sehr hohen Temperaturen, die im April am Ende der Trockenzeit 40° bis 45° C erreichen. Die Niederschläge sinken hier in der Umgebung von Garoua unter 1000 mm, die Trockenzeit verlängert sich auf sechs Monate von November bis März.

Land und Leute

| Klimatabelle | | | |
|---|---|---|---|
| | **Maroua** | **Ngaoundéré** | **Bamenda** | **Mamfé** |

| | **Maroua** | **Ngaoundéré** | **Bamenda** | **Mamfé** |
|---|---|---|---|---|
| Lage | 11°N15°O | 7°N13°O | 6°N10°O | 6°N9°O |
| Seehöhe | 401 m | 1119 m | 1615 m | 126 m |
| **Lufttemperatur (° C), Monatsmittel:** | | | | |
| Kältester Monat: Aug. | 26,6 [I] | 21,2 | 17,5 | 27,1 [III+V] |
| Wärmster Monat: April | 33,3 | 24,3 | 20,0 [III] | 25,0 [VIII] |
| Jahr | 28,8 | 22,3 | 19,3 | 26,2 |
| **Niederschlag (mm):** | | | | |
| Trockenster Monat: Jan. | 0 [XI-III] | 0 [XII] | 29 | 33 |
| Feuchtester Monat: Aug. | 261 | 268 | 493 [IX] | 564 [IX] |
| Jahr | 850 | 1455 | 2692 | 3424 |

| | **Yaoundé** | **Batouri** | **Douala** | **Kribi** |
|---|---|---|---|---|
| Lage | 4°N12°O | 4°N14°O | 4°N10°O | 3°N10°O |
| Seehöhe | 760 m | 656 m | 13 m | 16 m |
| **Lufttemperatur (° C), Monatsmittel:** | | | | |
| Kältester Monat: Juli | 22,2 | 22,7 | 24,8 [VII,VIII] | 24,3 [VIII] |
| Wärmster Monat: März | 24,6 | 25,2 [IV] | 27,3 | 26,9 |
| Jahr | 23,5 | 23,8 | 26,4 | 25,8 |
| **Niederschlag (mm):** | | | | |
| Trockenster Monat: Jan. | 12 [XII] | 30 | 52 | 93 [XII] |
| Feuchtester Monat: Okt. | 280 | 295 | 723 [VIII] | 579 |
| Jahr | 1456 | 1732 | 4004 | 3047 |

Im **Norden Kameruns** herrscht das **Sudan-Sahel-Klima** bis zu den Mandara-Bergen bzw. das heiße und trockene **Sahel-Klima** nördlich davon in der Tschad-Ebene. Als Sahel (arab. für „Ufer") bezeichnet man die Übergangszone zwischen Wüste und Savanne. Die Regenzeit dauert hier nur von Juli bis September, die Niederschläge sinken auf 400 bis 700 mm im Jahr. Im Norden herrschen hohe Temperaturen zwischen 25° und 45° C; die Monate von Dezember bis Februar sind die kühlsten. Am heißesten ist es in der Zeit von April bis Juni.

Die Mayos (Flußbetten) führen in der Trockenzeit kein Wasser, sie füllen sich mit den ersten Regenfällen. Dann verwandeln sich die sonst trockenen Gebiete in wasserüberflutete Ebenen, die Pisten sind kaum mehr befahrbar.

## Reisezeit

Den **Begriff Regenzeit** möchte ich hier nochmals kurz erläutern, da dieser leicht mißverstanden wird. Oft wird angenommen, daß es in dieser Zeit von morgens bis abends regnet. Es fallen zwar in dieser Zeit mehr Niederschläge als in den anderen Monaten, jedoch – mit Ausnahme von einigen Wochen – meist als kurze, heftige Tropenschauer. In den Gebirgsregionen im Kameruner Grasland bis zu den

*Matschige Pisten zur Regenzeit*

Mandarabergen im Norden sind die Lufttemperaturen während der Regenzeit angenehm kühl und bewegen sich selten über 25 – 27° C.

Gerade eine Reise in die nördliche Region hat dann ihren ganz besonderen Reiz. Die sonst ausgedörrten, staubigen Regionen verwandeln sich in eine üppig grüne Landschaft und die Lufttemperaturen sind niedriger. Welche Reisezeit für einen persönlich die Beste ist, hängt natürlich von der Art der Reise und dem Interesse des Einzelnen ab.

Die Pisten sind während der Regenzeit oft schwer und nur mit Geländefahrzeug befahrbar. Eine Reise in öffentlichen Verkehrsmitteln empfiehlt sich während dieser Zeit nicht. Auch Tierbeobachtungen sind in der Regenzeit schwieriger, da dann das Gras die Sicht behindert und die Tiere nicht, wie während der Trockenzeit, an den Wasserstellen zu finden sind, sondern sich ins dichte Gebüsch oder Grasland zurückziehen. Zudem sind in dieser Zeit die Nationalparks geschlossen, um den Tieren eine Art „Schonzeit" zu gewähren.

## Jahreszeiten
**Große Trockenzeit:**
Im Süden – Dez. bis März
Im Norden – Nov. bis April
**Kleine Trockenzeit:**
Im Süden – Juli bis August
**Große Regenzeit:**
Im Süden – September bis November
Im Norden – Juni bis Oktober
**Kleine Regenzeit:**
Im Süden – April bis Juni

Allgemein gelten als **beste Reisezeit** für Kamerun die Monate von Dezember bis April/Mai.

# Geschichte

Das Land Kamerun gibt es in seinen aktuellen Grenzen, in seiner Identität als modernem **Staatswesen**, erst **seit Ende des vergangenen Jahrhunderts**, bzw. seit 1960.

Zu groß sind die Unterschiede zwischen den verschiedenen Kulturräumen dieses Landes, zwischen den diversen Ethnien, als daß man von **der** Geschichte dieses einen Landes sprechen könnte.

Das soll uns aber nicht daran hindern, einen Blick auf die Geschichte dieser Gegenden zwischen *Golf von Benin* und *Tschad-See* zu werfen, ein Raum, der im Laufe der Jahrtausende immer wieder große Umwälzungen und Wanderungen erfahren mußte.

Grundsätzlich sollte man in der geschichtlichen Betrachtung an der geographischen Einteilung des Landes in **vier Großräume** festhalten (Norden, Osten/Zentrum/Süd, Küste, Westen). In den vergangenen Jahrtausenden hat es immer wieder große **Wanderbewegungen** von Nord nach Süd gegeben, allerdings liegen auch heute noch Welten zwischen diesen Kulturen und Lebensformen.

Fest steht auf jeden Fall, daß jene Vorstellung vieler Europäer von Afrika als „geschichtslosem Erdteil" vollkommen überholt ist. Oft fängt für diese Leute die Geschichte Schwarzafrikas erst mit der Umschiffung des Kaps der Guten Hoffnung durch *Vasco da Gama* an. Sie berücksichtigen noch nicht einmal die Reiseberichte arabischer Gelehrter des Mittelalters oder der Renaissance wie *Ibn Batuta* oder *Leo Africanus*.

Es ist in diesem Teil Afrikas aber auch sehr viel schwieriger, nach Zeugen der Vor- und Frühgeschichte zu forschen, da die vielen untergegangenen oder abgewanderten Völker der Nachwelt in den seltensten Fällen unzerstörbare Bau- oder sonstige Kunstwerke hinterlassen haben. Die Archäologie liegt hier noch in ihren Anfängen, vieles beruht auf Spekulationen, aber auch auf wissenschaftlicher Auswertung alter Mythen und Legenden.

Daß wir in diesem Kapitel ebenfalls Wert legen auf eine ausführliche Darstellung der Zeit Kameruns als deutsche Kolonie, macht insofern Sinn, als die Deutschen sich hier größter Beliebtheit erfreuen und immer wieder auf diese Zeit zwischen 1884 und 1916 angesprochen werden. Viele Kameruner sind fassungslos, wenn sie bei Deutschen entweder völlige Unkenntnis über diesen Teil der Geschichte ihres Landes feststellen oder, was ihnen nicht minder merkwürdig erscheint, bemerken, daß man sich als Deutscher solcher kolonialer „Schandtaten" schämt. Das soll natürlich nicht heißen, daß hier die Kolonialzeit unkritisch betrachtet werden sollte.

## Frühe Besiedlung und die Zeit der Wanderungen

Die Bezeichnung „Afrika" für den Kontinent ist römischen Ursprungs. Nach *Livius* nannten die Römer die von Karthago abhängigen Bewohner der punischen Herrschaftsgebiete im heutigen Tunesien „Africani". Später wurde

„Africa proconsularis" eine römische Provinz, die das heutige Tunesien und Libyen umfaßte. Griechischen Überlieferungen war zu entnehmen, daß um 600 v. Chr. der ägyptische Pharao *Necho* eine Expedition wahrscheinlich phönikischer Seeleute ausrüstete, die innerhalb von vier Jahren den Kontinent umschiffte. Ein in griechischer Übersetzung erhaltener Bericht des Karthagers *Hanno* schildert dessen Seereise (525 v. Chr.) durch die Straße von Gibraltar und die westafrikanische Küste entlang. Als Hanno den Golf von Guinea erreichte und den damals aktiven, feuerspeienden *Mount Cameroon* sah, nannte er ihn den „Götterwagen".

Dies ist die älteste überlieferte Darstellung aus dem Gebiet des heutigen Kamerun.

(Aus: Eno Beuchelt/Wilhelm Ziehr, *Schwarze Königreiche*, 1982)

Vor und nach diesen ersten Entdeckungen an der Guinea-Küste lag die Geschichte Kameruns für uns Europäer lange Zeit im Dunkeln, da sie nur durch mündliche Überlieferungen von Eingeweihten und Häuptlingen weiterlebt. Auch die Frühzeit ist relativ unerforscht. Bekannt ist, daß das Gebiet des heutigen Kamerun, in dem große Regenwälder auf Savanne treffen, schon sehr früh besiedelt war. Zahlreiche Fundobjekte aus Stein zeugen davon. Dieses Land zwischen dem Atlantischen Ozean und dem *Paleo-Tschad-See*, der bis vor wenigen Jahrtausenden ein Binnenmeer von ungeheuren Ausmaßen war, bot schon in frühester Zeit den ersten Menschen Raum und Nahrung.

Das **Paläolithikum** (die Altsteinzeit) geht zurück bis in die Zeit von 600 000 bis 50 000 v. Chr.. Die **neolithische Zeit** begann wahrscheinlich etwa 50 000 Jahre vor unserer Zeit. Werkzeugfunde vom Norden bis zum Süden des Landes lassen auf weitverbreiteten Ackerbau in dieser Zeit schließen. Das **Eisenzeitalter** war vermutlich zeitgleich mit dem frühen christlichen Zeitalter. Eine große Anzahl von Grabhügeln in der Logone- und Diamaré-Ebene und im mittleren Bénoué-Tal deutet auf relativ große Siedlunggemeinschaften in der frühesten Geschichte. Die geometrischen Felsgravuren in *Bidzar* (nahe Guider) sind bezüglich ihrer Komplexität und dem Charakter der Motive einzigartig in Zentral-Afrika. Auf dem Hügel von *Makabai*, einem kleinen Dorf nahe Maroua, befindet sich eine der größten prähistorischen Fundstätten. Im Westen fand man aufgestellte Steine in der Ndop-Ebene, während Steinkreise im Weideland um Nkambé gefunden wurden.

Nach der prähistorischen Zeit scheint Kamerun in der Hauptsache von **Pygmäen** bewohnt gewesen zu sein, die als die eigentlichen Ureinwohner der Region gelten. Es wird angenommen, daß der tropische Regenwald noch bis zur Zeitenwende das Adamaoua-Hochland bedeckte. In der heutigen Zeit gibt es nur noch wenige Pygmäen, die in den Restbeständen des Urwaldes leben. Ihre Zahl nimmt mit dem Raubbau des Tropenwaldes ab.

Die Geschichte der Bevölkerung des heutigen Kameruns ist vor allem durch die **Völkerwanderungen** der letzten 500 bis 1000 Jahre geprägt. Viele Volksgruppen lebten lange als Halbnomaden, ehe sie im Westen auf die Küste stießen und sich in bestimmten Regionen niederließen. So war Kamerun ein Kreuzungspunkt vieler Stammeswanderungen und traditioneller Handelswege. Die geschichtliche Entwicklung hat zur Vielfalt der Ethnien in diesem Land beigetragen.

Grundsätzlich unterscheidet man mindestens zwei große Trends in den Wanderbewegungen der vergangenen zwei Jahrtausende: die Nord-Süd-Wanderungen der Völker des Nordens und die Ost-West-Wanderung der Bantu-Völker. Hierbei sind natürlich nicht andere Bewegungen zu übergehen wie die Ost-West-Wanderung einiger Sudan-Völker, die Entstehung von Mischvölkern (z.B. die *Bamiléké*) und der Einfluß ehemals nomadisierender Hirtenvölker, die zu Staatengründern wurden (wie z.B. die *Fulbe*).

## Geschichte Nordkameruns

Durch die fortschreitende Austrocknung des Tschad-Sees und der Sahara erfolgte eine massive Verlagerung der sog. „tschadischen" Völker in Richtung Süden, die ihrerseits wiederum anderen aus dem hohen Norden kommenden Völkern weichen mußten. Diejenigen Völker, die schon vorher in den Gegenden südlich des Tschad-Sees lebten und entweder ebenfalls weiter nach Süden verdrängt wurden oder in den neuen Kulturen aufgingen, haben ihre Ursprünge höchstwahrscheinlich im Raum des heutigen Sudan – man spricht von *hamito-nilotischen Völkern*. Bei den Völkern Nordkameruns spricht man generell von **Sudan-Völkern**.

Zu den bekanntesten Kulturen dieser Zeit zählt man die Zivilisation der **Sao**, eines sagenumwobenen Volkes (in manchen Sagen hört man von „Rie-

sen, die mit einem Fuß den Lauf der Flüsse umleiten konnten"). Unter *J.F. Leboeuf* wurden Mitte des Jahrhunderts verschiedene Ausgrabungen durchgeführt, die Zeugnisse eines Volkes gaben, das schon im **5. Jahrhundert n. Chr.** in bewehrten Städten aus Lehm lebte und eine hohe materielle Kultur hatte. In den Fundstätten beiderseits des Logone fand man vor allem Statuen, Münzen, Bestattungsurnen und andere Behältnisse, alles angefertigt aus gebranntem Ton. Außerdem stellten die Handwerker der Sao auch Schmuck, Armbänder und Bronze-Anhänger in der Technik der „verlorenen Form" her (Bronzeguß, Gelbguß). Die Sao, deren Kultur wohl dem Druck der aus dem Norden kommenden Völker nicht standhalten konnte, gelten als die Ahnon der *Kotoko* an des Ufern des Logone bei Kousséri in der Provinz *Extrême Nord*.

Im Raum nördlich und westlich des Tschad-Sees entwickelte sich ab dem **8. Jahrhundert** ein Staatswesen, das, schon recht bald islamisiert, zentralistisch und dynamisch zuerst unter dem Namen *Kanem* für eine politische Neustrukturierung der Gegend sorgte. Seinen Höhepunkt erlebte das Reich, nunmehr als *Kanem-Bornou*, im **16. Jahrhundert** unter Sultan *Idriss Aloma*. Diesem Reich verdankt die Region eine strenge materielle und politische Organisation, die Einführung des Islam und den Gebrauch von Ziegelsteinen und Stein zum Hausbau. Noch heute spielen die Händler der *Kanembou* im „Dreiländereck" am Südufer des Tschad-Sees eine wichtige Rolle im politisch arg gebeutelten Raum zwischen Nigeria, Tschad und Kamerun. *Bornou* hatte bis weit ins

**Land und Leute**

*Leibwache des Sultans von Bornou (hist. Abb.)*

19. Jahrhundert hinein einen Ruf als reich und mächtig und war auch Reiseziel des deutschen Forschungsreisenden *Heinrich Barth*, der lange Zeit in der Hauptstadt Kuka (die heute gänzlich verschwunden ist) geblieben ist.

Weitere Reiche, die sich im Umfeld des *Kanem-Bornou* entwickelten und noch bis in die jüngste Vergangenheit hinein eine machtpolitische Rolle spielten, waren die *Kotoko-Stadtstaaten* (z.B. Logone-Birni oder Kousséri) entlang des Logone sowie das Königreich *Mandara* (oder *Wandala)* in der Gegend von Mora.

Den Expansionsgelüsten, der Habgier und dem „Sklavenhunger" dieser Völker ist die intensive Besiedlung, bzw. die außerordentlich hohe Bevölkerungsdichte der Mandara-Berge zu verdanken. Hier siedeln Ethnien auf engstem Raum nebeneinander, die – ethnologisch gesehen – fast nichts miteinander gemein haben. Man faßte diese Völker unter dem Sammelbegriff *Kirdi* (Heiden) zusammen. Besonders hervorzuheben sind die über die Jahrhunderte angelegten Terrassen, die den Völkern der *Mofu, Mafa, Podoko* etc. ein karges Auskommen mit manchmal nur handtuchbreiten Hirsefeldern ermöglichen.

Der nachhaltig prägende Einfluß der *Fulbe* hat in diesem Zusammenhang ziemlich spät, also erst mit Ende des **18. Jahrhunderts**, eingesetzt (siehe unten) und beschränkt sich auf die Gegenden weiter südlich, das heißt von Maroua bis nach Banyo am Südwestrand des Adamaoua-Hochlandes. Die einzigen Völker, die die Fulbe nicht unterwerfen konnten, waren die *Massa, Mundang* und *Tpuri* (sprich: Tupuri). Sie waren entweder zu zahlreich oder lebten in den zur Regenzeit unzugänglichen Sümpfen entlang des Logone oder an der Grenze zum Tschad (Oberlauf des Mayo Kebbi).

## Die Fulbe Nordkameruns und ihre Geschichte

*Die Fulbe, sie sind auch bekannt unter dem Namen Peulh, Fullah oder Fulani, waren ursprünglich ein Nomadenvolk, was ihre Vettern auch heute noch in weiten Teilen Westafrikas sind. Auf sie schaut der mittlerweile seßhafte, „zivilisierte" Fulbe der Stadtstaaten Nordnigerias und Kameruns herab und nennt sie verächtlich Mbororo, vergleichbar in etwa mit unserem Begriff des „Zigeuners".*

*Um die Ursprünge dieses Volkes ranken sich die abenteuerlichsten Theorien – wie z.B. die Annahme, daß es sich bei ihnen um einen versprengten Hirtenstamm aus dem Indus-Tal handele, der das Zebu-Rind mit nach Afrika gebracht haben soll. Fest steht, daß die Ahnen der Fulbe vor mindestens 3000 bis 4000 Jahren in einer damals noch grünen Sahara umhergezogen sind, was gewisse Felsmalereien im Tassili-n-Ajjer (Algerien) zu belegen scheinen. Auch eine erste Wanderbewegung in Ost-West-Richtung quer über den Kontinent scheint wissenschaftlich erwiesen zu sein.*

*In historischer Zeit – also etwa ab dem 13. Jahrhundert – läßt sich eine Wanderbewegung in entgegengesetzter Richtung verfolgen: die Ahnen der Fulbe Nord-Kameruns kamen aus dem Futa-Djalong (im heutigen Guinea), bzw. aus dem Massina im mittleren Niger-Bogen.*

*Die Islamisierung des Nordens Kameruns durch die Fulbe geht zurück auf die Zeit des auslaufenden 18. Jahrhunderts im Anschluß an die Eroberungen der Haussa-Staaten durch die Krieger des Osman dan Fodio. Dieser hatte sich den Heiligen Krieg und die „geistige Säuberung" der dekadenten Stadt- und Handelsstaaten des heutigen Nord-Nigeria zu eigen gemacht, was zur Gründung des mächtigen Emirats von Sokoto führte. Ihn suchte eine Gruppe unter dem charismatischen Modibo (= Schriftgelehrter) Adama aus Gorin, im Faro-Tal, am Fuße der Alantika-Berge, auf, um die Heiligen Banner zu erhalten und sich anschließend an den Auftrag zu machen, den „Großen Süden" – Fombina – zu erobern. Aus friedlichen Rinderhirten, die seit Generationen in einträchtiger Nachbarschaft mit den Bauernvölker der Mbum, Gisiga, Mundang etc. lebten und Tauschhandel betrieben (Fleisch und Milch gegen Getreide und Weiderechte) wurden Staatengründer und Eroberer. Es entstand ein Gefüge aus Stadtstaaten, sog. Lamidate, unter Lokalkönigen, den Lamibe (Einzahl: Lamido = der Führer), die dem Emir von Yola am Bénoué (im heutigen Nigeria) tributpflichtig waren.*

*Sämtliche Eroberungen der Fulbe sind zurückzuführen auf ihre überlegene Bewaffnung und Organisationsform: die auf dörflicher Ebene organisierten Ureinwohner sahen sich plötzlich einer Schar von Bogenschützen und Reitern auf durch Wattepanzer gegen Pfeile geschützten Pferden gegenüber. Ihnen blieb oft nichts übrig als sich zu unterwerfen oder aber in die Berge zu fliehen.*

Land und Leute

*Lamidopalast in Ngaoundéré*

Es entwickelte sich im Raum zwischen Banyo und Maroua – dem vorkolonialen Adamaoua (benannt nach Modibo Adama, später nur noch die Bezeichnung für das Hochplateau von Ngaoundéré) eine Wirtschaft, ein System aus bestimmten Wirtschaftsräumen, von denen ein jeder seine Spezialität hatte: in Ngaoundéré gab es das beste Elfenbein und die meisten Sklaven, in Maroua waren die Pferdezucht und das Lederhandwerk sehr entwickelt, in Garoua und Rey Bouba gab es Werkzeug aus Eisen und Stoff usw. In jeder Stadt lebte eine – unserer mittelalterlichen Gesellschaft sehr ähnliche – Bevölkerung zusammengesetzt aus Händlern, Handwerkern, Bauern und Sklaven sowie Vertretern aller Völker und Gruppen der Region. Jeder Lamido hatte einen Stab von Ministern und Vertretern der bedeutendsten Völker um sich: am Hofe des Lamido von Ngaoundéré z.B. spielten die Vertreter der Kanuri (aus dem heutigen Tschad) und Haussa eine ähnliche Rolle wie die Fuggers oder Rothschilds an den europäischen Höfen der Renaissance.

Jede Stadt hatte noch zu Beginn des 20. Jahrhunderts Stadtmauern. Man traf auf Karawanen von Händlern, die ihre Waren nach Norden brachten, von wo aus sie ihren Weg ans Mittelmeer fanden. Noch bis weit in unser Jahrhundert hinein war der Maria-Theresien-Taler beliebtestes Zahlungsmittel, neben Kauri-Muscheln und Eisen- oder Kupferbarren, auch wenn der grandiose Transsahara-Handel schon längst zugrunde *gerichtet worden war durch die Handelshäuser der Kolonialherren, die sich in Nordnigeria und entlang der Zuflüsse des Niger breitmachten.*

*Mit der Herrlichkeit der Lamibe war spätestens mit Ende des Ersten Weltkriegs Schluß, als Frankreich in Nordkamerun die „Direkte Verwaltung" (im Unterschied zur „Indirect Rule" der Engländer, die den traditionellen Herrschern viel mehr Entscheidungsgewalt zubilligte) einführte, in der die traditionellen Führer nur mehr eine „folkloristische" Bedeutung hatten und oft als verlängerter Arm der Zentralregierung mißbraucht wurden. Aber auch die Deutschen haben alles darangesetzt, das Machtmonopol der Lamibe zu brechen und aus ihnen „Vasallen des Kaisers" zu machen – was ihnen denn auch nach harten Kämpfen mit ungleichen Waffen (Maschinengewehr gegen Kavallerie) in nahezu allen Städten des Nordens gelungen ist. Die wohl größte und vernichtendste dieser Schlachten fand südlich von Maroua, beim Dörfchen Miskine statt.*

*Besonders „hervorgetan" hat sich bei dieser „Befriedung" der in Kamerun berühmt-berüchtigte Major Hans Dominik, der in seinem Buch „Vom Atlantik bis zum Tschad-See" recht eindrucksvolle Schilderungen seiner Beziehungen zu den vielleicht letzten „Rittern" unserer Zeit gibt. Eine ganze Reihe von Lamibe hat allerdings an der Seite der Deutschen gegen Engländer und Franzosen gekämpft. Bei der Belagerung von Garoua hat der Lamido von Rey Bouba gar beide Seiten mit Frischfleisch und Lebensmitteln unterstützt. Nach dem Abzug der Deutschen ging es den kaisertreuen Lamibe schlecht: in Nassarao, einem nördlichen Vorort von Garoua, ließen die Franzosen 27 Lamibe als „collaborateurs" hängen.*

*von Hubertus von Lindeiner*

*Wattegepanzerte Lanzenreiter*

Die Sahararouten brachten Nordkamerun schon in relativ früher Zeit in engen Kontakt mit der mediterranen Welt. Der **Transsahara-Handel** verband die Länder südlich des Tschad-Sees mit Ägypten, dem Fezzan, Libyen und den Gegenden der heutigen Republik Tschad. Es wurden Sklaven, Elfenbein, Leopardenfelle, Straußenfedern und Natron exportiert. Man importierte Perlen, Bronze-Objekte, Salz und Stoffe. Die Durchquerung der Sahara, die bis zur Römer-Zeit noch grün und verhältnismäßig reich an Wasserstellen war, erfolgte anfangs noch mit Ochsen, Pferden und Eseln. Nur mit der fortschreitenden Desertifizierung wurde das Dromedar mit der Zeit zum einzigen Transportmittel.

Das **koloniale Zeitalter** begann in dieser Gegend mit dem Kampf der Europäer gegen einen der letzten Staatengründer „alten Stils": *Rabah*. Rabah stammte aus dem Sudan und soll ein Unteroffizier des Mitte des 19. Jahrhunderts gegen die Engländer so erfolgreichen *Mahdi* gewesen sein. Er schaffte es, mit einem Heer von Söldnern und sonstigem Kriegsvolk, das sich ihm und seinen Lehren der islamischen Erneuerung auf seinem Weg von der Ostgrenze der heutigen Republik Tschad zu den Ländern des Tschad-Sees anschloß, das gesamte politische Gleichgewicht der Region durcheinanderzubringen. Er schwächte die Region derart, daß die Europäer wenige Jahre später leichtes Spiel hatten. Die Franzosen nahmen es ihm sehr übel, daß er einen ihrer Landsleute als Spion hinrichten ließ. Es kam zum sog. „Rennen zum Tschad-See" (*la Course au Tchad*): drei Kolonnen machten sich auf den Weg von Senegal, Algerien und der Kongomündung kommend, um Rabah das Handwerk zu legen. Im **April 1900** wurde er bei der **Schlacht von Kousséri** vernichtend geschlagen, sein Kopf wurde auf einer Lanze zur Schau gestellt. Das koloniale Zeitalter hatte nun auch hier begonnen.

## Im Süden und Zentrum Kameruns

Die Wanderbewegungen, die zur Besiedlung zuerst des Zentrums und später des Südens (ab dem 15. Jh.) geführt haben, sind in gewissem Sinne zwar Konsequenz des Wanderdrucks aus dem Norden, jedoch handelt es sich bei Völkern des Südens um **Bantu-Völker**, deren Ursprünge im ostafrikanischen Raum zu finden sind. Sie waren es, die im Laufe der letzten Jahrtausende entlang des nördlichen Randes der tropischen Regenwaldzone wanderten und schließlich in aufeinanderfolgenden Wellen in den Wald eindrangen. Hier unterscheidet

*Sultan von Baghirmi auf Sklavenjagd*

man mindestens zwei Wellen. Zur ersten gehörten die Völker, die heute in Küstennähe siedeln – also die *Batanga* bei Kribi, die *Douala* oder die *Bassa* und etliche mehr. Später kamen die sog. **Fang-** oder **Pangwe-Wanderungen**, die zur Besiedlung des Zentrums und des Südens führten und bis in das heutige Gabun hineinreichten. Noch zu Beginn des 20. Jahrhunderts war der Druck aus dem Norden zu spüren, der zur Besiedlung des Waldes führte: die *Wute* (oder *Babute*), ein Sudan-Volk, das den *Fulbe von Tibati* tributpflichtig war und in deren Auftrag Sklaven jagte, drängten die nördlichen Verwandten der *Ewondo* (das Volk, das in Yaoundé lebt) über den Sanaga.

Im tropischen Regenwald konnten sich – im Gegensatz zum Norden – keine Staaten oder große Häuptlingstümer entwickeln. Auch wenn diverse Völker einer Großgruppe (z.B. wegen ihrer Sprache oder wegen diverser Gemeinsamkeiten in der Religion etc.) zugerechnet werden, so heißt das nicht, daß sie einen gemeinsamen Häuptling gehabt hätten. Verbindungen mit Nachbarvölkern oder gar -dörfern waren selten oder arteten immer gleich in Krieg oder Menschenraub aus.

Im Gegensatz zu den Völkern der Staaten des Nordens kamen die Bewohner der Küste erst Ende des 15. Jahrhunderts in Kontakt mit dem Rest der Welt: Seefahrer und Sklavenhändler aus Portugal, Spanien, den Niederlanden und – etwas später – England und Frankreich. So waren es beispielsweise die *Douala*, die als erste mit Europäern ins Geschäft kamen und einige Jahrhunderte vom Handel zwischen Küste und Hinterland profitierten. Erst Ende des letzten Jahrhunderts wurde dieses Monopol mit roher Gewalt durch den deutschen Offizier *Hans Dominik* und seiner Schutztruppe aus sudanesischen Söldnern „geknackt". In den Legenden der *Bassa* und *Ewondo* – aber auch im hohen Norden (s.o.) – ist immer noch von ihm die Rede.

## Völker Westkameruns

Als Teil der Kamerun-Linie (*Dorsale Camerounaise*) mit der Verlängerung des Adamaoua-Massivs ist Westkamerun hauptsächlich Hochland mit Lagen von über 900 m und bis zu 2500 m ü. NN.

Bei den Völkern dieser Gegenden sprach man lange Zeit von den **Semi-Bantus**, was wohl auf ihre Herkunft aus Zentralkamerun und die verschiedenen kulturellen Einflüsse zurückzuführen ist. Seit dem **16. Jahrhundert** siedelten sich in den Hochländern eine Reihe von Völkern an, die unter dem Begriff **Bamiléké-Stämme** zusammengefasst wurden. Sie sind zum Teil verschiedensten Ursprungs: so stammen zum Beispiel die Vorfahren der Menschen von *Bali* (in der Nähe von *Bamenda*, Provinz North-West) von einem Reitervolk aus dem *Faro-Tal* ab, das diese Gegenden lange vor den Fulbe-Reitern heimgesucht hatte. Die *Bamiléké*-Stämme waren organisiert in einer Vielzahl von rivalisierenden Häuptlingstümern, sog „Chefferien", bekämpften sich gegenseitig und unterhielten erst relativ spät wichtige Handelsbeziehungen mit der Küste (s.a. Kapitel Bevölkerung).

## Das Königreich Bamoun

Die Anfänge der Geschichte von *Bamoun* gehen zurück auf das auslaufende 17. Jahrhundert.

Eine kleine Gruppe, angeführt vom **Prinzen Nchare Yen**, verließ das Königreich *Rifoum* (heute *Bankim*, Provinz *Mayo Banyo*), das sich im Osten des jetzigen Königreiches *Bamoun* befand. Nchare Yen löste die Verbindung zu seinem Vater, um seinen eigenen Staat zu gründen. Nach jahrelanger Wanderung ließ er sich mit seinen Begleitern im Gebiet von *PaMben*, das er unterworfen hatte, nieder. Hier gründete er die Stadt **Foumban**, den **Mittelpunkt seines Reiches**.

Doch die eigentliche **Ausweitung** von Bamoun begann erst mit dem **König Mbouémboué**, einem der Nachfolger von Nchare Yen. Seine Macht stabilisierte sich um das Jahr 1820. Er mußte sich gegen die aus dem Nord-Osten eindringenden Fulbe zur Wehr setzen. Während des 18. und 19. Jahrhunderts haben die islamischen Fulbe, die sich in viele Gebiete Westafrikas ausbreiteten, verschiedene Reiche gegründet. Aber die Bamoun konnten sich ihnen widersetzen.

Während der zwanzigjährigen Herrschaft von Mbouémboué nahm das Land Bamoun die Form an, die es auch noch zu Beginn des 19. Jahrhunderts hatte. Er unterwarf in vielen kriegerischen Auseinandersetzungen insgesamt 48 Stämme in der Umgebung Foumbans.

Das Reich, das sich unter seinem Einfluß bildete, war charakterisiert von der **zentralen Position des Königs** und einer hierarchischen Verwaltung. Die Elite setzte sich aus zwei Gruppen von Notablen zusammen, die man *Nji* nannte: auf der einen Seite die Prinzen, die männlichen Nachkommen des Königs, auf der anderen Seite die treuen Diener. Zu dieser Klasse zählten auch alle Zwillinge des Reiches, die männlichen als Diener des Königs, die weiblichen als seine Gemahlinnen. Das Königreich wurde unter Mbouémboué auch zu einem bedeutenden **wirtschaftlichen Zentrum**, dessen Reichtum großteils aus dem einträglichen **Handel** mit Kola-Nüssen, Elfenbein, aber auch mit Sklaven resultierte. Dabei wurden Kriegsgefangene an benachbarte Gebiete verkauft. Die privilegierte wirtschaftliche Lage ermöglichte es den Bamoun, Luxusgüter an der Küste oder in europäischen Faktoreien zu kaufen: Perlen und Stoffe, Leder und Waffen kamen so ins Land. Der Palast kontrollierte die Verteilung der Handelsgüter. Als Mbouémboué starb, hinterließ er einen reichen Staat.

Die Nachfolger von Mbouémboué regierten mit weitaus weniger Macht und Stärke. 1850 übernahm *Ngouhouo* die Herrschaft und ist bis heute als "Sklavenkönig" bekannt. Das Volk fühlte sich ihm nicht zugehörig und siedelte über zu den Plantagen der Elite.

1863 wurde Ngouhouo von Prinz *Nsangou* abgelöst, der die Macht der königlichen Familie wieder in seine Hände nahm. Um 1886, zur Zeit des Kampfes gegen *Nso*, den wirtschaftlichen Konkurrenten der Bamoun, wurde Nsangou ermordet und enthauptet. Die Sieger von *Nso* brachten sein Haupt in die Hauptstadt und bewahrten es als Siegestrophäe im Palast des Königs auf. *Njoya*, der Sohn Nsangous, war zu diesem Zeitpunkt 13 Jahre alt. 1894 wurde er König von Bamoun. Seine Mutter regierte mit ihm. Sie hat ihm den Thron freigehalten, indem sie seine Onkel und Rivalen umbringen ließ.

Land und Leute

### König Njoya

*Njoya Ibrahim, König von Bamoun, regierte von 1894 bis 1924, als ihn die Franzosen entthronten.*

*Nach seiner „Machtübernahme" unter der Regie seiner Mutter wurde Foumban zwei Jahre lang von heftigen Unruhen erschüttert. Die daraus entstehenden Schritte des Königs und seiner Mutter hatten einen starken Einfluß auf das Königreich Bamoun. Sie erbaten vom Fulbe-Lamido von Banyo Verstärkung, um dem Aufstand entgegenzuwirken. Dafür versprachen sie ihm neben einer Belohnung auch die Einführung des Islam am Hof. Durch diese Verbrüderung gewann Njoya seine Macht zurück und konnte im Alter von 15 Jahren den Thron besteigen.*

*Njoya war der 17. König (von bisher 19) der jahrhundertealten Bamoun-Dynastie und wurde zu einer der einflußreichsten und bedeutendsten Persönlichkeiten in der Geschichte Kameruns. Er wird als autoritär geschildert, aber auch als gerecht, ehrgeizig, wißbegierig und ideen-*

*reich. Während seiner Thronzeit nahm die wirtschaftliche Entwicklung und Kultur des Landes einen großen Aufschwung: Eine Bodenreform wurde durchgeführt, der Handel gefördert und die traditionelle Handwerkskunst des Graslandes erreichte Berühmtheit.*

*Inspiriert von Bildern und Postkarten aus Deutschland und von der Bautechnik der Missionare, ließ er von seinen Handwerkern einen **schloßähnlichen Palast** bauen, in dem heute das Museum von Foumban untergebracht ist. Njoya ließ sogar von seinen Höflingen eine eigene **Bamoun-Schrift** entwickeln, in der er dann in mehreren Bänden die Geschichte und Traditionen seines Landes bzw. seiner Vorfahren verfaßte. Die Bamoun-Schrift enthält 83 Zeichen und 10 Ziffern (siehe Kasten nächste Seite). Njoya gründete eigene Schulen, in denen diese Schrift gelehrt wurde. Noch heute existiert im Palast von Foumban eine solche Schule. Lange Zeit schwankte Njoya zwischen der christlichen Religion und dem Islam und versuchte, eine eigene Religion zu entwickeln mit christlichen, islamischen und animistischen Elementen. Doch schließlich gewann der Islam die Oberhand, der bis heute im Bamoun-Land verbreitet ist.*

*Im Jahre 1902 nahmen Berichten zufolge die deutschen Kolonialherren Kontakt auf zum Palast von Foumban. Sie waren beeindruckt vom höfischen Leben mit seinem Glanz und Reichtum. Njoya war ein Mann des Ausgleichs und aus Einsicht in die Übermacht der Kolonialherren versuchte er, sich mit ihnen gütlich zu einigen. Er wählte den Weg der **Zusammenarbeit** mit den Eindringlingen, vermied jeden Streit und untersagte seinen Untertanen den Widerstand. Der König glaubte an die Möglichkeit, die Kultur der Bamoun mit der der **Deutschen** vereinigen und sein Königreich dadurch erhalten zu können. Durch zahlreiche Geschenke glaubte er, sich Freunde zu machen. So übergab er 1908 sogar das Heiligste seiner Königswürde, seinen herrlichen, perlenbestickten **Thron**, der Kolonialverwaltung in Buea als Geburtstagsgeschenk für den deutschen Kaiser. Er bekam im Gegenzug vom Kaiser eine Cuirassier-Uniform, ein Ölbild und ein Harmonium, das schon bald darauf durch die klimatischen Verhältnisse völlig ruiniert war...*

*Dieser wertvolle Thron, einst Sinnbild kultureller und politischer Macht, steht heute im Berliner Museum für Völkerkunde (siehe Bild gegenüber).*

*König Njoyas Glaube an eine mögliche Vereinigung afrikanischer Kultur mit europäischen Sitten erwies sich letztlich als Fehleinschätzung. Der deutsche, später der französische und englische Kolonialismus führten zu einer Verschlechterung der politischen Situation im Bamoun-Reich. König Njoya litt unter der Fremdherrschaft und wurde 1924 von der französischen Kolonialverwaltung abgesetzt, die sein Land in mehrere Chefferien unterteilte. Als er sich schließlich dem Einfluß durch die Kolonialregierung widersetzte, wurde er 1931 nach Yaoundé ins Exil entsandt, wo er am 30. Mai 1933 starb. Sein Sohn, Sultan Njoya Seidou Njimoluh, wurde am*

*25. Juni 1933 als 18. König der Bamoun inthronisiert. Als dieser 1992 starb, erhielt der ehemalige Minister Mbombe Njoya im August desselben Jahres als 19.König den Thron und residiert seitdem im Palast in Foumban. In den verschiedenen Chefferien (Palastorganisationen) mit ausgeprägten hierarchischen Gliederungen und in Geheimbünden lebt die alte Tradition des Bamoun-Reiches weiter. Macht und Reichtum dieses Volkes zeigen sich auch heute noch in prunkvollen Festen, Statussymbolen wie Throne und festliche Kleidung, und den verschiedenen Riten, die sich im*

*König Njoyas Thron im Berliner Museum für Völkerkunde*

Wandel der Zeit erhalten haben. Kein anderes Volk Kameruns hinterließ
so viele mündliche und schriftliche Überlieferungen, Dokumente und
kunsthandwerkliche Schätze (Palastmuseum Foumban). Gegenwärtig spielen die Bamoun in der Politik und Wirtschaft Kameruns eine aktive Rolle.

### König Njoyas Schrift
Neben vielen Neuerungen politischer oder technischer Art, die aus dem
Häuptlingstum Bamoun ein Königreich mit einer regelrechten Künstler-,
Weber- und Metallgießer-Kaste machte, hat dieser bemerkenswerte
Mann auch eine Schrift erfinden lassen. Der Sage nach erschien Njoya
eines Nachts im Traum eine Gestalt, die ihm auftrug, die Geschichte
seines Volkes in der Sprache der Bamoun zu schreiben. Daraufhin rief
der König seine Höflinge zusammen und gab ihnen den Befehl, eine
Serie von Zeichen zusammenzustellen, anhand derer er sich dann an
die Transskription der Überlieferungen machen könnte. Nach mehreren
Versuchen verfügte er schließlich über seine eigene Bamoun-Schrift, die
er alsbald in der ersten Schule Foumbans den Kindern seiner Notablen
beibringen ließ.

   Die verschiedenen Entwicklungsstufen dieser Schrift sind anhand der
Textauszüge auf der folgenden Seite zu erkennen.

*Njoyas Unterschrift
(aus E. Mveng, Histoire du Cameroun, 1963)*

*Zwei Kinderzeichnungen aus der Njoya-Schule, Bamounreiter darstellend
(historische Abbildung)*

**Land und Leute**

### 2. Stadium

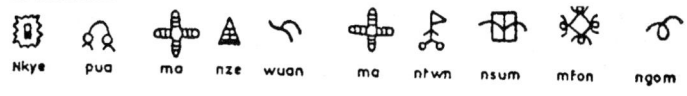

Nkye    pua    ma    nze    wuan    ma    ntwn    nsum    mfon    ngom

ntsuop    i – kpa    ru    ngom    ntsuop    i – tan ...

***Übersetzung***: Auf dem Weg zur Pflanzung des Königs gibt es 14 Bäche und 15 Gräben.

### 3. Stadium

Ta    nkuo    ka    rie    në    mfon    mi    yun

memgbie    mo    puë    ta    ngu    fi    te

***Übersetzung***: Takuo sagt zum König: „Kauf mir die Frau des Tangu-Fifen."

### 4. Stadium

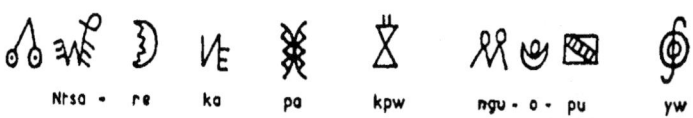

Ntsa –    re    ka    pa    kpw    ngu – o – pu    yw

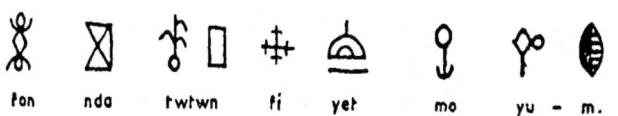

ton    nda    twtwn    fi    yet    mo    yu – m.

***Übersetzung***: Nachdem Ntschare gestorben war, folgte ihm Nguopu. Sie lebte lange aber vollbrachte nichts Großes

## Der europäische Einfluß

Wichtige Faktoren für die Entwicklung des Landes waren der Kontakt mit Europa und die Folgen der kolonialen Einflüsse. Kamerun – das Wort wie auch der Staat – ist ein kolonialpolitisches Produkt. Die Küste des Golfes von Guinea war seit dem 15. Jahrhundert Ziel europäischer Händler, die neben Palmprodukten und Elfenbein auch Sklaven gegen ihre Waren (Alkohol, Flinten etc.) eintauschten. Im Jahre **1472** erreichten **portugiesische Seefahrer** unter *Fernao do Poo* die Insel vor der Küste Kameruns, die bis 1969 seinen Namen trug: *Fernando Poo* in Spanisch (heute heißt sie *Bioko* und ist Teil Äquatorial-Guineas). Sein Schiff ankerte im Delta des *Wouri-Flusses*. Die Seefahrer waren verblüfft über die zahllosen Krabben (shrimps) im Wasser des Flusses. Der *„Rio dos Cameroes"* (Krabbenfluß), wie sie ihn nannten, gab dem äquatorial-afrikanischen Land auch seinen Namen: Zunächst *Camaroes* (portug.), später *Camerones* (span.), *Cameroons* (engl.), *Kamerun* und schließlich *Cameroun* (frz.). Zunächst hieß das Gebiet um Douala *Kamerun-Stadt*, etwas später nannte man das ganze Hinterland so. Allein an den verschiedenen Namen kann man die Zahl der Einflüsse erkennen, denen das Land unterworfen war.

Schon bald nachdem die Portugiesen von der Küste ein Stück den Wouri hinaufgefahren waren, begannen sie **Handel mit den Küstenstämmen** zu treiben, vor allem mit den Königen der Douala: Salzbehälter, Kupferbarren und Spirituosen tauschten sie gegen Pfeffer, Fisch, Palmöl, Elfenbein und Sklaven. Die Sklaven wurden zu Handelsposten entlang der Küste gebracht und auf der Insel *Sao-Tomé* festgehalten, bevor sie nach Amerika verschifft wurden. Vom Ende des 16. Jahrhunderts bis zum 19. Jahrhundert trieben die Portugiesen ihren Handel an diesem Küstenabschnitt Afrikas. Das Geschäft blühte, bis **England** Mitte des 19. Jahrhunderts, als es den Sklavenhandel politisch nicht mehr rechtfertigen konnte, anfing, ihn zu bekämpfen. Bereits am **10. Juni 1840** unterzeichneten die Douala-Könige *Bell* und *Akwa* mit der Britischen Regierung, repräsentiert durch den Kapitän eines vorbeifahrenden Schiffes, den ersten **Vertrag zur Beendigung des Sklavenhandels**. Weitere Verträge folgten in den Jahren 1841 und 1852.

Andere Handelsquellen wurden erschlossen. Die Konkurrenz unter den

*Gustav Nachtigal*

148

Europäern wuchs so stark, daß die Regierungen begannen, ihre Interessen in eigenen Kolonien abzustecken. Darunter auch Deutschlands Reichskanzler **Bismarck**, der zwar lange gezögert hatte, sich am Ende aber unter dem Druck von Geschäftsleuten, vor allem des Hamburger Kaufmanns *Adolph Woermann*, doch für eine Kolonisierung entschied. Auf Geheiß Bismarcks zog am **14. Juli 1884** der Entdecker und Forscher **Gustav Nachtigal** in Kamerun die Flagge des deutschen Kaiserreichs hoch: *„Dieses Land ist jetzt deutsches Eigentum“*. Hanseatische Kaufleute, darunter auch *Carl Woermann*, hatten – meist auf abgetakelten, vor der Küste verankerten Handels- oder Kriegs-Schiffen, sog. *Hulks* – seit 1862 die ersten Niederlassungen in jener Region errichtet und Handelsverträge mit den Häuptlingen entlang der Küste geschlossen. **1879** erreichte der deutsche Kaufmann und Forschungsreisende *Robert Eduard Flegel* die Guinea-Küste und bestieg das Kamerungebirge (s. Seite 303ff.).

Auf seiner Reise gelangte er anschließend bis in das entfernte *Adamaoua*-Hochland, das später Teil der deutschen Kolonie Kamerun werden sollte. Flegel träumte von einer großen deutschen Kolonie in Westafrika, was aber durch die Einflüsse und Aktivitäten der Engländer zunächst verhindert wurde.

Das Hinterland Kameruns im hohen Norden, das heißt die Länder am *Tschad-See*, war den Europäern schon seit Mitte des 19. Jahrhunderts bekannt: **1851** kam der deutsche Afrikaforscher **Heinrich Barth**, der im Auftrag der Geographischen Gesellschaft London die Sahara durchquert hatte

(die Reise dauerte insgesamt fünf Jahre), um Beziehungen mit dem *Bornou*-Reich am Nordwestufer des Sees aufzunehmen, auch auf das Gebiet des heutigen Nordkamerun. Auch Gustav Nachtigal, der Jahre später im Auftrag des deutschen Kaisers den „Schutzvertrag“ mit den Douala-Königen schließen sollte, kam bereits 1872 auf dem Weg von der Hauptstadt des *Bornou*-Reiches nach *Bagirmi* an das Westufer des *Logone* und beschrieb das Leben in den von meterdicken Lehmwällen bewehrten *Kotoko*-Stadtstaaten. Nachtigal, dessen Reise von *Tripolis* durch die Sahara *(Tibesti*-Gebirge)*, die Länder rund um den Tschad-See und den Sudan ebenfalls fünf Jahre dauerte und in Deutschland für viel Aufsehen sorgte, starb wenige Wochen nach seinem Kamerun-Aufenthalt auf der Heimfahrt an den Folgen der Malaria.

Dieser Küstenabschnitt galt schon sehr früh als *„the white man's grave“*, wie das Studium alter Grabsteine auf dem Friedhof von Douala veranschaulicht: Kaum einer der Europäer, der hier begraben liegt, wurde viel älter als dreißig Jahre. Die meisten starben an der Malaria oder am „Schwarzwasserfieber“, das nichts anderes war, als die Folge einer langanhaltenden Malaria im Zusammenhang mit einer stetigen Überdosierung von Chinin: Die Leber zersetzte sich und man schied Blut aus bzw. ließ „schwarzes Wasser“.

## Die Missionierung
*von Hubertus von Lindeiner*

Auf Reisen durchs Land fällt die große Anzahl von Kirchen auf. In fast jedem Dorf – auch im Norden – findet man

*Katholische Mission am Kribi-Fluß (um 1910)*

Gotteshäuser der verschiedensten Konfessionen, die an den Sonntagen in der Regel brechend voll sind.

Man unterscheidet in Kamerun sehr stark zwischen der Arbeit der verschiedenen **Protestantischen Kirchen** und der der **Katholischen Mission**, die erst sehr viel später in Kamerun Fuß fassen konnte.

Schon ziemlich lange vor der eigentlichen „Inbesitznahme" Kameruns durch die Vertreter des deutschen Kaisers betätigten sich an der Kamerunküste Missionare, die es sich zur Lebensaufgabe gemacht hatten, die Frohe Botschaft in die Wälder und Sümpfe zwischen *Limbé*, das damals *Victoria* hieß, und *Campo* zu tragen. Nicht selten spielten hierbei befreite Sklaven aus Nordamerika oder von den Engländern aufgebrachte Sklaventransporter, auf die seit Ende der

40er Jahre des 19. Jahrhunderts Jagd gemacht wurde, eine entscheidende Rolle.

Die **Arbeit der Missionen**, die sich anfänglich fast ausschließlich auf die „Bekehrung der Wilden" beschränkte, konzentrierte sich recht bald auf Ausbildung und Schulwesen, Gesundheitsfürsorge und Verbesserung der Lebensverhältnisse. Auch wenn die Missionen häufig kritisiert werden, weil sie die ursprüngliche Kultur und Identität der Völker der Küste, des Westens und des Zentrums zerstören halfen, so kommt ihnen doch eine bedeutende Rolle in der Entwicklung und den Emanzipationsbestrebungen einer ganzen Reihe ehemals unterdrückter Völker zu. Nicht selten standen die Missionare in offener Feindschaft zu den Kolonialbeamten, die erst viel später merkten, wie wichtig

Schulen und Handwerker für die Entwicklung ihrer „Schutzbefohlenen" werden sollten. Das verhältnismäßig späte Erscheinen der Missionen im Norden trug erheblich zum gewaltigen Entwicklungsunterschied zwischen den islamisch geprägten Gegenden und den Regionen südlich des *Adamaoua*-Hochlandes bei.

Im Januar **1841** landeten die ersten protestantischen Missionare der Londoner **Baptisten**-Mission, *Joseph Merrick* und *Alfred Saker*, zunächst auf Fernando Poo und dann in Douala. Merrik gründete die erste Mission Kameruns in *Bimbia* (heutige Provinz *South West)*. Während dieser Zeit übersetzte er die Bibel in *Isubu*, die Sprache der Bimbia (ähnlich der Douala-Sprache). Er starb recht bald an Malaria. *Alfred Saker* führte sein geistliches Amt in Douala aus und schloß mit den Douala-Oberhäuptern *King Bell* und *King Akwa* 1845 einen Vertrag. Am **5. November 1849** wurde die **erste Taufe Kameruns** im Wouri-Fluß vorgenommen. Im Jahre 1852 gründete Saker *Victoria* (das heutige *Limbé)*, um die Protestanten, ehemalige Sklaven, aufzunehmen, die den Spaniern in Fernando Poo mit der Zeit zu unbequem geworden waren. 1871 beendete er seine **Bibelübersetzung** in die Douala-Sprache. 1876 verließ Saker schließlich Kamerun und Reverend *George Grenfell* übernahm seine Arbeit. Weitere Missionsgesellschaften kamen ins Land: die erste *Amerikanisch-Presbyterianische Mission* wurde 1885 zwischen Campo und dem *Nyong* gegründet und drang recht zügig ins Hinterland vor. 1886 kamen die ersten Missionare der *Basler Missionsgesellschaft* nach Douala, wo sie zunächst ohne Erfolg arbei-

teten, schließlich dann aber in den „Grassfields", dem *Bamiléké*-Land, in *Foumban* (1906) und im *Bassa*-Land sehr aktiv wurden. Ende des Ersten Weltkriegs mußten die meist deutschen Missionare das Land verlassen und die Basler Mission übergab die Arbeit im französischen Mandatsgebiet der Evangelischen „*Mission de Paris"* (Pariser Mission). Weitere Kirchen konnten sich im Laufe der Jahrzehnte – auch im islamischen Norden, wo die ursprünglich animistische Urbevölkerung seit Anfang der 20er Jahre Schutz bei den Missionen vor der übermächtigen Kultur der Fulbe fand – im Lande installieren: *Amerikanisch-Lutheranische Sudan-Mission*, *Norwegisch-Lutheranische Sudan-Mission* (Ngaoundéré), *Vereinigte Sudan-Mission* (Maroua), *Adventisten*, *Zeugen Jehovas* usw.

Die **Katholiken** kamen erst zögerlich ins Land. Es heißt, daß Bismarck, der zuerst ein erbitterter Gegner der katholischen Missionen gewesen war, im Jahre 1889 im Reichstag eine Rede hielt, in der er die Arbeit der Katholischen Missionen in Ostafrika lobte.

Nach dem Ersten Weltkrieg wurden alle deutschen katholischen Missionare des Landes verwiesen und durch Franzosen ersetzt. So kam 1922 der Elsässer *Monsignore Vogt* ins Land, der vorher in Ostafrika gearbeitet hatte. Er sollte der erste Bischof des Lan-

*Die ersten 20 Polizeisoldaten von Kamerun unter der Führung des Leutnants von Stetten (Foto 1889)*

des werden. Im Laufe der Zeit etablierten sich die Katholiken auch im Norden (Ende der 40er Jahre).

Heutzutage ist Kamerun stolz auf seinen ersten Kardinal, den Erzbischof von Douala, *Monsignore Tumi*, einen Mann aus dem anglophonen Westen, unter dessen Führung der katholische Klerus des Landes zum Teil recht kritisch Stellung gegenüber der derzeit vorherrschenden Politik bezieht.

## Die deutsche Kolonie

Im Jahre 1883 gab die Reichsregierung dem Drängen deutscher Handelsleute nach, in Westafrika *„gewisse Küstenstriche unter deutsches Protektorat zu stellen"*.

Auf der **Kongo-Konferenz** in Berlin trafen sich am **15. November 1884** Repräsentanten aus 14 Nationen (darunter Großbritannien, Frankreich und Deutschland) unter dem Vorsitz des deutschen Reichskanzlers Bismarck, um die Spannungen im zentralen Afrika auszugleichen und die Grenzen der afrikanischen Territorien festzulegen. Die Konferenz dauerte bis zum 23. Februar 1885 an. Ihr Ergebnis: Afrika wurde von den Konferenzteilnehmern in Interessenssphären aufgeteilt. Kameruns Grenzen wurden von den Großmächten am Verhandlungstisch mit Bleistift und Lineal gezogen. Die Konferenz endete mit der Verabschiedung der sog. *Kongo-Akte*, die zu einer Art Grundgesetz der neuen kolonialen Ordnung und der aus ihr resultierenden Aufteilung und Beherrschung Afrikas südlich der Sahara wurde.

## Kameruns Grenzen

*Abmachungen mit England führten nach der Kongo-Konferenz 1885, 1886 und 1893 zur Grenzziehung Kameruns mit Nigeria. Vereinbarungen mit Frankreich setzten die Grenzen 1885, 1894, 1908 und 1911 im Süden, Osten und Nordosten mit den verschiedenen Territorien Französisch-Äquatorialafrikas fest. So wurde das Staatsgebiet Kameruns zunächst mit 480 000 km², dann schließlich mit 750 000 km² (nach 1911 mit dem sog. „Neu-Kamerun") festgelegt. Ethnische, geographische oder staatliche Gegebenheiten blieben in diesem Machtpoker von den Diplomaten völlig unbeachtet. Den wichtigsten Beitrag zur Berliner Konferenz lieferten die Deutschen mit ihrem Artikel vom sogenannten Hinterland. Dabei wurden jeder europäischen Kolonialmacht, die an bestimmten Küstenstreifen ihre Flagge gehißt hatte, besondere Ansprüche auf das Hinterland zugesprochen. Daß dabei uralte, historisch gewachsene Räume von ethnischer und politischer Einheit zerstört wurden, interessierte niemanden. Erst als ab 1960 in rascher Folge nahezu alle afrikanischen Gebiete unabhängig wurden und bald darauf vielerorts Konflikte zwischen verschiedenen afrikanischen „Bruderländern" ausbrachen, zeigte sich die ganze Problematik der damals festgelegten Grenzziehung. Als mindestens genauso brisant stellte sich zudem die ganze Problematik des Vielvölkerstaates heraus, die in vielen Fällen noch heute für mörderische „Bürgerkriege" sorgt. Eigentlich handelt es sich hier meistens um Kriege zwischen zum Teil grundverschiedenen Völkern, der Begriff der „Stammesfehde" gilt als überholt und unrichtig.*

**Land und Leute**

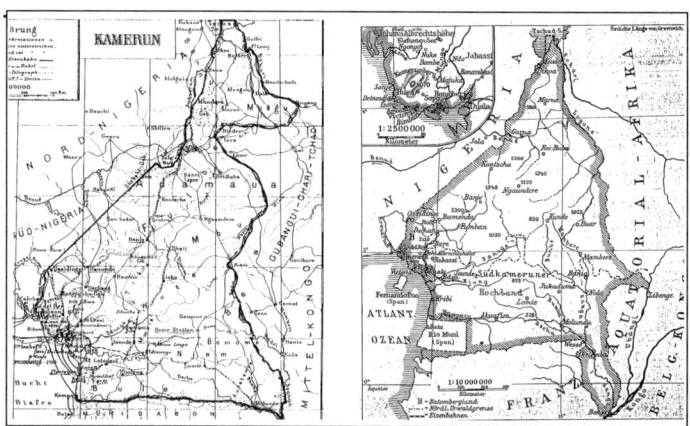

*Dt. Kolonie Kamerun 1909          Dt. Kolonie Kamerun nach 1911*
*Der Entenschnabel (Gebiet Logone und Chari) kam zu Frankreich*

Ein Bericht der Hamburger Handelskammer über die Lage des deutschen Handels an der westafrikanischen Küste im Jahre 1884 veranlaßte den Reichskanzler Bismarck, dem damaligen Generalkonsul von *Tunis* und Forschungsreisenden (Entdeckung des Tibesti), *Gustav Nachtigal*, den Auftrag zu erteilen, sich *„behufs Abschließung von Verträgen an die afrikanische Westküste (nach Togo und Kamerun) zu begeben"*. Am 10. Juli 1884 erreichte Nachtigal an Bord der „Möve" den Kamerun-Fluß (Wouri), wo er auf das englische Kanonenboot „Goshawk" stieß. *„Glücklicherweise"*, so berichtete Nachtigal seinem Reichskanzler in Berlin, *„befindet sich der englische Konsul Hewett nicht an Bord der Goshawk"* – was bedeutete, daß die Engländer Kamerun nicht in Besitz nehmen konnten. Als erster unterzeichnete *„der unabhängige Häuptling der Dualas des Landes Kamerun am Kamerunfluß"*, **King Bell**, den Schutzvertrag mit Nachtigal im Auftrag der deutschen Regierung. Kurz darauf machten auch die Häuptlinge *Akwa von Akwa-Town* und *Dido von Dido-Town* (zwei Stadtteile des heutigen Douala) ihre Kreuze unter die Verträge, die ihnen zwar weiterhin das Handelsmonopol mit dem Hinterland, das sie zu reichen Herrschern gemacht hatte, garantierten, die aber dennoch das Schicksal der Bewohner im Hinterland und ihre weitere Zukunft besiegelten. Die feierliche Flaggenhissung mit Erklärung der deutschen Oberhoheit über das „**Schutzgebiet Kamerun**" fand am **14. Juli 1884** in *Bell-Town* (im heutigen Stadtteil *Bonanjo*) statt. Fünf Tage später traf der britische Konsul Hewett auf dem Kanonenboot „Flirt" am Kamerun-Fluß

ein. Aber er konnte nur noch vergeblich gegen die deutsche Besitzergreifung protestieren. Die lokalen „Könige" ließen sich nicht mehr umstimmen. Die verspätete Ankunft von Hewett, dem Verlierer des Wettlaufs um Kamerun, trug ihm den Spitznamen „too-late-Consul" ein, denn England kostete dies eine Kolonie.

Zunächst mußte eine Inventur der neuen Errungenschaften vorgenommen werden. Es folgten Forschungsreisen und Erkundungen durch Leute wie *Curt v. Morgen*, dem ersten, dem es gelang, von der Küste bis zum *Benoué* zu reisen, oder *Eugen Zintgraff*, dem Erforscher des Landes um *Bamenda*. Ende des Jahrhunderts wurde die *Jaundé-Station* gegründet durch den Botaniker *Zenker*, der erste Versuche mit dem Anbau von Kakao machte. Das Wort *Jaundé* ist übrigens die Verballhornung eines Wortes durch *Curt v. Morgen*, das eigentlich *Ya-Owondo* lauten sollte und übersetzt „die Erdnuß-Esser" oder auch die *Ewondo* heißen sollte. Eigentlich hieß die Stelle, an der die Station errichtet wurde, *Ongola*.

Schon bald kam es zwischen den Stämmen der Douala zu heftigem Streit um die Beträge, die deutsche Firmen für die vertraglich übereigneten Rechte gezahlt hatten. Das führte zur Entsendung des **Westafrika-Geschwader**s der Flotte unter Konteradmiral *Knorr*. Er beschoß und besetzte die Dörfer der Widersacher King Bells, des wichtigsten deutschen Vertragspartners. **1885** übernahm **Julius Freiherr von Soden** sein Amt als der **erste Gouverneur des deutschen Schutzgebietes** Kamerun. Die Deutschen trafen nach und nach in Douala ein, um den „Frieden zu sichern",

**Land und Leute**

der wichtig war für die Handelsbeziehungen und für die Durchsetzung kolonialer Wirtschaftspolitik. Auch die Durchgangswege von der Küste aus ins Landesinnere mußten erschlossen werden. *Eugen Zintgraff*, der 1887 eintraf, war dabei vor allem für die **verkehrstechnische Erschließung** zuständig.

Abgesandte des Hamburger Reeders *Adolph von Woermann* gründeten 1886 ihre **erste Faktorei** (eine Art Gemischtwarenladen, in dem Produkte aus Deutschland gegen Gummi, Elfenbein oder Palmöl getauscht wurden) auf dem Festland.

Bis zur Jahrhundertwende kontrollierten die Deutschen neben dem Küstenstreifen lediglich die Route nach Yaoundé. 22 Tagesmärsche von der Küste entfernt errichteten sie dort einen **Militärposten**, die **Jaunde-Station**. Der islamische Norden und das *Adamaoua*-Reich wurden erst nach der Jahrhundertwende erobert. Im Kampf gegen die Deutschen schlossen sich erstmals mehrere Stämme zusammen, ihr Aufstand wird allerdings 1901 niedergeschlagen. 1902 muß sich das aus mehreren tausend Mann bestehende Heer des Fulbe-Emirs *Subeiru* von *Yola* in der **Schlacht von Miskine** (bei *Maroua*) geschlagen geben. Im Süden wird das Handelszentrum *Kribi* von den *Boulou* aus der Gegend zwischen *Ebolowa* und Küste gestürmt.

Noch zwanzig Jahre nach Koloniegründung ist für August Seidel, Redakteur der „Deutschen Kolonialzeitung" klar, daß Kamerun nur mit militärischen Mitteln zu halten ist: *„Denn wir dürfen eins nicht vergessen. Wir haben den Eingeborenen ihr Land genommen und ihre Zirkel in der man-nigfachsten Weise gestört. Wir erscheinen ihnen als unrechtmäßige und tyrannische Eindringlinge. Für die Farce der „Schutzverträge" und die „Segnungen" unserer Kultur hat die große Masse der Schwarzen keine Spur von Verständnis. Auf einige Zeit lassen sie sich wohl durch Waffengewalt und geistige Überlegenheit einschüchtern, und auf diesem „Imponieren" beruht die ganze deutsche Herrschaft. Sobald sie sich aber auf sich selbst besinnen, wenn der Nimbus der herrschenden Nation durch irgendein Ereignis verdunkelt wird, wenn sie die Handvoll Schutztruppen an ihrer eigenen vielfachen Überzahl messen werden, so brechen sie gegen uns los".*

Die Erschließung des Hinterlandes war jedoch nicht nur eine Frage der Machtsicherung, sondern lag auch im Interesse der Handelshäuser, denen es damit gelang, das Zwischenhandelsmonopol der Douala zu brechen und dadurch höhere Gewinne einzustreichen. Der schon genannte Industrielle Adolph von Woermann äußerte sich im deutschen Reichstag am 10. Januar 1885 wie folgt zur Kolonialpolitik: *„Ich glaube, daß nach den bisherigen Erfahrungen an der Westküste Afrikas, nachdem jetzt Ruhe geschaffen worden ist, wenn eine Zeitlang ein Kriegsschiff anwesend bleibt, die Ruhe aufrechterhalten wird. Es ist das besonders wahrscheinlich in Kamerun, weil es dort eine Menge kleiner Häuptlinge gibt. Das Gebiet von Kamerun unterscheidet sich sehr von dem Gebiet des Königs von Dahomey (heute Benin) und dem des Königs von Aschanti (Ghana), welches große und mächtige Reiche sind, welche stets die Europäer angreifen kön-*

*nen und in der Lage sind, sich eifrig und kräftig zu vertheidigen. Das ist in Kamerun ausgeschlossen, weil die einzelnen Häuptlinge ohnmächtig und schwach sind. Nachdem dieselben einmal gezüchtigt worden sind, glaube ich nicht, daß fürs erste weitere Züchtigungen nothwendig sein werden; immerhin aber wird wohl die Gegenwart eines Kriegsschiffes doch erforderlich bleiben."*

(aus: Hücking, Renate u. Launer, E., Aus Menschen Neger machen. Wie sich das Handelshaus Woermann an Afrika entwickelt hat. Galgenberg-Verlag, Hamburg 1986.)

Das **Hauptziel** der deutschen Kolonialpolitik war die **wirtschaftliche Nutzung** ihres kolonialen „Besitzes": Kakao, Kautschuk, Ölpalmprodukte und Bananen wurden erwirtschaftet. Dies beeinflußte jedoch auch die bestehende Bevölkerungsstruktur. So wurde die wirtschaftliche Nutzung der Kolonie immer wieder durch **Aufstände** behindert. Oft erhoben sich ganze Landstriche, weil die Bevölkerung nicht bereit war, andauernd zu Trägerdiensten oder zum Plantagen- und Eisenbahnbau gezwungen zu werden. Dabei wurden ganze Dörfer dezimiert. Eine Existenzbedrohung für weite Landstriche im Osten bestand ebenfalls in den Praktiken gewisser Handelsgesellschaften, deren Vertreter (oftmals Douala-Leute) in die Dörfer gingen, den Leuten Konsumgüter auf Kredit gaben und als Bezahlung wilden Kautschuk forderten. Dies führte dann meistens dazu, daß niemand mehr Zeit für die Feldarbeit hatte und ganze Dorfschaf-

*Aufstände der Douala – ein Landungskorps stürmt am 20.12.1884 die Befestigungen*

ten sich aus Angst vor Repressalien geschlossen in den Urwald zurückzogen. Hierauf gab es schon recht bald eine Reihe von Erlässen „zum Schutz und Erhalt der Arbeitskraft" der Kolonie – denn in den Augen der Kolonialpolitiker und Vertreter der Wirtschaft war die Kolonie Kamerun unterbevölkert.

Als erste traf es die *Bakweri* am **Kamerunberg**: 1894 begann die **militärische Besetzung** der Dörfer in der Gegend um und unterhalb *Buea*. Der Boden ist fruchtbar, die Deutschen wollten hier Plantagen errichten, dabei störten die Bakweri. Außerdem wollte man den Regierungssitz von Douala ins gesündere Höhenklima von Buea verlegen. In der Folge entstand die „Kultur"-Landschaft am Kamerunberg: Plantagen so weit das Auge reicht. Aus der Urbevölkerung wurde ein Volk aus Plantagenarbeitern in Barackensiedlungen, Lohnabhängige. Bald reichte die Arbeitskraft dieser „degenerierten", von Malaria und Alkohol geschwächten, das harte Arbeiten nicht gewohnten Leute nicht mehr. Man brauchte „besseres Menschenmaterial": Aus der Gegend von *Bamenda* oder *Yaoundé* wurden Arbeiter „angeworben" und es dauerte nicht lange, bis auch diese an den Folgen schlechter Ernährung, zu harter Arbeit und Malaria zu Tausenden starben.

Mit der Zeit und aufgrund der sich rasch entwickelnden Kolonial- und Plantagenwirtschaft (hauptsächlich große Firmen aber auch einige Siedler etablierten sich in der *Mbo*-Ebene) mußte der **Hafen in Douala** ausgebaut werden. Handelshäuser mit Lagerhallen entstanden. Das wachsende Transportproblem, vor allem im Süden und Westen (Trägerkarawanen mit Zwangsarbeitern) ließ bald den **Bau von Eisenbahnen** notwendig werden.

Es wurde mit der Nordbahn begonnen, die das Grasland und später den Norden mit der Küste verbinden sollte. Der Endpunkt der Bahn in der *Mbo-Ebene* entwickelte sich in kürzester Zeit zur wichtigen Stadt: *Nkongsamba*. Die zweite Bahn sollte kurz darauf Zentralkamerun versorgen. Man kam bis Kriegsausbruch nur bis kurz hinter *Eseka*, erst in den 30er Jahren hatte Yaoundé seinen Anschluß (der dann in den 70ern durch die *Transcamerounais* bis *Ngaoundéré* erweitert wurde).

Der **Straßenbau** begann erst in den letzten Jahren vor dem Ersten Weltkrieg. Immerhin konnte man 1914 schon mit dem Automobil von Yaoundé über *Lolodorf* und *Bipindi* nach *Kribi* fahren. Die Reise dauerte „nur" noch drei bis fünf Tage; im Vergleich zu ein bis zwei Wochen Fußmarsch allerdimgs ein erheblicher Fortschritt!

Die **Verwaltung** war – vor allem im Süden und Westen – nicht selten auf die Vermittlung durch traditionelle Herrscher angewiesen, die als „Kolonialbeamte" die an ihre Bevölkerung gestellten Anforderungen weiterzuleiten hatten und sich dadurch oft ihren Untertanen immer mehr entfremdeten. Eine Ausnahme bildete *Karl Atangana*, der von den Deutschen als (künstlicher) Oberhäuptling der *Beti* (oder *Ewondo*) von Yaoundé eingesetzt wurde und dennoch ziemlich beliebt war. Er lebte auch einige Zeit in Hamburg, wo er an der Universität Sprachkurse in der Ewondo-Sprache gab und Texte über die Geschichte seines Volkes schrieb.

**Land und Leute**

In den nördlichen Regionen, die ja erst viel später „befriedet" wurden und die über einen anderen kolonial-administrativen Status verfügten (man sprach beispielsweise nicht von Bezirksamtsvorstehern sondern von Residenten), war man noch nicht zur direkten administrativen Kontrolle in der Lage. Immerhin brauchte die Post bis zu zwei Monate von Douala bis nach *Garoua* oder gar *Kousséri.* Deshalb überließ man die Machtausübung den lokalen Herrschern, in der Regel den *Fulbe-Lamibe*, die nicht selten diesen Machtzuwachs zu Sklavenrazzien oder eigenmächtigen Grenzveränderungen mißbrauchten.

Im Jahre **1895** wurde **Jesko von Puttkamer**, der bei den Kamerunern wohl berühmteste der deutschen Gouverneure, zum kaiserlichen **Gouver-neur** Kameruns ernannt. Das ungesunde, feuchtheiße Klima in Douala veranlaßte ihn 1901, die Hauptstadt und seine Residenz nach *Buea,* auf 900 m Meereshöhe an den Hängen des Kamerunberges, zu verlegen. Buea blieb bis 1919, d. h. bis zur offiziellen Aufteilung der deutschen Kolonie in ein englisches und ein französisches Mandatsgebiet, die **Hauptstadt des Landes**. Insgesamt herrschte v. Puttkamer zwölf Jahre lang über Kamerun. Er hat in dieser Zeit die Entwicklung des Schutzgebietes entscheidend beeinflußt. So wurde während seiner Amtszeit der größte Teil des Hinterlandes unterworfen, erfolgte der Bau der Straße von Kribi nach Yaoundé, der ersten Hafeneinrichtungen und die **Einführung von Kakao-Plantagen** in der Region des Kame-

*Das Gouverneurhaus Jesco von Puttkamers in Buea – im Hintergrund der Kamerunberg*

runberges. Im Jahre 1907 wurde von Puttkamer zurückberufen, sein Amt übernahm *Gouverneur Seitz* bis zum Jahre 1910. Die Bemühungen um die Entwicklung des Landes wurden durch ihn fortgesetzt. Ein **Schul- und Gesundheitswesen** wurde aufgebaut, das Wege- und Straßennetz ausgebaut, Wasserwege erschlossen und der Hafenbau fortgesetzt. 1911 begann der Bau der Eisenbahn mit der Strecke *Douala-Nkongsamba*, kurz darauf *Douala-Yaoundé*. Im sozialen Bereich entwickelten sich **Grundausbildung und technische Fortbildung** weiter und die Christianisierung durch Missionare wurde verstärkt. Um die Bevölkerung besser zu kontrollieren, verstärkte die Verwaltung die Autorität der Stammes-Oberhäupter. Genaue Arbeitsverordnungen wurden geschaffen und die Sklaverei wurde nahezu abgeschafft.

Die deutsche Kolonialzeit ging jedoch recht bald ihrem unaufhaltsamen Ende entgegen. Am **1. August 1914** erklärte Deutschland den Alliierten den Krieg. Die französischen Truppen, die im Tschad, in Zentralafrika und Gabun stationiert waren, sowie die Briten aus Nigeria und die Truppen aus Belgisch-Kongo (heute Zaïre) griffen die Deutschen in Kamerun an. Die „Schutztruppe" bestand aus nur wenigen hundert Deutschen (Reservisten inbegriffen) und allerhöchstens 3000 kamerunischen Soldaten, und sie verfügte über keinerlei schwere Waffen sowie über eine denkbar schlechte Kommunikationsstruktur. (Dies geht zurück auf den festen Glauben an die „Kongo-Akte", bzw. das Ergebnis der Konferenz von Berlin 1884–1885, in der die Kolonialmächte sich verpflichtet hatten, in den Ko-

lonien niemals Krieg untereinander zu führen.) So gut wie alle größeren Posten wurden fast kampflos geräumt – mit Ausnahme von *Garoua*, das sogar drei englische Angriffe erfolgreich abwehrte.

Eine andere Ausnahme bildete der deutsche Hauptmann *von Raben* in *Mora*: Er hielt der Belagerung durch die Engländer bis zum 20. Februar 1916 stand und ergab sich schließlich – nicht ohne freies Geleit für ihn und seine Truppe erwirkt zu haben. Die Engländer gewährten ihm dies. Am 9. Januar 1916 wurde Yaoundé zunächst von den britischen Truppen, dann von den Franzosen besetzt. Die Alliierten waren zwischen Atlantik und Tschad-See an der Macht. Für die Deutschen in Kamerun war der Erste Weltkrieg, der hier nur von 1914 bis 1916 dauerte, mit sehr schmerzhaften Erinnerungen verbunden. In Douala wurden etwa 3000 Zivilisten interniert und anschließend in Hungerlager in der französischen Kolonie *Dahomey* (heute Benin) verschleppt.

Besser erging es den Deutschen aus dem Zentrum und dem Süden: Sie konnten in letzter Minute mit einem Gefolge von nahezu 2000 Kamerunern (Soldaten, Bedienstete, Beamte etc.) über die Grenze nach *Rio Muni* (oder Spanisch-Guinea) auf neutralen Boden entkommen. Alle Deutschen verloren ihr ganzes Hab und Gut – nur einige Pflanzerfamilien konnten ihre Plantagen im englischen Mandatsgebiet in den 20er Jahren wieder zurückkaufen.

### Erinnerungen an die deutsche Vergangenheit

Die wilhelminische Kolonialzeit dauerte insgesamt 32 Jahre von der Unter-

**Land und Leute**

zeichnung des Schutzvertrages durch G. Nachtigal am 14.07.1884 bis zur Kapitulation der letzten dt. Truppen am 04.03.1916. In der ehemaligen Verwaltungshauptstadt **Buea** erinnert das frühere **Gouverneurshaus** Jesko von Puttkamers noch an die deutsche Kolonialzeit. Dieses wohl am besten erhaltene Bauwerk – mit einer Turmuhr, die noch immer geht – ist heute eine der Residenzen des kamerunischen Staatschefs. In einem separaten Raum werden die noch erhaltenen Dokumente aus deutscher Zeit aufbewahrt. Auch der **Bismarck-Brunnen** in Buea, die **Kirche in Kribi** und einige etwas verwahrloste Friedhöfe, z.B. in Douala, geben noch Zeugnis aus deutscher Vergangenheit. Der **Bahnhof von Douala** hat eine typisch wilhelminische Architektur. In Yaoundé gibt es ein Archiv mit einer recht stattlichen Anzahl an Dokumenten aus dieser Zeit, die vor einigen Jahren von einem eigens aus Koblenz angereisten Experten auf Mikrofilm konserviert und sachgerecht archiviert wurden.

Im französischen Ostteil trägt ein Ort, 1890 gegründet, zum größeren Ruhm eines Häuptlings und der deutschen Verwaltung noch immer den Namen Lolodorf (benannt nach dem damaligen Häuptling Lolo).

**Bisweilen wird in Kamerun die deutsche Zeit noch heute glorifiziert** und etwas verklärt als „Periode der Disziplin" bezeichnet. Deutsch waren die erste Fahne, die gehißt wurde, die ersten Schulen und Kirchen, die Kakao- und Kautschukplantagen. Die Deutschen haben die ersten Eisenbahnschienen gebaut und Brücken über Flüsse gezogen, die heute noch dem Verkehr standhalten. Und auch das Farbfernsehen ist deutsch!

In einem Geschichtsbuch für kameruner Schüler steht: „*Die Deutschen waren gut in allem, was sie taten, und sie zeigten, was sie konnten*" und „*Sie waren auch gute Architekten*". Eine andere weitverbreitete Meinung über die Deutschen kursiert immer noch: „*Sie waren hart – aber gerecht.*"

So überzeugt war man dereinst wohl nicht. Wie sonst wäre es denkbar, daß sich 1905 die Kamerun-Häuptlinge bei der deutschen Obrigkeit mit dem Wunsch äußerten: „*Sämtliche jetzige Gouverneursbeamte des Schutzgebietes Kamerun bitten wir forträumen zu wollen, denn ihre Regierung führen sie nicht gut.*"

Noch in den letzten Monaten vor Kriegsausbruch wurden in Douala und Yaoundé zwei ernstzunehmende kamerunische Oppositionelle öffentlich hingerichtet. Es handelte sich um den Douala-„Prinzen" *Rudolf Manga Bell* und *Martin Samba*, einen ehemaligen deutsch-kamerunischen Offiziersanwärter. Manga Bell wurde damals auch in Deutschland unterstützt und bekam Rechtsbeistand durch einen eigens aus Deutschland angereisten Anwalt.

Während der **deutschen Kolonialepoche** herrschte einerseits grausame Härte, andererseits aber wurde viel zum Fortschritt von Handel, Verkehr, Schulwesen und Bodenkultur unternommen. Für Deutschland endete die Kolonialzeit in Afrika mit dem Ersten Weltkrieg und dem Versailler Vertrag nach relativ kurzer Dauer. Zum deutschen Einflußbereich gehörten außer Kamerun noch Deutsch-Südwestafrika (das heutige Namibia), Togo und Deutsch-Ostafrika (das heutige Tanzania), sowie Gebiete in China, auf Sa-

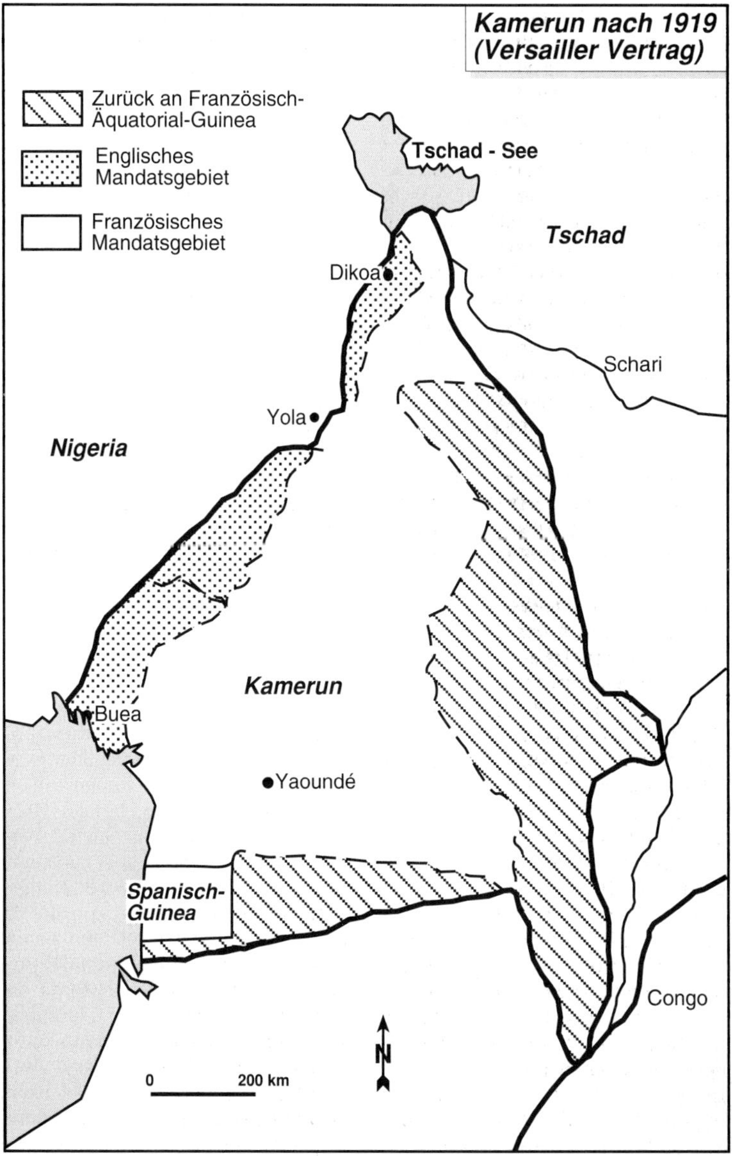

## Kamerun nach 1919 (Versailler Vertrag)

Zurück an Französisch-Äquatorial-Guinea

Englisches Mandatsgebiet

Französisches Mandatsgebiet

Tschad - See

Tschad

Dikoa

Schari

Yola

Nigeria

Kamerun

Buea

Yaoundé

Spanisch-Guinea

Congo

0    200 km

N

Land und Leute

moa und in der Südsee („Bismarck-Archipel"). Doch trotz der Kürze dieser Zeitspanne wirkt vieles von dem, was damals geschah, bis heute nach, in der Geschichte und im Bewußtsein sowohl der Deutschen als auch der ehemals von ihnen kolonisierten Völker. Zwischen Kamerun und Deutschland bestehen gute politische, wirtschaftliche und auch ansonsten freundschaftliche Beziehungen, was man als Reisender unterwegs immer wieder positiv zu spüren bekommt.

## Das britische Mandat

Nach dem Sieg über die Deutschen unterstand Kamerun einige Jahre lang der provisorischen Verwaltung von Frankreich und Großbritannien, bis mit dem **Vertrag von Versailles** am **28. Juni 1919** die Aufteilung des Landes besiegelt wurde. Der Völkerbund übertrug den Briten einen schmalen (zudem unterbrochenen) Streifen entlang der Grenze zu Nigeria, Frankreich erhielt den Rest des Treuhandgebietes und somit 80% des Landes in seinen Grenzen von 1911. „**Neukamerun**" (s. Seite153) fiel an Französisch-Äquatorial-Afrika zurück. Der Wandel zu Mandats-Gebieten 1922 bestätigte lediglich diese Teilung.

Das britsche Mandatsgebiet bildete im Gegensatz zum französischen in der Praxis nie eine politisch-administrative Einheit, da die beiden Teile von den benachbarten nigerianischen Provinzen mitverwaltet wurden. Daher konnte sich bestenfalls im Südteil (später *Southern Cameroons*), in dem das wirtschaftliche Potential konzentriert war, ein Zusammengehörigkeitsgefühl entwickeln. Für die *Northern Cameroons* schien ein Aufgehen in den Gebieten Nordnigerias unabwendbar.

Auch die **wirtschaftliche Situation** entwickelte sich unerwartet. Die **Briten** hatten nur wenig Interesse an der kommerziellen Erschließung ihres Gebietes. Ein Großteil der früheren deutschen Plantagenbesitzer konnten auf einer Auktion in London 1924 ihr beschlagnahmtes Eigentum zurückkaufen. Innerhalb kurzer Zeit war daher der Stand der Vorkriegszeit wieder erreicht, 1938 lebten im britischen Mandatsgebiet dreimal mehr Deutsche als Briten. So gestanden die Briten ihrem Gebiet auch größere politische Freiheiten zu, förderten die Selbstverwaltung, um sich schließlich ganz zurückzuziehen.

**Frankreich** hingegen schuf eine Politik der Anbindung an das Mutterland auf lange Sicht. So entstanden im britischen und französischen Teil verschiedene politische Strukturen, die nach dem Zweiten Weltkrieg zu Auseinandersetzungen führten.

## Das französische Mandat

Die Arbeit der Franzosen zwischen den beiden Weltkriegen setzte fort, was die Deutschen bereits begonnen hatten. Die Entwicklung der Infrastruktur wurde weitergeführt: Das Gebiet erhielt ein gutes Straßennetz, bereits 1927 ereichte die Eisenbahn Yaoundé. **Kakao und Kaffee** waren mehr und mehr gefragt und schon 1930 wurde Kamerun zu einem wichtigen **Exportland**. Die Entwicklungen erreichten einen Höhepunkt. Das Grundprinzip der Kolonialpolitik war, die Bevölkerung an der Produktion, die für den Export bestimmt war, zu beteiligen. Man sprach von den sogenannten *„cultures riches"* – also Kakao und Kaffee, die nicht mehr ausschließlich von großen Plantagenbesitzern produziert wurden, sondern hauptsächlich von Kleinbauern. Dies schuf, besonders ab Anfang der 50er Jahre, einen gewissen **Wohlstand**. Im Bereich der Erziehung wurde den Missionsschulen eine Reihe von offiziellen Schulen hinzugefügt. Die christliche Kirche verstärkte ihre Bekehrungs-Maßnahmen. Im Gesundheitswesen wurde ein spektakulärer Erfolg im Kampf gegen die Schlafkrankheit erreicht *(Dr. Jamot)*. In der Wirtschaft begann die **Industrialisierung** mit der Ölproduktion, dem Bau von Tabak-Fabriken und Brauereien, zusammen mit so wichtigen Projekten wie dem Bau von Staudämmen und der Aluminium-Produktion in *Edéa* sowie dem Bau der Wouri-Brücke in Douala.

Von 1939 bis 1945 nahm Kamerun auf *General de Gaulles* Aufruf am **Zweiten Weltkrieg** teil. Unter *General Leclerc* zogen mehr als 2000 Kameruner und Tschader durch die Sahara gegen die Italiener in Libyen, nahmen an Schlachten wie die bei *Monte Cassino* teil und gehörten zu den Truppen, die bei Kriegsende Tirol besetzten. Frankreich verdankt nicht zuletzt der sog. *Colonne Leclerc* seinen Status als Siegermacht.

Am Ende des Krieges wurden Frankreich und Großbritannien von den Vereinten Nationen (UNO), der Nachfolge-Organisation des Völkerbundes, zu Treuhänderischen Verwaltern Kameruns berufen. Im politischen Bereich wurde Kamerun in der Verfassung der *Union Francaise* **1946** ein „assoziiertes Territorium", womit dem Land mehr Freiheiten gewährt wurden. Es kam zur Bildung von Gewerkschaften und Parteien, die jedoch noch immer unter dem Einfluß der Franzosen standen. Es folgte die Schaffung einer **Territorialversammlung mit beschränkten Mitbestimmungsrechten** und die Vertretung in den Organen Frankreichs. All diese Fortschritte brachten aber auch Schwierigkeiten mit sich, z.B. die Streiks in Douala 1947, die Demonstrationen 1955, bei denen es viele Tote gab, und die zur Auflösung der *„Union des Peuples Camerounais"* (UPC) führten. So gering diese Rechte anfangs gewesen sein mögen, sie leiteten einen Emanzipationsprozeß ein, dem Frankreich schließlich nicht mehr widerstehen konnte.

## Der Weg zur Unabhängigkeit

Der Schritt zur Unabhängigkeit am 1.1.1960 wurde wesentlich beschleunigt durch die Entscheidungen der zuständigen UNO-Organe und der in ihnen vertretenen antikolonialen Kräfte – allen voran die Vereinigten Staaten. Diese Entwicklung war jedoch mit heftigen Auseinandersetzungen verbunden.

Die **1948** gegründete **Partei UPC** errang bei ihren Wahlen eine Niederlage und erschütterte daraufhin die politische Ordnung. Sie wurde unterstützt von einer breiten Mitgliedschaft an der Küste und im Westen und von der kommunistischen Welt. Frankreich verstärkte seine militärische Präsenz, um der Lage Herr werden zu können, und führte einen mörderischen Krieg gegen die Aufständischen.

Im *Bamiléké-Land* wurde die Bevölkerung in „Wehrdörfern" konzentriert, was zur Gründung eines großen Teils der heutigen Städte in dieser Gegend führte. Frankreichs Unterstützung in Zeiten der Guerrilla veranlaßte die Regierung Kameruns, sich jahrzehntelang „erkenntlich" zu zeigen. Politische

Opposition wurde nicht geduldet. Lange Zeit wurde keine freie Meinungs- und Willensäußerung in Kamerun zugelassen, die Presse entwickelte sich unter dem Druck der Zensur von ehemaliger Vielfalt politischer Meinungen zu einer regierungsamtlichen Stimme.

Die im Dezember 1956 gewählte Versammlung *ALCAM (Assemblée Législative du Cameroun*, **gesetzgebende Versammlung** Kameruns) traf sich am **10. Mai 1957** zum ersten Mal und wählte die Landessymbole aus: Die Flagge, die Hymne und die Devise „Friede, Arbeit, Vaterland" *(Paix, Travail, Patrie)*. Die kamerunische Nationalhymne *("O Cameroun, berceau de nos ancêtres")* stammt jedoch schon aus den 20er Jahren und wurde verfaßt und komponiert von Schülern einer Eliteschule in Yaoundé.

Die erste Regierung unter *André-Marie Mbida* wurde gebildet. Im Oktober 1958 erklärte die ALCAM den offiziellen Wunsch der Kameruner, am 1. Januar 1960 die vollständige politische Unabhängigkeit festzulegen.

Der spätere Präsident *Ahmadou Ahidjo*, ein Moslem aus Garoua, gründete 1958 die *Union Camerounaise*, deren Weg, mit Unterstützung der Franzosen, die Angst vor der „kommunistisch unterwanderten" UPC hatten, unaufhaltsam nach oben führte.

Die Partei führte das Land am ersten **Januar 1959** in die **innere Autonomie.** Am 12. März 1959 stimmte die Verwaltungs-Kommission der UNO mit 59 Stimmen gegen 9 für die Aufhebung der Fremdverwaltung. Am Ende dieser Entwicklungen stand am **1. Januar 1960** die Entlassung Kameruns in die **Unabhängigkeit**.

Am 5. **Mai 1960** wurde **Ahmadou Ahidjo** zum **ersten Präsident**en der Republik gewählt.

*Jesco von Puttkamer (Gouverneur von Kamerun, 1895 – 1906) mit Schutztruppenoffizier Hans von Ramsey bei einer Rast im Urwald*

## Geschichte in Zahlen

**5000 v. Chr.** *Als erste Völkergruppe ließen sich die Mahalis im heutigen Kamerun nieder.*

**4000 v. Chr.** *Danach waren es die Pygmäen, die Teile des Landes besiedelten. Heute leben sie noch verstreut in der Zone des tropischen Regenwalds im Ostteil des Landes.*

**6. Jh. v. Chr.** *Auf einer Forschungsreise entdeckte der Karthager Hanno am Golf von Guinea einen aktiven Vulkan und taufte ihn „Götterwagen".*

**bis 15 Jh. n.Chr.** *Die Überlieferung der Geschichte ist ungenau, je doch weiß man, daß der Zeitraum bis zum 15.Jahr hundert unter den Einflüßen der Sao-Zivilisation und des Kanem- und Bornou-Reiches stand. Ver schiedene Volksstämme wanderten nach Nordka merun ein. Gründung diverser Staaten, darunter Mandara.*

**1472** *Der Portugiese Fernao do Poo und seine Matrosen drangen in die Mündung des heutigen Wouri-Flus ses vor. Sie nannten ihn wegen der vielen Krabben, die es hier gab, „Rio dos Camaroes". Daraus ent stand der heutige Name Kamerun.*

**17. Jahrhundert** *Die Holländer eröffneten Handelshäuser im Küsten gebiet. Sie wurden später von den Portugiesen ver trieben, die ihrerseits von den Engländern das glei che Schicksal erfuhren.*

**18. Jahrhundert** *Die Fulbe islamisierten die nördlichen Regionen.*

**1845** *Als einer der ersten Missionare kommt der Baptist Alfred Saker nach Kamerun und gründet die Stadt Victoria (später Limbé).*

**1851** *Forschungsreise des Deutschen Heinrich Barth durch die Zentralsahara. Er kommt auch in die Ge gend des heutigen Nordkamerun (Kotoko-Staaten am Logone und „Tuburi-Sümpfe", d.h. die Gegend um Yagoua).*

**1872** *Der deutsche Afrika-Forscher Gustav Nachtigal und spätere Vertreter Deutschlands bei der Unter zeichnung des „Schutzvertrages" von Douala (1884) kam durch die heutige Provinz Extrême Nord und besuchte Städte am Logone.*

**1882** *König Akwa und König Bell richteten die Bitte nach Schutzherrschaft an die Engländer, diese lehnten ab.*

Land und Leute

*Zwei der Bamoun-Könige aus der Ahnengalerie*

| | |
|---|---|
| **1884** | Infolge dieser Ablehnung wurden die Engländer von den Deutschen überholt. Diese unterzeichneten einen Schutzvertrag mit den beiden Königen. |
| **14.7.1884** | Der deutsche Afrikaforscher Dr. Gustav Nachtigal hißt die Flagge des Deutschen Reiches an der Kamerunküste. |
| **1884–85** | Auf der Kongo-Konferenz in Berlin erfolgt die Grenzziehung der afrikanischen Kolonien und deren Aufteilung. Die ersten Grenzen Kameruns werden festgelegt. |
| **1889–1890** | Eugen Zintgraff, ein deutscher Kolonialpionier, bereist als erster das Grasland, gelangt von der Küste aus bis Jola am Benoué und hat damit als erster Europäer Kamerun in Nord-Süd-Richtung durchquert. |
| **1900–1903** | Hauptmann Hans von Ramsey kartiert das ca. 100 000 km² große Nordwestkamerun und entdeckt dabei das kulturell bemerkenswerte Bamoun-Reich. („Bamum") |
| **1901** | Die Hauptstadt Kameruns wird von Douala („Kamerun-Stadt") nach Buea verlegt. |

| | |
|---|---|
| *1914* | *Beginn des Ersten Weltkriegs in Kamerun.* |
| *1916* | *Flucht der letzten Deutschen nach Rio Muni (Spanisch-Guinea).* |
| *1919* | *Kamerun wird unter französisches und britisches Mandat gestellt.* |
| *21.3.1921* | *Willkürliche Gebietsabgrenzung durch den Völkerbund.* |
| *1939–1945* | *2.Weltkrieg. Kamerun wird mittels UNO-Mandat regiert. Kurz danach entsteht ein Nationalismus, der zur Gründung politischer Parteien und einer Gewerkschaftsbewegung führt.* |
| *April 1957* | *Erlangung der inneren politischen Selbständigkeit und Bildung einer ersten kamerunischen Regierung am 10. Mai 1957.* |
| *1958* | *Sitzung der Generalversammlung der Organisation der Vereinten Nationen, die das von der kamerunischen Regierung eingebrachte Programm zur Aufhebung der Mandatsverwaltung billigt.* |
| *1.1.1960* | *Unabhängigkeit* |
| *1.10.1961* | *Wiedervereinigung der bis dahin unter britischem und französischem Mandat stehenden West- und Ostteile Kameruns und Geburtsstunde des Bundesstaats Kamerun. Englisch und Französisch werden offizielle Landessprachen.* |
| *20.05.1972* | *Friedliche Revolution mit dem Übergang vom Bundesstaat zum Einheitsstaat: Vereinigte Republik Kamerun, Präsidialsystem.* |
| *1982* | *Präsident des Landes wird Paul Biya, der seinen Vorgänger Ahmadou Ahidjo ablöst.* |
| *4.2.1984* | *Aus der Vereinigten Republik Kamerun wird die Republik Kamerun.* |
| *6.4.1984* | *Putschversuch in Yaoundé.* |
| *11.10.1992* | *Erste freie Wahlen in Kamerun* |
| *Dezember 1995* | *Neue Verfassung, die den einzelnen Regionen mehr Freiheit gibt.* |

**Land und Leute**

grün rot gelb

**Nationalflagge**

# Aktuelle Politik und Landesstruktur

*Von Hubertus von Lindeiner und Stefan Birenheide*

Auch wenn das politische Leben Kameruns nicht erst mit dem 1. Januar 1960 begonnen hatte, so ist hier doch der Anfang einer eigenständigen Politik zu sehen. Viele Elemente der heutigen Politik des Landes sind logische Konsequenzen der kolonialen Strukturen. Man denke allein an die Grenzen, das Problem des Vielvölkerstaates, die beiden Amtssprachen und Verwaltungssysteme.

Der **erste Präsident Kameruns**, *Ahmadou Ahidjo*, hatte also ein schwieriges Erbe angetreten. Auf der einen Seite galt er den Eliten Kameruns als Marionette Frankreichs, wurde nicht für voll genommen. Auf der anderen Seite stand die übermächtige ehemalige Kolonialmacht Frankreich, die ihn mühelos mit Wirtschaftssanktionen und sonstigem politischen Druck lenken konnte. Ahidjo erwies sich aber letztendlich als weniger „einfach" als ursprünglich angenommen und verfolgte relativ eigensinnige Ziele. Ahidjos politisches Leitmotiv war bis zum Schluß die **„Nationale Einheit"**. Er verfolgte dies sehr oft mit Brachialgewalt: Viele Oppositionelle landeten in Lagern, wurden umgebracht oder gingen ins Exil.

## Die Wiedervereinigung

Der zweite wichtige Anspruch der Nationalisten nach der Unabhängigkeit erfüllte sich **1961** mit der **Wiedervereinigung** der beiden Mandats-Gebiete Kameruns in einem Bundesstaat. Die politische Entwicklung im anglophonen Landesteil war eng mit der Frage der Anlehnung an den größeren, auch ehemals britischen Nachbarn Nigeria oder aber an das frankophone Kamerun verbunden. Dabei gab es Anhänger der Wiedervereinigung mit dem Osten und andere, die Nigeria beitreten wollten. Die Bewegungen waren in dieser Zeit nicht einheitlich gegen die Kolonialpolitik gerichtet, vielmehr vergrößerte sich die Rivalität zwischen einzelnen Gruppierungen.

Durch einen Volksentscheid unter UNO-Aufsicht fiel am 1. Oktober 1961 der Beschluß zugunsten einer Verbindung mit der schon unabhängigen Republik Kamerun und somit der Wiedervereinigung. Die bekannteste Persönlichkeit unter den Befürwortern war der spätere **Ministerpräsident** von West-Kamerun **John Ngu Foncha** aus der Gegend von Bamenda. Die sog. *Northern Cameroons* dagegen hatten sich für Nigeria entschieden. Ahidjo, der nicht bereit war, einen Staatenbund zu gründen, willigte schließlich lediglich in eine bundesstaatliche Ordnung ein, die von einem zentralen Präsidialregime dennoch nicht sehr weit entfernt war. Die beiden Bundesstaaten im Osten und Westen erhielten nur geringe Kompetenzen und waren finanziell so stark von der Zentralregierung abhängig, daß es nur eine Frage der Zeit sein mußte, bis diese Verfassungskonstruktion abgebaut werden würde. Westkamerun wehrte sich lange gegen eine gezielte Absorption, mußte sich aber schließlich beugen. Durch große Autorität, man spricht von einer Entmündigung des Volkes und gewaltsamer Ausschaltung der Opposition – Mitte der 60er Jahre wurden alle Parteien aufgelöst und gingen in der Einheitspartei *UNC (Union Nationale Camerounaise)* auf – wird **1972** der Status von einem Staatenbund umgewandelt in: *Präsidialregime – Einheitspartei – Einheitsstaat.* Kamerun heißt nunmehr **Vereinigte Republik Kamerun.**

## Kamerun heute

Von 1975 bis Ende 1992 wurde Ahidjo unterstützt von **Paul Biya** als **Premierminister**, der die Aktivitäten der Regierung in bestimmten Regionen delegierte und koordinierte. Das Gesetz sah vor, daß im Falle eines Rücktritts oder Ausscheidens des Staatspräsidenten der Premierminister dieses Amt für die verbleibende Amtsperiode übernehmen sollte. Als daher am **4. November 1982** Ahidjo unerwartet, wohl aus gesundheitlichen Gründen, zurücktrat, wurde der damalige Premierminister Paul Biya gesetzlicher Nachfolger laut Verfassung. (1984 wurde dieses Gesetz geändert: Im Falle des Ausscheidens des Präsidenten während der Amtsperiode muß der Sprecher der Nationalversammlung innerhalb von 40 Tagen Neuwahlen einberufen.)

Ahidjo unterstützte anfangs noch seinen aus dem Süden kommenden Nachfolger und der Machtwechsel verlief reibungslos. Allerdings gefiel Ahidjo schon bald die Politik seines Nachfolgers nicht mehr. Als Paul Biya im Juni 1983 ohne vorherige Abstimmung mit seinem Vorgänger das Kabinett umbildete, die ehemaligen Vertrauten und Weggefährten Ahidjos in Ministerämtern durch jüngere Fachleute auszutauschen begann(um so der neuen

Rolle Kameruns als ölexportierendes und industrialisiertes Land gerecht zu werden), als der neue Präsident seine Ankündigung von mehr Demokratie und sozialer Gerechtigkeit umzusetzen begann, kam es zu einem **politischen Machtkampf.** Außerdem sah Biya nicht ein, warum er als amtierender Staatschef nicht auch den Vorsitz der Einheitspartei innehaben sollte, der ja immer noch bei Ahidjo war. Auf einer Sitzung der UNC folgten ernsthafte Überlegungen über die Politik des Landes seit der Unabhängigkeit. Aufgrund der Niederlage ihres Gründers Ahidjo war die Partei UNC heftigen Spannungen unterworfen. Der Kongress stand vor der Frage, ob Paul Biyas Antrag auf Demokratie ohne die Partei ausgeführt werden sollte, was ein Mehrparteiensystem zur Folge gehabt hätte. Das Problem wurde gelöst, indem Biya sich zum Parteivorsitzenden der UNC wählen ließ und so Regierung und Präsidentschaft gleichzei

*Paul Biya*

*Politische Demonstration der Regierungspartei in Bamenda*

tig in der Hand hielt. Ahidjo, bis dahin immer noch Parteiführer der UNC, ging 1983 ins Exil nach Frankreich. Der Streit zwischen Partei und Staat entspannte sich endlich und im Januar 1984 wurde Biya bei vorgezogenen Präsidentschaftswahlen (als einziger Kandidat) erneut in seinem Amt bestätigt.

Als es im **April 1984** dann doch zu einem **Staatsstreichversuch** kam, den man den Anhängern Ahidjos anlastete, war ein erneuter Konflikt unabwendbar. Der Putschversuch wurde von der Armee blutig niedergeschlagen, die Anführer landeten vor Gericht, mehr als 190 wurden hingerichtet. Auch wenn die Hälfte der Putschisten aus dem Süden stammte, kam es in Yaoundé zu Pogromen gegen „Nordisten" und Bamiléké. Ahidjo dementierte aus seinem selbstgewählten Exil in Frankreich heraus jegliche Verant-

wortung für die Vorkommnisse. Die seit 1966 bestehende Einheitspartei UNC wurde in **RDPC** umbenannt *(Rassemblement Démocratique du Peuple Camerounais*, Demokratische Volksbewegung Kameruns).

Biya versprach dem Volk im Rahmen seines „politischen Liberalismus" die Mitbestimmung nur innerhalb des Einparteien-Systems der *RDPC*. Er kündigte eine Politik der *„Rigueur et Moralisation"* an (Strenge und Verantwortungsbewußtsein), aber auch eine „Liberalisierung des politischen Lebens und eine allmähliche demokratische Öffnung". Aber erst auf dem Kongress von Yaoundé 1988 war zum ersten Mal die Rede von einer eventuellen Zulassung von Oppositionsparteien. Bis zu den **ersten freien Präsidentschaftswahlen im Oktober 1992** war es noch ein weiter und beschwerlicher Weg.

## Innenpolitik

Kamerun war in der Ahidjo-Zeit trotz der Vielfalt seiner Volksstämme und dem starken Sozialgefälle zwischen der südlichen, von Christen bewohnten, Küstenregion und der unterentwickelten islamischen Nordregion im Vergleich zu anderen afrikanischen Staaten viele Jahre **innenpolitisch erstaunlich stabil.** Trotz der etwa 200 verschiedenen Ethnien zeigt die Bevölkerung eine gemeinschaftliche Bindung an ihr Land.

Doch zunehmend hat Präsident Paul Biya Kritiker im eigenen Land, vor allem unter den englischsprachigen Bewohnern Westkameruns, den sog. *„Anglos"* (von *anglophon* = englischsprachig), und den *„Nordisten".* Doch auch die Intellektuellen aus Douala oder die Geschäftsleute der Bamiléké fühlten sich immer mehr als Opfer einer unqualifizierten Politik. Auch wenn es kaum einen Unterschied gab zu Ahidjos Zeiten, in denen genauso „gemauschelt" und Pfründe an Gesinnungsgenossen verteilt wurden – die große **wirtschaftliche und soziale Krise der 80er Jahre** wurde Biyas Regierungsmannschaft zugeschrieben. Die Kapitalflucht nahm ungeheure Ausmaße an, Vettern- und Günstlingswirtschaft wurden immer unerträglicher, der Ruf nach freier Presse und mehreren Parteien immer lauter. Erst kam die Pressefreiheit mit einer ganzen Reihe von neuen und teilweise recht kritischen Zeitungen. Dann regte sich politischer Oppositionsgeist in Douala, im Westen und im Norden. Es kam die Zeit der verschiedenen **Generalstreiks** *(„opération ville morte"* = tote Städte: Alle Geschäfte blieben geschlossen) in fast allen Städten des Landes und der Gründung der meisten Parteien. Nach anfänglich recht ruppiger Repression war es dann schließlich soweit: 1992 durften die kamerunischen Bürger zweimal wählen. Plötzlich sah man wieder Vertreter der seit Jahrzehnten verbotenen UPC, die aus dem Exil zurückkehrten; Intellektuelle fanden ihre politischen Ideen in der Partei eines der Söhne des Sultans von Foumban vertreten; es gab Gruppierungen, die Ahidjos Erbe wieder aufleben lassen wollten und solche, die einen ganz anderen Ansatz hatten. Die meisten Parteien waren nicht ethnisch gebunden, wie man anfangs befürchtete, und hatten ihre Anhänger in der gesamten Republik.

Am **1. März 1992** fanden die ersten **freien Parlamentswahlen** statt. Die meisten Oppositionsparteien riefen wegen Unregelmäßigkeiten bei der Wahlvorbereitung zum Wahlboykott auf. So waren z.B. die Wahlbezirke zuungunsten der Opposition aufgeteilt. Trotzdem erhielt die Oppositionspartei UNDP (Nationale Union für Demokratie und Fortschritt) einen überraschend hohen Anteil von Stimmen (zweitstärkste Partei). Die regierende RDPC hat nur knapp gewonnen.

Am **11. Oktober 1992** standen dann **erstmals mehrere Präsidentschaftskandidaten** zur Wahl. Der stärkste Gegner war und ist **John Fru Ndi** (aus Bamenda im anglophonen Westen) von der *Social Democratic Front (SDF).* Er gilt als gänzlich unbelastet, was die Machenschaften der alten Nomenklatura betrifft, und ist umgeben von Intellektuellen und Vertretern jener Westkameruner, die sich von Ahidjos Wiedervereinigung „mit der Brechstange" und Biyas Cliquen-Wirtschaft verraten fühlten. Auch die erdrückende politi-

**Land und Leute**

---

**Opposition Kameruns erklärt Wahlboykott zum Erfolg**
*Jaunde (AFP) – Der Aufruf der Opposition in Kamerun, die Präsidentschaftswahl zu boykottieren, ist nach Angaben der drei wichtigsten Oppositionsgruppen weitgehend befolgt worden. Weniger als 20 Prozent der Stimmberechtigten seien zu den Urnen gegangen erklärten die Parteien. Wegen des Boykottaufrufs der Opposition mußte Präsident Paul Biya nicht um seine Wiederwahl bangen. Biya und seine frühere Einheitspartei Demokratische Sammlungsbewegung des kamerunischen Volkes (RDPC) hatten den nationalen Rundfunk im Wahlkampf nahezu monopolisiert, obwohl die Verfassung den Oppositionsparteien Sendezeiten einräumt. Diese bezeichneten den Urnengang am 12. Oktober als eine „Wahlmaskerade". Der Wille des Volkes sei ignoriert und die Demokratie verhöhnt worden. Die Opposition rief ihre Anhänger auf, bei Bekanntgabe des Endergebnisses friedlich zu protestieren. Biya herrscht seit 15 Jahren in Kamerun.*
Artikel aus der Süddeutschen Zeitung vom 21. Oktober 1997

---

sche Präsenz Frankreichs wurde thematisiert. Mittlerweile hat die *SDF* ihre Anhänger unter allen Unzufriedenen des Landes. John Fru Ndi ist bisweilen härtesten Pressionen ausgesetzt und auch seine Heimatstadt Bamenda wurde oft zum Ziel verschiedenster Repressalien. Seine Anhänger gehen davon aus, daß Biya die Wahlergebnisse, denen zufolge eigentlich Fru Ndi der Sieger hätte sein müssen, zuerst verheimlicht und anschließend manipuliert hat. Zur Wahl wurden keine internationalen Wahlbeobachter zugelassen außer das vom US-Senat finanzierte *Institut für Internationale Angelegenheiten (NDI)*. Alle Oppositionsparteien sprachen nach der Wahl von Fälschungsversuchen. So gab es z.B. angeblich in einigen Wahlbezirken, wo die Opposition besonders stark ist, nicht genügend Stimmzettel für die Oppositionsparteien. In der Folgezeit kam es zu Protesten gegen die Manipulationen, die auch vom NDI bestätigt worden waren. Die kamerunische Armee ging gewaltsam gegen Demonstranten vor, über tausend Oppositio-

nelle wurden inhaftiert. Über die Nordwest-Provinz wurde der Ausnahmezustand verhängt, Fru Ndi wurde unter Hausarrest gestellt. Paul Biya geriet durch die Wahlfälschung außenpolitisch in Bedrängnis. Einzig Frankreich hat sich nicht gegen die Manipulationen ausgesprochen.

Auch **1993** kam das Land nicht zur Ruhe. An Universitäten und Gymnasien wurden ab April hohe Gebühren verlangt. Am 1.Dezember begann ein unbegrenzter **Generalstreik im öffentlichen Diens**t, unterstützt von der *SDF*. Lehrer hatten seit den Sommerferien kein Gehalt mehr bekommen. Die Gehälter der Staatsbediensteten wurden und werden auch heute noch unregelmäßig mit monatelangen Verspätungen ausbezahlt, hinzu kommen ständige Kürzungen.

Der Streit zwischen anglophoner Minderheit und frankophoner Mehrheit bildet immer wieder eine Gefahr für die Regierung. Die Minderheit fordert eine Einführung des föderalen Sysems, einige wollen sogar einen unabhängigen Staat. Auseinandersetzungen zwischen anglophonen und frankophonen Mitgliedern, zwischen Föderalisten und Unitaristen der *SDF* führten im März 1995 nach dem Ausschluß mehrerer Mitglieder zur Spaltung der Partei.

Im **Januar 95** hatte sich die **Oppositionspartei der *UNDP* gespalten**. Nachdem es bereits im Mai 94 zu gewaltsamen internen Streitigkeiten gekommen war, wurde die parlamentarische Arbeit im November des gleichen Jahres boykottiert. Streitpunkt war die Regierungsbeteiligung – Befürworter und Gegner standen sich gegenüber.

Die angeblich freie private Presse hatte es von Anfang an nicht leicht. So sind Journalisten, Herausgeber, Zeitungsverkäufer und sogar Leser Repressallien ausgesetzt. Zeitungen werden beschlagnahmt, müssen teilweise den Betrieb einstellen, einige Journalisten werden verhaftet. Daran hat auch das im Januar 1996 neu gestaltete Pressegesetz wenig geändert.

Die seit mehreren Jahren geführte Verfassungsdiskussion wurde im **Januar 1996** mit einer **reformierten Verfassung** beendet. Neuerungen sind die Einführung eines Senats als zweite Kammer, die Einrichtung eines Verfassungsrates und eine gewisse Form der Dezentralisierung. Die Opposition fand ihre Forderungen nur eingeschränkt erfüllt, da die Machtposition des Präsidenten erhalten blieb. Der Forderung der anglophonen Minderheit nach Einführung des Föderalismus wurde nicht entsprochen.

Am **21.1.96** fanden **Kommunalwahlen** statt, die Paul Biya bereits für 1994 angekündigt und mehrmals verschoben hatte. In 219 von 336 Gemeinden hat die *RDPC* gewonnen (*SDF*: 62, *UNDP*: 29). Auch diese Wahl war angeblich von Unregelmäßigkeiten begleitet. In vielen Kommunen wurden die Kandidatenlisten der Oppositionspartei abgelehnt. Deshalb konnte die *SDF* nur in 105 der 243 beantragten Wahlkreise antreten. Die *RDPC* stand in 50 Wahlkreisen ohne Gegenkandidat zur Wahl. Dennoch konnten in acht der zehn größten Städte Oppositionelle gewinnen. Paul Biya ließ in mehreren Städten diese durch von ihm ernannte Bürgermeister ersetzen (z.B. *Limbé*). Daraufhin kam es zu Demos und Zusammenstößen mit der Polizei.

Am 12. **Oktober 1997** hat Paul Biya erneut die Präsidentschaftswahlen (mit über 92 % der Stimmen) gewonnen.

## Außenpolitik

Zur Außenpolitik Kameruns gehörten schon seit Ahidjo die Blockfreiheit und eine Orientierung zum Westen beziehungsweise Frankreich hin. Es wird Wert gelegt auf gute nachbarschaftliche Beziehungen zu den übrigen afrikanischen Staaten.

Durch die Währungsunion *UDEAC* (*Union Douanière des Etats de l'Afrique Centrale*) ist das Land mit Gabun, dem Kongo, der Zentralafrikanischen Republik, Tschad und Äquatorial-Guinea eng verbunden. Der Kontakt zu Nigeria ist aufgrund der Grenzstreitigkeiten in den ölreichen Gebieten an der Küste und dem grassierenden Schmuggel entlang der über 1000 km langen Grenze eher schwierig. Aufgrund der langjährigen Krisen im Tschad ist man auch in den Beziehungen zu diesem Nachbarland eher verhalten. Im allgemeinen hat Kamerun bei seinen Nachbarn, die nicht über einen Seehafen verfügen und dementsprechend ärmer sind, den Ruf des „neureichen Erpressers".

**Land und Leute**

### Grenzstreitigkeiten mit Nigeria

*Seit Jahren schwelt zwischen Nigeria und Kamerun ein zum Teil blutiger Konflikt um die Zugehörigkeit der Halbinsel Bakassi im Golf von Guinea (siehe auch Idenau Seite 298). Die ca. 1000 m² große Inselgruppe ist erdgas- und erdölreich, das angrenzende Gewässer fischreich. Die Bewohner gehören aufgrund Ihrer ethnischen Zugehörigkeit zu Nigeria. Die Rechtslage ist unklar. 1885 wurde das Gebiet von den ehemaligen Kolonialmächten Großbritannien und Deutschland zunächst Nigeria zugewiesen. Ein nie ratifiziertes Abkommen von 1913 schreibt die Halbinsel Kamerun zu. In einer Deklaration von 1975 ließ der damalige nigerianische Staatschef Yakubu Gowon die Ansprüche auf Bakassi fallen. Das bestreitet Nigeria heute. Immer wieder kommt es zu heftigen Auseinandersetzungen, bei denen es auch Tote gab. Selbst Frankreich griff 1994 auf Seiten Kameruns ein. Zur Klärung der Lage ging Kamerun inzwischen, unterstützt von Frankreich, an den Internationalen Gerichtshof in Den Haag. Dort konnte Anfang 1996 ein Teilerfolg erzielt werden. Trotzdem kam es zu weiteren Zusammenstößen. Ab Ende 1996 will Kamerun in diesem Gebiet Erdöl fördern. Die kamerunischen Erdölvorräte auf dem Festland reichen Untersuchungen zufolge nur bis kurz nach der Jahrhundertwende.*

Über diese Nachbarschaftskontakte hinaus setzte sich Kamerun im Rahmen der Organisation für Afrikanische Einheit *(OUA)* vor allem für die Änderung der Rassenpolitik im südlichen Afrika ein.

Kamerun ist folgenden internationalen Organisationen angeschlossen: GATT, OUA, FAO, ILO, UDEAC, AKP, IWF und Weltbank. Am 1. November 1995 wurde Kamerun in den Commonwealth als 52.Mitgliedsstaat aufgenommen. Dadurch wird die Zweisprachigkeit Kameruns anerkannt. Im Juli 1996 fand in Yaoundé der einwöchige Gipfel der *Organisation für afrikanische Einheit (OAU)* statt.

Obwohl das Ziel der wirtschaftlichen Unabhängigkeit besteht, sucht Kamerun außenpolitisch die Nähe der USA und Deutschlands und eine gewisse Lockerung des engen Verhältnisses zur ehemaligen Kolonialmacht Frankreich. Paris übt über die Garantie der militärischen Sicherheit und die Kontrolle breiter Wirtschaftsbereiche einen erheblichen Einfluß aus. Nicht zu unterschätzen ist ebenfalls die Tatsache, daß Kamerun zur Franc-Zone gehört: die Anbindung des CFA-Francs an den Französischen Franc in fester Parität (1 FF = 50 CFA) hat bis zu Anfang des Jahres 1994 für eine halbwegs „stabile" Wirtschaftstruktur gesorgt. Mittlerweile ist der Franc CFA abgewertet worden (1 FF = 100 CFA), was zum Effekt haben soll, daß die teuren Importe zurückgehen und der Export wieder etwas einbringt.

Ein weiterer sehr wichtiger Bestandteil der Beziehungen Kameruns mit dem Ausland ist der ganze Bereich der internationalen technischen Zusammenarbeit oder *„Entwicklungshilfe"*. Noch Ende der 80er Jahre bekam das Land weit über 1,3 Mrd. US-$, von denen weit mehr als die Hälfte aus Ländern der Europäischen Union stammen. Hier spielt vor allem Frankreich die Hauptrolle, gefolgt von Deutschland und Italien. Aber auch die Vereinigten Staaten gehören zu den größeren Geldgebern und scheinen einen gewissen Druck ausüben zu wollen, vor allem was den Demokratisierungsprozeß angeht.

## Verwaltungsstruktur

Seit der Verfassungsänderung von 1972 ist Kamerun in **zehn Provinzen** aufgeteilt, denen jeweils ein Gouverneur vorsteht. Der Gouverneur und die ihm unterstellte Provinzialverwaltung unterstehen direkt dem Innenministerium. Die Provinzen sind in insgesamt **49 Départements** gegliedert, jedem voran ein Präfekt. Die Départements sind weiter unterteilt in **Arrondissements** mit *Unterpräfektur* und *Distrikten*, deren Verwaltung einem Distriktchef obliegt. Neben der Struktur des Innenministeriums hat das Land in jeder Provinz eine Reihe von sog. *Délégations* für alle wichtigen Bereiche des öffentlichen Lebens (z.B. Erziehung, Gesundheit etc.), die als Kontrollorgane der Präsidentialverwaltung angesehen werden können.

Unter dem Druck einer Gruppierung aus dem englischsprachigen Raum, die eine Rückkehr zum Bundesstaat anstrebt, wurde im Dezember 1995 eine Verfassungsänderung konzipiert. Diese sieht eine Reihe von regionalen Selbstverwaltungsstrukturen vor. Durch sogenannte *Senate* sollen die Regionen mehr Freiheit von der zentralistischen Verwaltung in Yaoundé erhalten. Die Umsetzung dieser Neuerung ist bisher noch nicht fortgeschritten.

## Daten zur Verwaltung
### Provinz Extrême-Nord
Hauptstadt: *Maroua*
Landfläche: 34 246 km²
Einwohner: 1 860 000
EW/km²: 54,2
**Départements**
*Diamaré, Kaélé, Logone-et-Chari, Mayo-Danay, Mayo-Kani, Mayo-Sava, Mayo-Tsanaga*

### Provinz Nord
Hauptstadt: *Garoua*
Landfläche: 65 576 km²
Einwohner: 840 000
EW/km²: 12,7
**Départements**
*Bénoué, Mayo-Louti, Faro, Mayo Rey*

### Provinz Adamaoua
Hauptstadt: *Ngaoundéré*
Landfläche: 63 691 km²
Einwohner: 500 000
EW/km²: 7,8
**Départements**
*Djérem, Faro-et-Déo, Mayo-Banyo, Mbéré, Vina*

### Provinz North-West
Hauptstadt: *Bamenda*
Landfläche: 17 810 km²
Einwohner: 1 240 000
EW/km²: 69,5
**Départements**
*Bui, Donga-Mantung, Mentchum, Mezam, Momo*

### Provinz South-West
Hauptstadt: *Buea*
Landfläche: 24 471 km²
Einwohner: 840 000
EW/km²: 34,2
**Départements**
*Fako, Manyu, Meme, Ndian*

### Provinz Est
Hauptstadt: *Bertoua*
Landfläche: 109 011 km²
Einwohner: 520 000
EW/km²: 4,7
**Départements**
*Lom-et-Djérem, Kadeï, Haut-Nyong, Boumba-et-Ngoko*

### Provinz Centre
Hauptstadt: *Yaoundé*
Landfläche: 68 926 km²
Einwohner: 1 650 000
EW/km²: 64,0
**Départements**
*Haute-Sanaga, Lékié, Mbam, Méfou, Mfoundi, Nyong-et-Kellé, Nyong-et-Mfoumou, Nyong-et-Soo*

### Provinz Sud
Hauptstadt: *Ebolowa*
Landfläche: 47 110 km²
Einwohner: 380 000
EW/km²: 7,9
**Départements**
*Dja-et-Lobo, Ntem, Océan*

### Provinz Ouest
Hauptstadt: *Bafoussam*
Landfläche: 13 872 km²
Einwohner: 1 340 000
EW/km²: 96,6
**Départements**
*Bamboutos, Haut-Nkam, Ménoua, Mifi, Ndé, Noun*

### Provinz Littoral
Hauptstadt: *Douala*
Landfläche: 20 239 km²
Einwohner: 840 000
EW/km²: 66,9
**Départements**
*Moungo, Nkam, Sanaga-Maritime, Wouri*

(Quelle: Stat. Bundesamt/Eurostat, Länderbericht Kamerun 1992)

## Gewerkschaften

Die **UNTC** *(Union Nationale des Travailleurs du Cameroun)* ist die Einheitsgewerkschaft, ihr Ziel ist die Wahrung der Arbeitnehmerinteressen. Es gibt in Kamerun mehrere Arbeitgeberverbände, die in wechselseitigen Gesprächen mit den Arbeitnehmerverbänden stehen.

Die Arbeitsgesetzgebung und Bestimmungen sind im **"Code du Travail"** festgehalten, der die Rechte und Pflichten der Unternehmen und der Arbeitnehmer festlegt.

Eine Berufseinteilung sowie die Staffelung der Löhne im Hinblick auf die verschiedenen Tätigkeitsbereiche werden von der nationalen Organisation für Tarifverträge festgelegt. Die Arbeitgebersozialabgaben für die verschiedenen Arten der Sozialvorsorge (Familienzuschuss, Berufsrisiko, Altersrente, Invaliditätsrente und Sterbegeld) liegen bei insgesamt 15% der an die Arbeitnehmer gezahlten Gehälter. Die Verwaltung der Sozialfürsorge obliegt der *"Caisse Nationale de Prévoyance Sociale"*.

*Dieser Friseur ist sein eigener Herr – auch was die Altersvorsorge angeht*

## Bevölkerung und Sozialwesen

### Die Ethnien

Der **Vielvölkerstaat Kamerun** war seit jeher ein Schmelztiegel der Völker und Kulturen des westlichen und östlichen Sudan, Guineas und des Kongo-Gebietes. Der *Sudan* (arab. „Bled es Sudan" = Land der Schwarzen) bezeichnet dabei die von dunkelhäutigen Menschen bewohnten Gebiete südlich der Sahara (nicht zu verwechseln mit der heutigen Republik Sudan).

Die **Bevölkerung Kameruns** gliedert sich in mehr als 200 verschiedene Volksgruppen (Ethnien) auf, jeweils geprägt durch unterschiedliche Kultur, Religion, Tradition und entsprechend viele, klar voneinander zu unterscheidende Sprachen. Durch die mehr oder weniger weit zurückliegenden Verflechtungen untereinander können die einzelnen Ethnien nicht streng voneinander getrennt betrachtet werden, sondern ihre Lebensgemeinschaften sind voller Übergänge. Der Versuch einer Gliederung muß zunächst den natürlichen Dualismus Savanne – Regenwald wieder aufgreifen, der dem Gegensatz Norden – Süden entspricht. Aufgrund dieser extrem unterschiedlichen geographischen Zonen erklärt sich die differenzierte Bevölkerungsstruktur von den Sudan-Sahel-Völkern im Norden bis zu den Waldvölkern im Süden. Die heutige Verteilung der Völker Kameruns ist das Ergebnis der Völkerwanderungen der letzten Jahrhunderte, die im Kapitel Geschichte behandelt werden. Auch werden die verschiedenen Ethnien immer grenzüberschreitend betrachtet werden müssen, da die heutigen Staatsgrenzen Kameruns von den Kolonialherren willkürlich gezogen wurden, ohne die jeweiligen Stammesgebiete zu berücksichtigen.

Die sogenannte **Bantu-Linie**, die die *Bantu*-Völker des südlichen und zentralen Afrikas von den nordafrikanischen Völkern trennt, verläuft mitten durch Kamerun und deckt sich weitgehend mit dem Verlauf des Flusses *Sanaga*. Der Norden ist geprägt durch die Begegnung zwischen *Sudanstämmen* und *hamitischen Stämmen* (zu denen im äußersten Norden noch Semiten, die *Choa-Araber*, kommen). Im Süden und Westen dagegen

*Fulbefrauen*

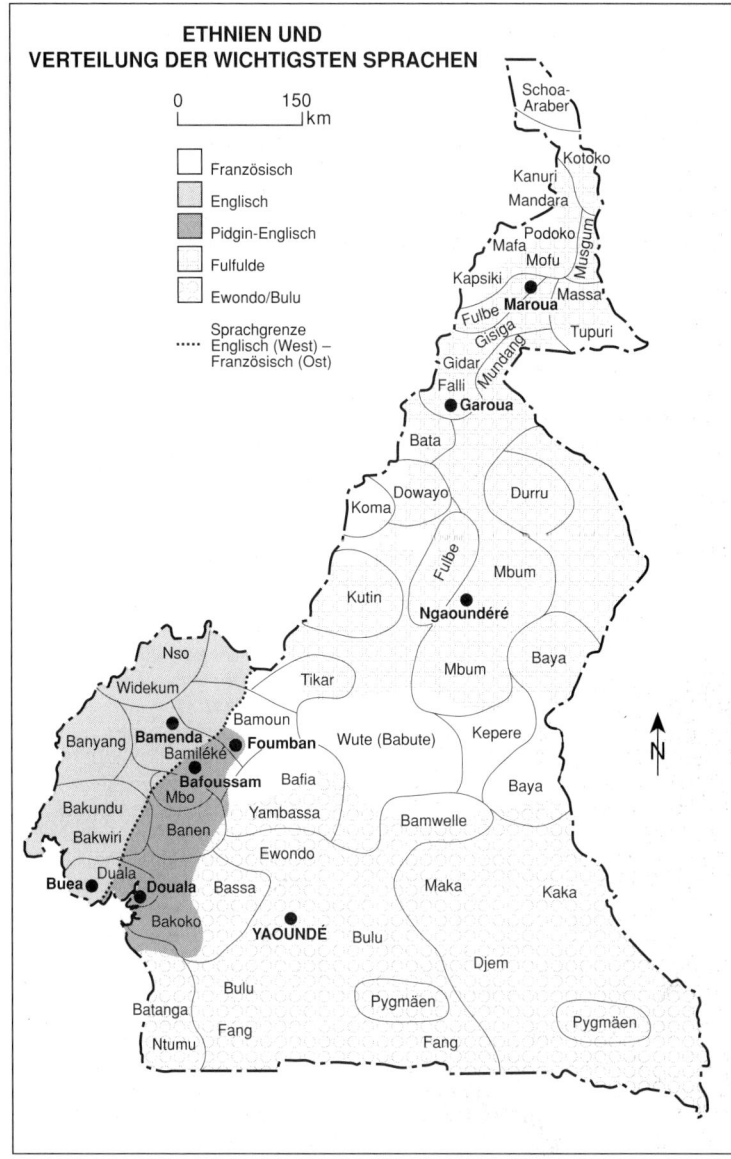

ETHNIEN UND
VERTEILUNG DER WICHTIGSTEN SPRACHEN

0     150
└─────┘km

☐ Französisch

▨ Englisch

▨ Pidgin-Englisch

☐ Fulfulde

▨ Ewondo/Bulu

┈┈ Sprachgrenze
Englisch (West) –
Französisch (Ost)

Schoa-Araber

Kotoko

Kanuri

Mandara

Podoko
Mafa
Mofu

Kapsiki

Massa
●**Maroua**

Fulbe

Gisiga

Tupuri

Musgum

Mundang

Gidar

Falli

●**Garoua**

Bata

Dowayo

Durru

Koma

Fulbe

Mbum

Kutin

●**Ngaoundéré**

Mbum

Baya

Nso

Widekum

Tikar

Bamoun

Banyang

**Bamenda**●
Bamiléké
●**Foumban**

Wute (Babute)

Kepere

**Bafoussam**
Mbo

Bafia

Baya

Bakundu

Yambassa

Bamwelle

Bakwiri

Banen

Ewondo

**Buea**●
Duala
●**Douala**

Bassa

Maka

Kaka

Bakoko

●**YAOUNDÉ**

Bulu

Djem

Bulu

Batanga

Fang

Pygmäen

Pygmäen

Ntumu

Fang

N↑

dominieren die *Halbbantu-* und *Bantu-stämme*.

Die Sudangruppen sind teilweise schon relativ früh islamisiert worden, kamen oft als nomadisierende Viehhirten ins Land und vertrieben mit dem Versuch einer Islamisierung die ansässigen, naturgläubigen Bevölkerungsgruppen in das Bergland, wenn diese nicht bereit waren, sich bedingungslos zu unterwerfen. Die Bantu hingegen leben vorwiegend vom Hackbau im fruchtbareren Süden.

Im folgenden sollen nur die wichtigsten Ethnien, die das soziale und kulturelle Gefüge des Landes charakterisieren, beispielhaft dargestellt werden.

## Die Ethnien des Nordens

Die Bevölkerung **im Norden Kameruns** gliedert sich in **zwei Gruppen**, die durch ihre politische und gesellschaftliche Organisation, ihre Lebensweise, die Sprache und speziell die Religion sehr unterschiedlich voneinander sind: Die **islamischen Volksgruppen**, die vor allem die großen Ebenen bewohnen, und die Anhänger traditioneller Religionen, von den islamischen Invasoren verächtlich **Kirdi** (= Ungläubige) genannt, die sich in das Bergland im Nordwesten zurückzogen.

Die **Sudanesen** der sogenannten tschadischen Sprachgruppe gehörten zu den ersten Bewohnern des heutigen Staatsgebietes im äußersten Norden. Dabei bildeten die **Paläo-Sudanesen** die erste „Welle", aus denen die *Mandara, Mafa, Mofou, Kapsiki, Guiziga, Guidar* u.a. hervorgingen. Unter dem Druck der aus der immer trockener werdenden Sahara nach Süden kommenden Völker und,

Jahrhunderte später, der islamischen Ankömmlinge, suchte ein großer Teil der Paläo-Sudanesen Zuflucht in den *Mandara*-Bergen.

Die **Neo-Sudanesen** bildeten in einer zweiten Welle die Ethnien der *Massa, Mousgoum* und *Kotoko*, die sich im Tal des *Logone*-Flusses ansiedelten. Weitere sudanesische Volksgruppen ließen sich in der *Adamaoua*-Region nieder und begründeten die Stämme *Mboum, Dourou, Koutine, Lakea-Mbere* u.a., die weiterhin auf dem Plateau lebten. Sie hatten nicht genügend Kraft, sich der „Fulanisierung", d. h. der Islamisierung durch die eindringenden Fulbe-Nomaden des auslaufenden 18. Jahrhunderts zu widersetzen und wurden daher weitgehend moslemisch. Andere Stämme zogen sich in das *Bénoué*-Tal zurück, wie die *Tchamba, Doayo, Fali*. Die *Tpuri* und *Moundang* wurden größtenteils nicht von den Fulbe unterworfen und konnten sich somit ihre kulturellen Eigenheiten bewahren.

## Die islamischen Ethnien des Nordens
### Die Fulbe

Die *Fulbe* gehören zu einer der großen Sprachgruppen Westafrikas und sind **vom mittleren Senegaltal über den Westsudan bis in den Norden des heutigen Kamerun hin verbreitet**. Der in Westafrika bekanntere Name *Peulh* ist eine französische Schreibweise des senegalesischen (Wolof-Sprache) Wortes für *Pullo* (Plural: *Fulbe*). Die ursprünglich ausschließlich als **viehzüchtende Nomaden** und Jäger lebenden Fulbe wanderten seit dem 10. Jh. auf der Suche nach neuen Weidegründen mehr und mehr in Gebiete der

Land und Leute

*Fulbe (hist. Darstellung)*

schwarzafrikanischen Bevölkerung. Im 16. Jh. sollen die ersten Fulbe in der Logone-Ebene angekommen sein, auf das 18. Jh. wird das Erscheinen der ersten Fulbe auf dem *Adamaoua-Plateau* datiert. Die Fulbe nahmen schon sehr früh den islamischen Glauben an, und im Laufe der Geschichte setzte sich dieses Nomaden- und Reitervolk immer wieder kriegerisch für seine Religion ein (s. Kapitel Geschichte).

Die **Entwicklung** eines Kriegervolkes **zu einer Gesellschaft mit politischer Strukturierung** wurde erst möglich durch die Einbeziehung der ansässigen Bevölkerung und deren Annahme des Islam. Dieser Prozeß bedingte eine Annäherung der Fulbe-Gesellschaft an den negroiden Typus (eine Ausnahme bilden die auch heute noch nomadischen *Mbororo*, die aufgrund ihrer Isolierung ihre helle

Hautfarbe bewahrt haben). Im Mittelpunkt stand das kulturelle System des Islam. In dieser Zeit wurden u.a. die bedeutenden Lamidate *Rey Bouba, Garoua* und *Bindir* (heute in der Republik Tschad) gegründet. Noch immer veranstalten die Fulbe zu bestimmten Anlässen, z.B. dem Ende des Ramadan, farbenprächtige Reiterspiele, sogenannte *Fantasias*.

Der gesamte Norden umfaßt eine Bevölkerung von knapp 3 Mio. Bewohnern, davon sind etwa ein Drittel Fulbe, die weite Gebiete bis hin zu den Graslandschaften des Adamaoua-Hochplateaus im Zentrum besiedeln. Heutzutage spielen die Nachfahren der Eroberer im gesamten Norden Kameruns als Großgrundbesitzer, Viehzüchter, Transportunternehmer und Politiker eine wichtige Rolle. Ihre Sprache, das *Fulfulde* (siehe im Teil Praktische Tips von A bis Z, Kapitel Sprache/Sprachführer) ist ein wichtiges Kommunikationsmittel für all diejenigen, die kein Französisch können.

Das **Aussehen der Fulbe** gleicht dem hamitischen Typ. Sie sind großgewachsen und schlank, mit schmalem, ovalem Gesicht, schmalen Lippen, etwas hellerer Hautfarbe als ihre Landsleute im Süden und einem stolzen Gang. Die Frauen fallen auf durch ihr langes, gewelltes Haar und ihren schönen, bunten Schmuck.

Die nomadisch lebenden **Rinderhirten**, die *Fulbe-Mbororo*, ziehen in kleinen Gruppen mit ihren Viehherden durch Nordkamerun, nicht selten bis weit in den Tschad oder die Zentralafrikanische Republik, wobei sie meist nur zwei bis drei Tage am selben Ort bleiben. Auf den Märkten tauschen sie Milch und Milchprodukte, manchmal auch Ziegen und Schafe, gegen Getreide und andere lebenswichtige Nahrungsmittel ein. Die Rinder sind ihr wertvollster Besitz und werden nur selten zu besonderen Festen geschlachtet. Bei den *Mbororo* genießen Frauen, im Vergleich zu den seßhaften Fulbe, relativ große Freiheiten.

Die Fulbe dominieren zusammen mit den *Haussa* im Norden nicht nur zahlenmäßig, sondern hatten auch lange Jahre eine Vormachtstellung im sozialen, wirtschaftlichen und administrativen Bereich dieser Region. Es wäre jedoch nicht richtig, den Norden als ausschließlich „islamisch" zu charakterisieren, denn ein großer Teil der sudanesischen Bevölkerung hat den Fulbe bis heute großen Widerstand entgegengesetzt. So war während der

*Fulbefrauen auf dem Markt*

Regierung unter Präsident *Ahidjo* die Zugehörigkeit zum Islam oder dessen Hochschätzung zwar ein wesentlicher Faktor zur Teilnahme am administrativen Leben, dieses Bild hat sich jedoch seither wesentlich geändert.

### Die Haussa

Ein weiteres mächtiges und zahlenmäßig großes Volk sind die **Haussa**, die vorwiegend im Norden Nigerias sowie im angrenzenden Niger, aber auch in Burkina Faso und Nordkamerun beheimatet sind. Ihre Sprache, das *Haussa*, ist, wie das Fulfulde, als Handelssprache in Westafrika weit verbreitet. Ihre Geschichte reicht zurück bis in das 11. Jahrhundert, als sie große Stadtstaaten (z.B. *Kano* in Nigeria) gründeten.

Die Islamisierung der Haussa-Gebiete begann bereits im 14. Jahrhundert und so spielten die Haussa bei der Verbreitung des Islam eine wichtige Rolle. Dennoch konnten sich in dieser Volksgruppe in geringem Umfang auch Einflüsse des Ahnenkults bewahren.

Die Haussa sind in erster Linie **Hackbauern** (Baumwolle, Hirse, Mais, Erdnüsse u.a.) und Viehzüchter (Ziegen, Schafe). Bekannter noch sind sie jedoch als ausgesprochene **Händler**, die durch die günstige Lage an der Transsahara-Route schon früh eine Vermittlerrolle zwischen dem Norden und Schwarzafrika einnahmen. Auch waren und sind sie geschickte Handwerker: Lederverarbeitung, Schmiedekunst, Töpferei und Textilhandwerk gehören zu ihren handwerklichen Fähigkeiten und ihre Produkte werden auf den Märkten sehr geschätzt. Die Haussa bilden als tüchtige Geschäftsleute heute eine der wohlhabenderen Volksgruppen Nordkameruns, was auch einen gewissen Stolz mit sich bringt.

Die Hausa sind, ähnlich den Fulbe, großgewachsene Menschen. Beide Volksgruppen tragen die weiten, traditionellen „Boubous", islamische Gewänder, und schön bestickte Mützen.

### Die Choa-Araber

Die *Choa*, **Halbnomaden** arabischen Ursprungs, haben sich als Hirten im 17. Jahrhundert an den Ufern des Tschad-Sees angesiedelt. Sie kamen ursprünglich aus dem Nordosten des Kontinents (Ägypten und Sudan) und leben heute im äußersten Norden Kameruns, im sumpfigen Delta des *Chari* am Südufer des Tschad-Sees.

Die **Frauen der Choa** sind erkennbar an ihren dunklen Kleidern und den kunstvoll geflochtenen Zöpfen. Auf den Märkten verkaufen sie Milch aus verzierten Kalebassen, die sie beim Transport auf dem Kopf tragen.

Die Männer kleiden sich in der Regel mit schönen blauen *Boubous* und ganz selten sieht man sie noch auf Dromedaren reiten. Wie die Fulbe durchstreifen auch die Choa als Ziegen- und Rinderhirten das Land auf der Suche nach neuen Weideflächen.

Eine weitere kleine Volksgruppe, die **Kotoko**, lebt ebenfalls an den Ufern der Flüsse Logone und Chari, meist in kleinen Städten, die einst von wuchtigen, meterdicken Lehmmauern umgeben waren. Heute noch kann man in einigen Orten südlich von *Kousseri* (z.B. *Logone-Birni*) einstöckige Häuser aus luftgetrocknetem Lehm sehen. Zum Lebensunterhalt trägt neben dem Handel der Verkauf von frischem oder getrocknetem Fisch bei.

Angeblich sind die Kotoko direkte, islamische Nachkommen des uralten *Sao*-Volkes. Leider flammen in letzter Zeit immer wieder alte Animositäten mit den Choa-Arabern auf, die zu gewalttätigen Auseinandersetzungen führen.

### Die Mousgoum

An den Ufern des *Logone-Chari* im Grenzgebiet zwischen Tschad und Nordkamerun lebt das kleine Volk der *Mousgoum* (ca. 40 000), das vor allem wegen seiner einzigartigen **Lehmbauweise** bekannt ist. Ihre kegelförmigen, hellgrauen Lehmhütten (die sog. *Cases obus*, frz.: „Granatenhütten"), die an Bienenstöcke erinnern, findet man heute nur noch vereinzelt in der Umgebung von *Maga* und *Pouss*. Die reliefartige Außenwand dient dabei als Aufstiegshilfe beim Bau und bei der Instandhaltung der Hütten (s. a. Seite 231f.). Die früher gebräuchlichen strohgedeckten Kegeldachhäuser gaben die Mousgoum wegen ihrer leichten Brennbarkeit auf. Heute leben die meisten von ihnen in modernen Ziegel- oder Lehmgebäuden mit Wellblechdächern, die wesentlich schneller und leichter zu bauen sind und der Witterung besser standhalten.

Im Verlauf der Geschichte wurden die *Mousgoum* immer wieder durch die benachbarten Großreiche *(Mandara, Kotoko, Bornu* und *Bagirmi)* und durch die Sklaverei bedroht. Aus diesem Grund schlossen sich manche Dörfer zum Schutz nach außen unter einem gemeinsamen Oberhaupt zusammen. Im Jahr 1851 wurden die Mousgoum dem *Reich Bornu* gegenüber tributpflichtig, und bis kurz vor Beginn der deutschen Kolonialzeit mußten sie alljährliche Abgaben in Form von Sklaven entrichten.

Die **Kultur** der Mousgoum wurde in verschiedenen Elementen vom *Reich Bagirmi* (im heutigen Tschad) beeinflußt. So hat sich hier eine enge Beziehung der Mousgoum zu den *Bagirmi*, die wiederum Herrschaftsansprüche auf das Gebiet der Mousgoum stellten, entwickelt.

Heute sind sie in erster Linie **Feldbauern** (Hirse) und **Kleintierzüchter** (Ziegen, Schafe, Hühner). In unmittelbarer Nachbarschaft der *Mousgoum* an den Ufern des *Logone* lebt die Gruppe der **Massa**, die während des 18. Jahrhunderts bis nach *Yagoua* vordrang. Sie sind bekannt für ihren außergewöhnlich großen Wuchs und für ihre Kollektiv-Fischerei auf dem Fluß Logone, an der hunderte von Leuten teilnehmen.

### Die nichtislamischen Ethnien des Nordens

Die **Tpuri**, ein weiteres, zahlenmäßig kleines Volk (ca. 300 000), lebt an den Ufern des *Logone* und widmet sich dem Hirseanbau, der Viehzucht und seit einiger Zeit auch der Baumwollpflanzung. Sie sind in erster Linie Anhänger des traditionellen Glaubens.

Geographisch betrachtet leben die meisten naturgläubigen Volksgruppen in den Bergzügen im **Grenzbereich zwischen Kamerun und Nigeria** und sind noch sehr ihren alten Traditionen verbunden. Hier in den Mandara-Bergen fanden sie Zuflucht vor den Anhängern des *Kanem-Bornu-Reiches* und vor den islamischen Fulbe-Kriegern unter *Osman Dan Fodio*. Dieser gab ihnen den Namen *Kirdi* (= Heiden, Ungläubige), da sie sich der islamischen Religion widersetzten (s. a. unter Fulbe und Geschichte). Noch heute leben diese Stämme trotz der Unterstützung des Staates in der Abgeschiedenheit ihrer felsigen und unwirtlichen Umgebung. Sie sind **Hackbauern,** und auf ihren Terrassenfeldern gedeihen Hirse, Erdnüsse und Reis.

Die „Kirdi" gehören sehr verschiedenen und zahlenmäßig ungleich großen Ethnien an. Im Vergleich zu den Bewohnern der Ebene bilden sie keine sehr homogene Gruppe. Jeder Bergbewohner betrachtet sich als nur seinem eigenen Massiv zugehörig, auch wenn seine Nachbarn dieselbe Sprache sprechen wie er. Die Anzahl der Stammesgruppen ist groß – *Fali, Bata, Mafa, Podoko, Mofu, Kapsiki* u. v. a. Nachstehend wird daher nur auf die wichtigsten und bekanntesten näher eingegangen.

*Mafa-Krieger*

**Land und Leute**

### Die Mafa

Die *Mafa* stellen die zahlenmäßig stärkste Volksgruppe innerhalb der Bewohner der *Mandara-Berge* dar. Während der Islamisierungs-Versuche durch die Haussa erhielten sie von diesen auch den Namen *Matakam*, übersetzt „die Unbekleideten", ein Name, den dieses Volk noch heute mißbilligt. Sie bewohnen das Gebiet nördlich von *Mokolo* bis hinauf nach *Koza* und leben mit ihren Familienverbänden in kleinen Rundhüttendörfern, deren markante Spitzdächer aus Stroh schon von weitem auf den Hügeln sichtbar sind.

### Die Kapsiki

Eine der weiteren größeren Volksgruppen des Berglandes sind die *Kapsiki*. Sie bewohnen die Region südlich von *Mogode* bis hin nach *Roumsiki* und

*Amsa*, entlang der nigerianischen Grenze und über die Grenze hinaus. Auf der Flucht vor den islamischen Fulbe haben sie einst Unterschlupf gefunden in einer vulkanischen Mondlandschaft aus bizarren Felsformationen, deren Höhlen in der Vergangenheit ein ideales Versteck boten. Der bekannteste Ort dieser Region, von nahezu allen Touristen besucht, ist *Roumsiki*. Die meisten *Kapsiki* sind **Anhänger traditioneller Religionen,** wenngleich die Christianisierung bereits Einzug gehalten hat. Eine widersprüchliche Grundhaltung zeigt sich darin, daß viele sich zwar zum Christentum bekennen, jedoch weiterhin an Polygamie, Krabbenzauber und Opferriten festhalten. So sind die Kapsiki bekannt für ihren ausgeprägten Toten- und Ahnenkult. Bei einem Rundgang durch das Dorf Roumsiki erhält man auch Einblick in die vielfältigen kunsthandwerklichen Fähigkeiten der Kapsiki: Weben, Töpfern und Gelbguß. Zum Nahrungserwerb wird Hirse angebaut und Kleinvieh gehalten. **Naturheilkunde** spielt, wie bei den anderen Bergvölkern, eine große Rolle. In Roumsiki übernimmt diese Aufgabe der „Krabbenzauberer", der auch als Hellseher aktiv ist.

Bekannt sind die *Mafa* wie auch die *Kapsiki* vor allem wegen ihrer Schmiedekunst, dem *Gelbguß*. Doch auch dieses Handwerk verschwindet, wie so viele der alten Traditionen, mehr und mehr. Gemeinsam ist den Bergbewohnern des Nordens, den *Mafa, Kapsiki, Podoko* u.a., ihre Kunst, den kargen Hügeln in einer vollendeten **Terrassenkultur** das wenige Wasser abzugewinnen, um Hirseanbau zu ermöglichen. Oft muß das nötige Wasser in der Trockenzeit über viele Kilometer in Krügen herbeigeschafft werden. Einmal im Jahr feiern sie dann ein großes **Erntefest**, zu dem ein heiliges Rind geschlachtet wird, das während des Jahres in einer Hütte herangemästet wurde.

Das bescheidene, zurückgezogene und oft mühsame Leben, das die „Kirdi" in den schwer zugänglichen Bergen führen, macht sie auf den ersten Eindruck etwas verschlossen dem Fremden gegenüber, doch sind sie sehr freundlich, wenn man sich ihnen interessiert und aufgeschlossen nähert.

### Die Podoko

Die *Podoko*, eine relativ kleine Ethnie, leben in der Umgebung von *Mora*. Einen großen, touristischen Bekanntheitsgrad hat ihr Oberhaupt erlangt, der mit seinen zahlreichen Frauen einen *Saré* (fulfulde: „Gehöft") in *Oudjilla* bewohnt. Das Anwesen der Familie des Oberhauptes kann man (gegen Gebühr) besichtigen und auf Wunsch tanzen seine Frauen den Ernte- oder Sicheltanz für alle, denen der folkloristische Charakter dieser Aufführung nicht widerstrebt. Die Hütten des Gehöfts sind hoch und eng zusammengebaut. Traditionell besteht der Saré aus Ahnengemächern und Gebetsräumen, Frauenhäusern und hohen Getreidespeichern (s. a. bei *Oudjilla*).

### Die Mandara

Eine Ausnahme unter den Bergbewohnern bilden die *Mandara*, die schon vor Ankunft der Fulbe islamisiert waren und die sich zusammen mit diesen Reiternomaden an den Feldzügen gegen die Kirdi beteiligten. Heute bewohnen sie die Region von *Koza* bis hinab in die Ebene nach *Mora*, betreiben **Hackbau und Viehzucht** und handeln mit ihren Produkten auf dem Markt von Mora. Im Gegensatz zu den „Kirdi" bauen die Mandara ihre Hütten nicht rund, sondern rechteckig und umgeben sie mit Mauern. In ihren Ortschaften fallen besonders die schattigen Baumalleen auf.

Je nach geographischer Ansiedlung (Berge, Flußtäler, Ebenen) sind die Ethnien des Nordens unterschiedlichen Einflüssen und Anpassungen ausgesetzt. So haben sich die „Bergkirdi" weitgehend noch ihre ursprünglichen Traditionen und ihre Naturreligion bewahrt, ihre Nachbarn in den Ebenen jedoch haben ihre Basis bereits teilweise verloren. Die *Guidar* (bei *Guider* und *Bidzar*) und *Guiziga* (Umgebung von *Maroua)* beispielsweise sind in der Ebene geblieben und wurden islamisiert.

## Die Ethnien im Zentrum
### Die Mambila

Infolge der kolonialen Gebietsaufteilungen, die vor nicht allzu langer Zeit stattfanden, sind die *Mambila* südlich des *Adamaoua*-Gebirges, auf beiden Seiten der Grenze von Nigeria und Kamerun, verstreut angesiedelt. Die Mambila leben als **Feldbauern** in der Grenzzone der nordwestlichen Provinz. Ihre Dörfer sind selbständig und ihre Bewohner sozial gleichgestellt (s. a. Kunst der Mambila).

### Die Wute (oder Babute)

In der ersten Hälfte des 19. Jahrhunderts bewohnten die *Wute* neben anderen Ethnien die Region von *Banjo* und *Tibati* auf dem *Adamaoua-Plateau*. Kultur und Sprache der *Wute* sind sudanischen Ursprungs. Ihre Männer hatten den Ruf, gute Krieger zu sein, und die Kunst ihrer Waffenschmiede war einst berühmt.

Auf der Flucht vor den islamischen Eindringlingen der Fulbe wanderten viele ihrer Familien in die Ebenen am oberen *Sanaga* ab und unterwarfen die dort ansässigen Bewohner. Sie bauten ihre Macht aus und waren organisiert in feudalen Fürstentümern mit traditionellen Oberhäuptern (*Mfoi*) aus den Herrscherfamilien. Dabei gab es eine ausgeprägte **Titel- und Ämterhierarchie**. Heute sind die traditionellen Würdenträger fest in das politische Verwaltungssystem integriert. Noch immer ist der starke Einfluß islamischer Kultur spürbar. Die Existenzgrundlage der Wute bildet die **Landwirtschaft**, hauptsächlich der Anbau von Hirse, Mais und Knollenfrüchten, ergänzt durch Jagd und Fischfang.

**Land und Leute**

*Straßenszene in Foumban*

## Die Tikar

Anfang des 18. Jahrhunderts zog das Volk der *Tikar* von *Ngaoundéré* kommend in den Süden und Westen des heutigen Kamerun.

Im Laufe der Jahrhunderte bildeten sich mehrere Untergruppen, von denen die wichtigsten in die Gegenden um *Bamenda*, *Bafut* und *Bali* gewandert sind. Die *Bamiléké* im Westen und die *Ngambe* im Gebiet des *Haut-Mbam* (Zentrum) sowie die *Bamoun* gelten als ihre nächsten Verwandten. Der Name *Tikar* bedeutet soviel wie „Geht weg von diesem Ort" und gilt als zusammenfassende Bezeichnung für die Bevölkerung mehrerer politischer Einheiten in den Savannen und Galeriewäldern Kameruns um die Flüsse *Mbam*, *Mapé* und *Kim*. Dort gehen die Tikar der Landwirtschaft und

Jagd, dem Fischfang und Handel nach und bauen **Kaffee für den Export** an. Bezüglich der politisch-sozialen Organisation und ihrem Weltverständnis bestehen unter den verschiedenen *Tikar*-Gruppen große Ähnlichkeiten. Die gesellschaftliche Struktur beinhaltet ein rituelles Oberhaupt, Palastinstitutionen sowie eine ratgebende Versammlung.

## Die Ethnien im Westen

Die sogenannten **Halbbantu-Völker im gebirgigen Westen des heutigen Kamerun** siedelten sich im Laufe des 17. Jahrhunderts an. An dieser Stelle seien hauptsächlich die *Bamoun*, die verschiedenen *Bamiléké-Gruppen* und die *Völker um Bamenda* genannt. Durch die Fruchtbarkeit der Region wurden diese Bevölkerungsgruppen im Laufe der Geschich-

*Bamilékédorf*

## *Das Kameruner Grasland*

*Unter dem Begriff Kameruner Grasland (auch „Grassfields" genannt) versteht man das Gebiet der Provinzen West und North-West.*

*Archäologische und historische Forschungen haben aufgezeigt, daß das Grasland schon in früher Geschichte besiedelt war. Funde von Steinobjekten lassen vermuten, daß das Gebiet vom Bamiléké-Plateau bis in das Land der Igbo in Nigeria von einer homogenen Zivilisation bevölkert war. Knochenfunde in der Nähe von Bamenda datieren zurück in die Zeit von 4000 bis 8000 v. Chr. Man schließt auf eine sehr rege Eisenverarbeitung in Schmelzöfen, die in die vorchristliche Zeit zurückreicht. Nach neuesten Untersuchungen ist die älteste Bevölkerung des Graslands pygmäischen Ursprungs.*

*Das Grasland weist schon in früher Zeit eine traditionelle Gliederung in zentrale Häuptlingstümer mit einer königlichen Hierarchie auf, die sich bis heute teilweise erhalten konnte. Mündlichen Überlieferungen zufolge kamen die ersten Gründer dieser Chefferien im 15. Jahrhundert in das Gebiet. Nach und nach zogen weitere Volksgruppen aus dem benachbarten Flachland ins Grasland: Die **Tikar** aus dem Nordosten, die **Banyang** vom Cross-River im Südwesten, die **Mbo** aus der Mbo-Ebene u.a. Auf relativ friedliche Weise fand ein Kulturaustausch statt und die heutige Bevölkerung des Graslandes wurde geprägt. Die beiden mittlerweile vorherrschenden Religionen, der Islam und das Christentum, konnten die Traditionen und Sozialstrukturen dieser Grasland-Stämme nicht ernsthaft verändern. Von manchen Ethnologen wird heute sogar die Auffassung vertreten, das Grasland sei die **Urheimat der Bantu-Stämme**, die heute in weiten Teilen West-, Zentral- und Südafrikas leben. Sicher ist, daß die Grasland-Bevölkerung ein einzigartiges Kulturgut bewahrt hat und ihr Kunsthandwerk bis nach Europa Berühmtheit erlangte.*

*Die vielfältige Völkergemeinschaft in dieser Region hat ein buntes Sprachgemisch zur Folge und setzt sich aus vielen politischen, mehr oder weniger zentralisierten Einheiten zusammen: von relativ kleinen Häuptlingstümern bis hin zu den großen und mächtigen Königreichen, darunter die der **Bamoun** und der größeren **Bamiléké-Chefferien** (Beispiel Bandjoun, in der Nähe von Bafoussam), die ein ausgeprägtes Klassensystem mit königlicher Familie und vielen Würdenträgern kennen. Eine Chefferie (Häuptlingstum) bildet dabei die religiöse, politische und soziale, unabhängige Einheit der ganzen Region.*

*Der **Fon**, das Oberhaupt einer Chefferie, gilt als sakral und ist die oberste Rechtsinstanz. Seine Macht reicht zwar sehr weit, ist aber nicht absolut. Der Fon muß sich bei allen wichtigen Entscheidungen im Regierungsrat der Chefferie oder dem Rat der Notabeln (Mkem) beraten; gemeinsam werden die Beschlüsse gefaßt. Eine Auflehnung des Fon gegen die Entscheidungen des Rates oder ein etwaiges Abweichen von*

**Land und Leute**

der Tradition können ihn in Gefahr bringen. Die Nachfolge eines Fon wird von diesem selbst noch zu Lebzeiten bestimmt. Meist wählt er denjenigen seiner Söhne, der ihm am fähigsten und geeignetsten erscheint. Jedoch wird der Name des künftigen Nachfolgers geheim gehalten und erst nach dem Tod des Fon bekanntgegeben. Die Feierlichkeiten zur Inthronisierung des neuen Fon dauern mehrere Tage lang und die ganze Gemeinde oder Stadt feiert dabei mit viel Aufwand und Prunk.

Träger der Sozialordnung im Grasland, als Gegengewicht zum Fon, sind vor allem die Geheimbünde. Die Mkem bilden den sozialen Rahmen aller Völker im Grasland. Jede von ihnen hat ihre Mitglieder und Versammlungen, ihre Feste und Masken und zeigt sich wenigstens einmal im Jahr auf dem großen Marktplatz.

Obwohl sie an ein höchstes Wesen glauben, verehren die Bewohner des Graslandes verschiedene Geister und zahlreichen Schutzgottheiten. Durch deren Vermittlung wendet sich der Mensch mit Gebeten und Opfern an das höchste Wesen. Für diese Rituale werden spezielle Gegenstände, aus Stoff oder Holz angefertigte Darstellungen und Masken verwendet. Die Symbole der Macht des Fon, der königlichen Ahnen, der Hierarchie der Titel oder der Allwissenheit der Mkem kommen in der Bildhauerei, aber auch in Musik und Tanz zum Ausdruck.

Chefferie und Notable in Bafut

te **wohlhabend.** Sie verstanden es, ihre Traditionen zu bewahren. Der Westen gehört zu den völkerkundlich interessantesten Regionen Kameruns, wenn nicht gar ganz Afrikas. Eine kulturell vielfältige, hierarchische Gesellschaft hat hier sog. *Chefferien*, also „Häuptlingstümer", und – in jüngerer Zeit – *Sultanate* geschaffen, deren uralte Traditionen großenteils bis heute fortbestehen. Der Westen hat aber auch die höchste Population Kameruns. Neben den größeren Städten bestehen die vielen, verstreuten Dörfer im Grasland hauptsächlich aus kleinen Familienverbänden. Oft wurde dabei der Name des Familienoberhauptes zum Dorfnamen. Betrachtet man die Landkarte, fällt auf, daß viele der Orte und Ethnien mit der Vorsilbe „Ba" beginnen, was soviel bedeutet wie „die Leute von…" oder „Volk".

## Die Bamiléké

Die größte Volksgruppe Kameruns bilden die *Bamiléké*, die sich überwiegend zum Christentum bekennen. Sie stammen, wie die meisten großen Ethnien im Westen, von den *Tikar* im *Mbam*-Land ab. Sie hatten sich zunächst im heutigen *Bamoun*-Gebiet niedergelassen. Unter dem Druck der Bamoun überschritten sie den Fluß *Noun*, um sich im 18. Jahrhundert in ihrer heutigen Heimat niederzulassen, deren Hauptort die Stadt *Bafoussam* ist.

Ihre **Gesellschaft** gliedert sich in etwa 100 *Chefferien*, d.h. ehemalige Königreiche oder unabhängige soziale Einheiten. Den Mittelpunkt ihrer sozialen und politischen Hierarchie bildet der *Fon*, der oberste Würdenträger, dem mehrere *Notabeln* zur Seite stehen.

Im Laufe der jüngsten **Geschichte,** d.h. in den letzten Jahren vor der Unabhängigkeit, wütete in der Bamiléké-Region – wie auch in Teilen der Küstenprovinz und im *Bassa*-Land – ein mörderischer Bürgerkrieg. Französische Gendarmerie-Truppen, zumeist aus tschadischen und nordkamerunischen Rekruten zusammengewürfelt, gingen mit äußerster Brutalität gegen vermeintliche Unterstützer der oppositionellen *UPC (Union des Populations du Cameroun)* vor. Die ursprünglich ländliche Bevölkerung wurde in sog. Wehrdörfern zusammengepfercht und ihres natürlichen Lebenszusammenhangs beraubt. Doch die Not ließ eine Tugend erstehen: Die Bamiléké entwickelten sich zu Geschäftsleuten, die, mitunter argwöhnisch beäugt von den anderen Ethnien, die Versorgung der „Wehrdörfer", auch mit Waffen, sicherten.

Trotz der sehr geschlossen wirkenden Zusammengehörigkeit des Bamiléké-Volkes gibt es immer wieder politische Zwiespältigkeiten unter den einzelnen kleinen Gruppen der *Bangangté, Bafoussam, Bandjoun, Balam, Bamendjoun etc.* Doch, so drückt es ein Kameruner aus: "Nach außen hin sind alle so stark wie eine Frau und überzeugt von ihrer Ökonomie".

Heute gelten die Bamiléké allgemein als **Händler** mit ausgeprägtem Geschäftssinn und bestimmen, auch in anderen Provinzen, den Handel, Transport und das Gewerbe mit. Nicht selten findet man die Bamiléké in Spitzenpositionen der Wirtschaft. Außerdem üben sie einen großen Einfluß auf das politische Leben des Landes aus. Durch die Bevölkerungsdichte im Westen wandern mehr und mehr Bamiléké in die Städte des Südens,

Land und Leute

um sich als Handwerker, Geschäftsleute oder im Transportwesen zu betätigen. Ihr Einfluß in den größten Wirtschaftszweigen des Landes, in der Holz-, Kaffee- und Kakaoverarbeitung, ist dominant. Von den ca. **1,6 Mio.** Bamiléké leben etwa die Hälfte außerhalb ihrer Heimatregionen. Sie bilden dabei fast die Hälfte der Einwohner Doualas, etwa 30% der Bevölkerung *Yaoundés* und 90% *Nkongsambas*. Aufgrund ihrer ökonomischen Tüchtigkeit, ihrer Bevölkerungsdichte und ihrer Dominanz auf vielen Gebieten werden sie von anderen Ethnien eher mit Zurückhaltung betrachtet, man spricht vom „Dynamisme Bamiléké".

### Die Bamoun

An das Siedlungsgebiet der Bamiléké schließt sich gegen Norden und Nordosten die heutige Heimat der *Bamoun* (**ca. 100 000**) an. Wichtiger und einflußreicher Mittelpunkt ihres Königreiches ist die Stadt *Foumban*, bekannt für ihren schönen Palastbezirk und die hervorragende Handwerkskunst nach alten Traditionen (s. Seite 349ff.). Die Bamoun sind als **Handwerker** besonders wegen Ihrer Holzschnitzereien und Bronzekunst bekannt geworden.

Ursprünglich gelten sie als sog. *Halb-Bantu*, kamen aus dem Tikar-Land und ließen sich im 17. Jahrhundert in ihrem jetzigen Gebiet nieder. Sie bilden die **einzige – zum Teil – islamisierte Volksgruppe im Süden und Westen Kameruns**, was auf die Nachbarschaft zum *Lamidat Banyo* und dessen Expansionsgelüste Ende des letzten Jahrhunderts zurückzuführen ist.

Der islamische Einfluß wird besonders deutlich in der großen **Moschee von Foumban**. Der Sultan von Foumban ist in der modernen Gesellschaft Kameruns immer noch eine wichtige Persönlichkeit des öffentlichen Interesses. Auch wenn ihm verfassungsmäßig kaum politische Macht zukommt, so spielt er doch eine große Rolle für alle *Bamoun* als religiöses und traditionelles Oberhaupt. Seine Meinung gilt für Hunderttausende als verbindlich. In den verschiedenen Chefferien (Palastorganisationen) mit ausgeprägten hierarchischen Gliederungen und in Geheimbünden lebt die alte Tradition des Bamoun-Reiches weiter.

**Macht und Reichtum** dieses Volkes zeigen sich auch heute noch in prunkvollen Festen, Statussymbolen, wie Throne und festliche Kleidung, und den verschiedenen Riten, die im Laufe der Geschichte nicht verdrängt werden konnten. Über kein anderes Volk Kameruns gibt es soviele mündliche und schriftliche Überlieferungen, Dokumente und kunsthandwerkliche Schätze *(Palastmuseum Foumban)*. Gegenwärtig spielen die Bamoun in der Politik und Wirtschaft Kameruns eine aktive Rolle.

## Die Bevölkerung im Süden und Osten

In den großen **Waldgebieten im Süden und Osten Kameruns und im Küstentiefland** leben vorwiegend *Bantu-Stämme*, in den unzugänglichen Regionen im äußersten Osten auch einige wenige *Pygmäen*.

Die Bantu-Bevölkerung ließ sich in zwei aufeinanderfolgenden Wellen nieder: Die erste Welle umfaßte die *Douala*, die *Maka* und *Njem*, deren Wanderung in das 17. und 18. Jahrhundert zurückdatiert.

**Handwerk:**
Fischer in Kribi

**Menschen bei der Arbeit:**
Oben links: Zauberer, oben rechts: Weber in Rhumsiki
Unten: Töpferin

**Menschen bei der Arbeit:**
Hirsebierverkäuferin in Tourou

**Architektur:**
Oben:Chefferie in Bangangté
Unten: Versammlungshaus der Chefferie von Bandjoun

**Architektur:**
Oben links: Trommelhaus der Chefferie von Bangangté
Oben rechts: Kirdi-Gehöft unterhalb Rhumsiki
Unten: Siedlung in den Mandara-Bergen

**Lebensräume:**
Oben: Gebäude aus der Kolonialzeit in Kribi
Unten: Pygmäenhütte im Regenwald

**Alltag:**
Fulbefrau auf dem Weg zum Markt
Mobile Stadtbevölkerung in Garoua

**Essen:**

Oben links: Palmöl,
Mitte links: Bâton de Manioc
Unten links: Kakaofrüchte,

Oben rechts: Kochbananen
Mitte rechts: Ölpalmfrüchte
Unten rechts: Kassavafrüchte

### Die Douala

Das Volk der *Douala* (**ca. 110 000**) kam ursprünglich aus dem Kongobecken, folgte zunächst dem Lauf des *Kongo-Flusses* und später dem Verlauf der Atlantikküste. Hier hatten sie einst den Stamm der *Bassa* angetroffen, die ihnen Land abtraten und an den unteren Sanaga-Lauf zogen. Denn die Bassa waren, noch vor den Douala, die ersten Bewohner gewesen, die sich an den Ufern des *Wouri-Deltas* und seines Hinterlandes niedergelassen hatten.

Heute leben die Douala und die ihnen verwandten Völker, wie z.B. die *Batanga* (in *Kribi)*, im Gebiet zwischen der Mündung des Wouri bis zum Fluß *Ntem* an der Grenze zu Äquatorial-Guinea. Ihr Zentrum ist die Hafenstadt gleichen Namens.

Wie die Völker der Grasländer sind auch die Douala in **Häuptlingschaften** organisiert. Als Bewohner der Küste und Flußmündungen sind sie als geschickte **Bootsmänner und Einbaumfahrer** bekannt. Schön bemalte Boote, mit geschnitzten Motiven verziert, brachten die Douala schon während der Kolonialzeit über den Flußweg ins Landesinnere, wo sie als Mittelsmänner zwischen Küste und Hinterland arbeiteten. So beteiligten sich die *Douala* von jeher am **Handel** und an der Wirtschaft. Waren es vor der Kolonialzeit noch Fische, die gegen Agrarprodukte getauscht wurden, so erweiterte sich das Angebot mit Ankunft der Europäer im 17. Jahrhundert: Elfenbein und Sklaven, später die Produkte der Plantagen wie Kaffee, Kakao, Kautschuk oder Palmöl.

Die Douala sind bekannt als geschickte Händler und Verwaltungsbeamte und ihre Wirtschaftsmetropole wurde zur „heimlichen Hauptstadt" des Landes.

Im Norden des von den Bassa und Douala bevölkerten Gebietes haben sich im 18. Jh. die *Banen* angesiedelt, die aus dem Tal des Noun kamen, sowie die *Batie* und die *Yambassa*, die aus dem Babimbi-Land kamen.

### Die Fang

Eine zweite Wanderung erfolgte im 19. Jahrhundert zur Zeit der europäischen Ankömmlinge und betraf das Volk der **Pangwe** (frz. *Pahouin*) oder *Fang*, zu dem die größeren Gruppen der **Bulu** und **Beti** gehören. Das Volk, das in Yaoundé lebt, die **Ewondo**, gehört zur Gruppe der Beti. Ihre gemeinsame Sprache ist das *Fang*. Andere Gruppen der Fang leben außerdem noch in Äquatorial-Guinea und im nördlichen Gabun.

Diese Gruppen kamen Ende des 18. Jahrhunderts von Nordosten her in ihr heutiges Siedlungsgebiet, wahrscheinlich aus dem Süden der *Adamaoua*-Ebene, von welcher sie von den *Wute* verdrängt worden waren. Sie drangen in die Waldgebiete ein, wo sie auf die *Maka* und *Njem* trafen. Dort wiederum verdrängten Sie die Gruppen der *Ngoumba* und *Mabéa*, die zur Küste abzogen. Die Kolonialisierung beendete diese Wanderbewegung.

Die Gesamtbevölkerung der Fang-Gruppen wird auf **ca. 1,8 Mio.** geschätzt. In ihrer sozialen Organisation gibt es Dorfoberhäupter und einen Dorfältestenrat, die das Leben im Dorf regeln. Geheimbünde, verbunden mit einem Maskenwesen, spielen eine wichtige Rolle.

Die ländliche Bevölkerung der Fang schafft sich ihre Existenzgrundlage

**Land und Leute**

durch Hackbau im tropischen Regenwald. Bekannt sind sie als Schmiedehandwerker, die in früheren Zeiten eine Art Kupfergeld benutzten. Typisch waren die „bieri", aus Baumrinde gefertigte Behälter zur Aufbewahrung von Schädeln und Gebeinen der Ahnen, die kunstvoll mit Wächterfiguren verziert wurden. Die Fang sind heute überwiegend Christen.

In der Region um *Sangmélima* leben die *Bulu*, rund um *Lolodorf* die *Ngumba*, an den Ufern des *Ntem* (Grenze Äquatorial-Guinea und Kamerun) die *Mvai* und an der Küste südlich von Kribi die *Mabéa*.

Dies sind nur einige der vielen kleinen Bantu-Stämme, die hier im Süden und Osten Kameruns ihre Heimat gefunden haben.

Neben den Sudanvölkern des Nordens und den Bantuvölkern des Westens, Ostens und Südens leben in den tiefen Urwaldgebieten Kameruns noch *Pygmäen*-Gemeinschaften.

## Die Pygmäen ˙

Die Pygmäen leben heute in einem **Rückzugsgebiet im Regenwaldgürtel Afrikas** von Kamerun über Gabun, Kongo, die Zentralafrikanische Republik, Zaïre, Uganda, Ruanda bis hin nach Burundi. Über die Populationsgröße dieses Volkes gibt es keine genauen Angaben, man schätzt ihre Zahl auf insgesamt etwa **150 000**.

Sie sollen die ersten Bewohner des tropischen Regenwaldes gewesen sein, wohin sie von den Bantu-Stämmen zurückgedrängt worden waren.

Die Pygmäen Kameruns leben im Osten des Landes, in den tiefen Tropenwaldregionen an der Grenze zur Zentralafrikanischen Republik und zum Kongo. Die kleinen **Dörfer der**

**Familienverbände** liegen in Waldlichtungen, oft lange Fußmärsche von den Pisten entfernt. Ihre Hütten sind aus Bambusstangen und Lehm gebaut und mit großen Blättern gedeckt.

Charakteristisch für die Pygmäen ist ihr **kleiner Wuchs**, die durchschnittliche Körpergröße der Männer beträgt 144 cm, die der Frauen 137 cm. Pygmäen haben sehr feine Gesichtszüge, schmale Lippen und scharf gezeichnete Augenbrauen. Es gibt bereits, besonders auch in Kamerun, eine starke Verschmelzung der Pygmäen mit ihren großwüchsigen Nachbarn, den Bantu-Stämmen.

Zu ihren **sozialen Normen** gehören die Einehe (Monogamie), der Glaube an einen Hochgott und sehr traditionsgebundene Formen des Nahrungserwerbs.

Pygmäen gelten als die **Urbewohner des Regenwaldes** und sind hervorragend an dieses Leben angepaßt. Ihre traditionelle Wirtschaft ist vor allem durch ihre Umgebung geprägt. Die entscheidende Rolle kommt nicht der Bestellung der kleinen Plantagen rund um das Dorf zu, sondern dem **Jagen und Sammeln**. Abgesehen von den Metallgeräten, die sie von den *Bantu* eintauschen, verwenden die Pygmäen zur Jagd bis heute nur Materialien, die ihnen der Urwald liefert. Die Jagdmethoden sind abhängig von der Größe der Jagdgemeinschaft und der Jahreszeit und reichen von der Pirsch mit Pfeil und Bogen über das Fallenstellen bis zur Netzjagd. Die Netze, die sie für ihre Form der Treibjagd benötigen, stellen sie selbst her. Es sind Lianenfasern, aus denen sie lange Schnüre drehen und die etwa 1 m breiten und bis zu 50 m langen Netze knüpfen. In der

Land und Leute

*In einem Pygmäendorf bei Lolodorf*

Regel besitzt jeder Mann mehrere Netze. Die **Jagdgemeinschaften**, die sich um einen Kern verwandter Männer gruppieren, bestehen aus durchschnittlich zwanzig bis dreißig Personen. Mit Haken hängt man die Netze im Unterholz ein. Bis zu dreißig Jagdnetze werden so in einem Halbkreis zusammengeschlossen. Es gibt bei den Pygmäen keine reine geschlechtliche Arbeitsteilung. So sind auch die Frauen und Kinder an den Jagdaktivitäten beteiligt, indem sie mit Staudenbündeln knallend auf den Waldboden schlagen und die Tiere in die Netze treiben, während die Männer mit Speeren ausgerüstet sind. Eine Konkurrenz wird bei dieser kollektiven Jagdform ausgeschaltet, da die Bewohner mehrerer Jagdlager teilnehmen und die Beute gerecht unter sich aufteilen. Zum **Nahrungserwerb** gehört auch

das Sammeln von wildem Honig, Früchten, Knollen und Pflanzen des Regenwaldes sowie das Fischen in Urwaldflüssen und -bächen, die oft gute Nahrungsreserven bieten.

Innerhalb eines dauerhaft genutzten Gebietes wird ein Jagdlager spätestens nach zwei Monaten verlegt, damit sich Wald und Wild wieder erholen können. Doch schon seit einigen Jahrzehnten zeigt sich auch hier die unaufhaltsame **Veränderung der Traditionen**. Gerade dort, wo die Lebensgebiete der Bantu und Pygmäen nicht weit voneinander entfernt liegen, beginnen die Waldbewohner mit einer zwar bescheidenen, aber eigenständigen Landwirtschaft – dem Zeichen für Seßhaftigkeit. Zwar leben die Pygmäen noch heute in einer sehr engen Symbiose mit ihrer immergrünen Heimat, dem Regenwald, seinen Tieren und seinen Früchten; jedoch dringen in diese scheinbare Idylle immer häufiger die Zeichen der Neuzeit. Da pflanzliche Bestandteile noch den Kern ihrer Ernährung bilden, hat sich im Laufe der Zeit eine zunehmende **Tauschhandels-Beziehung mit der Bantu-Bevölkerung** entwickelt. So sind manche Pygmäendörfer heute von der Versorgung mit Feldfrüchten von benachbarten Feldbauern abhängig, da die für eine ganzjährig ausgewogene Kost erforderlichen Früchte, zum Beispiel Wildyams und Nüsse, im Primärwald nicht ausreichend vorhanden sind. Vor allem Maniok, eine Knolle, die zu Mehl gestampft wird, gehört zu den Produkten, die von der Bantu-Bevölkerung eingetauscht wird. Die Bantu erheben dabei häufig „Besitzansprüche" und erwarten von den Pygmäen gewisse Dienste. So stellt man den umherstreifenden Jägern Waffen zur Verfügung, um Fleischhändler mit erlegtem Wild zu beliefern. Pygmäen verrichten auch „Hilfsarbeiten" auf den Feldern „ihrer" Bauern. Selten bekommen sie dafür eine angemessene Gegenleistung und noch seltener Bargeld.

Die Pygmäen sind optimal an das Dämmerlicht im Urwald und an die Temperaturen, die kaum je 30 Grad überschreiten, angepaßt. Die Hitze der freien Landschaft vertragen sie nur schlecht. Kreislaufschwäche, Lungeninfektionen und vieles mehr sind die Folge – **Krankheiten**, die bei nomadisierender Lebensweise im Regenwald nicht auftreten. Mit dem Schicksal des afrikanischen Regenwaldes stehen und fallen also die Chancen dieses Volkes. Zwar sind in Kamerun noch weite Teile des Tropenwaldes unversehrt, doch weitet

sich der **Raubbau** durch die Holzgesellschaften rasch aus und wird zur Gefahr für die Waldbewohner. Durch die Abhängigkeiten von Tauschgütern ziehen sie mit ihren Dörfern an den Rand der großen Forststraßen. Dies ist auch im Interesse der Regierung, die sich um Integration dieses Waldvolkes bemüht und um deren Annäherung an die „Zivilisation". Aber auch der **Tourismus** trägt dazu bei, das Verhalten der Waldbewohner zu verändern. So sind die Pygmäen entlang des *Lokoundjé-Flusses* nördlich von *Kribi* schon viele Jahre dort seßhaft. Die Bewohner stellen sich als Fotomotive und mit folkloristischen Tänzen zur Schau und erhalten dafür Bargeld und Alkohol. Ihre Kleidung aus Fellen und Rafia-Bast haben Sie gegen europäische Billigkleidung getauscht. Die Begegnung der „Welten" kann so für beide Seiten zu einem recht enttäuschenden Erlebnis werden.

## Demographische Daten

Kamerun ist für zentralafrikanische Verhältnisse vergleichsweise **dicht besiedelt**. Im April 1987 ergab eine Volkszählung eine Bevölkerungszahl von 10,5 Millionen, heute schätzt man die Anzahl auf etwa **14 Millionen Einwohner**. Die Bevölkerungsdichte liegt bei ca. 25 Einwohner/km$^2$ (im Vergleich: Kongo 7 Einwohner/km$^2$, Zentralafrikanische Republik 5 Einwohner/km$^2$, Gabun 4 Einwohner/km$^2$). Nur im Vergleich zu seinem westlichen Nachbarn Nigeria ist Kamerun sehr viel weniger dicht bevölkert.

Eine Folge des Fortschritts in Hygiene- und Gesundheitswesen ist das anhaltend rasante Bevölkerungswachstum. So hat sich in den letzten

20 Jahren die Bevölkerung verdoppelt. Die Wachstumsrate liegt bei 3,5 % und steigt weiter. Maßnahmen zur **Familienplanung** werden von offizieller Seite noch kaum unterstützt, durchschnittlich bekommt jede Frau in Kamerun sieben Kinder. Aber trotz der Erfolge im Gesundheitswesen und der Senkung der Säuglingssterblichkeit stirbt statistisch gesehen immer noch nahezu jeder zehnte Säugling vor Beendigung des ersten Lebensjahres.

Die **Lebenserwartung der Bevölkerung** ist niedrig: Sie beträgt nur 55 Jahre. Dabei gibt es natürlich regionale und ethnische Unterschiede als Folge von sozialen und wirtschaftlichen Faktoren: Die **Geburtenrate** im westlichen Hochland beträgt circa 50% im Vergleich zur islamischen Bevölkerung des Nordens (29%).

Die **Sterblichkeitsrate** im Süden, der eine bessere medizinische Infrastruktur aufweist, ist mit ungefähr 17 Prozent um mehr als das doppelte niedriger als in den unzugänglichen Gebieten der Mandara-Berge, wo sie bei 40 Prozent liegt.

Insgesamt gibt es mehr Frauen als Männer (51% zu 49%). Vor allem in den westlichen Provinzen leben deutlich mehr Frauen, was durch die **hohe Abwanderungsrate der Männer** bedingt ist; auch gibt es dort mehr Kinder und nur einen geringen Prozentsatz an alten Menschen. Rund 45% der Bevölkerung Kameruns sind jünger als 15 Jahre, 3,5% sind über 65 Jahre alt. Voraussichtlich wird der Anteil an Kindern und Jugendlichen weiter steigen, was zur Folge hat, daß die arbeitende Bevölkerung eine enorme Versorgungslast zu tragen hat.

Die **Bevölkerungsverteilung** in Kamerun **ist sehr ungleichmäßig:** Mehr als zwei Drittel der Bevölkerung teilen sich etwa ein Drittel der Landesfläche.

**Am dichtesten bevölkert** ist das **westliche Hochland** und die **vulkanische Achse** von den *Manengouba*-Bergen bis zum *Mt. Cameroon*. Mit durchschnittlich 96 Einwohner/km² liegt dabei die Provinz *Ouest* (Hauptort *Bafoussam)* an der Spitze, gefolgt von der Provinz *North-West* mit rund 70 Einwohner/km². Die starke Besiedlung dieser Regionen während der letzten Jahrhunderte ist auch eine Folge ihrer natürlichen Vorzüge (Hochlandklima, fruchtbarer vulkanischer Boden etc). Vom Département *Moungo* bis zur Küste hat die Existenz von großen Landgütern und der Plantagenwirtschaft sehr viele Menschen vom nördlichen Hochplateau angezogen.

Dicht besiedelt ist auch der **Küstenbereich** (Provinz *Littoral*, 67 Einwohner/km²) und die Umgebung von *Yaoundé* südlich des *Sanaga*-Flusses. Hier ist die Konzentration der Bevölkerung ein Ergebnis der Wanderungen einiger ethnischer Gruppen, die bis zu Beginn des 19. Jahrhunderts, von den Fulbe verfolgt, den *Mbam* und *Sanaga* überquerten und sich südlich dieser Flüsse ansiedelten. In heutiger Zeit weist das Küstengebiet, wirtschaftliches Drehkreuz Kameruns, als Folge der Emigration aus dem Westen sehr hohe Zuwachsraten auf.

Ganz im **Norden** schließlich, in der Provinz *Extrême Nord*, liegt an dritter Stelle die Region um *Maroua* einschließlich der *Mandara*-Berge und der *Diamaré*-Ebene bis zu den Ufern des Tschad-Sees (54 Einwohner pro Quadratkilometer).

**Land und Leute**

*Neben „besseren" Wohnvierteln entstehen Bidonvilles (Douala)*

In den Mandara-Bergen, in denen die Bevölkerung einst Zuflucht vor den Fulbe-Nomaden suchte, erreicht die Bevölkerungsdichte vereinzelt sogar 100 Einwohner/km². Ebenso dienten das *Guider*-Massiv und die überfluteten Ebenen des mittleren *Logone*-Flusses in der Geschichte als Zufluchtsstätte.

Neben diesen relativ dicht besiedelten Gebieten gibt es spärlich bewohnte und weite, nahezu **menschenleere Regionen**. Das *Adamaoua*-Hochplateau (8 Einwohner/km²), die Provinz *Sud* (8 Einwohner/km²) und der Osten (Provinz *Est*, 5 Einwohner/km²) gehören dazu. Diese Regionen wurden entweder von ihren früheren Bewohnern verlassen (Wanderungen der *Tikar* und der *Fang*) oder waren nie konstant bewohnt, wie die weiten Urwaldgebiete im Osten, die nur von einigen wenigen *Pygmäen* durchstreift werden.

### Die ländlichen Siedlungsgebiete

In den dicht besiedelten Gebieten, speziell im Bamiléké-Land und in der nördlichen Region der Mandara-Berge, findet man hauptsächlich Streusiedlungen: Jede Familie bewohnt ein Stück Land, das sie kultiviert. Nur die Oberhäupter gründen Gemeinden aus mehreren Familienverbänden.

In Regionen mit einer mittleren Bevölkerungsdichte verteilen sich Dörfer und Weiler über das ganze Gebiet. Dagegen konzentrieren sich in den dünn besiedelten Zonen die Siedlungen entlang der Straßen und Pisten. Dies ist oft die Folge von kolonialen Aktivitäten: Um die Bevölkerung besser kontrollieren zu können, veranlaßten die Verwaltungen die Bevölkerung, sich entlang der neu geschaffenen Kommunikationslinien zu gruppieren.

**Drei Formen von Dörfern** sind hervorzuheben:

In den Waldgebieten formen die Dörfer eine **Linie**, in der die Häuser entlang eines langen Hofes, einer Straße oder Piste aufgereiht sind; hingegen sind **eng zusammengebaute Dörfer** charakteristisch für die Sudan-Sahel-Zone im nördlichen Kamerun; im Land der *Bamoun* im Westen schließlich findet man weitverstreute **Gehöfte mit großräumigen Landflächen**.

Die Größe eines Dorfes variiert aber nicht nur nach der Zahl seiner Bewohner, sondern auch nach seiner Sozialstruktur. So bildet die Bantu-Volksgruppe der *Bassa* Familiengemeinschaften (Weiler), während die *Ewondo*, *Bulu* oder *Maka* in Dörfern mit 100 bis 300 Einwohnern leben.

Ein großes Problem für die Bevölkerung Kameruns ist die zunehmende **Landflucht**: Die Bewohner der ländlichen Gebiete wandern in die großen Städte ab und erhoffen sich dort Arbeit und Geld. Durch eine gezielte Verbesserung der Lebensbedingungen in den ländlichen Räumen will die Regierung eine Eindämmung der Land-Stadt-Wanderung erreichen.

## Die Städte

Anschaulich wird die Dimension der Landflucht in folgenden Zahlen: Lebten im Jahre 1976 28% der Kameruner in den Städten, so lag dieser Anteil 1992 bereits bei 40% (ca. 4,7 Mio.).

**Zwei Drittel der Städte** liegen **im Westen** zwischen der Küste und dem Grasland. Aufgrund der hohen Bevölkerungszahl im Westen sind die Städ-

te dicht beieinander angesiedelt, es besteht eine gewisse Abhängigkeit von *Douala* und den Zentren *Bafoussam* und *Nkongsamba*. Grundsätzlich sind diese Städte sehr homogen bezüglich des Ursprungs ihrer Bevölkerung und relativ gleichförmig in Gestaltung und Struktur. Im englischsprachigen Teil West-Kameruns konzentriert sich das Stadtleben auf die Plantagen-Wirtschaft.

In Kamerun dominiert nicht der Zentralismus einer Hauptstadt: Die beiden Städte, die 40% der Stadtbevölkerung auf sich vereinigen, haben unterschiedliche Schwerpunkte – **Douala** bildet die wirtschaftliche Metropole und wichtigste Hafenstadt, die politische Hauptstadt **Yaoundé** liegt im Zentrum einer stark bevölkerten Region. Die zwei Städte sind die **Hauptzentren für Regierung, Handel und Ausbildung**. Ihre strategische Lage im infrastrukturellen Koordinatensystem des Landes gibt ihnen einen großen Einfluß in Wirtschaft, Politik und Verwaltung und läßt sie zu geradezu unwiderstehlichen Anziehungspunkten für die Bevölkerung aus allen Teilen des Landes werden (s. Kasten).

**Die Entwicklung der Stadtbevölkerung in Zahlen**

| Stadt | 1991 | 1996 |
|---|---|---|
| Douala | 848 000 | 1,3 Mio |
| Yaoundé | 750 000 | 1,1 Mio |
| Garoua | 177 000 | 200 000 |
| Maroua | 143 000 | 180 000 |
| Bamenda | 138 000 | 150 000 |
| Bafoussam | 131 000 | 160 000 |

(Quelle: Länderbericht Kamerun, Statistisches Bundesamt)

**Land und Leute**

*Kakaopflanze*

Zu den größeren regionalen Zentren zählen die **Provinzhauptstädte**, darunter *Bafoussam, Bamenda, Buea, Bertoua, Garoua* und *Maroua*. Die Entwicklung der Stadt *Bafoussam*, schon lange ein Zentrum der lokalen Oberschicht, war eine Folge des regen Tauschhandels mit den Kolonialherren. Im Grasland sind die Städte häufig mit den *Chefferien* gleichzusetzen. *Limbe* und *Buea* am Mt. Cameroon wurden touristische Zentren. *Kumba* verfügt über den größten Markt des Südwestens. *Nkongsamba* verdankt seine Entwicklung der geographischen Lage am Ende der wichtigen Eisenbahnlinie, die den Westen mit der Küste verbindet.

Die **Städte der südlichen Waldregion**, deren Bevölkerungszahl nur sehr gering ist, sind weit verstreut. Verantwortlich für ihre Entwicklung ist der **Kakaohandel**. *Ebolowa*, *Sangmélima* (Provinz *Sud)* und *Mbalmayo* (Provinz *Centre)* als wirtschaftliche Zentren sind Beispiele für die Pläne der Dezentralisierung des *Centre/Sud* mit der Hauptstadt Yaoundé.

Auch die **Städte Nordkameruns** liegen weit voneinander entfernt und entstanden entweder erst während der Kolonialzeit (zum Beispiel *Yagoua, Mokolo)* oder schon früher *(Maroua*, *Ngaoundéré, Kousséri).* Die größte Stadt im Norden ist die Provinzhauptstadt *Garoua* als Zentrum einer wichtigen Textilindustrie.

Den geringsten Anteil an der Stadtbevölkerung haben die Regionen des Adamaoua-Plateaus und die südöstlichen Regenwaldzonen.

Das essentielle **Problem** im Stadt-Land-Gefüge ist auf einen kurzen Nenner zu bringen: Während das unaufhaltsame Anschwellen der Städte diese teils schon kollabieren läßt, droht einem so wichtigen Sektor wie der Landwirtschaft – eben durch die Abwanderung bedingt – eine für das Land Kamerun insgesamt lebensbedrohliche Vernachlässigung.

## Sozialstruktur
*von Hubertus von Lindeiner*

In Kamerun hat sich die **moderne Gesellschaft** – nicht zuletzt eben infolge der oben beschriebenen Verstädterung – etabliert, die neuen „Chiefs" sitzen nicht in großen Gehöften, umgeben von Würdenträgern, sondern vielmehr in klimatisierten Büros in den Ministerien oder Banken in *Yaoundé, Douala* oder *Bafoussam.* Aber trotz der schweren klimatisierten Allradautos, die sie besitzen, und in denen sie im Stau an der großen Kreuzung vor der Hauptpost von Yaoundé stehend zu sehen sind, haben die „Grands", wie man sie nennt, engere **Bindungen an traditionelle Strukturen**, als sich das der Außenstehende vorstellen kann. Es stimmt zwar, daß die Kolonialzeit, die Arbeit der Missionen und auch das Streben nach nationaler Einheit der ersten Jahrzehnte nach der Unabhängigkeit für die meisten Kameruner ein Ende der alten Strukturen und Wertvorstellungen bedeutete. Andererseits haben sich in manchen Gegenden – vor allem im Westen und Norden – die alten sozialen Strukturen halten können. Hier seien vor allem die großen Häuptlingstümer *(Chefferien)* des Westens und das Leben in den Höfen der *Lamibe* (Plural von *Lamido)* der Fulbe-Städte im Norden erwähnt. Daher wollen wir im folgenden zuerst auf einige Aspekte dieser traditionellen Strukturen eingehen, bevor wir uns mit der modernen Gesellschaft des Landes beschäftigen.

### Die traditionellen Herrschaftsstrukturen

Grundzelle der Gesellschaft – sowohl in wirtschaftlicher als auch sozialer Hinsicht – ist die **Kernfamilie**, d.h. der Vater, eine oder mehrere Frauen sowie die direkte Nachkommenschaft.

Macht und Reichtum nehmen zu mit der Anzahl der Personen, die einem direkt unterstehen, Schwiegersöhne und -töchter inbegriffen. Die Beziehungen des Individuums zur mütterlichen Familie bleiben ein Leben lang sehr intensiv. In manchen Ethnien spielt der älteste Bruder der Mutter sogar eine wichtigere Rolle als der eigene Vater. Der Brautpreis ist in diesem Zusammenhang demnach nicht als „Verkaufsprämie" für ein weibliches Familienmitglied zu sehen, sondern als eine Art Symbol für die hohe Wertschätzung, die eine Familie der anderen zollt.

Jede Kernfamilie ist eingebettet in eine **Großfamilie**, einen Clan oder „Stamm". Mit ihr sind sie durch Dinge wie den gemeinsamen Urahn, ein gemeinsames Totemtier, gewisse Verbote etc. verbunden. Je nach Organisationsgrad der jeweiligen Gesellschaft sind auch die einzelnen Clans eingebunden in ein Herrschaftssystem. So gibt es beispielsweise Gegenden, in denen sich höchstens 3, 5 oder maximal 20 Großfamilien „unter einen Hut" bringen ließen, wogegen es andernorts zu Zusammenschlüssen von bis zu mehreren Hundert Großfamilien kommen konnte. Man spricht hier von Häuptlingstümern, sogenannten **Chefferien**. Die größten und bekanntesten Gesellschaften dieses Typs findet man vor allem im westlichen Hochland im *Bamiléké*-Land, *Bamoun* und in der Gegend um *Bamenda*. Das nächsthöhere Stadium gesellschaftlicher Organisation – **eine Art multi-ethnischer und feudaler Staatsform** – fand sich im vorkolonialen **Fulbe-Staat** und bei den etwas älteren **Sahel-Reiche**n wie *Bornou* oder *Mandara*. Hier findet man bereits eine weit fortgeschrittene gesellschaftliche Arbeitsteilung, die oft auch mit der ethnischen Vielfalt einhergeht (ehemalige Nomadenfamilien bilden die Oberschicht der Grundbesitzer und Krieger, die Urbevölkerung bestellt das Land).

### Die Chefferien des Kameruner Graslands

**Die größten Chefferien** Kameruns findet man beispielsweise in **Bandjoun**

*Land und Leute*

(in der Nähe von Bafoussam), **Bafut** und **Bali** (beide in der Gegend von Bamenda). Auch die Stadt *Foumban*, in der heute ein Sultan regiert, war ursprünglich das Zentrum eines großen Häuptlingstums, das sich nach und nach zum Königstum entwickeln konnte. Identifikationsfigur einer Chefferie ist der **Fon**, der „Chief". Neben seiner weltlichen Funktion als *Heerführer*, *oberster Richter* u. ä. dient er auch als *Mittler* zwischen den Ahnen und den Lebenden. Er ist ausgestattet mit einer Reihe von Hoheitssymbolen (z.B. Elfenbeinzähne, Leopardenfelle, Thron, heilige Glocke, Pfeife), Privilegien und einem großen Gehöft. Seine Untertanen dürfen ihn vielerorts nicht direkt ansprechen. In früheren Zeiten war er Herrscher über Leben und Tod. Jedoch darf er keine selbstherrlichen Entscheidungen fällen; er ist kein absolutistischer Herrscher und trägt die gesamte soziale Verantwortung für seine Stellung. Auch wird seine Position nicht in gerader Linie vererbt, wie dies bei unseren Königen und Fürsten der Fall war. Es entscheidet ein Rat von Notablen bzw. eine Reihe von Oberhäuptern der wichtigsten Großfamilien, also eine Art **Beraterstab** des Fon. Diese Institution trägt zum Beispiel den Namen *Kwifon* in *Bafut, Ndop* etc., anderswo wird sie *Nwerong* oder auch *Ngumba* genannt. Sie ist als die eigentliche „Regierung" des Landes anzusehen und verfügt über einen besonderen Bereich im Palast. Man spricht hier auch von einer „Geheimgesellschaft".

Auf lokaler Ebene vertreten eine Reihe von „sub-chiefs", „quarter-heads" und Notablen am Hof, die in die Provinzen kommen, die Autorität des Fon bzw. seines Beraterstabes.

## Die Lamidate Nordkameruns

Die **Organisationsform** der Fulbe-Staaten des vorkolonialen *Adamaoua* war der der alten Sahel-Staaten nachempfunden. Das bedeutet, daß es auch heute noch ein **stark hierarchisiertes System** gibt, dessen Grundeinheit wiederum die Kernfamilie ist. Die ursprünglich ansässigen Völker, die diesem System unterworfen wurden, mußten zwar nicht zwangsweise zum Islam übertreten, waren aber zu Tributzahlungen verpflichtet. Auch kam es zu Landnahmen durch verdiente Krieger der Eroberer, so daß sich auch auf dörflicher Ebene eine Großgrundbesitzerstruktur bilden konnte. Auf der anderen Seite – wie man am Beispiel der Familie des *Lamidos von Ngaoundéré* sehen kann – bestehen auch Verpflichtungen gegenüber den „Unterjochten": Der Lamido muß immer mindestens eine Frau aus dem Volk der *Mboum* haben, sein Nachfolger muß eine Mutter haben, die diesem Volk entstammt.

Der **Lamido** (fulfulde für „Führer") ist Heerführer, religiöses Oberhaupt, oberster Richter und größter Grundeigentümer der Region. Am Hofe des Lamido gibt es einen Beraterstab und Notable, von denen jeder seine klar definierte Funktion hat. Die Titel dieser Leute stammen z. T. noch aus dem *Reich Bagirmi* (z.B. *Maygidda* = Ratsherr) oder sind aus der Haussa-Sprache entlehnt *(Ssarki* = „Minister"). Zumeist stammen diese Würdenträger aus Familien, die nicht dem Fulbe-Adel angehören. Man meint, daß dies auf das mangelnde gegenseitige Vertrauen unter den großen Familien zurückzuführen ist. Oft handelte es sich bei diesen Ministern um verdiente ehemalige Haussklaven. Der Lamido hat

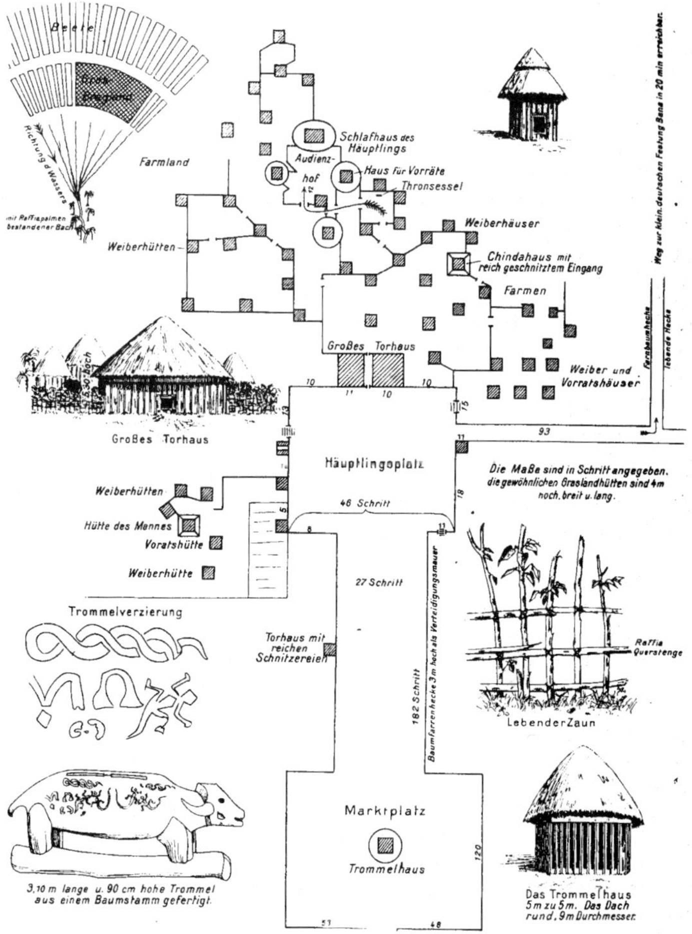

Breite

Richtung des Wassers

mit Raffiapalmen
bestandener Bach

Farmland

Schlafhaus des
Häuptlings

Audienz-
hof

Haus für Vorräte

Thronsessel

Weiberhütten

Weiberhäuser

Chindahaus mit
reich geschnitztem Eingang

Farmen

Großes Torhaus

Weiber und
Vorratshäuser

Großes Torhaus

Häuptlingplatz

Die Maße sind in Schritt angegeben,
die gewöhnlichen Graslandhütten sind 4 m
hoch, breit u. lang.

Weiberhütten

Hütte des Mannes

Vorratshütte

Weiberhütte

46 Schritt

Trommelverzierung

27 Schritt

Torhaus mit
reichen
Schnitzereien

182 Schritt

Baumfarrenhecke 3 m hoch als Verteidigungsmauer

Raffia
Querstenge

Lebender Zaun

3.10 m lange u. 90 cm hohe Trommel
aus einem Baumstamm gefertigt.

Marktplatz

Trommelhaus

Das Trommelhaus
5 m zu 5 m. Das Dach
rund. 9 m Durchmesser.

Weg zur klein. deutschen Festung Bana in 20 min erreichbar.

Farnbaumhecke

lebende Hecke

10        10

1'    10

13

93

11

18

17

5

8

120

51        48

**Grundriß eines Häuptlinggehöftes im Kameruner Grasland.**
Nach Skizzen des Maler Ernst Vollbehr für den Druck gezeichnet von der Firma Carl Starke, Leipzig.

*Grundriß eines Häuptlingsgehöftes (nach Ernst Vollbehr 1912)*

außerdem konstanten Kontakt zu den Vertretern der verschiedenen ethnischen Gruppen – einer Art Botschafter oder Konsul ihrer Völker – seiner Stadt.

Auf lokaler Ebene werden die Interessen des Lamido durch *Djauros* (Stadtviertel) oder *Lauans* (Dörfer) vertreten. Dem Lamido gehören (nominell) die Pferde der Familien seiner Notablen. Er kann jederzeit zu einer *Fantasia* aufrufen – ein Relikt aus der Zeit der Eroberungen, als Reiterhorden unter der Führung seiner Ahnen riesige Landstriche eroberten.

**Das letzte Lamidat**, das zum Teil noch bis in die heutige Zeit hinein so wie in vorkolonialen Zeiten funktioniert, kann man in **Rey Bouba** bzw. in der Nachbarstadt *Tcholliré* finden.

Jedoch beginnt auch hier der **Machtkampf** zwischen moderner Gesellschaft, repräsentiert durch die Vertreter der Regierung, und den Institutionen des Lamido zuungunsten des Letzteren auszugehen: Die Leute sehen nicht mehr ein, warum sie zweifach steuerliche Abgaben zahlen sollen und weigern sich immer häufiger, die alljährliche Fronarbeit für den Lamido oder seine „Schranzen" zu verrichten.

### Die moderne Gesellschaft

Manche Gesellschaften des postkolonialen Afrika ähneln in vielen Dingen europäischen Gesellschaften des frühen 19. Jahrhunderts. Es gibt nur eine sehr **dünne wohlhabende Schicht** und relativ wenig Einkommensmöglichkeiten für ein immer größer werdendes **Stadtproletariat**.

Für viele Menschen ist der Übergang vom Leben in der Großfamilie, im Clan, in der Dorfgemeinschaft zum Leben in den großen Städten wie Douala oder Yaoundé als Student und Untermieter in einer Hofgemeinschaft oder als Straßenhändler, Nachtwächter – oder als was auch immer – brutal und unerbittlich. Der Schriftsteller *Pabe Mongo* hat diesen Umstand in seinem Buch „L'homme de la rue" besonders gut beschrieben.

Die moderne Gesellschaft Kameruns ist immer noch **eng gebunden an traditionelle Strukturen**. Allerdings sind die wenigsten unter den jungen Leuten, die den größten Anteil der Bevölkerung stellen, bereit, sich weiterhin der Autorität der Alten zu beugen. Ausnahmen bilden hier die Leute aus dem Westen und Norden: Entweder weil die Tradition noch lebendig ist und sich dennoch der modernen Zeit angepaßt hat (Westen) oder durch das starke Identifikationspotential, das die Religion zu bieten hat (Norden).

Die Mehrheit der **Stadtbevölkerung** käme nie auf die Idee, aufs Land zurückzugehen. Die Beziehungen bleiben trotzdem sehr eng: Man besorgt sich günstig Lebensmittel und baut auf dem elterlichen Grund; manche Angehörigen der Eliten fördern Selbsthilfeprojekte in ihren Heimatorten. Viele Leute vom Land leben bei städtischen Verwandten – sehr zum Leidwesen vieler, denn das Leben in der Stadt ist mit viel Geld verbunden. So werden diese armen Verwandten denn auch oft auf die Straße geschickt mit einem „Bauchladen" oder sie müssen sich sonstwie durchschlagen. Arbeitslosenunterstützung gibt es nicht; die Familie ersetzt das Sozialamt.

Sehr stark ausgebildet ist das Vertrauen in eine gute **Schulbildung**: Man erhofft sich – oder den Kindern –

eine brillante Zukunft in einem Ministerium, um den Rest der Familie aus der Misere ziehen zu können.

Für die Wenigsten besteht die Möglichkeit, wirklich so weit zu kommen, auch wenn die Ministerien überquellen von unterbeschäftigten Beamten. Bleibt oft nur die Chance, bei der Armee oder bei der Polizei unterzukommen. Die Möglichkeit und die Gabe, erfolgreich Handel zu treiben, ist nur relativ wenigen jungen Kamerunern gegeben: Anfangskapital und Unterstützung durch die nähere Umgebung werden eigentlich nur den jungen Leuten aus Familien der *Douala*, der *Fulbe-Aristokratie* des Nordens oder der *Clans der Bamiléké* geboten. Von letzteren stammt das System der sog. *tontines*: Das sind **Sparklubs**, die nach einem denkbar simplen Modell funktionieren. Die Mitglieder treffen sich regelmäßig und geben eine nicht unbedingt festgelegte Summe Geldes in den „Topf", der dann einem unter ihnen zur Verfügung gestellt wird. Jeder ist irgendwann einmal dran und bekommt somit die Möglichkeit, sein Geschäft ins Leben zu rufen. Diese Art der informellen Finanzierung, an Bank und Fiskus vorbei, fasziniert den Entwicklungsexperten und stört die Regierung.

**Frauen** haben in dieser modernen Gesellschaft mehr Möglichkeiten, wenn man einmal vom europäischen Standpunkt ausgeht, als früher. Man darf aber nicht vergessen, daß in den meisten traditionellen Gesellschaften die Frau sehr oft eine tragende Rolle zu spielen hatte. Die zeigt sich bei der Rolle der Königsmutter bei einigen Chefferien oder an der Tatsache, daß bei manchen Völkern die Abstammung über die weibliche Linie berücksich-

tigt wurde. Heutzutage muß eine kamerunische Frau – unseren Gegebenheiten durchaus vergleichbar – mehr leisten als ein Mann, um so weit zu kommen wie dieser. Ein Teil der Frauen findet dennoch sein Auskommen in angesehenen, wenn auch oft typischen Frauenberufen (Krankenschwester, Lehrerin etc.). Der Rest allerdings geht den mühsamen Alltagstätigkeiten der afrikanischen Hausfrau nach. So verwundert es nicht, daß viele Mädchen, ob Oberschülerinnen oder 14-jährige weggelaufene Opfer von Zwangsehen, sich für die „dolce-vita" der Discos entscheiden und sich prostituieren. Dem Anreiz, schnell zu Geld zu kommen, ist oft nicht zu widerstehen. Vielfach kann über die **Prostitution** auch noch die ganze Familie miternährt werden; Zuhälter sind selten.

**Polygamie** kommt mittlerweile für viele junge Frauen in Kamerun nicht mehr in Frage. Die Begriffe von Liebe und Treue waren zwar früher nicht unbekannt. Sie wurden aber nicht als Kriterium für eine gute Ehe angesehen. Polygamie kommt allein schon aus wirtschaftlichen Gründen für die meisten Städter nicht in Frage. Wer kann es sich schon leisten, mehr als eine Gattin angemessen mit Kleidung, Hausrat etc. auszustatten – einmal ganz abgesehen von der Erziehung der Kinder? Dafür halten sich viele Kameruner Familienväter ihr „deuxième bureau", ihre „Nebenstelle", d.h. eine Konkubine.

Das moderne Leben hat natürlich auch die **Kriminalitätsrate** gesteigert. Immer wieder führt die Polizei Razzien in ganzen Vierteln durch. Immer wieder hört man von „coupeurs de routes" (Straßenräubern). Auch solche Tatbestände wie Korruption und

Betrug sind letztendlich nur die logische Konsequenz des Spannungsfeldes „Bedürfnisse/Geldmangel". Ein unterbezahlter Beamter, dem die Familie mehrere Personen ins Haus gesetzt hat, weil sie davon ausgeht, daß er jetzt ein gemachter Mann sei, kann oft der Versuchung nicht widerstehen.

Aber die moderne Zeit hat den Kamerunern nicht nur Übles gebracht: Das Leben in den Städten mit Kinos, den Anschluß zur „großen, weiten Welt", die Bars mit ihren Bands, die auf modernen Instrumenten original kamerunische Musik machen, gehören genauso dazu wie die Krankenhäuser, Schulen und Verkehrsmittel.

## Gesundheitswesen

Das kamerunische Gesundheitssystem untersteht dem *Ministère de la Santé Publique* bzw. dem *Ministry of Health* (Gesundheitsministerium); während das Bildungsministerium für die Ausbildung von medizinischem Fachpersonal verantwortlich ist. Die Basis bildet die **Gesundheitsversorgung** der Bevölkerung in sog. *Dispensaires* (Krankenstationen) auf lokaler Ebene, gefolgt von den *Département- und Arrondissement-Krankenhäusern*, die hauptsächlich allgemeinärztliche Dien-

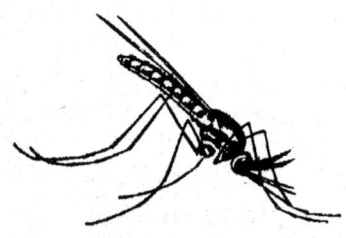

*Die Anopheles-Mücke überträgt Malaria*

ste anbieten. Die oberste Stufe bilden die *Zentral- und Provinzialkrankenhäuser* mit spezialisierten fachärztlichen Einrichtungen.

Die **ländlichen Gebiete** und vor allem die abgelegenen nördlichen Landesteile sind medizinisch noch sehr stark **unterversorgt**. Generell fehlt es der Bevölkerung an ausreichenden Arzneimitteln, an genügend Krankenhaus- und Nothilfe-Kapazitäten. Daraus resultiert eine hohe Säuglings- und Kleinkindersterblichkeit. Auch die in den letzten Jahren wieder verstärkt aufgetretenen Fälle von **Cholera** und **Gelbfieber** sowie die mittlerweile als endemisch anzusehende **Malaria** lassen auf ungenügende medizinische Vorbeugemaßnahme schließen. Impfkampagnen und gezielte Arzneimittelprogramme stehen nicht in ausreichendem Maße zur Verfügung.

Auch hinsichtlich der **AIDS-Ausbreitung** zeichnet sich seit Ende der 80er Jahre eine Beschleunigung ab. Im Vergleich mit den Nachbarländern liegt jedoch die AIDS-Infizierung gegenwärtig noch relativ niedrig. Während Ende April 1991 in Kamerun 36 AIDS-Fälle auf eine Million Einwohner kamen, waren es im Nachbarland Kongo bereits 1059 Fälle je eine Million Einwohner.

Hat sich die Zahl der Gesundheitszentren und Krankenhäuser auch zwischen 1970 und 1990 verdoppelt, verfügten zwischen 1985 und 1988 lediglich ungefähr 40 Prozent der Bevölkerung über **Zugang zu Basisgesundheitsdiensten.** Um ärztliche Hilfe zu bekommen, sind die Menschen oft Stunden und sogar Tage zu Fuß unterwegs. Da kann es leider passieren, daß ein fieberndes Kind stirbt, noch bevor die nächste Krankenstation erreicht ist.

Nachdem 1980 ein Allgemeinarzt auf 15 500 Einwohner kam, hatte 1987 ein Arzt durchschnittl. noch 11 800 Einwohner zu betreuen. 1987 gab es insgesamt 888 Ärzte, davon jedoch nur 48 Zahnärzte (218 000 Einwohner je Zahnarzt). Jenseits aller Statistik kann man davon ausgehen, daß etwa 70% der Bevölkerung unterversorgt sind, da die Ärzte überwiegend in den Städten arbeiten.

Die kamerunische Regierung hat 1982 damit begonnen, **„Primary Health Care"** im ganzen Land systematisch zu fördern. Im Rahmen dieser primären Gesundheitsvorsorge erfolgt im verstärkten Maße die Ausbildung von Dorfhelfern und traditionellen Geburtshelfern in Provinzkrankenhäusern. Die so ausgebildeten „Laiendoktoren", oft ehemalige Feldbauern, arbeiten in den Dörfern und fördern die medizinische Versorgung der ländlichen Regionen. In Dörfern, in denen Gesundheitshelfer „praktizieren", konnte z.B. die Säuglingssterblichkeit bereits erheblich gesenkt werden. Besonders weit entwickelt ist dieses Projekt in der Nordwestprovinz. Von Provinzbeauftragten der Gesundheitsbehörden werden die Gesundheitshelfer betreut und mit Medikamenten versorgt sowie in schwierigen Fällen beraten. Einen kleinen Beitrag für die Arznei müssen die Dorfbewohner selbst bezahlen. Von diesem Geld bekommt der Dorfhelfer ein Taschengeld, ein Teil wird für neue Investitionen genutzt; darunter sind Wasserprojekte, die die Lebensgrundlage der Bevölkerung verbessern helfen sollen. Von den Dorfbewohnern selbst werden Brunnen und Wasserleitungen gebaut, um eine Trinkwasserversorgung zu gewährleisten. Gerade das unreine Trink-

wasser ist einer der bakteriellen Herde für **Infektionskrankheiten.** Nur ca. ein Drittel der Bevölkerung hatte in den 80er Jahren Zugang zu sauberem Trinkwasser. Dabei war ein starkes Stadt-Land-Gefälle erkennbar. Die überwiegende Zahl der Krankheiten resultiert aus dem mangelhaften Informationsstand der Bevölkerung über den Kreislauf von Krankheit, Ernährung und Hygiene.

Die **primären Todesursachen** sind Masern gefolgt von Malaria sowie Darm- und Verdauungserkrankungen.

Neben den beschriebenen Maßnahmen lebt die **traditionelle Medizin** fort: „Docteurs Traditionnels" oder „Native doctors" beschwören und heilen mit Fetischen und Heilkräutern. Vor allem in den abgelegenen Regionen im Norden wird Ihnen noch großer Respekt entgegengebracht.

*Traditionelle Apotheke*

**Land und Leute**

## Schulbildung

Auch nach der Unabhängigkeit Kameruns war das Bildungssystem zunächst noch zweigeteilt: Ostkamerun, die einstige Kolonie Frankreichs, hielt sich an das französische Schulsystem, während im Westen das britische Schulsystem dominierte. 1972 erfolgte der allmähliche Übergang zu zweisprachigem Unterricht an den Grundschulen. Eine weitgehende **Vereinheitlichung des Schulsystems** wurde **1976** abgeschlossen.

Trotzdem gibt es immer noch **geringfügige Unterschiede**. So beginnt für die Kinder im Osten Kameruns die Grundschule im Alter von sechs Jahren mit einer Dauer von ebenfalls sechs Jahren, in Westkamerun dauert die Grundschulzeit dagegen sieben Jahre. Daran schließt sich dann die siebenjährige Sekundarstufe an, die mit dem Abitur abgeschlossen wird. Mit dem Reifezeugnis erschließt sich dann der Zugang zur Universität. Die Studiengebühren müssen von den Studenten privat finanziert werden.

Nur in **Ostkamerun** gibt es seit 1980 eine **allgemeine Schulpflicht**, die jedoch auch dort nicht überall durchgesetzt werden kann.

Die **Träger des Bildungssystems** sind staatliche Einrichtungen, private und kirchliche Institutionen (Missionen). Obwohl die Regierung finanzielle Anstrengungen unternimmt, gibt es gegenwärtig immer noch eine Reihe von strukturellen Mängeln im kamerunischen Bildungswesen.

Im Verlauf der 80er Jahre erfolgte zwar ein starker Ausbau der schulischen Infrastruktur, die Aufnahmekapazitäten reichen jedoch längst nicht aus. Ebenso gibt es einen Mangel an qualifizierten Lehrkräften, 1989/90 z.B.

bestand ein **Defizit von 7000 Lehrern** an Primarschulen. In diesen Jahren kam ein Lehrer auf durchschnittlich 52 Primar-Schüler, ebensoviele teilten sich einen Klassenraum.

Es herrscht ein großes **Stadt-Land-Gefälle** in der Ausstattung der Schulen und hinsichtlich des Personals. Viele Lehrer wollen nicht in den abgelegenen, ländlichen Regionen arbeiten, ein Problem, das besonders im Norden auffällt. Hier sei angemerkt, daß die zentralisierte **Schulbürokratie** mit ihrem schwerfälligen Apparat oft nicht in der Lage ist, ihre Lehrer rechtzeitig zu entlohnen; viele Lehrer – so wie auch Beamte anderer Institutionen – pendeln ständig zwischen Yaoundé und ihrem Einsatzort, um in den Gängen des Ministeriums für ihren eigenen Lohn zu antichambrieren.

Diese Unterkapazität im Bereich der schulischen Infrastruktur, nicht zuletzt Folge fehlender finanzieller Mittel, führt zu extrem hohen Durchfallquoten: So bestanden 1989 nur ca. ein Viertel der Primarschüler und Abiturienten erfolgreich die Abschlußprüfung.

In Kamerun gibt es derzeit **sechs Universitäten:** *Yaoundé I, Yaoundé II, Douala, Buea, Ngaoundéré, Dschang.* Die wichtigste Hochschule des Landes ist die *Universität von Yaoundé,* deren Bau und Unterhalt während der ersten Jahre von Frankreich finanziert wurde. Inzwischen wurde das französische Lehrpersonal durch kamerunische Dozenten ersetzt. Der Mangel an Einrichtungen im Norden gibt Aufschluß über das **Süd-Nord-Gefälle im Bildungssystem.** Doch auch die angehende Elite des anglophonen Landesteils fühlt sich vom bestehenden Hochschulwesen im Stich gelassen: Alle Examina an der Universität von Yaoundé sind in französischer Sprache. Examens- und Doktorarbeiten auf Englisch finden nur schwerlich ihre wissenschaftlichen Betreuer.

Einige Privilegierte studieren im Ausland, vorwiegend in Frankreich.

In *Bandjoun* wurde ein *Institut Universitaire de Technologie (IUT)* gegründet und in *Ngaoundéré* existiert ferner eine Hotelfach- und Touristik-Schule, an der qualifiziertes Personal ausgebildet wird.

Obwohl die **Schülerzahlen** in den letzten Jahren stark zugenommen haben (Primarschüler1980: 1,4 Mio, 1990: 2,1 Mio, besuchen längst nicht alle Kinder im schulpflichtigen Alter die Schule. All die obengenannten Gründe führen dazu, daß es eine sehr hohe Analphabetenrate im Land gibt. Auch von den Kindern, die eingeschult werden, verlassen viele meist aus wirtschaftlichen Gründen die Schule, ohne die grundlegenden Techniken des Schreibens und Lesens erlernt zu haben. Die **Schulkosten** trägt der Staat, die Kosten für Einschreibung, Bücher, andere Schulmittel und für den Schulweg (der oft sehr weit ist) müssen privat bezahlt werden. Obwohl die Eltern verpflichtet sind, ihre Kinder in die Schule zu schicken, haben sie häufig nicht die nötigen finanziellen Mittel dazu. Dennoch gilt für manche ländlichen Regionen Kameruns *(Zentrum/ Süd, Littoral* und *Ouest)* die für Afrika sensationell hohe Einschulungsrate von nahezu 95%.

Die UNESCO schätzte die **Analphabetenquote** im Jahr 1990 auf **45%**. Zwar lag Kamerun damit besser als der schwarzafrikanische Durchschnitt (52%), doch will die Regierung weiterhin große Anstrengungen unternehmen. Benachteiligt sind besonders die Mädchen, die in der Regel im Haushalt und auf dem Feld beschäftigt werden. Während nach statistischen Angaben 33% der männlichen Bevölkerung im Alter von 15 Jahren nicht schreiben und lesen konnten, waren es 57% der weiblichen Einwohner.

Übrigens: In keinem anderen Land Afrikas gibt es mehr **Deutsch-Schüler**, 1986 waren es ca. **40 000**. Französisch und Englisch werden als Pflichtfächer unterrichtet, Deutsch ist seit der Unabhängigkeit neben Spanisch Wahlpflichtfach.

(Daten/Zahlen: Länderbericht Kamerun 1992, Statistisches Bundesamt)

*Kinderreichtum begünstigt den Wachstum der Analphabetenquote*

**Land und Leute**

## *Über den Fußball*

*„Fußball, das ist der Sport, der das Land beherrscht. Ja, es ist mehr als nur ein Sport. In Kamerun, in ganz Afrika, ist Fußball fast eine Religion."* Und Roger Milla ist ihr Hohepriester. Als Kind hat er, wie alle Kinder Kameruns, auf zusammengeknotete Lappen eingetreten. Seine Fußballerkarriere begann vor 25 Jahren. Milla startete 1965 bei Eclair (Blitz) de Douala, ging zu den Leoparden und danach zu Tonnere (Donner) in Yaoundé.(...) Später, als er daheim allen Ruhm eingeheimst hatte, spielte er als Profi bei diversen französischen Clubs: Vanenciennes, Monaco, Bastia, Montpellier, Saint-Etienne. Die Franzosen tauften ihn „défi africain" – die afrikanische Herausforderung. (...)

Das Quartier Congo, zweites Arrondissement der Hafenstadt Douala, ist eine quirlige Gegend und der Platz an der Pharmacie de la Mosquée deren Mittelpunkt. Straßenhändler mit Bonbons und Zigaretten, Erdnüssen und Getränken, Verkaufsstände, Frauen mit Schüsseln, in denen sich Eßwaren stapeln, die Kneipen sind voll. Ein atemberaubender Geruch schwebt über dem Platz, der Duft von geröstetem Mais und gebratenen Hühnern, gemischt mit dem Gestank modernen Mülls. Musik dröhnt, verbeulte gelbe Sammeltaxis kurven hupend um den Platz.

Inmitten dieses Getümmels stehen an die 200 Menschen um einen Fußballplatz herum. Sogar Stühle gibt es, doch die meisten sind leer – sie kosten Eintritt. Erregt folgen die Zuschauer dem Spiel der „Lion Coiffeur", benannt nach dem örtlichen Friseur-Salon, gegen „Makombe". Beide Mannschaften bestehen nur aus sechs Spielern, denn der Platz, der sich hochtrabend „Stade Mairie de la Ileme" nennt, ist nicht nur uneben und klein, sondern auch dreieckig. Das fordert die artistischen Fähigkeiten der jungen Kicker nur um so mehr heraus. Saltos vorwärts wie rückwärts sind sehr beliebt. Andauernd fliegt der Ball in den Verkehr, ein zweiter liegt als Ersatz bereit, bis sich der andere eingefunden hat. Wenn beide futsch sind, ist Pause. (...)

Der Schiedsrichter in kurzen Hosen und Plastiksandalen trillert sich die Lunge aus dem Hals. Es hagelt gelbe und rote Karten, empört reißt sich ein Spieler das Trikot vom Leib. (...)

In Kamerun sind gerade Schulferien, drei lange Monate für ausschweifende Fußball-Turniere. In jedem Stadtteil, in jedem Dorf finden sie statt und sind stets das am heißesten debattierte Thema. (...) Die Fußballbegeisterung der Kameruner hat eine lange Tradition. Den ersten Fußball, einen Kautschuk-Ball, brachte ein Wanderarbeiter aus Sierra Leone mit, der 1922 im Hafen von Douala ankam. Der Mann hieß George Goethe. Sein Großvater sei ein sehr gebildeter Mensch gewesen, erzählt Cyrille Goethe. „Am Tag der Geburt meines Vaters hatte er ein Gedicht von Goethe gelesen und seinem Sproß umgehend den Namen gegeben." (...) „Fußball", sagt Monsieur Goethe (der Nachfahre), „ist sehr wichtig für *dieses Land. Früher gab es hier nur Clan-Wirtschaft. Die Einheit Kameruns hat mit dem Fußball begonnen".*

*George Goethe hatte damals den Ball mitgebracht. (...) Die Kinder aus der Nachbarschaft fanden das neue Spiel ganz wunderbar und nach zwei Jahren war die erste Mannschaft entstanden: Der CAC – Club Athlétique du Cameroun. (...) Ein halbes Jahrzehnt spielten alle mit dem einen Ball, der zum Aufblasen von Mund zu Mund gereicht wurde. Dann weihte der französische Gouverneur Kameruns die Eisenbahnlinie zwischen Douala und Yaoundé ein, und der Fußballsport machte einen großen Sprung nach vorn: Zur feierlichen Eröffnung spielte eine Equipe aus Europa gegen die Einheimischen. Die Europäer gewannen. Die Revanche kam schon zwei Jahre später, im Jahr 1929: die siegesgewissen Weißen wurden 3:1 bezwungen. Seither war Kameruns Fußballmannschaft immer wieder für Überraschungen gut. (...)*

*Die Menschen identifizieren sich mit den Aufs und Abs ihrer Clubs und reden über nichts anderes. Fußball ist das Leben. Man wettet selbst auf Spiele in Frankreich, England und Ergebnisse der deutschen Bundesliga, deren Spiele es, wenn auch reichlich verspätet, sogar im Fernsehen zu sehen gibt. (...)*

*Der Triumph von Italien hat Kamerun für kurze Zeit Luft geschaffen. Als die afrikanischen Underdogs, belächelt von der sogenannten Fachwelt, gleich beim ersten Spiel Argentinien und den in aller Welt vergötterten Diego Maradona vom Thron holten, flippte die Nation aus. Die Weltmeisterschaft wurde zur landesweiten Party. Nach den Siegen über Rumänien und Kolumbien, selbst nach dem legendären, wenn auch letztlich verlorenen Spiel gegen England im Viertelfinale, delirierte die ganze Nation tagelang. Kaum je ist ein Volk so vom sportiven Stolz übermannt worden. Alles tanzte auf den Straßen, die Zeitungen druckten Jubelgedichte übersprudelnder Fans. Traditionelle Künstler schnitzten plötzlich Figuren mit Milla-Köpfen. (...)*

*Am meisten Spaß scheint der Fußball den Frauen zu machen. Eine Überraschung zunächst, daß in einem westafrikanischen Land, wo der Machismo in voller Blüte steht, Frauen überhaupt Fußball spielen. Doch sie tun es. Seit einem Jahr (Anm.: 1990) existiert sogar eine nationale Frauenliga. Der kleine Unterschied ist hörbar. Die Männer ächzen und stöhnen, die Frauen lachen beim Spiel – laut und begeistert. (...)*

*Nach dem italienischen Rausch ist der Alltag wieder da: Geldmangel, Kompetenzgerangel, Schiebung, Krach. Alte Hasen wie Milla und Kundé haben bei der WM ihren endgültigen Abschied gegeben, das Gros der guten Profis kickt in Europa, irgendwo zwischen Barcelona und Dortmund. Solche Exporte nach Europa haben Tradition. Ein halbes Hundert Afrikaner spielt derzeit in französischen Clubs, mindestens acht davon sind aus Kamerun. (...)*

*Die Gelegenheit ist günstig, ein Geheimnis zu erforschen: Fußball und Magie. Emmanuel erzählt, er sei einmal zu einem Zauberer gegangen, als sein Team in Gefahr war, aus einem Turnier auszuscheiden. „Der Magier gab mir einen Metallring und sagte, alle würden mich respektieren. Ich mußte ihm dafür ein Huhn bringen." (...) Der Magier, in Kamerun „Guérisseur" genannt, ist vor allem zum Schutz vor Hexereien der Gegenmannschaft da. Wenn der Torhüter berichtet, es seien etliche Bälle auf ihn zugeflogen und leider habe er nach dem falschen gegriffen, ist ein Eingreifen dringend angezeigt. Guérisseure haben die unterschiedlichsten Methoden. Sie befragen Spiegel und mit Muscheln gefüllte Hörner oder träumen den Spielablauf. Spieler müssen speziell präparierte Bälle berühren, Puder, Öle und allerlei Kräuter auftragen und Amulette umlegen. Manche feiern Zeremonien am Abend vor dem Anpfiff oder verordnen nächtliche Aufenthalte der Spieler auf Friedhöfen. (...)*

*Es ist schon acht Uhr abends, als Prévoyance, die in der Tabelle gut plazierte Mannschaft der staatlichen Sozialversicherungsgesellschaft, auf ihren Gegner trifft. Die Luft ist schwül, große, bunte Falter taumeln im Flutlicht auf und ab. Plötzlich geht ein tropischer Gewitterregen nieder. Binnen weniger Minuten verwandelt sich der Rasen in einen See. Der Schiedsrichter läßt gnadenlos weiterspielen. Zuschauer machen unter der Tribüne ein Feuerchen, um sich zu wärmen. Es ist eine Wasserschlacht, in der mehr Spieler liegen als stehen. Und Prévoyance verliert.*

*Den technischen Direktor, der neben mir auf der Reservebank unter seinem Schirm kauert, frage ich, warum Pévoyance keinen Zauberer hat. „Wir sind eine Staatsfirma", antwortet er charmant, „Zauberer geben keine Quittungen".*

(aus GEO Nr. 2/1991, Autor: Tom Schimmeck, mit freundlicher Genehmigung des Verlages)

# Religion

Statistisch gesehen sind in Kamerun je ca. ein Drittel der Bevölkerung **Christen**, **Moslems** oder **Animisten** (Anhänger von Naturreligionen und Ahnenkultur). Doch die Angaben über die Religionszugehörigkeit schwanken. Ein ausgeprägtes Traditionsbewußtsein bildet die Basis des religösen Denkens und so haben sich die verschiedenen Religionen nicht völlig voneinander getrennt, sondern greifen oft ineinander. Der Glaube ist den Afrikanern sehr wichtig, da er ihnen Schutz und Lebensinhalt gewährt.

Geographisch könnte man Kamerun sehr oberflächlich einteilen in einen **islamischen Norden** und einen **christlichen Süden**. Der Animismus hingegen ist überall im Land präsent.

## Naturreligionen

Etwa ein **Drittel der Gesamtbevölkerung** Kameruns hält an traditionellen Glaubensstrukturen fest, deren Vielfalt beachtlich ist und die auch auf Christentum und Islam ausstrahlen.

Der sog. **Animismus** oder die Naturreligion stützt sich auf die Vorstellung, daß die sichtbare Umwelt, also alle **Naturelemente**, von wirkenden Geistern und übernatürlichen Kräften **beseelt** wird. Diese Kräfte beherrschen das gesamte Leben jedes einzelnen und drücken sich aus in Maskentänzen, Naturmedizin und Fetischen, verschiedenen Ritualen, aber auch im Ahnenglauben und Totenkult. Durch die Maske wird der Tänzer zum Übermittler von Botschaften, deren

**Land und Leute**

*Fetische*

Inhalt nur von den Eingeweihten oder den Geheimgesellschaften verstanden wird.

Die verschiedenen Ethnien Kameruns glauben zumeist an ein oder mehrere höhere Wesen, die alles Leben schaffen und beeinflussen.

Da der Alltag in Afrika viel mehr als bei uns in einer sehr engen Beziehung zur Natur steht, ist es leicht verständlich, daß den Naturkräften und -ereignissen eine besondere Stellung eingeräumt wird. Das Wissen um diese Phänomene wird streng geheimgehalten, so daß bis heute längst nicht alles bekannt ist über die Rituale der verschiedenen Naturreligionen.

Die Dorfbewohner der Waldgebiete im Westen glauben z.B., daß gewisse **Menschen** sich **in Tiere** wie Elefanten und Krokodile **verwandeln** können. Wird ein Feld von einem Elefanten verwüstet, so vermutet man, daß jemand dem Feldbesitzer böse gesonnen war und als Elefant das Feld beschädigt hat. Dadurch wird gezeigt, daß im Dorf und allgemein in der Naturreligion niemals etwas zufällig geschieht, sondern durch geheimnisvolle, allgegenwärtige Kräfte verursacht ist. Jedes Ereignis im Leben steht in Beziehung zu einer übernatürlichen Ursache. Auch unbelebte Gegenstände und die Natur besitzen Seele (lat. = *anima*) und Geist und wirken mit ihren Mächten positiv oder negativ auf die Lebenden ein.

Durch die sogenannte **Initiation** wird ein Neuling oder junger Mensch in eine Standes- oder Altersgemeinschaft aufgenommen. Man könnte die Initiation als **eine Art traditionelle Schule** bezeichnen, die stufenweise zum Wissen über das Leben und den Tod, die sozialen Gemeinschaften und

das Zusammenleben allgemein führt. Dazu zählt die Aufnahme in einen Geheimbund oder aber auch die Einführung junger Menschen in den Kreis der Erwachsen. Das Ereignis ist immer an ein bestimmtes Ritual und die Beteiligten sind an eine strenge Schweigepflicht gebunden. Uneingeweihte dürfen bei der Initiation oder auch dem Treffen der Bünde nie anwesend sein. Zumeist geht die Initiation einher mit der **Beschneidung**. Die Aufgabe der Geheimgesellschaften ist es, das Zusammenleben zu ordnen und soziale Gerechtigkeit zu schaffen, aber die „Eingeweihten" treten auch mit den Kräften der Natur und mit den Ahnen in Verbindung.

Die **Ahnenverehrung** spielt in den Naturreligionen eine große Rolle. Die Stellung der Familie als wichtigste soziale Einheit erklärt, warum der Ahnenkult überall im Mittelpunkt der religiösen Vorstellungen steht und ein Dialog mit den Verstorbenen gesucht wird.

So glauben die meisten Anhänger afrikanischer Naturreligionen, daß der Tod die Verstorbenen nicht in das Jenseits verbannt, sondern als „geistige Kräfte" weiterleben läßt. Die verstorbenen Angehörigen werden meist innerhalb eines Gehöfts begraben und bleiben in sehr engem Kontakt zu den Lebenden. Durch Opferrituale und Tänze werden die Geister der Ahnen um Schutz gebeten und gnädig gestimmt, denn die Ahnen sind die Vermittler zwischen den Lebenden und den Gottheiten. Alle drei oder vier Jahre wird bei den Bergland-„Kirdi" ein großes Fest zu Ehren der Verstorbenen gehalten: „*Maray*" oder das „Fest des Stieres". Dazu wird den Fulbe in der Ebene ein junger Stier abgekauft und, mangels Weideland, innerhalb des Gehöfts in einer mit Dachluke versehenen Hütte großgezogen. Sobald er gemästet ist, wird die Lehmmauer der Hütte durchbrochen und das Tier wird zum Opferplatz gebracht. Einige Tage lang feiert die Familie dann ein Festmahl.

Das traditionelle Glaubenssystem läßt die Verstorbenen weiterhin im Mittelpunkt der Familie stehen. So sind die **Begräbnisse** in Afrika **häufig ein Anlaß zur Freude**, wenn der Verstorbene ein langes und erfülltes Leben hatte. Die ganze Familie tanzt, trinkt und ißt, und das Fest kann mehrere Wochen dauern.

Zuletzt sei noch der sog. **Fetisch-Glaube** erwähnt. Dabei werden bestimmte, auch ganz alltägliche Gegenstände von einem *„féticheur"* (oder bei den islamisierten Gruppen *„Marabout")* einer rituellen Handlung unterzogen. Die so behandelten Federbüschel, Tierpfoten, Holzstäbchen, Lederetuis etc. schützen vor bösen Kräften. Der *Fetisch* oder *Gri-Gri* wird oft um den Hals getragen, in die Kleidung eingenäht oder im Haus plaziert.

Die **Magier**, auch *Sorcier* (frz. für „Zauberer") oder *Guérisseur* (frz. für „Heiler") genannt, dienen als Mittler zwischen den Ahnen und den Lebenden und überbringen auch die Botschaften der Gottheiten und Naturgeister.

## Der Islam

Etwa ein **Viertel der Bevölkerung Kameruns** bekennt sich zum Islam. Schon seit dem 15./16. Jahrhundert stand der hohe Norden Kameruns unter dem Einfluß islamischer Staaten wie z. B. dem *Bornou-Reich*. Das *Reich Mandara* um die Stadt *Mora* war vor Ankunft der Fulbe-Eroberer unter *Os-*

*man dan Fodio* beziehungsweise *Modibo Adama* Ende des 18. Jahrhunderts (siehe auch Kapitel Geschichte) das südlichste islamische Gemeinwesen der Region. Viele Völker flohen vor den islamischen Eroberern in die Berge, zum Beispiel in die Mandara-Berge Nordkameruns. Aber auch andere Massive, in die die berittenen Truppen der *Bornous* oder Fulbe nicht vordringen konnten, waren ihre Zufluchtsstätte. So kam es, daß seit Mitte des 19. Jahrhunderts ein Großteil der Völker der Ebenen zumindest nominell zum Islam bekehrt waren. Aber auch die *Bamoun* im Westen schlossen sich später dem Islam an. In diesen Regionen findet man in jedem Ort eine oder mehrere Moscheen, von denen der Muezzin fünfmal am Tag zum Gebet ruft.

In ländlichen Gegenden des Nordens, sowie auch in einigen Städten des Südens kommt es heutzutage zunehmend vor, daß Menschen der muslimischen Glaubensgemeinschaft angehören wollen, ob aus gesellschaftlichen oder ideologischen Gründen, sei dahingestellt. Jedenfalls übt diese Religion vielerorts – in ihrer spezifisch afrikanischen Ausprägung – eine viel größere Anziehungskraft aus als das Christentum. Im Süden sind die moslemischen Glaubensgemeinden jedoch in der Minderheit.

Der **Islam südlich der Sahara** unterscheidet sich deutlich von dem Nordafrikas und der arabischen Welt. Ähnlich wie im Christentum sind auch im Islam des äquatorialen Afrikas Einflüsse der traditionellen Glaubensvorstellungen wirksam. Die Religion stützt sich zwar in der Hauptsache auf den Koran, wird aber sehr liberal und tolerant gehandhabt, es gibt keinen Fa-

**Land und Leute**

natismus. Generell werden die Sozialstrukturen Afrikas mit in die Religion aufgenommen.

Die **Frau** hat **im Islam Schwarzafrikas** mehr Rechte. So sind z.B. hier die Bekleidungsvorschriften viel lockerer: Islamische Frauen tragen zwar ein Kopftuch, es verschleiert sich aber niemand gänzlich. Die moslemischen Männer fallen auf durch ihre weiten und langen Gewänder, die *Boubous*, und ihre Kopfbedeckung, eine kleine runde Kappe. Das Alltagsleben ist von religiösen Vorschriften, Ritualen und Festen geprägt.

Auch für die Muslime Kameruns gelten die „**5 Säulen des Islam**":
♦ das Glaubensbekenntnis, daß es keinen Gott gibt neben Gott (Allah),
♦ die täglichen Gebete und Reinheitsregeln,
♦ die Pilgerreise nach Mekka,
♦ das Einhalten des Fastenmonats Ramadan und
♦ die Verpflichtung zum Almosen.

Grundsätzlich gilt ein **Verbot für Alkohol und Schweinefleisch.**

Am Freitag, dem moslemischen Feiertag, zieht man sich besonders festlich an und macht sich mit seinem Teppich auf zur Moschee. Hoch oben vom Minarett ruft der *Muezzin* zum Gebet, heute meist über einen elektrischen Lautsprecher. Gebetet wird immer gen *Mekka*. Während der *Ramadan*-Zeit herrscht große Ruhe, viele Restaurants sind tagsüber geschlossen. Abends jedoch, wenn nach Sonnenuntergang wieder Essen und Trinken erlaubt sind, füllen sich die Straßen und Kneipen. Am Ende des Ramadan erlebt man vor allem im Norden farbenprächtige, traditionelle Reiterspiele, die **Fantasias**. Und wer es sich leisten kann, unternimmt zumindest einmal eine Pilgerfahrt nach Mekka.

## Christentum

Die **Missionierung Kameruns** begann mit der Landung der protestantischen Missionare der Londoner Baptisten-Mission, *Joseph Merrick* und *Alfred Saker*, im Jahre 1845. Ihre erste Taufe nahmen sie 1849 im *Wouri-Fluß* vor. Seit dieser Zeit kamen **christliche Kirchen der verschiedensten Konfessionen** ins Land: *Baptisten* der Basler Mission, die e*vangelische Mission* aus Frankreich, amerikanische *Presbyterianer, Lutheraner* und *Katholiken.*

Die Katholiken kamen erst um 1890 nach Kamerun, verschiedene deutsche und französische Missionsstationen ließen sich im Süden und Westen nieder. Es wurden Missionsschulen, Krankenstationen, Waisenhäuser und andere soziale Einrichtungen gegründet, die bis heute aktiv sind.

Die Statistik spricht gegenwärtig von etwa **55% Christen** in Kamerun, darunter sind die Katholiken, denen auch Staatschef *Paul Biya* angehört, die zahlenmäßig größte Glaubensgemeinschaft (35%).

Unter dem Einfluß der Kolonialzeit begann die Christianisierung von der Küste her. Das Vordringen in den Norden wurde allerdings nicht unterstützt, da die herrschenden islamischen Fulbe-Strukturen dort für die Kolonialverwaltung von Bedeutung waren. Außerdem galten bekehrte Afrikaner lange Zeit als „kritische Geister".

Man kann sagen, daß in den westlichen Provinzen und an der Küste die protestantischen Missionen überwie-

**Land und Leute**

*Marienverehrung gibt es auch in Kamerun*

gen, was auf die **Verteilung der Einflußsphären der einzelnen Kirchen** noch zur deutschen Kolonialzeit zurückzuführen ist. Die verschiedensten protestantischen Kirchen *(Baptisten, Adventisten, Presbyterianer* etc.) und ebensoviele Missionsgesellschaften machten sich an die religiöse Bekehrungsarbeit und etwas später an den Auf- und Ausbau erster schulischer und gesundheitlicher Einrichtungen.

Die Mannigfaltigkeit in der Glaubensausrichtung der verschiedenen Missionsschulen wurde von vielen neuen Christen zunächst nur schwer begriffen. Daher gibt es in Kamerun auch eine ausgeprägte ökumenische Bewegung.

Auf einem Busbahnhof wurde ich einmal von einem jungen Kameruner gefragt: „War Jesus Katholik oder Protestant?" Je nach Beantwortung der Frage, die ihn schon seit langem beschäftige, werde er dann seine eigene Religionszugehörigkeit wählen.

Schon seit der Missionierung gab es Konflikte zwischen den Geboten der christlichen Kirche, die einen Aus-schließlichkeitsanspruch erhob, und den altbewährten Traditionen der neu „Bekehrten". Den größten Widerspruch zum christlichen Glauben stellte dabei die **Polygamie** dar, die es den Männern aus der Tradition heraus erlaubt, mehrere Frauen gleichzeitig zu heiraten. Bis heute gibt es in Kamerun gläubige Christen, die an diesem Brauch festhalten.

Die Polygamie ist seit alters her ein ökonomischer Zwang: Frauen waren Überlebensgarantie der Familie sowohl als Arbeitskraft als auch als Gebärende. War eine Frau schwanger, mußte eine andere ihre Pflichten mitübernehmen.

In *Roumsiki* begegnete ich einem jungen Mann, der mir erzählte, daß er Christ sei, deswegen aber nicht vorhabe, seine fünf Frauen aufzugeben. Er nannte sich daher selbst voller Überzeugung „Christ-Animist". Die wechselseitige Beeinflussung, Durchdringung und in Konsequenz „Aufweichung" der verschiedenen Religionen ist für Kamerun, wie schon erwähnt, charakteristisch.

# Kunst und Kultur

*Die teuerste Ware auf dem Weltmarkt ist weder Gold noch Diamant, sondern Kultur.* (Aus Afrika)

Der Ethnologe Hans-Joachim Koloß schreibt zur sozialen Funktion von Kultur: *„Der Einzelne versteht sich in der traditionellen Kultur weniger als unabhängig handelndes Individuum, denn als Teil der Gesellschaft, die seine Rolle, seine Erwartungen und Ziele im Leben bestimmt und festlegt, die ihm aber mit dieser engen Einbindung auch Hilfe und Schutz gewährt. Ein Leben außerhalb des festgefügten Gesellschaftssystems ist schon aufgrund der wirtschaftlichen Abhängigkeit des Einzelnen unmöglich."*

Dieser Deutung entsprechend kann **Kunst kein Selbstzweck** („l'Art pour l'Art") sein, sondern muß eine eminent gesellschaftliche Aufgabe erfüllen. Gerade in traditionellen Gesellschaften kommt jedem Objekt seine spezifische Bedeutung zu, der Maske genauso wie dem Schwert oder der Hacke. Traditionelle Töpferei und Schnitzkunst, Metallbearbeitung und Architektur haben neben ihrem funktionalen Aspekt eine enge **Verbindung mit Religion und Mythologie**. Viele der alten Kunstgegenstände finden in Riten und Festen erst ihren eigentlichen Ausdruck, in Kombination mit Tanz, Musik, Gesang und Religion. Sinn ist hier nicht die reine „Ästhetik", sondern der symbolische Gehalt eines Gegenstandes. Selbst vertraute Dinge des täglichen Bedarfs werden durch Dekoration aus den unterschiedlichsten Gründen mit Bedeutung erfüllt.

Manche Gegenstände verlieren ihren Gebrauchswert und ihren traditionellen Hintergrund, wenn sie aus dem Zusammenhang gerissen werden. Durch unterschiedliche Ausdrucksformen gibt sich jede Gesellschaft eine eigene Ordnung und wahrt dadurch ihre Identität.

**Kunst im modernen Sinne** gibt es aber mittlerweile auch in Kamerun. Hin und wieder findet eine Vernissage im *Französischen Kulturzentrum* oder im *Goethe-Institut* in Yaoundé statt. Es kommt auch ein interessiertes Publikum. Der Mehrheit der Bevölkerung allerdings fehlt der Sinn für derartige Veranstaltungen. Auch die Literatur (s. u.) hat mit dieser Art von Problemen zu kämpfen.

Die **Handwerker** haben ihren wohlverdienten Platz in der modernen kamerunischen Gesellschaft. Schreiner, Schneider, Maurer, Automechaniker und alle anderen Berufssparten, die das Leben in den Städten erst ermöglichen, haben alle Hände voll zu tun. Auch wenn die Reparaturwerkstätten in den „Quartiers", d.h. in den Stadtteilen der kleinen Leute, keinen besonders guten Ruf haben, ist das Können dieser Leute oft beeindruckend; Improvisation und Erfindungsgabe stehen oft anstelle der Versorgung mit Ersatzteilen.

## Das traditionelle Handwerk

Dieser Sektor spielt vor dem Hintergrund des modernen Lebens nur noch die Rolle eines besseren Kunsthandwerks. Es gibt sie immer noch, die Maskenschnitzer des Westens,

Gelbgießer, Schmiede, Weber und Gerber. Aber ihre Produkte wurden lange Zeit von den Kamerunern selbst verschmäht, waren bestimmt für den Export oder durchreisende Touristen. Es war von der „*Airport-Art*" die Rede.

Inzwischen aber hat auch der „Durchschnitts-Kameruner" entdeckt, daß eine Ledertasche aus Maroua oder eine Bronzefigur aus Foumban hübscher sein können als mancher Artikel aus dem Ausland. Überall sieht man Fliegende Händler, die diese zum Teil sehr schönen Gegenstände anbieten. In Douala und Yaoundé gibt es ziemlich große **Märkte für Kunsthandwerk** (frz.: *artisanat)*, die meist in der Hand von Nordleuten sind. Das Angebot reicht von groteskem Kitsch bis zu hübschen und preiswerten Gebrauchsartikeln und Schmuck. Gewarnt sei vor dem Kauf von Elfenbein, Taschen aus Krokodil- oder Schlangenleder und anderer Artikel, deren Import nach Deutschland durch das **Artenschutzgesetz** verboten ist: Solche Gegenstände werden bei der Einreise nach Deutschland unweigerlich konfisziert. Richtige Antiquitäten wird man auf diesen Märkten nicht finden, ihr Export unterliegt außerdem gewissen gesetzlichen Bestimmungen.

**Zentren des Kunsthandwerks** sind die Städte *Bamenda*, *Foumban* und *Maroua*. In Bamenda gibt es zwei Genossenschaften, die sich um den Vertrieb von Schnitzereien, Bastprodukten und dergleichen bemühen. Foumban hat eine eigene Künstlerstraße, die *Rue des artisans* in der Nähe des Museums für Handwerk und in Maroua, dem Zentrum des Lederhandwerks, gibt es ein großes *Centre Artisanal.*

Land und Leute

Um einen Einblick zu geben in das traditionelle Handwerk Kameruns, werden im folgenden einige Techniken geschildert:

### Holzschnitzerei

Die Kunst der Holzschnitzerei wird vorwiegend von den seßhaften Bauern ausgeübt und ist **Männerarbeit.** Das Handwerk stellt große Ansprüche an künstlerische Geschicklichkeit und Kreativität, besonders im Falle von Masken und Skulpturen; es wird meist vom Vater auf den Sohn vererbt. Die für dieses Kunsthandwerk verwendeten **Materialien** wechseln je nach örtlichem Vorkommen und bezüglich ihrer Verwendung: Weiches, leichtes Holz eignet sich gut für die Herstellung von Masken, schwerere

Hölzer dagegen für Statuen und Gegenstände, von denen eine gewisse Haltbarkeit vorausgesetzt wird. Dabei sind die Figuren oder Holzbilder meist aus einem einzigen Holzblock, einem Stück Baumstamm, gearbeitet.

Für die Ausarbeitung einer Skulptur wird der grobe Entwurf zunächst mit einem scharfen Messer, einer Axt oder dem Meißel angedeutet. Dies geschieht direkt und ohne präzise Vorzeichnung. Die Feinarbeit erfolgt mit einem kurzen Schnitzmesser. Der geschnitzte Gegenstand wird am Ende mit Schmirgelpapier poliert und mit pflanzlichen oder mineralischen Farben bemalt oder – vor allem für Touristenartikel – mit Ruß geschwärzt.

Charakteristisch für die Statuen Südkameruns sind ihre schmalen Figuren und schlanken Glieder. Der Kopf ist kugelförmig, mit breiter, gewölbter Stirn über einem rundlichen Gesicht. Deutlich sind die Frisuren ausgearbeitet. Manchmal wird zum Schmücken von Gesicht und Brust Metall verwendet (Blättchen aus Eisenblech oder Messing). Neben den Statuen werden auch Häuptlingszepter, Hocker, Löffel, Behälter, Thronstühle, Dekoration für Kulthäuser sowie Masken für die Geheim- oder Initiationsbünde angefertigt.

Besonders ausdrucksstark ist die **Schnitzkunst der Mambila**, die im Grenzgebiet zwischen Nigeria und Kamerun, westlich des *Adamaoua*-Plateaus, leben. Ihre Figuren sind in den Farben schwarz, rot und weiß bemalt und dienen dem Schutz der Dorfgemeinschaft. Die Masken zeigen stilisierte und phantastische Darstellungen von Menschen und Tieren; Vögel, Vogelspinnen und Flußkrabben

spielen dabei eine wichtige Rolle. Sie treten bei den Festen im Jahreszyklus in Erscheinung, nur Männer sind zu den Maskentänzen oder als Zuschauer zugelassen. Die Ahnenfiguren der Mambila bilden den Wohnort der Ahnengeister. Mit Opferritualen stimmt man sie den Lebenden gegenüber freundlich.

## Töpferkunst

Die Töpferei wird vorwiegend von **Frauen** ausgeübt. Da die Töpferscheibe in der traditionellen Töpferei unbekannt ist, werden die Objekte von Hand modelliert und z.B. über Formen herausgearbeitet.

Verzierungen werden eingeschnitten, modelliert oder gemalt. Das fertiggestellte, getrocknete Gefäß wird dann bei offenem Feuer gebrannt. Recht eindrucksvoll sind die großen Hirsebiergefäße der *Kirdi* in den *Mandara*-Bergen im Norden Kameruns.

Auf Wanderungen in dieser Bergregion kann man die Frauen bei ihrer Töpferarbeit beobachten.

## Korbmacherei

Bei der Herstellung von Körben und Matten geht es in erster Linie um den **praktischen Zweck**. Als Material kommen Raphia-Fasern, Schilf, Weidenrouten, -stiele und -blätter zur Verwendung. Die Matten werden zum Beispiel bei den Pygmäen zum Hausbau verwendet und dienen ansonsten in den Lehmhäusern als Schlaf- oder Sitzunterlage.

## Weberei

Zum Weben wird in der Sahelzone die **Baumwolle als Rohstoff** verwendet, während in den Waldzonen der **Raphiabast** als Material dient.

Weben ist fast ausschließlich Männerarbeit, das Spinnen und Spulen des Baumwollgarns dagegen wird von den Frauen übernommen. Bei manchen Fulbe-Familien steht allerdings noch der eine oder andere Hochwebstuhl, auf dem Frauen etwas breitere Baumwolltücher weben. Die Baumwollweberei ist trotz umfangreicher Importe an Druckstoffen bis heute verbreitet. Unter schattigen Bäumen sitzen die Weber auf dem Dorfplatz an ihren einfachen, sudanesischen Tretwebstühlen und fertigen lange, handbreite Baumwollbänder, die später zu Kleidern und Decken zusammengenäht und bestickt werden. Gut läßt sich dies in *Roumsiki* oder *Maroua* beobachten. Das Muster der Stoffe ergibt sich aus der Webart, wird als Stickerei nachträglich hinzugefügt oder durch vollständiges oder teilweises Einfärben *(Batiken)* mit unterschiedlichen Methoden erreicht.

## Schmiedekunst

Durch ihre enge Bindung zur Erde nehmen die Schmiede eine **besondere soziale Stellung** ein. Sie werden geachtet, weil sie Waffen und wichtige Geräte für die Feldarbeit herstellen. Die Kunst der Metallverarbeitung ist in Afrika immer mit dem **Glauben an einen magischen Zauber** verbunden. So wohnen z.B. die Schmiede der *Mafa*-Gesellschaft in den *Mandara*-Bergen am Rande des Dorfes und üben nicht selten besondere Funktionen als Totengräber, Heilkundige oder Wahrsager aus. Der Schmied gilt auch als **Bindeglied und Kommunikationsmittel zwischen den Lebenden und den Toten**. Nicht selten wird ihm ein besonderer Respekt, sogar manchmal Angst, ent-

gegengebracht. Auch darf nicht jeder mit einem Schmied gemeinsam essen und trinken.

Die Frauen der Schmiede sind häufig Töpferinnen oder Hebammen.

Das Eisenerz gewinnen die traditionellen Schmiede aus den ausgetrockneten Flußbetten *(Mayos)*. Es wird in meterhohen Öfen auf langwierige Weise geschmolzen, wobei die Glut ständig durch einen Blasebalg angefacht werden muß. Das geschmolzene Metall fließt aus einem Auslaß. Es wird von der Schlacke befreit, etwas abgekühlt und schließlich auf dem Amboß bearbeitet. Da den Schmieden die Arbeit des Erzschmelzens jedoch zu mühsam geworden ist, bedienen sich viele einfach der Autowracks und jeglicher Art von Alteisen.

*Beim Schmied von Amsa*

Land und Leute

## Die Kunst im Kameruner Grasland

Das Grasland im Westen Kameruns ist berühmt für sein ausgeprägtes und ausdrucksstarkes Kunsthandwerk. Diese Region wird dominiert von **drei verschiedenen Bevölkerungsgruppen**: Im Südwesten liegt das Land der *Bamiléké*, nordöstlich davon das Sultanat der *Bamoun* mit der Stadt *Foumban* als Zentrum, und im Norden die Region um *Bamenda*, deren Bewohner sich aus *Tikar* oder den Tikar verwandten Gruppen zusammensetzt. Hier entwickelte sich schon vor Jahrhunderten eine Gesellschaft mit hierarchischer Struktur, die in Fürstentümer und Königreiche gegliedert war. Noch heute steht im Mittelpunkt des politischen und religiösen Lebens der oberste Würdenträger, der *Sultan* oder *Fon*, und sein Palast. Als Beraterstab für diese Herrscher bildeten sich zahlreiche Geheimbünde, die ihre Stellung auf geheime Mittel und magische Rituale stützten.

Bei den **Bamiléké** bildeten sich unzählige kleine Häuptlingstümer *(Chefferien)*. Hier wurden viele, speziell für den König angefertigte Kunstformen und handwerkliche Gegenstände entwickelt.

In den **königlichen Werkstätten** entstanden figürlich gestaltete Pfeifen aus Ton und Metall, schöne Gewänder und aufwendige Schnitzereien. Die figürlichen Schnitzereien schmücken noch heute die Stützpfosten und Türrahmen der kleinen Paläste. Geschnitzte Türumrahmungen oder Reliefbilder aus Holz sind zur Repräsentation an den Haupthäusern der Chefferien angebracht. Dargestellt sind historische Ereignisse oder symbolische Tiergestalten.

Auch geschnitzte Thronstühle, Trommeln und eine Vielzahl von charakteristischen Masken wurden angefertigt. Besonders ausdrucksvoll sind die mit Glasperlen besetzten Elefanten-Masken des *Aka*-Geheimbundes der Bamiléké. Geschnitzte Hocker waren ausschließlich dem Fon vorbehalten.

Im Gegensatz zu den einzelnen Chefferien der Bamiléké hat sich beim Volk der **Bamoun** ein einziges, großes Sultanat in *Foumban* herausgebildet. Neben der dominierenden Religion des Islam, der offiziellen Religion der Bamoun, haben sich hier auch traditionelle Religions- und Lebensvorstellungen gehalten. In der reichhaltigen Sammlung des Palastmuseums (s. a. Seite 351) kann man sich einen Überblick verschaffen über die Kunst der Bamoun, die unter König *Njoya* ihre Blütezeit fand. Bestickte Kleider, Figuren aus Ton, Holz und Bronze, Sessel und Pfeifen werden hier aufbewahrt.

Njoya stellte die besten Künstler und Handwerker in seine Dienste, die vor allem in der Schnitzkunst und im Bronzeguß tätig waren. Diese bildeten Zünfte, die in eigenen Vierteln Foumbans lebten und arbeiteten. Einen Eindruck von der Vielfalt des Kunsthandwerks erhält man auch beim Bummeln in der **Künstlerstraße** der Stadt, in der sich heute noch die Werkstätten der Handwerker dicht aneinanderreihen. Die Kunst der Bamoun gelangte auch zum Export: Sie wird in den Nachbarländern entlang der Guinea-Küste angeboten und ist so bis weit über die Grenzen des Landes hinaus bekannt. Besonders hervorzuheben sind die Masken und Statuen aus Bronze, die im *Gelbguß*-Verfahren hergestellt werden.

### Gelbguß oder die „verlorene Form"

*Eine besondere Art der Metallverarbeitung ist der Gelbguß, auch Wachsausschmelzverfahren oder Guß mit der „verlorenen Form" genannt. Er ist in Westafrika von Guinea bis Kamerun verbreitet; neben der Elfenbeinküste und Ghana findet man dieses Handwerk speziell in der Region der Bamoun im Kameruner Grasland sowie bei einigen Gruppen in den Mandara-Bergen.*

*Seit vielen Jahren wird in Westafrika Messing gegossen, in Kamerun datiert dieses Handwerk bis in die Frühgeschichte zurück. In der Kunst der verlorenen Form („Cire perdue"), die vor allem in der Region von Foumban seit vielen Generationen beheimatet ist, werden Schmuck, Gebrauchsgegenstände, Figuren und Reliefmasken hergestellt. Die Gegenstände wurden in alter Zeit für den königlichen Hof angefertigt, heute gehen sie an Touristen und in den Export.*

*Die Handwerksart ermöglicht eine sehr feine Verarbeitung von Bronze. Zunächst wird ein Modell aus Wachs geformt, mit einer Lehmschicht ummantelt und getrocknet. Nun wird die Form erhitzt und das Wachs ausgeschmolzen. Durch einen zuvor angebrachten Kanal wird flüssiges Metall in die Tonform gegossen, das Wachs also durch Metall ersetzt. Sobald alles erkaltet ist, wird der Mantel zerschlagen, die Form ist „verloren". Dadurch bleibt jedes gegossene Teil ein Einzelstück und ist nicht reproduzierbar.*

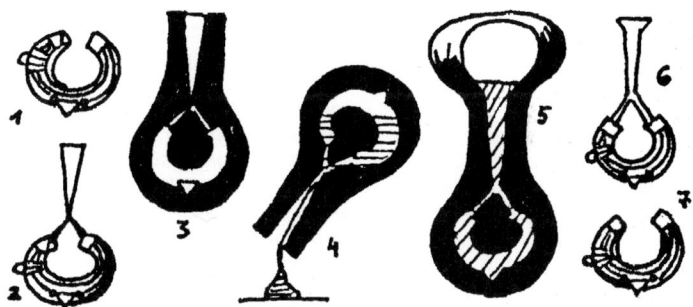

1 Wachsmodell des Armreifs
2 Wachsmodell mit Gußkanal
3 Wachsmodell mit Tonmantel
4 Flüssiges Wachs
5 Form mit flüssigem Gußmetall gefüllt
6 Gießling nach Entfernen der Form
7 Vollendete Form nach Entfernen des Gußkanals

*Gelbgußherstellung in der verlorenen Form \*Phot. R. G.\**

Zum Formen des Modells wird Bienenwachs verwendet, im Kameruner Grasland zumeist noch das Wachs wilder Bienen. Ein wichtiger Faktor besteht darin, daß dem Lehm der Ummantelung organische Stoffe (Pferdemist, Holzkohle etc) beigemischt werden, die in glühender Form eine ideale Isolierung gegen eine unerwünschte Abkühlung im Gießprozeß bilden. Die Gießereien sind in der Regel ebenerdige, luftige Räume, in denen der Schmelzofen steht. Mit zwei Blasebälgen wird die Glut entfacht. Der Lehm wird mittels Mahlsteinen zerkleinert. Ist das Metall geschmolzen, wird der Ofen geöffnet, die glühende Form herausgenommen und mit Erdbrocken standfest gestellt.

Schließlich wird der Guß in Wasser getaucht, damit das Metall abkühlt und erstarrt. Zur Verfeinerung schleift der Schmied sein Handwerksstück mit einer Feile.

Mit dieser aufwendigen Methode kann auch Gold künstlerisch verarbeitet werden, ein geschicktes handwerkliches Können ist jedoch Voraussetzung.

Unter Sultan Njoya wurde auch eine neue Technik zum Färben von Stoffen entwickelt. Das blau-weiße Tuch wird bis heute von den Oberhäuptern des Graslandes getragen.

Einige wertvolle Kunsthandwerksgegenstände des Kameruner Graslandes befinden sich auch in deutschen Museen (s. Seite 45f.), darunter der **Originalthron des Königs Njoya**, den er zu seinen Lebzeiten dem deutschen Kaiser schenkte und den man im Berliner Museum für Völkerkunde besichtigen kann. Dieser Thronsessel gilt als einer der berühmtesten Kunstgegenstände Kameruns. Seine runde Sitzfläche wird von Schlangen getragen, dahinter sind eine männliche und eine weibliche Figur angebracht, vollkommen mit Glasperlen besetzt. Die männliche Figur hält ihre Hände am Kinn, eine Ergebenheitsgeste gegenüber dem König. Die weibliche hält eine Schale in den Händen. Die Kalebassenschale wird im Grasland auch als rituelles Trinkgefäß verwendet.

In den Königreichen des Kameruner Graslands ist der **Thronsessel**, der königliche Stuhl, von besonderer Bedeutung und dient der Repräsentation der Würdenträger. Als wichtigstes Zeichen der Würde des Herrschers tragen diese Stühle **Symbole in Gestalt von Menschen und Tieren** und verkörpern dadurch das jeweilige Weltbild. Saß der König in Gegenwart seiner Untertanen auf diesem Stuhl, so unterstützten diese Ornamente seine Autorität und Macht. So wurden die Überlebensfähigkeiten des *Leoparden* – Schnelligkeit, Angriffslust und Beweglichkeit – auf den König übertragen. Der Leopard wurde damit zum wichtigsten königlichen

Symbol, neben dem *Löwen*, dem König der Tiere. Die doppelköpfige *Schlange* ist ein weiteres bedeutsames Tiersymbol und gilt heute als öffentliches Symbol für Bamoun (siehe Palast in Foumban). Die Tierfiguren stellen also keine realen Tiere dar, sondern sind Ausdruck der Kraft des Herrschers und alleiniges Privileg des Königs. Von den Afrikanern werden diese Symbole noch weitgehend respektiert, sie erscheinen jedoch auch auf den Produkten, die den Touristen zum Verkauf angeboten werden.

Meist sind diese Thronsessel über und über mit Glasperlen oder Kaurimuscheln bestückt. Jeder Würdenträger bekommt seinen eigenen Thron, der Stuhl des abgetretenen Herrschers wird dann im Palastmuseum oder Maskenhaus der Chefferie aufbewahrt. Früher durften nur die dem Palast vorbehaltenen Gegenstände mit Perlen und Kauris geschmückt werden, ein Zeichen von königlicher Macht und Reichtum. Erst nachdem die *Haussa* viele dieser Perlen in den Westen des Landes importierten, wurden auch andere Kultgegenstände damit verziert.

Zu den berühmtesten Kunstwerken des Graslandes gehören auch die **Königsfiguren von Laikom** in der Region von *Bamenda*, die König, Königin und Königsmutter symbolisieren. Sie werden nur bei der Inthronisationsfeier eines neuen Fon hervorgeholt. Eine dieser Figuren wurde in den sechziger Jahren gestohlen, nach Amerika verkauft und konnte glücklicherweise 1974 wieder nach Kamerun zurückgeholt werden.

Die **Bildhauerei** und **Maskenschnitzkunst** des Graslands dient vor allem der Anerkennung der Fons.

Land und Leute

*Schnitzerei in der Chefferie von Bandjoun*

Doch als Gegengewicht zur königlichen Macht gibt es im Grasland geheime Gesellschaften oder **Geheimbünde**. Sie sind meist selbständig organisiert, nehmen Gemeinschaftsaufgaben wahr und treten gewöhnlich als Maskengruppen in Erscheinung. Ihre Mitglieder sind zumeist Oberhäupter der wichtigsten Großfamilien, die über den Umweg des Geheimbundes als beratende Instanz des Fon an der Regierung der Chefferie teilhaben. Diese Bünde haben durch ihre rituellen Praktiken eine besondere Symbolik entwickelt, die die Schnitzerei beeinflußte. Sie treten meist in großen Gruppen auf. Da ihre Handlungen auch auf magisch wirkende „Medizinen" zurückgeführt werden, sprechen Ethnographen auch von „Medizingesellschaften". Man sagt den **Masken** selbst eine magische Wirkung nach, sie sind Mittler zu den guten Geistern und vertreiben das Böse. Die Masken sind gefürchtet und gelten sowohl für „Eingeweihte" als auch „Nicht-Eingeweihte" als gefährlich, da sie eine übernatürliche Kraft verkörpern. Sie werden in entlegenen Hütten aufbewahrt und meist streng bewacht. Hier wird besonders deutlich, daß die Maske nicht als „Kunstgegenstand" gilt, sondern ihre Kraft erst durch ihren Träger, das Kostüm, den Schmuck, durch Bewegung, Tanz und Musik lebendig wird. **Die Masken stellen im Grunde die soziale Organisation der Gesellschaft dar**. Sie können als Tier oder in menschlicher Gestalt auftreten. Manche Masken werden horizontal auf dem Kopf getragen, während das Gesicht des Trägers mit Stoff oder Bast verdeckt ist. Bei den Tierdarstellungen handelt es sich häufig um Büffel oder Elefanten, aber auch um Antilopen, Ziegen und Affen. Die Maske bildet nur zusammen mit dem Gewand ihres Trägers eine Einheit. Oft sind die Gewänder der Maskenträger mit Haar oder Federn besetzt oder mit *Gri-Gris* (Zauber-Amuletten), pflanzlichen oder tierischen Materialien, verziert. Die unterschiedlichen Masken kommen je nach Ereignis zum Einsatz, zu Inthronisationsfeiern, Hochzeiten, Begräbnissen oder Ahnenfesten. Masken und Statuen sind übrigens nur den Männern vorbehalten, zu den Geheimgesellschaften haben Frauen keinen Zutritt. Ihnen ist daher in der traditionellen Gesellschaft eine Beteiligung am politischen und religiösen Leben verwehrt.

Die **Skulpturen** des Graslands haben sehr symbolischen, manchmal karikaturhaften Charakter und zeichnen sich aus durch eine sehr feine Schnitzerei. Auffällig sind vor allem die unnatürlichen Proportionen der Menschengestalten, wobei der Kopf oft übergroß dargestellt ist. Unter den Tiersymbolen sind die am meisten verbreiten Motive die Spinne, die Schlange und der Leopard als Zeichen der königlichen Macht. Figuren in Menschengestalt sind im Grasland dem Palast vorbehalten. Kleine Menschenfiguren aus Holz oder Elfenbein werden allerdings, zumeist von Familienchefs, auch als Amulette getragen.

Über das ausdrucksstarke Kunsthandwerk im Grasland gibt es eine Reihe von weiterführender Literatur (siehe Bücherverzeichnis).

Während im **Westen Kameruns** die Städte *Rafoussam, Foumban* und *Bamenda* als handwerkliche Zentren gelten, hat im **Norden** das Kunsthandwerk in und um *Maroua* großen Einfluß. In der Savannen- und Sahelzone des Nordens sind zwar keine figürlichen Plastiken bekannt, dafür widmeten die Handwerker sich hier einem schön verzierten Hausrat und der Anfertigung von Schmuckgegenständen, Produkten aus gegerbtem Leder, gewebten Teppichen und Decken, wie sie vor allem von den Nomaden und Hirten benutzt werden.

In Maroua selbst findet man die vielfältigen Handwerksgegenstände auf dem großen Markt oder in eigenen Kooperativen, z.B. denen der Gerber und Weber (s. Seite 459ff.). Auf dem Markt von *Tourou* fallen die einzigartigen Kalebassenhälften auf, die von Marktfrauen als Kopfbedeckung getragen werden (s. auch Farbteil). Durch Einfärben und Brandmalerei sind diese „Helme" schön verziert.

## Wohn- und Siedlungsformen

Die traditionelle Bauweise in Kamerun ist dank der ethnischen Vielfalt seiner Bevölkerung und der unterschiedlichen geographischen Räume sehr vielfältig. Die verschiedenen **Haustypen** unterscheiden sich von Region zu Region, wobei in den bewaldeten Regionen im Süden, Osten und Westen als Baumaterialien hauptsächlich Holz, Bambus und Palmwedel (Dächer) verwendet werden, im Sudan-Sahel-Gebiet im Norden dagegen dominiert die Lehmbauweise mit Grasdächern.

Den bemerkenswertesten Baustil findet man in den berühmten **Palastanlagen** im **Westen**, die von manchen Ethnologen zur interessantesten Architektur ganz Afrikas gerechnet werden.

Die Fon-Paläste im *Bamiléké*-Stil sind sich in der **Grundstruktur** recht ähnlich: Jeder Palastbezirk hat ein großes Eingangstor, meist aus Holz, mit einigen Türmchen und den für die Bamiléké ganz typischen, hohen Spitzdächern. Früher waren diese Dächer mit Gras gedeckt, heute wird dieses natürliche Baumaterial meist durch resistenteres Aluminium ersetzt, das schon von weitem in der Sonne glänzt. Diese Türmchen finden sich übrigens auch außerhalb der Chefferien auf den Häusern der Notabeln, den offiziellen Beratern des Fon. Die Anzahl dieser Türmchen deutet eine Hierarchie an, je mehr Spitzdächer ein Gehöft hat, um so höher gestellt ist dessen Bewohner.

Vom Eingangsbereich aus führt eine breite, von schönen alten Bäumen gesäumte Allee hinab zum meist etwas tiefer gelegenen Haupthaus. In manchen Chefferien liegen links und

**Land und Leute**

227

rechts dieses Weges die Frauenhäuser, die der Besucher nicht betreten darf. Ein besonders eindrucksvolles Beispiel einer Chefferie ist der **Palast von Bandjoun** (s. Abbildung). Die Fassade des sehr alten Haupthauses bilden Baumbusstäbe, die durch Pflanzenfasern miteinander verbunden sind. Die geschnitzten Pfeiler ringsum, die das überstehende Dach stützen, sind mit einzigartigen Schnitzereien versehen, jeder für sich ein eigenes Kunstwerk. Die Holzbilder zeigen plastische Figuren und geometrische Ornamente. Auch die Eingangstür ist mit skulptierten Paneelen umrahmt, die für das Kunsthandwerk der Bamiléké so typisch sind. Das konische Dach des Haupthauses ist mit mehreren Schichten Gras dicht und schwer gedeckt. Auch die Bambushäuser der Frauen, deren Fassaden mit schönem Flechtwerk umgeben sind, werden noch immer in lokaler Tradition mit Gras gedeckt. Vielfach sieht man aber in anderen Chefferien heute bereits zunehmend Wellblechdächer. Im Inneren des Hauptgebäudes befinden sich kühle Räume mit dicken Lehmmauern, durch Gänge miteinander verbunden. Früher wohnte hier der Fon, doch in den meisten Chefferien haben sich die Würdenträger heute einen „modernen" Palast gebaut, ein zeitgemäßes Betonhaus mit Fließwasser, Strom und allem Komfort.

Im Kontrast zu den typischen Bamiléké-Chefferien steht der **Bamoun-Palast** des Sultans von Foumban, ein zweistöckiges Gebäude, das sich vollkommen am Baustil der Kolonialzeit orientiert. Diesem Stil nachempfunden wurde auch der Fon-Palast in **Bafut** in der englischsprachigen Region; der

ausgedehnte Palastbezirk wird ringsum von einer Mauer umgeben und ist in verschiedene Innenhöfe mit rechteckigen Gebäuden aufgeteilt. Auch hier allerdings das traditionelle Haupthaus, auch „*Achum*" genannt, ein imposanter Rundbau aus Bambus mit Grasdach.

Die kleinen Ortschaften im westlichen Hochland bestehen aus einer Vielzahl von Einzelgehöften. Diese **Streusiedlungen** ermöglichen es den Bauern, in der Nähe ihrer Felder und Viehweiden zu leben, denn das vulkanische Hügelland wird landwirtschaftlich intensiv genutzt. Jedes Gehöft besteht aus einer Gruppierung von freistehenden Wohnhäusern und Speichern. Hier wohnt die Großfamilie mit dem Familienchef, seinen Frauen und Kindern. Auch die alten Menschen sind eingegliedert in die Gemeinschaft, und ihnen wird meist der größte Respekt entgegengebracht. Rund um das Gehöft befinden sich diverse Nutzpflanzungen mit Bananenstauden, Kaffeebüschen, Maniok und Kola-Nüssen. Das vorderste Haus im Zugangsbereich wird in der Regel vom Familienoberhaupt bewohnt und hat somit eine gewisse Schutzfunktion. Vom Eingangshof aus führen schmale Wege zu den rechteckigen Wohngebäuden, die durch Flechtzäune aus Bambus oder Palmblättern voneinander abgeschirmt sind. Die Häuser, die im Winkel aneinander stehen, bilden somit kleine Gehöfte mit geschütztem Privatbereich. Jede der Ehefrauen bewohnt zusammen mit ihren Kindern ein eigenes Gebäude.

Über Fußwege und Bergstraßen erreichen die Bewohner den zentralen Marktort, in dem sich auch die

Land und Leute

*Versammlungshaus in der Chefferie in Bandjoun*

*Chefferie* als Mittelpunkt des Lebens im Ort befindet.

Westlich und nördlich von *Kumba* findet man die typischen **Straßendorf-siedlungen der Waldregionen**, in denen die Häuser zeilenförmig entlang der Verkehrswege aufgereiht sind. Die rechteckigen Häuser sind aus Holzbrettern gebaut, dem billigsten Baumaterial in dieser Region, und mit Giebeldächern aus Wellblech gedeckt. Oft sind die Dächer rot gefärbt vom Lehmstaub der Pisten und passen sich so wieder gut in die Landschaft ein.

Ganz ähnlich sind die Haustypen der seßhaften bantuiden Ethnien in der Waldregion des gesamten Ostens beschaffen. Die Ortschaften sind aufgrund der dichten Waldvegetation ebenfalls in Zeilen entlang der Verkehrsadern gebaut. Auch hier werden vorwiegend Holz, Bambus oder

die Rippen der Raphiapalme als Baumaterial genutzt. Die Wände dieser Rechteckhäuser bestehen aus einem eng geflochtenen Holz- oder Bambus-Gerüst, das mit Lehm ausgefüllt wird. Unterwegs sieht man oft solche Gerüste, die den Hausbau einleiten, am Wegrand stehen. Traditionell sind die Häuser mit Gras oder Raphiamaterial gedeckt, neuerdings auch hier mit dem unverwüstlichen Aluminium. Immerhin liefert die in *Edéa* angesiedelte Aluminium-Fabrik das Material dazu gleich im eigenen Land.

Die ursprünglichen **Hütten der Pygmäen** haben eine sehr einfache Bauweise: Zunächst wird ein Gerüst aus Lianen, Ruten oder Ästen gebaut und dieses dann mit mehreren Schichten großer Blätter bedeckt, die an Widerhaken in die Hüttenkonstruktion eingefädelt werden. So entsteht in nur kurzer Zeit eine niedrige, rundgeformte Hütte und das dichte Blätterdach schützt auch vor stärkeren Tropengewittern und Windstößen. Hausbau ist bei den Pygmäen übrigens Frauensache und gestaltet sich recht einfach, denn aufgrund des nomadisierenden Lebens dieses Volkes muß immer wieder an neuer Stelle im Wald eine Hütte errichtet werden.

Die **Pygmäensiedlungen** setzen sich in der Regel aus nur einigen wenigen Hütten zusammen. In jüngster Zeit lehnen die Pygmäen ihre Bauweise zunehmend an die der Bantu-Völker an und werden vom Staat und von den Missionen dazu aufgefordert, ihre Dörfer entlang der Verkehrswege zu bauen. Nach wie vor besteht das Gerüst aus Rundhölzern und wird mit Blättern, Palmwedeln und Rinde ausgefüllt. Als Dachmaterial werden ebenfalls Palmblätter oder Raphia-Fasern benutzt. Die Innenräume dieser Häuser sind geräumiger als die kleinen, geduckten Hütten und bieten der gesamten Familie in einem Raum Platz. Als Schlafstelle dient den Bewohnern eine Art „Bettgestell" aus nebeneinandergelegten, zusammengebundenen langen Ästen. Dadurch wird der direkte Kontakt zum kühlen Boden vermieden und man ist auch besser vor Insekten geschützt. Auf dieses Gestell wird die Rinde der Schirm- und *Mutunga*-Bäume und eine weiche Grasauflage ausgebreitet. Im Inneren der Häuser befindet sich außerdem eine Kochstelle und an der Wand sind die Vorräte und Kochgeräte befestigt. Das Leben findet in der Hauptsache im Freien statt und, sofern es die Witterung zuläßt, wird auch draußen gekocht. Eine große, lederbespannte Trommel auf dem Versammlungsplatz

dient dazu, die Jäger, die sich oft weit vom Dorf entfernen, zum Essen zusammenzurufen.

**Völlig verschieden** von der südlichen Bauweise ist die traditionelle **Wohnform im Norden** Kameruns. Bietet im Süden das Holzhaus vorwiegend Schutz gegen die häufigen Regenfälle in den Waldregionen, so fungieren die **Lehmbauten** in der nördlichen Sudan-Sahel-Zone als eine selbstregulierende, natürliche „Klimaanlage" bei großer Hitze am Tag und kühlen Nächten. Geringere Ernteerträge, seltene Regenfälle und karger Boden bedingen außerdem auch eine Vorratshaltung und so verfügen die seßhaften Dorfgemeinschaften im Norden über große Lehmspeicher.

Die **Dörfer der Mandara-Berge** haben ihren traditionellen Baustil am reinsten bewahrt. Diese **Runddörfer** mit ihren Gehöften, die förmlich an den Hängen der Berge „kleben", bestehen meist aus den Hütten einer einzigen Großfamilie. Das Familienoberhaupt wohnt in Ausübung seiner Schutzfunktion der Hütte am Dorfeingang. Jede der Frauen verfügt über ein eigenes Haus mit meist nur einem Raum, in dem sie mit ihren Kindern schläft. Normalerweise hat jede Frau auch einen eigenen Kochplatz, nur manchmal wird er von mehreren geteilt. In diesen polygamen Familien bedeutet eine weitere Ehefrau also immer auch ein weiteres Haus. So weiten sich die Familiendörfer im Laufe der Zeit immer mehr aus und erreichen oft eine stattliche Anzahl von Hütten und Hirsespeichern. Als Baumaterial für die Rundhütten dient ein Lehm-Stroh-Gemisch, „Banco" genannt, das an der Luft trocknet und zusammen mit Steinen zu Wänden

Land und Leute

*Grashütten im Norden (mit Hirsefeld)*

„zementiert" wird. Die Dächer werden in der Regel mit Hirsestroh gedeckt, das jährlich einmal erneuert oder repariert werden muß. Kleine Öffnungen in den Wänden lassen nur wenig Licht herein, so bleibt aber auch die Hitze draußen und die Klimadämmung bleibt erhalten. Im relativ dunklen Inneren der kleinen Frauenhütten befindet sich die Kochstelle und die Wände sind meist rußgeschwärzt. Die Vorräte an Hirse und Erdnüssen werden in großen Kornspeichern aus Lehm aufbewahrt, die nur durch eine kleine Öffnung am oberen Rand zugänglich sind (dies schützt vor Ratten und Ungeziefer). Als Leitern für die Speicher benutzen die Frauen schmale, mit Kerben versehene Holzstämme zum Hinaufklettern.

Ein sehr schönes Beispiel eines *Berg-Sarés* ist das Dorf *Oudjilla*, das man als Besucher auch von innen besichtigen kann. Aufgrund der zahlreichen Frauen des Familienoberhauptes ist hier eine stattliche Ansammlung von schönen Lehmgebäuden entstanden, durch die dunkle, kühle Labyrinthgassen führen. Zum Schutz nach außen ist das Dorf mit einer hohen Lehmmauer umgeben.

Zum Teil haben die Häuser im Norden auch sehr kunstvolle Formen angenommen, wie zum Beispiel die **Case obus** (übersetzt: Granaten-Häuser) **der Mousgoum**. Der Name soll Aufschluß geben über die eigenwillige Form dieser Haustypen, die mich eher an riesige Bienenkörbe erinnern. Nur noch sehr selten findet sich eines dieser grauen Lehmhäuser in der Nähe von *Maga* oder *Pouss* am Fluß *Logone*, eine für Touristen gebaute „Kopie" kann man am Eingang des *Waza-*

*Nationalparks* sehen (nähere Beschreibung der Bauweise s. Abb. auf Seite 233).

Noch weiter nördlich, in der **Tschadsee-Region**, überwiegen **runde oder rechteckige Lehmbauten im sudanesischen Baustil** mit flachen Terrassendächern. Die Dörfer, die sich farblich vollkommen in die staubfarbene Landschaft integrieren, werden in der Regel von Lehmmauern umgeben. Anders bei den eher seltenen, nomadisierenden Volksgruppen, die sich temporäre Lager bauen und diese mit Dornengestrüpp umgeben.

Auffällig sind im islamischen Norden die zahlreichen **Moscheen**, die sich in jedem noch so kleinen Ort finden. Die meisten davon sind sehr modern gebaut, z.B. die gelbe Moschee von *Garoua* mit ihren filigranen Fenstern und Ornamenten. Sehr viel Tradition beweisen die schönen **Sultanspaläste**, darunter der alte Palast von *Ngaoundéré* oder derjenige in *Rey Bouba*, einer durch und durch ursprünglich gebauten Ortschaft im sudanesischen Stil.

Die **typische Fulbe-Stadt** – mit ihren von übermannshohen Mauern eingefriedeten Gehöften, zu denen man nur über eine kleine Eingangshütte Zugang hat und wie man sie noch in Schilderungen aus den 50er Jahren beschrieben finden kann – weicht nach und nach der modernen Zeit. In kleineren Städten wie *Tcholliré* oder *Rey Bouba* kann man noch diese Atmosphäre spüren von einer Stadt, in der alle Wege zum Palast des *Lamido* führen, in der die Straßen zur Mittagszeit im Schatten der *Neem*-Bäume vor sich hindösen, wo noch nicht allzuviel Wellblech das Auge des „zivilisationsmüden" Europäers stört,

kurzum, wo eben der Fortschritt noch nicht Einzug gehalten hat.

Allen traditionellen Wohnformen ist gemeinsam, daß sie in erster Linie als Schlafstelle, Wetterschutz und Kochplatz dienen. Die Gebäude sind also hauptsächlich für den praktischen Zweck bestimmt, denn **das eigentliche Leben findet in Afrika draußen statt**. Nach Möglichkeit wird im Freien gekocht, gegessen, gewaschen und gespielt. Jede Siedlung verfügt über einen Dorfplatz, viele Häuser über einen eigenen großen Platz im Freien, auf dem sich der Alltag abspielt. Der Dorfplatz ist gleichzeitig Freiraum für Veranstaltungen, Versammlungen und Dorffeste, Treffpunkt für Gespräche und herumtollende Kinder. So erklärt es sich, daß in ländlichen Regionen die meisten Häuser nur über einen gemeinsamen Wohnraum verfügen, der während der kurzen Zeit, die man im Haus verbringt, vollauf genügt.

Heute ist es allerdings in Kamerun bereits schwierig, Dörfer zu finden, die ihre traditionelle Siedlungsstruktur noch aufweisen. Sehr ursprüngliche Bauformen haben sich z.B. noch in *Rey Bouba* oder in den *Mandara*-Bergen erhalten. Doch diese Wohnformen werden immer mehr verdrängt durch eine **zeitgemäße Bauweise**: Baumaterialien wie Holz, Bambus, Gras (Dach) und Lehm werden allmählich ersetzt durch Beton und Bimsmauerwerk, Lehmziegel, Wellblechdächer und Aluminium-Fenster. Dies bringt für die Bewohner viele Vorteile mit sich, z.B. eine bessere Beständigkeit gegenüber den Witterungseinflüssen, als Folge weniger Reparaturarbeiten, eine geringere Brandgefahr (Funkenflug), in jedem

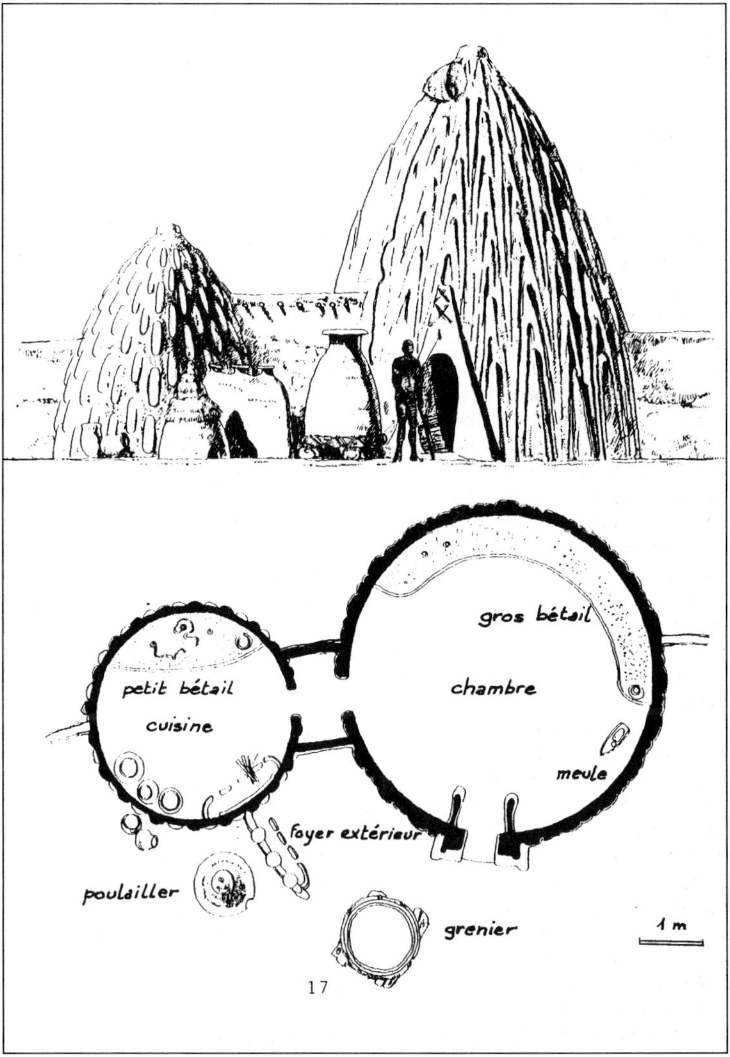

*Mosgoum-Gehöft mit „Case obus" – Granatenhäusern (Zeichnung von Seignobos in Katalog „Habitat traditionel" Ausstellung im Museum von N´Djaména)*

Fall aber mehr Wohnkomfort und eine bessere Innenraumaufteilung. Als Nachteile lassen sich dagegen die hohen Kosten für Baumaterialien nennen, besonders im Vergleich zur Holz- oder Lehmbauweise, deren Rohstoffe die Natur liefert. Aber auch die Wärmedämmung ist nicht so gut gewährleistet. Denn Lehmhäuser halten in warmen Zeiten die Hitze ab, speichern dagegen während kühlerer Stunden die Wärme in ihrem Inneren. Nicht nur in den Städten, sondern auch in ländlichen Gebieten haben sich die dauerhaften, modernen Materialien für den Hausbau durchgesetzt.

Die größeren **Städte** Kameruns bildeten sich als Handelszentren vor allem um die großen Märkte herum und dort, wo die wirtschaftlichen und verkehrstechnischen Voraussetzungen am günstigsten waren. Sowohl Douala und Yaoundé als auch andere große Städte Kameruns unterscheiden sich nicht grundsätzlich von denen anderswo in Afrika: Moderne Hochhäuser aus Glas und Beton bestimmen das Zentrum, am mondänsten darunter die Bankgebäude, alte Gebäude sind weitgehend verdrängt, in der Peripherie beherrschen riesige, wellblechgedecke Flachbausiedlungen das Bild. In **Yaoundé** hat sich eine recht eigenwillige, fast **futuristische Architektur** entwickelt: Die modernen Gebäude sind mit verschiedenen Farben (braun, gelb, ocker) bemalt und mit ausgefallenen geometrischen Elementen versehen.

Die meisten Städte sind sehr schnell und planlos gewachsen: Ihre Stadtbilder sind unübersichtlich, die Verkehrsverhältnisse chaotisch und Gebäude und Straßen erscheinen als eine systemlose, wirre Ansammlung.

Schöne, gewachsene alte Stadtviertel findet man hauptsächlich noch in den Städten im Norden Kameruns, z.B. in *Ngaoundéré, Garoua* und *Maroua*. Hier durchziehen kleine, verwinkelte Gassen die Altstädte, in denen neben der zeitgemäßen Bauweise noch traditionelle, bewährte *Sarés*, Moscheen und Sultanspaläste ihr Lebensrecht behaupten.

## Literatur
*von Hubertus von Lindeiner*

### Das erste Schrifttum
Oft wird von den afrikanischen Völkern behauptet, sie hätten weder Geschichte noch Kultur, weil sie über keine Schrift verfügten. Mündliche Überlieferungen, sog. **orale Traditionen** werden dem Bereich der Märchen zugeordnet. Dies wird diesem Medium natürlich überhaupt nicht gerecht. Leider sind die meisten dieser „Werke" mit dem Tod der letzten alten Sänger, Barden oder Sagenerzähler – zumindest im Süden des Landes – verschwunden. Die moderne Zeit, der Glaube an den Fortschritt und das schwindende Ansehen unter der Bevölkerung haben dafür gesorgt, daß diese alten Volksweisheiten heute nur noch in kleinen Märchensammlungen oder in Sprachlehrbüchern unter der Rubrik „Sprichwörter" zu finden sind.

Die Schrift und andere Medien wie Radio und Fernsehen haben ihren Platz eingenommen. Schon ziemlich bald nach dem Zweiten Weltkrieg sollte sich auch in Kamerun literarisches Leben regen – aber bis dahin war es ein weiter Weg. Sieht man ab von den Werken König Njoyas (s. Seite 143) oder den Chroniken und dem Schriftverkehr der Fulbe-Höfe im Norden, so geht die **Einführung des Mediums Schrift** zurück auf die Gründung der ersten Schulen im 19. Jahrhundert. Man übersetzte die Bibel und schrieb Grammatiken – nicht selten mit Hilfe einheimischer Informanten. Ziemlich bald gab es Kameruner wie den *Ewondo Karl Atangana*, der, von den Deutschen auch als „König" der *Beti* eingesetzt, einige Zeit an der Universität Hamburg die Ewondo-Sprache lehrte und hierfür einige Texte zur Geschichte seines Volkes verfaßte. Man kann hier allerdings noch nicht von einer „Literatur" Kameruns reden.

In der **Kolonialzeit** wurde natürlich auch einiges an Schriftgut produziert – allerdings ausschließlich von Nicht-Kamerunern: Expeditions- und Reiseberichte, Memoiren und Erlebnisberichte. Auch von Frauen, die es sich zum besonderen Anliegen gemacht hatten, den „Lieben daheim im Reich" zu beweisen, daß der deutsche Mann in den Kolonien die liebe und treusorgende deutsche Frau brauche, um nicht vollends zu verbuschen. In dieser Art von Literatur kommen die Kameruner nicht besonders gut weg. Bestenfalls sind sie nicht gerade mal wieder „verlogen oder undankbar", also keine „Hosenneger von der Küste", sondern brave Boys, tapferes Kanonenfutter oder romantisch verklärtes Rittervolk in den Lehmburgen des Nordens. Diese Art von Literatur hat eigentlich nur für den kamerunischen Historiker oder deutschen Landeskenner einen Wert und ihren gewissen Reiz.

**In der französischen Zeit** kamen zwei bekannte Autoren ins Land: *Louis Ferdinand Céline* und *André Gide*.

**Céline** kam Anfang der 20er Jahre in die Gegend von Douala, Kribi und Campo und beschrieb Jahre später in einem Kapitel seiner *„Reise ans Ende der Nacht"*, einem ziemlich avantgardistischen Roman, das Lotterleben der Weißen in der Stadt *„Fort Nègre"* (= Douala).

**André Gide** machte Ende der 20er Jahre eine Reise von der Kongo-Mündung bis zum Tschad-See und hat auf dem Rückweg Kamerun von Nord nach Süd durchquert. Von ihm stammen sehr eindrucksvolle Schilderungen der Landschaften am Logone, von Maroua und anderen Gegenden. Sein Tagebuch *„Voyage au Congo"* mit *„Le Retour du Tchad"* (Paris, Gallimard, 1927/28) ist heutzutage leider nur noch in französischer Sprache erhältlich. Von ihm stammt der vielzitierte Satz: *„Eine der erhabensten Landschaften, die es einem gegeben ist zu sehen zu bekommen; eine der aussagekräftigsten, eine der ödesten."* In vielen Kamerun-Büchern wurde dieses Zitat für den Blick auf die Vulkankegel von Roumsiki in den Mandara-Bergen verwendet, obwohl es sich um die Tagebucheintragung vom 24. März 1926 handelt, in der Gide den Blick vom Hause des französischen Präfekten von Maroua aus über den *Mayo Kaliao* und die Berge von *Makabay* beschreibt.

## Moderne Literatur

Die eigentliche kamerunische Literatur – also **die Werke kamerunischer Autoren** – fand ihre Anfänge in der Nachkriegszeit. In jenen Jahren (40er und 50er Jahre) gab es bereits unter den afrikanischen und karibischen schwarzen Intellektuellen in Paris eine Bewegung, die es sich zur Aufgabe gemacht hatte, der Welt zu beweisen, daß der „Neger" kein kulturloses We-

*Land und Leute*

sen sei. Man sprach von der **Négritude-Bewegung**, deren literarisches Organ die Zeitschrift (und der spätere Verlag) *Présence Africaine* war. Bekannteste Leitfiguren dieser Bewegung waren der spätere senegalesische Präsident *Senghor* und *Aimé Césaire*, der von den französischen Antillen stammte.

Vor diesem zeitgenössischen Hintergrund tauchten **Anfang der 50er Jahre** zwei Kameruner auf, beide aus dem Süden, beide Beti: *Ferdinand Oyono* und *Alexandre Biyidi*, alias *Mongo Béti* (s. Kasten nächste Seite). Sie sorgten für Unruhe unter den Europäern des Landes, vor allem bei den Missionaren, da sie in ihren Werken bissig und humorvoll das kleingeistige Leben der *„petits blancs"*, des weißen Mittelbaus der kamerunischen Gesellschaft, und der Missionare beschrieben. Dabei verloren sie natürlich nicht das Streben der kamerunischen Intellektuellen nach Selbstbestimmung und richtiger Einschätzung der ursprünglichen afrikanischen Werte aus den Augen. Besonders Mongo Béti wurde von der katholischen Kirche, bei der er ja zur Schule gegangen war, als „undankbar" bezeichnet und war recht bald allen Arten von subtiler oder massiver Repression ausgesetzt. Die Botschaft dieser beiden Autoren war eindeutig: Weg mit der Fremdherrschaft, Rückbesinnung auf die eigene Kultur und Werte unter Einbeziehung der Errungenschaften der neuen Zeit.

**Nach der Unabhängigkeit** fiel natürlich das Thema Fremdherrschaft weg; Opposition gegen die eigene Regierung – in diesem Falle das Régime unter *Ahidjo* – wurde zu einem viel gefährlicheren Geschäft als zur Franzosenzeit. *Oyono* ließ sich vom System „einfangen" und wurde der Vertreter Kameruns an der UNO, *Mongo Béti* ging nach Frankreich ins Exil. Mit den 60er und 70er Jahren tauchten andere Talente auf, etwa der Musiker und Publizist *Francis Bebey* („Der Sohn der Agatha Moudio"), der Dramaturg *Guillaume Oyono Mbia*, der Sultanssohn *Adamou Ndam Njoya* und viele andere. Sie alle hüteten sich, den Zensoren zu sehr aufzufallen, was der Qualität ihrer Werke nicht unbedingt schaden mußte. Nur wenige riskierten den unangenehmen Kontakt mit der *Sûreté Nationale* (der Geheimpolizei).

**René Philombé**, ein mit Polyomielitis geschlagener Schriftsteller aus Yaoundé, wagte es, bissige Kommentare zum neuen Zeitgeist in seinen *„Lettres de ma Cambuse"* zu schreiben. Er war ebenfalls Mitherausgeber der ersten literarischen Zeitschrift des Landes *„ABBIA"*. Sein Roman *„Der weiße Zauberer von Zangali"* wurde ins Deutsche übersetzt.

In Yaoundé entwickelte sich ab Mitte der 60er Jahre ein Verlag – ursprünglich dem Umfeld der Protestantischen Kirche zuzurechnen, die **Editions CLE** *(Centre de Littérature Evangelique)* – ohne dessen Arbeit die kamerunische Literatur nicht zu dem geworden wäre, was sie heute darstellt.

In jüngerer Zeit hat sich der harte Griff der **Zensur** gelockert – auch wenn *Mongo Béti* es vorzog, ins Exil zu gehen. Jüngere Autoren wie *Pabé Mongo* („L'homme de la Rue") können wieder zur Feder greifen.

Eine andere schillernde Figur der kamerunischen Literatur ist die in der Côte d'Ivoire (Elfenbeinküste) lebende Dichterin und Dramaturgin *Were Were Liking*. In der Nähe von Abidjan schuf sie das **Kiyi Mbock Theater**, das als Werkstatt für Experimente neuerer afrikanischer Dramaturgie gilt: Hier finden Versuche statt, traditionelle Elemente wie Tanz, Puppenspiel und Masken mit dem Theater zu verbinden. Auch auf dem Gebiet des Films hat sie einige Beiträge leisten können.

Es ist natürlich nicht von der Hand zu weisen, daß **Literatur und Theater** immer eine **Domäne des Bildungsbürgertums** bleiben werden. Auch wenn in allen weiterführenden Schulen kamerunische Autoren gelesen werden und es an jedem Gymnasium regelmäßig Aufführungen von mehr oder weniger bekannten kamerunischen Theaterstücken gibt – das Volk widmet sich anderen, weniger „individuellen" Äußerungen kulturellen Lebens. Musik, Tanz, Film, Fernsehen und Auftritte von Komikern entsprechen viel mehr dem althergebrachten Begriff des „Konsums" von oraler Literatur als das Lesen allein im stillen Kämmerlein. Man liest für die Prüfung, die Zeitung, „Foto-Romane" und Comics. Literatur ist für die meisten immer noch ein fremdes Medium. (Aber wo ist der Unterschied zu Europa, bedenkt man einmal die Millionen Konsumenten der Boulevardpresse und des Fernsehens?)

**Land und Leute**

*Literatur und Theater ist eine Domäne des Bildungsbürgertums und für die meisten Jugendlichen von geringem Interesse*

***Mongo Béti***

*Mongo Béti, eigentlich Alexandre Biyidi, wurde 1932 nicht weit von Yaoundé geboren. Er besuchte eine katholische Missionsschule, später das Gymnasium, um 1951 nach Frankreich zu gehen. Dort studierte er Literaturwissenschaften und Philosophie. Nach Kamerun konnte er aus politischen Gründen jahrzehntelang nicht mehr zurückgehen. Er unterrichtet Philosophie an einem Gymnasium in Rouen, wo er heute mit Familie lebt.*

*1954 schrieb er unter dem Pseudonym Eza Boto seinen ersten Roman „Ville Cruelle" (= Die grausame Stadt), der den Problemkreis der Landflucht thematisiert. Es sollten weitere Romane folgen, von denen die wichtigsten ins Deutsche übersetzt wurden: „Le pauvre Christ de Bomba" „Mission terminée" „Perpétue et l'habitude du malheur".*

*Bei seinen ersten Büchern spielte der Humor noch eine größere Rolle, auch wenn schon hier heftige Kritik am Kolonialsystem geübt wurde. Bestes Beispiel dafür ist der Roman „Der arme Christ von Bomba" (1956, dt. 1980), in dem ein katholischer Missionar seiner Illusionen beraubt wird, als er entdeckt, daß sein Musterschüler aus dem Mädcheninternat der Mission ein Freudenhaus gemacht hat.*

*Einige Jahre später sollte Mongo Béti Romane schreiben, die mehr das Drama der um die Früchte ihrer Revolution gebrachten Rebellen der UPC unter Ruben Um Nyobé („Remember Ruben") und den Aufstieg der Schmarotzerklasse der neuen Eliten zum Thema hatten („Perpétue et l'habitude du malheur"). Eine Art Kampfschrift gegen das Ahidjo-Régime („Main basse sur le Cameroun", 1972, dt. „Griff nach Kamerun, Autopsie eines Entkolonialisierungsprozesses") wurde gar von den französischen Behörden für ein paar Jahre auf den Index gesetzt.*

*Der folgende Textauszug aus „Perpétue und die Gewöhnung ans Unglück" (1974) hat das Problem der französischen Sprache und ihrer Auswirkungen auf die Mentalität des Volkes zum Thema. Hauptfigur in diesem Gesellschaftsroman ist die Internatsschülerin Perpétue, die sich auf das Abitur vorbereitet, um später Medizin studieren zu können. Als ihre Eltern sie zwingen wollen, einen Beamten zu heiraten, der einen hohen Brautpreis gezahlt hat, sträubt sie sich zwar, muß aber schließlich nachgeben. Qualen und Demütigungen nehmen kein Ende, bis sie sich in einen Fußballspieler verliebt. Erzählt wird die Geschichte von ihrem Bruder Essola, der selber Opfer der politischen Repression unter dem Diktator Baba Toura war und nach seiner Freilassung ihren Tod rächen will.*

*„Als Essola sich in Gedanken seine geliebte Schwester bei dieser fürchterlichen Lektion in französischer Grammatik vorstellte, glaubte er, Afrika sei in das Jahr 1930 zurückversetzt worden, da die Ansichten der Weißen allein maßgebend waren, ganz zu schweigen von der Unverschämtheit, die sich hinter Verbrüderung verschanzt. Er bemerkte überall versteckt, unausgesprochen die vermessene Forderung, nur die vollendete Beherrschung der französischen Sprache öffne das Tor zu Wohlstand und Fortschritt und sei die notwendige Voraussetzung für die Menschlichkeit und die Befreiung von tierischen Instinkten. (...) Dieses kulturelle Übergewicht zog natürlich noch andere Vergewaltigungen nach sich wie den sonderbaren Puritanismus, den die katholische Kirche, übrigens ohne jeden Erfolg, seit so langer Zeit beharrlich und um jeden Preis den Schwarzen ins Herz pflanzen wollte, während in Europa selbst, der Wiege des Christentums, der Sex seinen Siegeszug hielt. Essola hatte den Eindruck, als sei der Okzident bestrebt, den schwarzen Kontinent in eine Herberge für die Werte zu verwandeln, die sich im Laufe ihrer Geschichte abgenutzt hatten und offenbar genau wie der übriggebliebene Trödel und die unverkäuflichen Waren der Industriegesellschaften nach Afrika abgeschoben werden sollten. Das war also die Unabhängigkeit, wie Seine Hoheit Baba Toura sie sich vorstellte! Natürlich, alles hängt miteinander zusammen. Was für ein Dummkopf war doch dieser Fußballer, der sich einbildete, etwas zeigen zu können, was ohnehin deutlich ins Auge fiel.*

*Wie auf dem Höhepunkt des Kolonialismus war die Alleinherrschaft der französischen Sprache gleichsam ein vergifteter Boden, aus dem nichts anderes als Unkraut sproß: die lange Zeit, die das Eindringen in ihre Raffinessen erforderte, hemmte unsere geistige Entwicklung. Da die überwiegende Mehrheit der Bevölkerung unvermeidlich oder mit Vorbedacht aus diesem Paradies ausgeschlossen war, kam es zu finsterem Aberglauben, sozialem und politischem Stillstand und zu Enttäuschung. Weil die Elite, diese Auserwählten, die alle Hindernisse überwunden und ein Diplom erkämpft hatten, so ungeheuer selten waren, wurden sie zu schwächlichen Ziergewächsen, die in das Treibhaus der besonderen Stadtviertel gepflanzt wurden, wo ihre eigene Persönlichkeit verkümmerte. Durch die hoffnungslose Abhängigkeit reifte eine Ernte der Empörung heran. Perpétues Bruder war zu der Überzeugung gelangt, Afrika werde von drei großen Geißeln zugrunde gerichtet: von der Diktatur, dem Alkoholismus und der französischen Sprache, wenn das nicht sogar drei Seiten ein und desselben Übels waren."*

(Mongo Béti, Perpétue und die Gewöhnung ans Unglück, Suhrkamp, 1980, S. 93f.)

## Musik
*von Hubertus von Lindeiner*

Aufgrund seiner ethnischen Vielfalt hat Kamerun natürlich eine sehr **vielseitige musikalische Tradition**. Jede Region, jeder Kulturkreis hat seine Instrumente, seine Eigenheiten. Im Süden, Westen und an der Küste findet man **Schlaginstrumente aller Art:** Trommeln, „Sprechtrommeln", ausgehöhlte Baumstämme, Xylophone (sog. *Balafons*). Der Westen kennt große Glocken. Im Norden findet man die gesamte Palette der Instrumente des islamisierten Sahel, wie z.B. die schrille *Algeita* oder die langen Posaunen aus Metall, die man bei manchen Reiter-Fantasias sehen kann, ferner Streich- und Zupfinstrumente. Die Liste ließe sich noch verlängern.

Musiziert wurde immer und überall. Die *Ewondo* hatten vor der Ankunft der Weißen eine regelrechte Musikerkaste von Leuten, die durch die Dörfer gingen und bei allen möglichen Anlässen aufspielten. Ihr Hauptinstrument war das **Mvet**, ein **Saiteninstrument**, das der westafrikanischen *Kora* nicht unähnlich ist. An der Küste fühlten sich die Deutschen berufen, den „Eingeborenen" das nächtliche Übermitteln von Nachrichten per „Sprechtrommel" zu verbieten. Im Norden leben auch heute noch – wie in weiten Teilen Westafrikas – Barden, sog. **Griots** von ihrer Kunst. Früher zogen sie, ähnlich unseren mittelalterlichen Troubadouren, von Fürstenhof zu Fürstenhof und sangen das Loblied alter Familien oder lange Balladen.

Die **zeitgenössische Musik Kameruns** ist in erster Linie Tanzmusik mit modernen Instrumenten (E-Gitar-re, Schlagzeug, Blasinstrumente etc.). Bis in die 70er Jahre hinein hörte man überwiegend Musik aus Zaïre oder „Highlife" aus Nigeria. Aber recht bald entwickelte sich in den Zentren Douala und Yaoundé eine eigenständige Musikkultur. **Zwei große Musikströmungen** rivalisieren mittlerweile miteinander: der *Makossa* aus Douala und der *Bikutsi* der Beti aus der Gegend um Yaoundé. Jede Musik hat den ihr entsprechenden Tanz. Der Bikutsi z.B. tanzt sich in schnellerem Rhythmus als der Makossa und erinnert an die Tanz- und Klatschspiele der Frauen und Mädchen in den Dörfern der Beti.

Der Begriff **Makossa** (Douala für „tanz mit mir") ist zwar schon älter, bekannt wurde er aber erst mit dem einzigen international populären **Jazzmusiker** Kameruns: **Manu Dibango** – auch wenn Manu Dibango keine reine Makossa-Musik spielt und in Kamerun nur ein relativ begrenztes Publikum hat. Makossa-Musiker singen nur in Douala-Sprache, ihre Lieder handeln von Liebe, Untreue, dem Geld und allem, was die kleinen Leute in der Stadt so bewegt. Große Makossa-Stars der 80er Jahre waren *Tokoto Ashanty, Dina Bell* und *Ndédi Eyango.* Aus dem Makossa entwikkelten sich mit der Zeit andere Strömungen wie *Ambas Bay* oder *Makassi (Sam Fan Thomas).* Aber auch die *Soukouss*-Musik von *Johnny Tézano* und ähnliche Richtungen (z.B. *Zaïko*) haben eine große Anhängerschaft im Lande. Musiker aus dem Kongo und dem Zaïre spielen hier eine größere Rolle.

Der **Bikutsi** dagegen ist für seine Anhängerschaft fast schon eine Glaubensfrage. Bekannteste Gruppe sind die „**Têtes brûlées**". Dem Outfit nach könnte man versucht sein, sie der Punk-Szene zuzurechnen: Rasierte Schädel, exzentrische Klamotten und bunte Linien auf der schwarzen Haut sind ihr Markenzeichen. Auch ihre Bühnendarstellung ist alles andere als ruhig und sanft. Aber sie sind eben Bikutsi-Musiker aus Kamerun und keine „no future"-kids aus Europa. Sie sind sehr bodenständig und verstehen es, traditionelle Balafon-Musik mit modernen Instrumenten umzusetzen.

Der Norden kommt etwas zu kurz in der zeitgenössischen Musikszene Kameruns, mit Ausnahme von Sängern wie *Ali Baba* und *Sanda Oumarou*, die Mitte der 80er Jahre begannen, **Popmusik in Fulfulde** zu produzieren. Ihre Anhängerschaft ist naturgemäß relativ klein.

Es lohnt sich immer, in Kamerun ein Konzert zu besuchen. Im Gegensatz zu den Popkonzerten in Europa sind derartige Veranstaltungen nicht exklusiv einer Generation vorbehalten (das gleiche gilt übrigens für Diskotheken). Auf Konzerten passiert es oft, daß begeisterte Zuschauer auf die Bühne stürmen, ein paar Takte mittanzen und dann dem einen oder anderen Musiker Geldscheine an die schweißnasse Stirn heften.

Eine ganz anders geartete Gattung von Konzerten sind Auftritte von **Komikern** und ihren Hintergrund-Bands. Hier steht nicht die Musik im Vordergrund, sondern die Darbietung eines oder mehrerer Schauspieler, die in kurzen Sketchen das Alltagsleben unter die Lupe nehmen. Der erste große Komiker war schon Mitte der 80er Jahre **Jean Miché Kankan**. Kankan spielt meistens den unbedarften, älteren Bauern aus dem Bamiléké-Land,

der in abenteuerlichem Französisch und oft sehr rüdem Tonfall seiner Umwelt zusetzt. Seine Sketche handeln beispielsweise vom neunmalklugen Schüler, der aus der Stadt kommt und meint, er könne seinem analphabetischen Vater weismachen, er sei der Klassenerste, oder vom Geschäftsmann, der seinem Vetter Geld für ein Auto leiht und dieses noch am Totenbett – der Arme ist mit dem neuen Auto tödlich verunglückt – zurückfordert.

Ein anderer Komiker, unter den Kamerunern in Frankreich eher beliebt als in Kamerun selbst, ist **Essindi Mindja**. Seine Nummern sind etwas politischer, er zieht aber auch den alltäglichen Tribalismus (Stammesdünkel) durch den Kakao. Für denjenigen, der gut Französisch kann, lohnt sich das Hineinhören in diese neue Gattung kamerunischer Kultur auf jeden Fall.

Land und Leute

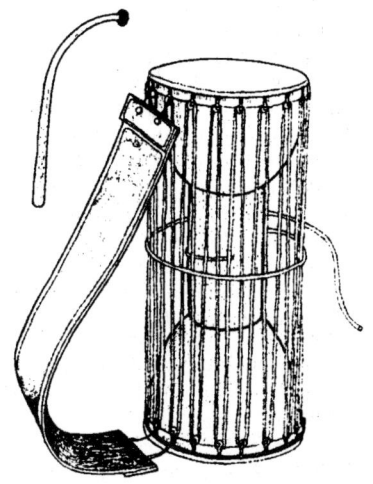

*Westafrikanische Bändertrommel*

## Die kamerunische Küche

*"Wer zuviel Arbeit hat, fängt am besten mit dem Essen an"*
*(kamerunisches Sprichwort)*

Die Küche Afrikas kennt keine Landesgrenzen und vieles, was in Kamerun angeboten wird, findet man auch weit verbreitet in den Nachbarländern. Gekocht und gegessen wird, was der Markt, die Jahreszeit oder die Region gerade aufzutischen haben. Und Kamerun bietet aufgrund seiner geographischen Vielfalt eine Fülle von „Zutaten" für den Speisezettel. Daher zunächst einmal ein Überblick über das, was hier wächst und gedeiht: Zu den **wichtigsten Grundnahrungsmitteln** und Stärkelieferanten zählen die vielen Arten der **Knollengewächse**. Dazu gehört in erster Linie der *Maniok*. Besonders im Süden, Osten und Zentrum des Landes ist diese Wurzelknolle wegen ihrer verschiedenen Zubereitungsmöglichkeiten sehr beliebt. Man unterscheidet dabei den „bitteren" und den „süßen" Maniok. Die gekochten Knollen werden meist zu Brei zerstoßen und mit Soßen angerichtet oder zu Fladen gebacken. Der bittere Maniok, dessen Bitterstoffe durch Kochen, Dämpfen oder Rösten zerstört werden, eignet sich für Gerichte wie *Foufou* (Couscous), die *„Batôns de manioc"* (fermentiertes Maniokmehl, in Bananenblättern gekocht) oder das Stärkemehl *Tapioka*. Die süße Sorte verwendet man für Teigwaren, *„Beignets"* (in Öl gebackene Krapfen) oder einfach nur gekocht. Weitere Knollenfrüchte, deren Inhaltsstoffe denen der Kartoffeln ähneln, sind *Yams-Wurz* (frz. *Igname*), *Makabo* und *Taro*. Sie werden auf ähnliche Weise

wie Maniok zubereitet. Recht beliebt ist auch die *Süßkartoffel* (frz. *Patate douce*), die wie die Kartoffel gekocht wird und einen süßlichen Geschmack hat.

Zum Bereiten von leckeren **Saucen** und als Beilagen werden die verschiedenen **Blattgemüse** verwendet. Zu den Nationalgerichten Kameruns zählt hierbei das *Ndolè*, das aus Vernonia-Blättern ähnlich zubereitet wird, wie etwa bei uns der Spinat, und vor allem im Süden beliebt ist. Aus den *Gombo-Schoten* (=Okra) entsteht eine etwas schleimartige Sauce. Die jungen Blätter des *Taro-* und *Makabo*-Strauches und der Melonen-Pflanzen verfeinern Suppen und Teigwaren. Aus *Maniok-Blättern* entsteht *„Kpem"*, das beliebte Regionalgericht im Süden und Zentrum. Auch im Norden gibt es unzählige Gemüsevariationen. Das beliebteste darunter ist das *Folléré*, deren Blätter der Sauce einen etwas säuerlichen Geschmack verleihen. Daneben werden im Norden frische oder getrocknete *Baobab-Blätter* als Zutaten geschätzt.

Zu den bekanntesten **Gewürzen** zählt das *Pili-Pili* (auch *Piment* genannt, kleine rote Chili-Schoten), ein Grundbestandteil der kamerunischen Küche. Wer nicht daran gewöhnt ist, sollte auf diesen äußerst scharfen Zusatz anfangs verzichten oder selbst sparsam würzen. Man sagt jedoch, Pili-Pili wäre gesund für die Verdauung. Etwas weniger scharf – aber doch mit Vorsicht zu genießen – sind die etwas größeren Piment-Schoten (rot oder gelb), die unserem Paprika ähneln. Gewürzt und verfeinert wird außerdem mit *Basilikum, wildem Pfeffer, Ingwer, wildem Gombo, Melonen- und Kürbiskernen* und vielen anderen Kräutern.

Vor allem die Bamiléké im Westen sind Meister in der Kunst des Würzens. Für das Bamiléké-Gericht „*Nkui*" verwendet die Köchin als Gewürze u.a. *Flubu, Nzu Fo, Melan,* und das wie eine Spinne aussehende *Kuat.*

Kamerun ist überaus reich an **tropischen Früchten und Gemüsen**, die die Küche bereichern. Eine große Variationsbreite gibt es bei den *Bananen,* die im Süden und Zentrum des Landes gepflanzt werden. Dabei sind es nur die süßen Bananen (*Bananes douces*), die frisch von der Staude verzehrt werden können. Am besten schmecken die winzigen gelben und die roten Früchte. Nur für den Kochtopf dagegen eignen sich die „*Plantains*" oder *Kochbananen,* die noch grün gepflückt werden. Sie sind wesentlich größer als die Süßbananen und werden als beliebte kartoffelähnliche Beilage gekocht oder püriert serviert. Im Département Haute-Sanaga wird aus den reifen Früchten auch ein lokaler Bananenwein hergestellt. Zu den bekannten Früchten gehören *Papayas, Zitronen, Orangen, Pampelmusen, Ananas, Auberginen, Avocados, Melonen, Kokosnüsse* und die verschiedenen saftigen *Mango*-Sorten. Besonders aromatisch und vitaminreich sind die kleinen *Guaven*-Früchte. Das Fruchtinnere ist rosafarben und leicht sahnig mit vielen Samenkernen. Guaven ergeben auch sehr gute frische Säfte. (In Maroua befindet sich die einzige Saftfabrik des Landes, die solche Getränke herstellt.)

Der spezifische Geschmack der *Netzannone* (frz. *Corossole*) ist mit keiner anderen Frucht vergleichbar. Die großen Fruchtstände bilden eine kompakte, gefelderte Einheit aus kleinen Einzelfrüchten und das Fruchtfleisch schmeckt sahnig-süß. Die kugelige *Brotfrucht* erkennt man an ihrer Größe. Sie hat einen Durchmesser von 20–30 cm, eine warzige Oberfläche und kann bis zu 3 kg schwer werden. Brotfrüchte werden grün geerntet, bekommen bei der Reife eine goldgelbe Farbe und besitzen dann einen süßen, aber strengen Geschmack. Sie werden in der Regel zu Mus gekocht oder in Scheiben gegrillt. Überall auf den Märkten entdeckt man die grünen, schlanken *Gombos* (Okra-Schoten), die als mildschmeckendes Gemüse in der kamerunischen Küche eine wichtige Rolle spielen. Durch ihren hohen Schleimgehalt ergeben sie außerdem eine Zutat für schleimige Saucen, die man im Norden mit *Hirse-Foufou* ißt. Aus den hellbraunen, hülsenartigen *Tamarinden*-Früchten wird im Norden ein erfrischendes, süßsäuerliches Getränk bereitet oder

Land und Leute

*Früchte und Blätter des Baobabbaumes*

das Fruchtmark roh mit Zucker gegessen. Auch die Früchte des Affenbrotbaumes, die *Baobab-Früchte*, finden im Norden Verwendung. Die Samen im Inneren der Früchte werden zu Mehl gerieben. *Erdnüsse* werden, wenn sie nicht geröstet werden, in vielen Gerichten und besonders in Saucen verwendet. Erdnußöl ersetzt hier außerdem das im Süden gebräuchliche Palmöl. Auf den Märkten im Norden am Rande des Sahel werden auch Datteln angeboten.

Eine spezielle, im ganzen Land beliebte Frucht ist die rotbraune, anregende *Kola-Nuß*. Sie wird in West- und Zentralafrika als „Luxus-Verbrauchsgut" betrachtet und wächst nur in Höhenlagen. Der Verkauf dieser Frucht in Gebiete, wo sie nicht wächst, ist sehr einträglich. Vielen Bewohnern Afrikas ist das Kauen von Kola-Nüssen gegen Hunger, Durst und Müdigkeit seit Jahrhunderten vertraut. Beim Kauen weicht der anfangs bittere Geschmack und entfaltet durch freigesetztes Koffein eine stimulierende Wirkung. Die Nüsse werden dabei oft über eine Stunde lang gekaut. Die Kola-Nüsse sind das einzige Stimulanzmittel, das der Islam erlaubt.

*Mais* gehört im Osten und Westen zu den Grundnahrungsmitteln. Allerdings beginnt der Mais sich auch im Norden immer mehr durchzusetzen: bei Ngaoundéré wird er sogar in Monokultur angebaut. Dennoch wird im hier überwiegend mit *Hirse* gekocht (siehe unten).

## Die Küche in den einzelnen Regionen

Zu Unrecht wird die Küche Afrikas häufig als einfach bezeichnet. Zwar sind die verwendeten Grundnahrungsmittel oft dieselben, doch kennen schon die verschiedenen ethnischen Gruppen ihre spezielle Art der Zubereitung, etwa von Hirse-, Maniok- oder Kochbananengerichten. Und so hat auch in Kamerun jede Provinz ihre kulinarischen Besonderheiten.

### Die Küche des Littorals

Die Provinz Littoral im Südwesten Kameruns schließt die Départments *Nkam, Sanaga-Maritime, Moungo* und *Wouri* ein. Dichte Wälder, üppige Vegetation und ein feuchtheißes Klima unterstützen hier den Anbau von *Makabo, Maniok, Bohnen,* und *Taro.* Blattgemüse, Samen und Nüsse, kultivierte und wilde Kräuter bereichern in diesem Gebiet den Kochtopf. Die verschiedenen Ethnien des Littorals haben ihre eigenen Spezialitäten; bei den *Bassa* und *Bakoko* in den Wäldern des unteren Sanagalaufes ist dies eine Sauce aus dem Saft der Palmnüsse mit Fisch oder Fleisch, als Beilage **„Batôns de Manioc"** nach „Miondo"-Art: Zur Zubereitung der Batôns de Manioc „Miondo" (s. auch Foto im Farbteil) wird der frische und fermentierte Maniokteig zu feinen Rollen geformt und sorgfältig in die auf dem Feuer vorher etwas erweichten Bananenblätter gewickelt. Jeweils zwei dieser Päckchen, die die Form eines Stabes (frz. *bâton*) haben, werden mit Bindfaden zusammengewickelt. Die „Miondos" werden dann mit Wasser bedeckt in einem Topf gekocht, bis sie ein durchscheinendes Äußeres haben. Die „Miondos" müssen elastisch sein und dürfen nicht an den Fingern kleben.

Die bekannte Spezialität der Douala an den Ufern des Wouri-Flusses heißt **Ndolè**: Die Ndolè-Blätter werden fein geschnitten und etwa 30 Minuten lang gekocht. Die gekochten Blätter werden mehrmals mit Wasser gespült, um die Bitterstoffe zu entfernen und dann durch ein großes Sieb gestrichen. Feingehackte Zwiebeln werden angeröstet und mit Erdnußpaste, Krabben, getrocknetem Fisch sowie etwas Ingwer, Salz und Piment zur Ndolè-Paste gefügt. Zusammen wird es etwa eine halbe Stunde leicht gekocht. Als Beilage serviert man Kochbananen, „Bâtons de manioc", Yams oder Süßkartoffeln. In manchen Regionen wird Ndolè auch mit gebratenem Hühnchen in Tomatensauce serviert. Das Ndolè wird oft als **das kamerunische Nationalgericht** bezeichnet.

Die Bewohner des Littorals essen gerne zu Brei gestampfte Taro-Knollen, *„Esubaka"*, mit *„Madengue"*-Sauce. Durch ihre Küstennähe haben sie ausgezeichnete Methoden zum Trocknen und Räuchern der Fische. Aber auch frischer Fisch wird in allen Variationen zubereitet – gegrillt auf dem Holzfeuer, in Palmöl gebraten oder in Bananenblättern gekocht.

### Zentrum und Süden

Auch die Bewohner des Zentrums und Südens Kameruns ernähren sich **hauptsächlich** von **Wurzelgemüse und Kochbananen**. Die Gerichte werden variiert mit diversen Blattgemüsen und Kräutern, die teils um das Haus und die Dörfer kultiviert werden, teils wild wachsen. Die bevorzugte Getreidesorte ist dieser Region der Mais, Reis dagegen gibt es nur selten. Aufgrund der üppigen Vegetation ist die Küche dieses Gebietes äußerst abwechslungsreich. Hinzu kommt die große Vielfalt an tropischen Früchten. Wiederum haben die verschiedenen Eth-

nien ihre speziellen Rezepte und Gerichte. So gibt es bei den *Boulou* das Gericht *Ntuba ekon* aus gestampften Kochbananen. Dazu serviert man verschiedene Saucen, Fleisch, Fisch oder *Mendim me zong*, eine Auberginen-Suppe.

Die *Bafia* bevorzugen *Kepen*, einen Couscous aus Mais. Dazu wird der Mais gestampft und zu Mehl gerieben. Das Maismehl wird in Wasser gekocht, bis ein Brei entsteht. Zu diesem Brei reicht man die verschiedenen Saucen. Die *Bassa* bereiten ihre *Makabos* mit Palmöl zu, bei den *Ngoumba* gibt es eine Sauce aus wilden Mangos, *Mbueli-Ndoa*. Die *Batanga* formen ihren Manikoteig zu *Miondos* oder kochen Couscous mit Fisch.

Zu dieser Reihe von Gerichten der einzelnen Ethnien gibt es auch im Zentrum und Süden Rezepte, die für die ganze Region typisch sind. Darunter *Kpem*, junge Maniokblätter im Saft der Palmnüsse; *Nnam ngon*, geschmorter Kürbisbrei in Bananenblättern; *Nnam owondo*, Erdnußpaste in Bananenblättern; *Ebobolo*, bâtons de manioc und *Ndomba tsit*, in Bananenblättern geschmortes Fleisch.

Das Angebot an Fleisch ist im Zentrum und Süden sehr vielfältig. So gibt es neben Rind, Ziege und Schwein auch die unterschiedlichsten Wildsorten – Antilopen, Affen etc. – und Schnecken, Termiten und Raupen. Unterwegs wurde mir auf einem kleinen Markt in der Nähe von Lolodorf einmal die Auswahl angeboten zwischen Schlangen-, Krokodil- oder Affenfleisch. Ich entschied mich für Affenfleisch und gewöhnte mich an den Geschmack, für die Dorfbewohner war dies allerdings ein Leckerbissen! Unter die Bezeichnung **„Buschfleisch"**

*Sogar Termiten stehen in Kamerun auf dem Speiseplan*

*(Viande de brousse)* fallen: Stachelschwein, Antilope, Krokodil, Buschratten, Waran, Goliathkröte und Schlangen.

Als Schlange wird vorwiegend die *Viper* zubereitet, für das Volk der *Bassa* ein Leibgericht. Traditionsgemäß ist Schlangenfleisch allerdings den Männern vorbehalten, im Zentrum und Süden nur den Ältesten oder *„Vieux".*

### Die Küche im Osten

Die Provinz *Est* ist das Gebiet der großen Tropenwälder, im Norden schließt sich die Savanne an. In den Waldgebieten zählt wiederum die **Kochbana-**ne zu den **Hauptnahrungsmittel**n. Dabei gibt es bei den verschiedenen Stämmen unzählige Zubereitungsarten der *„Banane plantain"*. In den Savannengebieten dagegen bevorzugt man die Zubereitung des Couscous aus Mais, Maniok oder einer Mischung aus beiden, dazu verschiedene Saucen. Daneben gibt es Gerichte aus Yams-Wurzeln, Sesam, Erdnüssen und Kürbiskernen. Gekocht wird vorwiegend mit Sesamöl, als Blattgemüse werden hauptsächlich die jungen Maniokblätter verwendet.

Die Bevölkerungsdichte in dieser Region ist nur gering. Die hier beheimateten Pygmäen sind vorwiegend Sammler und Jäger und bereiten zu, was der Wald ihnen gerade bietet. Zu den Aufgaben der Frauen gehört es, Fische aus dem Fluß oder Bach zu fangen. Die Aufzucht von Haustieren wird im gesamten Osten nur sehr wenig praktiziert, daher gehört Hühner- oder Ziegenfleisch zu den seltenen Leckerbissen im Dorf, die für Feste wie Hochzeiten oder Beerdigungen reserviert sind. Typisch für diese Region ist die Herstellung von Bananenwein.

### Die Küche im Westen

Der dicht besiedelte Westen Kameruns ist die Heimat der *Bamiléké* und *Bamoun*. In der Region der westlichen Hochebenen ist das **Grundnahrungsmittel** der **Mais**, der hauptsächlich als Couscous zubereitet wird. Bei den Bamiléké wird dieser Mais-Couscous zusammen mit der speziellen Sauce *„Nkui"* serviert. Die etwas klebrige Sauce dieses typischen Regionalgerichtes besteht aus einer speziellen Rindensorte, der Triumfetta, und etwa 16 weiteren Zutaten und Gewürzen.

Auch Yams-Wurzeln, Makabos, Maniok, Süßkartoffeln und süße Bananen gehören in den Topf der Bamoun- oder Bamiléké-Köchin. Die Kochbananen hingegen kommen vorwiegend auf den Markt. Der Begriff „*Kondré*" faßt alle Gerichte zusammen, die aus Wurzelgemüse und Bananen und den verschiedenen Fleischsorten – Ziege, Schaf, Schwein, Rind, Geflügel und Wild – angerichtet werden. Das fruchtbare Hochland bringt hier viel frisches Gemüse auf den täglichen Speiseplan. Grünkohl, Bohnen, Melonen werden gerne gegessen und wie im Zentrum und Süden auch die Blätter von Taro, Maniok, Makabo und wildwachsenden Kräutern. In den Bambouto-Bergen nördlich von Bafoussam, in Batcham und in der Umgebung von Dschang, wird traditionell Hunde-, Katzen- und Schlangenfleisch zubereitet und die Larven einiger Insekten, die man in den Palmen findet, sind sehr geschätzt.

### Die Küche des Adamaoua-Plateaus und des Nordens

In den ausgedehnten Savannen und Steppen des Nordens, in den Mandara-Bergen und in den Ebenen südlich des Tschad-Sees bildet neben Mais, Reis, Yams, Maniok und Süßkartoffeln hauptsächlich **Hirse die Lebensgrundlage** der Bevölkerung. Je nach Jahreszeit gibt es unterschiedliche Sorten von Hirse, die großkörnige Hirse wird *Sorghum* genannt. Nach der Ernte wird sie gedroschen und in Speichern gelagert. Da das Mehl kaum lagerungsfähig ist, wird die Hirse nur nach Bedarf gemahlen. Das Hirsemehl wird in Wasser zu einem Teig gekocht und die fertige Teigkugel mit den verschiedensten Saucen serviert. Diese Teigkugel – in Fulfulde *Nyiiri* genannt

(frz. *Boules de mil*) – gehört zu den täglichen Mahlzeiten der Dorfbevölkerung des Nordens. Daneben gibt es einen Brei aus Hirse, Dickmilch und Zucker oder geriebenen Erdnüssen, den *Mboussiri* oder *Boullie de mil*. Dieser Brei wird vor allem auch während des Ramadan gegessen und dient zur Säuglingsernährung.

Eine andere Variante ist *Dakéré*, Klößchen aus Hirseteig, die mit Dickmilch gegessen werden. Beliebt ist im Norden auch das *Hirsebier*, „*Bil-Bil*", das an Markttagen und bei größeren Festen aus Kalebassen geschöpft wird und recht alkoholhaltig ist.

Was für den Süden das *Ndolé* ist, wird im Norden mit anderen Blättern auf ähnliche Art bereitet und heißt *Folléré*. Die spinatähnlichen Blätter werden als Gemüse z.B. zu Hammel gereicht.

Generell gibt es im Norden nicht, wie im Süden, das ganze Jahr hindurch etwas zu ernten. So werden viele Nahrungsmittel für die langanhaltende, heiße Trockenperiode von Fe-

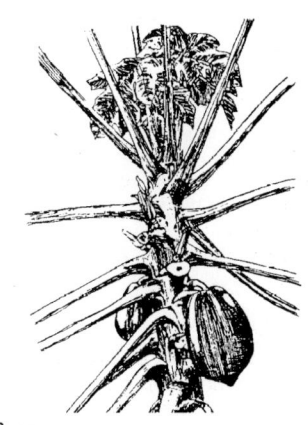

*Papaya*

bruar bis Juni, bzw. während der Zeit, in der zwar viel wächst und sprießt aber noch nicht geerntet werden kann (Juli bis August, frz. *période de soudure*) gespeichert. Fleisch, Fisch und Blattgemüse werden auch getrocknet. Der Reichtum des Nordens sind die großen Rinderherden der Fulbe. Der starke Einfluß des Islam hat zur Folge, daß Schweinefleisch weitgehend tabu ist. Daher bietet der Speiseplan viele Rindfleisch-Gerichte, daneben Geflügel, Ziegen, Hammel, Wild und bei einigen Bergstämmen Pferd, Esel und Hund. Aber auch Raupen, Termiten,

*Im Norden wird hauptsächlich Rindfleisch angeboten – hier sogar die Köpfe*

Buschratten, Vögel und Frösche landen im Kochtopf, wenngleich seltener. Nordkamerun ist, dank des Tschad-Sees und der Flüsse Logone und Bénoué, reich an Fischen. Der Bekannteste darunter ist der *„Capitaine“*-Fisch, der in einer Sauce aus Gemüse und Tomaten ein richtiger Leckerbissen ist. Ein Großteil der Fische wird getrocknet, geräuchert und nach Nigeria exportiert. Bei den Viehzüchtern und Fulbe-Nomaden im Norden Kameruns gehört die Milch zu den wichtigsten Nahrungsmitteln. Häufig sieht man auf den Märkten Fulbe-Frauen, die ihre Milch – im Geschmack unserer Buttermilch ähnlich – in Kalebassen auf dem Kopf tragen und feilbieten. Im Vergleich zum Süden findet man in den nördl. Regionen nur sehr wenige Früchte, auf den Märkten werden daher häufig die Früchte aus dem Süden angeboten.

Die Rezepte für Speisezubereitungen werden in Afrika traditionell mündlich überliefert. Es gibt jedoch ein ausgezeichnetes Kochbuch mit dem Titel *„Le grand livre de la cuisine camerounaise“* (im Verlag SOPECAM, Yaoundé), für all diejenigen, die sich mehr für die Küche Kameruns interessieren. Das Buch enthält unter anderem auch Rezepte für die Zubereitung von Viper, Boa, Larven, Termiten und vielem Exotischen mehr.

Für Afrikaner ist jedes Essen ein gesellschaftliches Ereignis. Wenn Sie bei einer kamerunischen Familie zu Gast sind, stellen Sie sich auf die landestypischen Mahlzeiten ein. Eine Verweigerung käme nämlich einem Affront gleich. Gastgeschenke werden zwar in der Regel nicht erwartet, jedoch ist die Freude groß, wenn im Laufe des Besuchs eine kleine Aufmerksamkeit überreicht wird.

*Land und Leute*

### Getränke

Afrikaner trinken in der Regel schlicht und einfach **Wasser**. Wird Ihnen in einem Restaurant oder einem *Circuit* Wasser angeboten, sollten Sie berücksichtigen, daß es in aller Regel nicht abgekocht ist. Ebenso werden Speiseeis und Eiswürfel mit unbehandeltem Wasser zubereitet sowie der Salat damit gewaschen. Ein europäischer Magen kann darauf empfindlich reagieren.

Für den Getränkebedarf besorgt man sich am besten Mineralwasser in großen Plastikflaschen (die später unterwegs auch als Trinkflasche geeignet sind). Besonders für längere Fahrten in öffentlichen Verkehrsmitteln oder im eigenen Fahrzeug empfiehlt es sich, einen ausreichenden Vorrat mitzunehmen, wegen des tropischen Klimas benötigt der Körper viel Flüssigkeit. Das abgefüllte Mineralwasser wird in den Hotels sehr teuer verkauft, preiswerter ist es in den Supermärkten oder am Kiosk erhältlich. Unterwegs wird Wasser auch von Händlern angeboten, dabei sollte man jedoch auf Flaschen mit Originalverschluß achten, denn ansonsten ist dieses Wasser nicht abgekocht. Ebenso ist das Leitungswasser der Hotels/Campements kein reines Trinkwasser und muß vorher gefiltert, desinfiziert oder abgekocht werden.

Internationale und lokale „**Softdrinks**" (*Sucreries* genannt) gibt es in den Restaurants und Hotels, einfachen Bars, an Kiosken und bei den Straßenhändlern. Darunter das im Land hergestellte „*Top*", z.B. in der Geschmacksrichtung *Pamplemousse*. Oft sieht man Jungs mit einer Kühlbox durch die Straße gehen, die die Getränke eisgekühlt verkaufen.

**Fruchtsäfte** stammen oft aus Dosen, obwohl das Land überreich an frischen Zutaten ist. Nur in Maroua gibt es eine kleine Fabrik, die Obstsäfte (Mango, Banane, Guave etc.) in kleinen Flaschen vertreibt. Von Händlern werden häufig Orangen angeboten, die den Durst gut stillen.

**Alkohol** ist in den vorwiegend islamischen Regionen zwar tabu, aber dennoch erhältlich. Überall, auch im letzten Winkel, wird in Kamerun gutes Bier angeboten, das vorwiegend aus den einheimischen Brauereien stammt. Das Land ist stolz auf seine Bierindustrie, die *Brasseries du Cameroun*, die zu den wichtigsten Unternehmen zählt. Am beliebtesten sind die Marken „*33*" (*Trentetrois*) und *Beaufort* (in der Alltagssprache auch „*Jopajo*" genannt, eine Verballhornung des französischen „jour par jour"). Auch in Kamerun abgefüllte Marken wie *Guiness, Kronenbourg* und *Mützig* sind auf dem Markt, daneben Importe wie *Heineken* oder *Becks*. Sogar ein deutsches (oder wo immer es auch herkommen mag ...) Export- bzw. Dosenbier namens *St.-Pauli-Girl* wird verkauft. Wer die Gelegenheit haben sollte, an das tschadische *Gala* zu kommen, sollte unbedingt zugreifen: es gilt als das beste Bier in Zentralafrika.

Der in den Lokalen angebotene **Kaffee** schmeckt meist etwas fad, obwohl im Land selbst sehr guter Kaffee angebaut wird, der allerdings in der Hauptsache zum Export gelangt. Nach französischer Manier unterscheidet man zwischen *Café au lait* und *Café noir*. Daneben gibt es **Tee** und in den südlichen und westlichen Regionen auch *Citronelle*, einen aus Zitronengras gekochten Tee, der hervorragend schmeckt. Citronelle findet man zwar so gut wie nie auf der Speisekarte, wird aber auf Anfrage serviert. An typischen Getränken kennt man den **Palmwein**, der hauptsächlich in der Küstenregion, in der Gegend um Yaoundé und im Westen getrunken wird. In den größeren Restaurants oder auch Hotels wird man vergeblich danach fragen, denn dieses beliebte, nur leicht alkoholische Getränk wird nur in kleinen Kneipen, Stehausschänken, auf dem Markt, im Dorf oder in Straßenbars angeboten. Zur Gewinnung von Palmwein bringt der Palmweinzapfer an einer gefällten Raphiapalme ein Gefäß an, in der die austretende Flüssigkeit aufgefangen wird. Bei den hohen Temperaturen fermentiert das trübe Getränk sehr schnell und schmeckt etwa wie Most. Je länger der Palmwein steht, umso alkoholhaltiger wird er. Bei Destillierung entsteht daraus der schnapsartige *„African Gin"*.

Das Pendant dazu bildet im Norden das sehr beliebte, traditionelle **Hirsebier**, ohne das keines der vielen Feste denkbar ist. Auch dieses Getränk wird nicht in den üblichen Restaurants ausgeschenkt, sondern vielmehr auf dem Markt und in den Dorfkneipen, wo Sie es unbedingt einmal probieren sollten. In manchen kleinen Dörfern in den Mandara-Bergen wird es heute noch speziell für Feste (Toten-, Erntefeste, Initiation, Hochzeit etc.) gebraut und spielt im gesellschaftlichen Leben eine große Rolle. Die Prozedur des Brauens dauert mehrere Tage, mit Früchten und Rinden wird schließlich der Geschmack verfeinert. Aufbewahrt wird das Hirsebier, das einen Alkoholgehalt von 2 bis 4% hat, in großen Tonkrügen *(Canaris)*; auf dem Markt wird es oft aus Kalebassen ausgeschenkt. Auch im Norden wird Schnaps gebrannt: der sogenannte *„Hargui"*.

*In Kamerun findet man fast überall Lokale mit verschiedenen Biersorten*

# *Wirtschaft*

Kamerun hat in wirtschaftlicher Hinsicht eine **Schlüsselstellung** im Wettbewerb mit seinen Nachbarländern: Die Staaten Tschad, Zentralafrikanische Republik und Äquatorial-Guinea sind auf die **Transportverbindungen** Kameruns angewiesen. So sieht Kamerun seine wirtschaftspolitische Rolle als Schnittpunkt zwischen West- und Ostafrika.

## *Landwirtschaft*

Obwohl sich die Regierung Kameruns zunehmend um die Industrialisierung des Landes bemüht, bildet die Landwirtschaft (einschl. der Forstwirtschaft und Fischerei) noch immer den **bedeutendsten Sektor der kamerunischen Wirtschaft** und die Grundlage der Gesamtwirtschaft. Die Agrarwirtschaft bildet für etwa 80% der Bevölkerung die Erwerbs- und Existenzgrundlage und trägt rund 30% zum Bruttoinlandsprodukt und ca. 35% zu den Ausfuhrerlösen bei.

Eine Selbstversorgung des Landes mit eigenen Anbauprodukten ist gesichert (eine Ausnahme bildet z.B. der Weizen, der für das mittlerweile alltägliche Stangenbrot gebraucht wird und somit zu den Grundnahrungsmitteln zählt). Dabei ist der Norden durch oftmals zu spät einsetzende oder ausbleibende Regenfälle (im Durchschnitt alle drei Jahre) mit Nahrungsmitteln unterversorgt und von den produktiveren Regionen im Süden und Westen abhängig, wodurch ein klimatisch bedingtes **agrarwirtschaftliches Süd-Nord-Gefälle** entsteht. Langfristiges Ziel ist es, durch eine Intensivierung

des Nahrungsmittelanbaus und eine Erhöhung der Erträge die Selbstversorgung für die rasch wachsende Bevölkerung auch künftig zu sichern. Neben der Eigenversorgung werden in Kamerun Agrarerzeugnisse auch exportiert.

Große Gebiete des Landes sind sehr fruchtbar und insgesamt werden rund **15% der Gesamtfläche Kameruns** als **Ackerland** genutzt. Begünstigt durch die naturräumliche Gliederung mit verschiedenen Klimazonen und unterschiedlich beschaffenen Böden, von vulkanreicher Erde in mittlerer Höhenlage bis zur Halbwüste im Norden, weisen die einzelnen Regionen des Landes eine **Spezialisierung** auf:

Auf den trockenen Böden der **Sudan-Sahel-Zone im Norden** gedeihen vor allem **Baumwolle**, Erdnüsse und Hirse. Die Rohbaumwolle gehört zu den wichtigen Exportprodukten Kameruns. Wiederkehrende Dürreperioden haben jedoch häufige Mißernten zur Folge und die Exporterlöse werden durch niedrige Absatzpreise beeinträchtigt. Ein Teil der Baumwolle wird in einer Fabrik im Norden gleich zu Textilien weiterverarbeitet.

In der **Umgebung von Yagoua und in Maga/Pouss** an den Ufern des *Logone*-Flusses (Schwemmgebiete) wird sowohl in traditioneller wie auch in moderner Anbaumethode **Reis** produziert. Der Großteil der Produktion durch die Reisfarmen ist für den Export bestimmt.

Die klimatisch bevorzugten Provinzen *Ouest*, *North-West* und *South-West*, also der gesamte **Westen**, bil-

*Kakaopflanzen*

den das eigentliche Rückgrat der kamerunischen Landwirtschaft. Das dichtbesiedelte, meist gerodete Hochland eignet sich neben dem **Anbau von Grundnahrungsmitteln** auch hervorragend zur Produktion von **Kaffee** und **Tee**.

Kamerun ist eines der führenden afrikanischen Exportländer für Kaffee, vor allem für *Robusta*-Sorten (rund 80%), daneben *Arabica*. 1985 stand Kamerun an 10. Stelle der exportfähigen Welt-Kaffee-Produktion (genannt waren 51 Länder). Bei den deutschen Kaffee-Importen aus afrikanischen Ländern stand Kamerun 1992 an vierter Stelle (hinter Kenya, Tanzania und Ruanda).

Kaffee wird meist in kleinbäuerlichen Familienbetrieben aber auch in großen Plantagen angebaut. Die Ernte dauert von Januar bis April. In den letzten Jahren ist die Produktion von Kaffee jedoch erheblich zurückgegangen, da die Weltmarktpreise extrem sanken (seit 1988 um ca. 65%) und der arbeitsintensive Anbau nicht mehr profitabel genug ist. Durch den geringen Reiz des Kaffeeanbaus sind nun viele Bauern bereits auf die Erzeugung von anderen Feldfrüchten, darunter **Mais** oder **Tomaten**, übergegangen. In den nächsten Jahren erwartet man wieder einen Anstieg der Kaffee-Preise, nicht zuletzt aufgrund der schlechten Ernte in den westafrikanischen Haupterzeugerländern.

Obwohl eine verbesserte Preispolitik auf diesem Gebiet einen augenblicklichen Vorteil für Kamerun bedeuten würde, wird es doch einige Zeit dauern, bis auch die Pflanzer, die am meisten unter dem Preisverfall gelitten haben, in den Genuß höherer Erzeugerpreise kommen. Die Weltbank verspricht sich dies durch die Anfang 1994 in Kraft getretene Entwertung des Franc CFA.

Neben Kaffee gehören auch **Palmöl** und **Kautschuk** zu den wichtigsten landwirtschaftlichen Exportprodukten des Westens und Südens. Vor allem in der tropischen Region am *Mt. Cameroon* bis hinauf nach *Kumba* gedeihen riesige, ertragreiche Ölpalm- und Hevéa (Gummibaum) -Plantagen. Dabei werden die Ölpalmprodukte, wie z.B. Palmöl und -wein, in Kamerun hergestellt. Bananen-, Ananas- und andere Früchte- bzw. Gemüseplantagen im Westen dienen in erster Linie zur Versorgung der heimischen Märkte.

Im **Süden und Zentrum** des Landes überwiegen **Bananen**- und **Kakao**-Anpflanzungen. Hier im Küstentiefland und in den Regenwaldgebieten herrschen die besten Voraussetzungen mit äquatorialem, feuchtwarmen Klima. Die Kakao-Produktion erfolgt vor allem in Kleinbetrieben. Familien pflanzen den Kakao auf gerodeten Waldparzellen parallel zu Gemüse und Obst. Geerntet wird von August bis Januar. Kamerun gehört zu den zehn größten Kakao-Erzeugerländern weltweit und somit ist **Kakao** die **wichtigste landwirtschaftliche Exportfrucht neben Kaffee.** Allerdings haben die Kleinbauern ähnlich wie beim Kaffeanbau durch die ständig fallenden Erzeugerpreise nur wenig Anreize, Kakao zu ernten oder Neupflanzungen vorzunehmen und manche ehemaligen Anbauflächen werden bereits für andere Agrarprodukte verwendet. Außerdem sind fast die Hälfte der Kakaobäume älter als 20 Jahre, wodurch die Ernteerträge mehr und mehr sinken. Zunehmend erfolgt die Abnahme von Kakao nur noch in gut zugänglichen Gebieten, die Bauern in schwer zugänglichen Gebieten sind daher im Nachteil.

Die Erzeugung von Bananen konnte dagegen in den letzten Jahren erheblich gesteigert werden. Der Exporterlös für die kommenden Jahre wird optimistisch eingeschätzt, besonders auch seit der Realisierung des EG-Binnenmarktes.

Neben diesen Exportgütern werden eine Reihe von **Grundnahrungsmitteln** angepflanzt. Dazu gehören an erster Stelle Maniok, Zuckerrohr und Kochbananen, außerdem Mais (anspruchslos, sehr verbreitet), *Sorghum* (Rispenhirse), Hirse, Kartoffeln, Süßkartoffeln, Reis und verschiedene Gemüsesorten. Der Anbau dieser landwirtschaftlichen Produkte erfolgt fast ausschließlich für den Inlandsbedarf. Die am meisten verbreiteten Wurzel- und Knollenfrüchte sind Maniok, Yams und Kartoffeln bzw. Süßkartoffeln. Der Gemüseanbau für den städtischen Markt konzentriert sich auf einige besonders geeignete Regionen im Westen.

Hervorzuheben ist, daß sich die Landwirtschaft Kameruns hauptsächlich auf **Kleinbetriebe** stützt. Etwa 70% der Kulturflächen befinden sich im Besitz von Kleinbauern mit weniger als 2 ha Grundbesitz. Auf Mittelbetriebe entfallen ca. 20%, auf Großbetriebe 10% der bewirtschafteten Flächen. Die führenden Exportprodukte wie Kaffee, Kakao und Baumwolle werden hauptsächlich von Kleinbauern angebaut.

Zu den **Großbetrieben** zählen die Plantagen im Westen und an der Küste, die überwiegend während der Kolonialzeit entstanden (Palmöl, Kautschuk) sind.

Land und Leute

---

### Erntezeiten

| | | |
|---|---|---|
| **Erdnüsse:** | *Aussaat Juli* | *Ernte November* |
| **Hirse (Mil):** | *Aussaat Juni/Juli* | *ErnteOktober/November* |
| **Rispenhirse:** | *Aussaat Juli* | *Ernte Dezember* |
| **(Sorghum)** | | |
| **Baumwolle:** | | *Ernte Dezember bis Februar* |
| **Kaffee:** | | *Ernte Januar bis April* |
| **Kakao:** | | *Ernte August bis Januar* |
| **Mangos:** | | *Ernte ganzjährig, besteZeit* |
| | | *März bis Mai* |
| **Ananas:** | | *ganzjährig* |
| **Bananen:** | | *ganzjährig* |

---

Insgesamt überwiegt der stationäre Feldbau neben dem Wanderfeldbau mit Brandrodung. Bis heute herrschen traditionelle Arbeitsmethoden vor und es gibt nur eine geringe maschinelle Ausstattung, da die meisten Kleinbauern finanziell nicht in der Lage sind, sich teuere Geräte anzuschaffen. Nur zehn Prozent der landwirtschaftlichen Produktion werden daher mit modernen Methoden erwirtschaftet.

Dem starken **Süd-Nord-Gefälle** im landwirtschaftlichen Bereich und der zunehmenden Landflucht will der Staat durch die Verbesserung der Infrastruktur und die finanzielle Förderung der Kleinbetriebe entgegenwirken.

### Viehwirtschaft

Die **Gesamtflächen** Kameruns an **Weideland** auf Feucht-, Trocken- und Graslandsavannen umfassen in etwa 125 000 km² (ca. 26%).

In der **Viehwirtschaft** überwiegen die Rinder (4,6 Mio.), gefolgt von Ziegen und Schafen (je 3,5 Mio.) und Schweinen (1,3 Mio.); als Kleinvieh werden Hühner gezüchtet.

Zu den **wichtigsten Regionen der Rinderzucht** gehören der Norden, das *Adamaoua-Hochland* und das *Bamoun*-Land im Westen.

Die Viehzucht im Norden Kameruns wird in manchen Gegenden durch das Auftreten der Tse-Tse-Fliege erschwert. Vor allem auf dem Adamaoua-Plateau, das seit jeher das beste Weideland ist, bemüht man sich seit den 80er Jahren, dieser Plage Herr zu werden. Das Plateau stellt das Zentrum der Kameruner Rinderzucht dar: Große Herden werden mit traditionellen und modernen Methoden gehalten; in Zuchtfarmen, Mastfarmen und Versuchsstationen wird der Optimierung der Zucht nachgegangen. Die am meisten verbreiteten **Rinderrassen** sind die *Fulbe-Zebu* des Adamaoua-Hochlandes und die *Mbororo-Zebu* der nördlichen Sudan-Sahel-Zone. Als *Kirdi-Zebu* wird ferner ein kleineres Rind in den Mandara-Bergen bezeichnet.

Eine vom Aussterben bedrohte Rinderrasse, das *Moutourou-Rind*, findet man nur noch in der Gegend von *Poli* und am Fuße der *Alantika*-Berge. Es gilt als „weniger wirtschaftlich" als das Zebu, ist aber resistent gegen die von den Tse-Tse-Fliegen übertragene *Rindertrypanosomiase.*

Etwa eine Million Menschen sind in Kamerun unmittelbar mit der Rinderhaltung beschäftigt. Die wichtigsten Viehhalter sind die *Fulbe,* die überwiegend den Großviehhandel in der Hand haben. Als nomadische Hirten leben die *Mbororo* und *Choa-Araber.*

Im **Süden** sind Pferde- und Rinderzucht nahezu unmöglich. Daher wird dort der **Kleintierzucht** der Vorzug gegeben.

Die **Schafe** gehören Kurzhaarrassen an. Im Süden wird das *Djalonke-Schaf* und im Norden das *Marouna-Schaf,* eine Kreuzung zwischen Djalonke und dem Sahel-Schaf gehalten. In der **Ziegenhaltung** kennt man im Süden die üblichen kleinen schwarzen, manchmal gescheckten *Waldziegen* und im Norden die *Sahel-Ziege.* Ferner wird im Norden die massigere *Kapsiki-Ziege* gehalten. Schafe und Ziegen sind im äußersten Norden sehr zahlreich.

**Schweinezucht**gebiete sind der Westen, der Südwesten und das Küstengebiet, in den islamischen Gebieten im Norden ist das Schweinefleisch „tabu".

Der zunehmende Bevölkerungsdruck in den nördlichen Landesteilen und die Dürre in der Sudan-Sahel-Zone führt zu einer **Abwanderung der Viehzüchter** aus dem Äußersten Norden. Das Vordringen von Viehhirten aus den angrenzenden Staaten (z.B. Tschad, Nigeria) und der Nomadismus haben eine Übernutzung der Wei

*Zeburinder gibt es vor allem im Kameruner Grasland und im Norden*

deflächen zur Folge. Allerdings wird in jüngster Zeit auch unter den nicht-islamischen Völkern des Nordens Viehzucht betrieben. Das Fleisch wird hauptsächlich in den Süden verkauft.

In der **Fleischerzeugung** sind laut Statistik Rind- und Kalbfleisch mit rund 60% die wichtigsten Lieferanten von tierischem Eiweiß in der Ernährung Kameruns, gefolgt von Hammel- und Ziegenfleisch (20%), Schweine- und Hühnerfleisch (je rund 10%). Bei einer ausreichenden Infrastruktur würden sich der fleischproduzierende Norden und der Süden mit seiner Pflanzenproduktion gut ergänzen.

## Forstwirtschaft

Der geographische Schwerpunkt der kommerziellen Holzwirtschaft liegt in **Zentral- und Südkamerun** sowie im **Küstenbereich**. Unter den rund einhundert derzeit registrierten forstwirtschaftlichen Unternehmen gibt es eine Zahl großer ausländischer Firmen. Das Holz wird vorwiegend bereits im Lande in Sperrholzfabriken und Sägemühlen verarbeitet, nur ein geringer Anteil wird als Rohholz exportiert. Der **Ex-**

**port** von forstwirtschaftlichen Erzeugnissen hat einen Anteil von ca. 10% am Gesamtexport Kameruns.

Mit einer **Waldfläche von** circa **24,7 Mio. ha** verfügt Kamerun nach Zaïre über die zweitgrößte Waldfläche ganz Afrikas. Mehr als 70% des Holzeinschlages dienen dem Brennholz- und Kohlebedarf, der Rest wird als Nutzholz verwendet. Ein weiterer Grund für Rodungen sind Straßenbauprojekte (z.B. *Edéa-Kribi*) und die Erschließung landwirtschaftlicher Nutzflächen. Alle diese Faktoren ziehen eine zunehmende Gefährdung und Zerstörung des tropischen Regenwaldes nach sich. Daher wurde von staatlicher Seite eine neue forstwirtschaftliche Behörde gegründet *(ONADEF)*, zu deren Aufgaben es neben der Förderung der Holzindustrie auch gehört, die Erhaltung und Wiederaufforstung der Waldbestände zu sichern.

## Fischerei

Der Fischerei-Sektor, nach Rind- und Kalbfleisch die zweitwichtigste Protein-Quelle der Bevölkerung, deckt in Kamerun den Landesbedarf nicht. Seit Beginn der 80er Jahre steckt dieser Wirtschaftszweig in einer **Krise**, besonders im Bereich der Küstenfischerei. Die unzureichende Produktion ist eine Folge der veralteten Fangausrüstungen und Schiffe, der geringen Fischbestände entlang der Küste sowie des Mangels an Kühleinrichtungen und Konservierungstechniken.

Die Fangmenge an Süßwasserfischen ist relativ konstant. Zu den fischreichsten Gewässern gehören der *Tschad-See* und die Flüsse *Logone*, *Chari* und *Bénoué*. Insgesamt müssen gegenwärtig rund **40 000 Tonnen Fisch importiert** werden.

## Industrie

Kamerun verfügt im Vergleich zu seinen Nachbarländern über einen **leistungsstarken Industriesektor**, der sich jedoch vorwiegend auf den lokalen Markt orientiert. Der Export spielt in der verarbeitenden Industrie nur eine geringe Rolle, bedeutend ist hier nur die **Ausfuhr von Aluminium** und Aluminiumerzeugnissen.

Der seit Mitte der 80er Jahre herrschende Wirtschaftsabschwung und die daraus resultierende Finanzkrise des Landes wirkten sich auch auf den industriellen Sektor Kameruns aus. Wann das Ende dieser **Rezession** erreicht sein wird, ist gegenwärtig nicht vorherzusagen.

Die Hautpstandorte der Industrie sind die Hafenstadt *Douala*, die Hauptstadt *Yaoundé* und *Edéa*. Derzeit sind etwa 21 000 Menschen im Bereich der verarbeitenden Industrie beschäftigt.

Umsatzstärkster Zweig ist die **Nahrungsmittelindustrie** einschließlich der Getränke- und Tabakindustrie auf der Basis lokaler landwirtschaftlicher Rohstoffe und Erzeugnisse. Vor allem die **Biererzeugung** ist von großer Bedeutung und die *Brasseries du Cameroun* waren 1989 das umsatzstärkste Industrieunternehmen.

Ein wichtiger Zweig der Nahrungsmittelindustrie ist außerdem die **Produktion von Kakaoerzeugnissen** wie z.B. Schokolade, Kakaobutter, Süßwaren und Konditoreiwaren. Die Verarbeitung der Ölpalm-Früchte durch Ölpressen und Entkernungsanlagen bildet die Basis der **Produktion von Palmöl**, Pflanzenfett und Seife. Die Verarbeitung von **Getreide**, zwei große **Zuckerfabriken** *(SOSUCAM* und *CAMSUCO)*, die **Obstverarbeitung** (Konservierung, Saft), **Hevea** (Kautschukartikel) und **Tabakindustrie** gehören ebenfalls zu diesem Industriezweig. An zweiter Stelle folgt die **Metallerzeugung und -bearbeitung**. Wichtigste Produktionsstätte ist die Aluminiumschmelze *(ALUCAM)* in *Edéa*, die aus importiertem Bauxit **Aluminium** für den Binnenmarkt herstellt. In zwei großen Betrieben erfolgt die Weiterverarbeitung zu Aluminiumplatten und zu Küchengeräten sowie Türen und Fensterrahmen aus Aluminium. Diese Fertigprodukte werden in die Nachbarstaaten der CFA-Zone sowie nach Nigeria exportiert. Die Aluminiumindustrie dominiert im Export der verarbeitenden Industrie.

Von Bedeutung ist außerdem die **Erdölverarbeitung** in der Erdölraffinerie *SONARA* am *Cap Limboh* nahe *Limbé* (s.nächst Seite).

Die **Papierindustrie** liegt in den Händen des Zellstoffwerks *CELLUCAM* in Edéa. Erst im Aufbau dagegen befindet sich die **chemische Industrie** mit der Herstellung von Farben, Zündhölzern, Seife und Schädlingsbekämpfungsmitteln. Durch die großen Waldbestände verfügt Kamerun auch über eine **Holzverarbeitung** mit Produktion von Furnieren, Möbeln und Kisten. Im Norden um Garoua angesiedelt ist der Bereich der **Textilindustrie**, der mit der Einführung des Baumwollanbaus entstand. Die produzierten Stoffe erhielten jedoch durch Billigprodukte aus Europa (Niederlande), Ostasien und aus Nigeria starke Konkurrenz. Das wichtigste Unternehmen in der Produktion von Baumaterialien ist die **Zementfabrik** *CIMENCAM*, die zunächst einen sehr starken Aufschwung zu verzeichnen hatte, jedoch seit 1985 aufgrund der allgemein schlechten Konjunktur stagniert.

**Land und Leute**

Insgesamt dominieren im Bereich der verarbeitenden Industrie in Kamerun etwa dreißig größere Unternehmen, viele davon in französischer Hand; daneben gibt es sehr viele Kleinunternehmen.

Die Expansion des Industriesektors wird durch den Wettbewerb mit anderen Ländern, durch eine mangelhafte Verkehrsinfrastruktur und fehlendes Kapital erschwert. Der **1991** verkündete **Zehnjahresplan** zur Industrialisierung und ein neues Investitionsgesetz sollen vor allem zur Förderung der Holzverarbeitung, der pharmazeutischen Industrie sowie der Herstellung von Kunststoff- und Elektronikwaren beitragen. Im Mittelpunkt stehen dabei Klein- und Mittelunternehmen, die lokale Rohstoffe verarbeiten und sich am Export beteiligen.

## Energie- und Wasserwirtschaft

Kamerun verfügt über ausreichende **Energiequellen** (Erdöl, Wasserkraft, tropische Regenwälder), um den Energiebedarf des Landes selbst abzudecken. Dies geschieht überwiegend durch Holz und Holzkohle (32%), gefolgt von Erdöl (32%) und Elektrizität (5%). Zwar gibt es ein großes Potential an Erdgas, doch spielt dies für die Energieversorgung derzeit noch keine Rolle.

Den größten wirtschaftlichen Bereich der Energieversorgung bildet die Erdölgewinnung. Seit 1978 wird an der Küste vor *Limbé* **Erdöl** gefördert. Das nicht exportierte Erdöl wird in der Raffinerie in Limbé für den eigenen Markt weiterverarbeitet.

Zwar sind nach Auffassung der Fachleute die bekannten Rohölreserven in wenigen Jahren erschöpft, doch rechnet man mit der Entdeckung weiterer Erdöllagerstätten und arbeitet weiter am Ausbau der Erdöl-Förderung. Gegenwärtig sind amerikanische, französische sowie eigene staatliche Firmen an der Förderung beteiligt. Mitte der 80er Jahre gehörte der Erdölsektor mit 65% zum wichtigsten Bereich des kamerunischen Exports. Darauf folgte ein mengenmäßiger Rückgang des Ölexports und ein Verfall des Weltmarktpreises, so daß 1990 der Anteil bei nur noch 40% lag. Schätzungen zufolge rechnet man in den nächsten Jahren mit einem weiteren Sinken des Ertrags, die Situation soll sich aber bis Ende der 90er Jahre erholen. Angeblich soll Anfang des nächsten Jahrtausends eine mehr als 1500 km lange Pipeline vom Tschad bis nach *Kribi* gebaut werden, um den Absatz von tschadischem Erdöl zu erleichtern. In *Kribi* soll dann eine entsprechende Infrastruktur entstehen.

Bedeutende **Erdgasvorkommen** befinden sich an der Küste vor *Kribi* und im *Rio del Rey-Becken*. Jedoch sind die Förderkosten zu hoch bzw. der Weltmarktpreis zu gering, als daß eine Erschließung finanzierbar und profitabel wäre.

Von großer Bedeutung sind die Wasserkraftpotentiale Kameruns. Das größte **Wasserkraftwerk** des Landes liegt **in Edéa** und liefert 95% der Stromproduktion Kameruns. Das Elektrizitätswerk der staatlichen Elektrizitätsgesellschaft *SONEL* beliefert u.a. das Aluminiumwerk *ALUCAM*, das allein 75% der gesamten Elektrizität des Landes benötigt. Insgesamt gibt es in Kamerun dreißig Thermokraftwerke und fünf Wasserkraftwerke. Darunter das Wasserkraftwerk *Songloulou* am *Sanaga*-Fluß sowie das *Lagdo-Kraftwerk* am *Bénoué*-Fluß. Edéa und Songloulou versorgen das Elektrizitätshauptnetz, an das Douala, Yaoundé, Edéa und der Westen Kameruns angeschlossen sind. Das Lagdo-Kraftwerk ist zuständig für die Stromversorgung des Nordens, womit der Strombedarf des gesamten Landes voll abgedeckt ist. Der riesige **Lagdo-Stausee** (ca. dreimal so groß wie der Bodensee) bewässert außerdem die fruchtbaren Böden beiderseits des Bénoué-Flusses. In der Regenzeit, wenn der Damm zu brechen droht und viel Wasser abgelassen werden muß, das dann die Felder überschwemmt, wird viel halbwüchsiges Getreide vernichtet.

Geplant ist ein weiteres hydroelektrisches Projekt an den *Nachtigal-Fällen* nördlich von Yaoundé, finanziert mit kanadischen und japanischen Mitteln.

## Bergbau

Die Aktivitäten im Bergbau beschränken sich bislang auf die Gewinnung von **Zinnerz, Gold** und **Kalkstein** in geringen Mengen.

Zwar verfügt das Land über Vorkommen an Uran, Nickel, Eisenerz, Bauxit, Diamanten und Granit, jedoch werden diese Mineralien bisher nicht abgebaut, teils wegen fehlender Produktionsanlagen, teils wegen mangelnder finanzieller Mittel.

Die Förderung von Zinnerz im *Adamaoua*-Hochland erfolgt ausschließlich auf traditionelle, handwerkliche Art. An der Grenze zur Zentralafrikanischen Republik, bei *Betaré-Oya* in Ostkamerun, wird in kleinen Mengen **Gold** gefördert. Der in der Umgebung von *Garoua* abgebaute Kalkstein versorgt vor allem die Zementfabrik in *Figuil* und die Klinkerfabrik in *Bonabéri*

(Douala). Kamerun weist eine der größten **Bauxit-Lagerstätten** der Welt auf (Adamaoua-Provinz), deren Abbau lange Zeit wegen mangelnder Verkehrsinfrastruktur behindert war. Obwohl nun die Eisenbahn *(Transcamerounais)* dieses Problem gelöst hat, fehlt es am nötigen Kapital für die Förderanlagen. So muß das Land weiterhin Bauxit aus Guinea für seine Aluminiumproduktion einführen. Außerdem gibt es bedeutende Eisenerzreserven in der Region um *Kribi* im Süden, doch fehlt es auch hier aufgrund der rezessiven Wirtschaftslage am nötigen Geld zum Ausbau des Hafens und der Erschließung dieser Reserven.

Insgesamt gesehen verfügt Kamerun also über große natürliche Ressourcen, doch die meisten davon liegen unausgebeutet brach. So hat der Bergbau für das Land bisher nur eine geringe Bedeutung.

## Tourismus

**Touristische Anziehungspunkte** Kameruns sind Nationalparks und Wildreservate, Sandstrände im Süden und Südwesten, die Tradition der alten Chefferien und Königspaläste im Westen, eine überaus abwechslungsreiche Landschaft. Allerdings ist die **touristische Infrastruktur**, vor allem in der Hotellerie, immer noch **mangelhaft**.

1986 wurde die staatliche Tourismusbehörde *SOCATOUR* gegründet, mit dem Ziel, den Tourismus anzukurbeln; diese hat aber inzwischen wieder geschlossen. Seit 1989 gibt es in Kamerun ein eigenes Tourismus-Ministerium. Gefördert wird die Infrastruktur Kameruns derzeit im touristisch bisher eher gering entwickelten Süden des Landes und in der Küstenregion.

Land und Leute

Durch den Ausbau der wichtigsten Straßenverbindung zwischen *Edéa* und *Kribi* zu einer modernen Autostraße ist die Erschließung der Strände zwischen *Douala* und Kribi vorangetrieben worden. Außerdem wurde in den späten 80er Jahren die Bautätigkeit im Hotel- und Gaststättenbereich vorangetrieben (1988 gab es 150 klassifizierte Hotels). Der Schwerpunkt liegt auf First-Class-Hotels in Douala und *Yaoundé*, die vor allem auf die Bedürfnisse von Geschäftsreisenden zugeschnitten werden. Für den Pauschalreisetourismus ist die Hotelinfrastruktur immer noch unzureichend. Zwar gibt es an der Küste in Kribi einige neuere Hotels mit ausreichendem Standard, doch im Landesinneren sind Touristen vorwiegend auf einfache Beherbergung angewiesen.

Daß man nun verstärkt auf den Tourismus als Wirtschaftsfaktor bzw. Devisenbringer setzt, liegt nicht zuletzt an Vorschlägen der Weltbank in dieser Richtung.

Ende der 80er Jahre verzeichnete Kamerun jährlich rund **130 000 Auslandsgäste**. Neben Geschäftsreisenden sind unter den Besuchern vor allem Touristen aus Frankreich (18%), Großbritannien und Deutschland. In den Beherbergungsbetrieben werden annähernd doppelt so viele inländische Gäste wie Auslandsgäste registriert. Hinzu kommt, daß rund 40% aller ausländischen Besucher aus anderen afrikanischen Ländern stammen. Im Vergleich zu anderen afrikanischen Ländern, wie etwa Kenya, ist das Gästeaufkommen in Kamerun gering, vor allem, wenn man bedenkt, was dieses

*Traumhafte Strände und schöne Landschaften, die geeignet wären, Touristen anzulocken, hat Kamerun ausreichend zu bieten*

Land an landschaftlicher und kultureller Vielfalt zu bieten hat.

Bleibt zu hoffen, daß durch die zunehmende Privatisierung und die Förderung der Investitionen der Tourismus in Kamerun den nötigen Aufschwung erhält.

## Außenhandel

Nachdem der Außenhandel (Import/ Export) 1985 noch 41% des Bruttoinlandsproduktes betrug, ging er 1991 bei anhaltender Wirtschaftskrise auf nur mehr 21% zurück. Diese Entwicklung ist auf die stark gesunkenen Weltmarktpreise für die wichtigsten Ausfuhrgüter Kameruns und damit die rückläufige Entwicklung des Exports zurückzuführen.

Die erste Stelle im **Export** nimmt das **Erdöl** (ungefähr 35 Prozent) ein, gefolgt von **Kakao** und **Kaffee** (je ungefähr 8 Prozent). Ende 1989 hatten die Kaffee- und Kakaopreise ihren niedrigsten Stand seit 15 Jahren erreicht.

Zu den weiteren Ausfuhrgütern zählt **Holz** (Rohholz und bearbeitetes Holz), dessen Exportmengen in den letzten Jahren (unter Einbußen des ökologischen Gleichgewichts) stark zunahmen und dessen Ertragspreise weiter anstiegen. Ebenso werden **Aluminium** und **Baumwolle** (jeweils mit Nebenprodukten) exportiert, deren Ausfuhrmengen und Preise auch einen Anstieg verzeichnen konnten. Kautschuk, Bananen, Palmprodukte und Fischereierzeugnisse rangieren weiter hinten auf der Liste der Exportgüter. Trotz eines erheblichen wirtschaftlichen Einbruchs bei den landwirtschaftlichen Exporten in den letzten Jahren besteht jedoch keine Gefahr für die Selbstversorgung des Landes.

Das **dominierende Abnehmerland** für Exportwaren aus Kamerun ist **Frankreich** – nicht zuletzt kolonialgeschichtlich bedingt –, gefolgt von Spanien, den Niederlanden, Italien und erst an fünfter Stelle Deutschland. Der Anteil Spaniens erhöhte sich ab 1990 analog zur Schrumpfung in den deutsch-kamerunischen Handelsbeziehungen. Der Anteil der Niederlande muß eher mit Vorsicht betrachtet werden, da der Rotterdamer Hafen als Anlaufstelle nur eine Zwischenhandelsstelle für andere EG-Länder ist. Auch die USA, Japan und afrikanische Länder sind wichtige Handelspartner.

Die **Wirtschaftsrezession** seit 1986, der Rückgang der Exporte und in der Folge mangelnde Devisen begründen auch die rückläufigen **Importe**. Die wichtigsten **Einfuhrgüter** sind **chemische Erzeugnisse und Rohstoffe** (z.B. Eisen, Gußeisen, Stahl), **Ausrüstungsgüter** (z.B. Maschinen, mechanische und elektrische Geräte) sowie **Kraftfahrzeuge**. Außerdem werden Fertigerzeugnisse wie Nahrungsmittel, Getränke, Tabakwaren, Fischereierzeugnisse und Getreide importiert. An der Spitze stehen bei den Lieferländern auch wieder die EG-Länder (angeführt von Frankreich u. Deutschland), gefolgt von USA, Japan und afrikanischen Ländern. Hervorzuheben ist, daß der Anteil der Exporte Kameruns in die EG-Länder höher ist als der Importanteil aus den jeweiligen Ländern.

## Entwicklungsplanung

Die kamerunische Wirtschaft war über lange Jahre hinweg eine der erfolgreichsten in ganz Afrika, das Land hatte den **Ruf eines afrikanischen „Musterlandes"** mit ausgezeichneter wirt-

**Land und Leute**

schaftlicher Stabilität. Die Agrarproduktion war konstant hoch, die Erdölindustrie expandierte und die Exporte brachten die nötigen Devisen ein.

Die seit 1986 andauernde Wirtschaftskrise mit ihren starken Exporteinbußen (siehe oben) stellt das Land vor neue Herausforderungen: Eine 1990 neuverfaßte **Investitionsgesetzgebung** mit Anreizen für ausländische Beteiligungen soll zur Erschließung der reichen Energie- und Rohstoffressourcen (Erdgas, Mineralien) und zum Ausbau der Infrastruktur beitragen.

Darüber hinaus sieht der Staat weitere Ziele in dem Erhalt der **Selbstversorgung mit Grundnahrungsmitteln**, in der **Angliederung des** wirtschaftlich benachteiligten **Nordens** an den vergleichsweise stark industrialisierten Süden, im **Ausbau der Verkehrsinfrastruktur und des Kommunikationssystems**, in einer **Förderung der landwirtschaftlichen Kleinbetriebe**, um die Landflucht einzudämmen und in einer **Entflechtung der Industriestandorte**.

Die Finanzierung all der Vorhaben bleibt jedoch mehr als fraglich, denn zur angesprochenen rezessiven Entwicklung im Binnen- und Außenhandel gesellt sich steigender Druck auf die Regierung, mehr Mittel auf gemeinnützige Einrichtungen wie Erziehung, Weiterentwicklung der Landwirtschaft und Gesundheitsfürsorge zu verwenden.

Die **aktuelle wirtschaftliche Lage** des Landes gibt Anlaß zur Besorgnis. Es fehlt der Regierung an einer klar ersichtlichen Wirtschaftspolitik, der Staat ist nahezu bankrott. Das Land ist nach einer Studie der Weltbank ökonomisch auf den Stand von 1964 zurückgefallen. Seit 1987 sank das reale

Bruttosozialprodukt (BSP) jährlich um durchschnittlich 5%. Erst 1995 konnte wieder ein Zuwachs von 3,6% verzeichnet werden.

Für die Misere gibt es verschiedene **Ursachen**:

◆ Aufgrund der sinkenden Weltmarktpreise erhält Kamerun für seine Exporte immer weniger Devisen.

◆ Engpässe führen zu einer Zunahme der Einfuhr von Billigprodukten aus Übersee und des informellen Handels (sprich **Schmuggel**) aus Nigeria.

◆ Die Landwirtschaft wurde lange Zeit vernachlässigt, so daß Nahrungsmittel importiert werden mußten.

◆ Staatsgelder wurden zum Teil in Prestigeobjekte investiert (zum Beispiel Flughafen in Yaoundé)

◆ Das von *IWF* und Weltbank verordnete Strukturanpaasungsprogramm *(SAP)* wurde und wird nur zögerlich in die Praxis umgesetzt.

Ein Schwerpunkt der *SAP* ist die Privatisierung der hauptsächlich unwirtschaftlichen Staatsbetriebe. Außerdem müssen viele Staatsbedienstete entlassen werden, was dazu führt, daß es noch mehr Arbeitslose und Unterbeschäftigte gibt.

Weiterhin leidet der Staat unter einer chronischen Einnahmeschwäche. Um die Einnahmen zu steigern, wurden Abgaben auf wichtige Exportmittel erhoben. Dies wirkt auf die Produzenten demotivierend. Dadurch wurden die positiven Effekte der Währungsabwertung im Januar 1994 verringert.

Die Abwertung sollte dazu dienen, den Export anzukurbeln und die verteuerten Importe zurückzudrängen.

# Pflanzen und Tierwelt

## Vegetation

Die unterschiedlichen Klimazonen Kameruns bedingen das gesamte landschaftliche Spektrum des tropischen Afrika: Dichte Regenwälder im Süden, Bergwälder und Grasland im Westen, Feucht-, Baum- und Trocken-Busch-Savanne, Steppengebiete im Norden.

In der **Regenwaldzone** dominieren Baumriesen bis zu 50 m Höhe. Der Kapokbaum gehört zu den größten Bäumen des Waldes.

Der tropische Küstenwald wird jedoch immer mehr zurückgedrängt durch landwirtschaftliche Nutzplantagen (Ölpalmen, Kautschuk oder Hevea, Kakao etc.) und durch forstwirtschaftliche Abholzung.

Entlang der großen Flußdeltas landeinwärts findet man periodisch überschwemmte **Sumpfzonen** mit großen Mangrovengebieten, Grasland und Raphia-Palmen.

Der **immergrüne Wald** auf einer Höhe von 200 bis 800 m ist ebenso bedroht durch Abholzung, Kakaoplantagen, Ölpalmen, Bananen, Kaffee, aber auch Straßen- und Städtebau. Große Waldflächen sind bereits gelichtet. Dort, wo es sich noch um **Primärwald** handelt, ist das Unterholz erstaunlich dünn, und man kann sich mühelos im Wald fortbewegen. Durch Eingriffe des Menschen (Ausbeutung des Regenwaldes) wird der Primärwald zum **Sekundärwald** mit einer buschartigen, wieder nachgewachsenen Vegetation. Das Klima mit wenigen ausgeprägten jahreszeitlichen Schwankungen fördert zwar eine üppig wuchernde Vegetation, ist aber ungünstig für die Landwirtschaft. Die anfälligen, kaum urbar zu machenden Böden sind in wenigen Jahren erschöpft und müssen durch Rodung neuer Flächen ersetzt werden. Allerdings ist hier anzumerken, daß die **Art der Rodung** in den Ländern Zentralafrikas weitaus weniger schädlich und katastrophal ist als beispielsweise an den Rändern des Amazonas-Gebietes, da hier kein radikaler Kahlschlag betrieben wird. Es bleiben immer noch – besonders im Falle von Kakao-Pflanzungen – vereinzelte Urwaldriesen als Schattenspender stehen. Dennoch geht mit jedem Quadratkilometer Primärwald eine Artenvielfalt ohnegleichen für immer verloren.

Der **Dja-Wald**, immergrün und atlantisch, bedeckt die Flußbecken. Der Sumpfwald des oberen *Nyong* wird flußabwärts abgelöst durch überflutetes Grasland. Die Wälder sind an ihren Grenzen umgeben von Savannen und Buschland, die teils durch forstwirtschaftlichen Holzschlag, aber auch durch die landwirtschaftlichen Rodungsmaßnahmen entstanden sind.

In den Bergen in Atlantiknähe beginnt der **immergrüne Bergregenwald** auf 800 m Höhe, aber erst auf 1200 m in den Bergen des Hinterlandes. Dieser Bergwald ist aufgrund der landwirtschaftlichen Nutzung, der Überweidung und geologischer Einflüsse nur noch sehr spärlich. Am *Mt. Cameroon* haben die Lavaflüsse den Wald dezimiert und der Neuwuchs erfolgt sehr langsam.

Das dicht besiedelte **Bamiléké-Plateau** im Westen Kameruns ist haupt-

*Land und Leute*

sächlich **Kulturland** mit Fruchtbäumen, Eukalyptus-Bäumen, Getreide, großen Plantagen oder Pflanzungen (Kaffee, Tee, Bananen u.a.), Weideland, ausgedehntem Grasland, abgerodeten Hügeln und sumpfigen Tälern.

Das **alpine Grasland** zeigt sich nur auf dem Mt. Cameroon zwischen 2800 und 3000 m Höhe und ist beeinflußt duch den Vulkanismus.

Die **Sudan- oder Guinea-Savanne** mit Buschland und Trockenwald (vereinzelte Bäume) charakterisiert das *Adamaoua-Plateau* auf 900 bis 1500 m Höhe. Die Vegetation dieses Gebietes ist nur stellenweise stark bedroht durch landwirtschaftliche Maßnahmen, sei es durch Kleinanbau für den Eigenbedarf oder aber für großflächigen Getreideanbau. Als besonders katastrophal hat sich dies östlich von *Ngaoundéré* erwiesen, wo man bis Anfang der 80er Jahre versucht hatte, Weizen im großen Stil anzubauen und dafür mehrere Hundert Hektar intakten Buschwaldes opferte. Aber auch durch die Schaffung von Weideland für die hier vorherrschende Viehzucht wird ursprüngliches Land zerstört. Allerdings grast ein Großteil der *Zebu-Herden* noch wie eh und je unter der Obhut von nomadisierenden – oft aus dem Niger stammenden – Fulbe-Hirten, die nicht selten nur im Auftrag ihrer seßhaften „Vettern" (sie selber haben oft ihre Herden während der Dürrekatastrophen der letzten zwei Jahrzehnte verloren) monatelang durch den Busch ziehen (als Bezahlung erhalten sie nach 3 Monaten ein Bullenkalb oder nach 4 Monaten ein Kuhkalb).

Nördlich dieser Hochebene liegt die **Buschsavanne** des *Bénoué*-Beckens *(Sudan-Sahel-Savanne)*, die ab *Maroua* nordwärts von der **Dornbusch-**steppe *(Sahel-Sudan-Savanne)* abgelöst wird. Ein typischer Baum dieser Region ist der **Baobab** oder Affenbrotbaum, aber auch viele ausladende **Mango-Bäume** gedeihen im trokkenen Norden. Bestimmt wird die Vegetation jedoch von einer ganzen Reihe verschiedener Sorten von **Akazien**. Auffallend ist hier ebenfalls die hohe Anzahl von **Neem-Bäume**n in den Ortschaften – vor allem in Maroua. Aus Indien erst Mitte des Jahrhunderts eingeführt, hat sich dieser Schatten, Brennholz und Viehfutter liefernde Baum bei der Bevölkerung des Nordens sehr schnell durchgesetzt und erfreut sich großer Beliebtheit.

Im Kontrast dazu steht das periodisch überflutete **Grasland** *(Yaérés)* nördlich von *Mora*, das durch jährliche Trockenperioden, Abweidung und Brände schwindet od. durch den Reisanbau *(Yagoua)* völlig zerstört wird.

Die **Sahel-Sahara-Zone** an den Ufern des Tschad-Sees wird charakterisiert durch eine sehr spärliche Vegetation mit vereinzelten Akazien-Bäumen und vor allem Dornbüschen, der Graswuchs zeigt sich nur in der kurzen Regenzeit im Juli und August.

Allgemein variiert während der verschiedenen Jahreszeiten das Bild der **Vegetation im Norden**. In der **Trockenzeit** ist die Vegetation der nördlichen Savanne und Halbwüste verdorrt und kümmerlich. Das Land ist von der Sonne ausgebrannt, der Boden zeigt mancherorts Erosionserscheinungen und die vorherrschenden Farben sind Gelb, Grau und Braun. Oft wird dann im Norden die dürre Vegetation abgebrannt, um den neuen Gras- und Blattsprossen Platz zu machen, die den Zebu-Herden, aber auch dem Wild, wieder frische Nahrung bieten. Viele

Flüsse vertrocknen während dieser Zeit und bilden die **Mayos**, die typischen, ausgetrockneten Flußbetten. Im *Waza-Nationalpark* werden die Wasserstellen zeitweise künstlich gespeist und die Vegetation in Ufernähe bietet den Tieren die letzte frische Nahrung. Dagegen fallen im Bereich des tropischen Regenwaldes während der „Trockenzeit" täglich Niederschläge, wenngleich in geringerem Maße. Die Vegetation bleibt dort das ganze Jahr über üppig und grün.

Auf dem Höhepunkt der **Regenzeit** bietet sich im Norden ein ganz anderes Bild. Wenige Tage nach den ersten kräftigen Regenfällen wird aus der trockenen Öde ein grünes Land, und Büsche und Bäume zeigen wieder üppigen Blattwuchs. Während dieser Zeit sind in vielen Regionen die Pisten un-

passierbar. Die Nationalparks schließen daher; nicht zuletzt aber auch, um den Tieren eine „Schonzeit" zu gewähren. Die Sicht auf das Wild ist durch die während der Regenzeit üppige Vegetation ohnehin eingeschränkt.

### Die Zerstörung des Regenwaldes

Die **Eingriffe des Menschen** in das schützenswerte Ökosystem des Regenwaldes gefährden die Waldbestände Kameruns zunehmend. Brandrodungen zum Kultivieren des Landes, intensive Abforstungen und der Bau von Verkehrswegen verwandeln den Wald in Savanne und schließlich in Steppe – Landschaftsformen, die sich in Kamerun vom *Adamaoua-Hochland* bis zu den Ufern des Tschad-Sees erstrecken.

*Land und Leute*

*Dichter Regenwald zieht sich entlang der Flußläufe im Süden Kameruns*

Zahlreiche Holzgesellschaften und die ansässigen Farmer schlagen und brennen riesige Lücken in den Dschungel vom Golf von Guinea bis ins Kongobecken.

Der immergrüne, tropische **Regenwald** besteht etwa zu **einem Drittel aus mittleren und größeren Bäumen**. Ihre Kronen teilen sich den Raum bis in eine Höhe von 40 bis 50 m und darüber. Lianen umschlingen die Urwaldriesen. Brett- und Stelzwurzeln verleihen den Baumgiganten Standfestigkeit, denn die Wurzeln selbst reichen nur wenige Dezimeter in den kargen Boden. In diesem Feuchtwald nahe dem Äquator mit jährlichen Niederschlagsmengen bis zu 11 000 mm und mittleren Jahrestemperaturen von etwa 26° C herrschen ideale Voraussetzungen für das Wachstum dieser tropischen Vegetation. Aber nur, solange der Mensch nicht eingreift.

Schirm- oder *Musanga*-Bäume, wie sie von den Afrikanern genannt werden, sind immer ein Zeichen für eine vorausgegangene Rodung. Sie sind typisch für den sogenannten **Sekundärwald**. Erst in ihrem Schatten kann die ursprüngliche Pflanzenwelt des Urwaldes wieder aufkommen.

Zwischen *Edéa* und *Kribi* wurde für die neue Verbindungsstraße mit Bulldozern und Sägen eine riesige Schneise in den Wald geschlagen. Hier läßt sich die beschriebene Vegetationsveränderung bereits gut erkennen.

Der neue Verkehrsweg dient den schweren Lastwagen dazu, immer noch mehr wertvolle Tropenhölzer aus den Waldgebieten in die Hafenstadt Douala zu bringen. Dort wird das **Holz**

![Regenwald von oben]

*Regenwald von oben*

**zu 90% nach Europa** verschifft – für Fensterrahmen, Furniere und Massivholzmöbel. Pro Hektar Regenwald werden nur etwa dreißig Kubikmeter brauchbares Tropenholz verwertet, die Vegetation aber ist zu 100% zerstört. Den afrikanischen Regenwald teilen sich unzählige **Holzgesellschaften:** deutsche, französische, niederländische, englische und natürlich auch einheimische, denn Kameruns verschuldete Wirtschaft ist auf den Exporterlös der Forstwirtschaft angewiesen.

Eine mögliche Rettung des Regenwaldes könnte nur erfolgen, indem die westliche Welt Finanzierungen zu seinem Schutz schafft, Nationalparks einrichtet und auf den Konsum von Edelhölzern verzichtet, anstatt weiter abzuholzen. Als Vorbild dafür könnte das **WWF-Projekt im Korup-Nationalpark** dienen. Zum Schutz des Regenwaldes wurde dieser Park im Westen, an der Grenze zu Nigeria, geschaffen. Korup ist der erste Nationalpark Kameruns, der einen Regenwald schützt, einen der erdgeschichtlich ältesten Urwälder Kameruns. In diesem Primärwald finden sich etwa 400 Baumarten, eine Vielfalt von Heilpflanzen, aber auch verschiedene Affenarten und Waldelefanten.

## Tierwelt

So artenreich und unterschiedlich wie die Flora ist auch die Tierwelt Kameruns. Zum Schutz von Tier- und Pflanzenwelt wurden in Kamerun verschiedene Nationalparks und Reservate geschaffen.

**Die großen Nationalparks** Kameruns liegen im Norden: *Faro*-Nationalpark, *Bénoué*-Nationalpark, *Boubandjida*, der *Kalamaloué*-Park südlich des Tschad-Sees und der große *Waza*-Na-

*Colobus-Affe*

tionalpark. Diese Parks sind nur während der Trockenzeit von **November bis Mai für Besucher zugänglich**, zu dieser Zeit ist das Gras kurz und man kann die Tiere recht gut beobachten.

Die Tierreservate beheimaten **viele Arten von Wild:** Büffel, Löwen, Giraffen, zahlreiche Antilopenarten, darunter auch Wasserböcke und die schöne Riesen-Elen-Antilope (frz. *Elan de Derby*). Die flinken Warzenschweine graben allerorts ihre Erdlöcher, Elefanten ziehen in großen Herden umher. Sie und die relativ seltenen Löwen trifft man am ehesten im wildreichen **Waza-Park** an. Der Waza beheimatet auch eine große, farbenprächtige **Vogelwelt:** Strauße, Kraniche, Störche, Pelikane, Gänse, Marabus, Reiher, Ibisse, Kormorane, Kronenkraniche, Frankoline, Raubvögel (Adler, Geier), bis hin zum kleinen blauschillernden Eisvogel.

Im **Boubandjidda-Nationalpark** soll es noch einige wenige der vom Aussterben bedrohten **Nashörner** geben. Besonders der *Bénoué*-Fluß und seine Ufer werden von zahlreichen Flußpferden und Krokodilen bevölkert.

Außerhalb der Nationalparks trifft man an vielen Orten auf große Gruppen von Hundskopf-Pavianen und Meerkatzen.

Aber nicht nur in den Savannen des Nordens, auch in den großen Regenwaldgebieten im Süden und Osten Kameruns gibt es eine artenreiche Tierwelt, wenngleich sie im dichten Dschungel nicht leicht zu beobachten ist. Die Wälder sind vor allem das Reich der **Affen**, darunter des größten und am stärksten bedrohten, des **Gorilla**, der bis zu 200 kg schwer werden kann (siehe auch Kastentext). **Schimpansen** leben in kleinen Familienverbänden im Wald, auch Mandrill-Äffchen und Colobus-Affen sind hier beheimatet.

Unter den **Antilopenarten** sind vor allem die scheuen, schön gezeichneten Bongo-Antilopen erwähnenswert. Die Waldelefanten, die das Gebiet durchstreifen, sind viel kleiner als ihre Artgenossen in der Savanne.

Die ehemals zahlreichen **Fische** in Flüssen und Seen sind durch die Fischerei bereits erheblich dezimiert.

Sehr fischreich ist noch immer der *Logone* und im *Bénoué*-Fluß gibt es offenbar noch bis zu 50 kg schwere *Capitaine*-Fische.

Natürlich gibt es in Kamerun, wie überall in Afrika, **Reptilien**. Schlangen greifen nur dann einen Menschen an, wenn sie bedroht oder erschreckt werden. Da es auch Giftschlangen gibt, sollten Sie beim Trekking (z.B. an den Hängen des *Mt. Cameroon* oder im Urwald) die Augen offen halten. Allerdings sieht man diese scheuen Tiere eher selten; ich bin auf meinen vielen Afrika-Reisen bisher erst einer (lebendigen) Schlange begegnet!

Unterwegs im **Korup-Nationalpark** werden Sie sicher den **Treiberameisen** begegnen, deren „Straßen" oft die Trampelpfade der Wanderer kreuzen. Um dem schmerzhaften Biß dieser Ameisen vorzubeugen, empfiehlt es sich, auf Wanderungen festes Schuhwerk und lange Hosen zu tragen.

## Die Bedrohung der Gorillas und Schimpansen in Kamerun
*(von Astrid Därr, nach Informationen der WSPA)*

*Gorillas und Schimpansen sind unsere nähesten Verwandten: Gorillas sind zu 97,7%, Schimpansen zu 98,4% genetisch identisch mit dem Menschen. In Kamerun, Kongo und Gabon gibt es noch ca. 50 – 100 000 Gorillas (Gorillas des westlichen Tieflands), in Ruanda sind es ca. 650 (Berggorillas) und im Zaire ca. 3 – 5 000 (Gorillas des östlichen Tieflands). Schimpansen leben noch bis zu 200 000 in 20 afrikanischen Ländern.*

*Die vom Aussterben bedrohten Gorillas Südostkameruns werden noch immer auf grausamste Weise gejagt. Obwohl sie per Gesetz geschützt sind, gehen die Abschlachtungen mit ausschließlich für diesen Zweck angewandten Patronen weiter. Ein Jäger erhält für einen männlichen 400 Pfund Gorillakadaver gerademal 30 U$, dieser wird dann als „Buschfleisch" auf dem Markt in den Städten verkauft. Dort wird dafür mehr bezahlt, als für Rind- oder Schweinefleisch. Manchmal werden auch die zerstampften Finger als Wundermittel zur Stärkung von Babies verwendet.*

*Um wenigstens einen Teil der Affen vor dem Tod zu bewahren, hat man in Limbe im ehemaligen Zoo eine Affenstation gegründet, wo verwaiste Gorilla- und Schimpansenbabies von freiwilligen Helfern versorgt und gepflegt werden. Die Mütter der dortigen Affen wurden geschlachtet und als Fleisch verkauft; die Babies wurden entweder Wilddieben abgenommen oder, die meisten, erst als Haustiere verscherbelt und dann im Zoo abgeliefert. Schon jetzt mangelt es der Station in Limbe an Platz und Geldern für die immer mehr ansteigende Zahl an verwaisten Affenbabys.*

*Oft bringen die Babies den Jägern mehr Geld ein, als der Kadaver eines erwachsenen Affen, das hat zur Folge, daß besonders die weiblichen Tiere mit Jungen getötet werden und somit die zweite Generation schon im frühesten Stadium mitvernichtet wird. Diese Entwicklung nimmt immer schlimmere Ausmaße an, vor allem angesichts der fortschreitenden Rodung und Erschließung der Regenwälder. Mit dem ständigen Ausbau von Transporttrassen durch den ursprünglich unzugänglichen Wald, wird es den Jägern erleichtert auch in abgelegenen Gebieten Zugang zu den Gorillas zu bekommen und diese zu erschießen. Dazu kommt, daß zwar viele Jäger nicht zufrieden sind mit ihrem Leben, aber im Verkauf von Gorilla- oder Schimpansenfleisch die einzige Möglichkeit sehen ihre Familie ernähren zu können. Allein in den Wäldern um Kika werden jedes Jahr ungefähr 800 Gorillas und 400 Schimpansen getötet.*

*Inzwischen gibt es schon einige sehr engagierte Organisationen, die sich für den Schutz der bedrohten Gorillas und Schimpansen im Kongo, Zaire, in der Zentralafrikanischen Republik und in Kamerun einsetzen. Die Schutzorganisation WSPA („World Society for the Protection of Animals") beispielsweise startete einen allgemeinen Aufruf, Briefe an den Präsiden-*

**Land und Leute**

ten der Republik Kongo Pascal Lissouba zu schicken, mit der Aufforderung, der Munitionsfirma, die im Kongo die Patronen für die Tötung der
Gorillas entwickelt, die Lizenz dafür zu entziehen. Inzwischen ist die Produktion gestoppt und damit die Jagd wesentlich erschwert worden.

**Kontaktadressen:**

◆ *WSPA (London Headquarters)*
   2 Langley Lane
   London, SW8 1TJ
   United Kingdom
   Tel. (44-171) 793-0540
   Fax (44-171) 793-0208
   E-mail: wspa@wspa.org.uk
   http://www.way.net/wspa/index.html

◆ *Berggorilla und Regenwald Direkthilfe e.V.*
   c/o Rolf Brunner
   Lerchenstr. 5
   45473 Mühlheim
   Fax (07 11) 61 59 91 9 (Angela Meder)
   E-mail: angela.meder@t-online.de
   http://www.kilimanjaro.com/gorilla/brd

# Städte, Routen, Sehenswürdigkeiten

# *Douala*

Douala ist **Wirtschaftsmetropole**, Finanz-, Industrie und Handelszentrum Kameruns; gleichzeitig **Hauptstadt der Provinz Littoral** und Hauptort des Verwaltungsbezirks *Wouri* und mit schätzungsweise knapp **1,3 Mio. Einwohnern** die weitaus **größte Stadt des Landes**. Obwohl 1927 das Verwaltungszentrum *Yaoundé* Hauptstadt wurde, verlor *Douala* dadurch nicht an Bedeutung.

Die Stadt liegt 24 km von der Küste landeinwärts an den Ufern des Flusses *Wouri*. Hier am Delta des riesigen Flusses entstand der wichtigste **Hafen** Kameruns und einer der größten der afrikanischen Westküste. Von diesem Hafen aus wird nicht nur das Land selbst versorgt, sondern er dient auch den Nachbarstaaten bzw. den angrenzenden Binnenländern als wichtiger Versorgungspunkt.

Der größte Teil Doualas breitet sich am linken Ufer des Wouri-Flusses aus. Die 1,8 km lange **Brücke über den Wouri**, 1955 fertiggestellt, verbindet die Stadt mit den gegenüberliegenden Industriezentren und Wohnvierteln wie *Bonabéri*. Durch den Bau dieser Brücke wurde damals das Wachstum der Stadt – auch in diese Richtung – beschleunigt. Von der Brücke aus hat man einen Blick zum Hafen, dessen Gelände man nicht besichtigen darf. Leider ist es nicht erlaubt, auf der Brücke anzuhalten.

Das Klima im Küstengebiet ist **feuchtheiß** mit gleichbleibenden Temperaturen zwischen 25° und 30° C und einer Luftfeuchtigkeit von rund 98 Prozent, der Himmel ist oft von einem grauen Dunst überzogen. Dieses **„Treibhaus-Klima"** und das ständige Verkehrschaos in der Stadt mit ihren lebhaften und überfüllten Straßen und Märkten machen ankommenden Europäern die Anpassung zunächst nicht einfach.

Nahezu alle Kamerun-Reisenden kommen in Douala an, wenn sie nicht gerade den Weg mit dem Auto durch die Sahara genommen haben (der derzeit aufgrund der politischen Lage nicht möglich ist). Die Stadt bildet mit ihrem internationalen Flughafen immer noch den wichtigsten Verkehrsknotenpunkt des Landes. Aber auch diejenigen, die in *Garoua* oder auf dem kürzlich fertiggestellten Flughafen von Yaoundé eintreffen (bisher landen in beiden Städten nur wenige Flüge aus Übersee, Yaoundé löst Garoua mehr und mehr ab), kommen kaum an Douala vorbei, wenn auch nur für Besorgungen. Die Infrastruktur mit Hotels, Supermärkten und Restaurants ist zwar sehr gut, doch **touristische Attraktionen gibt es nicht viele**. Das schweißtreibende Klima ist für viele Reisende überdies oft schon Anlaß genug, Douala schnell den Rücken zu kehren. Das ursprüngliche Kaleidoskop Kameruns und all das, was das Land an abwechslungsreichen Landschaften und alten Traditionen zu bieten hat, wird man in dieser Großstadt sowieso kaum finden.

Bezüglich der **Sicherheit** möchte ich dringend empfehlen, sich in der Stadt tagsüber möglichst wenig (nachts nie!) zu Fuß zu bewegen, auch kurze Wege lieber mit dem Taxi zurückzulegen und Wertgegenstände nicht oder möglichst unauffällig bei sich zu tragen. Douala ist für Touristen in dieser Hinsicht kein besonders sicheres Pflaster.

Die „**Kreuzung Afrikas**" wird Douala auch genannt, nicht nur wegen seiner Bedeutung als See- und Luftverkehrsknotenpunkt. Hier treffen sich wie in einem „Schmelztiegel" auch alle ethnischen Gruppen des Landes mit ihren verschiedenen Sprachen und Kulturen. Darunter dominieren die *Bamiléké* und *Bamoun* aus dem Westen, bekannt als ehrgeizige und tüchtige Geschäftsleute, die die Fäden des großen „Business" in der Hand halten. Aber auch *Fulbe* und *Haussa* aus dem Norden zieht es in die Stadt und sie bringen ihre islamischen Einflüsse in den vorwiegend christlichen Süden. Die *Douala*, die das Land einst bewohnten, sind heute deutlich in der Minderzahl. Unter den Europäern sind es vorwiegend Franzosen, aber auch Deutsche, die hier ihren Geschäften nachgehen.

Auf den ersten Blick wirkt die Stadt recht uneinheitlich und systemlos gewachsen. Fährt man vom Flughafen in Richtung Stadtmitte, führt die große, mehrspurige Autobahn zunächst durch das **Stadtviertel Nylon**, einem sehr jungen Stadtteil von Douala. Da sich die Stadt immer mehr ausweitet, ist hier auf sumpfigem Gelände, das von der WHO als unbewohnbar erklärt wurde, eine Siedlung entstanden, auf der sich all die Neuankömmlinge mit wenig Geld ein Konglomerat aus Lehm- und Wellblechhütten errichteten. Dazwischen wuchert tropisches Grün. Weiter auf dem *Boulevard des Nations Unies* gelangt man in das **Viertel New Bell**, das am dichtesten bevölkerte „Quartier". Seinen Namen erhielt es von einem berühmten Douala-König namens *Bell*. Ursprünglich lebte dessen Stamm im heutigen Stadtviertel *Bonanjo*, wurde aber im Zuge des Ausbaus durch die Deutschen auf den Platz des heutigen *New Bell* zwangsumgesiedelt.

New Bell scheint wie ein einziger Markt, an dem sich Bretterbuden und Verkaufs-Stände aneinanderreihen. Fliegende Händler schieben ihre Karren über die schlaglochübersäten, schmalen Straßen. Gleich nebenan, im **Viertel Lagos**, liegt auch einer der größten Märkte der Stadt. Dort, im Umkreis der großen Moschee, haben sich vor allem die *Fulbe* aus dem Norden angesiedelt.

Nördlich davon schließt sich der **Stadtteil Akwa** an. Auch hier diente wieder eine berühmte Großfamilie aus der Geschichte als Namensgeber. Dies ist das Geschäftsviertel der Stadt, mit unzähligen Läden und Kinos und einigen der größten Hotels Doualas. Mehrstöckige Gebäude aus Stein und Glas stehen entlang der großen Straßenverbindungen, *Boulevard de la République* und *Boulevard de la Liberté*, durch die sich ein Chaos von Autos, Bussen, Taxis und Mopeds schiebt. Es riecht nach Staub, Teer und Auspuffgasen. Vorfahrt hat, wer am lautesten hupt, rote Ampeln zählen nicht, besonders während der „Rush-Hour".

Im Süden der Stadt, entlang des Wouri-Flusses, liegt das eigentliche **Herz der Stadt**, der **Stadtteil Bonanjo**. Große Verwaltungs- und Bürogebäude bestimmen hier das Bild rund um den *Place du Gouvernement*. Zwischen Justizpalast und Rathaus liegen die Büros großer Fluggesell-

**Douala**

schaften und einige moderne Hotels. Im Norden der Stadt kommen dann **Deido** und **New Deido**, ein buntes Gemisch aus Wohnungen und Läden. Dort befindet sich auch das große Sportstadion Doualas, das *Stade Omnisport de la Réunification*, hier im „Land des Fußballs" ein magnetischer Anziehungspunkt an den Wochenenden.

**Bassa**, ganz im Osten gelegen, und **Bonabéri**, auf der anderen Seite des Wouri, sind die großen **Industriezentren** der Stadt. In Bonabéri haben sich allerdings bereits auch die Villenviertel der Reichen angesiedelt, die der lebhaften Hektik der Innenstadt entfliehen wollen.

Douala hat sich zwar der Zukunft verschrieben, die Vergangenheit aber ist immer noch gegenwärtig, Geschichte und Moderne liegen in der Stadt oft nur wenige Meter voneinander entfernt.

## Geschichte

Ursprünglich war im Gebiet der heutigen Stadt, an den Ufern des mangrovengesäumten Wouri, ein riesiges **Sumpfgebiet**. Etwa zu Beginn des 18. Jahrhunderts kamen die *Douala*, eine *Bantu*-Volksgruppe, in diese Gegend und siedelten sich hier an. Mitte des 19. Jahrhunderts aber wurde das Delta ein **strategisch wichtiger Punkt für den Sklavenhandel** der ersten europäischen Ankömmlinge.

Im Jahre 1845 landete hier auch der Missionar *Alfred Saker*, gründete die erste Mission des Landes und übersetzte die Bibel in die Douala-Sprache. Dort, wo sein Wohnhaus stand, befindet sich heute der *Temple du Centenaire*. Einige Jahre später, 1884, schloß *Gustav Nachtigal* im

Namen des deutschen Reichskanzlers einen „Schutzvertrag" mit den Douala-Königen *Akwa* und *Bell* ab (s. auch Kapitel Geschichte) und stellte damit das Land unter deutsches Protektorat. So wurde „Kamerunstadt" von 1885 bis 1901 die Hauptstadt des Protektorates. Die damalige Siedlung bestand aus nicht mehr als drei Dörfern, benannt nach den Oberhäuptern der hier ansässigen Douala: *Akwa*, *Bell* und *Deido*. Noch heute tragen Stadtviertel Doualas diese Namen.

Um die **günstig gelegene Ortschaft** auch wirtschaftlich nützen zu können, wurde in der darauffolgenden Zeit der Sumpf trockengelegt, die Deutschen bauten die ersten Bahngleise und den Bahnhof. Moskitos, Malaria und das feuchte Klima erschwerten die Arbeiten und viele der Pioniere starben schon in jungen Jahren in diesem „*Grab des weißen Mannes*". 1901 wurde *Buea* Hauptstadt, da die Deutschen das Klima dort als wesentlich angenehmer empfanden. Im Jahre 1907 erhielt die Stadt ihren heutigen Namen Douala nach der dort ansässigen Ethnie. 1927 verlegten die Franzosen die Hauptstadt nach *Yaoundé*, das somit administratives Zentrum des Landes wurde.

Aufgrund der **guten Verkehrsverbindungen Doualas**, dem Ausgangspunkt der beiden Eisenbahnlinien des Landes, dank der Optimierung der Straßenanbindungen durch die 1955 fertiggestellte Brücke über den Wouri, und nicht zuletzt durch den Hafen, dessen Bau nach dem ersten Weltkrieg begann und der Händler und Industrielle in das Ballungszentrum lockte, blieb Douala bis heute die Handels- und Industriemetropole Kameruns. So entstand innerhalb der letzten Jahrzehnte ein sich ständig ausbreitendes Zentrum, dessen Wachstum zur Millionenstadt nicht mehr aufzuhalten war.

Wichtigster Faktor für diese Entwicklung ist die große **Hafenanlage** von *Douala-Bonabéri*. Hier werden über **97% des gesamten Güterumschlags** abgewickelt. Dabei ist die Frachtmenge für Einfuhren etwa doppelt so hoch wie die für Ausfuhrprodukte. Das Hafenbecken des Wouri hat eine Tiefe von sieben Meter und ermöglicht daher Schiffen bis zu 16 000 BRT die Einfahrt. Durch die anhaltende Versandung des Flußbeckens muß dieses ständig ausgebaggert werden. Die Hafenanlagen befinden sich zum größten Teil am linken Ufer des Wouri. An den zehn Kilometer langen Kai-Anlagen (Gesamtfläche des Hafens 300 ha) liegen der **Fischereihafen** mit seinen riesigen Lager- und Kühlhallen und einer eigenen Eisfabrik, ein großer **Container-Hafen** und der **Holzhafen**. In *Bonabéri*, auf der gegenügerliegenden Uferseite, befinden sich die Verladestationen für Erdöl mit riesigen Tanks, für Bananen und Mineralien. Die anhaltende Wirtschaftskrise im Land bedingte jedoch vor allem im Import-/Export-Bereich des Seehafens einen starken Rückgang des Frachtaufkommens.

Unmittelbar an die Hafenanlagen anschließend befinden sich in Bonabéri die großen Industrieanlagen mit chemischen und mechanischen Betrieben und anderen Produktions- und Handelsunternehmungen, darunter die *Brasseries du Cameroun*, Textil- und Lebensmittelfabriken.

Im Vergleich zu Yaoundé ist *Douala* eine **sehr lebhafte Stadt** mit vielen Restaurants, Cafés, Kneipen, Bars,

**Douala**

*Der Palast (Pagode) von Manga Bell (hist. Abb.)*

Kinos, mit überfüllten Märkten und einem prallen Nachtleben. Der Besuch von *Bonanjo* rund um den *Place du Gouvernement* bis hoch zur Kathedrale und dem *Boulevard de la Liberté* kann gut zu Fuß erfolgen. Doch wer weiter eindringen möchte in die unüberschaubaren Stadtviertel, sollte sich besser ein Taxi nehmen: Die Orientierung per Stadtplan ist schwierig und Straßennamen fehlen in der Regel. Auch aus Sicherheitsgründen sind die preiswerten Taxis vorteilhaft; wie in jeder großen Stadt gibt es auch in Douala viele Langfinger, besonders nach Einbruch der Dämmerung.

## Sehenswürdigkeiten
### ★ Das Viertel Bonanjo
Im Viertel Bonanjo liegt das Herz der Stadt mit seinen Verwaltungs- und Bürogebäuden. Direkt am *Place du Gouvernement* befindet sich das **Hauptpostamt** (gebaut 1957) und der **Justizpalast**, das ehemalige Haus des deutschen Gouverneurs. Ein anderes Gebäude auf diesem Platz wirkt auf den ersten Eindruck recht fremdartig und ungewöhnlich, die sogenannte **Pagode**. Sie ist im Stil eines chinesischen Pavillons gebaut und war der ehemalige Palast des Douala-Königs *Rudolf Manga Bell*. Unweit davon befindet sich auch das Büro der *Cameroon Airlines* und einige Schritte weiter, an der Straße *Rue Lugard*, das **Rathaus** und das **Hôtel de Ville**.

Im ersten Stock des Gebäudes gewinnt man im **Stadtmuseum** einen ersten Eindruck von der reichhaltigen Kultur und Handwerkskunst Kameruns. In verschiedenen Räumen sind hier **Kunstobjekte aus nahezu allen Provinzen** untergebracht. Darunter Steinobjekte aus der Frühzeit,

Masken und Statuen der *Bamoun* und *Bamiléké* aus Ton, Holz oder Bronze (Gelbguß), antike Gegenstände aus der Sklavenzeit und Erinnerungen an das alte Douala in Form von Büchern und Fotos, Kriegsgeräte und Sättel der *Fulbe*, Gallionsfiguren alter Pirogen und eine reiche Sammlung an Musikinstrumenten. Die Ausstellung ist nicht sonderlich gut geordnet und auch relativ klein, was die Anzahl der Gegenstände anbelangt, aber dennoch informativ und lohnt einen Besuch.

**Öffnungszeiten:** werktags 9–12 und 15–17.30 Uhr.

Das **Gebäude der Polizei** in der Nähe stammt aus der Kolonialzeit und war ehemals das deutsche Krankenhaus. Nur noch wenige Bauten aus dieser Zeit sind erhalten, die meisten mußten moderner Architektur weichen.

### ★ Die Viertel Joss und Akwa
Etwas weiter südlich, im Viertel Joss, existiert neben dem Stadtmuseum im *Hôtel de Ville* (s. oben) noch ein anderes, sehr viel kleineres Museum, das **Musée de la Marine**, interessant für alle, die sich für Schifffahrt interessieren.

Folgt man vom *Place du Gouvernement* aus der *Rue Joss*, die dann zum *Boulevard de la Liberté* wird, befindet man sich bereits im Stadtteil *Akwa*. Links, weithin sichtbar, liegt die große **Kathedrale**, die 1936 **im neoromanischen Stil** erbaut wurde.

Gegenüber davon befindet sich eine Reminiszenz an die deutsche Kolonialzeit, der verwachsene **Friedhof**. Zwischen Grabsteinen mit afrikanischen Namen stehen verwitterte Steinkreuze mit den Namen deutscher

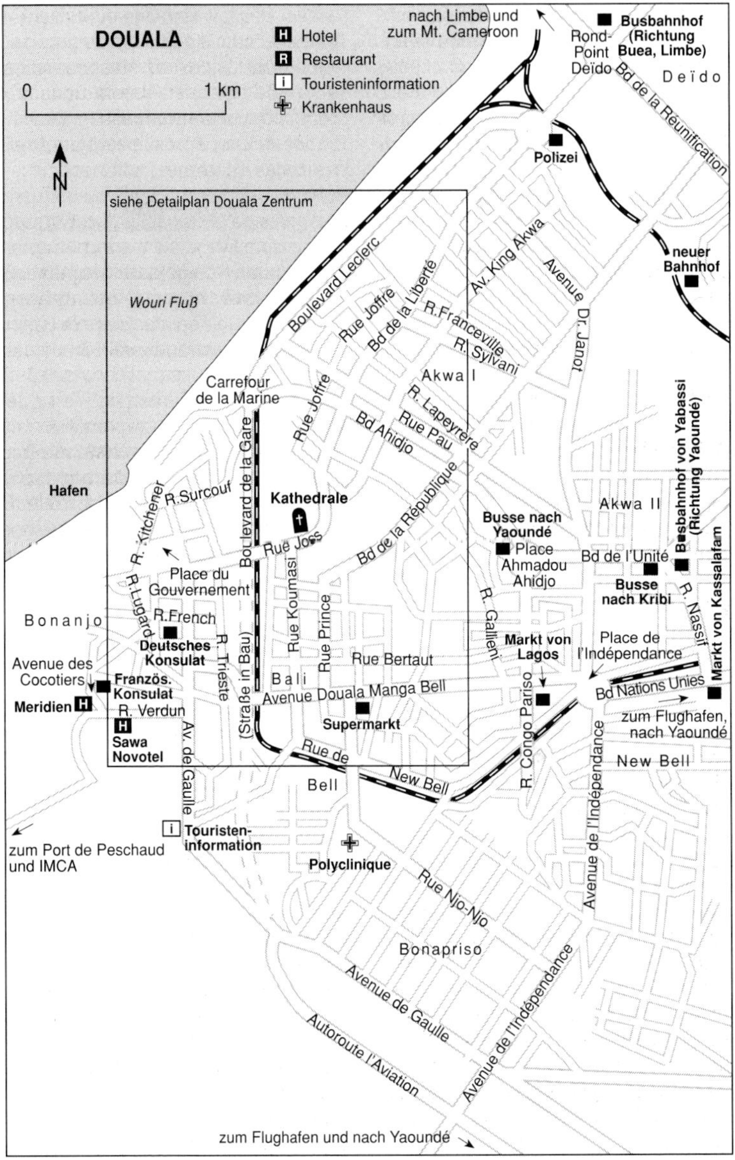

**Douala**

## DOUALA

| | |
|---|---|
| **H** | Hotel |
| **R** | Restaurant |
| **i** | Touristeninformation |
| ✚ | Krankenhaus |

0 — 1 km

N ↑

nach Limbe und zum Mt. Cameroon

Rond-Point Deïdo

■ **Busbahnhof (Richtung Buea, Limbe)**

**Deïdo**

Bd de la Réunification

■ **Polizei**

siehe Detailplan Douala Zentrum

*Wouri Fluß*

Av. King Akwa

Avenue Dr. Janot

■ **neuer Bahnhof**

Boulevard Leclerc

Rue Joffre

Bd de la Liberté

R. Franceville

R. Sylvani

Carrefour de la Marine

**Akwa I**

R. Lapeyrere

Rue Joffre

Rue Pau

Bd Ahidjo

**Akwa II**

Bd de la République

Biesbahnhof von Yabassi (Richtung Yaoundé)

**Hafen**

R. Kitchener

R. Surcouf

☩ **Kathedrale**

Rue Joss

**Busse nach Yaoundé**

■ Place Ahmadou Ahidjo

Bd de l'Unité

**Busse nach Kribi**

R. Lugard

Place du Gouvernement

R. French

Boulevard de la Gare

Rue Kounasi

Rue Prince

Rue Bertaut

R. Galieni

**Markt von Lagos** ■

Place de l'Indépendance

Markt von Kassalafam

R. Nassif

**Bonanjo**

**Deutsches Konsulat**

R. Trieste

(Straße in Bau)

**Bali**

Avenue Douala Manga Bell

R. Congo Pariso

Bd Nations Unies ■

Avenue des Cocotiers

**Franzos. Konsulat**

R. Verdun

**Supermarkt**

**zum Flughafen, nach Yaoundé**

**Meridien H**

**H Sawa Novotel**

Av. de Gaulle

Rue de

Bell

New Bell

**New Bell**

Avenue de l'Indépendance

zum Port de Peschaud und IMCA

**i Touristeninformation**

✚ **Polyclinique**

Rue Njo-Njo

**Bonapriso**

Avenue de Gaulle

Autoroute l'Aviation

Avenue de l'Indépendance

zum Flughafen und nach Yaoundé

Offiziere aus der Kaiserlichen Schutztruppe kurz nach der Jahrhundertwende: *„In treuer Pflichterfüllung für Kaiser und Vaterland"*. Diese verfallenen, steinernen Reste deutscher Kolonialgeschichte erinnern an die Pioniere, die meist in jungen Jahren dem Sumpffieber, der Cholera oder den Aufständen der ansässigen Stämme zum Opfer fielen.

Schräg gegenüber der Kathedrale, vor dem **Sportstadium Stade Akwa** haben sich verschiedene Händler zu einem **Kunsthandwerkszentrum** zusammengefunden. In einigen Bretterbuden findet hier täglich ein Markt mit Kunstgewerbe- und Souvenir-Gegenständen statt. Unter viel verstaubtem Plunder ist auch das ein oder andere schöne Stück zu finden.

Läuft man die Straße geradeaus weiter und zweigt links in den *Boulevard du Président Ahmadou Ahidjo* ein, erreicht man die *Rue Alfred Saker*. Besser noch nimmt man sich eines der vielen gelben Stadttaxis dorthin. Hier steht eine Kirche, 1945 erbaut zum Gedenken an den 100. Jahrestag des Eintreffens von Pastor *Alfred Saker* (siehe auch Kapitel Geschichte), der **Temple du Centenaire**. Vom Turm der Kirche aus bietet sich ein guter **Rundblick** über die Stadt, ein graues Meer aus Beton, soweit das Auge reicht.

Entlang der Querstraße, der *Rue de Pau,* liegen einige Hotels, Konsulate und Fluggesellschaften.

Am *Boulevard de la Liberté,* kurz hinter der Kreuzung *Rue de Pau,* liegt der alte Kolonialbau des Hotels **Akwa**

**Palace**, dessen Terrasse ein beliebter Treffpunkt zum Apéritif ist. Gegenüber davon reckt sich der Neubau eines supermodernen Bankgebäudes 18 Stockwerke in den Himmel.

Etwas weiter nördlich liegt am Boulevard das Büro der *Lufthansa*.

An der *Rue de Pau*, westlich des *Boulevard de la République*, steht eine Statue zum Andenken an einen großen *Douala*-König, das **Monument du Roi Akwa**, worunter er begraben liegt. Er war einer der Unterzeichner des ersten Vertrages mit Deutschland.

### ★ *Märkte*

Wer Zeit hat, sollte einen Bummel über die überaus lebhaften **Märkte Doualas** unternehmen. Täglich, vor allem aber am Samstag, wird dort in einer Kulisse aus Klängen, Gerüchen und Farben leidenschaftlich um alles gefeilscht: Bunte Stoffe, Kunsthandwerk, Kleidung, Obst, Gemüse und Fleisch. Daneben gibt es würzige Gerichte und rhythmische afrikanische Musik.

Einer der größten Märkte Doualas ist der **Markt von Lagos**. Er beginnt an der **Moschee** und zieht sich entlang des *Boulevard des Nations Unies* bis er auf den **Markt von Kassalafam** trifft, der auf Gemüse und Obst spezialisiert ist. In Douala gibt es übrigens die besten Früchte des Landes, speziell Bananen, Ananas, Avocados und Mangos. Direkt an der *Moschee* sind die traditionellen Apotheken anzutreffen, mit Kräutern und fremdartigen Salben, entlang des Boulevard, vorbei am **Bahnhof New Bell**, dann in Ständen und Hütten alles, was Afrika zu bieten hat, darunter ein großer **Fischmarkt** und die verschiedensten Getreide- und Gewürzsorten.

Nördlich des Stadtteils *Lagos* werden auf dem **Markt von Congo** hauptsächlich Kleider und Stoffe angeboten. Das quirlige Treiben auf den Märkten ist aber auch ein Eldorado für Taschendiebe, denen man keine Chance geben sollte, ihr Handwerk auszuüben. Außerdem wird auf den Märkten Doualas das Fotografieren nicht gern gesehen.

## Landflucht

Douala, eine Stadt, in der sich die Bevölkerungszahl seit 1970 vervierfacht hat, übt auf **Arbeitssuchende** aus Nah und Fern eine magische Anziehungskraft aus: Sie erscheint ihnen als Traumland, als Ort der vielen Beschäftigungsmöglichkeiten und des vermeintlich schnellen Geldes. Vor allem viele *Bamiléké* aus dem Westen zieht es hierher, nicht nur, weil die Bevölkerungsdichte dort sehr groß ist, sondern auch, weil sie als ehrgeizige Geschäftemacher in Douala die größeren Chancen sehen.

Folgen der Landflucht sind die **Elendsviertel** in den überfüllten Vorstädten, Dokumente enttäuschter Hoffnungen, und eine Arbeitslosenquote von mehr als 40%.

Aber **irgendwie bringen sie sich durch**, die Limonadenverkäufer, Erdnußröster, die Karrenschieber, die Bretterbudenwirte, die kleinen Gauner und leichten Mädchen, die Händler, Handwerker und Müßiggänger, die ihre Zeit buchstäblich verhocken.

Um der Wohnungsnot abzuhelfen, wurde am Rand von Douala die **Trabantenstadt Akwa Nord** erbaut, ein Areal von 6000 Einfamilienhäusern und Wohnungen. Doch niemand wollte in diese „Geisterstadt" ziehen, sie ist zu abgelegen, zu teuer und entspricht nicht der gewohnten Lebensweise. So ist auch hier nur ein neues Viertel für die besser verdienende Mittelschicht entstanden. Wer sonst kann es sich leisten? Trotz des einstigen Wirtschaftsaufschwungs steckt das Land aufgrund der sinkenden Preise für Kaffee und Kakao schwer in der Krise, suchen Tausende hier in der Stadt oft vergeblich einen neuen Anfang. So entstand eine kosmopolitische Stadt, in der das Massenelend der Slums und hochmoderne Glas- und Betonburgen unmittelbar nebeneinanderliegen.

**Hinweis**: Die Stadt ist ein **gefährliches Pflaster**, Überfälle (auch bewaffnete) kommen vor. Wertsachen in den Safe des Hotels sperren.

*Das Grab des deutschen Lehrers Christaller*

Douala

## PRAKTISCHE INFORMATIONEN

 TOURISTENINFORMATION
*Service provincial du Tourisme*
(Auskünfte für Touristen)
Tel. 42 14 22

🛏 UNTERKUNFT

Douala verfügt über eine **sehr gute Hotelinfrastruktur** mit Unterkünften aller Kategorien und Preisklassen. Die preiswerten Unterkünfte liegen meist außerhalb des Zentrums in den überfüllten *Quartiers* und haben zudem einen sehr einfachen Standard.

### *Hotels der Luxusklasse*
**Akwa Palace**
52, Boulevard de la Liberté, B.P. 4077, Tel. 42 26 01. Traditionsreiches Luxushotel im Geschäftsviertel Akwa, eines der teuersten Hotels der Stadt in einem alten Kolonialgebäude. 214 klimatisierte Zimmer mit allem Komfort im alten, traditionellen Trakt und in einem neuen Trakt ab ca. CFA 48 000; mehrere luxuriöse Restaurants, Bars, Garten, Swimmingpool. Auf der Terrasse des Hotels treffen sich spätnachmittags wohlhabende Afrikaner und europäische Geschäftsleute zum Drink. Dieses Hotel hat viel Charme und Atmosphäre; man sollte es sich zumindest angesehen haben.

**Hotel Meridien**
Luxushotel in der Rue de Cocotiers (Stadtteil Joss), ca. 5 Fahrminuten zum Zentrum, B.P. 32 32, Tel. 42 93 24. 140 klimatisierte Zimmer mit allem Komfort ab ungefähr CFA 41 600, Blick über den Wouri-Fluß, Restaurants, Bars, Swimmingpool, Discothek. Sehr seriöses Geschäftshotel. *Autovermietung AVIS* in der Eingangshalle.

*Die Kathedrale von Douala*

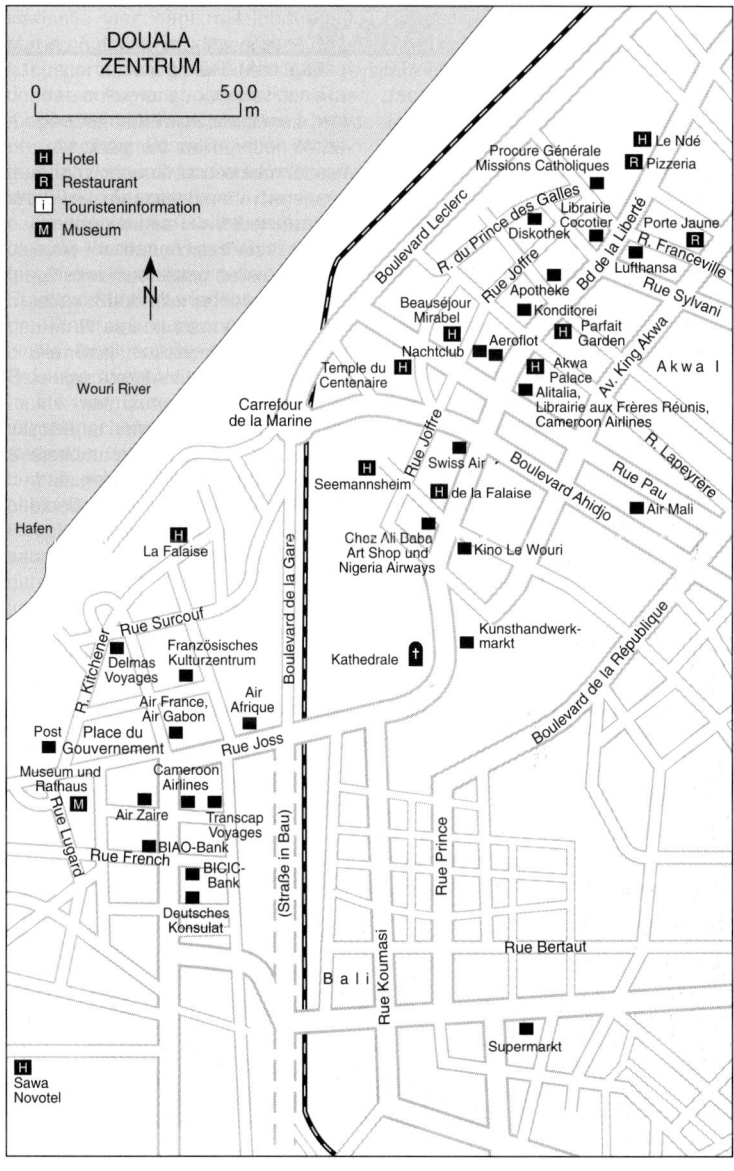

DOUALA
ZENTRUM

0          500
└─────────┘ m

**H** Hotel
**R** Restaurant
**i** Touristeninformation
**M** Museum

N

**H** Le Ndé
Procure Générale
Missions Catholiques
**R** Pizzeria

Boulevard Leclerc
R. du Prince des Galles
Librairie
Cocotier
Diskothek
Bd de la Liberté
Porte Jaune
**R**
R. Franceville
Rue Joffre
Lufthansa
Apotheke
Rue Sylvani
Beauséjour
Mirabel
Konditorei
Parfait
Garden
Aeroflot
**H**
Nachtclub
Akwa
Palace
Av. King Akwa
A k w a  I
Temple du
Centenaire
**H**
Alitalia,
Librairie aux Frères Réunis,
Cameroon Airlines

Wouri River

Carrefour
de la Marine

Rue Joffre
Swiss Air
Boulevard Ahidjo
R. Lapeyrère
**H**
Seemannsheim
**H** de la Falaise
Rue Pau
**■** Air Mali

Hafen

**H**
La Falaise
Choz Ali Daba
Art Shop und
Nigeria Airways
Kino Le Wouri

Rue Surcouf
R. Kitchener
Delmas
Voyages
Französisches
Kulturzentrum
Boulevard de la Gare
Kunsthandwerk-
markt
Kathedrale †
Boulevard de la République

Air France,
Air Gabon
Air
Afrique
Post
Place du
Gouvernement
Rue Joss

Museum und
Rathaus
**M**
Cameroon
Airlines
Air Zaïre
Transcap
Voyages
BIAO-Bank
BICIC-
Bank
Deutsches
Konsulat

R. Ligard
Rue French
(Straße in Bau)

Rue Prince

Rue Koumasi
B a l i
Rue Bertaut

Supermarkt

**H**
Sawa
Novotel

Douala

281

### *Hotels der Mittelklasse*
### Arcade Tropicana
Modernes Hotel, zentral gelegen in der Rue de Trieste (Stadtteil Bonanjo), B.P. 12120, Tel. 42 20 15, Telex 61 83. Im Arcade Tropicana gibt es 200 Zimmer mit Bad/WC, Klimaanlage, TV und Telefon ab ungefähr CFA 28 800; zwei Restaurants, Bar, Swimmingpool. Sehr empfehlenswertes Hotel der gehobenen Mittelklasse. Sauber, freundlicher Service, gute Küche.

### Sawa Novotel
B.P. 2345, Tel. 42 08 66.
Gehobenes Mittelklasse-Hotel im Stadtteil Joss gleich gegenüber des *Méridien Hotels*, ca. 20 Fahrminuten zum Flughafen. Das Hotel ist ruhig gelegen mit Blick über den Wouri und den Hafen und verfügt über 300 Zimmer mit allem Komfort ab ungefähr CFA 32 000, Restaurants, Bars, Garten mit schönem Pool, Tennisplätze und Disko. Es gibt ein Büro der *Hertz-Autovermietung*. Gegen Gebühr kann man den Swimmingpool auch benutzen, wenn man nicht Gast ist. Dieses etwas ältere Hotel der französichen *Novotel*-Kette ist bekannt und beliebt als Treffpunkt.

### Hotel Ibis
Zentral gelegenes Mittelklassehotel in der Rue Pierre Loti (Stadtteil Bonanjo), B.P. 12086, Tel. 42 58 00. Das Hotel hat das beste Preis-/Leistungsverhältnis mit Zimmern ab ungefähr CFA 32 000, Restaurant, Swimmingpool und dem Charakter eines Geschäftshotels.

### Hotel de la Falaise
Rue Kitchener, B.P. 5300,Tel. 42 46 46, unweit des Zentrums im Viertel Bonanjo. Bereits etwas älteres Mittelklassehotel mit 90 Zimmern mit Dusche/WC, Klimaanlage, Restaurant, Bar, Garten mit Swimmingpool; ungefähr CFA 14 000.

### Hotel Parfait Garden
Bd de la Liberté (etwas stadtauswärts vom *Akwa Palace* gelegen), B.P. 5350, Tel. 42 63 57. Das empfehlenswerte Mittelklassehotel mit freundlichem Service und guter Küche verfügt über 80 klimatisierte Doppelzimmer ab ca. CFA 25 800, Restaurant, Piano-Bar und Swimmingpool.

### Hotel Beauséjour Mirabel
Ecke Rue Joffre und Rue de Pau (Viertel Akwa), B.P. 5368, Tel. 42 63 32 und 42 75 73. Zentral und ruhig gelegenes Mittelklassehotel mit 100 klimatisierten Zimmern ab ca. CFA 22 000, zwei Restaurants (Essen im Freien), Bar, schöner Terrasse, Swimmingpool und chönem Blick auf Douala und den Wouri.

### Hotel Deido Plage
Rue Bonajinjé, B.P. 69, Tel. 42 51 35. Das Hotel ist sehr weit außerhalb, jedoch sehr schön, im Norden des Stadtteils Deido direkt am Ufer des Wouri gelegen. Von der Terrasse des Mittelklassehotels mit gutem Standard hat man einen schönen Blick auf den Fluß. Es gibt 30 Zimmer mit Dusche/WC und Klimaanlage ab ungefähr CFA 9000, Restaurant und Bar.

### Hotel Le Ndé
105, Bd de la Liberté, B.P. 2010, Tel. 42 69 80. Relativ weit außerhalb gelegenes Mittelklassehotel mit 55 klimatisierten Zimmern ab ungefähr CFA 12 000, Restaurant, Bar und Pool. Das Hotel ist sehr sauber.

### *Preiswerte Unterkünfte*
### Hotel El Mariza
Bonabéri, Tel. 39 51 42. 23 Zimmer mit Klimaanlage und Dusche/WC ab ungefähr CFA 9500.

*Am Swimmingpool der Dt. Seemannsmission (Foyer des Marins)*

### Foyer des Marins
(Deutsche Seemannsmission)
B.P. 5194, Tel. 42 27 94. Das Foyer des Marins ist bekannter unter dem Namen „Seemannsheim", geleitet von dem deutschen, sehr freundlichen Pastorenehepaar Becker und Treffpunkt der Deutschen. Die Zimmer sind sehr sauber mit Dusche/WCund kosten ungefähr CFA 11 000 (Klimaanlage). Es gibt einen sehr schönen Swimmingpool im Garten mit Palmen, ein kleines Restaurant (auch im Freien), allerdings sind nur abends Grillgerichte im Garten erhältlich (gute *Brochettes* und andere kleine Gerichte). Da es meist voll ist, ist eine Vorreservierung empfehlenswert. Seeleute haben Priorität bei der Zimmervergabe. Es gibt deutsche Zeitungen; Telefonate nach Deutschland kosten CFA 3500/Min.

### Hotel Le Lido
Ecke Rue Joffre/ Einfahrt Seemannsheim. Sauberes Hotel mit Parkmöglichkeit (bewacht) im Hof; DZ ca. 7500 CFA.

### La Procure Générale des Missions Catholiques
Zentral gelegen in der Rue Franqueville im Stadtteil Akwa, B.P. 5280, Tel. 42 27 97, Fax 42 73 37. Doppelzimmer mit Klimaanlage ab ungefähr CFA 6000/Person, ca. CFA 4000/Mahlzeit, Swimmingpool; sehr freundlich und sauber.

Notfalls, wenn alles andere wie Seemannsheim und Procure voll ist, nimmt auch die **Baptistenmission** Gäste auf, in der Regel ist diese aber nur für durchreisende Kirchenangehörige oder Entwicklungshelfer gedacht.

## Camping

Am **Temple du Centenaire** (evangelische Kirche), Sanitäranlagen vorhanden, ca. CFA 5600 für zwei Personen und Auto.

## 🍴🍷 ESSEN UND TRINKEN

Die Auswahl an Restaurants ist sehr groß und reicht vom französischen Luxusrestaurant mit „Haute Cuisine" über alle Arten fremdländischer Spezialitätenlokale bis zum einfachen *Circuit* im *Quartier*. Darunter gibt es ausgezeichnete Fisch-Restaurants (empfehlenswert sind die *Brochettes* mit Riesengarnelen) und viele asiatische Lokale in allen Preisklassen. Es gibt gutes lokales Bier.

Mittagessen ist in der Regel von 12.30 bis 14 Uhr erhältlich, Abendessen ab 19 Uhr.

## Restaurants

### A La Porte Jaune

Tel. 42 98 54, Ecke Rue Franqueville und Av. King Akwa (Stadtteil Akwa). Kamerunisches und afrikanisches Spezialitäten-Restaurant mit ausgezeichnetem, aber sehr teurem Essen. Hier bekommt man wirklich afrikanische Fleischspeisen, zum Beispiel Affe, Krokodil, Schlange, Termiten und anderes. Sollten Sie eine Reise von Kribi aus via Bipindi und Lolodorf planen, bekommen Sie diese Gerichte in den Urwalddörfern wesentlich billiger.

### Plein Ciel

Im *Hotel Beauséjour* (siehe oben), Terrasse im Obergeschoß des Hotels mit Blick über Douala. Europäische Küche und Meeresfrüchte, angemessene Preise. Laut Leserzuschriften ist dieses Lokal nicht mehr empfeh-

*Restaurant in der Innenstadt von Douala*

lenswert, ca. 90% der Speisekarte seien nicht verfügbar.

**Hotel des Roses**
Tel. 42 18 42, Rue Dikoumé Bell (Viertel Bali). Terrassen-Restaurant, gute Brochettes und Riesengarnelen.

**L'Armor**
Bd de la République. Gut und nicht besonders teuer; hier essen oft Europäer, die in Douala wohnen.

**Village Bantou**
Rue de Castelnau (in der Nähe des Hotels Akwa Palace). Lokale Spezialitäten (Ndolé, Garnelen, *Capitaine*-Fisch, Hühnchen in Erdnuß-Soße).

**L'Oasis**
Rue Lapérouse (Viertel Bonanjo), Tel. 42 67 13, in der Nähe des Place du Gouvernement; relativ preiswertes, familiäres und einfaches Restaurant mit herzhaften, frz. Gerichten.

**Le Touristic**
Tel. 42 40 88, an der Kreuzung Bd de La République/Bd de la Réunification. Hier gibt es kamerunische Spezialitäten, gegrillte Fische und Hühnchen sowie Crevetten-Spieße (!). Man ißt im Freien unter kleinen Pavillons. Preiswert und sehr empfehlenswert!

**Restaurant Chalet Suisse**
Im Stadtteil Bonanjo nahe dem Hotel de la Falaise. Wie der Name so schön aussagt, trifft man hier auch Schweizer Gäste.

**La Fourchette**
Rue Franqueville, Nähe Procure. Sehr empfehlenswertes Restaurant; die Besitzer sprechen Deutsch.

Die kleinen, billigen **Circuits** in den *Quartiers New Bell, Congo, Bonapriso* etc. sind zahlreich, öffnen und schließen aber von heute auf morgen. Am besten fragt man einen Taxi-Fahrer nach aktuellen Tips.

 NACHTLEBEN
*Nachtclubs*
Es gibt in Douala unzählige Nachtclubs, die allerdings auch rasch öffnen und schließen. Empfehlenswert ist es daher, sich vor Ort zu erkundigen, welcher Nachtclub aktuell den besten Ruf genießt und wo evtl. Livemusik geboten wird. Die teuersten Nachtclubs sind in den großen Hotels Doualas zu finden.

*Kinos*
**Le Wouri**
Bd de la Liberté, Tel. 42 19 47 (u.a.)

 NOTFALL
*Polizei*
Tel. 17

*Feuerwehr*
Tel. 18

*Krankenhäuser*
Im Krankheits- oder Notfall wendet man sich besser an eine Privatklinik als an die staatlichen Krankenhäuser, in denen die hygienischen Verhältnisse meist weniger gut sind.

Die beste unter den Privateinrichtungen ist die
**Polyclinique de Douala**
Rue Njo-Njo (Viertel Bonapriso), Tel. 42 40 40

Andere Kliniken mit gutem Ruf:
**Clinique de la Vallée**
1, Bd de la République, Tel. 42 56 34
**Polyclinique Bonanjo**
Ecke Av. Général de Gaulle/Rue Pierre Loti, Tel. 42 99 10

*Ärzte*
**Notarzt**
Tel. 42 68 68

**Douala**

**Dr. Windorfer-Kamgang
(Allgmeinmedizin)**
38, Rue Philips, Tel. 42 48 64
**Dr. Chemaly (Zahnarzt)**
Av. Général de Gaulle,
Tel. 42 42 24 und 42 24 20
**Dr. Bègues (Gynäkologe)**
Tel. 42 07 00

*Apotheken*
**Pharmacie du Centre**
83, Bd de la Liberté, Tel. 42 14 30
**Pharmacie des Portiques**
Bd A. Ahidjo, Tel. 42 14 44
**Pharmacie de Douala**
Bd A. Ahidjo, Tel. 42 74 80

 VERKEHRSVERBINDUNGEN
*Taxis*
Innerhalb der Stadt fährt man am besten und preiswert mit dem **Stadttaxi**
(nähere Informationen im Teil Prakti-

sche Tips von A–Z, Stichwort Verkehrsmittel/Stadtverkehr).
**Taxitarife:**
♦ *Taxi Ramassage*
tagsüber: CFA 140,
nachts (22–5 Uhr): CFA 180.
♦ *Taxi Course*
CFA 700
♦ *Taxis (Course) zum Flughafen*
CFA 2200
Der **Taxibahnhof** ist vor dem Hotel *Akwa Palace*, am *Place du Gouvernement*, an der Moschee im Stadtteil *New Bell* u.a. An den wichtigsten Hotels sind immer Taxis zu bekommen (hier sind sie allerdings teurer) oder auch jederzeit in den Straßen anzuhalten.

**Hinweis:** Steigt man in eine leeres Taxi ein, wird in jedem Fall der Tarif *Course* verlangt.

*Flughafen*
Doualas **internationaler Flughafen** (Tel. 42 49 49) liegt sechs km außerhalb im Südosten der Stadt. Hier landen die meisten der internationalen Flüge, die in Kamerun ankommen (s. a. Seite 27). Kleine Kioske und ein Restaurant sind vorhanden, jedoch **keine Bank.** Nehmen Sie daher vor Abflug kleine FF-Scheine mit für eine erste Taxifahrt.

Nach Ankunft erfolgen Paß-, Gesundheitskontrolle (Gelber Impfpaß) und Zoll. Die Kontrollen bei der Ankunft sind sehr streng, das Gepäck muß in der Regel geöffnet werden.

*Regionale Flugverbindungen*
Flugverbindungen mit *Cameroon Airlines* innerhalb des Landes bestehen von *Douala* aus fast täglich nach *Yaoundé*, *Garoua* und *Maroua*.

*Taxis in der Innenstadt von Douala*

Derzeit sind die Flüge nach Norden, speziell nach *Ngaoundéré*, sehr unregelmäßig. Daher hat man die *Air Affairs Afrique (AAA)* beauftragt, diese durchzuführen. Die *AAA*, die erste private Fluggesellschaft der Region, ist in Douala ansässig und fliegt bisweilen auch in den Westen und sogar nach *Sao Tome & Principe*. Erkundigen Sie sich am besten vor Ort.

### Fluggesellschaften
**Cameroon Airlines**
3, Av. du Général de Gaulle, B.P. 4092, Tel. 42 25 25 (Reservierung),
Tel. 42 01 11 (Flughafenbüro),
Tel. 42 49 49
**Lufthansa**
Bd de la Liberté 82, Résidence Kassap, B.P. 5781, Tel. 42 62 62 und 42 70 20, Flughafenbüro Tel. 42 09 45
**Air France**
Rue Joss (Ecke Place du Gouvernement), Tel. 42 28 78 und 42 66 67
**Alitalia**, Tel. 42 53 38
**Iberia**
Immeuble Neuilly II, Tel. 42 14 50
**Sabena**
60, Av. Général de Gaulle,
Tel. 42 05 15
**Swissair**
Immeuble BP, 33, Bd de la Liberté,
Tel. 42 10 40 (Flughafenbüro)
Tel. 42 10 40
**British Caledonian Airways**
Immeuble Chase Bank, 83, Bd de la Liberté, Tel. 42 38 73
**Aeroflot**
83, Bd de la Liberté, Tel. 42 79 91
**Air Afrique**
3, Bd de la Liberté, Tel. 42 42 22
**Air Congo**, Tel. 42 19 41
**Air Gabon**, Tel. 42 49 43
**Air Mali**
Tel. 42 17 00

**Air Zaïre**
3, Av. Général de Gaulle, Tel. 42 34 82
**Ethiopian Airlines**
Bd de la Liberté, Tel. 42 47 04 und 42 47 86
**Nigeria Airways**
B.P. 1126, Tel. 42 04 34

### Eisenbahn
➡ *Douala – Yaoundé/ Ngaoundéré*
Douala ist Anfangspunkt der Linie *Transcamerounais* (s. Seite 108) nach Yaoundé und Ngaoundéré. Eine Fahrt von Douala in die Hauptstadt dauert ca. 5 Stunden (mit dem Expresszug). **Abfahrt** von Douala: 7.15 h, ca. 15 h, 13.30 h; Ankunft in Yaoundé: 10.34 h, 18.34 h, 17.30 h; meistens ca. 1 Stunde verspätet; **Preis:** 1. Klasse ca. 4140 CFA.

➡ *Douala – Kumba*
Laut Leserbrief verkehrt noch ein völlig heruntergekommener Zug von Douala (über Mbanga) nach Kumba (ein 2. Klasse-Waggon und ein Güterwaggon); **Preis:** ca. 1020 CFA; **Abfahrt** Douala: 14.15 h, Ankunft Mbanga: 18.30, Ankunft Kumba: 19.55 h.

Der **Hauptbahnhof** (Tel. 42 60 45) befindet sich am *Boulevard de la Gare* in der Nähe des Hafens, Stadtteil *Bonanjo*. Dort sind Fahrscheine und Informationen über Fahrplan und Preise erhältlich.

Weitere Bahnhöfe liegen in den Stadtteilen *Bassa, New Bell* und *Bonabéri*.

### Bus/Sammeltaxi
Der größte Busbahnhof befindet sich im Stadtteil *Yabassi* (hinter *Kassalafam*). Hier fahren Busse in alle Richtungen ab: *Edéa, Yaoundé, Bafang,*

Douala

*Bafoussam, Bamenda* u.a. Die großen, komfortablen und klimatisierten **Linienbusse** nach Yaoundé verkehren mehrmals täglich und sind preiswerter als die Eisenbahn. Andere Busse auf der Strecke *Douala – Yaoundé* und zurück verkehren nahezu stündlich, z.B. *Amour Mezam Express,* Ticketvorbestellung nicht nötig.

Ein weiterer Busbahnhof liegt im Viertel *Deido* in der Nähe der Wouri-Brücke. Dort fahren in erster Linie die **Sammeltaxi**s in Richtung *Limbe (Tiko, Buea)* ab.

Da die **Abfahrtsstellen** im dichten Gedränge der Busbahnhöfe unüberschaubar sind und man außerdem meist mit Gepäck unterwegs ist, ist es am besten, ein Taxi zum jeweiligen Bahnhof zu nehmen und dem Taxifahrer das Ziel des Busses zu nennen.

Für Fahrten in großen **Überlandbusse**n können Sie Fahrkarten bereits am Vortag am Busbahnhof kaufen. Außer den Fahrkartenstellen der *Syndicats* direkt am Busbahnhof existieren eine Reihe von *Agence de Voyages*, private Busgesellschaften, die in der Regel sehr zuverlässig sind. Auch hier sind Kartenvorbestellungen möglich.

 RUND UMS AUTO
### Autofirmen und -werkstätten
**AUTOCAM 48**
48, Rue Castelnau (Akwa); Werkstatt für Mercedes, MAN, Magirus.
**Cami-Toyota**
Tel. 42 76 55
**Renault Cameroun**
Tel. 42 27 50
**SCOA Cameroun**
Bd du Général Leclerc, Tel. 42 64 10; Peugeot, Suzuki, Renault

**S.E.A.C Mercedes-Benz**
Tel. 42 66 36
**S.H.O.-Africauto**
Tel. 42 27 22; Mazda, BMW, Bosch
**Michelin** (Reifen)
Tel. 42 46 86

### Mietwagen
Am zuverlässigsten sind die großen, internationalen Autovermietungen. **Internationaler Führerschein** ist erforderlich. Einwegmieten sind in der Regel nicht möglich. Fahrzeuge aller Kategorien werden auf Wunsch auch mit Chauffeur vermietet. Mietautos sind relativ teuer (s.a. Prakt. Tips, Seite 110). Prüfen Sie den Wagen vor Anmietung auf Papiere, Reservereifen und einen ordentlichen Zustand.

### Autovermieter
**HERTZ**
Im Hotel Sawa Novotel (s.o.), B.P. 3245, Tel. 42 99 18 und 42 08 66
**AVIS**
Im Hotel Méridien (s.o.), B.P. 3232, Tel. 42 61 36 und 42 76 55
**LOCAUTO**
Im Hotel Akwa Palace (s.o.), Tel. 42 26 01
Weitere, kleine, preiswertere Vermieter sollten vor Ort auf ihre Zuverlässigkeit geprüft werden.

 SONSTIGES
### BICIC Bank
Av. Général de Gaulle (Bonanjo), Tel. 42 84 31; auch empfehlenswert als Partner für **Devisen-Transfer** aus dem Ausland (fragen Sie nach **Klaus Meissner**, Zimmer 102).

### Postamt
Die **Hauptpost** liegt direkt am *Place du Gouvernement* im Zentrum der

Stadt. Hier gibt es auch **Telefonkabinen** mit direkter Durchwahl ins Ausland.

### *Reisebüros*
**Cameroun Publi-Expansion**
Rue Joffre (Akwa), Tel. 42 44 44. Hier sind Flugtickets, Automietungen und Hotelreservierungen möglich.
**Camvoyages**
Bd de la Liberté (Ecke Rue des Ecoles), B.P. 4079, Tel. 42 31 88
**Emil Travel Agency**
83, Bd de la Liberté, B.P. 5393, Tel. 42 83 84
**Delmas Voyage**
Rue Kitchener (Bonanjo), B.P. 236, Tel. 42 11 84
**SATA Voyage**
Rue Lugard (Bonanjo), B.P. 546, Tel. 42 68 77
**Transcap Voyage**
Rue de Trieste (Bonanjo), B.P. 4059, Tel. 42 92 91

### *Einkaufen*
**Supermarkt SUPERCAM**
Av. Ahmadou Ahijdo (Akwa) u.a.
**Souvenirs**
Schöne Bilder, Statuen, Masken (auch Antiquitäten) gibt es in der *Galerie Ali Baba* von *Martine Malinvaud* (in der Straße zum Seemannsheim), B.P. 982, Tel. 42 32 13.

### *Filme/Fotoarbeiten*
**La Soudanaise**
Viertel Akwa, Kreuzung Bd Ahmadou Ahidjo/Bd de la Liberté

### *Büchereien und Buchhandlungen*
**Librairie des Frères Réunis**
Neben dem *Hotel Akwa* (s.o.), größte Buchhandlung Doualas, Tel. 42 98 38.

**Librairie Universelle**
Tel. 42 60 89
**Douala Press**
Rue Galliéni, Zeitungen
**Hachette camerounais**
Tel. 42 36 91, vor allem Zeitungen

### *Konsulate*
**Deutsche Botschaft**
Konsularabteilung, Immeuble Flatters, Rue Flatters, B.P. 509, Tel. 42 86 00, Fax 43 28 45
**Äquatorial-Guinea**
Tel. 42 26 11
**Frankreich**
Tel. 42 62 50
**Großbritannien**
Tel. 42 21 77
**Italien**
Tel. 42 36 01
**Niederlande**
Tel. 42 50 35
**Nigeria**
Tel. 42 28 81, laut Leserbrief hier keine Visaerteilung für Touristen.
**Schweiz**
Konsularagentur, Immbeuble Flatters, Rue Flatters, Tel. 42 89 96
**Spanien**
Tel. 42 23 95
**Zaïre**
Tel. 42 39 90

### *Nachrichten*
in französisch: Tel. 22 80 00,
in englisch: Tel. 22 90 00.

**Douala**

# Der Westen

**Provinzen: South-West** (Hauptort *Buea)*, **Ouest** (Hauptort *Bafoussam)* und **North-West** (Hauptort *Bamenda).* South-West und North West sind englischsprachig, Ouest hingegen französischsprachig.

**Der Westen ist eine der touristisch interessantesten Regionen Kameruns.** Die Landschaft von der Atlantikküste mit ihren tropischen Regenwäldern bis zum Grasland der Hochplateaus ist von der Natur bevorzugt worden. Hier erstreckt sich eine üppig grüne, abgerundete Hügellandschaft mit fruchtbaren, vulkanischen Böden, durchzogen von zahlreichen Flußläufen, Wasserfällen, Tälern und Kraterseen. Dazwischen befinden sich herrliche Berglandschaften und Vulkane: *Monts Bamboutos* (2740 m), *Rumpi Hills* (1768 m), *Massif du Manengouba* (2411 m) und der **Mt. Cameroon**, mit **4070 m** der **höchste Berg Westafrikas.**

Hier im Westen liegt auch die **landwirtschaftliche Schatzkammer des Landes.** Auf den fruchtbaren Vulkanböden gedeihen Bananenplantagen, Ölpalmen, Hevéa-Plantagen (Kautschuk) und die unterschiedlichsten Frucht- und Gemüsesorten, die von hier aus die Märkte der großen Städte versorgen. Begünstigt durch das angenehme, gemäßigte Höhenklima (Durchschnittstemperatur 20°C) pflanzte man schon zur deutschen Kolonialzeit die ersten Kaffeesträucher in *Buea*; heute gehören die Kaffeeplantagen im Westen zum wichtigsten Wirtschaftssektor des Landes. In die Orte Buea und *Dschang* zog

man sich aber auch vor der feuchten Hitze der Küste zurück (z.B. *Centre Climatique* in Dschang).

Auf einer **Reise durch das Hochland** fällt auf, daß die Hügel zum größten Teil gerodet sind, um Weideland für das Vieh oder neues Kulturland zu schaffen. Der gerodete Boden wird bepflanzt, versteppt aber rasch, und so suchen sich die Bauern immer neues Farmland. Die Felder und Wiesen sind mit den typischen Umzäunungen des Graslands umgeben, die nur hier zu sehen sind: Hohe Hecken aus Bananenstauden, Bambus oder Raphiapalmen zum Schutz der Äcker vor dem weidenden Vieh. Auch in den Tälern gedeihen Raphiapalmen, die früher das Baumaterial für die traditionellen Häuser lieferten.

Die Region im Westen weist die höchste Bevölkerungsdichte Kameruns auf. Die Ortschaften liegen oft in enger Nachbarschaft, doch jede zeichnet sich durch ihre eigene Atmosphäre aus. In den ländlichen Gebieten sind die eigentümlichen Wohnhäuser weit über die Hänge und Hügel verstreut, meist nahe an den zahlreichen Wasserläufen. Charakteristisch für die traditionellen Häuser sind die konisch geformten Strohdächer, die jetzt aber mehr und mehr durch Aluminium-Wellblech ersetzt werden, das man schon von weitem in der Sonne glänzen sieht.

Touristisch bedeutsam ist der Westen aber besonders wegen seines **Reichtums an Tradition und Kultur** der hier ansässigen Ethnien. Die vielen alten *Chefferien* mit ihren Palästen, deren Traditionen bis heute lebendig blieben, zeugen von der interessanten und reichen Geschichte des Gebietes.

Das einmalige Kunsthandwerk Westkameruns ist über die Grenzen Afrikas hinaus berühmt geworden. *Bafoussam*, *Foumban* und *Bamenda* sind bekannt für ihre Masken, geschmückten Kostüme, geschnitzten Hocker und perlenverzierten Throne, Pfeifen und Figuren aus gebranntem Ton wie auch für Statuen aus Bronze, Holz und Terrakotta. Die schönsten dieser Handwerksstücke findet man in den Museen von *Bandjoun* und Foumban und in den Maskenhäusern der Paläste (sofern sie nicht in die Hände der Kunstsammler und damit nach Europa gelangt sind).

Die *Bamiléké*, die größte Volksgruppe im Westen, haben durch ihren eifrigen, lebhaften Handel eine aktive Rolle im wirtschaftlichen und politischen Leben Kameruns gewonnen. Im Bamiléké-Land trifft man auf viele Märkte, die im Rhythmus von acht Tagen stattfinden (die Bamiléké-Woche hat acht Tage).

**Auffällig ist** auch **das** vergleichsweise **hohe Verkehrsaufkommen im Westen**. Menschen und Waren werden auf völlig überladenen Fahrzeugen zwischen Märkten und Orten befördert. Ein dichtes Netz von Sammeltaxis macht das Reisen mit öffentlichen Verkehrsmitteln hier recht einfach. Um jedoch auch abseits gelegene Sehenswürdigkeiten besuchen zu können, empfiehlt sich ein eigener Mietwagen. Die Pisten im äußersten Nordwesten (nördl. Ring-Road) erfordern einen Geländewagen.

**Drei wichtige Verkehrsachsen** verbinden die Orte des Westens miteinander: Die Strecken *Limbe – Mamfé*, *Douala – Bafoussam* (weiter nach Bamenda oder Foumban) und die **Ring Road** in der Provinz *North-West*.

Die Zeit für eine Tour im Westen Kameruns sollte nicht zu knapp bemessen sein. Wer es eilig hat, kann zwar innerhalb einer Woche die wichtigsten Orte besuchen, aber nur wer sich zwei Wochen (oder länger) Zeit nimmt, wird sich der Kultur und Landschaft dieser großartigen Region richtig nähern können. Zeit sollte man sich vor allem auch für den Besuch der **Chefferien** mitbringen. Dort genügt es nicht, für einen kurzen Fotostop zu halten, es wird viel eher erwartet, daß man sich beim *Fon* oder seinem Sekretär vorstellt, um dann auf dem Areal herumgeführt zu werden.

*Raphiapalme*

## Douala – Limbe

➠ 75 km sehr gute Teerstraße
Für die Strecke *Douala – Limbe* benötigt man ca. eine Stunde Fahrzeit. Busverbindung siehe Douala – Verkehrsverbindungen.

---

Man verläßt *Douala* auf der großen Brücke über den *Wouri*-Fluß und durch den Vorort *Bonabéri* und erreicht nach **22 km** den **Carrefour Douala – Limbe**, eine neugebaute, große Straßenkreuzung, an der sich die Hauptverbindungen in den Nordwesten *(Bafoussam)* und Westen (*Limbe*) gabeln.

Die Strecke von Douala nach Limbe, auch „Straße der Wiedervereinigung" genannt, wurde 1961 gebaut, als sich der Westen Kameruns in den Bundesstaat einfügte. Früher, als das Gebiet in ein englisches und französisches Mandat geteilt war, mußte man auf dieser Strecke seinen Personalausweis präsentieren.

Die **Nationalstraße N 3**, hervorragend ausgebaut, führt auf einer Brücke über den *Mungo*-Fluß und dann durch eine immer üppigere Küstenvegetation. Teils erstreckt sich zu beiden Seiten dichter, immergrüner tropischer Wald an den Hängen, teils macht dieser riesigen Plantagen mit Ölpalmen und Heveas Platz. An den Obstständen entlang der Strecke kann man sich mit Früchten versorgen: Diese Gegend ist bekannt für ihr gutes Obst.

**km 53**, links Abzweigung nach **Tiko** (2 km), rechts zweigt hier die Straße nach *Buea* ab. Früher war Tiko nur ein Plantagenhafen und Küstenmarkt für die Bewohner von Limbe und Buea und ein kleines Fischerdorf. Hier war auch vor der Wiedervereinigung ein „International Airport" der nigerianischen Fluglinie auf der Route von Lagos nach Douala. Heute ist Tiko zu einer **lebhaften Kleinstadt** mit Fischereihafen und Gummifabrik angewachsen. Nach wie vor bildet der **Markt** die Hauptattraktion des Ortes und Küstenhändler bringen ihre Waren oft bis aus Nigeria auf den Pirogen hierher. Von Tiko aus fuhr während der Kolonialzeit eine kleine Eisenbahn zu den Plantagen. Einige Waggons davon und die Lokomotive sind bis heute noch erhalten, Ausflüge mit dem Zug sind möglich. Einige halbzerfallene Kolonialhäuser datieren noch aus deutscher Zeit.

In der Nähe des Ortes, bei der katholischen Missionsstation von *Mutengene*, gibt es eine gut ausgestattete Werkstatt.

Direkt an der Hauptstraße, der Abzweigung in den Ort Tiko, an der Mobil-Tankstelle, liegt der große *Gare routière* von Tiko mit Verbindungen nach Buea, *Bamenda* oder Limbe.

Entlang der Küste leben die verschiedensten Volksgruppen wie *Bakoko, Balong, Bakweri, Douala*, die in sehr regem Kulturaustausch miteinander stehen. Sie verständigen sich vorwiegend in **Pidgin-Englisch**, das im gesamten englischsprachigen Raum als Handelssprache gesprochen wird.

Bei **km 75** ist **Limbe** erreicht.

## Limbe

Limbe liegt in der **englischsprachigen Provinz South West** und ist wirtschaftlicher Drehpunkt dieser Region

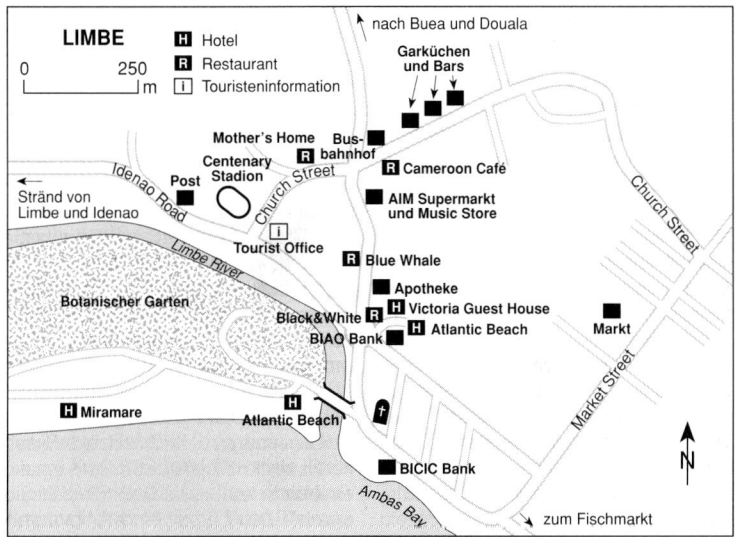

Map labels:
- LIMBE
- 0 — 250 m
- H Hotel
- R Restaurant
- i Touristeninformation
- nach Buea und Douala
- Garküchen und Bars
- Mother's Home
- Centenary Stadion
- Busbahnhof
- Post
- Idenao Road
- Church Street
- Stränd von Limbe und Idenao
- Limbe River
- Tourist Office
- Botanischer Garten
- Cameroon Café
- AIM Supermarkt und Music Store
- Blue Whale
- Apotheke
- Victoria Guest House
- Black&White
- BIAO Bank
- Atlantic Beach
- Markt
- Church Street
- Market Street
- Miramare
- Atlantic Beach
- BICIC Bank
- Ambas Bay
- zum Fischmarkt
- N

(Hauptstadt der Provinz ist *Buea*). 1858 wurde die Stadt vom englischen Missionar *Alfred Saker* unter dem Namen *Victoria* gegründet. Erst im Jahre 1983 erhielt sie ihren heutigen Namen Limbe (nach dem Bach, der durch den Botanischen Garten fließt). Unter den mehr als **200 000 Einwohner**n der Stadt leben auch viele Nigerianer, die sich hier nahe der Grenze in der Hoffnung auf eine bessere Zukunft niederließen. Limbe hat noch viel vom englischen Einfluß bewahrt, nicht nur was die Sprache und das Guinness-Bier anbelangt.

Der Badeort liegt direkt am Atlantik und am Fuße des Mt. Cameroon – auf der einen Seite bewaldete Hügel, auf der anderen der Ozean. Durch die Nähe zu Douala bietet sich das Küstenstädtchen als Ausflugsziel an

und entsprechend voll wird es an den Wochenenden. Auch das Klima ist hier durch die ständige Brise vom Meer wesentlich angenehmer als im feuchtheißen Douala. So ist das ehemalige Fischerdorf heute zu einem beliebten **Touristenziel** geworden und nicht nur Wochenend-Ausflügler treffen sich hier, sondern auch erholungssuchende Bergsteiger sowie Transsahara-Fahrer, die ihr Endziel, die Küste, erreicht haben.

Doch im Gegensatz zu *Kribi*, dem zweiten bekannten Badeort Kameruns, sind die Atlantik-Strände in Limbe mit tiefschwarzem, vulkanischem Sand bedeckt. So spürt man schnell die Nähe zum immer noch aktiven Vulkan Mt. Cameroon, dessen Ausläufer hier bis an die Küste heranreichen.

Der Westen

Die **Vegetation** in der Umgebung der Stadt bis hinab ans Meer ist bemerkenswert üppig und grün. Nirgendwo sonst in Afrika habe ich so mächtige, schattenspendende Tropenwald-Bäume direkt am Strand gesehen. Bei klarem Wetter, am besten kurz nach der Regenzeit, bietet sich vom Strand ein schöner Blick auf die vorgelagerten Inseln, darunter die weit entfernte Insel *Bioko*, die bereits zu Äquatorial-Guinea gehört. Auf einige der nähergelegenen, unbewohnten **Inseln** (die „Piraten-Inseln" in der *Ambas-Bay*) kann man von Limbe aus mit einer Piroge hinausrudern, man wende sich dazu an einen der Fischer im Hafen oder an das *Seme New Beach Hotel*. Auf jeden Fall sollte man dabei aber auf die Seetüchtigkeit des Bootes achten!

Früher waren diese Inseln von Fischern bewohnt, die jedoch von der Regierung auf das Festland umgesiedelt wurden. So sind die Bewohner der kleinen Insel *Bota* nach Limbe gezogen, ihr Stadtviertel heißt nun *Bota-Mainland*.

## Sehenswürdigkeiten

Außer seiner schönen Lage und den Stränden bietet der Ort **nicht viel Sehenswertes**:

### ★ Botanischer Garten

Es gibt einen Botanischen Garten ohne jegliche Umzäunung und mit freiem Zutritt. Die Vegetation besteht hauptsächlich aus riesigen, alten, teils mit Namensschildern versehenen Bäumen.

### ★ Fischmarkt

Interessant ist ein Besuch des Fischmarktes, der hinter der Bank *BICIC*

liegt. Hier kann man sehen, wie Fisch geräuchert wird. Diese Fische kommen meist aus *Sokolo*, einem kleinen Fischerdorf unweit von Limbe.

### ★ Pallotiner-Missionskirche

Die herrlich gelegene alte Pallotiner-Missionskirche auf dem Engelsberg bei Limbe ist auch einen Besuch wert. Aus Richtung *Douala/Mutenge* kommend fahren Sie am Straßendreieck weiter in Richtung Idenau. Nach zwei Kilometern rechts abzweigen Richtung *Bonjongo*. Geländewagen empfehlenswert, Anfahrt ca. 45 Min.

## PRAKTISCHE INFORMATIONEN

 UNTERKUNFT

**Hotels**

Limbe verfügt über eine Anzahl von Hotels der verschiedensten Kategorien. Die Hotels am Meer liegen jedoch an der Felsküste, so daß in Limbe selbst das Baden im Meer kaum möglich ist. Die Sandstrände liegen ausschließlich außerhalb, im Westen der Stadt.

**Seme New Beach Hotel**

P.O. Box 130, Limbe, Tel. 33 22 26, 25–84, 24–27; 20 Kilometer außerhalb von Limbe an der Straße Richtung Idenau, beim Dorf *Bakingili* direkt am Fuße des *Petit Mt. Cameroun* gelegen. Neues Hotel im Bungalow-Stil direkt am schönen, 5 km langen schwarzen Sandstrand *(Mile 11)*. Der Strand ist flach abfallend und mit kleinen Palmen bestanden; man kann Badeliegen und Surfbretter mieten. Außerdem gibt es ein kleines Naturschwimmbecken am Quellbach (Süßwasser). Geplant sind insgesamt 100 Zimmer mit Dusche/WC, wovon derzeit 40 fertiggestellt sind (Zimmerpreis ab ca. CFA 18 000 inkl. Frühstück). Neben dem Restaurant mit guter afrikanischer und internationaler Küche existiert noch eine kleine Strandbar und ein bewachter Parkplatz. Die Tennisplätze und der Nachtclub waren zur Zeit der Drucklegung noch nicht fertiggestellt. Die Besitzer, *Mme Dorindo*, eine Französin, die bereits seit knapp 30 Jahren in Kamerun lebt, und *M. Noungon*, ihr kamerunischer Mann, sind sehr freundlich und auskunftsbereit. Sie organisieren auch verschiedene Ausflüge, z.B. mit Pirogen auf eine der vorgelagerten Inseln, Wanderungen in den *Manengouba*-Bergen, am *Mt. Cameroon* oder Ausflüge in die Umgebung. Empfehlenswerte Adresse, da sehr persönliche Atmosphäre.

Vom Dorf Bakingili aus gelangt man mit Geländefahrzeugen auf direktem Weg, jedoch teils schlechter Piste, nach *Mundemba* zum *Korup-Nationalpark* und man erspart sich damit

den Umweg über *Kumba*. Erkundigen Sie sich bei den Hotelbesitzern.

**Atlantik Beach Hotel**
P.O. Box 63, Limbe, Tel. 33 23 32 oder 33 26 89. Das Gebäude dieses Hotels stammt noch aus der Kolonialzeit. Es liegt direkt am Meer, jedoch an einem felsigen Küstenabschnitt, Baden daher nicht möglich. Das Hotel verfügt über 48 große Zimmer mit Dusche/WC und Klimaanlage, teilweise Meerblick, Bar, Restaurant, Terrasse, Süßwasser-Swimmingpool und Meerwasser-Pool. Der Ausstattung nach bestes, aber auch teuerstes Hotel direkt in Limbe. Unter gleicher Leitung steht das

**Bay Hotel**
P.O. Box 63, Limbe, Tel. 33 23 32. Dieses einfache, kleine Hotel mit nur 23 Zimmern liegt im Zentrum von Limbe und verfügt über Restaurant, Bar und Nachtklub. Zimmer ab ca. CFA 12 800.

**Miramare Park Hotel,**
P.O. Box 63, Limbe, Tel. 33 23 32. Einfaches Hotel im Bungalow-Stil. Es liegt

**Der Westen**

*Blick vom Hotelpool zum Mt. Cameroon*

unterhalb des *Hotel Platanus* direkt am Meer, jedoch gibt es hier keinen Strand, eine Mauer trennt das Hotel vom felsigen Ufer. Es gibt 26 Zimmer mit Dusche/WC ab ca. CFA 11 200 (mit Klimaanlage ab ca. CFA 12 800), einen Swimmingpool und kein Restaurant. Das Hotel ist etwas renovierungsbedürftig.

Das *Atlantik Beach Hotel*, das *Miramare Park Hotel* und das *Bay-Hotel* gehören zu einer Hotelgruppe. Falls eines der Häuser belegt ist oder Ihnen nicht zusagt, können Sie sich gleich nach Verfügbarkeit, Preis etc. der anderen erkundigen.

**Hotel Platanus**
P.O. Box 10, Limbe, Tel. 33 21 54. Älteres, kleines Hotel, früher als *Tabai Park Hotel* bekannt; direkt im Botanischen Garten gelegen. Es gibt 30 einfache Zimmer mit Dusche/WC und ein Restaurant.

**City Hotel**
Die einfache Unterkunft liegt direkt hinter dem Busbahnhof im Zentrum und ist sauber und preisgünstig.

**Victoria Guest House**
P.O. Box 358, Limbe, Tel. 33 24 46. Günstige Unterkunft mit sauberen Zimmern (Ventilator) und freundlichem Empfang.

*Camping*
Am **Six Mile Beach** (bewacht), Zugang über eine kleine Piste, die 1 km nach dem Eingangstor der Raffinerie links abzweigt, ca. CFA 500/Person plus ca. 3000 CFA fürs Fahrzeug, sanitäre Anlagen nicht besonders sauber; am Wochenende Restaurantbetrieb. Meiden Sie die anderen Strände zum Campen, dort tummeln sich Langfinger.

Außerdem Campmöglichkeit am **Seme New Beach Hotel** (siehe oben) ca. 2000 CFA pro Person.

**ESSEN UND TRINKEN**
In der Stadt finden Sie neben den genannten viele **kleine afrikanische Restaurants**.

*Restaurants*
**The Blue Whale**
Gutes Fischrestaurant
**Snackbar Mas**
Die Snackbar in der Nähe des Meeres ist gemütlich, hat einen schönen Garten und gutes und günstiges Essen.

Ansonsten ist noch das Restaurant des **Hotels Atlantic Beach** (gehoben und teurer) und das im **Seme New Beach Hotel** (*Mile 11*) empfehlenswert.

*Circuits*
**Négresse, Chez Tata Odile, Chez Blandine**, in Batoke: **Etisha.**

**VERKEHRSVERBINDUNGEN**
➠ *Douala – Limbe*
Von Douala aus über die sehr gut ausgebaute Nationalstraße N 3 sind es 75 km bis Limbe. Es verkehren täglich mehrere Buschtaxis und Busse von Douala aus. Man muß in *Tiko* nach Limbe umsteigen (die meisten Fahrzeuge fahren nämlich in Richtung *Bafoussam-Bamenda* weiter).

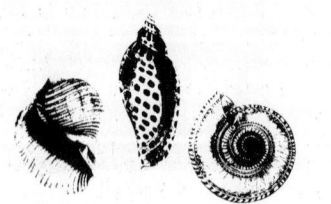

➡ *Limbe – Tiko – Buea/ Kumba/ Bamenda*

Wer von Limbe aus nach *Buea, Kumba* oder *Bamenda* fährt, muß ebenfalls (s. oben) in Tiko umsteigen. Fahrtzeit *Tiko – Bamenda:* ungefähr 4 Std.

 **SONSTIGES**

**Autovermietung**

Wenn Sie ein Fahrzeug mieten wollen, wenden Sie sich am besten an das *Hotel Atlantic Beach* oder *Seme New Beach* (Mile 11).

**Kunsthandwerk/Bücher**

Wer sich für Kunsthandwerk interessiert, kann sich nach dem **Presbyterian Bookshop** erkundigen, dort wird eine kleine Auswahl angeboten.

Außerdem gibt es im Ort einige **Banken**, **Tankstellen**, ein **Postamt**, eine gute **Landrover-Werkstatt** und mehrere **Läden** mit guter Auswahl an Zubehör.

 AUSFLÜGE

★ *Inselfahrten*

Mit einer Motor-Piroge gelangt man auf die vorgelagerten Inseln. Die Anmietung einer Piroge kostet ungefähr CFA 8000, die Boote sind allerdings häufig in schlechtem Zustand. Fragen Sie evtl. im Hotel in Limbe, ob man Ihnen einen zuverlässigen Bootseigner vermitteln kann.

★ *Sokolo*

Zum Fischerdorf *Sokolo* gelangt man auf der Straße in Richtung *Idenau*, ca. 3 km von Limbe entfernt und direkt am Strand. Hier werden Pirogen gebaut, mit und ohne Motor. Interessant ist auch der Fischmarkt in Sokolo. Die meisten Fischer hier sind Nige-

rianer. Auf dem Schwarzmarkt gibt es im Dorf Benzin aus Nigeria, das per Piroge vom Nachbarland geholt wird. Die Qualität dieses sehr preiswerten Benzins ist fraglich.

In Sokolo wird auch *Arki* („African Gin", eine Art Palmschnaps) oder *Afofo*, ein fermentierter Palmwein gebraut oder aus Nigeria geholt.

★ *Bimbia*

Hinter dem Fischmarkt in Limbe führt eine Piste ca. 30 km nach *Bimbia*. Die Fahrt führt durch riesige Hevea-Plantagen (Kautschuk-Gewinnung). Unterwegs passiert man die *Man of War Bay*, den Platz, an dem die *Bakweri* unter dem *Grand Chef Bile (King Williams)* gegen die Engländer gekämpft haben.

Bimbia besteht aus drei großen Dörfern: *Bona Ngombe, Mudube, Bonabile* (die Vorsilbe *Bona* heißt „die Kinder von…"). Hier begann die Geschichte des *Bakweri*-Volkes. In der Baptistenmission (hier steht das älteste Gotteshaus Kameruns, Alfred Sakers Kapelle aus Wellblech) in Bimbia kann man evtl. **Unterkunft** finden, auf Anfrage ist dort auch Zelten möglich. Gleich in der Nähe befindet sich ein Strand, an dem Schwimmen möglich ist. Man kann den Fischern bei ihrer Arbeit am Strand zusehen oder im nahen Tropenwald (herrliche Bambuspflanzen!) einen Spaziergang unternehmen. Die Mangrovensümpfe ziehen sich von hier die Küste entlang bis nach Douala. Während der Kolonialzeit haben die Deutschen in Bimbia eine Straße gebaut, noch heute sieht man kleine Brücken aus dieser Zeit. Der Ort liegt etwas „off-road", herrlich ruhig und abseits des Ausflugsverkehrs an Limbes Strände.

★ **Die Strände von Limbe und die
Küste bis Idenau**

Entlang der Küste führt die ausgezeichnete, neu geteerte Küstenstra-
ße nach Westen in Richtung *Idenau*
(43 km). Man verläßt Limbe zunächst
auf der Straße nach *Buea*, um dann
nach links in Richtung Westen abzu-
zweigen. Auch hier wieder riesige Ölpalmplantagen und ab und zu ein Blick
auf das Meer, wo weit draußen bei
klarem Wetter die vorgelagerten Inseln zu erkennen sind.

Kurz nach der Abzweigung zur Raffinerie SONARA führt links eine Piste
zum **Mile 6 Beach** hinab (an der Weg-
abzweigung steht ein Schild „33 Export", von hier nur einige hundert Meter). Dies ist der bekannteste und
meistbesuchte Strandabschnitt Limbes. Mile 6 ist auch der einzige bewachte Strand an dieser Küste (Eintritt CFA 650) mit einem kleinen, vom
Hotel Atlantik Beach geführten Kiosk,
der an den Wochenenden geöffnet
ist. Der Strand ist aufgrund der Besu-
chermengen nicht besonders sauber
und am Wochenende übervölkert. Das
Meer ist flach, der Sand und auch das
Wasser (vom aufgewühlten Sand) sind
schwarz. Herrliche, riesige Bäume
spenden ihren Schatten direkt am
Wasser. Keinen schönen Anblick bietet die Raffinerie am Strand!

Zurück auf der Hauptstraße fährt
man weiter in Richtung Westen (durch
das kleine Dorf *Batoke)*: Rechts sieht
man die Ausläufer des *Mt. Cameroon*,
links das Meer. Das Kamerun-Massiv
ist meist eingehüllt in eine dichte Ne-
bel- und Wolkendecke. Hinter dem
Dorf erstrecken sich wieder endlose
Ölpalmplantagen.

Weniger besucht und daher saube-
rer als Mile 6 sind die **Strände Mile 8**

und **Mile 11**. Letzterer liegt nahe des
Dorfes *Bakingili;* hier liegt auch die relativ neue Bungalow-Anlage *Seme
New Beach*. Das Dorf selbst ist eine
kleine Ansammlung von wellblech-ge-
deckten Holzhäusern.

Allen Stränden gemeinsam sind die
großen, schattenspendenden Urwald-
bäume und der tiefschwarze Sand
von den vulkanischen Ausläufern des
Mt. Cameroon. Die Brandung ist an
diesem Küstenabschnitt schwach und
das meist ruhige, warme Wasser eignet sich auch für Kleinkinder zum Baden. Die ständige, leichte Brise vom
Meer macht die Hitze erträglich.

In Kamerun sind alle Strände öffentlich zugänglich. Achten Sie dabei
besonders an wenig frequentierten
Strandabschnitten auf Ihre Habe und
auf den Kofferraum Ihres Fahrzeugs.
Wertgegenstände nehmen Sie am besten gar nicht mit zum Strand; zumindest nichts unbewacht umherliegen
lassen!

Von Bakingili geht es weiter in Richtung Westen durch eine wunderschöne Region mit Mischplantagen und Sekundärwald mit eingestreuten Urwaldriesen. Außer dem kleinen Dorf **Debundscha** gibt es hier bis Idenau keine weiteren Siedlungen. In Debundscha findet man einen Kratersee direkt am Meer sowie einen Leuchtturm aus der deutschen Zeit. Ca. 1 1/
2 km südlich von Debundscha parken Sie am Strand und gehen dann
zu Fuß bis zu einer Klippe, über einen
kleinen Pfad und zuletzt eine Treppe
bis zum Leuchtturm. Der Ort Debundscha ist deswegen so bemerkenswert, weil es mit mehr als 11 000 mm
jährlich die zweithöchste Niederschlagsmenge der Welt aufweist
(nach dem Vulkan *Waialeale* auf der

Insel Kauai/Hawaii). Es ist daher nicht weiter erstaunlich, daß sich die Hänge des Mt. Cameroon in dieser regenreichen Ecke nur selten zeigen. Die Fahrt führt weiter an einer Fabrik zur Gewinnung von Palmöl vorbei, bevor die Straße kurz vor Idenau dann direkt am Meer entlang führt. Anstelle der Ölpalmen rücken hier wieder herrliche Baumriesen in den Vordergrund.

Der Ort **Idenau** ist Endpunkt der Straße. Ab hier gibt es nur noch Pisten, die kaum passierbar sind. Idenau bildet die **Grenzstation zu Nigeria**, obwohl die eigentliche Staatsgrenze noch ein ganzes Stück entfernt liegt. Mangels Straßen wird hier die Grenze zu Nigeria auf kurzem Wege über das Meer mit Motorpirogen passiert. Idenau mit seinem großen Pirogenhafen ist daher die Anlauf- und Grenzkontrollstation. Neben vielen anderen Waren wird hier auch billiges nigerianisches Benzin umgeschlagen. Der Ort selbst ist nur eine kleine Ansammlung von Hütten und Treffpunkt von Fischern, Händlern und Plantagenbesitzern. Am Endpunkt der Straße, gleichzeitig dem Umkehrpunkt für Fahrzeuge, führt eine kleine Fußgängerbrücke über die Lagune. Auf der gegenüberliegenden Seite liegen der Markt und der lebhafte Pirogenhafen. Hier reparieren die Frauen die Fangnetze ihrer Männer, am Strand herrscht reges Treiben. Auf dem Markt sind billige Waren aus dem Nachbarland gefragt. Durch den regen Handelsverkehr gibt es natürlich auch strenge Kontrollen durch Polizei und Zoll. Im Küstengrenzgebiet zu Nigeria gibt es derzeit (Sommer 1997) heftige kriegerische Unruhen und Auseinandersetzungen um das *Cap Bakassi*. Reisende sollten daher diese Region meiden. Erkundigen Sie sich vor Ort nach der aktuellen Lage oder vor Abreise beim Auswärtigen Amt in Bonn (Tel. 02 28 / 1 70).

**Unterkunft:** Kurz vor dem Ort führt eine Abzweigung nach links zum *Seaside Hotel*. Es handelt sich um eine sehr einfache Unterkunft, eine Art „Chambres de passage", die in einem hübschen Garten am Meer liegt. Die Steilküste ist hier felsig, Baden nicht möglich. DZ ab ca. CFA 4800.

Die Besitzer des Seme New Beach Hotels in Limbe erzählten mir, daß von Idenau aus eine **Piste über Koto** und **Bai nach Ekondo Titi** existiert, die auf der neuesten Kamerun-Karte zwar eingezeichnet, aber in der Natur oft nicht vorhanden ist. Der Weg ist nur mit Vierradantrieb in ca. siebenstündiger Fahrt zu bewältigen. Diese Fahrt ist einem Leserbrief gemäß ein Abenteuer und nicht unbedingt empfehlenswert. Für Informationen über das Pistennetz im Bereich des Kamerunberges kann evtl. das Büro der deutschen Komponente am Mount Cameroon Project in Buea kontaktiert werden, Tel. 32 25 01.

Von Idenau aus gibt es auch eine **Verbindung** per Motorpiroge über das Meer und den Fluß *Ndian* **nach Mundemba** und zum **Korup Nationalpark** (Achtung: fragen Sie nach der aktuellen Situation vor Ort; derzeit aufgrund der Unruhen nicht anzuraten, siehe weiter oben).

**Der Westen**

## Limbe – Buea

➡ 31 km Teerstraße

Von Limbe aus führt die Teerstraße zunächst 18 km zurück in Richtung Douala, dann zweigt man an der Kreuzung bei *Mutengene* nach Norden ab (Richtung *Bafoussam, Bamenda*). Nach weiteren 8 km führt eine Abzweigung links nach *Buea*, wo die Straße endet. Auf diesem Weg erreicht man Buea in weniger als einer Stunde. Die Strecke führt entlang von vielen Plantagen (Heveas, Kaffee, Tee) und windet sich die letzten Kilometer nach Buea hinauf. Bei gutem Wetter hat man auf der Fahrt einen schönen Blick auf den Mt. Cameroon, doch leider verbirgt dieser sich recht häufig hinter einer dicken Wolkenschicht.

Wer es nicht eilig hat, kann von Limbe aus auch die „**Tee-Route**" nach Buea nehmen. Zurück auf der großen Hauptroute Richtung Douala zweigt man nach 2 km links auf eine kleine Piste ab. Diese Staubstraße schlängelt sich in Serpentinen durch weite Teeplantagen hinauf, vorbei an einer Teefabrik und den kleinen Siedlungen der Teepflücker. Kurz vor Buea ist die Straße dann wieder geteert.

Von Douala sind es auf guter Teerstraße nach Buea 70 km, von Kumba aus 75 km.

## Buea

Buea, **Hauptort der englischsprachigen Provinz** *South West* und gleichzeitig Hauptort des Départements *Fako*, liegt direkt am Fuße des Mt. Cameroon auf einer Höhe von 1000 m ü.NN. Trotz der geringen Entfernung zur Küste ist das Klima hier aufgrund der Höhenlage kühl und angenehm. Zwar ist die Umgebung der Stadt sehr häufig in Nebel gehüllt, aber bei gutem Wetter hat man einen schönen Ausblick auf die umliegenden Täler bis hin zu den Mangrovensümpfen an der Küste. Wegen ihrer Lage in einem der regenreichsten Gebiete der Erde ist die Umgebung der Stadt sehr fruchtbar und grün.

Buea (ca. **100 000 Einwohner**) macht einen relativ gepflegten Eindruck mit vielen Gärten und einigen alten Kolonialbauten. Fast nahtlos schließen sich rundherum Kautschuksowie Kaffee- und Teeplantagen an. In der Stadt herrscht wenig Verkehr, da hier die Straßen am Fuße des Mount Cameroon enden. Hierdurch hat sich Buea einen recht ländlichen Charakter bewahren können. Im Gegensatz zu vielen anderen Städten Kameruns blieb in Buea die **deutsche Vergangenheit** noch recht **lebendig**.

### Geschichte

Im Jahre 1885 entsandte *Gouverneur von Soden*, der in Douala residierte, den Kolonialbeamten **Jesko von Puttkamer** und den Geologen *Krabbes* zu ersten Erkundungen in die Gegend des Kamerunberges. Man stellte fest, daß dort an den Hängen des Berges, in 1000 bis 1500 Metern Höhe, ein viel angenehmeres Klima herrschte als im feuchtheißen Douala.

Wenige Jahre später verlegte Puttkamer, inzwischen selbst Gouverneur, den Sitz der Kolonialregierung nach Buea. In dem ehemals kleinen Dorf entstand die **Hauptstadt Kameruns von 1901 bis zum Ausbruch des Ersten Weltkrieges**. Zu dieser Zeit wurde Buea auch als Luftkurort be-

*Blick auf Buea und den Gouverneurspalast von Jesco von Puttkamer*

liebt und viele der Kolonialbeamten verbrachten hier ihre Ferien.

Puttkamer schreibt im ersten Kapitel seiner Memoiren *(Gouverneursjahre in Kamerun,* Berlin, 1912): *„Gouverneur von Zimmerer hatte beschlossen, nachdem die Schutztruppe einigermaßen ausgebildet war, vor allen Dingen endlich einmal das Kamerungebirge zu erobern, um die schönen und fruchtbaren Berghänge der Kolonie nutzbar zu machen. Selbstverständlich stimmte ich hierin durchaus mit ihm überein, und so entsandten wir am 19. Dezember (1895) Dominik mit der Hälfte einer militärischen Expedition auf „Nachtigal" nach Viktoria, während am 20. Rittmeister von Stetten mit dem Rest nachfolgte. Einer regelrechten Militärtruppe, geführt von zwei so hervorragenden Soldaten, wie die genannten, konnte natürlich der wilde Häuptling Kuba mit seinen Buealeuten keinen Widerstand entgegensetzen, und ich kann hier gleich vorwegnehmen, daß Buea, wo Stetten nach der Eroberung eine Militärstation anlegte, schon nach 14 Tagen bereit war, europäischer Kultur erschlossen zu werden."*

## Sehenswürdigkeiten
### ★ Der Gouverneurspalast
Noch heute thront hoch über der Stadt der weiße, ehemalige Gouverneurspalast Jesko von Puttkamers. Puttkamer liebte den Luxus und ließ sich zu Beginn des 20. Jahrhunderts diese schöne, prunkvolle Residenz im wilhelminischen Stil bauen, von der aus er die Plantagen und Anwesen der Deutschen überblicken konnte. Die

Zeit konnte dem Kolonialgebäude mit seinen Kuppeln, Erkern und Türmchen und dem schönen Terrassengarten bis heute nicht viel anhaben. Das „Puttkamer-Schlößchen" wurde mehrmals renoviert und ist heute eine Residenz des Staatspräsidenten. Daher ist es nicht möglich, den Palast im Inneren zu besichtigen, und es ist streng verboten, das Gebäude zu fotografieren oder zu filmen.

### ★ Der Bismarck-Brunnen
Vor dem Postamt steht der Bismarck-Brunnen aus dem Jahre 1899 mit der in Stein gemeißelten Abbildung des Reichskanzlers, allerdings von hohen Sträuchern umgeben und nur schwer zu sehen.

### ★ Der deutsche Friedhof
Der deutsche Friedhof hinter der Mobiltankstelle erinnert auch noch an die Geschichte. Die meisten anderen Gebäude aus der Kolonialzeit sind mehr oder weniger verfallen.

Darüber hinaus bietet Buea nicht viel sehenswertes. Im Zentrum liegen das **Rathaus**, der **Busbahnhof** und der **Markt**, der aufgrund der fruchtbaren Böden des Umlandes ein recht reichhaltiges Sortiment an Obst und Gemüse bietet. Das Volk der Region um Buea heißt *Bakweri*.

Nach Buea zieht es vor allem die **Bergsteiger**, die von hier aus die Besteigung des Mt. Cameroon in Angriff nehmen.

**Hinweis:** Buea ist militärisches Sperrgebiet, daher gilt ein generelles **Foto- und Film-Verbot** für behördliche Gebäude. Dazu zählen der Gouverneurspalast, das alte Sekretariat und andere öffentliche Gebäude.

## PRAKTISCHE INFORMATIONEN

**ℹ️ TOURISTENINFORMATION**
*Service Provincial du Tourisme de Buea*
P.O. Box 92, Tel. 32 26 56.
Hier erfolgt auch die Anmeldung zur Bergbesteigung auf den Mt. Cameroon.

**🛏️ UNTERKUNFT**
**Buea Mountain Hotel**
s/c Country Rose Tourism Agency, P.O. Box 102, Tel. und Fax 32 22 35, Gebäude aus der Kolonialzeit, sehr schön am Fuße des Mt. Cameroon gelegen. 29 geräumige Zimmer, die anstelle einer Dusche nur Badewanne haben (diese Tradition stammt noch aus der Zeit um die Jahrhundertwende); Bar, ganztägig geöffnetes Restaurant, schöner Garten. DZ ab CFA 12 000, EZ ca. CFA 9000. Das Hotel organisiert auf Wunsch Mietautos und Ausflüge in die Umgebung.
**Unit Spot**
Vom Busbahnhof Richtung Stadt, nach ca. 1 km auf der linken Seite. Kleines, preiswertes Hotel mit nur 8 Zimmern (Ventilator) ab ca. CFA 5000; schöner Garten mit Lauben, gutes und preiswertes Restaurant. Empfehlenswert als preiswertes, einfaches Quartier.
**Guesthouse der Presbyterianer**
Hier werden Besucher sehr herzlich empfangen (ca. CFA 4000/Person); es gibt eine Kochmöglichkeit, Camping ist erlaubt (ca. CFA 1500/Person).

**🍴🍷 ESSEN UND TRINKEN**
Es gibt **kleine Kneipen** mit lokaler Küche in der Nähe des Marktes (Vorsicht, die *Bakweri* würzen gerne scharf!).

Empehlenswert ist das gute und teure **Restaurant im Mountain Hotel** mit internationaler Küche.

 VERKEHRSVERBINDUNGEN
Es verkehren **Sammeltaxis** von/nach *Tiko*, *Limbe* (via Tiko) und *Kumba*. Für eine Fahrt von/nach Douala in Tiko umsteigen.

■☞ SONSTIGES
**Krankenhaus/Ambulanz**
Tel. 32 32 29

**Konsulat**
**Nigeria**
Tel. 32 25 37, laut Leserbrief keine Visa für Touristen.

Außerdem gibt es eine **Post**, **Apotheke** und **Banken.**

## Mount Cameroon

Der **aktive Vulkan** Mt. Cameroon ist mit einer Höhe von 4070 m der **höchste Gipfel Westafrikas**. Das Gebirge steigt in unmittelbarer Nähe der Küste quasi von Null auf eine Höhe von 4000 Meter an. Von der Ferne her ahnt man die Höhe des Berges nicht, denn der Mt. Cameroon ist kein kegelförmiger Einzelberg, sondern ein breiter, geduckt wirkender Gebirgsstock.

Zu allen Zeiten war das Massiv des Mt. Cameroon ein Orientierungspunkt für Seefahrer, auch wenn es durch die Küsten- und Äquator-Nähe fast ganzjährig in eine Nebel- und Wolkendecke gehüllt ist. Nur etwa ein Hundertstel des Sonnenlichts kommt im Urwaldbereich durch das Blätterdach bis auf die Erde. Daher ist am Boden die Vegetation sehr spärlich.

Auf den riesigen Bäumen wachsen schöne Moose, Flechten und Orchideen. Der steinige Lavaboden im oberen Bereich nimmt allerdings kaum Wasser auf und es gibt dort nur wenig Vegetation.

Als aktiver Vulkan bildet der Mt. Cameroon geographisch gesehen einen Teil der **vulkanischen Kamerunlinie**, die mit der Insel *Fernando Póo* und *Annobón* im Golf von Guinea ihren Ausgangspunkt nimmt und sich bis zum *Tibesti*-Gebirge im Tschad erstreckt. Erst 1986 waren entlang dieser Bruchkante im Kratersee *Nyos* an der Ring-Road Giftgase ausgetreten, die zu einer Katastrophe führten (s. Ring-Road, S.366). Die letzten Ausbrüche des Mt. Cameroon erfolgten in den Jahren 1909, 1922, 1959 und zuletzt im Jahre 1975,

## Geschichte

Einer Überlieferung zufolge brach im fünften Jahrhundert v. Chr. der Seefahrer *Hanno* von Karthago aus mit seinen Schiffen auf, um die Küste Westafrikas zu erkunden. Als er am Golf von Guinea den feuerspeienden Berg erblickte, gab er ihm den Namen „Götterwagen". Erst einige Jahrhunderte später, im Jahre 1472, entdeckte der portugiesische Seefahrer *Fernao do Póo* den Mt. Cameroon. 1861 schließlich bestiegen *Richard Burton* und der deutsche Botaniker *Gustav Mann* den Hauptgipfel, von den Kamerunern *Mongo ma Loba* genannt. 1895 unternimmt eine weitere Westafrikareisende, *Mary Kingsley,* die Gipfelbesteigung.

Doch nicht nur die Europäer beeindruckte der Berg, sondern vor allem den an seinen Hängen lebenden Volksstamm der *Bakweri*. Fasziniert von der mächtigen Gewalt dieses Ungetüms rankten sich schon in alter Zeit Sagen und **Legenden** um diese Region.

Mag der Glaube an diese Legende auch geschwunden sein, der Gedanke an einen Ausbruch des Vulkans bereitet immer noch Unbehagen:

---

### Die Sage von Ebassamoto

*Der Sage nach lebte hier einmal ein Mann, halb Stein, halb Mensch. Es war der Gott Ebassamoto. Seine Ehefrau, die Meeresgöttin Nalowa trennte sich von ihm und ging ins Meer. Daraufhin türmte Ebassamoto den Berg auf und versteckte sich dort, so daß ihn seine Frau nicht mehr finden konnte. Er hatte einen wunderschönen Garten mit Früchten, Blumen und herrlichen Bäumen. Jeder, der diesen Berg bestieg, durfte von den Früchten essen, soviel er wollte. Nahm jedoch jemand diese Früchte mit ins Tal hinab, so zürnte Ebassamoto. Also erblickten die Bakweri in den Vulkanausbrüchen den Zorn Gottes.*

---

## Die Bergbesteigung

Der Mt. Cameroon erfordert trotz seiner Höhe keine ausgesprochenen bergsteigerischen Kenntnisse. **Gute Kondition, Ausdauer und Trittsicherheit** sind ausreichend, Klettererfahrung wird nicht benötigt. Es werden 3000 Höhenmeter im Auf- und Abstieg bewältigt, so daß man etwa 18 bis 20 Stunden Gehzeit in zwei bis drei Tagen rechnet. Die **ideale Zeit** für

die Bergbesteigung sind die Monate von **Mitte November bis Ende März**, auch im April ist es von der Witterung her oft noch möglich. Während der Regenzeit von Mai bis November sollte man besser von einer Bergbesteigung absehen, da mit Dauerregen und Gewittern zu rechnen ist. Eine gute Regenbekleidung gehört das ganze Jahr über zur Grundausrüstung. Vor Beginn der Besteigung besteht eine **Meldepflicht** im Büro des Tourist-Office (s. Seite 315). Hier sollte man bereits früh morgens erscheinen, damit sich der Aufbruch nicht verzögert. Also empfiehlt es sich, die Nacht zuvor in der Nähe zu verbringen: entweder in Buea selbst, im relativ teuren *Mountain Hotel* (s. Praktische Infos Buea), oder in einer der günstigeren Unterkünfte in Limbe. Dort kann dann das Restgepäck deponiert werden, das Sie auf dem Berg nicht benötigen. Erkundigen Sie sich in Limbe nach der Abfahrt der Buschtaxis am nächsten Morgen, meist ist ein Umsteigen in Tiko erforderlich.

Bereits um 8 Uhr morgens öffnet das **Tourist-Office** in Buea. Dort füllen Sie ein Formular für das **Trekking-Permit** aus und entrichten die Gebühren für den **obligatorischen Führer**, evtl. Träger sowie Parkeintritts- und Hüttengebühren. Die Führer und Träger werden erst am Tag des Aufbruchs informiert und müssen sich entsprechend vorbereiten. Dies nimmt gewöhnlich die meiste Zeit in Anspruch.

Auf dem Markt in Buea können Sie Ihre **Lebensmittelvorräte** noch ergänzen: Kaffee, Tee, Trockenmilch, Zucker, gutes Weißbrot, Suppenbrühe, Käse, Nudeln, Reis, frisches Obst und Gemüse, Kekse, Bonbons, Mineralwasser in Plastikflaschen sowie Gaskartuschen. Alles andere sollte bereits in Douala besorgt werden: Hartwurst, evtl. Marmelade und Vollkornbrot, Schokolade, Wasserkanister etc.

## Ausrüstungsliste
- ❏ Rucksack
- ❏ Wasserflasche (1 l), Wasserkanister (je nach Personenzahl 10–20 l)
- ❏ Festes Schuhwerk, Leicht-Trekking-Schuhe (erst Wurzeln und Morast, dann Lavaschutt). Keinesfalls in Sandalen gehen (Schlangen!).
- ❏ Verpflegung
- ❏ Warmer Wollpullover
- ❏ Bequeme Baumwollhose od. Jeans, Baumwollhemd (langärmlig)
- ❏ T-Shirt, Unterwäsche
- ❏ Anorak (wind- und wasserabweisend, z.B. leichte Goretex-Jacke)
- ❏ Regenschutz (z.B. Poncho)
- ❏ Schlafsack (Temperatur auf der 2. Hütte nachts etwa 5°–8°C, auf der 3. Hütte -4° – +2°C)
- ❏ Mütze, Handschuhe
- ❏ Wollsocken
- ❏ Waschutensilien (Naturseife etc.)
- ❏ Sonnenbrille, gute Sonnenschutzcreme
- ❏ Taschenlampe, Kerze
- ❏ Apotheke, Erste Hilfe-Päckchen
- ❏ Tasse und Teller (Plastik), Kochtopf
- ❏ Gaskocher
- ❏ Taschenmesser und evtl. Besteck
- ❏ Fotoausrüstung
- ❏ Evtl. Teleskop-Skistöcke
- ❏ Iso- oder Thermarest-Matte
- ❏ Mindestens 8–10 Liter Trinkwasser pro Person zum Trinken und Kochen (Ergänzung des Trinkwasservorrats nur an der Quelle bei der 1. Hütte möglich!)
- ❏ Wasserdesinfektion
- ❏ Reisepaß (Kontrolle bei Upper Farm!)

## Gebühren
Führer mit Träger und Trekking-Permit ca. CFA 8000/Person/Tag; keine Studentenermäßigung.

## Bergbesteigung
Die **Bergbesteigung ist** – mit Ausnahme des herrlichen Regenwaldgürtels im unteren Bereich, für den man sich unbedingt Zeit lassen sollte – **landschaftlich nicht sonderlich reizvoll**. Der Weg ist auf weiten Strecken steil und monoton. Bei gutem Wetter allerdings genießt man eine **wunderbare Aussicht** bis weit hinaus zur Küste mit ihren vorgelagerten Mangrovensümpfen, auf das weite Tiefland und die Stadt Buea. Wer Glück hat, kann sogar Douala in der Ferne erkennen.

Die Bergtour auf den Mt. Cameroon ist vorrangig eine sportliche Herausforderung, die jedes Jahr im Januar

Der Westen

*Die erste Etappe führt durch üppigen Regenwald*

ihren Höhepunkt findet. Dann findet hier der „**Guiness-Mountain-Race**" statt, eines der härtesten Bergrennen der Welt. Mehrere hundert Teilnehmer, darunter die Weltelite der Bergläufer, finden sich alljährlich ein, um in nur wenigen Stunden einen Viertausender zu bezwingen. Der unvorstellbare **Rekord** für die Strecke Buea – Gipfel und zurück liegt bei **knapp unter vier Stunden** für die immerhin 3000 Höhenmeter und zurück. Das Sportereignis nimmt seinen Ausgang in dem mit Zuschauern gefüllten Stadion „Omnisport" in *Mulika*, etwas unterhalb von Buea. Um nicht disqualifiziert zu werden, muß der Gipfel nach insgesamt sechs Stunden erreicht sein.

Da sich der Abmarsch aufgrund der Anmeldeformalitäten und der Organisation von Führern/Trägern erfahrungsgemäß immer verzögert, ist es sinnvoll, sich bereits am Vortag beim

*An der 2. Hütte angelangt*

Tourist-Office anzumelden. Am Aufbruchstag sollte man versuchen, bis spätestens elf Uhr vormittags in Buea loszugehen, damit Sie Ihr Tagesziel vor Einbruch der Dunkelheit (ungefähr 18 Uhr) erreichen. Ein Fahrzeug kann Sie gegen Gebühr vom Tourist-Office bis zum Ausgangspunkt der Besteigung bringen.

Am Berg stehen drei sehr einfache Schutzhütten als Quartier zur Verfügung. Es gibt kaum Waschmöglichkeiten unterwegs, das letzte Trinkwasser befindet sich auf der 1. Hütte.

### Wanderung in 3 Tagen (gemütlich)
**Erster Tag:**

➡ *Upper Farm (1090 m)* bis *2. Hütte (2860 m)*

**Streckenlänge:** 16 km, **Höhendifferenz:** 1760 m, **Gehzeit:** ca. 6 Std.

Vom Parkplatz aus erreichen Sie auf einer kleinen Piste nach kurzer Zeit die *Upper Farm*, den eigentlichen Ausgangspunkt des Trekkings. Dieses landwirtschaftliche Versuchsprojekt liegt oberhalb Bueas, auf ca. 1100 m ü. NN. Die gut organisierte Farm wird ausschließlich von Strafgefangenen bewirtschaftet, die hier eine Art Resozialisierung erfahren, ohne eingesperrt zu sein und unter sehr freizügiger Bewachung. Hier an der Upper Farm besteht eine vom Militär bewachte, weitere Parkmöglichkeit.

Der Aufstieg zur **1. Hütte (1870 m, 9 km von Buea)** dauert etwa zwei Stunden, in der unteren Bergregion ist es noch sehr heiß. Von der *Upper Farm* aus geht es zunächst durch Maniok- und Bananenpflanzungen, später durch Elefantengras und Bambus leicht bergan. Dann beginnt der schönste Teil des gesamten Aufstiegs. Die Wanderung führt etwa eine Stunde lang durch den üppigen, tropischen Bergregenwald, die Luft ist feuchtwarm. Meterhohe Farne, Urwaldriesen mit Brettwurzeln, überwuchert von Moosen und Flechten, und ein grünes Pflanzendikkicht säumen den Pfad, der zwar deutlich erkennbar und leicht zu bewältigen ist, jedoch über viele Wurzelpassagen führt, die Trittsicherheit erfordern. Bei Nässe ist Vorsicht angebracht, da der Boden und Wurzeln dann rutschig sind. Kurz vor der 1. Hütte findet man links vom Weg eine kleine, saubere Quelle, an der man die Trinkwasservorräte für die restliche Zeit der Wanderung ergänzt. Auf der gesamten weiteren Strecke findet sich kein Wasserreservoir mehr. Die geräumige Hütte, die auf einer kleinen Lichtung steht, bietet sich zu einer kurzen Mittagsrast an.

Von hier aus sind es noch etwa 1000 Höhenmeter und vier Stunden Gehzeit bis zum Etappenziel, der zweiten Hütte. Nach einer halben Stunde ist die Waldgrenze erreicht, und bei klarem Wetter öffnet sich der Blick auf den zusehends steiler werdenden Anstieg und auf die von Rinnen durchzogenen Hänge. Zuerst führt der Weg über Steigungen mit einer geschlossenen, hohen Grasdecke. Schon bald bilden die steilen, schwarzen Böschungen aus harter Lava, die knorrigen Bäume und die spärliche Vegetation einen starken Kontrast zum tropischen Grün der unteren Regionen.

Dies ist der steilste, aber weitaus weniger schwierige Teil des Aufstiegs. Auf halber Höhe zwischen der ersten und der zweiten Hütte befindet sich ein **legendärer Baum**, den man während des Aufstiegs von weitem erblikken kann, und der sich doch immer weiter zu entfernen scheint, je näher

man ihm kommt. Erst ganz am Schluß dieser Tageswanderung erblickt man die **2. Hütte (2860 m)**, die in einer kleinen Mulde liegt. Diese Holzhütte mit Wellblechdach ist in schlechtem Zustand, nicht besonders sauber (die Müllberge rundherum werden zum Problem), und man schläft auf einfachen Holzpritschen. Eine kleine Hütte daneben dient der Mannschaft als Koch- und Schlafhütte. In einer Regentonne wird Wasser gesammelt, das sich aber bestenfalls für den Abwasch eignet, keinesfalls zum Kochen und Trinken! Jeder Bergsteiger sollte darauf achten, daß die Führer und Träger das Brennholz nicht von den nur noch sehr vereinzelten Bäumen in der Umgebung der Hütte abschlagen. Vielmehr sollte das (tote) Holz bereits im Regenwaldgürtel gesammelt werden, wenn es sich nicht ganz vermeiden läßt, ein Feuer zu machen, das die Mannschaft wärmt. Zum Kochen tut es jedenfalls ein Gas- oder Kerosinkocher. Ebenso wird jeder verantwortungsbewußte Bergsteiger vermeiden, den Müllberg, der sich hier bereits auftürmt, noch zu vergrößern, sondern sein Hab und Gut auch entleert wieder mit ins Tal nehmen. Sollte die Hütte (ca. 15 Schlafplätze) bereits belegt sein, was selten der Fall ist, bietet sich ein kleiner Grasplatz links hinter der Hütte zum Aufstellen von (max. zwei) Zelten an.

### Zweiter Tag:

➠ *2. Hütte (2780 m)* bis *Gipfel (4070 m) und zurück zur 2. Hütte*
**Höhendifferenz:** 1300 m im Aufstieg, gleicher Weg zurück. **Gehzeit:** 6–8 Std.

An diesem Tag empfiehlt sich ein früher Aufbruch gegen sieben Uhr morgens, dann sind die Temperaturen noch angenehm. Der Führer begleitet die Wanderer auf den Gipfel, die Träger bewachen das Gepäck auf der Übernachtungshütte. Man benötigt für unterwegs Proviant, Trinkwasser, Regenschutz und warme Kleidung.

Von der zweiten Hütte aus führt der Weg steil und monoton über schwarzes Lavagestein und Geröll zur **3. Hütte (3950 m)**, die in ungefähr drei Stunden erreicht ist. Der Aufstieg ist weiterhin nicht schwierig und der Weg auch im Nebel kaum zu verfehlen, Trittsicherheit vorausgesetzt. Von der obersten Hütte führt der Weg vorbei an flechtenbewachsenem Gestein, dann über schwarzen Lavasand auf den Gipfel des Vulkans (ca. eine Stunde Gehzeit). Im oberen, ungeschützten Gipfelbereich weht meist ein kalter Wind (8–10 m/sec.),

*Unser Führer auf der letzten Etappe*

deswegen ist warme Kleidung (Handschuhe, Mütze, Anorak) erforderlich. Vom Gipfelkreuz aus ist ein Blick in den Krater des „Fako" hinein und auf seine vielen Nebenkrater möglich. Bei gutem Wetter reicht die Sicht bis weit hinab zur Küste. Nach dem ermüdenden Aufstieg bietet sich auf dem Rückweg eine Mittagsrast an der 3. Hütte an. Der Abstieg (ca. 2–3 Std.) erfolgt auf dem gleichen Weg, übernachtet wird wieder in der 2. Hütte.

**Dritter Tag:**
➠ *2. Hütte (2780 m)* bis *Upper Farm (1090 m)*
Bei einem frühen Abstieg auf dem gleichen Weg zurück erreicht man nach drei bis vier Stunden Gehzeit den Ausgangspunkt der Wanderung gegen Mittag. Wer sein eigenes Fahrzeug nicht an der Upper Farm abgestellt hat, muß nun den Weg bis Buea hinab zu Fuß zurücklegen. Das **Mountain Hotel** bietet außer einem Mittagessen auch Tageszimmer zum Duschen an.

Führer und Träger erwarten am Ende der Tour ein **Trinkgeld**, das in angemessenem Verhältnis zu ihrem Lohn stehen sollte. Sie sind auch sehr dankbar für warme Kleidungsstücke, Handschuhe, Sportschuhe, Mützen o. ä.

*Wanderung in 2 Tagen*
**Für Konditionsstarke** ist die Tour auch in zwei Tagen zu schaffen. Führer und Träger müssen in diesem Fall bereits am Vortag organisiert werden, wodurch ein früherer Aufbruch spätestens um sechs Uhr morgens möglich ist. Am ersten Tag steigt man vom Mountain Hotel bis zur 2. Hütte auf, die Ankunft ist gegen Mittag. Dann geht´s gleich weiter zum Gipfel und zurück zur 2. Hütte, wo übernachtet wird. Am nächsten

## Eine Besteigung des Kamerunberges

Reiseskizze von San.Rat Dr. Kirchhoff und Dr. O. Krüger, 1905:

*„Längst hatten wir den Wunsch, auch einmal eine unserer deutschen Kolonien zu besuchen. In erster Linie hatten wir es auf Kamerun abgesehen, dessen landschaftliche Schönheiten von allen, die dort waren, so sehr gerühmt werden. Je mehr wir uns nach Kamerun erkundigten, desto verlockender erschien es uns als Reiseziel.*

*Was uns noch ganz besonders reizte, war der 4175 Meter hohe „Große Kamerunberg", der Mango-ma-Loba, d.i. Götterberg!*

*So schifften wir uns denn am 9.Oktober 1905 in Hamburg auf der „Eleonore Woermann" ein.*

*(...)*

*Am 29.Oktober, einem Sonntag, in aller Frühe erreichten wir unser Ziel. Als wir bei Tagesanbruch an Deck kamen, fuhren wir gerade in die Bucht von Viktoria ein. Ein herrliches Landschaftsbild bot sich unseren erstaunten Blicken dar. Diese Gegend kann sich wirklich mit den schönsten der Erde messen! (...) Rechts der hochaufstrebende, in feiner Form dem Vesuv ähnelnde Pic von Fernando Póo, jener fruchtbaren, seit langem kultivierten Insel, die, trotzdem sie so dicht bei Kamerun liegt, doch leider nicht uns, sondern den Spaniern gehört. Links die in üppigstem Grün prangende Küste von Kamerun. Alles ein großer dichter Wald, der scharf mit dem Meere abschneidet, und der wie eine dicke grüne Decke das ganze sichtbare Land überzieht. Alle Hügel, alle Schluchten sind gleichmäßig mit diesem Grün bedeckt bis hinauf zur Spitze des 1700 Meter hohen „Kleinen Kamerunberges", der (...) das Landschaftsbild nach der einen Seite zu abschließt, während nach der anderen hin die weit ausgelegte sogenannte Affenhalbinsel einen Abschluß bildet. Und dahinter der gewaltige „Große Kamerunberg", in seinen unteren Partien sanft ansteigend und gleichmäßig bewachsen, oben schroff abfallend, ein ungeheures kahles Felsmassiv, von oben nach unten gewaltig durchfurcht. (...) Bei diesem Anblick bekamen wir nun doch Respekt vor der Bergpartie, und im stillen sagten wir uns wohl: „Wenn wir nur erst oben wären".*

*Langsam näherten wir uns der Küste. (...) Immer deutlicher hoben sich die einzelnen Bäume, schlanke Palmen, allerlei Laubbäume, saftige Planten, Bananen und dergleichen ab, und nach und nach kamen immer mehr Häuser zum Vorschein. Links die Gebäude vom Kakaohafen, rechts die Viktoriahäuser, dazwischen der Botanische Garten und über diesem das stattliche Bezirksamtmannshaus, das Ganze beherrschend. Luftig flatterten allerwärts die deutschen Flaggen, und unter dem Donner unserer Schiffskanone rasselte der Anker nieder. (...) Bevor wir nach Kakaohafen hinüberruderten, machten wir noch dem Gouverneur auf seiner schmucken Regierungsjacht „Herzogin Elisabeth" einen kurzen Besuch, um uns ihm als eine für Kamerun bisher noch seltene Spezies, als „Kameruner*

*Touristen" vorzustellen. In Kakaohafen fanden wir eine ungemein freundliche Aufnahme. (...) Am nächsten Morgen ging es früh heraus. Um 5 Uhr weckte uns die Plantagenglocke, welche jeden Morgen um diese Zeit ihre Angestellten ruft. (...) Gegen 7 Uhr bestiegen wir die kleine Plantagenbahn, welche uns 600 Meter hoch hinauf beförderte. Diese eigens für die Esserschen Plantagen zum Transport des Kakaos gebaute Bahn ermöglicht es, die Reise nach Buea, dem Sitz des Gouverneurs, erheblich abzukürzen und bequemer zu gestalten. Von dem jetzigen Endpunkte, Wotutu, gelangt man auf gutem Wege in etwa zwei Stunden nach Buea. Bald soll die Bahn bis Soppo, später vielleicht bis Buea fortgeführt werden.*

*Die Fahrt durch die großartig angelegten und tadellos gehaltenen Plantagen und späterhin durch den Wald war herrlich. Die Vegetation, durch die wir hier hindurchfuhren, geradezu überwältigend. Wer nie in den Tropen war, kann sich von einer solchen Fruchtbarkeit gar keine Vorstellung machen. (...) In den Pflanzungen selbst wächst, vorläufig wenigstens noch, fast ausschließlich Kakao, aber der immer mehr sinkende Preis auf dem Weltmarkt – heutzutage wird in der ganzen Welt Kakao gepflanzt – und die zahlreichen Kakaoschädlinge, (...), lassen die Kakaogewinnung immer weniger lohnend erscheinen. Man hat daher bereits damit angefangen, an Stelle der Kakao- Gummipflanzungen anzulegen, für die Kamerun geradezu ideale Wachstumsbedingungen darbietet (...). Ja, die Zukunft Kameruns soll einzig und allein im Gummi liegen!*

*Nach ca. einstündiger Fahrt erreichten wir Wotutu. Von hier ging es auf Maultieren nach Soppo, wo wir nach einer weiteren Stunde anlangten, infolge eines plötzlich aufgetretenen Gewitterregens bis auf die Haut durchnäßt. (...) Es blieb uns nichts übrig, als uns in Decken gehüllt sofort ins Bett zu legen, um die Ankunft unserer Sachen zu erwarten, die durch Träger heraufbefördert wurden. Hier oben, ca. 800 Meter hoch, war es denn doch erheblich kühler als unten in der heißen Treibhausluft, so daß diese Vorsicht schon geboten schien.*

*Der kommende Tag galt den Vorbereitungen zu unserem Aufstieg.(...). Durch die freundliche Vermittelung in Buea waren Führer, Träger, Proviant, Decken usw. bald besorgt, so daß der Aufbruch zum nächsten Morgen um halb sechs Uhr verabredet werden konnte. Um uns den Weg etwas abzukürzen, wollten wir nicht von Soppo, sondern von der Sennerei (Prison Farm, Anm.), die ca. 200 Meter über Buea liegt, aus aufbrechen und fanden uns daher bereits am Abend dort ein. Unter der Obhut zweier Allgäuer Senner führen hier ca. 70 stattliche Kühe ein beschauliches Dasein und ahnen wohl kaum, daß sie nicht in ihren heimatlichen Bergen, sondern mitten im schwarzen Erdteil sind. (...)*

*Am nächsten Morgen pünktlich um halb sechs meldete sich unser Führer. Hinter ihm erschienen die Schar der Träger, zwei mit Buschmessern ausgerüstete Leute, um den Weg durch den Wald zu bahnen, ein Polizei-*

*soldat, ein Koch und, last not least, das ewig Weibliche, eine Mammy, die Frau eines Trägers, die aus Neugierde mit ihrem Ältesten zusammen mit von der Partie sein wollte.*

*Die Verständigung mit unserer Gefolgschaft war etwas schwierig. Deutsch sprach natürlich keiner der Schwarzen, der Führer Lionga und der Koch verstanden etwas Englisch, konnten sich uns gegenüber aber nur durch das Kauderwelsch des „ pigeon-english" verständlich machen.*

*Nachdem unser Gepäck, verschiedene Blechkoffer mit dem Proviant, große Säcke mit warmen Sachen, dicken Lodenmäntel mit Decken und der nötige Wasservorrat, aufgeladen waren, setzte sich der Zug in Bewegung. Zuerst ging es sanft ansteigend über grüne Matten bis an den Saum des Waldes, dann durch diesen hindurch auf immer steilerem Pfade in die Höhe. Häufig mußten dicke Baumstämme, die den Weg versperrten, überklettert werden, und allmählich wurde der Busch immer dichter, so daß die mit den Buschmessern ausgerüsteten Schwarzen anstrengende Arbeit bekamen. Während der ganzen langen Regenzeit war der Pfad nicht begangen worden und infolgedessen sehr zugewachsen, so daß ein neuer Durchgang geschaffen werden mußte. So ging es etwa zwei Stunden lang weiter. Dann war die obere Waldgrenze erreicht, und wir gelangten in das Gebiet des Elefantengrases, nach seiner Höhe so genannt, in welchem nur noch vereinzelte niedrige Bäume und Sträucher vorkommen. Das bis an die Brust reichende Gras macht das Steigen insofern schwierig, als man nichts von dem steinigen Boden sah und sich immer erst mit dem Fuße einen Halt suchen mußte. (...) Von Ende Dezember an wird diese Bergpartie leichter zugänglich. Die Eingeborenen brennen dann das ganze Gras nieder.*

*Fünf Stunden lang ging es so in gerader Linie aufwärts. Unser nächstes Ziel, die erste Terrasse, sahen wir schon lange vor Augen, aber nur langsam rückte sie uns näher. Als wir endlich oben waren, glaubten wir schon, wir müßten noch weiter steigen, denn von einem Unterschlupf war hier nichts zu sehen. Aber unser Führer führte uns nur wenige Minuten seitlich und wir entdeckten in einer muldenartigen Vertiefung, vor Winden geschützt, die „Johann-Albrecht-Hütte", ein für die gegebenen Verhältnisse sehr annehmbares Nachtquartier. Sie sowohl wie die „Herzogin Elisabeth – Hütte" auf dem Gipfel sind eine Errungenschaft des Kameruner Alpenvereins, der sich vor einigen Jahren konstituiert hat, und dem wir im Namen aller Bergsteiger, die den Kamerunberg nicht unter allzu großen Anstrengungen erklimmen wollen, nur unseren wärmsten Dank abstatten können. Die Hütte besteht aus einer einfachen Holzbude und einem Wellblechverschlag für die Schwarzen. Während diese unter Ihrem Wellblechdach sofort ein ordentliches Feuer anmachten, vertauschten wir unsere Tropenkleidung mit wärmeren Sachen. Waren wir doch hier schon ca. 3000 Meter hoch und empfanden höchst unangenehm den großen Temperaturunterschied gegen unten. Dann wurde das Nachtlager aus Decken und dem in der Hütte befindlichen Stroh zurecht gemacht und ein Blechkoffer als Tisch zum Mahle gedeckt.*

*Zur „after dinner"-Zigarre erklommen wir die nächste Höhe, machten es uns auf ein paar großen Steinen recht behaglich und genossen so die herrliche, weite, unbeschränkte Aussicht. Zunächst unter uns, mitten im Grünen, Buea und Soppo, dann weiter nach rechts zu die große Bucht von Viktoria mit dem „Kleinen Kamerunberg" und allen ihren vielen Inseln, weiter hinaus Fernando Póo mit seinem schlanken Pic. Geradeaus das weite Meer. Links das große Kamerun-Ästuarium mit seinen Flußläufen und zahllosen Kricks, deren Silberglanz scharf gegen das dunkle Land und die vielen Inselchen abstach. Und tief in das Land hinein nur Wald, dichter, saftiger, grüner Urwald!*

*Am nächsten Morgen wurde wieder früh aufgebrochen. Außer unserem Führer gingen diesmal nur zwei Träger mit, der Rest der Truppe zog es vor, in der unteren Hütte zu bleiben. Die Schwarzen scheuen im allgemeinen den oberen Teil des Berges, einmal aus religiösen Gründen, weil ihre Götter oben hausen – und mit denen ist nicht zu spaßen – und dann der Kälte wegen. Wenn es auch keinen ewigen Schnee und Gletscher gibt (die Schneegrenze liegt der geographischen Lage Kameruns entsprechend sehr viel höher als in unseren Alpen), so friert es doch häufig, und an den geschützten Orten hält sich auch lange der Schnee. Die armen Kerle* frieren daher ganz jämmerlich da oben und, nachdem vor wenigen Jahren einige Schwarze erfroren sind, verspüren sie noch weniger Lust, die oberen Regionen kennnen zu lernen. Unsere Helden gingen auch nur für ein noch extra versprochenes Trinkgeld mit.

Der Weg von der unteren Hütte hinauf zur oberen führt zunächst noch durch hohes Gras und war noch steiler als bisher. Dann aber hört, bis auf allerlei Moosarten, jede Vegetation auf, die Landschaft wird immer öder. So ging es etwa zwei Stunden, bis wir an den Aschenkegel gelangten, der wie beim Vesuv die oberste Spitze bildet. In dieser Region ist das Steigen auf die Dauer ganz besonders anstrengend, da man tief einsinkt und bei jedem Schritt vorwärts wieder ein Stück zurückrutscht. Nach abermaligen zwei Stunden hatten wir aber auch diesen Aufstieg überwunden und sahen die obere „Herzogin Elisabeth – Hütte", einen von Stürmen etwas demolierten Wellblechbau, vor uns. Die Hütte steht auf einem kleinen Plateau, von dem aus sich einzelne Spitzen erheben, lauter Aschenkegel, die offenbar verschiedenen vulkanischen Ausbrüchen ihre Entstehung verdanken. Wir bestiegen die uns am höchsten scheinende, die auch von unserem Führer für die Spitze des Mango-ma-Loba erklärt wurde. Man mußte dem orkanartigen Wind, der dort oben blies, mit Anstrengung aller Kräfte entgegenarbeiten, um nicht in einen der tiefen Krater hinuntergeweht zu werden. Jedoch war alles in Wolken gehüllt. Das war schade, aber

*wir hatten beim Aufstieg so herrliche Ausblicke gehabt, daß die Aussicht von ganz oben kaum schöner sein konnte.*

*Zurück in der Hütte fanden wir unsere Schwarzen dicht zusammengedrängt unter dicken Decken, vor Frost ganz jämmerlich zitternd. Das Thermometer zeigte drei Grad Celsius! So machten wir uns bald zum Aufbruch fertig, was allgemeine Freude hervorrief.*

*Hinunter ging es in der losen Asche zunächst sehr rasch und bequem. Aber später, als das hohe Gras wieder anfing, wurde auch der Abstieg recht beschwerlich. Dicht unterhalb des großen Aschenkegels stießen wir auf den Leichnam eines vor fünf Jahren Erfrorenen, tadellos erhalten und mumifiziert.*

*In der unteren Hütte wurde unsere Rückkehr mit Jubel begrüßt und, nach dem Gestikulieren und Debattieren zu urteilen, die Gefährlichkeit des Berggipfels einer sehr eingehenden Kritik unterzogen.*

*Etwas steif von den ungewohnten Kletterübungen – wir hatten gänzlich untrainiert unmittelbar im Anschluß an eine dreiwöchige Seereise die Besteigung des Berges unternommen – setzten wir am nächsten frühen Morgen den Abstieg weiter fort mit einem Umwege über die sogenannte Mannsquelle, um auch diese noch kennen zu lernen. Hier bekamen wir von weitem eine Antilopenherde zu sehen, außer einigen wenigen Affen und zahlreichen sehr bunten kleinen Vögeln das einzige Getier, dem wir auf dem Mango-ma-Loba begegnet sind. Im übrigen vollzog sich der Abstieg ohne nennenswerte Ereignisse. In der Sennerei erquickten wir uns wieder an der herrlichen Milch, dann ging es nach Buea zurück, wo wir als Gäste des Gouverneurs bis zum nächsten Mittag bleiben, darauf nach Soppo und hinunter nach Viktoria.*

*Die wenigen Tage, die uns noch in Kamerun bleiben, benutzten wir zur näheren Besichtigung Viktorias, der großartigen Esserschen Plantagen, des Botanischen Gartens und zu einer Fahrt durch die Kricks zwischen den unzähligen Mangrove-Inseln hindurch nach Duala. Hier trafen wir unsere „Eleonore". Als wir infolge eines Tornados, der uns mitten auf dem Kamerunhaff überrascht hatte, bis auf die Haut durchnäßt, wieder unsere wohnliche Kabine betraten, kamen wir uns ordentlich wie zu Hause vor und fühlten uns, nachdem wir erst trockene Sachen anhatten, unbeschreiblich wohl.*

*Am nächsten Tag lichtete die „Eleonore" den Anker, und nun ging es heimwärts. In Santa Cruz verließen wir unser Schiff, verbrachten noch eine sehr angenehme Woche in Teneriffa und dampften dann mit einem Velodampfer nach Genua. Aufenthalt konnten wir nirgends mehr machen, unsere Zeit war um. Gleich im Anschluß an unsere Ankunft in Genua ging es mit dem Riviera-Expreß unserem winterlichen Norden zu.*

*Wir waren gerade zwei Monate weg gewesen: am 9. Oktober waren wir ausgereist, am 9. Dezember trafen wir wieder daheim ein.*

Morgen erfolgt die letzte Abstiegsetappe. Diese Tour empfehle ich wirklich nur sehr leistungsstarken Wanderern.

### Umwelt- und Naturschutz

Die Folgen menschlicher Eingriffe, sowohl in touristischer wie auch in landwirtschaftlicher Hinsicht, haben am Mt. Cameroon bereits ihre deutlichen Spuren hinterlassen. So wird der Regenwaldgürtel durch **Abholzung** immer weiter zurückgedrängt und schafft Platz für die Feldwirtschaft. Durch Bergsteiger und Mannschaften sind bereits **riesige Müllberge** entstanden mit Dosen, Glas und weiteren nicht abbaubaren Stoffen. Teilweise wird der Abfall einfach in der Nähe der Hütte liegengelassen (z.B. 2. Hütte) oder auch vergraben, was zwar optisch schöner, jedoch genauso sinnlos ist. Man sollte als Bergsteiger dazu beitragen, daß diese Schäden nicht noch größere Ausmaße annehmen. Durch Vermeidung eines Campfeuers an der Übernachtungshütte werden die Bäume der Umgebung geschützt (Mitnahme eines Gaskochers!). Die Mitnahme des anfallenden Abfalls zurück ins Tal sollte sich von selbst verstehen. Zu diesem Zweck kann man sich mit einem geeigneten Müllsack ausrüsten. Optimal ist dabei natürlich die vorsorgliche **Müllvermeidung** (keine Folien, natürliches Verpackungsmaterial, biologisch abbaubare Seife etc.). Dabei sollte auch bei Führern und Trägern Verständnis geweckt werden, die sich bislang kaum für Umweltschutzbelange interessieren, geschweige denn zuständig fühlen.

### Auskünfte zum Mt. Cameroon
**Service Provincial du Tourisme**
P.O. Box 92, Buea, Tel. 32 26 56.

## Buea (Limbe) – Kumba

➠ Buea – Kumba 75 km,
➠ Limbe – Kumba 93 km

Eine gute Asphaltstraße führt zwischen *Mt. Cameroon* und dem *Mungo*-Fluß nach Norden. Vorbei an Großpflanzungen mit Ölpalmen, Heveas (Kautschukplantagen), Bananen, Maniok, Kakao, Kaffee geht es immer wieder durch kleine Dörfern, links der Route liegt der Mt. Cameroon. Ursprünglich war diese Region von tropischem Regenwald mit riesigen Bäumen bewachsen. Um jedoch eine landwirtschaftliche Nutzung des fruchtbaren Bodens zu ermöglichen, wurden große Waldbestände gerodet, nur zwischendurch stehen noch mächtige „Kasebäume" *(Fromager)* mit ihren hohen Brettwurzeln.

Nachdem man die Ausläufer des Mt. Cameroon passiert hat, fährt man in eine weite Ebene mit Hevea-Pflanzungen, an deren hohen und schmalen Baumstämmen der weiße Kautschuk in kleine Auffangbehälter tropft. Die Landschaft ändert sich abrupt, weites Buschland breitet sich aus, und es wird zunehmend wärmer. Am Rande der Straße bieten die Kleinbauern ihre Yams-Wurzeln an. Kurz bevor man *Kumba* erreicht, wird die Landschaft wieder bewaldet.

*Der Westen*

## *Kautschuk-Gewinnung*

*Die Hevea-Bäume, die den Kautschuk liefern, stammen ursprünglich aus der Amazonas-Region in Brasilien. Heute wächst diese Pflanze in Südamerika, Indonesien (Sumatra) und Afrika. Der Kautschuk aus den riesigen Hevea-Plantagen im Westen Kameruns gehört zu den wichtigsten Exportprodukten des Landes. Afrika liefert heute mit die beste Kautschukqualität.*

*Die großen, sehr schlanken Hevea-Bäume sind genau ausgerichtet und neigen sich alle zur selben Seite. Sie erreichen ein Alter von etwa 80 Jahren, die beste Ernte wird bei Bäumen im Alter von 15 bis 45 Jahren erreicht. Der Latex zirkuliert in der tiefsten Schicht der Rinde. Morgens, wenn die Ergiebigkeit des Baumes am größten ist, machen die Arbeiter mit einer schnellen und sicheren Bewegung einen Einschnitt in die Rinde, d. h.*

*die Bäume werden „getippt". Dann läuft langsam der weiße Kautschuksaft in die am Stamm angebrachten Auffangbehälter. Der Inhalt der Sammelbecher, eine klebrige, milchweiße Paste, wird gegen Mittag eingesammelt. In diesem Zustand ist die zähe Flüssigkeit bereits Rohgummi. Zur Verarbeitung wird dieser Rohgummi erhitzt und gereinigt, schließlich zu Barren geformt. So gelangt der Rohkautschuk in den Export zur Weiterverarbeitung in den Abnehmerländern. Gute und teure Reifen haben einen hohen Anteil an Rohkautschuk.*

*Die günstigen Bedingungen der Küstenzone haben eine rasche Entwicklung der Hevea-Plantagen mit sich gebracht. Dieser Anbau ist wichtig für die Volkswirtschaft des Landes, denn er beschäftigt nicht nur sehr viele Menschen, sondern ist auch die Grundlage einer lokalen Industrie. Gleichzeitig mußten für die Plantagen aber auch immense Flächen an Regenwald weichen.*

## Kumba

Kumba liegt in der Provinz *South West* und ist Hauptort der *Mémé*-Division.

Zur deutschen Zeit war nicht weit vom heutigen Zentrum ein Posten mit dem schönen Namen „Johann-Al-brechts-Höhe" (benannt nach dem Erzherzog von Mecklenburg, der Ende des 19. Jahrhunderts durch Zentralafrika gereist war.)

Heute ist Kumba ein **lebhaftes Geschäftszentrum,** und im Gegensatz zu den meisten anderen Provinzstädten findet hier täglich ein von morgens bis abends dauernder **großer Markt** statt, auch Schwarzmarkt mit Billigprodukten. In den geordneten Reihen der Verkaufsstände finden sich die unterschiedlichsten Waren, das Angebot reicht von den frischen Gemüse- und Obstsorten der Region über bunte Stoffe und Plastikartikel bis hin zu Transistorradios und Musikkassetten. Lokales Handwerk findet man auf diesem Markt nicht. Die meisten Waren kommen aus Nigeria (auf dem Weg durch *Ekondo Titi*) und der Großteil der Händler in Kumba sind Nigerianer. Die angebotenen Produkte sind daher äußerst preiswert.

Gleich neben dem Markt liegt eine der Sammeltaxi-Stationen. Was in Kumba sofort nach Ankunft auffällt, ist der **chaotische Verkehr.** Jede Menge gelbe Stadttaxis, überladene Buschtaxis und Lastwagen drängen sich auf den Busbahnhöfen und durch die staubigen Straßen der Stadt. Kisten und Säcke werden aus-, ein- und umgeladen und man spürt förmlich, wie wichtig den Menschen hier der Handel ist. Die Straßen sind extrem schlecht: Teerstraßen mit einer Unmenge von Schlaglöchern od. Pisten mit übrigen Teerfragmenten. Alles ist rot vom Staub, die rechteckigen Ziegelhäuser passen sich dieser Farbe an und selbst die Wellblechdächer sind schon mit einer roten Staubschicht überzogen.

Zudem ist es in Kumba **extrem heiß** (trockene Hitze). Wer also nicht unbedingt in diese Stadt will oder muß, kann sie als Tourist getrost meiden. **Kumba ist wenig einladend und bietet nichts besonders sehenswertes**.

### PRAKTISCHE INFORMATIONEN

 UNTERKUNFT

**Hotel Autenthique**
P.O. Box 236, Tel. 35 44 20; am Ortsausgang (Richtung Ekondo Titi) führt rechts eine Straße zum Hotel. In dem ziemlich renovierungsbedürftigen Hotel mit freundlichem Personal gibt es zehn einfache Zimmer (ab ungefähr CFA 9000), eine Bar und ein Restaurant. Laut eines Leserbriefs gibt es kein Wasser und Bar/Restaurant sind nicht mehr in Betrieb.

**Hotel Travail avant tout**
P.O. Box 239, Tel. 35 41 02. Kleines, preiswertes Hotel mit lokalem Standard.

**Azi Motel**
Recht günstige, saubere, zentral gelegene Unterkunft mit Zimmern mit Dusche/WC, teils mit Klimaanlage, TV und gutem Restaurant (Zimmer ab ca. CFA 9000).

**Presbyterian Church Center**
P.O. Box 49, Tel. 35 42 09; an der Mbonge Road hinter der Presbyterian High School gelegen. Die Mission ist eine angenehme und preiswerte Unterkunft und wünscht sich Gäste, die mehr als eine Nacht dort verbringen (siehe dazu auch Missionen S. 100).

**Der Westen**

*Hevea-Plantage*

🚗 VERKEHRSVERBINDUNGEN
### Sammeltaxis
➡ *Kumba – Buea*
Auf guter Teerstraße 75 km von/nach
Buea.
➡ *Kumba – Douala*
Via Tiko 142 km auf guter Teerstraße.
➡ *Kumba – Nkongsamba*
Von/Nach Nkongsamba sind es 83 Ki-
lometer; bis Loum Piste, dann Teer-
straße.
➡ *Kumba – Ekondo Titi*
Von/nach Ekondo Titi sind es 58 Kilo-
meter Piste.
➡ *Kumba – Mundemba/Mamfé*
Von/nach Mundemba sind es 98 Kilo-
meter mit Umsteigen in Ekondo Titi;

nach Mamfé 181 km. Beide Strecken
führen über Piste.

### Bus-/Sammeltaxi-Bahnhöfe
Es gibt vier Bus-/Sammeltaxi-Bahnhö-
fe in Kumba, einen in der Stadt am
großen Marktplatz, die anderen in verschiedenen Stadtvierteln. Am Besten
dem Stadttaxi auf dem Weg zum Busbahnhof das Fahrziel des Busses/Sam-
meltaxis nennen, da die einzelnen
Bahnhöfe nach Destinationen aufgeteilt sind.

### Stadttaxis
Überall in der Stadt fahren gelbe Stadttaxis (T. ramassage, Sammelfahrten).

## Minibus

 *Kumba – Bafoussam – Bamenda*
Es fährt ein Minibus am Nachmittag über Bafoussam nach Bamenda ab (Ankunft in der Nacht); bis Loum sehr schlechte Piste, ab Loum relativ gute Straße; 4500 CFA bis Bafoussam.

### ■☛ SONSTIGES

In Kumba gibt es außerdem noch **Banken**, eine **Post**, ein **Kino** und **Apotheken**.

### Krankenhaus

Tel. 35 41 39

### Wurstwaren

In der **RTC-Farm**, am Ortseingang (von Süden) links, werden Wurstwaren verkauft.

###  AUSFLÜGE

#### ★ Lake Barombi Mbo

Oberhalb dieser weit verstreuten und recht lebendigen Kleinstadt liegt ein **wunderschöner Kratersee** in herrlicher Umgebung: Der *Lake Barombi Mbo* (**Elefantensee**). Falls man keinen eigenen Wagen zur Verfügung hat, mietet man sich für die Fahrt zum See hinauf am besten ein Stadttaxi und kehrt zu Fuß in die Stadt zurück. Zunächst fährt man in Kumba vorbei an der Polizei *(Gendarmerie Nationale*, hier kann man sich nochmals nach dem Weg erkundigen) zum Wohnviertel *Station* (ca. 3 km schlechte Piste, keine Beschilderung), am Ende einer kurvenreichen Sackgasse sind es dann noch einige hundert Meter zu Fuß zum See.

Die tiefgrüne Wasserfläche und der Kraterrand werden von dichter Vegetation und herrlichem Tropenwald umrahmt. Es bietet sich ein schöner Blick über die Stadt. Kinder zeigen Ihnen gerne den schmalen, steil nach unten führenden Pfad, auf dem man vom Kraterrand aus zum Seeufer hinabgelangt. Früher führte ein abschüssiger und rutschiger Weg steil über zwanzig Meter hohe Eisenleitern hinab, die senkrecht an der Felswand befestigt waren; inzwischen soll es einen flachen Zugang geben. Am See erreicht man den kleinen Pfad, der direkt zum Ufer und um den See herum führt. Gewöhnlich fahren einige Pirogenfischer auf dem ruhigen Gewässer. Auf Wunsch wird man sie (gegen Bezahlung) gerne ans andere Ufer übersetzen, an dem das kleine Fischerdorf *Barombi* idyllisch liegt.

Für die Wanderung zum See brechen Sie am Besten sehr früh auf, da es schnell sehr heiß und feucht wird.

Der Barombi-See versorgt die Stadt Kumba mit Trinkwasser.

## Kumba – Mundemba (Korup Nationalpark)

➠ 98 km Piste

In *Kumba* zweigt man links von der Strecke *Buea – Loum* ab. Auf Piste (mäßiger Zustand) erreicht man von Kumba aus nach **58 km** den kleinen Ort **Ekondo Titi**. Unterwegs erlebt man **Afrika wie aus dem Bilderbuch:** Zahlreiche Dörfer mit Holzhäusern entlang der Piste, üppiger, grüner Tropenwald und eine überaus freundliche Bevölkerung. In diesem sehr ursprünglichen, ländlichen Gebiet spürt man deutlich, daß man sich abseits der Durchgangsstrecken bewegt, Touristen kommen (noch) kaum vorbei. Etwa 14 km hinter Kumba, in **Ekombe 3 Corners**, führt links eine Abzweigung zum **Kra-**

**Der Westen**

tersee **Barombi Koto**, der nicht so eindrucksvoll wie der Barombi Mbo in Kumba ist. Auf der Fahrt nach Ekondo Titi kann man unterwegs eine kleine Kaffee-Fabrik besuchen, in der *Arabica*-Kaffee (maschinell) geschält wird. Von Hand wird der geschälte Kaffee dann in Säcke abgefüllt und zum Export fertiggemacht.

Hinter der Abzweigung in Richtung *Mbonge* säumen dann wieder riesige Ölpalmplantagen die Strecke, deren Früchte in ansässigen Palmölfabriken verarbeitet werden.

(Kurz vor dem kleinen Marktort **Ekondo Titi** führt eine Abzweigung nach links hinab an die Küste nach *Idenau*; siehe Seite 298)

Hinter Ekondo Titi in Richtung Mundemba wird die Piste wieder besser. Wer im Buschtaxi unterwegs ist, muß hier umsteigen, denn von Kumba aus verkehren keine durchgehenden Fahrzeuge nach *Mundemba*. Geradewegs in Richtung Nigeria (Nordwesten) führt die holprige Strecke nun durch dichte Waldgebiete, bis nach **98 km** (von Kumba aus) **Mundemba** erreicht ist. Hier endet die Piste.

## Mundemba

Das kleine, verschlafene Nest Mundemba hätte keinen touristischen Reiz, würde es nicht in unmittelbarer Nähe des **Korup-Nationalpark**s liegen. Vor allem **botanisch Interessierte** zieht es hierher, denn es handelt sich um einen der erdgeschichtlich ältesten Regenwälder der Erde.

Anzumerken ist, daß ein Besuch des Korup-Nationalparks ein zeitaufwendiges Unternehmen für Abenteuerlustige ist, das über den Rahmen einer kurzen Rundreise durch den Westen hinausgeht.

## PRAKTISCHE INFORMATIONEN

 UNTERKUNFT

### Hotels

Die wenigen Hotels und Gasthäuser in Mundemba bieten ausschließlich einfachen Standard.

### Hotel Prince

Das relativ neue und saubere Hotel Prince verfügt über zehn klimatisierte Zimmer.

### Vista Palace Hotel

In Richtung Marktplatz, führt links eine Straße wenige hundert Meter hinauf zum Hotel, das unweit der Forststation liegt. Das sehr einfache kleine Hotel verfügt über 7 Zimmer mit Dusche und Deckenventilator, Bar und Restaurant (mit Vorbestellung); manchmal gibt es kein Fließwasser. Zimmerpreis CFA 4000 bis CFA 5500.

### Iyas-Hotel

P.O. Box 17. Es liegt am westlichen Ortsende und verfügt über zwölf saubere Zimmer mit Dusche/WC, Ventilator (ca. CFA 10 000). Diese Unterkunft würde ich besonders empfehlen; es ist zwar das teuerste Hotel im Ort, jedoch verfügt es über Fließwasser und ein eigenes Restaurant mit einfachen, aber guten Gerichten.

ESSEN UND TRINKEN

Es existieren zahlreiche **kleine Bars** und **Kneipen**, die lokale Küche und kühle Getränke anbieten. Der Stolz einiger Lokale ist ein ständig laufendes Fernsehgerät! Hier kann man unter Umständen auch Kontakte knüpfen für gemeinsame Transfers zum Park oder ein gemeinsames Trekking mit Führer.

VERKEHRSVERBINDUNGEN
Öffentliche Verkehrsmittel nach Mundemba verkehren (meiner Information nach) **nur in der Trockenzeit.**

⟶ *Douala – Kumba – Mundemba*
Von/nach Douala mit dem **Bus** bis Kumba (142 km, geteert), dann Umsteigen in ein **Sammeltaxi** nach *Ekondo Titi,* nochmals umsteigen nach Mundemba (Fahrzeit gesamt ca. 8 Std.). Das **Buschtaxi** hält am Ortseingang von Mundemba. Hier zweigt rechts die Straße zum Iyas-Hotel ab. Vom Taxihalt bis zum „Zentrum" sind es etwa fünf Gehminuten entlang der Hauptstraße.

⟶ *Limbe – Issangele – Mundemba*
Eine weitere (beschwerlichere) Zufahrtsmöglichkeit besteht **mit dem Boot** von Lımbe aus über *Issangele* und den *Ndian-River.* Erkundigen Sie sich bei *Mrs. Dorindo* im *Seme New Beach Hotel* in Limbe; prüfen Sie in jedem Fall die Fahrtüchtigkeit des Bootes und die aktuelle Sicherheitslage dieser Region.

■🐾 SONSTIGES
***Apotheke, Hospital***
an der Hauptstraße

*Kleine Shops*
Hier können Sie sich noch mit Verpflegung für das Trekking, mit Regenumhang und Sportschuhen ausrüsten. Die Läden haben sich bereits sehr gut auf die Parkbesucher eingestellt.

*Markt*
Markt ist jeden Samstag und Mittwoch.

**Hinweis:** Es gibt **keine Bank** im Ort (Reiseschecks und Devisen werden von den Hotels und vom Parkbüro nicht akzeptiert!), daher vorher bereits genügend Geld tauschen. Außerdem ist in Mundemba **kein Treibstoff** erhältlich!

 AUSFLUGE

★ *Korup Nationalpark*
**Ausrüstung**
Für ein Urwaldtrekking im Korup benötigen Sie neben Regenausrüstung und bequemen Sport- oder Leichttrekkingschuhen (je nach Wetter evtl. auch Gummistiefel) eine Trinkwasserflasche (Mineralwasser in Plastikflasche vom Geschäft tut es auch), Mückenschutz (wichtig!), einen Tagesrucksack für Verpflegung und Fotoausrüstung, hochempfindliches Filmmaterial, langärmeliges Hemd/T-Shirt und lange Hosen (aus festem Material, z.B. Jeans). Wer ein mehrtägiges Trekking plant, sollte sein eigenes Zelt mitnehmen, da in der Parkverwaltung nicht immer ein Leih-Zelt vorrätig ist.

**Parkverwaltung**
Öffnungszeiten: Mo bis Fr 7.30 – 14.30 Uhr, Sa 7.30 – 12.30 Uhr, So geschlossen. **Anmeldung** ist **obligatorisch.**

In der Parkbehörde (an der Hauptstraße) bezahlt man den Parkeintritt und die Gebühren für Führer (obligatorisch), Träger und/oder Camping. Hier erhält man auch gute Tips und Hinweise zum Besuch des Parks und einen „Nature Trail Guide" (falls vorrätig). In einer kleinen Ausstellung wird auf die Problematik „Schutz des Regenwaldes" aufmerksam gemacht. Folgende Ausrüstung kann in der Parkverwaltung gegen Gebühr verliehen werden (je nach Verfügbarkeit): Feldbett, Moskitonetze, Zelte, Töpfe, Kocher. Nehmen Sie in jedem Fall genügend Trinkwasser mit.

Der **Conservator des Parks**, Herr *Akum*, hat an der Universität von Göttingen in einem Teilbereich der Tierbiologie ein Diplom absolviert und **spricht** daher ausgezeichnet **deutsch**.

### Gebühren
Parkeintritt: ca. CFA 4800, gültig für ein Jahr (1. Juli – 30. Juni)
Führer: CFA 5600/Tag
Träger: CFA 4000/Tag
Motorpiroge (Boot): CFA 20 000/Tag (inkl. Bootsführer, Treibstoff extra); die Boote sind für ca. sieben Personen ausgelegt.

Bitte geben Sie die Gebühren nicht direkt den Führern/Trägern.

### Führer
Für eine Wanderung auf einem der *Nature Trails* empfiehlt es sich, einen Führer mitzunehmen. Zwar sind die Wege gut markiert, wie überhaupt die gesamte Infrastruktur um den Park sehr gut gestaltet ist, aber mit einem erfahrenen Guide profitieren Sie von dessen Informationen über die Pflanzen- und Tierwelt im Korup und können sich jedenfalls nicht verlaufen.

Als **sehr guter Führer** wurde mir *Ferdinand* empfohlen, der schon seit mehr als 20 Jahren für das Reservat und den Park tätig ist. Da er gleichzeitig *Native Doctor* (Naturmediziner) ist, kennt er natürlich eine Menge Bäume und Pflanzen (z.B. Nutz- und Heilpflanzen) im Wald. Auch alle anderen Führer sind ausgezeichnet informiert.

### Anfahrt/Unterkunft
Der **Transfer** von *Mundemba* **zum Parkeingang** (ungefähr 10 km) wird ebenfalls von der Parkverwaltung organisiert. Gebühren vor Ort erfragen. Ebenso können Sie mit einem normalen Taxi oder einem Fahrzeug des Iyas-Hotels dorthin gelangen. Vereinbaren Sie den Zeitpunkt der Abholung für die Rückfahrt.

Wer mit dem eigenen Wagen unterwegs ist (Geländefahrzeug empfohlen), kann direkt bis zum Parkeingang fahren (Weg beschildert) und dort das Auto abstellen (für eine Bewachung des Fahrzeugs ist nicht gesorgt).

Es gibt derzeit zwei **Campingplätze** im Park: *Iriba Inene Camp* und *Rengo Rock Camp*, die zwei bzw. acht Kilometer vom Parkeingang entfernt liegen. Feste Überdachungen (für Zelte), Tische, Bänke, Kochstellen und Toiletten sind vorhanden. Wasser muß mitgebracht werden.

### Der Park
Die **beste Zeit für einen Besuch** ist November bis Mai. Der Park ist das ganze Jahr über zugänglich, der Besuch empfiehlt sich dennoch nur in der Trockenzeit.

Den Eingang des Korup-Nationalparks erreichen Sie auf einer Piste, die ca. 10 km durch Ölpalmplantagen führt. Der **Parkeingang** liegt am *Mana* (oder *Ndian*-) *River*, der das geschützte Gebiet vom Farmland trennt.

Der Korup ist der erste Nationalpark Kameruns, der einen Regenwald schützt. Nachdem dieses Gebiet seit 1973 als *Forest Reserve* geschützt war, wurde es 1986 in Zusammenarbeit mit dem **WWF** und der Regierung von Kamerun zum Nationalpark erklärt. Nach Auskunft der Parkverwaltung ist der Primärwald dieses Gebietes ungefähr 30 Mio. Jahre alt. In der Umgebung der Dörfer, in der Randzone des Parks, findet man vorwiegend *Sekundärwald* (siehe auch Seite 265 zum Thema Regenwald).

Wer erwartet, Waldelefanten, Leoparden und Schimpansen beobachten zu können, wird enttäuscht sein. Zwar leben diese seltenen Tiere im Korup, aber sie sind so scheu, daß selbst die Wissenschaftler Mühe haben, sie ausfindig zu machen. Wer jedoch ein Regenwaldgebiet einmal näher kennenlernen möchte und sich speziell für die **Botanik** interessiert, wird hier eine Fülle von Entdeckungen machen.

Eine 120 m lange Hängebrücke führt über den *Mana*-Fluß in den Wald hinein. Mehrere markierte **Trekking**-Pfade, darunter auch botanische Lehrpfade mit gekennzeichneten Pflanzen, wurden hier angelegt. Eine gute Beschreibung finden Sie in der Informationsbroschüre, die in der Parkverwaltung erhältlich ist.

Eine recht kurze Wanderung führt auf dem *Nature Trail* zum 2 Kilometer entfernten *Iriba Inene Camp* (zu deutsch: Großer Fluß). In entgegengesetzter Richtung führt ein Pfad (8 km) zum *Scientist Camp*, das den Wissenschaftlern dient. Speziell für Touristen wurde das *Rengo Rock Camp* eingerichtet.

Nehmen Sie sich für eine längere Wanderung genügend Zeit (mindestens einen halben Tag), da es unterwegs viel zu entdecken gibt. Sportliche können z.B. zum *Mount Johann* wandern, der mit 860 Metern der höchste Punkt im Park ist (ungefähr fünf Stunden vom Parkeingang); eine Zeltübernachtung ist im Park bei dieser Tour empfehlenswert.

Neben den guten Trekkingmöglichkeiten kann man auch eine **Pirogenfahrt** auf einem der zahlreichen Ur-

**Der Westen**

*Hängebrücke im Korup Nationalpark*

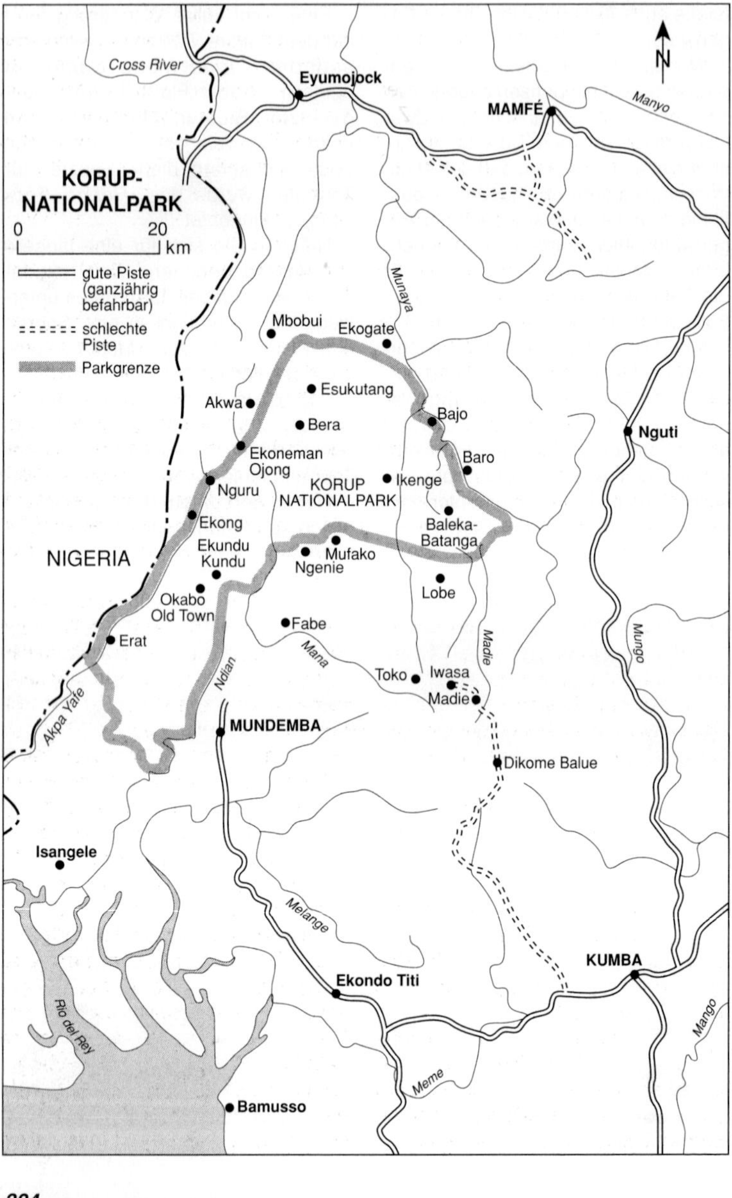

Cross River

Eyumojock

MAMFÉ

Manyo

**KORUP-
NATIONALPARK**

0        20
└────────┘ km

──────── gute Piste
(ganzjährig
befahrbar)

≡≡≡≡≡≡ schlechte
Piste

▓▓▓▓▓ Parkgrenze

N

Munaya

Mbobui    Ekogate

Esukutang

Akwa    Bera    Bajo

Baro

Ekoneman
Ojong

Nguru    KORUP
NATIONALPARK    Ikenge

Ekong    Baleka-
Batanga

Ekundu
Kundu    Mufako

Ngenie    Lobe

NIGERIA

Okabo
Old Town    Fabe

Erat    Madie

Toko    Iwasa

Mana

Ndian

Akpa Yafe    Madie

**MUNDEMBA**

Dikome Balue

**Isangele**

Mejange

**Ekondo Titi**

**KUMBA**

Rio del Rey

Meme

Mungo

Manyo

**Nguti**

Mungo

Mango

**Bamusso**

waldflüsse unternehmen, besonders gut geeignet zur Beobachtung von Vögeln.

Korup gehört zu den regenreichsten Gebieten Kameruns (trockenste Zeit von Dezember bis März) und im Wald herrscht eine **extrem feuchte Hitze**, die den Kreislauf beansprucht.

Der Park beheimatet nicht weniger als die Hälfte der in den Regenwäldern Afrikas vorkommenden **Pflanzen und Bäume**, darunter viele endemische (nur hier wachsende) Arten. Charakteristisch für einen **Primärwald** ist, daß der Boden unter den Baumgiganten nur sehr spärlich bewachsen ist. Durch den geschlossenen Baumkronen-Baldachin dringt nur wenig Licht bis auf die Erde vor. Im Korup wachsen z.B. **Ebenholz-Bäume**, verschiedene Arten von **Kola-Bäume**n und **Palmen** (u.a. Rattan-Palmen) und viele andere Exoten, unter denen die Wissenschaftler immer noch neue Arten entdecken. Die bis zu 50 m hohen Urwaldriesen werden häufig von mächtigen Wurzeln und Pfeilern gestützt. Auf den Ästen „schmarotzen" Epiphyten wie Moose, Farne, Orchideen, Begonien und auch Kakteen-Arten. Allein 400 Pilz-Arten wurden bisher gezählt.

Unter den **Tierarten** fallen zunächst die **Treiberameisen** (unangenehm) auf. Auf ihren „Straßen" queren sie nicht selten zu Tausenden den Urwaldpfad und ihr Biß tut gewaltig weh! Weniger aggressiv sind die zahlreichen **Termiten**, die sich die unterschiedlichsten Hügelformen bauen. Die (kleinen) *Black flies* und die (größeren) *Mutu-Fliegen*, die sich speziell in Flußnähe aufhalten, können schmerzhafte Bisse verursachen. Den scheuen **Schlangen** (nur wenige Arten sind giftig) und **Skorpione**n begegnet man sehr selten.

Unter den vielfältigen, farbenprächtigen **Vogelarten** sind die *Grauen Papageien* und die schön schillernden *Eisvögel (Kingfisher)* zu nennen. Acht unterschiedliche **Primatenarten** (darunter Schimpansen, Colobus-Arten und Waldpaviane) leben im Korup, doch wie oben bereits erwähnt, ist es sehr unwahrscheinlich, sie anzutreffen. Genauso wie die scheuen **Waldelefanten**, die kleiner als ihre Verwandten in der Savanne sind.

Auch wenn man im Korup Nationalpark keine „großen Entdeckungen" macht, kann das Erlebnis einer Urwaldwanderung sehr intensiv sein: Die kleinen Dinge am Wegrand sind hier von Bedeutung – die Farben und Formen der Blätter, die Geräuschkulisse mit unterschiedlichsten Vogelstimmen, die eigenartigen Bauten der Insekten oder ganz einfach der schwere Geruch der Erde.

Das WWF-Projekt im Korup-Nationalpark hat nicht allein zum Ziel, den Wald zu schützen, sondern will gleichzeitig die Existenz der dort lebenden Menschen sichern. Die Fachleute wollen aufzeigen, daß ein an Pflanzen und Tieren reicher Regenwald intakt bleibt und trotzdem durch die Bevölkerung genutzt werden kann. Korup wurde deshalb in zwei Bereiche geteilt: in eine zentrale **Kernzone**, die unter strengem Schutz steht, und eine **Randzone**, in der die Bevölkerung eine schonende Waldnutzung betreibt.

Der WWF hat nun ein **Education Programme** für die Anwohner geschaffen. Dazu gehören u.a. Informationen über Kompostzubereitung und natürliche Düngung; Wettbewerbe für Kinder mit dem Thema „Regenwald"; eine eigene „Korup"-Zeitung; Baumschulen für schnellwachsendes Nutz-

**Der Westen**

## Das Paradies und seine Schlange

*Der Korup-Nationalpark, 1260 km² groß und küstennah an der Grenze zu Nigeria gelegen, schützt einen der erdgeschichtlich ältesten Regenwälder Afrikas. Die Unzugänglichkeit der Region hat diese „Schatzkammer der Evolution" bisher vor übermäßigem Entwicklungsdruck bewahrt, und glücklicherweise hat der Wald auch nicht „das Pech", auf Erdöl oder sonstigen Bodenschätzen zu stehen. (...) Es geht einmal mehr darum, die Menschen nicht zu entwurzeln und den Wurzelgrund der Bäume zu schützen.*

*Der Holzhunger frißt den Regenwald in sehr kleinen Häppchen, etwa um den Brennholzbedarf einer Familie zu stillen oder aufgepeitscht durch den „Bedarf" der Industrienationen. Die Korup-Parkplanung möchte, daß die Einheimischen echte Besitztitel am Wald haben. Nur dann schützen sie ihn auch gegen Holzfäller-Kolonnen. (...)*

*Wie die meisten Menschen, deren Überleben von der wilden Natur abhängt, haben die Waldbewohner keine romantische Sichtweise des Waldes. Im Gegenteil: Für viele von ihnen ist der Wald eine Macht, die ihnen ökonomische Entwicklung und sozialen Fortschritt verwehrt. Das Leben in den Dörfern ist hart, die Böden sind arm, Krankheiten und Unterernährung dagegen weit verbreitet. (...)*

*Westliche Wissenschaftler haben Erstaunliches über dieses Gebiet herausgefunden. Der kleine Korup-Wald beherbergt mehr Vogelarten als die Britischen Inseln (256 zu 240) und mehr Baumarten als das Festland der USA (660 zu 625). Ein Viertel der afrikanischen Primatenarten lebt hier. Korup liegt im Ndian-Bezirk von Kamerun, einer der entlegensten Gegenden der Waldzone, ungefähr 50 km landeinwärts von der Bucht von Biafra. Etwa 20 km seiner Westgrenze stoßen an das Nachbarland Nigeria. Die größten Bäume in Korup werden bis zu 56 Meter hoch und ihre Kronen weisen Durchmesser von bis zu 30 Metern auf. Darunter liegt, in etwa 15–25 Metern Höhe, ein mehr oder weniger geschlossener unregelmäßiger Baldachin. Die Artenvielfalt der Bäume übertrifft in manchen Teilen des Parks diejenige mittelamerikanischer Regenwälder. Eine mögliche Erklärung für diese Vielfalt könnte die Tatsache sein, daß Korup in Zeiten kühler, trockener Witterung, wie sie im tropischen Afrika während der Eiszeiten herrschte, ein Rückzugsgebiet für klimatisch bedrohte Arten bildete. Korup ist ein lebendiges Museum voller Hinweise auf den Entwicklungsgang der Natur durch die Jahrmillionen. Die Frage ist, wie diese einzigartige Lebensgemeinschaft geschützt werden kann, wie diese schöpferische Vielfalt wirklich für kommende Generationen bewahrt wird. (...)*

*Untersuchungen des Korup-Waldes zeigten, daß unter seinem Wurzelhorizont keine Mineralien lagern. Der Wald ist zwar biologisch reich, aber es gibt wenig wertvolle Hölzer, und die Bäume stehen zu weit auseinander, als daß sich Holzernte lohnen könnte. Die Böden sind arm, sauer und unfruchtbar. Das Klima ist für Gummi zu feucht und für Palmöl zu sonnig –*

*was zwei der wesentlichen landwirtschaftlichen Nutzungsmöglichkeiten ausschließt. Kurzum, es gibt nur wenige wirtschaftliche Konflikte, und die Erhaltung dieses Waldes könnte sehr wohl die beste ökonomische Verwendungsmöglichkeit darstellen, besonders wenn die örtlichen Gemeinschaften wirtschaftliche und soziale Vorteile im Waldschutz erkennen können. (...)*

*Es gilt, die Menschen, die den Wald traditionell als Fortschritts-Hemmnis betrachtet haben, davon zu überzeugen, daß sie mit dem Wald sozial und ökonomisch besser leben als ohne, daß er ein Kapital ist, das für sie arbeitet. Wenn die Menschen eines Gebietes wollen, daß der Wald überlebt, dann wird er vermutlich auch überleben. Liegt ihnen an seinem Überleben nichts, wird er sicher sterben. (...)*

*Letzten Endes wird es wohl nicht möglich sein, die Menschen im ländlichen Afrika ähnlich wie im Westen von der Notwendigkeit zu überzeugen, Elefanten und ihre Lebensräume zu schützen, nur weil die grauen Riesen ein grandioses Stück Natur sind. Aber wenn der Schutz des Waldes und seiner Fauna den Dorfbewohnern mehr Vorteile (etwa durch bescheidenen Tourismus) bringt als das Fällen der Bäume und das Töten der Tiere, dann werden sie die Botschaft beherzigen. Wer solchen Gedanken eine Bresche schlagen will, sieht sich von unterschiedlichen Philosophien und Glaubenssystemen umstellt: Die Bewohner der Walddörfer glauben beispielsweise, daß Menschen sich in Tiere, besonders in Elefanten und Krokodile, verwandeln können, und es häufig auch tun. (...) Für den westlichen Geist ist die Verwüstung einer Anpflanzung eine simple Sache: Hungriger Elefant trifft auf unbewachtes Feld! Aber für den Dörfler stellt sich die Frage, wer ihm so böse gesonnen war, daß er sich in einen Elefanten verwandelt und sein Feld beschädigt hat. (...) Im Dorf passiert nie etwas zufällig, alles ist verursacht.(...)*

*Das delikate Unterfangen, mit den traditionellen Vorstellungen umzugehen, muß durch praktische Hilfe für die Dorfbewohner flankiert werden. Es*

Der Westen

*hat keinen Sinn, die Leute von der Notwendigkeit zu überzeugen, daß die einheimische Fauna bewahrt werden müsse, wenn diese zugleich eine wichtige Eiweißquelle darstellt. Man muß den Menschen Alternativen bieten, und das Korup-Projekt des WWF versucht das auf mannigfache Weise. Die örtlichen Landwirtschaftstechniken werden verbessert, Samen und Setzlinge von ertragreichen und widerstandsfähigen Pflanzen werden für den Eigenbedarf und den Weiterverkauf herangezogen.(...) Um die Wohnqualität zu verbessern, wird den Bewohnern geholfen, neues Siedlungsgebiet zu erschließen, wenn sie das möchten. In den neuen Dörfern gibt es Wasser, ein Gesundheitszentrum und eine Schule. Jungen Männern, die sonst vielleicht nur Jäger werden könnten, wird eine Ausbildung zum Mechaniker oder Schreiner angeboten.*

*Jagen ist ein Beruf mit niedrigem sozialen Ansehen. Es ist Arbeit, die von denen verrichtet wird, die sonst nichts können. Menschen, die ihren Lebensunterhalt bisher mit der Jagd erwirtschaftet hatten, werden nun zu Waldführern umgeschult. Sie kennen den Wald und die Tiere. Ein Teil der Einnahmen durch mehr Tourismus sollte unbedingt wieder in örtliche Taschen fließen und nicht auf ferne, anonyme Konten. Es gibt sehr konkrete Pläne, den Nutzen der rund neunzig natürlich heranwachsenden Präparate (38 von ihnen wurden hier in Korup entdeckt) in die Hände der Einheimischen zu legen. Die weltweite Nachfrage nach natürlicher Arznei könnte einigen Waldbewohnern ein bescheidenes Einkommen sichern. Der wichtige, höchst willkommene Nebeneffekt: Seine Einkommensquelle schützt man!*

*Das Programm soll den Menschen die Einzigartigkeit ihres Waldes und ihrer Fauna aufzeigen, soll ihnen demonstrieren, daß sie durch die Erhaltung des Waldes eine höhere Lebensqualität erlangen können. (...)*

*Die drei Bakoko-Dörfer in Korup – wie viele andere durch die Landflucht stark entvölkert – haben das Projekt gebeten, ihnen dabei zu helfen, näher an die Hauptstraße zu ziehen, wo die Erde fruchtbar ist und sich ihr Leben spürbar erleichtert. Zu diesem Schluß kamen die Häuptlinge eines der Parkdörfer nach Rückkehr von einer Reise in den Norden Kameruns. Sie hatten dort erlebt, daß ein Nationalpark „menschenfreundlich" sein kann. Vor ihrer „Bildungsreise" waren sie beispielsweise davon überzeugt, geschützte Wälder würden von Zäunen umschlossen. Anläßlich einer Dorfdiskussion verkündete einer der Häuptlinge: „Gott hat in der Tat seine eigene Art, Dinge zu tun. Kann es sein, daß eben dieser Wald, der uns von der Welt abgeschnitten und so lange Jahre von der Entwicklung ferngehalten hat, uns nun Fortschritt bringen wird?" Wichtig ist, daß diese Frage überhaupt gestellt wird; denn westliche Antworten setzen afrikanische Fragen voraus.*

(Quelle: Silberstreifen am Horizont, Pro Futura Verlag GmbH)

holz, damit der Brennholzbedarf gesichert ist; Züchtung von Nutztieren und Fischen, um die Jagd einzuschränken. Es gibt nämlich im Korup immer noch Probleme mit der Wilderei, da für die Jäger z.B. das Fleisch der seltenen Waldelefanten ein „Leckerbissen" ist. Außerdem stellen die Wissenschaftler Untersuchungen über die Wirkung der Heilpflanzen an, deren Inhaltsstoffe Verwendung in Medizin und Industrie finden. 90 Substanzen natürlichen Ursprungs wurden im Korup-Gebiet entdeckt – 38 davon neu für die Wissenschaft.

**Informationen**
Weitere Auskünfte zum Korup-Projekt erhalten Sie bei folgenden Adressen:

◆ *Ministère du Tourisme*
  Yaoundé, Tel. 22 44 11

◆ *Délégation Provinciale du Tourisme pour le Sud-Ouest*
  Buea, Tel. 32 26 56

◆ *WWF (World Wide Fund for Nature)*
  P.O.Box 303, Buea; Projektmanager: *Andrew A. Allo*, Tel. 32 23 31

◆ *Service Départemental du Tourisme NDIAN et Parc National de Korup*
  Mundemba

◆ *Umweltstiftung WWF Deutschland (World Wide Fund for Nature)*
  Hedderichstraße 110
  60591 Frankfurt
  Tel. (0 69) 6 05 00 30

◆ *WWF (World Wide Fund for Nature)*
  Pada House, Wayside Park, Bodalming, Surrey GU7-1XR, England (zuständig für das Projekt).

## *Douala – Loum*

➠ 101 km Teerstraße

Der **direkte Weg in den Nordwesten** führt am *Carrefour* von Limbe rechts **via Mbanga** und *Loum* nach *Bafoussam*. Die Strecke über *Tiko* und *Kumba* ist viel länger, außerdem ist die Piste zwischen *Kumba* und *Loum* ziemlich schlecht.

Zwischen der großen Kreuzung und Mbanga (Treibstoff, Lebensmittel, Campement-Hotel, viermal täglich Eisenbahn nach Douala) führt die gut ausgebaute Straße durch riesige Kautschuk-, Ölpalm- und Bananenplantagen, die sich kilometerweit ausdehnen, und später durch tropischen Regenwald mit einer sehr üppigen Vegetation. Jedes Buschtaxi auf dieser Route ist hier mit Bananen vollgepackt. Zwischendurch sieht man auch einige Teepflanzungen. Die Idee dazu gaben die Deutschen, die ab 1913 mit dem Anbau von Teeplantagen begannen (teils liest man auch, daß es die Engländer waren, die 1957 den ersten Tee in *Ndu* im Kameruner Grasland pflanzten). Jedenfalls haben nach dem 2. Weltkrieg die Engländer alle Plantagen übernommen und ab der Unabhängigkeit und Wiedervereinigung Kameruns 1961 bis zum Jahr 1995 waren sie in staatlicher Hand (**C.D.C.** **C**ameroon **D**evelopment **C**orporation). 1995 wurden sie dann privatisiert und von Franzosen gekauft.

Zwischen Mbanga und *Penja* liegt der kleine Marktfleck **Ndjombe** mit einem sehr schönen Früchtemarkt direkt an der Hauptstraße. Kurz vor Ndjombe befindet sich eine Fabrik zur **Produktion des Tangui-Wassers** (das überall in Flaschen verkauft wird;

**Der Westen**

das Mineralwasser *Super Mont* kommt von einer Quelle des Mt. Cameroon, Abfüllung zwischen Buea und Kumba).

Die Umgebung von **Penja** ist ein landwirtschaftliches Zentrum für Obstanbau, hier befindet sich auch ein „Centre de recherche agronomique". Von hier aus werden Bananen nach *Douala* gebracht und dort zum Export verschifft. Im Ort Penja selbst findet täglich ein großer **Gemüse- und Früchtemarkt** direkt links und rechts der Hauptstraße statt. Ein Halt hier lohnt, nicht nur um sich mit frischem Obst (gut und preiswert) zu versorgen, sondern auch um sich einen Überblick über die verschiedenen, exotischen Früchte dieses ertragreichen Gebietes zu verschaffen. Kennen Sie z.B. *Korosol-Früchte*? Diese grüne, runde, sehr wasserhaltige Frucht mit Stacheln schmeckt melonenartig und leicht säuerlich. Oder wußten Sie, daß der *Fromager* nichts mit Käse zu tun hat? Es handelt sich um die Frucht des afrikanischen Butterbaumes, sieht fast aus wie ein Apfel und ist innen gelb, mürb und trocken, dem Geschmack nach einer Avocado ähnlich, nur etwas süßer. Die Händler auf dem Markt sind sehr freundlich und geben gerne Kostproben.

| Reifezeit der Früchte im Westen | |
|---|---|
| *Mangos* | *März bis Mai* |
| *Zitronen* | *ganzjährig* |
| *Ananas* | *ganzjährig* |
| *Bananen* | *ganzjährig* |
| *Guaven* | *August bis Oktober* |
| *Avocados* | *Januar bis Mai* |
| *Orangen* | *ganzjährig* |

Auf der Weiterfahrt nach *Loum* liegt zu beiden Seiten der Straße ein großer Gemüsegarten, hier wird alles gepflanzt, was der Boden hergibt: Plantagen mit Bananen, Papaya, Kakao, Ananas, Maisfelder.

## Kumba – Loum – Nkongsamba

➡ 81 km Piste und Teerstraße
Von Kumba nach Loum führt eine sehr schlechte Piste (Asphaltreste, viele Schlaglöcher) vorbei an Kautschuk- und Bananenplantagen und einem hübschen Bananenmarkt am Straßenrand hinter Loum. Schön bewaldete Umgebung mit weiten Ausblicken auf die Berglandschaft.

Bei **km 39** ist **Loum** erreicht, eine Kleinstadt mit Versorgungsmöglichkeiten, Treibstoff und Campement-Hotel.

In Loum erreicht man die ausgezeichnete und verkehrsreiche Teerstraße (Hauptverbindung *Douala – Bamenda*, der Ort Loum selbst wird auf dieser Route umfahren), die von hier ab ansteigt und durch ein Kaffeeanbaugebiet führt. Dazwischen sieht man viele kleine Farmen, die einen großen Teil an Obst und Gemüse für die Märkte der Umgebung erzeugen, aber auch riesige industrielle Plantagen. Soweit das Auge reicht, werden Ananas und Bananen für den Export nach Europa angepflanzt.

Zwischen Loum und *Manjo* wird die Gegend gebirgiger, man befindet sich in einer Region mit alten **Vulkane**n. Zunächst auf der linken Seite der *Mont Koupé* (2064 m); nachdem man das große Dorf Manjo passiert hat, das sich auf den Anbau von *Robusta*-Kaffee spezialisiert hat, sieht man rechts den *Mont Nlonako* (1825 m). Manchmal verstecken sich die Berge aber auch im wolkenverhangenen Himmel. Entlang der Straße verkaufen die Anwohner Obst und Gemüse, Honig und Palmwein.

**Nach weiteren 42 km** (ab Loum) erreichen Sie **Nkongsamba**, links erhebt sich das *Massif du Manengouba* (2411 m). Wer weiter Richtung Norden unterwegs ist, fährt auf der Umgehung an Nkongsamba vorbei, andernfalls biegt man beim ersten Wegweiser rechts in die Stadt ab.

## Nkongsamba

Nkongsamba liegt in der Provinz *Littoral* und ist Hauptort des Départements *Moungo*.

Nkongsamba ist, wie die meisten Städte in dieser dichtbesiedelten Region, eine **sehr belebte und geschäftige Stadt**. Durch ihre Höhenlage 900 m ü.NN herrscht ein **recht angenehmes Klima**, nachts kühlt es ab. Das Zentrum der Stadt mit dem **Markt**, den Geschäften, dem **Busbahnhof** und der Verwaltung liegt an einem Hang, während sich unten im Tal die *Quartiers* (Wohnviertel) ausbreiten.

Der Name der Stadt verweist auf ihren Gründer: *Nkong* bedeutet Hügel, d. h. der Hügel von *Samba*. Dies soll zurückgehen auf die **Geschichte von Martin Samba**, einem der letzten Widerstandskämpfer gegen die Deutschen. Seine Karriere begann er als kleiner Boy von *Curt von Morgen,* der als erster Europäer von *Kribi* bis zum *Benoué* gelangt war. In den folgenden Jahren war Samba dann in der „Schutztruppe", kam 1912 von einer Ausbildung in Deutschland zurück und

verließ überraschend die Armee. Als Händler und Kommissionär für Duala-Handelshäuser kam er recht bald mit dem Duala-Prinzen *Rudolf Douala Manga Bell* zusammen, der schon seit einiger Zeit gegen die Deutschen opponierte und schließlich wegen „Hochverrats" (Zusammenarbeit mit den Engländern) am Vorabend des 1. Weltkriegs in Douala gehängt wurde. Martin Samba wurde in *Foumban* von Leuten des Sultans *Njoya* festgenommen, als er versuchte, gegen die Deutschen zu agitieren. Auch er wurde in Douala hingerichtet.

In Nkongsamba endet die **Eisenbahnlinie** von Douala aus, die bis 1907 von den Deutschen gebaut wurde. Früher diente sie der Personenbeförderung in den Westen, heute wird auf den Gleisen nur noch Fracht transportiert und das auch immer weniger. Längst hat sich aufgrund des guten Verkehrsnetzes der Transport auf der Straße als die schnellere Beförderungsart erwiesen. Nkongsamba ist ein großes Zentrum des **Kaffeehandels**.

**Für Touristen ist die Stadt** selbst relativ **unbedeutend**. Es sei denn, man quartiert sich hier im Hotel ein und unternimmt Ausflüge in die **herrliche Umgebung** des Ortes: Eingebettet in eine Landschaft mit üppig grünen Hügeln, die von drei größeren Vulkanbergen (*Manengouba, Mt. Koupé* und *Mt. Nlonako*) dominiert wird, bieten sich hier sowohl Wandertouren als auch Fahrzeugexkursionen (Geländewagen empfehlenswert) an. Der Sage nach sind diese Berge die Heimat der Schutzgötter der Region.

Außerdem ist Nkongsamba auch Ausgangspunkt für Fahrten in das Land der *Bamoun* und *Bamiléké* (s. weiter unten). In Nkongsamba selbst lebt das

**Der Westen**

*Städte, Routen, Sehenswürdigkeiten*

Volk der *Mbo*. Da das Gebiet eng an die englischsprachigen Gebiete Kameruns angrenzt, sprechen die meisten Bewohner hier sowohl Französisch als auch Englisch.

## PRAKTISCHE INFORMATIONEN

 UNTERKUNFT
### Hotels der Mittelklasse
**Fere-Hotel**
B.P. 126, Tel. 49 38 83. Sehr neues, komfortables Hotel mit klimatisierten Zimmern ab ca. CFA 15 000, Zimmer mit Ventilator sind günstiger.
**Hotel Le Moungo**
B.P. 18, Tel. 49 14 57 oder 49 12 17, Fax 49 15 78; 2 km stadtauswärts in Richtung Bare, im Quartier 2 A Edjomoa. Das Hotel verfügt über 47 Zimmer mit Klimaanlage oder Ventilator, Dusche/WC und ist eines der besten im Ort, gepflegt und sauber. Ein Zimmer kostet ungefähr CFA 8000. Gelobt wird die Küche des hübschen Restaurants (mit Terrasse), ein Menu kostet ca. CFA 4500.

### Preiswerte Unterkünfte
**Happy Hotel**
500 m von der Hauptstraße Douala – Bamenda entfernt. Es gibt 15 Zimmer (ab CFA 6000) mit Waschbecken/Toilette sowie Gemeinschaftsduschen, eine Bar, jedoch kein Restaurant. Der Generator wird nachts abgeschaltet. Das Hotel ist nicht besonders sauber und für den gebotenen Standard zu teuer.

Evtl. können Sie auch in der **Mission protestante** (hinter der Agip-Tankstelle) fragen. Man nimmt hier, wie in allen Missionen, nur gelegentlich Übernachtungsgäste auf.

 ESSEN UND TRINKEN
### Restaurants
Neben dem **Restaurant** im **Hotel Le Moungo** mit örtlicher und internationaler Küche bieten die folgenden kleinen Kneipen die typischen lokalen Gerichte an:
**Chez Sekon**
in der Nähe des Marktes
**Restaurant Airline**
Im Gebäude San Francisco, in der Nähe des Marktplatzes; gute afrikanische Küche, preiswert.
**Le Concorde**
in einer kleinen Straße hinter dem Markt (u.a.).

 VERKEHRSVERBINDUNGEN
Durch ihre Lage an einem der wichtigsten Hauptverkehrswege ist die Stadt von Süden und Norden gut erreichbar. Bus- und Sammeltaxi-Verbindungen in alle wichtigen Städte des Westens (*Bafoussam* 123 km, *Bamenda* 195 km, *Foumban* 195 km, und viele kleinere Ortschaften der Umgebung) und von/nach *Douala* (143 km, ausgezeichnete Teerstraße).

 SONSTIGES
Nkongsamba bietet außerdem gute **Einkaufsmöglichkeiten** (Geschäfte aller Art, z.B. Buchläden), mehrere **Tankstellen, Werkstätten, Banken, Kinos, Apotheken, Post** und ein **Krankenhaus** (Tel. 49 15 33 oder 49 12 58)

 AUSFLÜGE
### ★ Massif du Manengouba
Dieses 2411 m hohe **Vulkanmassiv** bietet sich an als **Trekkingziel**. Die Wanderungen dort sind nicht schwer; schwierig ist es, den Ausgangspunkt zu erreichen. Sie benötigen genug Zeit

*Kleine Kaffeefabrik am Wegesrand*

(mindestens einen ganzen Tag), möglichst ein Geländefahrzeug sowie Proviant und Trinkwasser. Erkundigen Sie sich vor Abfahrt nach den Pistenverhältnissen und nach dem Weg (obwohl Sie unterwegs sicher öfter fragen müssen). Je nach Wunsch können Sie auch einen Führer aus Nkongsamba mitnehmen (z.B. organisiert durch das Hotel Le Moungo). Die Piste zum Ausgangspunkt der Bergbesteigung ist nur während der trockenen Jahreszeit von November bis Mai ausreichend befahrbar.

Sie verlassen Nkongsamba zunächst in Richtung *Bafang/Bafoussam*. Nach etwa 9 km folgt eine Kreuzung (rechts nach *Baré*), an der Sie

links nach *Ekolam* abzweigen. Nach 10 km erreichen Sie eine kleine Bar, hier gabelt sich die Strecke. Nehmen Sie die linke Straße Richtung *Bangem* (die rechte geteerte Straße führt nach *Melong*). Nach 13 km in Höhe eines kleinen Marktes nun rechts halten. Nach etwa 19 km erreichen Sie **Mouanguel**, wo Sie am Ortseingang links fahren. Am Ortsausgang nehmen Sie wiederum die linke Piste, die hinabführt in ein Kaffee-Anbaugebiet *(Arabica)*. Vorbei an den Dörfern *Ndoko* und *Mbouassoum* geht der Weg nun durch eine schöne Gegend mit Rundhütten der *Mbo*. Nach 38 km erreichen Sie das große Dorf **Bangem** mit der katholischen Missionsstation, Markt am Samstag. An der einzigen Abzweigung im Ort fahren Sie rechts, dann sofort wieder links. Nun haben Sie die Hänge des Manengouba-Massivs erreicht. Mit einem Geländefahrzeug können Sie hier noch fahren (ständig links halten), bis es nicht mehr weiter geht.

Von hier aus wandern Sie durch eine **alpin anmutende Vegetation** auf die Kraterhochebene. Die Konturen des Kraterrandes dieses sehr alten Vulkans sind noch erkennbar. Im Zentrum des Kraters, in den alten Kaminausgängen, befinden sich zwei schöne, heilige **Kraterseen**, ein grüner und ein blauer (Färbung durch Algen bedingt). Eine Legende erzählt, daß der größere See der Mann ist *(Lac de l'homme)*, der kleinere die Frau *(Lac de la femme)*. Aus der Vereinigung der beiden sei das *Makossi*-Volk hervorgegangen.

Denken Sie rechtzeitig genug an die Rückfahrt, damit Sie unterwegs nicht in die Dunkelheit geraten.

Ein anderer Weg, der zwar etwas kürzer ist, dafür aber nicht ganz so schön, führt ebenfalls zu den Manengouba-Bergen. Auf der Strecke von Nkongsamba in Richtung Bafoussam zweigen Sie nach 25 km links in Richtung *Melong* ab. An der Kreuzung in Melong (bei der Post) zweigt eine breite Piste Richtung *Dschang* ab. Man fährt auf ihr 700 m, dann links auf eine andere Piste Richtung *Bangem*. Die weitere Wegstrecke gleicht der obigen.

Nähere Auskünfte zu Wanderungen in den Manengouba-Bergen erhalten Sie auch von *Elisabeth Dorindo* im Hotel *Seme New Beach* in Limbe, die Ausflüge dorthin organisiert.

### ★ *Die Ekom-Fälle*
Den Ausflug zu den *Chutes d'Ekom* sollte man nicht versäumen, zumal die Fälle nicht sehr weit von der Hauptverkehrsstraße *Nkongsamba – Bafang* entfernt liegen.

*Badevergnügen im Kratersee – baden Sie nur in nichtheiligen Seen!*

Genau 10 km hinter Nkongsamba (Richtung Norden) zweigt rechts eine kleine Piste ab (hier steht ein Schild mit Werbung für das Hotel *La Rochelle*). Da die Piste recht ausgewaschen ist, benötigt man ein Fahrzeug mit viel Bodenfreiheit (am besten ein Geländefahrzeug), zur Regenzeit ist die Piste so glitschig, daß die schmale Piste unbefahrbar werden kann. Von der Hauptstraße aus führt die Piste (keine Beschilderung) durch üppige Vegetation mit Kaffee-Sträuchern, Raphia-Palmen, Ölpalmen, Bananenpflanzungen und schönen Tropenbäumen, bis nach 11 km ein kleiner Parkplatz erreicht ist. Von hier sind es ca. 200 m zu Fuß bis zu den Fällen.

Wer kein entsprechendes Fahrzeug zur Verfügung hat, kann den ganzen **Weg auch zu Fuß** gehen, allerdings hat man unterwegs kaum die Chance, ein Fahrzeug (zwecks Mitfahrgelegenheit) anzutreffen.

Der Fluß *Nkam* fällt hier 80 m in die Tiefe, der Wasserfall inmitten dieser üppigen Pflanzenwelt ist wirklich ein Schauspiel. Hier wurde übrigens auch der Film *Greystoke* (Tarzan) mit *Christopher Lambert* gedreht. Vom Aussichtspunkt aus führt ein kleiner, steiler Pfad direkt zum Fuß der Fälle. Der Weg ist jedoch in der Regenzeit (wenn die Fälle das meiste Wasser führen) nicht zu begehen, weil er dann sehr naß und rutschig ist. Wer in der Trockenzeit hier ist und genügend Zeit hat, kann sich jedoch hinunter zum „Strand" aufmachen und ein erfrischendes Bad nehmen.

Am Aussichtspunkt bieten sich Kinder, die sich etwas „Schulgeld" verdienen möchten, als Führer an; aber eigentlich erübrigt sich ein Führer für das kurze Stück bis zu den Fällen.

Nicht vorenthalten sei ein **alternativer Weg** für die Sportlichen: Vom Ort *Kekem* aus ca. 15 km Fußweg zum Dorf *Bayon*, ab dann dem Flußlauf folgen. Der Pfad führt durch Ananas-, Bananen-, Kakao- und Kaffeeplantagen. Nehmen Sie sich für diese Wanderung am besten einen Führer mit, man kann sich hier leicht verlaufen. Außer festen Schuhen (für den seltenen Fall, daß Sie eine Schlange erschrecken) benötigen Sie einen ganzen Tag Zeit. Fragen Sie in Kekem nach der Länge der Tour.

*Bananenstaude*

Der Westen

## Nkongsamba – Bafang

➠ 62 km Teerstraße

Man verläßt die Stadt in Richtung Umgehungsstraße und fährt dann nach Norden, vorbei an den Abzweigungen in die *Manengouba*-Berge und zu den *Ekom*-Fällen. Entlang der Strecke sieht man einige kleine Kaffee-Fabriken.

Nach **25 km** erreicht man **Melong**, Markt am Samstag. Unterkunftsmöglichkeit im *Hotel La Rochelle*, Zimmer (klimatisiert) ab ca. CFA 16 000. Das Hotel organisiert Reitausflüge zu den Kraterseen der *Manengouba*-Berge. *Restaurant Melong Palace* direkt am Marktplatz.

### Abstecher Melong – Dschang

Diese alte „deutsche" Piste, auch *Route des Mbo* genannt, lohnt landschaftlich einen Abstecher und führt auf kürzerem, wenn auch zeitlich längerem Weg nach *Dschang* (40 km) als die asphaltierte Hauptroute via *Bafang*.

Während der Trockenzeit ist die Strecke mit normalem Pkw befahrbar.

Man verläßt *Melong* an der Kreuzung bei der Post in Richtung *Santchou*, zunächst auf Teerstraße, dann auf breiter und guter Piste, die durch die *Mbo-Ebene* führt. Hier gibt es rechteckige Häuser aus Lehmziegeln oder Beton, in der Umgebung Reisanbau und Kaffee-Plantagen. Die Gegend ist vollkommen flach, nur am Horizont tauchen einzelne Hügel auf, ab und zu säumt eine kleine Siedlung den Weg. Einige Km hinter Santchou (17 km) ändert sich die Landschaft völlig. Hier beginnt

der Anstieg ins Hochland, nach und nach wird es kühler und die Ebene geht über in eine tropische Berglandschaft. Die Piste steigt steil und kurvenreich an über einen Paß mit herrlichen Ausblicken in die weiten Täler und auf die Berge. Üppige, grüne Vegetation mit tropischem Wald und Baumriesen zu beiden Seiten des Weges. Nach einigen Auf- und Abstiegen erreicht man schließlich nach 40 km den Marktort *Dschang* (s. Seite 355) direkt am Gare routière.

Die Hauptstraße führt von Melong aus in östlicher Richtung weiter nach **Kekem** (Tankstellen). Der Ort ist Pausenstation für die meisten Busse und Sammeltaxis, die zwischen *Douala* und *Bamenda/Bafoussam* verkehren. Viele kleine Snackbars und Garküchen am Straßenrand mit Tischen und Bänken und kühlen Getränken sind ideal für eine Rast. Ab hier wird die Straße schmaler und ist von Schlaglöchern übersät. In vielen Kurven windet sich die verkehrsreiche Straße (viele Sammeltaxis) hinauf nach Bafang. Hier ist es auffällig dicht bevölkert mit vielen Häusern entlang der Straße. Die Landschaft ist hügelig und fruchtbar mit reichlicher Vegetation: Kakao-, Kaffee- und Bananenplantagen, Ölpalmen. Kakao-Ernte von August bis Januar, Kaffee-Ernte von Januar bis April. Die Ölpalmen in dieser Region wachsen wild und werden nicht zum Plantagenanbau verwendet.

Nach **62 km** zweigt man von der Umgehungsstraße in die Stadt **Bafang** ab. Am Ortseingang befindet sich ein Schild mit der Aufschrift „Welcome to Hotel Falaise". Genau hier beginnt ein kleiner Fußweg von etwa 50 m zu den

**Handel:**
Markt in Foumban

**Handel:**
Oben: Zebumarkt bei Pitoa
Unten: Markt in Amsa (Mandara-Berge)

**Handel:**
Oben: Straßenverkäuferinnen in Foumban
Unten: Gegrillte Patate werden am Straßenrand verkauft (bei Bafoussam)

**Kontrastreiche Landschaften:**

Oben links: Palmenstrand bei Kribi,
Mitte links: Piroge auf dem Maga-See
Unten links: Vulkankegel in Roumsiki

Oben rechts: Kratersee bei Ngaoundéré
Mitte rechts: Blick vom Waza-Camp
Unten rechts: Wasserfall bei Bamenda

**Kontrastreiche Landschaften:**
Die Ekomfälle bei Nkongsamba

**Kinder:**
Oben: Badevergnügen in Londji
Unten: Unterwegs auf selbstgezimmerten Rollern (bei Bafia)

**Frauen:**
Oben: Podokofrau in Oudjilla
Unten: Junge Mutter in Bafoussam

**Tiere:**
Finken „säubern" das Fell des Zebu von Ungeziefer
Chamäleon

**Wasserfällen von Mouankeu** am gleichnamigen Fluß.

Der Fluß stürzt hier aus einer Höhe von 40 m von einem mit Bäumen und Büschen überwucherten Felskesselrand in die Tiefe. Besonders schön ist dieser Anblick während der Regenzeit, wenn der Fluß das meiste Wasser führt! Der Strom fließt dann weiter durch ein tief eingeschnittenes Tal mit üppiger Vegetation – kaum zugänglich.

In der Umgebung der Fälle wird – meist noch auf traditionelle Art – Palmöl aus den Früchten der Ölpalme gewonnen.

*Traditionelle Palmölgewinnung*
*Die Früchte der Ölpalmen dienen neben der industriellen Weiterbearbeitung und dem Export nach wie vor auch der traditionellen Palmölgewinnung, einer sehr mühsamen Arbeit.*

*Dafür werden die orangeroten Palmfrüchte zunächst in großen Tonnen auf Holzfeuer gekocht. Wenn sie weich genug sind, zerstößt man sie mit dem Mörser in einem Steinkanal, bis das pure Öl in eine Auffangwanne abläuft. Das Öl wird nun mit Wasser aufgegossen, wobei das Öl oben schwimmt. In einem kleinen Rohr fließt unten das Wasser ab. Das verbleibende Öl wird vorsichtig abgeschöpft, in einer Tonne wieder erhitzt und dann gefiltert. Das so erhaltene, orangefarbene Palmöl wird überall auf den lokalen Märkten angeboten. Sehr gut zu beobachten ist dies auf dem Weg zu den Mouankeu-Fällen.*

*Neben der Ölgewinnung werden die Nüsse der Palmfrucht auch zur Herstellung von Seife und Hautlotion verwendet oder unverarbeitet auf dem Markt verkauft.*

## Bafang

Bafang liegt in 1380 m Höhe (mildes Klima!) und ist Hauptort des Verwaltungsbezirks *Haut Nkam*.

Die **Umgebung der Stadt ist landschaftlich abwechslungsreich**, hügelig und zwischen Bananen- und Kaffee-Plantagen wachsen auf dieser Höhe Kiefernbäume.

Bafang selbst bietet **touristisch nichts interessantes**. Als bedeutsamer **Verkehrsknotenpunkt** verfügt der Ort über einen Busbahnhof, außerdem führt von der Stadt aus die relativ neue Asphaltstraße nach *Yaoundé*. Aus diesem Grund ist das Stadtbild sehr lebhaft mit vielen Sammeltaxis und Autos. Das Zentrum mit häßlichen Betonhäusern wirkt etwas chaotisch, an allen Straßenecken herrscht rege Aktivität, es wird gehandelt, be- und entladen.

Rasch spürt man, daß Bafang der Eingang ist zum Land der *Bamiléké*, einer Volksgruppe, die als **geschäftstüchtige Händler** bekannt sind. Die Buschtaxis sind voller beladen als anderswo, überall herrscht Gedränge, Menschen, Verkehr und Musik. Die Straßen der Stadt sind mit Schlaglöchern übersät, viele gelbe Stadttaxis bahnen sich ihren Weg durch das Gewusel. Zahlreiche Bars, Restaurants und Kneipen machen sich gegenseitig Konkurrenz.

## PRAKTISCHE INFORMATIONEN

 UNTERKUNFT
### Hotels
### Hotel de la Falaise Haut Nkam
B.P. 143, Tel. 48 63 11; gleich nach dem Markt im *Centre Commercial*.
Das moderne, saubere und etwas sterile Stadthotel (vorwiegend für Geschäftsleute) verfügt über 50 klimatisierte Zimmer ab ca. CFA 16 800, Restaurant, Bar und Nachtklub.
### Hotel Le Calypso
B.P. 61, Tel. 48 62 11, am Ortsausgang Richtung Bafoussam (an der Abzweigung Bangangté). In dem sehr sauberen Hotel mit 24 Zimmern (Ventilator, Dusche/WC, ab ca. CFA 13 000) gibt es ein gepflegtes, empfehlenswertes Restaurant mit ausgezeichneter Küche und freundlichem Personal.
### Grand Hotel Le Paradis
B.P. 213, Tel. 48 63 62; 14 Zimmer.

 ESSEN UND TRINKEN
Zum Essen geht man in die Restaurants der Hotels (s.o.) oder in eine der vielen Kneipen in der Stadt.

 VERKEHRSVERBINDUNGEN
### Busse/Sammeltaxis
Es gibt Bus-/Sammeltaxi-Verbindungen von/nach *Bangangté*, *Bandjoun*, *Bafoussam* (60 Kilometer), *Dschang*, *Nkongsamba*, *Douala* (206 km), *Yaoundé* (300 km, auf neuer Teerstraße) und zu fast allen umliegenden kleinen Siedlungen.

[ICON] SONSTIGES
### Hospital
Tel. 48 64 88

### Apotheke
Tel. 48 65 28

***Katholische Mission***
Tel. 48 60 23

***Collège St.Paul***
Tel. 48 63 62, am Ortsausgang Richtung *Mbouda*; evtl. Unterkunft, freundlicher Empfang.

Außerdem gibt es in Bafang ein **Postamt**, einige **Banken** und viele **Tankstellen**.

## Bafang – Bafoussam

Von *Bafang* nach *Bafoussam* gibt es zwei verschiedene Routen:

➡ 60 km Teerstraße (Route I)
Die **direkte Strecke** führt auf guter, kurvenreicher Teerstraße über den **Col de Batié** (Batié-Paß, 1680 m). Hügelige Landschaft mit Weideland und Hirten, schöne Ausblicke auf Berge und Täler mit einzelnen Gehöften, kurvenreiche Straße. Man fühlt sich wie in die Schweiz (!) versetzt. Nahezu jedes Fleckchen der fruchtbaren, vulkanischen Erde ist hier mit Maniok, Makabo, Süßkartoffeln, Erdnüssen, Tomaten, Porree und Bohnen bebaut. Kaffee-Plantagen wechseln mit Bananen-Pflanzungen ab. Das Land der Bamiléké ist dicht besiedelt und wird hauptsächlich landwirtschaftlich genutzt. Der Ort *Bandjoun* (siehe nächste Seite) wird auf dieser Route durch eine Umgehungsstraße umfahren.

➡ 79 km Teerstraße (Route II)
In östlicher Richtung führt die landschaftlich sehr reizvolle Strecke auf einer neuen, erstklassigen Asphaltstraße mit dem **Umweg über den Bana-Paß (1736 m) und Bangangté**

nach *Bafoussam*. Eine der schönsten Routen im Westen Kameruns!

Am Ortsausgang von *Bafang* Abzweigung nach rechts Richtung *Bangangté*. Die Straße führt nun kurvenreich und steil bergauf. Entlang der Strecke sind Bananenpflanzungen, Ananas, große Eukalyptusbäume, grünes Hügelland (stark gerodet), Felder und die typische rote Erde anzufinden. Überall stehen die charakteristischen *Bamiléké*-Häuser aus Beton oder mit Lehm befestigten Steinen. Die Tradition der *Bamiléké* erkennt man an den besonderen Dächern. Mehrere spitz zulaufende Türmchen bilden ein Dach, das traditionell mit Raphia-Stroh, zunehmend aber mit Aluminium gedeckt ist und dann bereits von weitem in der Sonne glänzt. Besonders die Häuser der *Notablen*, der Berater des Oberhaupts, werden so gedeckt. Je mehr Türmchen ein Haus hat, umso einflußreicher ist sein Bewohner.

Je höher die Straße hinaufführt, um so kahler sind die Hügel, bedeckt von einer schönen Wiesenlandschaft. Zahlreiche umzäunte Weiden und grasende Tiere zeigen die intensive Viehzucht dieser Region. Nach **17 km** erreicht man das Dorf **Bana**.

## Bana
Direkt am Ortseingang ist rechts die **Chefferie** ausgeschildert.

Der Eingang ist im Bamiléké-Stil (mit mehreren Dachtürmchen) gestaltet (siehe Foto nächste Seite), eine lange Allee führt zum Haupthaus der Chefferie mit einer großen Holztür, dekoriert mit Bamiléké-Schnitzereien. In diesem Versammlungshaus finden die Treffen des Oberhaupts mit seinen Notabeln und einigen wichtigen Bürgern statt, um die aktuell anliegenden

*Eingang zur Chefferie von Bana*

Themen zu besprechen; hinter Mauern verborgen liegen die Frauenhäuser.

Auf dem großen Platz vor dem Eingang der Chefferie steht eine Hütte mit einer großen **Trommel**, die aus einem ausgehöhlten Baumstamm geschnitzt wurde (dazu wird meist Kapokholz verwendet). Die Trommel wurde früher mit großen Stäben geschlagen, um die Bürger zu versammeln. Gleich daneben der Marktplatz der Frauen des Chefs, der wie üblich alle acht Tage stattfindet. Da sich die Markttage im Bamiléké-Gebiet jede Woche um einen Tag verschieben, muß man sich vor Ort nach den jeweiligen Markttagen erkundigen.

---

Nach Bana windet sich eine dreispurige Fahrbahn in zahlreichen Kurven den **Col de Bana** hinauf. Auf dem Paß in 1736 m Höhe genießt man bei gutem Wetter einen großartigen Rundblick über die weite, grüne Hügellandschaft: Nur wenige Eukalyptusbäume wachsen hier, auf den saftigen Weiden grasen die Kühe. Das Klima ist kühl und angenehm.

Ab hier führt die weiterhin gut ausgebaute Straße durch einen Tunnel und über große Brücken (über Täler hinweg) an befestigten Hängen entlang. Erst wachsen noch große Eukalyptuswälder, dann wird das Gebiet eher kahl. **32 km nach Bafang** liegt die **Chefferie von Bamena** mit strohgedeckten Bambushäusern. Überhaupt weisen viele Schilder auf die verschiedensten Chefferien unterwegs hin, die alle besichtigt werden können. Wichtig ist nur, daß man sich vor dem Besuch dort vorstellt und sein Anliegen vorträgt. Man kann nicht alle Chefferien ansehen (schon zeitlich nicht zu schaffen), die schönsten sind in *Bangangté* und *Bandjoun*.

Ab Bamena wird die Vegetation wieder üppiger, mehr Bäume wachsen entlang der Straße, Bananenpflanzungen, Mangobäume, jedoch keine großen Plantagen. **Nach 48 km** erreicht man **Bangangté**.

## Bangangté

Bangangté, Hauptort des Verwaltungsbezirks *Ndé*, liegt auf einer Anhöhe, umgeben von schöner Landschaft mit den für die Region charakteristischen Eukalyptus-Bäumen. Eine **typische, lebhafte Bamiléké-Kleinstadt** mit vielen einförmigen Betonhäusern, dem großen **Markt** im Zentrum (alle acht Tage) und einem nicht sehr reizvollen Stadtbild. Von Interesse ist hier die sehr schöne **Chefferie** direkt am Ortsausgang in der Nähe der Polizeistation. Man erkennt sie an den kleinen Häuschen links und rechts der Straße, die mit einem bunten „Graffito" bemalt sind. Durch den großen Eingang im typischen Bamiléké-Stil erreicht man eine schöne Allee, gesäumt von traditionellen Bambushäusern mit Strohdächern. Dies sind die Frauenhäuser, die man nicht betreten darf. Der Weg führt hinab zum Haupthaus, an dem eine Tafel mit der Abfolge der Dynastie angebracht ist. Daneben das *Tribunal* (Gerichtsgebäude) mit schöner, blau-weißer Malerei. Der König dieses Palastes ist ein weitgereister Mann und spricht Deutsch.

## PRAKTISCHE INFORMATIONEN

 VERKEHRSVERBINDUNGEN
*Sammeltaxis/Busse*
Es verkehren Sammeltaxis nach *Bafoussam* (40 km), *Bafang* und *Nkongsamba.* und Busse nach *Yaoundé* (273 km, Route siehe S.414).

 UNTERKUNFT
Kleine Hotels mit einfachem Standard:
**Hotel Le Palais**
B.P. 990, Tel. 48 43 00
**Hotel Le Paysan**
B.P. 13, Tel. 48 41 88
**Hotel Séjour du Ndé**
B.P. 174, Tel. 48 41 86

SONSTIGES
*Krankenhaus*
Tel. 48 40 16,
*Apotheke*
Tel. 48 40 47
*Katholische Mission*
Tel. 48 41 79
Außerdem gibt es ein **Postamt, Banken** und eine **Tankstelle.**

Weiterfahrt von Bangangté nach *Bafoussam* vorbei an zahlreichen Chefferien, die unterwegs ausgeschildert sind. Darunter die winzige, aber sehr gut erhaltene **Chefferie von Bangwa** drei Kilometer hinter Bangangté. Dieser kleine Palast ist außerordentlich gut erhalten, alle Hütten aus Bambus haben noch ihre ursprünglichen Strohdächer, auffällig der schöne Eingang in die baumbestandene Allee. Etwa 100 m vor der großen Kreuzung der direkten Verbindungsstraße von Bafang nach Bafoussam ist die Chefferie von *Bandjoun* ausgeschildert.

**Der Westen**

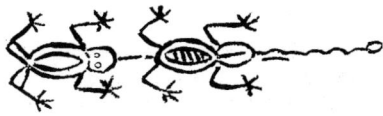

## Chefferie von Bandjoun

Die Chefferie von Bandjoun ist der bedeutendste und **schönste noch erhaltene Fon-Palast** des Bamiléké-Landes. Das kleine Volk der *Bandjoun* hat eine eigenständige Dynastie innerhalb des Bamiléké-Volkes.

Vom Eingang der Chefferie aus führt eine Allee gesäumt von schönen kleinen Bambushäusern mit Strohdächern (Frauenhäuser, kein Zutritt) hinab zum großen **Versammlungshaus**. Dieses beachtliche, sehenswerte Gebäude (s. Foto im Farbteil), etwa 15 m hoch, wurde vor ca. 200 Jahren von Häuptling *Nghoto* gebaut und seit dieser Zeit regelmäßig restauriert.

Das traditionelle **Palast-Gebäude** ist ganz aus Bambusstäben und Lehm errichtet, mit einem dicken Grasdach gedeckt und wird ringsum von kunstvoll geschnitzten hohen Holzsäu-

*Motiv an einer Holzsäule des Palastgebäudes*

len gestützt. Die gesamten Decken des Gebäudes sind ebenfalls aus Bambusstangen. Ein großer Raum im Inneren dient den Versammlungen der Notabeln mit dem *Fon*; auch heute noch treffen sich hier die Würdenträger, um über wichtige Angelegenheiten zu beraten. Um diesen runden Raum liegen enge, schmale, fast flurartige Räume. Dies ist der Treffpunkt der Frauen oder Kinder des Hofes. Es gibt darin einen eigenen Raum für die Töchter des Fon, einen anderen für die Prinzen. Diese Räumlichkeiten dienen auch als eine Art Schule.

Weitere Versammlungs- und sonstige Gebäude liegen hinter dem Haupthaus.

Links davon ist das **Königliche Museum**. Ein wahrer „Schatz" wird hier aufbewahrt: Alte Bilder der Chefferie, Ahnenfiguren, Masken und Kopfschmuck, Tanzutensilien, Schmuckgegenstände, Möbel, mit Perlen geschmückte Kalebassen und Thronsessel, darunter auch der Thron des derzeitigen Chefs, der wunderschöne, mit Federn besetzte Krönungshut und andere Kultgegenstände. Jeder neue Fon erhält auch einen neuen Thron, der alte wird dann in diesem Museum aufbewahrt. All die anderen rituellen Objekte sind bei den Festlichkeiten im Palast auch heute noch in Gebrauch. Auffallend die Symbolik mit Panther, Krokodil, Schlange und Löwe. Dieser Raum, überfüllt und schon recht verstaubt, erweckt mehr den Eindruck eines Aufbewahrungsraums als den eines Museums.

Das Gebäude neben dem Museum stammt aus der deutschen Kolonialzeit und war ein Geschenk an den Fon. Es ist das ehemalige Wohnhaus des Königs, in seinem Inneren steht auch sein Thron. Davor eine Reiterstatue – der damalige König benutzte immer ein Pferd zur Jagd. Zwischenzeitlich hat sich der jetzige Fon – der übrigens mit seinen 54 Jahren mehr als 60 Frauen und 365 Kinder hatte – einen neuen und sehr modernen „Palast" gebaut, eine Villa im europäischen Stil mit Elektrizität und Wassertoilette. Einen Teil seiner Kinder werden Sie bei Ihrem Besuch kennenlernen, da sie sich von Touristen Kugelschreiber und „cadeaux" erhoffen. Geben Sie ihnen nichts, denn immerhin geht es den kleinen Prinzen und Prinzessinnen nicht gerade schlecht.

Der Fon von heute hat einen stattlichen Fuhrpark. Außerdem neun Notabeln, die gleichzeitig verschiedene Ministeraufgaben haben.

In Bandjoun gibt es außerdem noch eine **Post**, eine **Apotheke**, einen **Arzt** (Tel. 44 53 06), **Lebensmittel**, eine **Bank** und **Treibstoff.**

---

Von Bandjoun aus sind es noch 14 Kilometer auf guter Teerstraße bis nach *Bafoussam.*

## Bafoussam

Bafoussam liegt in 1440 m Höhe und ist die Hauptstadt der Provinz *Ouest*, gleichzeitig auch Hauptort des Verwaltungsbezirks *Mifi*, mit ca. **150 000 Einwohner**n sechstgrößte Stadt Kameruns.

Der bedeutende **Verkehrsknotenpunkt** an einer großen Straßenachse verfügt über gute Zufahrtswege aus Douala und Yaoundé.

Bafoussam ist die Metropole der *Bamiléké*, die als Bauern und Händler für ihren ausgeprochenen Geschäftssinn bekannt sind. Aufgrund ihrer günstigen Lage in einer landwirtschaftlich reichen Region und als Knotenpunkt der Verkehrswege im Westen Kameruns genießt Bafoussam einen bedeutenden wirtschaftlichen Stellenwert. Grosse Industriebetriebe wie die *Brasserie du Cameroun*, eine Tabakfabrik und eine Druckerei haben hier ihren Standort. Die Stadt ist aber vor allem ein **Zentrum für die Verarbeitung des hochwertigen Arabica-Kaffees**. Die *UCCAO* (Union des Coopératives du Café) koordiniert das Ernten, die Weiterbehandlung, Verpakkung und den Export des Kaffees und schafft so eine wichtige Erwerbsquelle und viele Arbeitsplätze. Die Arabica-Sorten gedeihen nur im milden Klima der höhergelegenen Gebiete des Westens, deren vulkanische Böden sehr fruchtbar sind (vgl. *Robusta*-Sorten, die in den tiefer gelegenen Gegenden des Westens und Südens gedeihen).

Auf dem Platz vor dem Busbahnhof kann man am „Stand de Dégustation" einen ausgezeichneten Kaffee probieren, eine Mischung aus Robusta und Arabica. Hier wird auch Rohkaffee verkauft, der unmittelbar aus den Verarbeitungsbetrieben der Stadt kommt. Es besteht außerdem die Möglichkeit, die Kaffeefabrik zu besuchen (Infos unter Tel. 44 14 39).

Durch die **wirtschaftliche Expansion der Stadt** hat sich die Bevölkerung innerhalb weniger Jahre verdoppelt. Um die übervölkerte Altstadt *Famla* entstanden neue Viertel, die dünner besiedelt sind. Die großen, öffentlichen Gebäude liegen inmitten von Grünanlagen im Verwaltungsviertel. Das Stadtzentrum wird beherrscht

# BAFOUSSAM

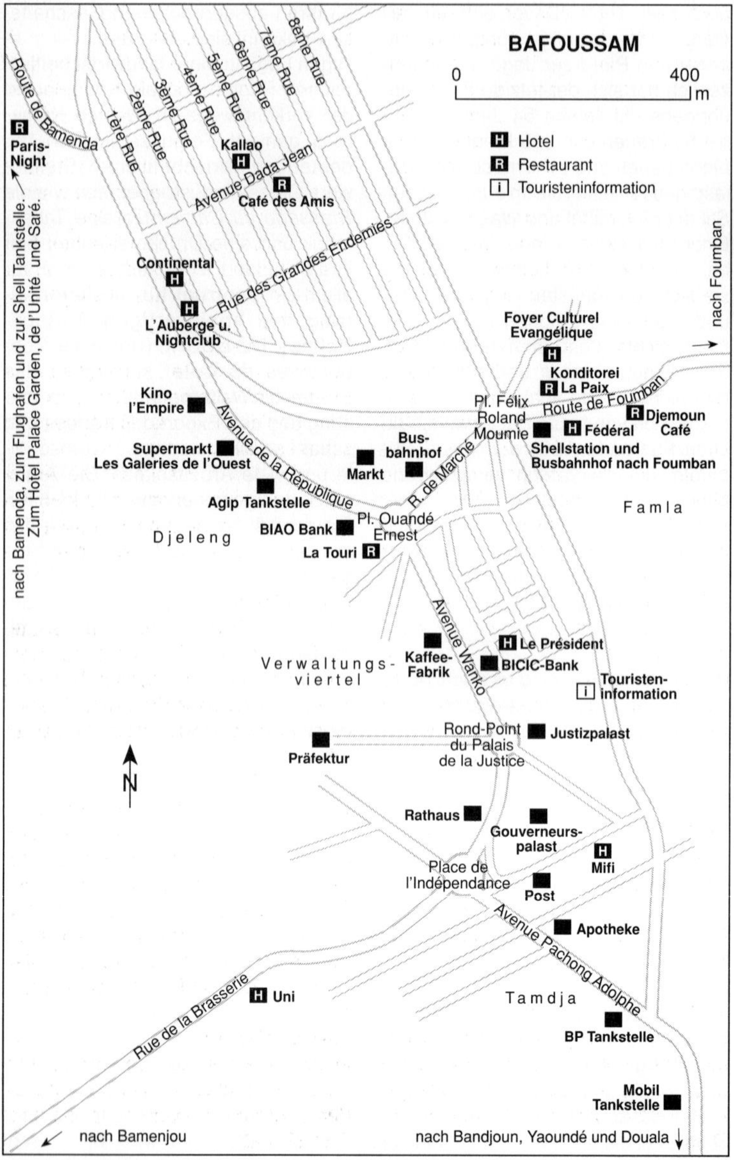

0 _____ 400
m

**H** Hotel
**R** Restaurant
**i** Touristeninformation

Route de Bamenda

8ème Rue
7ème Rue
6ème Rue
5ème Rue
4ème Rue
3ème Rue
2ème Rue
1ère Rue

**R** Paris-Night

Kallao **H**

Avenue Dada Jean

Café des Amis **R**

Rue des Grandes Endemies

Continental **H**

L'Auberge u. **H**
Nightclub

Kino
l'Empire

Supermarkt
Les Galeries de l'Ouest

Agip Tankstelle

Djeleng

BIAO Bank

La Touri **R**

Pl. Ouandé
Ernest

Avenue de la République

Markt

Bus-
bahnhof

R. de Marché

nach Bamenda, zum Flughafen und zur Shell Tankstelle.
Zum Hotel Palace Garden, de l'Unité und Saré.

nach Foumban

Foyer Culturel
Evangélique **H**

Konditorei
**R** La Paix

Pl. Félix
Roland
Moumie

Route de Foumban

**R** Djemoun
**H** Fédéral    Café

Shellstation und
Busbahnhof nach Foumban

Famla

Avenue Wanko

Verwaltungs-
viertel

Kaffee-
Fabrik

**H** Le Président
**R** BICIC-Bank

Touristen-
**i** information

Rond-Point
du Palais
de la Justice

Justizpalast

Präfektur

Rathaus

Gouverneurs-
palast

**H**
Mifi

Place de
l'Indépendance

Post

N

Avenue Pachong Adolphe

Apotheke

Rue de la Brasserie

**H** Uni

Tamdja

BP Tankstelle

Mobil
Tankstelle

nach Bamenjou

nach Bandjoun, Yaoundé und Douala

vom alle vier Tage stattfindenden **Markt**. Auffällig ist das schöne Eingangsportal zum großen Marktgebäude, das aus zwei strohgedeckten Türmen besteht. Verkauft werden u.a. weiße und blaue Porzellanketten, gebatikte Tanzkostüme und mit Perlen geschmückte Tanzmasken.

Ausgesprochen lebhaft geht es im dichten Gedränge des Busbahnhofes zu, auf dem sich die vielen gelben Stadttaxis und überladene Minibusse den Platz streitig machen.

Die traditionelle **Chefferie** von Bafoussam liegt gleich am Ortseingang rechts (von Süden kommend). Durch ein sehr schönes Eingangsportal, bestehend aus zwei Türmen, mit Löwen bemalt, gelangt man auf eine Allee mit altem Baumbestand und hinab zum Haupthaus. **Achtung:** Man verlangt sehr viel Eintritt, Touristen werden hier gerne übervorteilt.

Das berühmte Kunsthandwerk der *Bamiléké*, die dekorative **Holzschnitzerei**, wird in der Stadt noch traditionell ausgeübt. Vorwiegend handelt es sich um Holzbilder, die die Motive der Chefferien nachbilden. Der Verkauf erfolgt in den Werkstätten und in der Nähe der Touristenhotels.

## PRAKTISCHE INFORMATIONEN

**i** TOURISTENINFORMATION
*Service Provincial du Tourisme*
An der Place de l'Indépendance, Tel. 44 11 19.

 UNTERKUNFT
Bafoussam verfügt über gute Quartiermöglichkeiten und ist daher **idealer Ausgangspunkt für Ausflüge** zu den naheliegenden Chefferien und Orten.

*Hotels*
### Hotel S.N. Palace Garden
B.P. 745, Tel. 44 16 96; am Ortsausgang in Richtung Bamenda gelegen. Ein recht neues, empfehlenswertes Hotel mit sauberen Zimmern ab ca. CFA 12 000, Restaurant mit guter Küche, Bar, Swimmingpool, Tennisplätzen und freundlichem Empfang.

Das Hotel steht unter gleicher Leitung wie das *Seme New Beach Hotel* in Limbe und das *Hotel Makombé* in Yaoundé.

### Hotel Le Président
B.P. 78, Tel. 44 11 36. Stadthotel mit 54 Zimmern mit Dusche/WC ab ungefähr CFA 14 000 sowie Bar, Restaurant.

### Hotel Le Continental
Rue de l'Hôpital, Tel. 44 14 58. Zentral gelegenes, etwas renovierungsbedürftiges Hotel mit 32 Zimmern (Dusche/WC) ab ca. CFA 9000 (gehobene Preise).

### Hotel Fédéral
B.P. 136, Tel. 44 13 09, an der Straße nach Foumban. Empfehlenswertes, aber nicht ganz preiswertes Hotel mit 15 Zimmern (Dusche/WC) und Restaurant mit europäischer und afrikanischer Küche.

### Hotel Le Saré
B.P. 731, Tel. 44 25 99, am Ortsausgang in Richtung Bamenda gelegen. In Bungalows mit Terrasse gibt es schöne, geräumige, komfortable Zimmer mit Bad/WC ab ca. CFA 14 000. Die relativ neue, schöne Anlage verfügt auch über ein gutes Restaurant/Bar. Man wird freundlich und hilfsbereit empfangen.

### Saré Le Kamkop
In der Nähe des *Hotel Le Saré*. Älteres Hotel unter gleicher Leitung wie Le Saré, jedoch preiswerter (ab ungefähr CFA 12 000).

**Der Westen**

ESSEN UND TRINKEN

In Bafoussam gibt es unzählige Kneipen und Restaurants, täglich öffnen neue und schließen alte. Am besten vor Ort aktuelle Empfehlungen einholen, z.B.

**Snack-Bar/Restaurant La Touri**
Man sitzt hier im Restaurant oder auf einer Terrasse über dem Markt. Es gibt gute Menüs zu akzeptablen Preisen; täglich bis zwei Uhr früh geöffnet.

**Restaurant Cercle Bleu**
An der Straße nach Douala.

✚ NOTFALL

*Krankenhäuser*
**Krankenhaus/Notarzt**
Tel. 44 12 11
**Städtische Klinik**
Tel. 44 17 94 (24 Std.)
**Polyclinique Tagny**
Tel. 44 14 37

*Apotheken*
**Pharmacie Binam**
Tel. 44 25 55
**Pharmacie Pasteur**
Tel. 44 23 60

🚌 VERKEHRSVERBINDUNGEN

*Sammeltaxis*
Es herrscht Sammeltaxi-Verkehr von/ nach (jeweils auf Teerstraße): *Douala* (266 km), *Yaoundé* (313 km), *Bangangté* (40 km), *Dschang* (70 km), *Bamenda* (80 km), *Nkongsamba* (123 km), *Foumban* (72 km, ca. CFA 1000, Fahrzeit ca. 1 Stunde); außerdem in die umliegenden kleineren Orte.

   **Fahrkarten** sind direkt am Busbahnhof erhältlich.

*Stadttaxis*
Innerhalb der Stadt verkehren die gelben Stadttaxis zum Einheitstarif.

*Im Zentrum von Bafoussam*

*Fahrrad/Mofa*
Es besteht die Möglichkeit, sich Fahrräder oder Mofas zu mieten.

*Flughafen*
Bafoussam hat zwar einen Flughafen, doch verkehren derzeit **keine Flüge** der *Cameroon Airlines* in die Stadt (und in den Westen).

 RUND UMS AUTO
*Autofirmen, Reperaturwerkstätten*
**Cami-Toyota**
Tel. 44 13 88
**Happy Store**
Tel. 44 41 64, Ersatzteile (Mercedes, Toyota, Renault u.a.).
**Socacomi**
Tel. 44 11 17, Reparaturen (Peugeot, Suzuki u.a.).
**Techn-Auto Cameroun**
Tel. 44 14 82, Reparaturen.

 SONSTIGES
*Buchhandlungen*
**ETS Tankou Fils**, Tel. 44 32 62
**Librairie du Marché**, Tel. 44 13 55

*Katholische Mission*
Tel. 44 18 66, 44 18 32

Es gibt ein **Postamt, Banken**, Kinos, Nachtclubs, Supermärkte und **Tankstellen**.

 AUSFLÜGE
★ *Wasserfall des Mifi*
Verläßt man Bafoussam in Richtung *Bamenda*, erreicht man nach 5 km eine Brücke über den Fluß *Mifi*. Hier kann man parken und vor der Brücke rechts einen schmalen Fußweg hinab zum Wasserfall steigen, der hier über eine breite, felsige Kante etwa 30 m in die Tiefe stürzt. Es ist möglich,

in die Höhle hinter dem Wasserfall zu gehen. Ein anderer kleiner Pfad führt zur Oberkante des Wasserfalls, der über eine große Basaltplatte fließt. Ein kurzer Halt hier lohnt sich.

★ *Chefferie und Kratersee Baleng*
Am Ortsausgang Richtung *Bamenda* an der letzten Kreuzung nach rechts, nahe der Schule, gegenüber dem Flughafenschild; dann geradeaus bis zum Hinweisschild *Lac de Baleng*. Diesem Schild folgend führt die Piste in Serpentinen bergauf und bergab und bietet schöne Ausblicke. Die Strecke (ca. sechs Kilometer) ist (bei Trockenheit) mit normalem Pkw befahrbar. Der Fahrweg steigt an bis zum Rand des Kraters, von hier aus sind es wenige Schritte zum Seeufer an grünen Grashängen. Dort hat man einen weiten Blick über das *Bamiléké*-Land. Es handelt sich, wie bei vielen Kraterseen des Landes, um einen heiligen Ort, der dem Glauben der Bevölkerung nach von Ahnen bewohnt ist. Aus diesem Grunde gelten einige **Tabus**: Es darf nicht gefischt, gebadet und auch nicht mit dem Finger auf den See gezeigt werden. Die regelmäßigen Opfer (auch Tieropfer) der Anwohner zeigen, wie ernst sie diesen traditionellen Naturglauben nehmen.

Von Bafoussam aus ist der See auch **zu Fuß gut zu erreichen**, die Wanderung dauert etwa eine Stunde (einfacher Weg).

Zur **Chefferie de Baleng** gelangt man von Bafoussam aus kommend, wenn man am Militärcamp rechts abzweigt, dann eine kleine Brücke überquert und die erste Piste nach rechts abbiegt (keine Ausschilderung). Die Chefferie liegt in schöner, grüner Umgebung, der Eingang ist in typischer

Bamiléké-Tradition gefertigt, das Haupthaus jedoch mit Wellblech gedeckt. Die Chefferie wird nur selten von Touristen besucht.

## Bafoussam – Foumban

➠ 72 km schlechte Teerstraße
Verläßt man *Bafoussam* in Richtung *Foumban*, fällt ein Stadtteil mit sehr vielen Moscheen auf, der islamische Einfluß wird sichtbar. Hier wohnen muslimische *Bamoun*, die aus der Region von Foumban hierherzogen. Die Leute sind bereits sehr islamisch mit *Boubous* und Turban gekleidet.

Die Strecke nach Foumban ist asphaltiert, aber relativ schmal und voller Schlaglöcher. Die **Umgebung** besteht überwiegend aus Farmland, teils Terrassenkulturen, später schönes Hügelland, das teilweise gerodet ist und als Weideland genutzt wird. Die Berge am Horizont sind bereits Ausläufer der „Dorsale Camerounaise".

Nach **16 km**, kurz vor dem Ort *Foumbot*, führt eine **Brücke über den Noun-River**, der die Grenze bildet zwischen den Verwaltungsbezirken *Mifi* und *Noun*. Ab hier beginnt nun das **Land der Bamoun**, der einzigen überwiegend islamischen Volksgruppe im Süden und Westen Kameruns. Dieser Teil der Westprovinz ist im Vergleich zur *Bamiléké*-Region relativ dünn besiedelt.

Kurz nach der Brücke sieht man rechts eine **Frucht-Experimentier-Plantage**. Hier werden wissenschaftliche Arbeiten und landwirtschaftliche Versuche vorgenommen. Die Asphaltstraße wird ab dem Noun wieder besser und führt durch eine sehr fruchtbare Region mit Kaffee-Pflanzungen und Gemüseanbau. Nur wenige kleinere Hügel durchziehen die relativ flache Landschaft. Da die Bamoun nicht als besonders engagierte Bauern bekannt sind, ihr Land aber sehr ertragreich ist, kommen teilweise Bamiléké in dieses Gebiet und kultivieren den Boden.

Nach **25 km** erreicht man

## Foumbot

Hier wird jeden Sonntag ein **großer Markt** (Gemüsemarkt auch am Dienstag und Samstag) abgehalten, einer der größten in der Umgebung. Bekannt ist Foumbot vor allem wegen seiner hervorragenden, frischen Gemüse- und Obstsorten, die im kühlen, trockenen Klima des fruchtbaren Umlands gedeihen. Da dieser Markt für die Versorgung der Städte im gesamten Westen eine wichtige Rolle spielt (sogar die Leute aus Douala kommen hierher), gibt es in Foumbot auch einen riesigen **Gare routière** mit direkten Verbindungen auch in weiter entfernte Orte.

Außerdem gibt es eine Tankstelle, eine **Bank, Apotheke, Protestantische Mission**, Tel. 44 21 92, eine **Werkstätte** *Terres Noires* (wird von einem sehr sympathischen französischen Paar geführt) und in der Nähe auch eine **Campingmöglichkeit** (gratis).

In dieser Gegend blühen im März die *Jacaranda*-Bäume in den verschiedensten Lilatönen.

Auf der Weiterfahrt hinter Foumbot erreicht man das kleine Dorf **Baïgom** (**35 km** nach Bafoussam). Rechts sieht man den spitzen Gipfel des *Mt. Mbapit* (1969 Meter Höhe), der aus der Ebene aufragt.

### Abstecher zum Lac de Mfou
*(Lac de Mbapit)*

In *Baïgom* rechts ab und acht Kilometer auf praktikabler Piste bis zu den Hängen des *Mbapit*-Berges weiterfahren. Von hier führt eine Wanderung (ca. 1 Std. einfacher Weg, Trittsicherheit erforderlich) hoch zu einem schön gelegenen **Kratersee** an einer 200 m steil abfallenden Felswand. Auch um diesen See, ranken sich Legenden und Geschichten.

Auf der Weiterfahrt entlang der Hauptstraße sieht man bereits hier und da kleine Moscheen, teilweise auch Familien-Moscheen, die den islamischen Einfluß deutlich machen. Die flache Landschaft wird nun relativ monoton mit einigen kahlen Hügeln, sehr wenig Vegetation und nur vereinzelten Siedlungen.

In **Koutaba** liegt der *Flughafen von Foumban*, doch es gibt derzeit keine Flugverbindungen in den Westen Kameruns. In diesem Ort ist auch eine Militärbasis stationiert (Fotografierverbot!). In der Umgebung liegt das sehenswerte *Mbororo-Fulbe-Dorf* **Didango** (etwa sieben Kilometer Piste).

Hinter Koutaba taucht links am Horizont das *Massif de Nkogam* (2263 m) auf, an dessen Fuß der **Lac de Bamendjing**, ein **riesiger Stausee**, liegt.

Links dann eine Wiederaufforstungsanlage (Kiefernart), die von der Regierung unterstützt wird. Man befindet sich in einer Höhe von ca. 1100 m und das Klima ist angenehm kühl.

Am Ortseingang von *Foumban* ist links die Abzweigung zum *Lac de Bamendjing* und weiter zur *Ring-Road* (s. Seite 366). Bei **km 72** ist **Foumban** erreicht.

## Foumban

Foumban ist der Hauptort des Verwaltungsbezirks *Noun*, 1184 m ü.NN., **ca. 50 000 Einwohner**.

Foumban ist die **touristisch und kulturell interessanteste Stadt im Westen** als Sitz des Sultanats der Bamoun und handwerklicher Mittelpunkt. Dieses Sultanat ist der südlichste Vorposten islamischer Kultur in Kamerun, die Region ist seit Ende des 19. Jahrhunderts islamisiert (s. a. Kapitel Geschichte).

Der Besuch der Stadt ist einer der Höhepunkte jeder Kamerun-Reise. Obwohl Foumban ein bevorzugtes Ziel aller Rundreisen ist und man als Tourist sofort von vielen kleinen und großen „Führern", die natürlich alle „Prinzen" sind, empfangen wird, hat sich die Kleinstadt eine sehr authentische Atmosphäre bewahrt.

Durch ein **großes Eingangstor**, bestehend aus drei Türmen, dem Symbol der Bamoun, und versehen mit aufwendigen Schnitzereien, gelangt man in den Ort hinein. An einem Justizpalast vorbei erreicht man das Zentrum mit dem Sultanspalast, der **Moschee** und dem **Markt**. Die Stadt zieht sich entlang mehrerer Hügel und wirkt durch die vielen Bäume zwischen den Häusern sehr sympathisch.

Hauptanziehungspunkt ist der große, zweistöckige **Sultanspalast**. Versuchen Sie, am Ende der Woche hier zu sein, denn am Freitag findet der feierliche Auszug des Sultans in die Moschee statt. Auch unter der Woche ist manchmal zu sehen, wie Sultan *Ibrahim Mbombo Njoya*, der seit 1992 als 19. Herrscher der Bamoun-Dynastie amtiert, hofhält und seine Un-

**Der Westen**

*Der Sultanspalast von Foumban*

tertanen empfängt. Unter einem Sonnenschirm thront er dann, immer im reich bestickten Gewand, vor seinem Palast. Der Sultan ist gleichzeitig auch Bürgermeister der Stadt.

## Sehenswürdigkeiten
### ★ Der Sultanspalast

Betritt man den Palastbezirk, so fällt der Blick zunächst auf das große, zweistöckige Hauptgebäude, das noch zu Lebzeiten König *Njoyas* (s. a. Seite 143) entstand.

Der ursprüngliche Palast aus Bambus und Strohdächern brannte häufig ab, zuletzt 1913, und so beschloß der Sultan, ein festes Ziegelgebäude in Anlehnung an die luxuriöse Residenz des deutschen Gouverneurs in *Buea*, die ihm sehr gut gefiel, zu errichten. Für die umfangreichen Arbeiten ließ Njoya mehrere Betriebe eröffnen, dar-

unter eine Ziegelei und zwei Sägewerke. Selbst eine eigene Zementmischung auf der Basis von Harz, Palmöl und Asche erfand er, mit der er seinen Palast, der 1917 fertiggestellt wurde, von außen verputzte. Während der Palastrenovierung 1984 (UNESCO) wurde dieser graue Anstrich jedoch wieder entfernt.

Der Palast besteht aus zwei Stockwerken, das obere tritt etwas zurück. In der Mitte dominiert ein Turm das Gebäude (siehe Foto nächste Seite).

Der weitläufige, mit Palmen bepflanzte, runde Platz vor dem Palast wird zu beiden Seiten flankiert von den Frauenhäusern (Zutritt nicht gestattet).

In einem kleinen, flachen Gebäude links befindet sich die von König Njoya gegründete **Schule**. Dort wurde die von ihm selbst erfundene **Schrift**

**Schümom** gelehrt, bestehend aus 83 Zeichen, darunter zehn Zahlen (s. Seite 146). Unter dem heutigen Sultan hat diese Schule ihren Betrieb wieder aufgenommen. Neben der Schule hängt eine Tafel mit allen Namen und Daten der (bisher 18) Herrscher seit Beginn der Bamoun-Dynastie, vom Begründer *Ncharé* bis zum jetzigen Sultan *Ibrahim Mbombo Njoya*. In der Mitte des Hofes befindet sich, von einer kleinen Mauer umgeben, das **Grab der Mutter von König Njoya**. Auf dem Steinsockel steht in deutscher Sprache, daß sie im Jahre 1913 verstorben ist.

Betritt man das Palastgebäude, gelangt man in eine große Eingangshalle, vier riesige Säulen halten die Decke. Hier steht die Nachbildung des berühmten **Königsthrons**, genannt *Mandu Yenu*, dessen Original im Völkerkundemuseum in Berlin zu besichtigen ist. Dieser herrliche, mit Tausenden von Glasperlen bestickte Thron gehörte schon Njoyas Vater *Nsangou*. Njoya übergab ihn 1908 dem deutschen Gouverneur, der ihn dem Deutschen Kaiser als Geschenk überbringen sollte. Seitdem ist dieses bedeutende Herrschaftssymbol der Bamoun außer Landes.

Es gibt hierzu einen sehr schönen **Bildband** mit dem Titel *Mandu Yenu – Bilder aus BAMUM, einem westafrikanischen Königreich, 1902–1915* (Trickster, München, 1985). Die beiden Verfasser sind die deutsch-amerikanische Ethnologin *Christraud Geary* und der Sultanssohn, Schriftsteller und Vorsitzender der *UDC (Union Democratique Camerounaise) Adamou Ndam Njoya*. Das Königtum Bamoun galt seinerzeit als das am meisten fotografierte Land Afrikas.

### ★ *Das Palast-Museum*

**Öffnungszeiten:**
täglich 8 – 12, 14.30 – 17.30 Uhr.
**Eintritt:** inkl. Führung und Fotografiererlaubnis ca. CFA 1500.

Die Privatsammlung des Sultan, im ersten Stock des Palastes eingerichtet, ist das **interessanteste Museum Kameruns** und bewahrt Objekte von unschätzbarem kulturellem Wert auf.

Hier wird die Geschichte der Bamoun-Dynastie auf das Anschaulichste dargestellt. In der relativ umfangreichen, sehr geordneten Fülle von Gegenständen, findet man mehrere, mit *Kauri*-Muscheln und Glasperlen geschmückte Thron-Sessel, Tanzmasken und federngeschmückte Tanzkostüme, die Kopfbedeckungen aller bisherigen Thronfolger, verschiedenste alte Waffen, Musikinstrumente, Holzstatuen und Schmuckgegenstände.

Ein kleiner Teil des Museums ist dem im 18. Jahrhundert regierenden **Sultan Mbouombouo (1757–1814)** gewidmet, dessen Autorität und Stärke unvergessen bleibt, weil er in seinen Angriffen die gefürchteten *Fulbe*-Reiter abwehrte, Foumban mit einem Schutzwall umgab und so die Unabhängigkeit seines Volkes bewahrte. Erhalten sind sein Thron, seine Tabakspfeife, einige Waffen und Gewänder, aber vor allem eine recht beeindruckende Kalebasse, die mit den Unterkiefern seiner Feinde behängt ist. Aus diesem Gefäß trank er seinen Palmwein, andere wieder tranken ihn aus den Schädeln ihrer getöteten Feinde.

An den berühmten **König Njoya** erinnern im Museum seine perlenverzierten Pfeifen, Schilde aus Raphiafasern oder Büffelhaut, Gewänder und Stoffe, die nach einem von ihm ent-

*Tanzmasken im Palastmuseum*

Speere und Tanzmasken hervorgeholt und die überlieferten Traditionen des Bamoun-Volkes wieder ausgelebt, z.B. am Ende des *Ramadan* (schöne Reiterspiele) oder zum *Tabaski*-Fest (auch Hammelfest genannt).

An jedem Freitag findet traditionell der Auszug des Sultans aus dem Palast in die Moschee statt. Nutzen Sie diese Gelegenheit, wenn Sie sich freitags in Foumban befinden.

Das **Kunsthandwerkszentrum** *Artisanat* direkt am Sultanspalast ist nicht besonders interessant, im übrigen werben die Händler mit ihren Terrakotta-Pfeifen und Bronze-Masken und Perlen in der Umgebung des Palastes eher aufdringlich um die Gunst ihrer Käufer.

### ★ Der Markt
Gegenüber des Sultanspalastes liegt der von weißen Arkaden umgebene Marktplatz, Markt ist am Mittwoch und Samstag. Friseure, Schneider und Naturheiler bieten hier ihre Dienste an, dazwischen Stände mit Gemüse, Gewürzen und Früchten. Auch wenn man bereits viele Märkte im Westen Kameruns besucht hat, lohnt sich ein Bummel durch dieses Farbenspiel. Interessant ist vor allem der *Mbororo-Fulbe*-Teil in der Nähe der Moschee.

### ★ Moschee und Tam-Tam-Haus
Vom Minarett der großen Moschee aus dem Jahre 1956, gleich neben dem Markt, bietet sich ein guter Rundblick auf die Stadt und den Palast. Für den Eintritt in den Turm wird eine kleine Spende erwartet.

Auf dem Platz vor der Moschee steht rechts ein traditionelles, strohgedecktes Holzhaus mit schön geschnitzen Säulen, das **Tam-Tam-Haus**. Es be-

wickelten Verfahren blau-weiß gefärbt wurden, ferner seine Waffen und eine seiner Erfindungen, die mechanisch betriebene Mühle für das Zerkleinern von Maiskörnern. Auch von ihm handgeschriebene Bücher in der von ihm erfundenen Schrift Schünom (s. o.) sind noch gut erhalten. Auf einem sehr großen Gemälde ist dieser berühmte König verewigt.

**Fotos** vom **Beginn des 20. Jahrhunderts**, als Kamerun deutsches Schutzgebiet war, zeigen Njoya in der Uniform der Kaiserlichen Garde, die er vom Vertreter des Kaisers u.a. als Gegengeschenk für den Thron *Mandu Yenu* erhielt.

Insgesamt gibt das Museum einen sehr guten Überblick über die Geschichte Foumbans, die Führung (in französisch) ist ausgezeichnet.

**An Festtagen** werden die alten, farbenprächtigen Kostüme, die Lanzen,

herbergt die riesige, sechs Meter lange **Kriegstrommel**, bestehend aus einem ausgehöhlten Stamm des *Kapok*-Baumes. Sie stammt angeblich von Sultan *Mbouombouo*, der damit den Krieg des Bamoun-Volkes ausgerufen hat. Außerdem werden hier noch einige weitere historische Gegenstände aufbewahrt. Auch hier wird für den Eintritt ein Trinkgeld erwartet.

Am Ende des Platzes vor der Moschee steht eine Statue König Njoyas.

### ★ *Die Straße der Künstler*

Die Bamoun profilieren sich als geschickte Kunsthandwerker und lassen sich – immer ein lohnendes Geschäft im Auge – gerne auf die Finger schauen. So ist eine ganze *Rue des Artisans* entstanden, an der sich Laden an Laden, Werkstatt an Werkstatt reiht. Hier entstehen vor allem neuere Bronzearbeiten und Holzschnitzereien, aber auch wirklich gute, alte Originale sind zu finden. Man braucht schon etwas Zeit, um in den vielen Geschäften herumzustöbern und um die gewünschten Objekte zu feilschen, was manchmal sehr langwierig ist.

Auf der Künstlerstraße arbeiten die **Holzschnitzer**, die Tanzmasken schnitzen und Truhen, Tische, Behälter und Holzbilder mit den reliefartigen Bamoun-Schnitzereien dekorieren. Die Themen der Bilder stammen aus dem täglichen Leben, aber auch aus der Geschichte des Bamoun-Volkes.

Daneben die **Bronzegießer**, die – nur noch selten – in der *Technik des Gelbgusses* (s. S. 223) arbeiten. Kleine Statuen und Figuren, Masken und Schmuckgegenstände werden aus Bronze angefertigt. Ich habe hier einige Passeports erstanden, winzig kleine Bronzemasken, die man als Hals-

kette tragen kann. Früher einmal dienten sie den Leuten als „Ausweis", da keine einer zweiten gleicht.

Auch **Korbmacher**, **Weber**, **Maler**, **Töpfer** sind auf dem Markt anzutreffen, sowie **Sticker**, die die handgewebten Baumwollstoffe mit den traditionellen *Bamoun*-Motiven besticken und daraus Servietten und Tischdecken fertigen.

Liebhaber von Antiquitäten finden nach langem Suchen vielleicht schöne Musikinstrumente, Terrakotta-Statuen, Bronzemasken oder mit Perlen besetzte Kalebassen. Die meisten Objekte hier sind aber neuere „Touristen-Kunst".

Die Straße der Künstler führt hinauf zum

### ★ *Musée des Arts et Traditions Bamoun*

Trotz seines bescheidenen Umfangs – es ist viel kleiner und nicht ganz so interessant wie das Museum des Sultanspalastes – ist dieses **Museum traditioneller Kunst** sehenswert. Es wurde bereits 1930 von *Mosé Yéyap*, einem bedeutenden Politiker und Vertreter der Bamoun, gegründet. Auffällig ist schon am Eingang die große Holztür mit schönen Bildern in reliefartiger Schnitzerei.

Im Inneren befindet sich eine sorgfältig geordnete Sammlung von Kunstobjekten – leider sind auch neue Imitationen darunter. Viele der Gegenstände sind verziert mit der typischen **Bamoun-Symbolik**: Die **Spinne** (Weisheit, Friede und Arbeit), die **doppelköpfige Schlange** (Macht nach allen Seiten hin), die **Kröte** (Fruchtbarkeit), das **Chamäleon**, der **Antilopenkopf** und die **Doppelglocke** (Kriegszeichen, Loyalität).

Darunter findet man schöne Terra-kotta- und Bronze-Pfeifen, verzierte Gongs (Glocken), zahlreiche ge-schnitzte Holztafeln mit menschlichen und Tier-Motiven, Tonkrüge, in denen der Palmwein aufbewahrt wurde, Ter-rakotta-Statuen und Tanzmasken. Außerdem finden sich **Kriegsgeräte** wie Lanzen, Schilde, auch Thron-Stüh-le, Musikinstrumente, Tanzkostüme, Töpfereien, Schmuckgegenstände mit Kauri-Muscheln und Glasperlen und eine kleine Sammlung von Fotos aus der deutschen Geschichte des Lan-des.

Sollte das Museum nicht geöffnet sein, fragen Sie einen der Händler. Der Eintritt ist frei, es wird jedoch eine Spende erwartet.

Nahe der Künstlerstraße wohnt der **Maler** *Ghangne Mahmadou*, der sich auf Abbildungen der Bamoundynasti-en und historische Szenen aus dieser Zeit (Tänze etc.) spezialisiert hat. Die Originale sind verhältnismäßig teuer (ca. 80 – 120 DM), Drucke gibt es auch in Douala in Geschäften zu kaufen. Ghangne Mahmadou ist in der katholi-schen Mission aufgewachsen, kennt die Stadt recht gut und bietet sich auch häufig als Führer an.

## PRAKTISCHE INFORMATIONEN

 UNTERKUNFT
### *Hotels*
### Hotel Beauregard
B.P. 29, Tel. 48 21 83. Das einfache, aber ordentliche Hotel hat 26 Zimmer mit Dusche/WC, ab ca. CFA 5500 und wurde im Sommer 1997 renoviert.
### Hotel Le Chalet
B.P. 48, Tel. 48 21 03; ruhige Lage an der Straße Richtung Bafoussam, auf

einer Piste nach links (in der Nähe des Krankenhauses), zu Fuß 20 Min. zum Stadtzentrum. Das Hotel verfügt über sehr einfache Zimmer mit Du-sche (Kaltwasser) und WC, ab ca. CFA 10 000. Im guten Restaurant ko-stet eine Mahlzeit ca. CFA 5500. Je nach Jahreszeit gibt es Stromausfälle.
### Hotel-Restaurant Le Refuge
5 km außerhalb an der Straße nach Bafoussam. Ein Zimmer kostet unge-fähr CFA 8000, es gibt einen bewach-ten Parkplatz, nicht immer Wasser. Man wird freundlich empfangen.
### Katholische Mission
Tel. 48 22 36. Es gibt vier hübsche Zim-mer mit Dusche, auch Mehrbett-Zim-mer. Ein Küche steht zur Verfügung. Geleitet wird die Mission von sehr freundlichen, belgischen Schwestern. Zimmer werden nur in Ausnahmefäl-len an Touristen vergeben. Ein wenig Geld zu spenden liegt im Ermessen des Einzelnen.

## 🍴 ESSEN UND TRINKEN
### *Restaurants*
Außer den Restaurants der oben ge-nannten Hotels kann ich empfehlen:
### L' Escale
Am Ortseingang (aus Richtung Bafous-sam). Hier gibt es typisch afrikanische, sehr gute Küche zu angemessenen Preisen (nur auf Vorbestellung). Es kocht eine der Töchter des Sultans!
### Village de la Paix
Snackbar/Restaurant im Zentrum nahe des Marktes. Gutes und preiswertes Essen im Innenhof mit Blick auf die Straße. Die Sanitäranlagen sind schlecht; gute Parkmöglichkeit vor dem Restaurant.
### ETS Royal Café
B.P. 180, Tel. 48 30 39. Restaurant/ Snackbar und Café, von einem der

Prinzen *Salifou Njoya Njimoluh* geführt. Das Restaurnat hat eine schöne Terrasse abseits vom Verkaufsrummel, gutes Essen und sehr freundliches Personal.

 VERKEHRSVERBINDUNGEN
### *Busse/Sammeltaxis*
Verbindungen von/nach (jeweils auf Teerstraße): *Bafoussam* (72 km), *Bamenda* (152 km), *Yaoundé* (385 km, via *Bafia*), *Douala* (338 km).

Außerdem bestehen Verbindungen in die kleinen, umliegenden Orte (zum Beispiel *Manki II*, *Jakiri* an der *Ring Road*, *Malantouen* und andere) über Piste.

**Preisbeispiel** (Sommer 1997): *Foumban – Douala* (ungefähr 6 Stunden Fahrt), CFA 4700.

**Hinweis:** In Foumban endet die Teerstraße, nach Norden und Osten führen ausschließlich Pisten weiter.

 NOTFALL
### *Krankenhaus*
Tel. 48 21 23
### *Apotheke*
Tel.48 20 24

 SONSTIGES
Es gibt eine **Bank** (Wechsel nur zu sehr schlechtem Kurs), **Tankstelle** und ein **Postamt**.

## Bafoussam – Bamenda

➠ 80 km Teerstraße
Auf der Hauptstraße von *Bafoussam* in Richtung *Bamenda* überquert man nach fünf Kilometern die Brücke über den *Mifi*-Fluß mit einem großen Wasserfall (s. Umgebung Bamenda).

**km 12**, rechts ein **kleines Kunsthandwerkszentrum** mit Einkaufsmöglichkeiten.

Die breite, sehr gut ausgebaute Teerstraße führt zunächst durch ein Plantagengebiet (Kaffee, Bananen, teilweise Raphiapalmen) aufwärts.

Vier Kilometer vor dem Ortsschild von *Mbouda* Abzweigung nach *Bamété* zum **Kloster St. Benoît**, wo man in großen Schlafsälen übernachten kann (sehr freundlicher Empfang, ca. CFA 7500/Person mit Vollpension).

Bei **km 30** ist **Mbouda** erreicht.

## Mbouda
Mbouda ist eineKleinstadt und Hauptort des Verwaltungsbezirks *Bamboutos*. Es gibt dort ein **Krankenhaus** (Tel. 48 50 54), eine **Apotheke** (Tel. 48 50 59), eine **Tankstelle, Banken, Lebensmittel**, ein **Postamt,** eine **Katholische Mission** (Tel. 48 51 03), einen **Gare Routière** und viele **Restaurants** (auf dem Platz vor dem Busbahnhof). **Unterkunft** gibt es im *Hotel le Bamboutos*, Tel.48 52 60.

Von hier aus ist ein Abstecher nach *Dschang* möglich. Unterwegs Abzweigung zur *Chefferie von Bafoussam* (siehe S. 345).

### *Abstecher Mbouda – Dschang*
Von Mbouda nach Dschang sind es 40 km auf der gut ausgebauten Teerstraße.

### *Dschang*
Dschang ist der Hauptort des Verwaltungsbezirkes *Ménoua* in der französischsprachigen Provinz *Ouest*. Die kleine *Bamiléké*-Stadt Dschang liegt in einer hügeligen Umgebung auf 1380 m Höhe und hat dadurch ganzjährig ein ange-

**Der Westen**

nehmes, **mildes und trockenes Klima** (Durchschnittstemperaturen um 22° C, am wärmsten im April mit max. 31° C) mit kühlen Nächten. Schon während der Kolonialzeit war diese Region als **Luftkurort** beliebt, das *Centre Climatique* aus dieser Zeit machte den Ort bekannt und ist bis heute ein frequentiertes Hotel geblieben. Viele Veranstalter nehmen dieses Hotel als Ausgangsbasis für Ausflüge zu den Chefferien und in die schöne Umgebung.

Hier sind die *Dschang* beheimatet, eine Volksgruppe aus mehreren kleinen Ethnien. Sie leben als Kleinbauern hauptsächlich von der Landwirtschaft; es gibt ein landwirtschaftliches Forschungszentrum der Universität *Yaoundé*. Dschang ist außerdem ein **Zentrum der Schweinezucht**.

In der kleinen, recht ruhigen Stadt sind die meisten Häuser aus Lehmziegeln gebaut (vgl. Süden: Holz), für die Dächer wird Raphia-Bast benutzt, in der Mehrzahl jetzt aber Wellblech. Alle Häuser und Dächer des Ortes sind so rot wie die staubigen Pisten, die hindurchführen. Viele Frauen tragen hier noch die tradit. *Pagnes*, lange Kleider aus bunten Stoffen. Sehenswert ist der große lebhafte **Markt**, der nach der Bamiléké-Woche alle acht Tage stattfindet (alle drei Tage kl. Markt). Neben dem in *Bafoussam* ist er der wichtigste der Region. Besonders auffällig ist das schöne Eingangsportal zum Markt, im Bamiléké-Stil mit Strohdächern und einigen Wandmalereien. Hier befindet sich auch das *Centre Artisanal*, in dem man u.a. (neue) Holzschnitzereien erhält.

*Blick übers Bamilékégrasland*

## Unterkünfte
### Centre Climatique

B.P. 40, Tel. 45 10 58; vom Place de l'Indépendance zweigt die Piste ab hinauf zum Hotel, nach 1 km auf einer Anhöhe. In einem riesigen Park mit Koniferen und Blumenanlagen stehen die hübschen Pavillons mit je zwei geräumigen Zimmern, Dusche/WC und Terrasse, ab ungefähr CFA 15 000. Das Hauptgebäude und die Pavillons entstanden 1942 während der französischen Kolonialzeit. Der Speisesaal des Restaurants (Holzdecke) und die Bartheke sind mit wunderschönen Bamiléké-Schnitzereien ausgestattet. Es gibt einen großen Swimmingpool mit Bar und einen Tennisplatz sowie Reitpferde. Es herrscht eine sehr erholsame Atmosphäre. An der Rezeption hängt eine große Wandkarte mit Wandervorschlägen. Ab und zu gibt es im Hotel Stromausfall. In die Stadt gelangt man zu Fuß auf der Piste (1 Kilometer) zum „Rondpoint", dann mit dem Taxi ins Zentrum (1 Kilometer).

### Auberge Menong

Die Auberge Menong ist im Zentrum gelegen und bietet sehr einfache Unterkunft in Chambres de passage für ungefähr CFA 4000.

### Hotel Le Constellation

B.P. 22, Tel. 45 10 61; im Ortszentrum ca. 100 m vom Gare routière entfernt. Kleines Stadthotel mit 24 Zimmern, Bar und Restaurant. Der Zimmerpreis beträgt ca. CFA 8500. Das Hotel ist etwas besser als die obige Unterkunft, allerdings laut (Disco gegenüber!).

### Hotel Ménoua Palace

Einfaches kleines Stadthotel (chambres de passage) im Zentrum.

## Verpflegung

Sehr gutes Essen (teuer) im *Centre Climatique*. Wem das Übernachten hier zu teuer ist, der kann sich kulinarisch einmal einen Luxus gönnen.

## Verkehrsverbindungen

Der **Gare routière** befindet sich am Marktplatz, Ortsausgang Richtung Mbo. Es gibt **Bus-/Sammeltaxiverbindungen** von/nach: *Bafoussam*, *Yaoundé* (zweimal täglich morgens und mittags); in die umliegenden kleinen Dörfer, z.B. über die Piste nach *Melong* in der Mbo-Ebene; Asphaltstraße nach *Bamenda* und *Bafoussam*.

## Sonstiges

**Katholische Mission**, Tel. 45 13 74
**Klinik,** Tel. 45 10 52
**Arzt,** Tel. 45 10 33
**Apotheke,** Tel. 45 11 65

In Dschang gibt es außerdem eine **Post, Tankstellen, Lebensmittel, Banken.**

## Ausflüge
### ★ Mamy Wata Wasserfälle

Eine mittelmäßige Piste führt von Dschang nach *Fongo Tongo* (ca. 20 km). Der Ausflug ist lohnend, außer am Ende der Trockenzeit, da dann die Fälle kein Wasser führen.

Vom *Centre Climatique* aus zum *Place de L'Indépendance:* Zwischen der Gendarmerie links und der Polizei rechts führt eine Piste in Richtung Fongo Tongo, nach ca. 3 km kommt eine weitere Polizeistation (hier wieder erkundigen). Strecke immer geradeaus bis zur Ortschaft Fongo Tongo. Auch hier ist wieder Markt alle acht Tage! Fongo Tongo

**Der Westen**

ist ein winziges Dorf mit Marktplatz, bewohnt von d. Ethnie der *Dschang*. In der Umgebung ist die Landschaft sehr schön.

Man fährt durch den Ort hindurch (rechts kleine Schule) und trifft dann auf eine Abzweigung: Geradeaus geht es nach *Mamfé*, zum Wasserfall rechts bis zu einer kleinen Siedlung direkt an den *Mamy-Wata-Fällen*, die hier 60 m in die Tiefe stürzen.

An der Straße sieht man die Fälle nur von oben; schön sind sie nur, wenn es geregnet hat, in der Trokkenzeit bleibt lediglich ein kleines Rinnsal. Hier lebt *Mamy Wata* (Pidgin für „Mutter des Wassers"). Einmal in der Woche nehmen die Dorfbewohner an diesem heiligen Ort ein Bad zu ihren Ehren. Es hilft, wenn eine Frau unfruchtbar ist, wenn die Angehörigen krank sind oder bei anderen Sorgen. In schweren Fällen wird eine Ziege auf dem Felsen oberhalb der Fälle geopfert, die dann hinuntergeworfen wird.

Ein (leichter) Pfad führt hinunter zum Fuß der Fälle, am besten nimmt man sich hierzu einen Führer (Kinder bieten sich an); hin und zurück dauert der Weg ca. eine Stunde.

## ★ Bergwanderung in den Monts Bamboutos

Für diese Unternehmung benötigt man mindestens einen ganzen Tag. Touren in die Bergregion der *Bamboutos*, eine der höchsten Kameruns, mit ihren bis zu 2700 m hohen Gipfeln, erfordern gute Ausrüstung (Trekkingschuhe, Pullover, Tagesrucksack, Proviant, Trinkwasser, Regenschutz), Kondition und Trittsicherheit. Von Dschang oder auch *Mbouda* aus fahren Sie zunächst nach *Batcham*, während der Trokkenzeit kann man von hier aus auch weiter in Richtung Berge fahren. Im Ort besteht die Möglichkeit, sich einen Führer zu nehmen, der die verschiedenen Wanderrouten kennt. Der Gipfelbereich der Bamboutos besteht aus schroffen Felsformationen; ausgesprochene Wanderwege gibt es hier nicht. Die alpine Vegetation ist sehr karg. Von oben bietet sich bei gutem Wetter eine herrliche Aussicht über die gesamte Umgebung.

Von der Hauptstraße nach Norden, hinter Mbouda, ist ein schöner Blick auf die *Monts Bamboutos* (2740 m) geboten. Die Landschaft geht nun über in Weideland und gerodetes Bergland, das immer seltener von Umzäunungen begrenzt ist. Bis auf 1800 m führt die Straße hinauf und in diesem kahlen Hochland wird die Vegetation sehr karg, vereinzelt einige knorrige Bäume. Immer wieder bietet sich ein weites Panorama auf Berge, Täler und kleine, verstreut liegende Siedlungen.

Schließlich erreicht man über steile Serpentinen die Stadt **Bamenda** (**80 km**), die tief unten in einem großen Talkessel liegt.

Kurz vor Bamenda, im kleinen Dorf **Akum**, steht links ein Hinweisschild zu einem winzigen, aber sehr interessanten **Museum** (Masken, Statuen, Grasland-Kunst), das einen Besuch lohnt.

## Bamenda

In einem von hohen Bergen umgebenen Talkessel auf 1240 m Höhe liegt die Hauptstadt der englischsprachigen Provinz *Northwest*, mit **160 000 Einwohnern** größte Stadt des gesamten Westens (fünftgrößte Stadt Kameruns) und die Stadt mit der höchsten Wachstumsrate (lt. Statistik 5,8% jährlich).

Bamenda liegt an der **Ringroad des Kameruner Graslandes**, die die wichtigsten Siedlungen der Provinz *Northwest* miteinander verbindet. Zwar hat die Stadt trotz ihrer hübschen Lage in einem Talkessel, umgeben von Wasserfällen, **touristisch keine große Bedeutung**, bietet sich jedoch als idealer Ausgangspunkt für Fahrten auf die bekannte Ringroad an.

Wirtschaftlich betrachtet ist Bamenda ein wichtiges **Zentrum der Landwirtschaft** (mit Viehzucht) **und des Handwerks**. Im lebhaften Alltag der Bevölkerung dreht sich alles um den Handel.

## Sehenswürdigkeiten
### ★ Das Fort
In der Oberstadt am Hang liegt das Stadtviertel *Up Station*, das Verwaltungszentrum mit Polizei, Gouverneur und Behörden. Hier befindet sich auch das Fort aus der deutschen Kolonialzeit mit sehr gut erhaltenen Ziegelbauten, Dachziegeln und kleinen Türmen. Den Innenhof des Forts kann man besichtigen, jedoch besteht **absolutes Fotografierverbot**, da sich in der ehemaligen Festung heute Einrichtungen der Verwaltung befinden. Neben dem Fort steht das ehemalige **Gebäude des deutschen Bezirksamtsmanns**, heute Sitz des hiesigen Gouverneurs. Hinter dem Fort an der *Delegation for Public Works* vorbei führt ein kleiner Fußpfad hinab zum **deutschen Friedhof** mit Gräbern, deren Inschriften an kriegerische Auseinandersetzungen erinnern. Melden Sie sich am besten vor dem Besuch des Friedhofs kurz bei den Militärwachen am Fort (reine Routinesache!). Es werden die Persolanien aufgenommen und man wird von einem Soldaten zum Friedhof begleitet. Damit wird dann auch das Fotografieren erlaubt!

Läuft oder fährt man die Hauptstraße hinunter in Richtung Stadt, liegt auf der rechten Seite ein kleiner **Aussichtshügel**. Von hier bietet sich ein schöner Rundblick auf die weit ausgedehnte Stadt im Tal.

### ★ Markt
Im Zentrum der Stadt findet täglich der große Markt statt, viele der Waren kommen bereits aus Nigeria, etwa Butter, Gemüse und Milch. Hier werden auch Autoersatzteile und sehr schöne Stoffe verkauft. Die Händler und Käufer sind auf diesem Markt übrigens sehr fotoscheu, also besser vorher um Erlaubnis fragen.

### ★ Kunsthandwerk
Der *Prescraft Laden* direkt an der Commercial Avenue (s. Stadtplan nächste Seite) bietet eine große Auswahl meist guter bis sehr guter Handwerksartikel aus dem Artisanat von *Bali*, der Töpferei in *Bamessing (Ndop)*

**Der Westen**

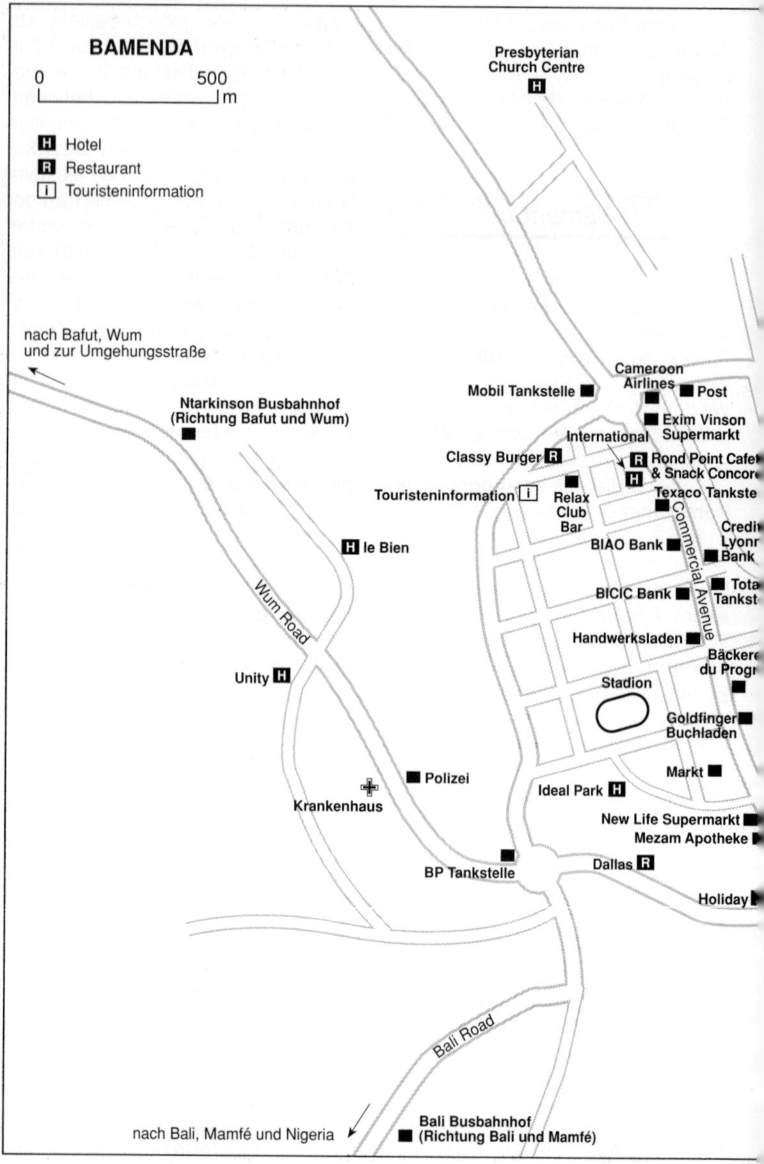

## BAMENDA

0       500   |  m

**H** Hotel
**R** Restaurant
**i** Touristeninformation

Presbyterian
Church Centre
**H**

nach Bafut, Wum
und zur Umgehungsstraße

Cameroon
Airlines
Mobil Tankstelle ■    ■ **Post**

■ **Exim Vinson
Supermarkt**

Ntarkinson Busbahnhof
(Richtung Bafut und Wum)
■

International
Classy Burger **R**    **R** Rond Point Cafe
& Snack Concore
**H**
Touristeninformation **i**    Texaco Tankste
Relax
Club
Bar

BIAO Bank ■    Credi
Lyonr
Bank

**H** le Bien

BICIC Bank ■    Tota
Tankst

Handwerksladen ■    Bäckere
du Progr

Wum Road

Unity **H**

Stadion

Goldfinger
Buchladen

Markt ■

■ Polizei
Krankenhaus

Ideal Park **H**

New Life Supermarkt ■
Mezam Apotheke ▶

BP Tankstelle ■    Dallas **R**

Holiday ▶

Bali Road

nach Bali, Mamfé und Nigeria

Bali Busbahnhof
(Richtung Bali und Mamfé)

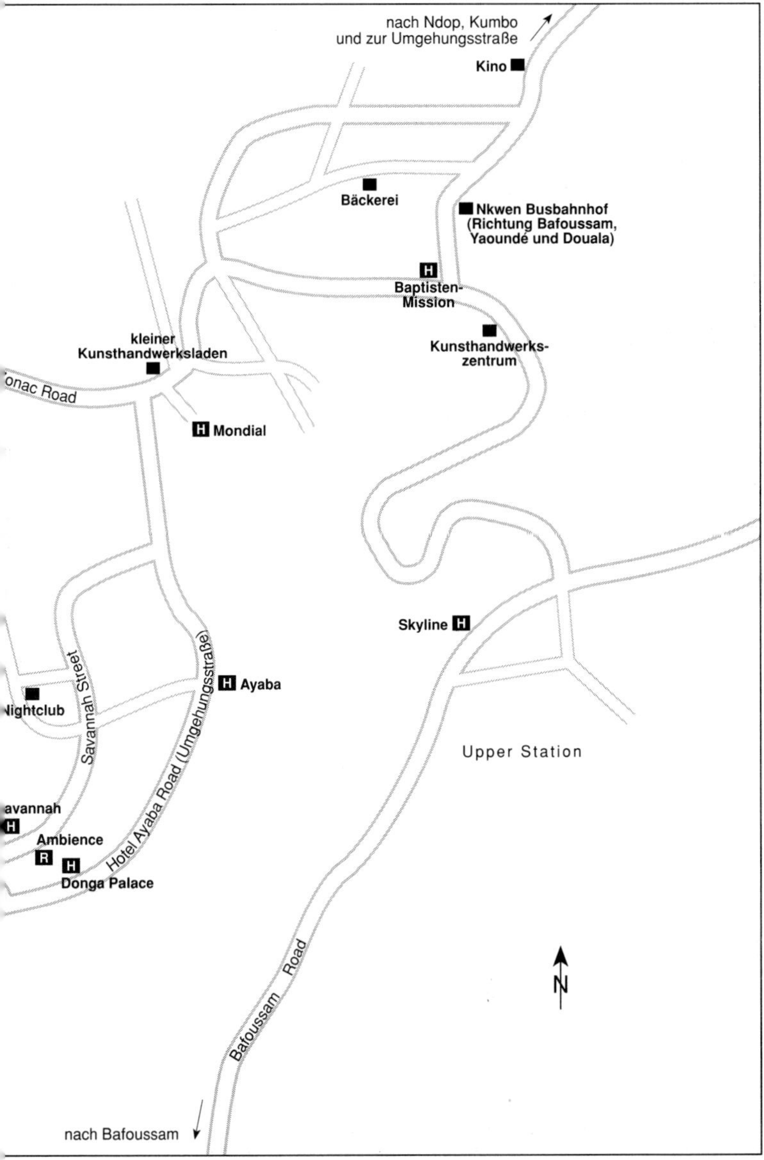

nach Ndop, Kumbo
und zur Umgehungsstraße

Kino ■

Bäckerei ■

■ Nkwen Busbahnhof
(Richtung Bafoussam,
Yaoundé und Douala)

🅷 Baptisten-
Mission

■ Kunsthandwerks-
zentrum

kleiner
Kunsthandwerksladen
■

onac Road

🅷 Mondial

Der Westen

Skyline 🅷

🅷 Ayaba

■ Nightclub

Savannah Street

Hotel Ayaba Road (Umgehungsstraße)

Upper Station

avannah
🅷
Ambience
🆁 🅷
Donga Palace

Bafoussam Road

N

nach Bafoussam

und aus der sehr gut geführten *"Pres-wood"*-Werkstatt in *Ombe* (zwischen *Limbe* und *Mutengene*). Auf dem Marktplatz befindet sich ebenfalls ein kleiner Kunsthandwerksladen, in dem Töpferwaren, Bronze- und Holzfiguren angeboten werden.

### ★ Museum

Links neben dem Handwerksladen am Markt liegt das kleine, aber interessante Museum der Stadt (geöffnet täglich außer So 9–14 Uhr), mit bedeutenden, traditionellen Masken und Figuren aus dem Grasland, geschmückt mit Federn, Perlen, Jute, Rinde, Rattan und Raphia-Bast.

Die Grasland-Kunst gehört zu einer der bedeutendsten Kunstrichtungen ganz Afrikas (s. Land und Leute, Kapitel Kunst und Kultur)

### PRAKTISCHE INFORMATIONEN

ⓘ TOURISTENINFORMATION
*Délégation du Tourisme*
Tel. 36 13 95

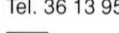 UNTERKUNFT
*Hotels der Mittelklasse*
**Ayaba-Hotel**
P.O. Box 515, Tel. 36 13 56. Teuerstes und bestes Hotel der Stadt mit 50 sauberen Zimmern (mit Dusche/WC) ab ca. CFA 18 000, kleinem Swimmingpool, Restaurant, Bar, Nightclub und dem Charakter eines Geschäftshotels.
**Hotel Mondial**
P.O.Box 9, Tel. 36 18 32, Fax 36 28 84. Mittelklassehotel mit 29 sauberen Zimmern (mit Dusche/WC) ab ungefähr CFA 11 000, Bar, Nightclub und gutem Restaurant. Man wird freundlich empfangen. Hier wohnen viele Business-Gäste.

*Preiswerte Unterkünfte*
**Skyline-Hotel**
P.O. Box 111, Tel. 36 12 89; oberhalb des Verwaltungsviertels Station, nicht zentral. Das empfehlenswerte Hotel verfügt über 24 Zimmer, Bar und Restaurant.
**Unity-Hotel**
P.O. Box 477, Tel. 36 37 82; an der Straße vom Hospital zum Flughafen (ca. ein Kilometer nach dem Hospital auf der linken Seite). Das saubere Hotel hat 29 Zimmer mit Fließwasser, eine Bar und ein Restaurant. Der Zimmerpreis beträgt ungefähr CFA 6000 bis CFA 8000. Es besteht die Möglichkeit Minibusse für Ausflüge anzumieten.
**Hotel le Bien**
P.O. Box 290, Tel. 36 12 06. Das kleine preiswerte Hotel hat 25 Zimmer.
**Idéal Park Hotel**
P.O. Box 5, Tel. 36 11 66. Es gibt 16 Zimmer, Restaurant und Bar.
**Ringway-Hotel**
P.O. Box 126, Tel. 36 12 98. Das Hotel verfügt über zehn Zimmer.
**84 Resort Hotel**
Außerhalb der Stadt Richtung Ring-Road.
**Holiday Hotel**
P.O. Box 12, Tel. 36 13 82
**Presbyterian Church Center**
Tel. 36 40 70, Fax *(Prescraft Bamenda)*: 36 12 81; an der Straße in Richtung *Fundong* (s. Stadtplan S. 360/361). Das Presbyterian Church Center ist angenehm, ruhig und preiswert und empfiehlt sich evtl. auch für kleine Gruppen oder Familien.
**Baptisten-Mission**
Tel. 36 12 85; aus Richtung *Bafoussam*, gegenüber des ersten Kreisverkehrs. Die Mission ist ruhig gelegen, hat Duschen und Zimmer für ungefähr CFA 4000.

*Blick auf Bamenda*

Die **Missionen** wünschen sich angenehme und bescheidene Gäste, die mehr als eine Nacht verbringen (siehe auch Hinweise im Kapitel Übernachtung auf S. 100).

 ESSEN UND TRINKEN
Es gibt viele Restaurants und Kneipen in der Stadt, z.B.
**Restaurant du Centre d'Acceuil**
afrikanische Küche, preiswert.
**Food central**
im Viertel Nkwen, gegenüber vom Kino; sehr gut, preiswert.
**Boulangerie française**
Richtung Flughafen. Sehr gute Croissants.

VERKEHRSVERBINDUNGEN
**Busse/Sammeltaxis**
Verkehr von/nach (jeweils auf guter Teerstraße): *Bafoussam* (80 km),
*Nkongsamba* (195 km), *Dschang* (90 km), *Douala* (338 km), *Yaoundé* (393 km).

➠ *Bamenda – Mamfé*
146 km auf schlechter Piste, im Sammeltaxi ca. 4–5 Stunden Fahrt.

➠ *Bamenda – Nkambe/Ringroad*
Kein regelmäßiger Sammeltaxiverkehr mehr nach Nkambe (169 km) und die anderen Orte der Ringroad hinter Wum, da ab hier die Piste in sehr schlechtem Zustand ist. Wegen des Lake Nyos Gasunglücks (s. Ringroad) wird die Piste nicht mehr unterhalten, weil die Menschen Angst vor einem neuen Unglücksfall haben. Es gibt aber regelmäßige Fahrten der *Presbyterianer Kirche* um die Orte um Nyos zu versorgen. Evtl. besteht gelegentlich hier eine Mitfahrgelegenheit.

✚ NOTFALL
**Krankenhaus/Notarzt**
Tel. 36 11 08

📠 SONSTIGES
In Bamenda gibt es: **Banken, Post-
amt, Tankstellen, Buchhandlung**
(Tel. 36 16 10), **Kinos, Nachtclubs.**

**Missionen**
**Katholische Mission**
Tel. 36 12 42
**Presbyterianische Mission**
Tel. 36 11 43

## Bamenda – Mamfé

➠ 144 km Piste
Es führt eine breite, gute Piste in Richtung Flughafen (derzeit keine Flüge)
nach Westen. Einige Kilometer außerhalb der Stadt liegt das **Hotel Safari
Lodge Bali** (sehr ruhig im Grünen, 15
Zimmer ab CFA 14 500, Garten, Restaurant, Pferde, allerdings wenig Komfort). Reservierungen über *Atlantik Beach Hotel/Limbe*, Tel. 33 23 32.
   Nach **20 km** erreicht man den Ort
**Bali**.

## Bali

Diese Ortschaft ist **Sitz des Fon der
Bali,** einer zahlenmäßig kleinen Volksgruppe, die vor etwa 300 Jahren, aus
dem Norden kommend, das westliche
Grasland und Gebiete in den Nachbarländern eroberte. Der derzeitige
Fon hat übrigens in Deutschland stu-
diert.
   Im **Handicraft Centre** in Bali arbeitet eine Gruppe Handwerker (Schreiner, Holzschnitzer, Korb-, Bast-, Tep-
pichmacher usw.) zusammen. Der Sinn
dieses Handwerkerzentrums liegt dar-

in, traditionelles Handwerk zu pflegen
und dem Nachwuchs zu vermitteln. Außerdem befindet sich in Bali, dem ehemaligen deutschen Militärlager, eine
**deutsche Kirche** (Baujahr 1903) und
ein deutscher Friedhof.

Die Weiterfahrt verläuft auf schlechter
Piste mit Schlaglöchern und Wellblech
bis **Batibo** und weiter nach *Mamfé.*
Während der Regenzeit ist diese Fahrt
ein Schlammbad und nur extrem
schwierig im Schritt-Tempo befahrbar.
Dann verkehren auch nur selten öffentliche Transportmittel auf dieser
Strecke.

## Mamfé

Mamfé ist Hauptort des Verwaltungsbezirks *Manyu.* Es handelt sich um
eine **relativ isolierte Kleinstadt** am
Ufer des *Cross River,* umgeben von
dichtem Regenwaldgebiet. Nur selten
wird der Ort von Touristen besucht,
eigentlich machen hier nur diejenigen
Station, die von oder nach *Nigeria*
reisen. Über den **Grenzübergang
Ekok** kommend, ist Mamfé die erste
Stadt in Kamerun, die man erreicht.
Ohne Allradantrieb sind Fahrten während der Regenzeiten mühsam und
zeitaufwendig, da werden 60 km ganz
schnell zur Tagesreise.
   Von der Grenzstation Ekok aus
schlängelt sich der Cross River durch
sehr dichten Wald, auf einer Strecke
von 30 km bildet er (nordwärts) zunächst die Grenze zu Kamerun. In
Mamfé, in einer kleinen Bucht am Ufer
des Flusses, befindet sich der Liege-
platz für Pirogen, mit denen Passagiere und Waren befördert werden. Hier
blüht der (legale und illegale) Grenz-

handel, über den Flußweg ist der Grenzübertritt oftmals schneller zu bewältigen als im Sammeltaxi.

Sonst ist es eher ruhig in der kleinen Stadt. Die Bewohner arbeiten in den kleinen Behörden oder gehen zum Fischen.

Einen Kilometer nördlich von Mamfé führt eine Hängebrücke über den *Manyu-River*. Sie führt in ein „Niemandsland", unberührt und isoliert, von dichtem Regenwald überzogen, in dem es keinerlei Infrastruktur mehr gibt. Ganz im Norden der Manyu-Division (Département) liegt der Ort **Akwaya**. Die dort beheimatete, gleichnamige Ethnie lebt vom Fischfang, von der Jagd und vom Gemüseanbau. Keine einzige Straße führt dorthin, der Fußweg in die Stadt dauert hier oft mehrere Tage.

**PRAKTISCHE INFORMATIONEN**

 UNTERKUNFT
**Inland Hotel**
Tel. 34 10 99. In dem sehr schmutzigen und einfachen Hotel gibt es Zimmer ab ca. CFA 7000, eine Bar und ein Restaurant.

In Mamfé gibt es noch mehrere andere, kleine Hotels.

 VERKEHRSVERBINDUNGEN
Die beiden Zufahrten von Süden über *Bamenda* oder *Kumba* nach Mamfé führen durch hügelige Landschaft mit schönem Regenwald. Während der Regenzeit verkehren die öffentlichen Transportmittel nur äußerst selten und unregelmäßig.

➠ *Bamenda – Mamfé*
Die Strecke via Bamenda führt über 146 km schlechte Piste nach Mamfé.

Die Fahrtzeit im Sammeltaxi beträgt ca. 4–5 Std.

➠ *Kumba – Mamfé*
Von Süden über Kumba sind es 162 km Piste bis nach Mamfé (im Sammeltaxi ca. 5–6 Std.). Die Strecke Kumba – Mamfé führt vorbei am Gebiet der *Rumpi Hills* (1768 m), einem der letzten kaum zugänglichen Refugien des Landes. Wanderungen in diesen Regenwaldbergen benötigen sehr viel Abenteuergeist. In der Regenzeit sehr schwierige Piste bis Kumba, die Straße wird ausgebaut, bereits einige Teilstrecken (ca. 50 km zwischen *Nguti* und *Supé*) sind asphaltiert, die restliche Piste ist danach wieder katastrophal.

■☞ SONSTIGES
**Krankenhaus**
in *Besongabang*, Tel. 34 11 15.

In Mamfé gibt es außerdem eine **Apotheke**, **Bank** (nimmt keine American Express-Travellerschecks), **Lebensmittel**, ein **Postamt** und eine **Katholische Mission** (Tel. 34 11 38).

## *Mamfé – Ekok (Nigeria)*

➠ 63 km Piste
Auf kamerunischer Seite ist die Piste in sehr schlechtem Zustand, viele Schlaglöcher. Während der Regenzeit (August bis Oktober) ist sie wegen riesiger Schlammlöcher auch für Geländewagen nur schwer befahrbar. Unterwegs trifft man oft auf hängengebliebene Lkws.

Kurz vor der Grenze, im Dorf **Eyumojok**, liegt – umringt von üppiger Vegetation – der kleine See *Lac Ejagam*,

**Der Westen**

ein **Kratersee** mit kristallklarem Wasser, an dessen Ufer ein kleines staatliches Gästehaus steht (Selbstversorgung, Informationen in Mamfé). Außer den Fischern am See herrscht dort keinerlei Aktivität. Das Gewässer gehört seit kurzem zu einer *Project Area* des WWF (deren Hauptprojekt der Korup-Nationalpark ist, s. Seite 321).

Hier mündet auch von links die Strecke aus *Calabar* (Nigeria) ein.

In **Ekok** sind die Formalitäten zur Ausreise aus Kamerun zu erledigen. **Unterkunft** ist in einem kleinen Hotel möglich (Zimmer ca. CFA 5500), Campingmöglichkeiten an der Grenzstation.

Auf der nigerianischen Seite, im Dorf **Mfum,** werden die Einreiseformalitäten nach Nigeria relativ schnell abgewickelt.

## Die Ring-Road

➨ ca. 360 km Piste

Die landschaftlich außergewöhnlich schöne Fahrt führt durch das abwechslungsreiche, hügelige Gebiet des **Kameruner Graslands** auf einer geschlossenen Rundstrecke *(Route de ceinture)* ab und bis *Bamenda*. Unterwegs sieht man interessante Dörfer, die Bewohner der Provinz *North West* sind auch unter dem Namen *Graffy-People* (Pidgin-Englisch für Grassfield) bekannt.

Die Fahrt auf mittelmäßiger bis schlechter, meist sehr schlechter, kurvenreicher Piste empfiehlt sich nur in der Trockenzeit und mit Allrad-Fahrzeug (Regenzeit etwa ab Anfang Mai). Allerdings wurde die Strecke zwischen Bamenda und Nkambe Mitte 1996 neu planiert und ist daher passabel. Es

gibt auch Pläne, einige Strecken der Ring-Road zu teeren, um gefährliche Kurven oder Ortsdurchfahrten zu vereinfachen (zwischen Jakiri und Nkambe schon teilweise aspaltiert). Steile Gefällstrecken, die in der Regenzeit manchmal gar nicht passierbar sind, finden sich zwischen Nkambe und *Wum*.

Man rechnet für die Strecke mindestens zwei Tage (ohne Besichtigungen und Ausflüge), wobei für den Streckenabschnitt (87 km) zwischen Wum und *Bum* bis zum *Kimbi River Reservat* sechs bis acht Stunden Fahrzeit einzuplanen sind. Es verkehren bis Wum Sammeltaxis (s. Verkehrsverbindungen Bamenda), deren Benutzung allerdings mit einem größeren Zeitaufwand verbunden ist. Unterwegs findet man keine touristische Infrastruktur vor.

**Unterkunft** findet man (außer in Kumbo, wo es auch Gästehäuser gibt) evtl. in den *Missionsstationen*, die allerdings nicht verpflichtet sind, Gäste aufzunehmen. Die Versorgung mit **Treibstoff** ist nicht unbedingt gewährleistet (nur evtl. in Kumbo und Nkambe), daher ist an Reserven zu denken, ebenso Trinkwasser.

**Hinweis:** Die wenigen Tankstellen entlang der Route verkaufen nur Normalbenzin.

Die **Beschreibung der Ring-Road** erfolgt an dieser Stelle gegen den Uhrzeigersinn.

———

Verläßt man Bamenda in Richtung Kumbo, ändert sich die Landschaft sehr schnell. Der Horizont lichtet sich, nur noch wenige Hügel säumen den Horizont, in der fruchtbaren, sumpfigen **Ndop-Ebene** dominiert die Savanne. Durch schönes Hochland geht es zum Dorf *Bambui*. Von hier aus eröffnet sich die Möglichkeit zu einem Abstecher zur *Chefferie von Laikom:*

### Abstecher zur Chefferie von Laikom

Von Bamenda aus benötigen Sie für diese Tour in eine völlig unberührte Gegend einen vollen Tag. Kurz hinter Bambui zweigt links die Straße ab durch schöne Vulkanlandschaft nach *Fundong* (Strecke gänzlich geteert), vorbei am kleinen Dorf *Njinikom* (50 km). Zwischen diesen beiden Orten führt rechts eine Piste hinauf auf ca. 2000 m bis zur *Chefferie von Laikom*. Zwar hat auch hier die Zivilisation schon Einzug gehalten und der alte Palast ist zwischenzeitlich mit Wellblech gedeckt, doch ist die Tradition dieser Chefferie noch völlig authentisch, sicher auch aufgrund ihrer isolierten Lage. Man sollte sich – wie überall – zuerst beim *Fon* vorstellen, um dann in die Geheimnisse der alten Kultur eingeweiht zu werden. Sehenswert ist ein vier Meter hoher **Totempfahl**, der von einem berühmten Grasland-Schnitzer in mehreren Monaten Detailarbeit mit kunstvollen Schnitzereien verziert wurde.

Zurück auf der Ring-Road führt die Strecke ab Bambui weiter bis zur Ortschaft **Ndop** (42 km hinter Bamenda), die in der Nähe des *Lac de Bamendjing* und seines Staudamms liegt. Dieser **immense Stausee** versorgt den Westen mit Elektrizität.

### Abstecher nach Bambalang

Kurz vor Ndop führt rechts eine Piste zunächst Richtung *Bagam*, bei der ersten großen Gabelung dann links abbiegen. Von dort aus geht es noch ca. 25 km durch recht flache Landschaft mit kultivierten Feldern und kleinen Siedlungen bis *Bambalang*. Die Sackgasse hinter dem Ort führt direkt zum See, dessen riesige Wasserfläche mit abgestorbenen Bäumen allerdings nicht besonders reizvoll ist. An der ersten Gabelung weiter Richtung *Bagam* führt die sehr schlechte Piste auch nach *Mbouda*.

Auf der Weiterfahrt und entlang der gesamten Route kann man sich auf **kleinen Märkten**, bei Händlern am Straßenrand oder bei kleinen Snackbars versorgen.

Weiter führt die Strecke bergan durch grünes Hügel- und Weideland, zurück bietet sich ein weiter Blick über die Ndop-Ebene. Von der Straße Richtung Bafoussam geht es nach der neuen **Tankstelle** links auf die Piste nach *Jakiri* ab (keine Beschilderung!).

Bei **km 86** ist **Jakiri** erreicht.

## Jakiri

Hier gibt es **Treibstoff** und einfache **Unterkunft** im *Hotel Transafrique* (an der Ortseinfahrt aus Richtung Bamenda kommend) mit Zimmern für ungefähr CFA 5000.

Ab Jakiri könnte man direkt nach Foumban weiterfahren. Dies bietet sich an, wenn man die Ring-Road im Uhrzeigersinn befährt.

Rund um den Ort Jakiri gibt es einige **Höhlen**, in denen sich die Bewohner während der Kolonialisierung vor den deutschen Eindringlingen versteckt hatten. Angeblich liegen in diesen Höhlen noch Knochenreste der Mahlzeiten und einiger Hausrat aus dieser Zeit.

**Der Westen**

Über die zwischen Jakiri und *Nkambe* hervorragende Piste (teileise asphaltiert) führt die Fahrt nordwärts weiter bergauf. Je mehr man an Höhe gewinnt, um so karger wird die Vegetation rundherum und umso kühler und angenehmer die Temperatur. Es bieten sich schöne Ausblicke auf die Region mit ihren rundgeformten, bis zu 2000 m aufsteigenden Bergen.

Bei **km 109** ist **Kumbo** erreicht.

## Kumbo

Der Hauptort des Verwaltungsbezirks *Bui* auf 1680 m Höhe verfügt über einige Infrastruktur. Es gibt eine **Tankstelle**, eine **Bank** und einfache **Unterkünfte:** *Tourist Home Hotel* (B.P. 33, Tel. 48 11 02), *Merryland Hotel, Ring-Road-Hotel, Fomo 91* (sehr sauber mit Dusche und WC). **Camping** ist am Bach neben dem „Fußballplatz" bei der Schule erlaubt.

Außerdem ist in Kumbo eine **Katholische Mission** (Tel. 48 11 49 oder 48 10 57) und das dazugehörige **Hospital** (Tel. 48 11 22) ansässig. Dieses *Shisong-Hospital* ist angeblich eines der besten Kameruns, liegt ungefähr 5 Kilometer von Kumbo entfernt und wird von Franziskanern geleitet.

Auch das *B.B.H.* (*Banso Baptist Hospital*) in Kumbo selbst ist sehr gut, besonders bei Augen- und Zahnproblemen. In beiden Häusern sind immer Europäer oder Amerikaner beschäftigt.

In der Ortsmitte gibt es einige Snackbars und den **Markt** sowie **Treibstoff** und **Lebensmittel.**

4 km vor Kumbo im Dorf **Jekejem** führt eine sehr schlechte Piste (mit Auto nicht passierbar, zu Fuß ca. 1 1/2 Std.) mit starkem Gefälle zum

### Lake Oku

einem schönen **Kratersee** in der Nähe des Dorfes *Elak*. In diesem Gebiet rund um den See plant die britische Regierung ein Naturschutzgebiet, da hier seltene Vögel leben. In Oku gibt es auch eine Honigproduktion – eine Spezialität, die in den großen Supermärkten in den Städten Kameruns verkauft wird. Am See befindet sich ein kleines Resthouse. Den Schlüssel hierfür müssen Sie sich vor Abmarsch im Dorf Jekejem beim *Baptist-Health-Center* besorgen.

Von Elak aus empfiehlt sich ein Aufstieg zum Gipfel des **Mt. Oku**, mit 3011 m der zweithöchste Berg Kameruns. Es wird keine Trekking-Gebühr erhoben. Man sollte allerdings im Dorf nach einem Führer fragen, da der Weg durch die Bambus-Wälder nicht ganz einfach zu finden ist.

Außerdem können Sie in Elak günstig sehr schöne Schnitzereien einkaufen, für die diese Region bekannt ist. Nach den Schnitzern muß man sich durchfragen, sie verkaufen nicht öffentlich. Unterhalb der Kirche, gegenüber dem Markt, gibt es aber auch eine kleine Handycraft-Kooperative.

Bevor man eine Wanderung zum Oku-See unternimmt, muß man dafür beim Fon des Ortes die Erlaubnis einholen. Viele Sagen und Mythen ranken sich um den See, der – wie fast alle Krater-Seen – wiederum mit vielen Tabus belegt ist (z.B. sollte man hier nicht baden).

Ab Kumbo geht es dann auf Serpentinen bergab in eine von Bergen umrahmte Ebene, es wird wärmer. Kur-

## *Oku*

*In der gesamten Region um Oku wird auch heute noch sehr viel „schwarze Magie" betrieben, die von den Geheimbünden beherrscht wird. Ausgehend von Ergebnissen seiner Feldforschungsarbeit (1975) schreibt Hans Joachim Koloß:*

*„Das Königreich Oku mit seinen rund 32 000 Einwohnern liegt im Zentrum des Kameruner Graslandes, das nahezu identisch ist mit der heutigen Nordwest-Provinz der Republik Kamerun. Nach der deutschen Kolonialzeit kam Westkamerun unter englische Mandatsverwaltung und wurde der damaligen englischen Kolonie Nigeria angeschlossen, es wurde somit englischsprachig. Im Volksentscheid von 1961 votierte der südliche Teil des englischen Mandatsgebietes, also auch das Grasland, für den Anschluß an Kamerun.*

*Das Grasland ist ein Hochland mit einer Durchschnittshöhe von etwa 1400 m. Die Stämme des Graslandes haben niemals eine politische Einheit gebildet. Sie werden von der Linguistik zum „Semi-Bantu" gerechnet, zu jener Sprachfamilie, deren Sprachen sowohl Einflüsse aus den Bantu- als auch aus den Sudan-Sprachen aufweisen.*

*Von der Provinzhauptstadt Bamenda ist Oku nur schwer zu erreichen, und das erklärt einmal seine wirtschaftliche Ruckstandigkeit, zum anderen aber die Bedeutung, die die traditionelle Kultur hier immer noch besitzt. Wie bei allen Graslandstämmen kennt man auch in Oku einen König. Die Graslandkönige sind von einer Geheimgesellschaft abhängig, deren wichtigste Mitglieder die Chefs der Großfamilien sind. Kwifon, wie diese Gesellschaft heißt, ist somit die traditionelle Regierung des Landes, aber ihre Macht – wie auch die des Königs – ist heute merklich eingeschränkt, denn Gerichtsbarkeit und Verwaltung liegen jetzt schon weitgehend bei den öffentlichen Gerichten und Behörden.*

*Auch heute noch ist Oku aufgrund seiner vielfältigen Medizin in ganz Kamerun als „Small India of Cameroon" bekannt und gefürchtet. Seine Zauberärzte werden selbst von europäisch erzogenen Einwohnern aus den großen Städten an der Küste konsultiert, zumeist bei Krankheiten, bei denen auch akademisch ausgebildete Ärzte keinen Rat wissen.*

*Berühmt ist Oku auch für die Vielzahl von Geheimgesellschaften, für seine Maskentänze und für seine Schnitzkunst. Nahezu ausgeschlossen vom politischen und kultischen Leben sind die Frauen. Ihre wichtigste ökonomische Aufgabe ist der Hackbau (Mais, Bohnen, Erdnüsse und Knollenfrüchte wie Yams, Cassava und Süßkartoffeln), der wie in alten Zeiten mit der Hacke durchgeführt wird; allein die Vorbereitung der Felder ist Aufgabe der Männer. Die Haustierhaltung ist nur von untergeordneter wirtschaftlicher Bedeutung, ebenso wie die Jagd, da der Wildbestand durch die Einführung von Schußwaffen stark dezimiert wurde.*

**Der Westen**

*Wie überall in Afrika nehmen die Ahnen auch in Oku beständigen Einfluß auf das Leben. Dennoch werden von den Ahnen keine regelmäßigen Opfer gefordert, sondern nur Sühneopfer, wenn man sich ihnen gegenüber versündigt hat. Groß ist die Gefahr, daß die Verstorbenen als Hexen zurückkehren, um die Hinterbliebenen heimzusuchen, und aus diesem Grunde werden während der Beisetzungen zumeist auch Medizinrituale durchgeführt. Zu Beginn des kultischen Jahres findet immer ein Totengedenkfest im Palast statt, entweder zu Ehren eines verstorbenen Königs, einer Königsmutter oder der verstorbenen Prinzen.*

*So sehr das Schicksal der Menschen in Oku von Göttern und Ahnen beherrscht wird, im täglichen Leben wird diese Abhängigkeit weniger sichtbar. Viel offenkundiger ist die Furcht vor Hexen und Teufeln und der Glaube an die Wirksamkeit von Medizinen. Hexen vermögen sich in Tiere zu verwandeln und in dieser Form Menschen zu töten; Teufel verfügen über magische Begabungen und Hilfsmittel und können ebenfalls den Menschen den Tod bringen. Beide Gruppen gelten als asozial, und wurde früher ein Hexer oder Teufel überführt, so wurde er von der Geheimgesellschaft Kwifon mit dem Tode bestraft.*

*Das natürliche und logische Gegenmittel für diese gefährlichen und zumeist unsichtbar wirkenden Mächte ist die Medizin. Natürlich und logisch deswegen, weil sie aus tierischen Substanzen, aber auch aus Gräsern und Blättern besteht, die ihrerseits als teuflisch und gefährlich gelten.*

*Medizin und Masken sind für Frauen außerordentlich gefährlich. Wenn sie verbotene Dinge sehen, werden sie unfruchtbar, können sterben. Niemals wird eine Frau versuchen, sich den Medizin- oder Maskenhäusern zu nähern.*

*Die christliche Kirche hat seit Ende der dreißiger Jahre nun zusammen mit dem europäischen Einfluß im weitesten Sinne die Grundlagen der alten Weltordnung zunehmend in Frage gestellt.*

(auszugsweise aus: Götter und Ahnen, Hexen und Medizin. Zum Weltbild in Oku (Kameruner Grasland), in: Schwarzafrikaner, Walter Raunig, 1980)

*Ein Vorwärtskommen ist nur noch bedingt möglich; Pistenabschnitt zwischen Wum und Bum*

venreich schlängelt sich die Piste nun wieder bergan nach *Ndu.*

Kurz vor Ndu zweigt rechts eine Piste (ca. 60 km) nach **Sabongari** ab. Das Städtchen ist von Ndu aus mit Landrover-Taxis zu erreichen. Eine Fahrt mit dem eigenen Fahrzeug ist nicht anzuraten, da die Strecke sehr steil, steinig und in der Regenzeit überaus schlammig ist. Die Fahrt führt durch eine Tiefebene mit Buschland. Wer sich mit einem lokalen Jäger arrangiert, kann hier auch auf Affen und Antilopen treffen. Wer den Norden Kameruns nicht bereist, gewinnt hier einen ersten Eindruck vom typisch afrikanischen "Busch".

## Ndu

Der Ort liegt auf einer Höhe von über 2000 m. Unterwegs gibt es viele Missionsstationen und eine freundliche Bevölkerung. Die Hänge sind überzogen mit **Teeplantagen**, deren Pflanzen in diesem milden Klima ausgesprochen gut gedeihen. Hier, wo der erste Tee 1957 von den Briten gepflanzt wurde, liegen heute die größten Teeplantagen Kameruns (CDC), deren Besuch lohnt. Von der Region um Ndu wurde der Tee dann über das westliche Hochland verbreitet.

Im Ort Ndu gibt es, neben Tee, außerdem einen größeren **Markt** und eine **Tankstelle.**

Kurz hinter Ndu, in der Nähe des Dorfes *Mbiyé*, liegt die **Chefferie de Mbot**, bewohnt vom obersten Fon dieser Region. Der Eingang zum kleinen Palast mit zwei traditionellen Gebäuden wird flankiert von schönen Schnitzereien.

Weiter geht es auf kurviger Strecke, die sich durch Bergland zwischen

1700 m und 2000 m Höhe zieht, durch eine grüne Landschaft mit Eukalyptuswäldern und Kiefern, dazwischen kultivieren Kleinbauern ihre Felder (Maisanbau).

Bei **km 169** erreicht man **Nkambe** (60 km und zwei Stunden Fahrt ab *Kumbo*).

## Nkambe

Nkambe ist Hauptort des Verwaltungsbezirks *Donga Mantung*, dient gut als Zwischenstation und verfügt über **Tankstelle** (Versorgung nicht gesichert), **Postamt,** ein kleines **Hospital** und ein kleines **Hotel**.

Von Nkambe aus ist per Sammeltaxi ein **Abstecher** in das nördlich gelegene Dorf **Ako** möglich. Die Fahrt führt durch eine reizvolle, breite Tiefebene mit diversen Ölpalmen. Die Strecke (ca. 50km) ist sehr schlecht befahrbar, daher sollte man besser auf ein Taxi zurückgreifen und nicht mit dem eigenen Wagen fahren. Es gibt in Ako keinerlei touristische Infrastruktur.

Ab Nkambe weiter bis *Wum* ist die Piste sehr schlecht mit steilen Gefällstrecken und Bachdurchquerungen; zur Regenzeit ist diese Strecke als sehr extrem einzustufen (nicht mehr mit LKW zu befahren). Es empfiehlt sich, mit mindestens zwei Fahrzeugen loszufahren.

Hinter Nkambe führt der Weg zunächst durch einen Eukalyptuswald und steigt dann steil an auf ein Hochplateau in etwa 1700 m Höhe. Kurz hinter dem Dorf *Bum* durchzieht die Piste eine etwa 20 km breite Ebene mit Strauchsavanne. Hier liegt das

*Einer der vielen kleinen Kraterseen der Nyos-Region*

## Kimbi River Reserve

Angeblich soll es in diesem Tierreservat, das von der britischen Regierung gefördert wird, Büffel, Antilopen und auch die seltenen Leoparden geben. Es stehen jedoch zuwenig Gelder zur Verfügung, um dieses sehr ursprüngliche Gebiet ausreichend zu pflegen. Durch den schlechten Pistenzustand besuchen immer weniger Touristen das Reservat, so daß die wenigen Anlagen kaum mehr unterhalten werden. In der Regenzeit ist es wegen dem dichten Pflanzenbewuchs absolut chancenlos, Tiere zu sehen. Vor dem Park, kurz nach Bum, gibt es ein kleines **Resthouse**, dessen Dach allerdings eingestürzt ist. Hier besteht **Campingmöglichkeit** (CFA 1000) oder **Übernachtung** in einem Haus nebenan.

Nun beginnt der schwierigste, aber auch ursprünglichste Pistenabschnitt der Ring-Road. Zunächst führt der schmale Weg über den Kimbi-River entlang des Kimbi-River-Reservates. Hier gibt es während der Regenzeit gefährliche Schlammlöcher und Straßeneinbrüche (es sollte keinesfalls nachts gefahren werden). Nach 9 km zweigt links eine Piste zu einem kleinen Dorf ab, in das die wenigen überlebenden Bewohner von *Nyos* umgesiedelt wurden (s. u.). Nach wenigen Kilometern ist das landschaftlich zauberhafte, aber nun verlassene Nyos-Hochtal erreicht.

## Nyos

Nahe dem Ortsschild Nyos führt links ein ca. einstündiger, steiler Fußweg zum berüchtigten **Lake Nyos**, einem Kratersee, der vor einigen Jahren weltweit Schlagzeilen machte: Hier trat am 21. **August 1986** eine riesige **Giftgaswolke** aus dem See aus, die mehr als 1500 Menschen in einer Nacht das Leben kostete. Bereits zwei Jahre zuvor hatte sich in einem anderen See unweit davon eine ähnliche Katastrophe (mit damals 30 Toten) ereignet. Seit diesem Unglück wird die Gegend gemieden und die schauerlichsten Geschichten ranken sich um das Unglück. So werden sogar Spekulationen laut, daß hier ein Atomversuch der Amerikaner und Israelis stattfand, obwohl die Katastrophe von Wissenschaftlern aufgrund der vulkanischen Region und der aus dem Erdinnern in den See austretenden Gase eindeutig analysiert werden konnte. Die Bevölkerung dieser Gegend fühlt sich von der Regierung vergessen, und keinerlei Maßnahmen werden unternommen, um diese Gefahr (die jederzeit wiederkommen kann) zu bannen.

In der gesamten vulkanischen Umgebung gibt es viele kleine, zauberhafte Kraterseen, jeder mit einem speziellen Mythos und entsprechenden Tabus behaftet. Große Weiden mit saftigem Gras überziehen die Berghänge,

kahle Hügel wechseln ab mit kleinen, bewaldeten Tälern, ab und zu ein kleiner Fluß am Wegrand. Die Bevölkerungsdichte nimmt hier, im Gegensatz zum ersten Streckenabschnitt, merklich ab, und über die Hänge verstreut sieht man nur noch vereinzelt Häuser. Ab Nyos führt eine relativ gute Piste bis *Wum*.

Bei **km 277** ist **Wum** erreicht (134 km ab *Nkambé*, ca. 4–5 Std. Fahrt, während der Regenzeit ein Tag).

## Wum

Das Dorf Wum ist der Hauptort des Verwaltungsbezirkes *Mentchum*, eine Siedlung entlang der Hauptstraße mit einem **Markt**, kleinen Bars, **Postamt, Werkstätte, Hospital, Katholischer Mission** und **Treibstoff. Unterkunft** findet man im *Lake Nyos-Hotel*, Zimmer ca. CFA 5000. Mit Schweizer Hilfe wurde hier eine Käsefabrik aufgebaut.

*Einer der vielen Prinzen von Bafut*

Außerdem befindet sich in Wum seit Mitte der 60er Jahre ein deutsches Entwicklungsprojekt (Landwirtschaft). In der Nähe des Dorfes liegt ein kleiner **Kratersee**, der mit dem Fahrzeug, aber auch zu Fuß von Wum (ca. 15 min.) gut erreichbar ist und in dem man gut baden kann (Foto siehe Farbteil).

Hinter Wum führt die Strecke durch das weite Hochland mit Weiden auf etwa 1200 m und schließlich in steilen Serpentinen hinab in das Dorf **Belifang**. Der Ort liegt am Fluß *Mentchum*, den man auf einer Brücke überquert, etwas oberhalb davon ist ein kleiner Kratersee. Unterwegs auf dieser Strecke trifft man auf zahlreiche Missionsstationen, etwa 2 km hinter Belifang auf den sehenswerten **Mentchum-Wasserfall**. Entlang des schönen Flußtals ist es viel heißer als im Hochland. Bananenstauden, Felder mit Reis, Maniok und Yams säumen die Piste – bezeichnend für die intensive Landwirtschaft im Kameruner Grasland. 40 km hinter Belifang (oder 20 km vor Bamenda) erreicht man die

## Chefferie von Bafut

Von Norden kommend, fährt man rechts in den Ort *Bafut* hinein, vorbei an den ersten Häusern kann man den großen Platz vor der Chefferie nicht verfehlen. Markt ist alle acht Tage.

Der Fon der **bedeutendste**n und sehr sehenswerten **Chefferie** entlang der gesamten Ring-Road ist der oberste Würdenträger der *Bafut*-Ethnie. Auch bei den Bafut, deren Kultur sehr viel gemeinsam hat mit der *Bamiléké*-Tradition, hat die Woche acht Tage. Der achte Tag ist der traditionelle Feiertag, an dem auch die Märkte stattfinden. Ein **ausgeprägtes Ahnenwesen mit Geheimgesellschaften** charakterisiert die Kultur dieser Ethnie wie die der meisten Grasland-Völker.

Vor dem Eingang zur Chefferie steht ein kleines **Tam-Tam-Haus** mit einer Trommel, deren dumpfer Klang kilometerweit zu hören ist: Früher rief sie die Dorfgemeinschaft zusammen.

Der große, rechteckige **Palastbezirk** erweckt den Eindruck eines eigenen Dorfes und ist von außen mit einer Lehmmauer umgeben. Die Höfe im Inneren sind wiederum durch Mauern und Häuser voneinander getrennt. Im ersten Innenhof befinden sich die Wohnungen der jungen Frauen und Kinder des Fon. Der derzeitige *Fon Abombi II* hat über dreißig Frauen und mehr als 100 Kinder. Eine seiner Frauen führt die Besucher herum und informiert sie detailliert über die Geschichte und Tradition der Bafut.

Auffällig ist das große **Gästehaus des Fon**, das von den Deutschen während der Kolonialzeit erbaut wurde. Der rechteckige Steinbau, zu dem eine Treppe hinaufführt, liegt etwas erhöht und ist mit Ziegeln gedeckt. Von seiner Terrasse aus hat man einen guten Überblick über die gesamte Palastanlage. Die meisten Häuser des Bezirks sind Steinbauten. Durch einen weiteren Eingang, mit Löwen (Königssymbol) bemalt, gelangt man in das Herz der Chefferie. Hier liegt das älteste und gleichzeitig heiligste Gebäude, das **Atchum**. Dieses Versammlungshaus stammt aus dem Jahre 1902 und sein riesiges, dickes Dach aus Raphia-Stroh wird jährlich im April erneuert, was jedesmal Anlaß zu einer großen Festzeremonie mit Musik und Tanz gibt. Das Gebäude selbst ist ganz aus Bambus gebaut und sein heiliger Innenraum, der den verstorbenen Königen geweiht ist, darf nur vom Fon selbst oder von seinen Notabeln betreten werden. Vor dem Haus stehen schöne Holzstatuen, auf dem Platz davor ist ein Reibestein, auf dem Rotholz gerieben wird.

Die gesamte Chefferie von Bafut ist nach den ursprünglichen Plänen im Original erhalten.

Von *Bafut* aus sind es noch **16 km**, vorbei am Flughafen (derzeit keine Flugverbindungen) und von dort aus geht es auf einer Teerstraße bis nach *Bamenda* zurück.

## Foumban – Ngaoundéré

➠ 553 km Piste

Von *Foumban* nach *Ngaoundéré* (via *Banyo* und *Tibati*) führt eine teilweise kurvenreiche Strecke durch schöne Gebirgslandschaft hinauf ins *Adamaoua-Plateau*, mit großen Felsen, Schluchten und durch einsame Buschlandschaft, vereinzelt kann man hier Affen beobachten. Zur Regenzeit ist die Strecke hinauf ins Adamaoua-Plateau ca. 100 km nach Foumban ausgesprochen schwierig und glitschig, zahlreiche Lkws blockieren häufig die Piste, ein Weiterkommen ist erst wieder möglich, wenn ein steckengebliebener Lkw überholt werden kann oder wieder freigekommen ist. Die Strecke ist in der Trockenzeit bis Banyo in gutem Zustand. Nach Tibati wird nicht mehr die in der Karte eingezeichnete, mittlerweile sehr schlechte Strecke über *Wadjiri* benutzt, sondern erst nach Osten auf der Teerstraße in Richtung *Meiganga* gefahren und dann nach *Mambal* nach Norden über *Tekel* und

*Léwa.* Die Piste ist auch in der Regenzeit im Großen und Ganzen für Pkws befahrbar. Im grenznahen Bereich zu Nigeria finden (absolut korrekte) Polizeikontrollen statt.

**Verbindung im Sammeltaxi:** Abfahrt Foumban gegen sechs Uhr morgens, Ankunft Banyo ca. 15 Uhr, dort umsteigen nach Tibati (Ankunft ca. 20 Uhr).

---

Nach Foumban führt die gute Piste durch einen Staatsforst mit Pinien und Eukalyptusbäumen; das Betreten des Forstes ist strengstens untersagt. Danach geht es durch hügelige Buschlandschaft weiter entlang vieler Dörfer z.B. *Njirma* und *Manki II*.

Der größere Ort **Magba** ist nach 60 km erreicht, dort ist eine Versorgung mit **Lebensmitteln** und **Treibstoff** möglich. **Unterkunft** findet man in einem einfachen afrikanischen Hotel *(Magba Hotel)*. Es gibt einen schönen **Sonntagsmarkt** in Magba.

Nach weiteren 35 km ist der Ort **Bankim** erreicht, in dem es einfache Geschäfte gibt. Von hier bieten sich Möglichkeiten zum Ausflug in die landschaftlich schönen *Mambila Mountains* an der Grenze zu Nigeria.

Nach Bankim geht es bergauf in Richtung *Mayo Darlé* und *Adamaoua-Plateau* (schwierig zur Regenzeit, siehe Einleitung zur Routenbeschreibung). Von oben hat man einen wunderschönen Blick über die zurückliegende *Tikar-Ebene.*

Im Dorf **Mayo Darlé** (125 km nach Foumban) gibt es eine **Werkstätte** (nahe der Kupfermine), die im Notfall technische Hilfe leisten kann. Die hübschen Dörfer der Umgebung sind alle mit geflochtenen Matten umzäunt.

63 km nach Mayo Darlé ist der große Ort **Banyo** erreicht.

## Banyo

In Banyo besteht **Unterkunftsmöglichkeit** in zwei sehr einfachen preiswerten Hotels: *Hotel/Auberge Sare Bar* und *Auberge Posada (Chambres de passage)*. Es sind **Lebensmittel** und **Treibstoff** erhältlich. **Campingmöglichkeit** besteht auf dem Gelände der *katholischen Mission*; dort ist evtl. eine Übernachtung in einem der Schlafsäle möglich. Die hübsche, moderne Kirche des Dorfes wurde von einem österreichischen Missionar erbaut. Es gibt auch ein kleines **Krankenhaus.**

Ab Banyo geht es weiter auf einer schmalen, zum Teil ausgewaschenen Gebirgspiste. 3 km vor Tibati ist der Teerstraßenanfang und eine Kreuzung; fahren Sie rechts weiter nach Tibati, nach *Malarba* und *Meiganga*. Ungefähr 1 km vor Tibati zweigt von rechts die Piste von *Yoko* (Yaoundé) ein (siehe Reiseteil Zentrum).

## Tibati

Tibati ist eine 115 km nach Banyo in einer sumpfigen Senke gelegene Kleinstadt ohne besondere Sehenswürdigkeiten. Der Ort vermittelt eher einen trostlosen, abgeschiedenen Eindruck. Es gibt eine **Katholische Mission** mit hübschen Zimmern und gefiltertem Trinkwasser. Der Ort liegt am Speichersee **Lac de Mbakaou**, in dem der *Djerem*-Fluß gestaut wird.

Weiter in Richtung Meiganga und Ngaoundéré geht es wieder zurück bis zu eingangs beschriebener Kreuzung.

Weitere Beschreibung s. Routenteil Zentrum S. 420.

## *Der Süden*

An den weißen Palmstränden von *Kribi* bis *Campo* trifft der äquatoriale Regenwald auf den Atlanischen Ozean. **Winzige, malerische Dörfer** liegen entlang der Küste in ruhigen Buchten versteckt, in denen die Fischer mit ihren Pirogen auf Fang gehen. Die immergrüne Vegetation gedeiht im feuchtheißen Klima und erstreckt sich mit dichten Tropenwäldern entlang der großen und kleinen Flüsse bis weit ins Landesinnere. Auf unwegsamen Urwaldpisten entdeckt man noch häufig Spuren der deutschen Vergangenheit.

Wirtschaftlich lebt der nur sehr dünn besiedelte Süden vom **Kakao-Anbau** und der **Holzgewinnung**. Nach und nach werden immer größere Teile des ökologisch wichtigen Regenwaldes zerstört. Doch weite Gebiete des Südens sind von der Zivilisation noch unberührt und touristische Infrastruktur gibt es, mit Ausnahme von Kribi, so gut wie keine. Umso mehr lädt diese Region zu einer Entdeckungsreise ein und zur Begegnung mit der freundlichen Bevölkerung und ihrem Alltag.

Eine **Reise** in den Süden Kameruns sollte man **nur während der Trockenzeit** in den Monaten Dezember bis März und Juli/August unternehmen, andernfalls sind die Pisten kaum befahrbar.

## *Douala – Edéa – Kribi*

➠ 175 km Teerstraße
Sie verlassen Douala zunächst auf der Autobahn (gut beschildert) Richtung *Edéa* (60 km) und *Yaoundé* (240 km), die kurz darauf als normalspurige Straße durch die Randgebiete der Stadt führt. Zu beiden Seiten der gut ausgebauten Strecke liegen Waldgebiete, die teilweise bereits gerodet sind. Bei **km 20** überqueren Sie auf einer Brükke den **Dibamba-Fluß**.

### *Abstecher zum Lac Ossa und nach Dizangué*

Kurz bevor man den Fluß erreicht, zweigt rechts eine (schlechte) Piste ab zum *Lac Ossa*. Durch Kautschuk- und Ölpalm-Plantagen führt dieser Umweg in das **Naturreservat** des fischreichen, schwarzen Ossa-Sees, umgeben von dichtem Regenwald. Kaum ein Tourist gelangt in die abgelegenen Dörfer der *Bassa* hier an diesem See, daher gibt es dort auch keinerlei Übernachtungsmöglichkeiten etc.

Man erreicht den Ossa-See von der Hauptstraße aus auch über die Abzweigung kurz vor Edéa. Die Piste, von der man schöne Ausblicke auf den breiten *Sanaga*-Fluß hat, führt hier direkt in das Dorf *Dizangué* (nicht per Sammeltaxi zu erreichen), einer Siedlung von Plantagen- und Fabrikarbeitern (SOCAPALM, Palmprodukte).

Zurück auf der Hauptstrecke: Nach **60 km** (ab Douala) erreichen Sie Edéa, den ersten größeren Ort auf dieser Route.

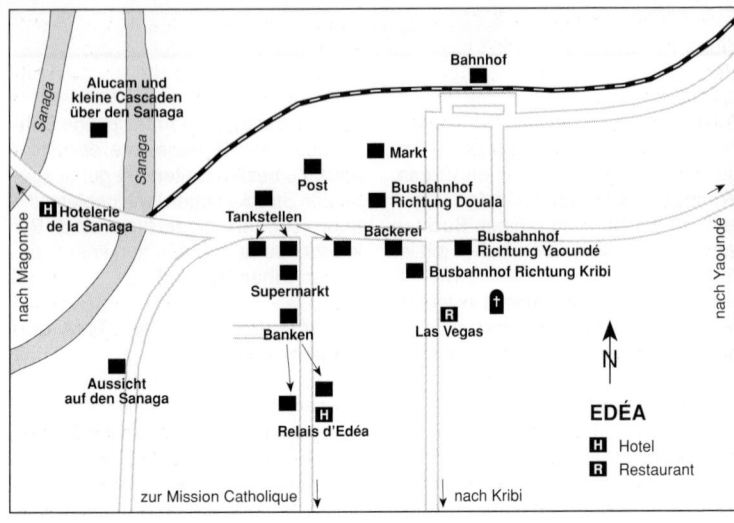

Bahnhof

Alucam und
kleine Cascaden
über den Sanaga

Sanaga

Sanaga

nach Magombe

**H** Hotelerie
de la Sanaga

Markt

Post

Tankstellen

Busbahnhof
Richtung Douala

Bäckerei

Busbahnhof
Richtung Yaoundé

Busbahnhof Richtung Kribi

Supermarkt

**R**
Las Vegas

nach Yaoundé

Banken

Aussicht
auf den Sanaga

**N**

**H**
Relais d'Edéa

**EDÉA**

**H** Hotel
**R** Restaurant

zur Mission Catholique

nach Kribi

## Edéa

Edéa liegt in der Provinz *Littoral* und ist Hauptort des Départements *Sanaga-Maritime*. Der Ort ist am Ufer des *Sanaga*-Flusses gelegen, der etwa 100 km von hier entfernt in den Atlantik mündet. Der **Sanaga** ist der **längste Fluß Kameruns** und einer der größten, an seinen Ufern breitet sich hier im Süden dichter, tropischer Regenwald aus. Nahe Edéa, an der letzten Schwelle des Landes, bildet der Flußlauf reißende Stromschnellen, die *Sanaga-Fälle*, in denen sich das Wasser zwischen Felsblöcken hindurchzwängt. Ein riesiger **Damm** staut das Wasser, das in flachem Bogen durch die Turbinen eines Kraftwerks schießt. Dahinter liegen eine Aluminiumschmelze und das Walzwerk des größ-

ten Industriebetriebes des Landes, der **Aluminiumgießerei ALUCAM**. Das benötigte Bauxit wird aus Guinea importiert. Der 1957 gegründete Betrieb verbraucht mehr als eine Milliarde kWh jährlich und produziert ca. 87 000 Tonnen Aluminium pro Jahr. Das in anderen Fabriken weiterverarbeitete Metall wird hauptsächlich in afrikanische Nachbarstaaten exportiert, ein Teil davon bleibt im Land. Nicht weiter erstaunlich also, daß die traditionellen Strohdächer in Kamerun zunehmend durch glänzende Aluminiumdächer ersetzt werden.

Die Wasserkraft des Sanaga wird auch vom Elektrizitätswerk *SONEL* genutzt, das seinen Sitz in der Stadt hat. Durch diese Industriekomplexe wurden zahlreiche Arbeitsplätze geschaffen, und Edéa ist ein wichtiges Industriezentrum d. Landes geworden.

**Touristisch bietet die Stadt allerdings nicht viel Interessantes.** Die Region am Delta des Sanaga, ursprünglich von den einwandernden *Bassa* bevölkert, wurde 1885 von Hamburger Kaufleuten als Handelsposten gewählt. Einige Jahre darauf gründeten die Deutschen hier eine der ersten katholischen Missionen des Landes (in *Marienberg*, etwas unterhalb von Edéa).

Den besten Blick auf die **Sanaga-Fälle** (Stromschnellen) hat man gleich am Ortseingang von den einwandernden beiden Brücken der Stadt stromabwärts. Auf der **alten Brücke** mit ihren verwitterten Eisenbögen, 1914 fertiggestellt, verkehren heute nur noch Fußgänger und Fahrräder. Über die **neue Brücke** führen gleichzeitig die Straße und die Eisenbahngleise für den *Transcamerounais* (von *Douala* nach *Yaoundé* und *Ngaoundéré*). Die Hauptstraße führt direkt durch den Ort hindurch, zu beiden Seiten flankiert von Marktständen.

Abenteuerlustige können mit einem Boot von Edéa aus den Sanaga flußabwärts fahren, durch eine schöne Urwaldkulisse bis zu den Mangrovensümpfen am Atlantik bei *Mouanko* im Naturreservat *Réserve Douala-Edéa*.

## PRAKTISCHE INFORMATIONEN

 UNTERKUNFT
**Hostellerie de la Sanaga**
B.P. 54, Tel. 46 44 62, 46 48 86; an der Brücke nach rechts, direkt am Sanaga-Fluß zwischen alter und neuer Eisenbahnstation, ca. 200 vom Staudamm entfernt. Im besten Hotel von Edéa gibt es Zimmer mit Klimaanlage ab ca. CFA 15 000, ein Restaurant und einen Privatclub im Nebengebäude mit Tennis, Schwimmbad, Bibliothek etc.

Kleinere und preiswertere Unterkünfte findet man in der Nähe des Busbahnhofs; evtl. auch in der **katholischen Mission** in hübscher Lage am Ufer des Sanaga (gut unterhalten, sehr freundlicher Empfang, Bademöglichkeit im Fluß, **Camping** möglich).

 VERKEHRSVERBINDUNGEN
***Busse/Sammeltaxis***
Es gibt Verbindungen nach *Douala* (60 km), *Kribi* (115 km) und *Yaoundé* (179 km), jeweils auf ausgezeichneten Teerstraßen.

### Eisenbahn
Es bestehen tägliche Verbindungen zwischen *Douala – Edéa*.

Der nächste **Flughafen** befindet sich in Douala.

SONSTIGES
In Edéa existieren eine **Post**, eine **Bank**, eine **Apotheke** und eine **Tankstelle**.

---

Verläßt man Edéa in Richtung Osten, zweigt etwa 1 km hinter dem Stadtkern rechts die Straße nach Kribi ab, geradeaus geht es nach *Yaoundé* (s. Seite 399).

Nun kommt man auf die erst vor wenigen Jahren fertiggestellte Straße nach Kribi, die schon fast einer Autobahn gleicht.

Bis 20 km hinter Edéa säumen riesige Ölpalm-Plantagen die Straße. Dann beginnt der Urwald, von dem ein großer Teil für die neue Straßentrasse weichen mußte. Links und rechts der breiten Schneise aber wächst dichte Vegetation mit Palmen, Tropenbäumen und den undurchdringlich wirkenden

**Der Süden**

Wänden des Regenwaldes. Auf der ursprünglichen Piste kommt man durch einige Dörfer, doch entlang der neuen Strecke steht nahezu kein Haus mehr. Erst 45 km hinter Edéa liegt links das kleine Dorf *Elogbatindi*. Nach 60 km lichtet sich dann der Wald und man nähert sich langsam der Küste.

Bei **km 80** (nach Edéa) überquert man auf einer Brücke den **Fluß Lokoundjé**. Es ist landschaftlich schöner, wenn man die neue Straße kurz vor der Brücke verläßt und den kleinen Fahrweg nach links nimmt. Man fährt dann etwa einen Kilometer auf der ehemaligen Piste, durch ein kleines Dorf und über die alte Brücke. Herrliche, üppige Regenwaldvegetation zu beiden Seiten des Flußufers.

Zurück auf der Hauptstraße bieten sich schöne Ausblicke auf das Meer und den *Strand von Londji*. Die Piste, die zu dorthin führt, zweigt nach 93 km rechts ab (Schild *Londji Plage*).

### Abstecher nach Londji (Plage)

Die Piste führt etwa 500 m zum Fischerdorf *Londji* (21 km nördlich von Kribi). Im Dorf geht dann eine Piste nach rechts (1 km) hinunter zu einem **der schönsten, naturbelassenen Strände** der Küste, manche sagen sogar, es sei der schönste Kameruns: auf der einen Seite von kleinen Felsen begrenzt, auf der anderen Seite eine weite Bucht mit Kokospalmen und einem weiteren Fischerdorf („Campement des Nigérians", bewohnt von nigerianischen Fischern). Auch die gelben Stadttaxis aus *Kribi* kommen regelmäßig zum Strand von Londji, sofern sie genug Passagiere haben. In dieser Bucht kann man ungefährdet schwimmen, weil es, im Gegensatz zu Kribi, kaum Wellen gibt. Da es sich bereits herumgesprochen hat, wie schön es in Londji ist, findet man auch kleine **Gästehäuser**:

*Londji-Plage*

## Le Jardinier du Londji

Empfehlenswerte Unterkunft mit Zimmern mit Klimaanlage (in gut erhaltenen Baucontainern!) für ca. CFA 12 000. Es gibt auch ein gutes und preiswertes Restaurant.

## Auberge de Londji

Durch den Ort hindurch und dann die kleine Piste links. Es gibt zwölf kleine und einfache Zimmer (für ca. CFA 10 000), sauber, mit Dusche (Fließwasser)/WC, Klimaanlage sowie ein Restaurant in wunderschöner Lage direkt am Strand (und kleiner Garten).

Rechts neben der Auberge geht eine kleine Piste zum Strand, die bei einer kleinen offenen Hütte endet. Hier kann man parken oder am Strand traumhaft schön unter Palmen **campen**. Fragen Sie nach Giselle, die hier auch ein kleines **Freiluftrestaurant** betreibt. Sie bereitet gegrillte Fische (*Poisson braisé*) mit pommes frites zu, oder auf Wunsch auch Langusten. Getränke, können, soweit vorhanden, gekauft werden. In der Regel werden Sie ein wenig auf die Mahlzeit warten müssen, man ist hier nicht ständig auf Touristen eingestellt. Dafür ist der Fisch auch wirklich frisch! Wenn Sie mehrere Tage in Londji verbringen, bietet es sich an, das Abendessen jeweils schon morgens vorzubestellen.

Weiter den Strand entlang liegt das malerische Fischerdorf Londji an einer Flußlagune. Die Bewohner sind sehr freundlich und angenehm. Es gibt einen kleinen Kramerladen, wo man die allernotwendigsten Dinge und Getränke kaufen kann.

Ca. 10 km vor Kribi, am Schild *„Chez Modestine"*, gibt es eine weitere schöne Bademöglichkeit. Folgen Sie der Piste 800 m; am Strand *„La belle Mère"* bei *Père Gaspard*, gibt es einfache Doppelzimmer für ca. CFA 4000 und 4-Bett-Zimmer für Selbstversorger (mit Küchenhilfe) für ca. CFA 10 000.

Zurück auf der Hauptstraße folgt nach wenigen Kilometern ein weiterer schöner Strand: *Cocotier Plage*.

Nach insgesamt **175 km** (ab Douala) erreichen Sie den **Badeort Kribi**.

## Kribi

Das kleine Städtchen Kribi (ca. **20 000 Einwohner**) liegt an der Mündung des Flusses *Kienké* direkt am Meer und ist bekannt für seine schönen Strände. Das Klima ist hier sehr viel angenehmer als in Douala.

Der Ort hat sich trotz seines Hafens noch eine sehr **ländliche Atmosphäre** bewahrt. Für die großen Schiffe ist das Hafenbecken zu flach und sie ankern daher etwa 3 km außerhalb. Hier wird Holz und Kakao zum Export verschifft. Der Hafen ist zwar noch in Betrieb, aber auf den ersten Blick macht er einen sehr verschlafenen Eindruck. Zum einen wohl wegen der Wirtschaftskrise im Land, zum anderen, weil der Transport der Güter zunehmend über die neue Straße erfolgt. Außerdem sind die Hafeneinrichtungen nicht mehr auf dem neuesten Stand und so hat der Hafen immer mehr an Bedeutung verloren.

Gegründet wurde Kribi von den Deutschen während der Kolonialzeit, an die noch einige Gebäude erinnern (siehe auch historisches Bild Seite 150). Damals gab es hier eine deut-

**Der Süden**

zum Cocotier Plage,
nach Londji und Douala

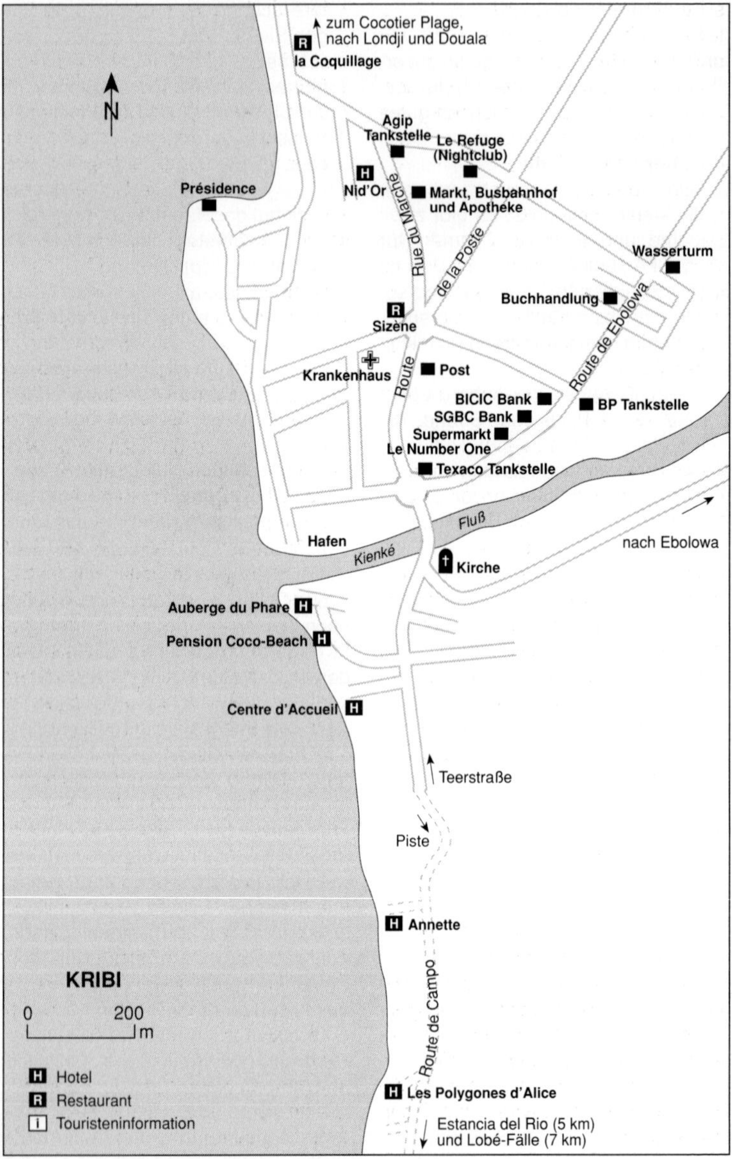

la Coquillage

Agip
Tankstelle

Le Refuge
(Nightclub)

Présidence

Nid'Or

Markt, Busbahnhof
und Apotheke

Wasserturm

Rue du Marché

de la Poste

Buchhandlung

Route de Ebolowa

Sizène

Route

Krankenhaus

Post

BICIC Bank

SGBC Bank

BP Tankstelle

Supermarkt

Le Number One

Texaco Tankstelle

Hafen

Fluß

nach Ebolowa

Kienké

Kirche

Auberge du Phare

Pension Coco-Beach

Centre d'Accueil

Teerstraße

Piste

Annette

**KRIBI**

0    200
|_____|m

Les Polygones d'Alice

Estancia del Rio (5 km)
und Lobé-Fälle (7 km)

Route de Campo

**H** Hotel
**R** Restaurant
**i** Touristeninformation

382

sche Schule, auch die sehr gut erhaltene Kirche gegenüber des Hafens und der alte Leuchtturm am Meer (Baujahr 1903) stammen aus dieser Zeit. Das ehemalige Haus des deutschen Bezirksamtmanns dient heute der Verwaltung (Fotografierverbot!).

Das Verwaltungs- und das Wohnviertel von Kribi liegen unten am Meer. Die Bewohner von Kribi und seiner Umgebung gehören zu den Bantustämmen *Batanga* (hauptsächlich Fischer) und *Bassa*; die *Bakoko* leben weiter nördlich am Ufer des *Nyong*-Flusses.

Die **Strände** an der Küste von Kribi gehören zu den schönsten Kameruns. Auch wenn die Touristenprospekte gerne übertreiben (Südseeklischees), kann man hier einen wirklich schönen Badeurlaub verbringen; Feiner gelber Sand, von Kokospalmen gesäumt, dahinter ohne Übergang der dichte, tropische Regenwald, der sich in alle Richtungen erstreckt, das Wasser ruhig, flach abfallend (gut geeignet für Kinder!). Der schönste Strandabschnitt im Ort liegt vor dem *Hotel Centre d'Acceuil*. Weiter außerhalb in Richtung *Campo* liegen viele schöne, unberührte Buchten, jedoch auch Strandabschnitte mit hohen Wellen und starker Strömung.

Seitdem die neue Straße fertiggestellt ist, erreichen die Ausflügler aus Douala und Yaoundé die herrlichen Strände in relativ kurzer Zeit. So ist Kribi an Feiertagen, Wochenenden und während der Ferien gut besucht. Der Ort mit seiner gemütlichen Atmosphäre ist aber (noch) weit entfernt vom Massentourismus; auch die Hotel-Infrastruktur ist eher bescheiden, große Hotelklötze gibt es (bisher) glücklicherweise nicht.

## PRAKTISCHE INFORMATIONEN

 TOURISTENINFORMATION
*Office du Tourisme*
Sie erhalten in dem Auskunftsbüro gleich am Ortseingang von Kribi Informationen über Hotels und Restaurants (werktags geöffnet: 9–12, 15–18 Uhr).

 UNTERKUNFT
*Hotels*
**Marina Hotel**
B.P. 312, Tel. 46 17 18; am Ortseingang aus Richtung Douala. Das Hotel ist durch die Straße vom Meer (mit nur schmalem Strand) getrennt. Es gibt zehn klimatisierte Zimmer mit Dusche/WC (Zimmer ca. CFA 12 000), außerdem ein Restaurant, eine Bar und eine schöne Terrasse mit Meerblick.

**Framotel**
B.P. 355, Tel. 46 15 41 und 46 16 40; kurz hinter dem Marina Hotel weist links ein Schild auf das Framotel hin, ca. 100 Meter Piste. Das relativ neue Hotel (1989) besteht aus kleinen Reihenhäuschen mit Innenhof und verfügt über sehr saubere Zimmer mit Dusche/WC (ca. CFA 15 000) und ein Terrassenrestaurant/Bar (mit Neonbeleuchtung!). Das Hotel hat wenig Atmosphäre, es ist eher ein moderner Zweckbau. Zum schmalen Strand sind es 150 m.

**Hotel Nids d'Or**
B.P. 186, Tel. 46 14 35. Das Hotel mit kleinem Innenhof verfügt über schöne Zimmer, Restaurant/Bar und ist sehr sauber und ruhig. Zum Strand sind es ca. 5 Min. zu Fuß. Zimmer mit Klimaanlage kosten ca. CFA 10 000, mit Ventilator ca. CFA 8000.

**Auberge du Phare (Chez Amélie)**
Gleich neben dem Leuchtturm gelegen. Es gibt zehn Zimmer mit Ventila-

*Der Süden*

tor (ca. CFA 9500) oder Klimaanlage (ca. CFA 14 000), alle mit Dusche/WC. Das Hotel ist in einem Wohnviertel, direkt am Strand gelegen und bietet einfache und relativ preisgünstige Unterkunft.

### Centre d'Acceuil
Tel. 46 16 35. Das Centre d´Acceuil, mit guter Lage an einer der schönsten Strandbuchten Kribis mit sehr ruhigem Wasser, war einst das beste Hotel Kribis; jetzt ist es bereits etwas älter und renovierungsbedürftig. Es gibt sehr einfach ausgestattete Zimmer mit Dusche/WC, Klimaanlage für ca. CFA 17 000 sowie ein Restaurant/Bar mit guter Küche und eine schöne Terrasse mit Blick aufs Meer (schön vor allem bei Sonnenuntergang). Der Service ist nicht überragend.

### Coco Beach
Neben der Auberge Annette gelegen. Kleines einfaches Hotel mit nur drei klimatisierten Zimmern ab ungefähr CFA 10 000.

### Auberge Annette
B.P. 35, Tel. 46 10 57; etwa 1300 m vom Zentrum in Richtung Campo. Die Auberge Annette ist direkt am schönen Sandstrand am Ende einer großen Bucht mit kleinen, vorgelagerten Felsen gelegen und hat 28 Zimmer mit Dusche/WC zu verschiedenen Zimmerkategorien (einige klimatisiert) von CFA 7000 bis 12 000, mit Aussicht zum Garten oder Hinterhof. Die Auberge ist ein persönlich geführtes, empfehlenswertes Gästehaus mit ausgezeichnetem kleinem Restaurant (man ißt hier hervorragend Fisch) und idyllischer Terrasse am Strand.

### Résidence Jully
B.P. 195, Tel. 46 15 62. Die Résidence Jully verfügt über 40 klimatisierte Zimmer.

### Hotel Les Polygones
(nur der Vollständigkeit halber erwähnt) Ein sehr moderner, brauner, mehrstöckiger Bau am Ende der Bucht, der kaum in die Landschaft paßt.

### Hotel Ilomba Beach
B.P. 353, Tel. 46 16 22; an der *Route de Campo*, 5 km außerhalb von Kribi bis zu einer kleinen Kirche, dann rechts Piste zum Hotel (gut ausgeschildert). *Les pieds dans l'eau*, direkt am Wasser gelegen (herrlicher Sandstrand, ruhiges Wasser) bietet die 1991 renovierte Bungalow-Anlage mit strohgedeckten Stein-Boukarous am Hang, 14 gemütliche und schön dekorierte Zimmer mit Dusche/WC. Das Haupthaus am Meer ist ein Rundbau „Open Air" mit Rezeption, Bar, Restaurant und Terrasse und rustikal eingerichtet mit derben Holztischen. Es herrscht eine gemütliche und ruhige Atmosphäre. Es sind nur zehn Gehminuten am Strand zu den Lobé-Fällen, zwanzig Minuten zu Fuß zur Lobé-Brücke. Das Hotel steht unter Schweizer Leitung. Für mich persönlich das beste Hotel in Kribi, leider etwas abgelegen und teuer: Zimmer ca. CFA 18 000.

### Auberge Bello
Typisches kleines, sehr preiswertes Hotel im Zentrum.

Fragen Sie in Kribi während der Nebensaison oder unter der Woche nach Preisermäßigungen!

### *Camping*
Campingmöglichkeiten bieten sich 12 km nördlich der Stadt am Meer, in Londji sowie südlich der Lobé-Fälle (direkt an den Fällen ist das Zelten nicht empfehlenswert: der Strand ist schmutzig und außerdem wird dort viel geklaut).

VERKEHRSVERBINDUNGEN

### Busse/Sammeltaxis

➠ *Kribi – Yaoundé/Douala*
Es gibt Verbindungen nach *Douala* (175 km) und nach *Yaoundé* (290 km), beides via *Edéa* (115 km), jeweils auf guter Teerstraße.

Douala wird täglich mehrmals mit Bussen zu 57 Plätzen und kleineren Fahrzeugen zu 14 Plätzen angefahren.

➠ *Kribi – Campo*
Nach *Campo* sind es mit dem Bus/ Sammeltaxi 70 km auf guter Piste.

➠ *Kribi – Londji*
Von Kribi nach *Londji* sind es 21 km auf Teerstraße und Piste.

Der **Sammeltaxi-Bahnhof** befindet sich gleich am Ortseingang von Kribi, aus Richtung Douala kommend.

### Stadttaxis (ramassage)

In der Stadt besteht die Möglichkeit der Taxianmietung zum Besuch der Wasserfälle des Lobé oder der Strände außerhalb von Kribi.

 ESSEN UND TRINKEN

Außer den Restaurants in den genannten Hotels gibt es eine Reihe von **kleinen Lokalen** und **Circuits** im Ort mit typischen Gerichten. Erkundigen Sie sich vor Ort nach den aktuellen Empfehlungen.

Meist benötigen Sie ein Taxi, da sich der Ort einige Kilometer am Meer erstreckt.

 SONSTIGES

In Kribi gibt es eine **Apotheke**, **Tankstellen**, einen **Markt** (nahe der Kirche) und ein **Postamt.**

### Bank BICIC

an der Tankstelle, vor Brücke und Kirche, rechts hinauf. Reiseschecks werden akzeptiert.

### Krankenhaus

Tel. 49 19 19

AUSFLÜGE

Neben seinen Stränden bietet Kribi in der Umgebung einige interessante Ausflugsziele an:

### ★ Lobé-Wasserfälle

Sieben Kilometer südlich von Kribi (Richtung *Campo*) liegt eine kleine Bucht, in die der Lobé-Fluß 30 m über Felsen ins Meer hinabstürzt. Kurz vor der Brücke über den *Lobé*-Fluß sind die Fälle ausgeschildert (*Chutes de la Lobé*), eine Piste nach rechts führt wenige Meter zum Meer hinunter. Vom Strand aus kann man den Anblick der herabstürzenden Wassermassen am besten genießen. In der Regenzeit ist die Sturzflut besonders beeindruckend, da der Fluß dann mehr Wasser führt. Der Strand ist hier etwas schmutzig. Zum Meer hin bildet der Fluß zunächst eine lange Sandbank, auf der manchmal „Overlander" campen. Da aber hier einige Hütten stehen und man von den Anwohnern, hauptsächlich Fischer, die zwar sehr gastfreundlich, aber auch geschäftstüchtig sind, umringt ist, eignet sich diesesr Bereich weniger zum campen als die südlich von Lobé und nördlich von Kribi gelegenen Strände. Kleine Restaurants an den Wasserfällen bereiten Scampi und Fisch zu. Fragen Sie nach dem jeweiligen Fang, das Essen sollte dann einige Stunden vorher bestellt werden (hier ist nie etwas sofort vorrätig).

Die Fälle sind von Kribi aus auch über den Strand zu Fuß zu erreichen.

**Der Süden**

*Die Lobé-Wasserfälle*

Am besten geht man bei Ebbe, da die Strandbuchten durch felsige Partien getrennt sind (Badeschuhe!).

**Achtung:** Es kam schon mehrmals zu Überfällen auf Touristen in der Umgebung der Wasserfälle. Achten Sie daher auf Ihre Wertgegenstände und vermeiden Sie es, an den Fällen zu campen.

### ★ *Auf dem Lobé-Fluß*

Zurück auf der Piste Richtung Campo überqueren Sie kurz nach dem Wasserfall die Brücke über den *Lobé*-Fluß. Hier vermieten die Fischer ihre Pirogen, um stromaufwärts zu den verschiedenen **Pygmäendörfer**n zu fahren (ca. CFA 18 000/Person, mindestens vier Teilnehmer). Wenn man bedenkt, daß die Pygmäen als Jäger und Sammler eigentlich Nomaden sind und die (Touristen-)Camps dort am unteren Lobé bereits zur festen Einrichtung gehören, kann man sich vorstellen, wie „authentisch" dieser Besuch sein wird. Die drei Camps liegen von der Lobé-Brücke aus zwei, vier und 14 km flußaufwärts. Für Besucher ist es obligatorisch, kleine Geschenke mitzubringen: Salz, Zündhölzer, Tabak, Reis und vor allem Wein. Die in den verschiedenen Camps lebenden Pygmäen sind, wie viele in der Umgebung von Kribi, bereits *Bantu-Pygmäen*, haben sich mit ihren Nachbarn also sehr stark verbunden. Ich habe das **Touristenspektakel** inklusive Tanz als sehr deprimierend für beide Seiten empfunden und rate daher nicht unbedingt dazu. Viel schöner und eindrucksvoller als der Besuch bei den Pygmäen ist die herrliche Regenwald-Vegetation an den Ufern des Flusses. Lautlos! Nehmen Sie nach Möglichkeit einen einfachen Stocherkahn, keine Motorpiroge, auch wenn Sie dann nur langsam vorwärtskommen. Zur nötigen Ausrüstung gehören Sonnenschutz, Mückenschutz, Trinkwasser und etwas Proviant, falls Sie eine längere Tour unternehmen.

★ *Die Piste nach Campo*
*Kilometerangaben* zur *Route de Campo* (jeweils von Kribi aus):
*Lobé-Brücke* (Hotel) 7 km
*Mission de Batanga* (Hotel) 8 km
*Dorf Grand Batanga* 11 km
*Eboundja* 17 km
*Paradis-Plage* 32 km
*Rocher du Loup* 41 km
*Abzweigung nach Campo* (Hotel) 49 km
*Ort Campo* 76 km

Vor Abfahrt in Kribi unbedingt **volltanken**! Unterwegs gibt es keine Tankstelle bis Campo (und selbst dort gibt es oft keinen Vorrat). Auch Trinkwasser und Proviant sind unterwegs von Nutzen.

Diese (gute) Piste ist kaum befahren und wird während der Trockenzeit ständig instandgehalten, da schwere Lastwagen Holz aus den Wäldern holen und nach Kribi oder Douala befördern. Bis Campo ist die Piste also (während der Trockenzeit!) mit einem normalen Auto befahrbar. Dennoch sollte man vorher in Kribi Informationen über den Pistenzustand einholen. Von Kribi aus fährt auch ein **Buschtaxi** nach Campo (nicht häufig, daher früh am Morgen am Taxibahnhof sein).

Die Piste nach Campo folgt bis zum *Rocher du Loup* fast ständig der Küste, doch sieht man das Meer so gut wie nie, da sich dazwischen immer ein Streifen Wald entlang zieht. Nach der *Lobé*-Brücke folgt dicht aufeinander

eine Serie von Schildern mit Hinweisen auf die verschiedenen Strandzufahrten *(Pizza-Plage, Mozart-Plage* etc.). Die Auswahl ist groß und jeder findet hier seine einsame Bucht. Dann trennt sich die Piste von den Stränden und führt auf der gesamten Route durch dichten, tropischen Regenwald an der **Réserve de Campo** entlang. Bei km 17 erreicht man über eine Abzweigung nach rechts (ausgeschildert) den Ort

### Eboundja
Das winzige Fischerdorf unter Kokospalmen liegt ganz verschlafen und scheinbar isoliert in einer herrlichen, kleinen Bucht mit ruhigem Wasser, ideal zum Schwimmen. Die Dorfbewohner leben vom Fischfang und Tourismus.

Man präsentiert sich beim Dorfchef, einem geschäftstüchtigen alten Mann und wird sofort sehr freundlich empfangen. Wer ein Zelt mitbringt, kann problemlos im Dorf wohnen, bekommt zu essen (gegrillten Fisch mit Kokosnüssen!) und handelt den Preis dafür einfach aus. Die eine Seite der Bucht ist von kleinen Felsen begrenzt, auf der anderen Seite setzt sich der Strand kilometerlang bis zu einer Landspitze fort. Im Dorf mündet ein kleiner Fluß ins Meer, Pirogenfischer flicken ihre Netze. Wer hier Aufenthalt macht, nimmt ganz und gar am Dorfleben teil.

Zurück auf der großen Piste liegt rechts bei **km 30** eine kleine **Pygmäensiedlung** – überall tief im Wald leben hier die Pygmäen in ihren Dörfern, die jedoch von der Piste aus meist nicht zu sehen sind.

Nach **32 km** erreicht man den **Plage Paradis**, ein schöner schattiger

*Entlang der Route de Campo*

Platz mit Bade- und Campingmöglichkeit (ca. CFA 800/Person).

Bei **km 41** (ausgeschildert, aber sehr kleines Schild!) rechts der Weg zum **Strand Rocher du Loup** (übersetzt: der Wolfsfelsen). Wieder eine traumhafte Bucht, an deren Ende im Meer unweit vom Ufer ein kleiner Felsen steht, der dem Strand seinen Namen gab und, so sagt man, den tiefsten Punkt dieser Küste markiert. Am anderen Ende der Bucht liegt eine kleine Lagune. Schwimmen empfiehlt sich an diesem Strand nicht, da Wellengang und Strömung sehr stark sind. Es gibt zwei Zufahrten zum Wolfsfelsen: Auf der besseren Piste kommt man durch ein kleines Dorf. Eine kurze höfliche Kontaktaufnahme, wie es überall üblich ist, wenn Fremde vorbeikommen, empfiehlt sich.

Nach **49 km** führt die Piste rechts weiter zum Fischerdorf **Ebodjé**, links

führt die Abzweigung in Richtung Campo. Unterwegs nach Campo wieder herrlicher Wald zu beiden Seiten der roten Lehmpiste, der wie eine riesige Wand aus verschiedenen Grüntönen aufragt. Man kommt noch durch einige wenige Siedlungen, dann ist Campo erreicht und man fühlt sich am Ende der Welt.

## Campo

Der Ort liegt auf einer Anhöhe über dem Meer, ringsherum nur Felsküste. Auf dem Hügel liegen Polizeistation und Schule, sonst nur einige weit verstreute Hütten und ein kleines Fischerdorf unten am Meer.

**Wichtig**: Gleich nach Ankunft muß man sich bei der *Sécurité* (Sicherheitspolizei) einschreiben (reine Formsache!). Campo liegt zwar direkt an der Grenze zu *Äquatorial-Guinea*, aber hier ist kein Grenzübergang möglich, weil in Campo die Piste endet und der Fluß *Ntem*, der einen Großteil des *Campo-Reservates* umschließt, hier die natürliche Staatsgrenze bildet (keine Brücke).

Campo verdankt seine Existenz dem Holzhafen, der immer noch (ein wenig) in Betrieb ist. Sonst geht es hier eher gemütlich zu und Zeit, so scheint es, spielt keine allzu große Rolle.

Im Ort gibt es ein **Postamt** (!), eine **Tankstelle** (Treibstoffvorrat nicht immer vorhanden), aber **keine Bank**! Da nicht allzu oft Touristen vorbeikommen, gibt es natürlich auch kein Restaurant. Am Straßenrand werden ein paar Snacks (Fisch, Beignets etc.) angeboten und ein kleiner Kiosk versorgt den Ort mit dem Nötigsten. Die Bewohner hier sind freundlich, aber Fremden gegenüber sehr zurückhaltend. Auch für **Unterkunft** ist gesorgt: In der *Auber-*

*ge Maman Jeanette* vermietet Jeanette in ihrem Privathaus zwei Zimmer. Sanitäre Einrichtungen sind vorhanden, es ist sehr einfach, aber persönlich, sauber, gute Küche. Daneben ist eine Bar (laut); ab Mitternacht gibt es keinen Strom mehr; Zimmer kosten ungefähr CFA 5000.

**Campo Beach** ist vier Kilometer vom Ort selbst entfernt und ist über eine schlechte Piste erreichbar. Der von Palmen gesäumte Strand liegt sehr schön, direkt an der Flußmündung (Baden möglich; im Fluß selbst soll es angeblich Krokodile geben!).

### Reserve de Campo

Das Naturreservat Campo umfaßt eine riesige Fläche von **300 000 Hektar** tropischen Regenwaldes. **Information:** *Service du Tourisme*, B.P. 10, Campo (kein Telefon!), *Monsieur Xavier Fouelefack* (Conservateur). Fragen Sie in der Polizeistation nach dem Weg zu seinem Büro.

Wer auf **Urwaldtrekking** gehen möchte, bekommt vom *Service du Tourisme* einen Führer und evtl. auch Transport in das Reservat (30–50 km) zur Verfügung gestellt (sollte ein Fahrzeug vorhanden und intakt sein!). Man wohnt mitten im Urwald in einem Dorf, solange man will (Abholung vereinbaren) und kann von dort aus Wanderungen unternehmen. An **Ausrüstung** benötigt man Trinkwasser (oder entsprechend Wasserfilter, Micropur), Mückenschutz und Proviant (im Dorf gibt es maximal Buschfleisch wie Affe, Schlange, Termiten, Kröten etc.).

Im Campo-Reservat leben einige der letzten Flachland-Gorillas, die zwar u. U. zu hören, aber so gut wie nie zu sehen sind. Auch andere Affenarten und einige wenige Elefanten sind hier beheimatet. Tierbeobachtungen sind jedoch äußerst selten und sollten keinesfalls der Grund eines Aufenthaltes sein. So sind die Exkursionen hauptsächlich von botanischem Interesse. Die feuchte Hitze (Kreislauf!) und Schwärme von Moskitos erschweren die anstrengenden Wanderungen durch Dickicht und Sümpfe. Das Reservat ist bisher **für** den **Autoverkehr** vollkommen **unerschlossen**. Die Piste entlang des Reservates bis nach Kribi dient ausschließlich der Holzbeförderung. Im Gegensatz zum Waldreservat des *Korup-Nationalparks* im Westen (s. Seite 321) gibt es hier auch keinerlei touristische Infrastruktur wie Trekking-Pfade oder Camps.

## Kribi – Ebolowa (über Lolodorf)

➠ 190 km Piste

Im Jahre 1889 führte die erste Expedition unter dem deutschen Offizier *Curt von Morgen* ins Landesinnere (zu Fuß) auf dem Weg der heutigen Piste zwischen Kribi und *Lolodorf* entlang. Damals benötigte man mindestens fünf volle Tage. Später wurde hier die erste Autostraße angelegt, und heute erreicht man das 110 km entfernte Lolodorf in wenigen Stunden. Unterwegs trifft man noch auf einige wenige Relikte aus der damaligen Zeit.

Die Piste ist in mittelmäßigem Zustand, zwischen *Bipindi* und Lolodorf jedoch zum Drucklegung der Neuauflage (März 1997) mit dem Fahrzeug unpassierbar. Dennoch belasse ich die untenstehende Routenbeschreibung für den Fall der Instandsetzung der Piste. Im Anhang der Streckenbeschreibung informiere ich über eine

**Der Süden**

mögliche Alternativroute zwischen Bipindi und Lolodorf. Erkundigen Sie sich auf alle Fälle in Bipindi über den Zustand der Pisten.

Vor Abfahrt **volltanken**, nächster Treibstoff (falls überhaupt) in Lolodorf oder *Ebolowa*.

Busch- und Waldland, Hügel und Täler wechseln sich ab, bis Sie nach **27 km** auf einer Anhöhe rechts ein **Kreuz** sehen. Der *Colline de Bidou* zieht als **Pilgerstätte** jährlich an Ostern zahlreiche Katholiken aus der Umgebung an. Man wandert vier Kilometer den Hügel hinauf und hat von oben (bei gutem Wetter) einen schönen Blick bis zur Küste.

Die Route nach Lolodorf führt immer wieder vorbei an kleinen Dörfern in Lehmbauweise, die meisten Häuser sind bereits mit Wellblech gedeckt. Hier lebt die Ethnie der *Ngoumba*. Die **Pygmäen** in dieser Region bauen ihre Hütten auf kleinen Waldlichtungen weit ab von der Piste. Sollten Sie eines dieser Dörfer besuchen wollen (nur mit Führer möglich, Dolmetscher!), so packen Sie ihre Kamera am besten weg und nehmen Sie sich Zeit zu einem Gespräch, in dem Sie mehr über das Leben dieses interessanten Volkes, über seine Jagd- und Sammelgewohnheiten und seinen Alltag erfahren.

Nach **66 km** erreichen Sie die kleine Ortschaft **Bipindi**. Kurz vor dem Ortseingang kommen Sie über eine Brücke, die während der deutschen Kolonialzeit gebaut wurde (1909, rechts davon Stein mit deutscher Inschrift). Vor der Brücke nach rechts führt die Alternativroute nach Lolodorf (siehe unten). In Bipindi leben die Nachfahren des deutschen **Biologen Georg Zenker**, der zu den Gründern

von Yaoundé gehört und erste Versuche mit Kakao und anderen Nutzpflanzen machte. Wer immer sich die Zeit nimmt, den „Bipindihof" Zenkers zu finden und sich mit seinen Enkeln zu unterhalten, wird viel Wissenswertes über die Vergangenheit erfahren.

Im kleinen **Restaurant** des Ortes können Sie eine Pause einlegen. Das Essen wählt man aus den Töpfen der Garküche gleich nebenan im Freien. Die freundlichen Köchinnen boten mir hier die Wahl zwischen Krokodil, Goliathkröte, Waran oder Affe an, wobei ich (schweren Herzens und zur allgemeinen Belustigung) Affe nahm, der sehr viel Wildgeschmack hatte.

Entlang der Pisten im Osten gibt es mehrere weiße Missionen für Pygmäen, auch eine in Bipindi. Sonst trifft man auf keinen Ort von besonderem Interesse. Sie können von hier aus links abzweigen, um über *Bella* nach *Kribi* und *Fifinda* zurückzukehren. Auf dieser Strecke wird sehr viel Holzwirtschaft betrieben, die riesigen Holztransporter fahren oft mit überhöhter Geschwindigkeit.

Geradeaus geht die Fahrt von Bipindi weiter Richtung Lolodorf (wie hier beschrieben). **75 km** hinter Kribi erreichen Sie **Bidjoka**, ein kleines **Dorf mit Kolonialcharakter**. Ein Spaziergang führt zu einem Wasserfall, den *Chutes de Bidjoka*, in einer zweistündigen Wanderung gelangen Sie zu einem weiteren **Wasserfall**. Das Wasser fällt hier von einem kleinen Berg hinab in ein Becken, umgeben von tropischem Grün.

Anschließend steigt die Piste kilometerlang an in eine bergige Gegend bis zum Hügel von *Mbikiliki* und führt entlang des gleichnamigen Flusses mit einigen kleineren Wasserfällen, die von

*Typische Hütte zwischen Lolodorf und Ebolowa*

großen Bambusstauden umgeben sind.

In **Ngovayang (96 km)** liegt auf dem Hügel die Missionsstation mit einer schönen, kleinen Kirche und einem Hospital. Das zeigt, daß hier schon sehr früh eine rege Missionstätigkeit einsetzte. In fast jedem Dorf steht eine christliche Kirche. Auch das **Rote Kreuz** *(Croix Rouge)* ist hier sehr gut organisiert und kümmert sich speziell um die vielen Leprakranken. Gleichzeitig ist, besonders im Süden Kameruns, die **Naturheilkunde** weit verbreitet: *Native Doctors, Guérisseurs* und *Marabouts* wird überall sehr starker Respekt entgegengebracht. Die Kranken werden ins Dorf zum Naturheiler geschickt und bleiben dort, bis sie nach der Kräuterbehandlung wieder genesen sind. Dabei spielen sehr oft Magie und Fetischismus eine große Rolle.

Nach **109 km**, am **Carrefour Bibia**, folgt wieder eine schöne Kirche mit einer theologischen Schule, die 1918 von den amerikanischen Presbyterianern gegründet wurde.

Rechts (km 114) zweigt die Piste ab nach *Lolodorf*.

### Alternativroute zwischen Bipindi und Lolodorf:

Vor der Ortseinfahrt Bipindi zweigt kurz vor der Brücke eine Piste nach rechts ab, führt am Zenkerhof vorbei, Richtung *Akom II*. Nach etwa 3 Kilometern geht es links ab (keine Beschilderung, diese Piste ist auf keiner Karte verzeichnet) und immer gerade aus, bis man auf die Piste *Ebolowa – Lolodorf* trifft. Hier fahren Sie links ungefähr 40 Kilometer nach Lolodorf. Diese Ausweichroute ist in einem recht passablen Zustand.

**Der Süden**

## Lolodorf

Lolodorf gehörte während der Kolonialzeit zu den **Pionierort**en Kameruns, jetzt liegt der ca. **11 000 Einwohner** zählende Ort ein wenig isoliert zwischen Kakaoplantagen und riesigen Waldgebieten.

Zwei Brücken führen hier über den Fluß *Lokoundjé*: Die alte Eisenbrücke wurde von den Deutschen erbaut, die zweite Straßenbrücke dann später von den Franzosen.

Gleich am Ortseingang bewohnt der Unter-Präfekt *(Sous-Préfet)* die ehemalige Residenz des Repräsentanten des deutschen Gouverneurs. Das alte Gerichtsgebäude daneben ist (ganz untypisch) noch mit Ziegeln gedeckt. Als die Deutschen im Jahre 1889 hier eintrafen, haben sie ein winziges Dorf vorgefunden, dessen Chef *Loulou* hieß. Daraus entstand der Name *Lolodorf*, der bis heute unverändert blieb. Fast gewinnt man den Eindruck, die Zeit sei stehengeblieben, wenn man einige der alten Häuser betrachtet. Mit Freude erzählen die älteren Bewohner Lolodorfs die Geschichte ihres Ortes, einige wenige sprechen ganz stolz sogar noch ein Paar Worte Deutsch. Außer der **Erinnerung an die koloniale Vergangenheit** bietet der Ort in touristischer Hinsicht nicht viel.

Es gibt eine **Apotheke**, **Krankenhaus**, **Post** und eine **Tankstelle** (Treibstoff nicht gesichert!), aber man findet hier (wie auf der gesamten Strecke) **keine Bank**.

### Verkehrsverbindungen

Am *Gare Routière* im Zentrum neben dem Marktgebäude verkehren morgens und mittags **Sammeltaxis** nach *Eseka*, als Anschluß an die Eisenbahnverbindung zwischen *Douala* und *Ya-*

*oundé* (die von dort aus in zwei bzw. drei Stunden erreicht sind). Außerdem sind per Sammeltaxi auch *Kribi* und *Ebolowa* zu erreichen.

### Unterkunft

Die **Auberge de la Jeunesse** verfügt über drei Zimmer ab CFA 5600, ist sehr einfach und hat keinen Strom.

An der Gabelung 11 km hinter Lolodorf zweigt links die Piste zum *Hotel Mvengué* und *Ngomedzap* ab, die in sehr schlechtem Zustand ist (Geländewagen!) und sich nicht als Abkürzung nach *Yaoundé* anbietet.

Rechts führt die Route (gut beschildert) weiter nach Ebolowa. Kurvenreich windet sich die (gute) Piste durch eine schöne Hügellandschaft mit dichtem Waldbestand. Immer wieder begegnet man Frauen, die ihre schweren Lasten in einem Korb tragen, der mit einem Band an der Stirn gehalten wird. Schweine, Ziegen und Hühner bevölkern die Piste. Typisch für die Bevölkerung im Süden sind die Lehmhäuser – ein Gitter aus Rundhölzern wird mit einem Lehmgemisch aufgefüllt und mit Raphiapalmblättern oder (immer öfter) Wellblech gedeckt.

73 km hinter Lolodorf erreichen Sie Ebolowa.

## Kribi – Ebolowa (über Akom II)

➥ 171 km Piste

Eine **alternative Direktroute** führt von **Kribi nach Ebolowa** über den Ort *Akom II (*nur schlechte Verbindungen mit öffentlichen Verkehrsmitteln). Die Piste ist während der Trockenzeit (in der Regenzeit meist ebenso unproblematisch) mit normalem Pkw gut passierbar.

Die Strecke führt durch sehr schönen Regenwald, entlang zahlreicher ursprünglicher Dörfer, die von ihrer kleinen Landwirtschaft und ein wenig Kakaoanbau leben. Es wird in einigen Regionen Holzabbau betrieben, gelegentlich begegnet man Holztransportern. Auf der gesamten Strecke wird zur Verpflegung nichts außer Buschfleisch (Zwergantilopen, Affen, kl. Alligatoren etc.) angeboten.

Kurz nach Kribi fährt man durch riesige Bambuswälder. Nach **40 km** ist der Ort **Adjap** erreicht, hier gibt es zwei Kirchen und ein Gesundheitszentrum.

Weiter durch hübsche, hügelige Gegend bergauf durch dichten Regenwald bis nach **weiteren 35 km Nyab** erreicht ist. Hier reihen sich zahlreiche kleine Dörfer entlang der Straße, immer wieder sieht man Kirchen, hin und wieder auch eine Schule.

Nach **km 86** ist man in **Akom II** angelangt. Dieser Ort ist eigentlich eine Aneinanderreihung zahlreicher größerer Orte und Sitz der *Sousprefecture*. Hier findet eine Polizeikontrolle statt (hin und wieder auch unterwegs, aber durchaus korrekt). In Akom II zweigt eine Piste nach *Bipindi* (siehe vorhergehende Route) ab.

Fahren Sie links weiter in Richtung Ebolowa. Nach 36 km trifft man auf den größeren Ort **Mefo**.

Weiter geht es durch kleine Dörfer mit zahlreichen Kirchen und hübscher Tropenwaldregion bis man kurz vor Ebolowa auf das Wasserwerk trifft, wo die Teerstraße beginnt. **Ebolowa** ist auf dieser Strecke nach **171 km** erreicht.

**Der Süden**

*Blick auf Ebolowa*

## Ebolowa

Ebolowa liegt in 660 m Höhe, ist Hauptort der Provinz *Sud* und des Verwaltungsbezirks *Ntem* und gleichzeitig die größte Stadt der dünnbesiedelten Süd-Provinz. Die Stadt liegt in einem Talkessel, umgeben von dicht bewaldeten Hügeln. In der gesamten Umgebung gehört der **Kakao-Anbau** zur wirtschaftlichen Hauptaktivität und Ebolowa ist Sammelstelle für die Ernteprodukte. Viele Waldstücke in der Region fielen bereits den Kakao-Plantagen zum Opfer.

Im Verwaltungsviertel auf dem Hügel über der Stadt liegen die Residenz des Präsidenten und das Büro des Gouverneurs, beides Bauten, die noch an die deutsche Kolonialzeit erinnern, in der Ebolowa gegründet wurde. Gegenüber davon stehen der Justizpalast und das Rathaus. In der Mitte der Stadt dominiert ein künstlich angelegter See das Bild. In Ebolowa, **wirtschaftliches Zentrum des Südens,** ist neben der Verwaltung und dem Kakaohandel auch ein sehr großer, belebter Markt angesiedelt. Die Straßen in der Stadt sind durchwegs gut und ein großer Kreisverkehr beherrscht das Zentrum der Stadt. Hier ist die Ethnie der zur *Fang*-Gruppe gehörenden *Boulou* beheimatet.

**Touristisch** hat die Stadt selbst **keine Anziehungspunkte.** Es sei denn, man will von hier aus zur Grenzstadt *Ambam*, in der sich die Route nach *Gabun* und *Äquatorial-Guinea* gabelt.

## PRAKTISCHE INFORMATIONEN

 UNTERKUNFT

*Hotels*

### Hotel La Santé

B.P. 216, Tel. 28 35 17; gegenüber vom See und schräg gegenüber vom Hospital gelegen. Im Hotel La Santé gibt es 24 einfachst ausgestattete Zimmer (die im neuen Anbau sind etwas besser) mit Dusche/WC ab ungefähr CFA 6000.

### Hotel Ane Rouge

B.P. 315, Tel. 28 34 38, direkt am Kreisverkehr gelegen. Das Hotel verfügt über 25 Zimmer (ab ca. CFA 6000, keine Klimaanlage) mit teils Einzel-, teils Gemeinschafts-Duschen sowie über ein Restaurant mit Bar.

### Hotel Le Ranch

B.P. 690, Tel. 28 35 32, Fax 28 49 34; im Quartier *Ebolowa-si I*, unterhalb des Verwaltungszentrums. Das 1988 gebaute, saubere und gepflegte Hotel ist in schöner Lage am Fuße des *Mont Ebolowo'o*, ca. 1 km vom Stadtzentrum situiert. Es gibt 40 Zimmer (ab ca. CFA 12 000) in Pavillons, teils mit Klimaanlage und Warmwasser, Dusche/WC. Außerdem gibt es ein Restaurant, eine Bar und einen Garten am Waldrand (sehr erholsame Atmosphäre).

ESSEN UND TRINKEN

Direkt am Kreisverkehr, neben dem *Ane Rouge*, liegt ein **kleines Lokal**, gut für Frühstück und Snacks. Daneben gibt es eine **Bäckerei**, in der es Schokocroissants (!) gibt (hoffentlich auch noch, wenn Sie dort vorbeikommen).

Außerdem sind in der Stadt jede Menge Restaurants, Kneipen und Nachtbars.

NOTFALL

*Krankenhäuser*

**Hôpital Provincial**
Tel. 28 34 75

**Hôpital Enongal**
5 km außerhalb der Stadt. Das Hospital wurde von Amerikanern gegründet (auch Chirurgie etc.).

Das beste Krankenhaus der Provinz *Sud* ist jedoch in *Yaoundé*.

 VERKEHRSVERBINDUNGEN

*Sammeltaxis*

Mit Ausnahme von *Yaoundé* sind alle Orte nur auf mehr oder weniger guten, in der Regenzeit manchmal unbefahrbaren Pisten zu erreichen.

➠ *Ebolowa – Kribi*
Kribi ist auf 171 km guter Piste (selbst in der Regenzeit) zu erreichen.

➠ *Ebolowa – Ambam*
Von Ambam (91 km) geht es weiter nach *Gabun* (124 km) und *Äquatorial-Guinea* (118 km).

➠ *Ebolowa – Yaoundé*
Eine gute Teerstraße führt von/nach Yaoundé (178 km).

Außerdem existieren Verbindungen von/nach *Akom II* (85 km), *Lolodorf* (73 km), *Sangmélima* (115 km) und *Mbalmayo* (120 km).

 SONSTIGES
Es gibt ein **Kino**, eine **Post** (nahe Kino), **Tankstellen** und **Banken**.

 AUSFLÜGE
Ebolowa liegt in einer sehr schönen, hügeligen Umgebung mit dichtem Regenwald. Die meisten Ausflüge auf den (oft schlechten) Pisten sind nur mit dem Allrad-Fahrzeug möglich.

★ *Der Felsen von Ako Akas*
Verläßt man Ebolowa auf der Piste in Richtung *Ambam*, zweigt man nach 13 km links ab nach *Mékomo*. Auf etwa halber Strecke, nach 22 km durch hügelige Landschaft, erblickt man eine ungewöhnliche und eindrucksvolle Bergspitze, deren steile Felswände sich ca. 100 m aus der Landschaft erheben. Für diesen Ausflug können Sie sich in Ebolowa auch ein Taxi mieten.

Ein anderer Abstecher führt zum **Mbilebekon** (ca. 20 km östlich von Ebolowa), einem Abgrund, der der Legende nach von einem bösen Geist bewohnt wird. Der Ort ist mit rituellen Tabus belegt und sollte daher nur in Begleitung eines Führers besucht werden.

★ *Wasserfälle des Ntem*
Abenteurernaturen mit gutem Geländewagen, Freude an Urwaldwanderungen und mit genügend Zeit können von Ebolowa aus einen lohnenden Ausflug zu den *Memvé-Elé*-Wasserfällen (148 km) am Fluß *Ntem* unternehmen. Die Tour gleicht einer **Expedition** und Sie sollten dafür mindestens **zwei Tage** einrechnen. Erkundigen Sie sich vor der Abfahrt exakt nach dem Pistenzustand (nur während der Trockenzeit befahrbar). **Volltanken** des Wagens in Ebolowa ist unbedingt erforderlich, da es unterwegs nur (mit Glück!) in *Meyo Centre* Treibstoff gibt (Ersatzkanister empfehlenswert!). Außerdem benötigen Sie Verpflegung, Sport- oder Trekkingschuhe, genügend Trinkwasser und (möglichst) ein Zelt. Man verläßt Ebolowa in Richtung *Ambam* und zweigt in *Meyo Centre* (49 km) rechts Richtung *Ma'an* und *Nyabessan* ab. Immerhin gibt es auf dieser Strecke noch Sammeltaxis Rich-

**Der Süden**

tung *Ebolowa.* In *Nyabessan*, am Rande des *Campo-Reservates*, sollte man den Dorfchef begrüßen und dann einen Führer nehmen (Preis vereinbaren!), auf den Sie angewiesen sind. Denn ohne ihn erhält man sehr wahrscheinlich keine Genehmigung zu dieser Tour und wird die Wasserfälle auch kaum finden. Kurz hinter dem Ort endet die Piste als Sackgasse am Fluß *Ndjo.* Von hier aus sind es ca. 15 km **anstrengendster Urwaldwanderung**, bei der Sie mehrere Flüsse auf einer Piroge (die hoffentlich vorhanden ist) überqueren.

Teilweise ist kein Weg erkennbar, die Vegetation undurchdringlich. Am Ziel angekommen, hat sich die Mühe aber gelohnt, denn der mächtige Ntem stürzt in **mehreren Wasserfällen über** bis zu **50 m hohe Felsen** herab und bietet ein gewaltiges Schauspiel. Aufgrund des dichten Regenwaldes sind die Fälle oft erst im letzten Moment zu entdecken, obwohl man sie schon von weitem hören kann.

## Ebolowa – Grenze Kongo

➠ 225 km (bis *Mbalam*) Piste
Von *Ebolowa* aus führt eine Piste in östlicher Richtung **115 km** nach **Sangmélima**, dem Hauptort des Verwaltungsbezirkes *Dja-et-Lobo* und **Geburtsort des Präsidenten Paul Biya** (Normalerweise kann man Sangmélima von Yaoundé aus über eine gut ausgebaute Straße erreichen.) Diese kleine Stadt ist **touristisch nicht von Bedeutung**. Man findet dort ein kleines **Gästehaus**, **Restaurant** *(Chez Jeanine)*, **Bank**, **Post** und **Apotheke**.

In Richtung Süden führt eine mittelmäßige Piste durch dichten Tropenwald mit kleinen Dörfern. In **Djoum** sind Lebensmittel erhältlich und die Ausreiseformalitäten zu erledigen. Im Dorf **Mintom** gibt es keine Versorgungsmöglichkeiten, ebensowenig in **Mbalam** (dort Polizeikontrolle).

Die Ausreise in die Republik *Kongo* ist derzeit nicht möglich, da 1990 hinter Mbalam die Brücke eingestürzt ist. Erkundigen Sie sich in Sangmélima, ob die Brücke inzwischen wieder intakt ist. Ansonsten ist nur eine Umkehr möglich.

## Ebolowa – Mbalmayo – Yaoundé

➠ 177 km Teerstraße
Die gesamte Strecke ist asphaltiert. Die Straße aus *Ebolowa* heraus in Richtung *Yaoundé* führt durch den Stadtteil *Elat*, vorbei am Fußballfeld, einer Holzfabrik und einem Militärcamp, das während der deutschen Kolonialzeit gebaut wurde (Achtung, keine Fotos!). Die sehr gut ausgebaute Asphaltstraße ist gesäumt von schönem Wald mit hohen Tropenbäumen. Vorsicht: Immer wieder tummeln sich Ziegen auf der Fahrbahn. Nach **49 km** erreicht man den **Ngoulemakong**, mehr und mehr Dörfer mit ihren typischen, rechteckigen Häusern erstrecken sich entlang der Straße. Je mehr man sich Yaoundé nähert, um so lichter wird der Wald, der hier zunehmend von den Holzfällern ausgebeutet wird. **70 km** hinter Ebolowa zweigt dann in **Menguemé** eine Piste nach *Lolodorf* und *Kribi* ab, die jedoch aufgrund ihres schlechten Zustands kaum befahren wird. Auf einer neuen Brücke (daneben sieht man die alte Brücke, die noch aus deutscher Zeit stammt) ge-

langt man über den Fluß *So* (84 km). Zusammen mit dem Fluß *Nyong* hat der So dem Distrikt seinen Namen gegeben. Kurz vor der Abzweigung nach *Sangmélima* führt rechts eine schwierige Piste zu einem schlecht ausgewiesenen **„Parc Touristique"**. Es gibt dort die Möglichkeit, im Nyong zu baden oder eine Pirogenfahrt zu unternehmen.

Nach **110 km** erreicht man **Mbalmayo,** die erste größere Stadt vor *Yaoundé*.

## Mbalmayo

Mbalmayo ist der Hauptort des Distriks *Nyong-et-So*. Die **Kleinstadt**, die einen recht **gemütlichen Eindruck** erweckt, liegt an beiden Ufern des Flusses Nyong und am Schnittpunkt der Straßen nach Süden und zur Landesmitte. Mbalmayo ist ein **Zentrum für die Gewinnung und Vermarktung von Holz**. An wirtschaftlicher Bedeutung gewinnt die Stadt durch eine Sperrholzfabrik *(C.O.C.A.M.)*. Der Abtransport des Holzes erfolgt vorwiegend über den Zubringerbahnhof, der den Ort mit der Eisenbahnstrecke von *Douala* nach *Yaoundé* verbindet.

Mitten im Urwald wurde die Stadt während der deutschen Kolonialzeit gegründet und hieß damals *Vimili*. Zu Ehren von *Mbally Meyo*, einer angesehenen Persönlichkeit der Region, wurde sie später in Mbalmayo umgenannt.

Der Nyong, über den die alte Brükke führt, ist einer der wenigen großen Flüße Kameruns, die vollständig innerhalb der Landesgrenzen liegen. Die Fischer gleiten in ihren Einbäumen über das ruhige Wasser des Flusses und auf einer gemieteten Piroge gelangt man durch die dort noch tropische Urwaldvegetation ins 30 km entfernte *Eboko*. Im Ort steht auch noch eine Kirche aus der „deutschen Zeit".

### PRAKTISCHE INFORMATIONEN

 UNTERKUNFT
**Hotel de la Poste**
B.P. 226, Tel. 28 11 52. Es gibt 14 einfache Zimmer (ca. CFA 5500), eine Bar und ein Restaurant.
**Hotel Freedom Park**
Am Ortsrand Richtung Yaoundé. Das Hotel ist sehr einfach, ein Zimmer kostet ca. CFA 6000.
**Hotel Nlonako**
Tel. 28 11 52

*Ein Ausflug in den tropischen Regenwald ist immer reizvoll*

Der Süden

VERKEHRSVERBINDUNGEN

**Busse/Sammeltaxis**

Verbindungen von/nach (jeweils auf Teerstraße): *Yaoundé* (48 km), *Ebolowa* (110 km), *Sangmélima* (122 km).

Außerdem (jeweils auf Piste) nach *Eséka* (105 km), *Ngoumou* (36 km).

**Eisenbahn**

➠ *Mbalmayo – Ngoumou*

dort Anbindung an die Zugstrecke *Douala – Yaoundé*

Die Bewohner ziehen der Eisenbahn jedoch das (schnellere) Buschtaxi vor.

 NOTFALL

**Apotheke**

Tel. 28 13 56

**Krankenhaus**

Tel. 28 11 79

 SONSTIGES

In Mbalmayo gibt es: **Banken**, **Bahnhof** (Tel. 28 15 57), **Post**, **Tankstellen** und eine große **katholische Mission.**

---

Eine Autostunde nördlich von Mbalmayo liegt die Hauptstadt **Yaoundé** (**48 km**). Die Fahrt ist relativ monoton und führt durch Buschland, kleine Waldabschnitte, Bananen-, Erdnuß-, und Kakaoplantagen. Am Wegrand verkaufen Bauern Palmwein eigener Produktion und Obst. Die **Spezialität der Region ist Stachelschwein.** Am Straßenrand sieht man wieder Dörfer mit den typischen, rechteckigen Häusern.

26 km hinter Mbalmayo zweigt rechts die Straße zum neuen, internationalen **Flughafen** von *Yaoundé-Nsimalen* ab.

*Typische Landschaft im Regenwald*

## Das Zentrum und der Osten

Die Provinzen *Centre*, *Est* und *Adama-oua* sind, mit Ausnahme der weiteren Umgebung von *Yaoundé*, nur **sehr dünn besiedelt**. Nach Osten hin breiten sich immense Regenwälder aus, nach Norden zu dominiert die Savanne. Durch diese von der Natur beherrschten Gebiete führen nur wenige schlechte Pisten. Ein unvergeßliches Erlebnis für Reisende mit viel Geduld ist eine Fahrt mit dem **Transcamerounais**, der einzigen Eisenbahn des Landes, die *Douala* und Yaoundé mit dem Norden verbinden.

Im Zentrum und Osten Kameruns gibt es **wenige Sehenswürdigkeiten**, dafür aber um so mehr an ursprünglichem Afrika mit freundlichen Dörfern und unberührter Natur mit üppiger Tropenvegetation zu erleben. Wer sich abseits der wenigen Städte bewegt, wird hier Afrika pur erleben und mit einigem Glück auch noch einige Tiere in freier Wildbahn, außerhalb der Naturparks.

Wirtschafts- und Verkehrsknotenpunkt sowie kulturelles Zentrum der Region sind die Hauptstadt Yaoundé und ihre Umgebung.

## Yaoundé

Die **zweitgrößte Stadt** ist gleichzeitig die **Landeshauptstadt** Kameruns mit dem Verwaltungs- und Regierungssitz und Hauptort der Provinz *Centre*. An diesem **Knotenpunkt der Verkehrs- und Geschäftsverbindungen** kreuzen sich alle wichtigen Wege.

Diese **modernste Stadt des Landes** liegt im zentralen Hochland (Zentralplateau) auf 700 m Höhe. Hier herrscht im Gegensatz zur Küste ein **mildes und gemäßigtes Klima** mit Temperaturen zwischen 17° und 32° C und Regenfällen nicht über 2500 mm im Jahr. Im Nordwesten ist Yaoundé-Stadt umgeben von urwaldbewachsenen Bergen, die bis auf 1000 m ansteigen. Die Stadt selbst verteilt sich über mehrere Hügel, eingebettet in eine üppig grüne Tropenvegetation.

### Geschichte

Im Jahre 1889 kamen die Deutschen von *Kribi* aus und gründeten hier eine Militärstation im Landesinneren. Wenige Jahre später folgten Verwaltung und einige Handelsfirmen.

Der Name der Stadt ist eigentlich eine deutsche Verballhornung des Wortes „*Ya Owondo*", d.h. die Erdnußesser, mit dem die Bewohner um das Dorf *Ongola* herum von den Trägern der deutschen Expedition etwas scherzhaft belegt wurden. Der Expeditionsleiter, *Curt von Morgen*, machte daraus ein etwas preußischer klingendes *Jaunde*. Erst unter der Leitung des Botanikers *Georg Zenker* und, etwas später, des Hauptmanns *Dominik*, wurde die Jaunde-Station zu einer wichtigen Etappe auf dem Weg zwischen Atlantik und Osten bzw. den Fulbe-Ländern im Norden.

1921 wurde Yaoundé zur Départmenthauptstadt, 1927 schließlich Hauptstadt des französischen Mandatsgebiets Kamerun. Mitte der 20er Jahre und im Anschluß an den Kakao-Boom der 50er Jahre wurden die Grundlagen der heutigen Metropole gelegt.

**Zentrum & Osten**

## Stadtbeschreibung

Auf den Anhöhen der Metropole liegen die Villenviertel, Behörden- und Verwaltungszentren. (Es gilt übrigens absolutes **Fotografierverbot** für Verwaltungs- und Regierungsgebäude).Von weitem sichtbar ist der **Präsidentenpalast**, das wichtigste Gebäude, das auf einem Hügel am Rande der Stadt thront – ein futuristischer, sehr moderner Bau, umgeben von Militärkasernen. Von hier lenkt seit 1983 Präsident *Paul Biya* die Geschicke der Republik.

Auffällig ist auch der von Chinesen erbaute Kultur- und **Kongreßpalast**, das weithin dominierende Gebäude, dessen Säle und Auditorien meist ungenutzt bleiben. Für stattliche Summen kann man die Räumlichkeiten auch privat anmieten, z.B. für eine Hochzeitsgesellschaft. Von der Ringstraße rund um das Palais bietet sich ebenfalls ein guter Blick auf Yaoundé.

Für die Bevölkerung aus nah und fern übt die Hauptstadt eine **magische Anziehungskraft** aus, als Ort der vielen Beschäftigungsmöglichkeiten oder des vermeintlich schnellen Geldes. Lebten 1987 hier noch 650 000 Einwohner, so ist heute die Millionengrenze bereits überschritten. Es zeigen sich in der weitläufig expandierenden Stadt auch extreme **Kontraste zwischen Reich und Arm:** Zu Füßen der repräsentativen, mondänen Gebäude und Villen, unten an den Hängen und in den Tälern, wohnt etwa die Hälfte der Bevölkerung in Siedlungen ohne Kanalisation und Wasserleitung. An staubigen Lehmstraßen reihen sich Wellblechhütten aneinander.

Die „Downtown", das **Zentrum** der Stadt, dominieren Büro- und Geschäftshochhäuser, moderne Prestige-Bauten und große Einkaufsläden. Hier laufen die Fäden des Landes zusammen, in vollklimatisierten Büros werden Geschäfte gemacht. Manche der Banken, Ministerien und Hotels heben sich ab durch eine supermoderne, futuristische Architektur und ein Dekor aus verschiedenen Farben (bevorzugt braun, beige und gelb) mit geometrischen Elementen.

Da Yaoundé sehr weitläufig ist, benötigt man einen Wagen oder ein Taxi, um sein Ziel zu erreichen, zu Fuß ist es kaum zu schaffen.

Gleich neben dem **ehemaligen Präsidentenpalast** aus der französischen Kolonialzeit (Amtssitz von *Ahidjo*), schließen sich die verschiedenen Ministerien an. Darunter das **Postministerium** mit seiner auffälligen, kühnen Architektur oder das extravagante Gebäude des **Tourismusministerium**s. Das luxuriöse, relativ neue **Hilton-Hotel**, dessen markanter Baustil mit Türmen und verzierten Balkonen ungewöhnlich erscheint, liegt gleich nebenan.

Auf dem Hügel, der dieses Regierungsviertel beherbergt, lag früher die deutsche *Jaunde-Station*, von der nur noch einige Gebäude mit umlaufender Veranda zeugen.

Das eigentliche **Herz der Stadt** gruppiert sich um die **Kathedrale Notre Dame**. Die Kirche (Baubeginn 1951) ist nicht besonders auffällig, in ihrem Inneren stechen jedoch die großen farbigen Mosaikfenster ins Auge.

Neben der Kathedrale liegen die beiden führenden Buchhandlungen Yaoundés, die *Librairie St. Pauls* und die *Librairie CLE*. Etwas weiter die *Avenue Monseigneur Vogt* entlang, hinter der Kathedrale, liegt das Büro von **Cameroon Airlines**. In der Nähe beim

*Institut Géographique National* erhalten Sie gute Karten.

Am Haupteingang der Kathedrale vorbei, rechts hinab, führt die „**Flaniermeile**" der Stadt, die *Avenue John F. Kennedy*, auf der sich Ausländer und Straßenverkäufer treffen. Die besten Geschäfte, Kinos und gute Cafés sind hier versammelt. Die Straße mündet in den *Place John F. Kennedy* mit dem **Handwerkszentrum** *(Centre artisanal)* mit allen Arten von Kunst und Ramsch, vieles davon speziell für Touristen gefertigt. Wie überall in den Städten kann man sich hier einen Überblick verschaffen, authentischen Wert erhalten die Souvenirs jedoch dort, wo man die Künstler bei ihrem Handwerk beobachtet und vor Ort um die besten Stücke feilscht.

Ein beliebter Treffpunkt ist das Café *Cintra*, gleichzeitig Bar, neben dem *Centre Artisanal*.

Unweit des Place John F. Kennedy, an der *Avenue Ahmadou Ahidjo*, erreichen Sie den **Zentralmarkt** *(Marché central)* in einem runden Gebäude. Viele der Marktstände befinden sich auch außerhalb und angeboten wird (fast) alles. Ein Bummel durch die belebten Stände lohnt sich. Nehmen Sie sich hier aber besonders vor Taschendieben in Acht, wie überall, wo dichtes Gedränge herrscht.

Wer gerne Süßes nascht, findet in der *Rue de Nachtigal* die Bäckereien *Elisé* (nahe dem Kino *Abbia*) und *Kalafatas*, in denen es ausgezeichnetes Backwerk und gute Schokocroissants gibt.

Entlang der *Rue de Nachtigal* gelangt man zum *Hotel de Ville*, dem sehr modern gebauten **Rathaus** der Stadt, umgeben von einer Parkfläche. In seiner Umgebung liegen auch die meisten Botschaften und Konsulate der Stadt, darunter die **Deutsche Botschaft** an der *Avenue du Général Charles de Gaulle*.

Folgt man vom *Place Ahmadou Ahidjo* aus dem *Boulevard de la Réunification*, sieht man links das **Monument de la Réunification** (Fotografierverbot!), ein spiralförmiges Denkmal, das an die Wiedervereinigung Kameruns erinnert.

An den Wochenenden ist die Innenstadt nahezu ausgestorben. Aber unter der Woche herrscht reger Betrieb auf den Märkten und in den Geschäften. Die vielen Kinos, Nachtklubs, Bars, Restaurants, Museen und Sportanlagen (darunter das große Stadion *Omnisport*, ein riesiges Oval, das 80 000 Zuschauer faßt) tragen zum hohen Freizeitwert Yaoundés bei.

Nicht unerwähnt bleiben sollen aber auch die verschiedenen **Stadtviertel**, die der Stadt ein so lebendiges Gesicht verleihen. Zum Beispiel der Ortsteil *Etoudi* mit seinem riesigen Bus- und Sammeltaxibahnhof, das Viertel *Bastos*, benannt nach der gleichnamigen Zigarettenfabrik, mit dem vornehmen Wohnbezirk der Diplomaten und weiterer Botschaften, aber auch gepflegten Restaurants, der *Cité Verte* mit einem Wohnviertel im (wie der Name schon sagt) Grünen. Im Kontrast dazu *Briqueterie*, das wie ein riesiger großer Markt mit dichtem Menschengewühl im Umkreis der großen Moschee erscheint. Hier lebt Afrika so richtig, genau wie in den Vierteln *Messa* und *Mellen* mit ihren zahlreichen Märkten.

Im Ortsteil *Ngoa Ekélé* schließlich liegt das riesige Areal der einst größten **Universität** des Landes mit ihren diversen Fakultäten, verschiedenen

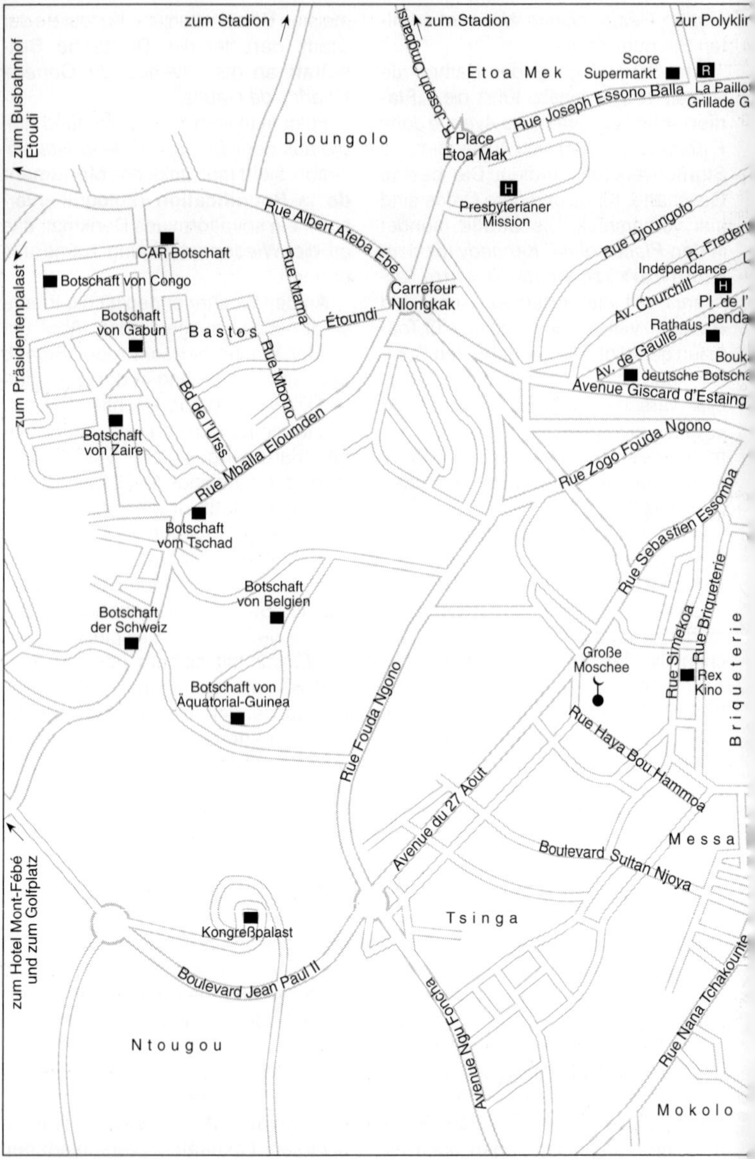

zum Stadion

zum Stadion

zur Polyklir

E t o a   M e k

Score
Supermarkt

**R**

La Paillo
Grillade G

Rue Joseph Essono Balla

D j o u n g o l o

Place
Etoa Mak

Rue Albert Ateba Ebé

**H**

Presbyterianer
Mission

Rue Djoungolo

R. Frederi

Indépendance

L

CAR Botschaft

Rue Mama

Botschaft von Congo

Av. Churchill

**H**

Pl. de l'
penda

Botschaft
von Gabun

B a s t o s

Étoundi

Carrefour
Nlongkak

Rathaus

Av. de Gaulle

Bouk

Rue Mbona

Avenue Giscard d'Estaing

deutsche Botscha

Bd de l'Urss

Botschaft
von Zaire

Rue Mballa Eloumden

Rue Zogo Fouda Ngono

Botschaft
vom Tschad

Rue Sebastien Essomba

Botschaft
von Belgien

Rue Simekoa

Rue Briqueterie

Botschaft
der Schweiz

Große
Moschee

Rex
Kino

B r i q u e t e r i e

Botschaft von
Äquatorial-Guinea

Rue Fouda Ngono

Rue Haya Bou Hammoa

M e s s a

Avenue du 27 Août

Boulevard Sultan Njoya

Kongreßpalast

T s i n g a

Boulevard Jean Paul II

Avenue Ngu Fonchä

Rue Nana Tchakounte

N t o u g o u

M o k o l o

zum Präsidentenpalast

zum Hotel Mont-Fébé
und zum Golfplatz

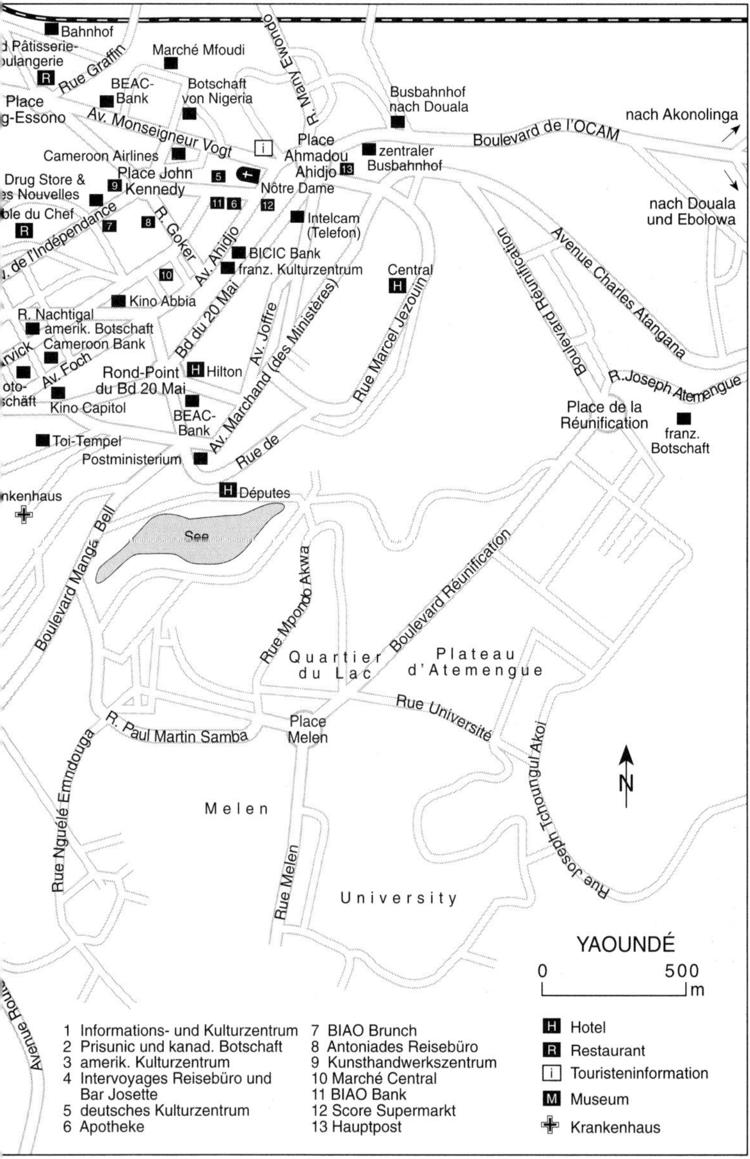

Bahnhof
d Pâtisserie-
ulangerie
R
Place
g-Essono
Rue Graffin
BEAC-
Bank
Av. Monseigneur Vogt
Cameroon Airlines
Place John
Kennedy
Drug Store &
es Nouvelles
ble du Chef
R. de l'Indépendance
Marché Mfoudi
Botschaft
von Nigeria
R. Many Emonde
R. Martin Emonde
Place
Ahmadou
Ahidjo
Nôtre Dame
Busbahnhof
nach Douala
Place
zentraler
Busbahnhof
Boulevard de l'OCAM
nach Akonolinga
nach Douala
und Ebolowa

Intelcam
(Telefon)
BICIC Bank
franz. Kulturzentrum
Kino Abbia
R. Nachtigal
amerik. Botschaft
Cameroon Bank
Av. Goker
Av. Ahidjo
Bd du 20 Mai
Av. Joffre
Rue Marcel Jezouin
Central
Avenue Charles Atangana
Boulevard Réunification
R. Joseph Atemengue

rvick
Av. Foch
oto-
schäft
Kino Capitol
Rond-Point
du Bd 20 Mai
Hilton
BEAC-
Bank
Av. Marchand (des Ministères)
Rue de
Place de la
Réunification
franz.
Botschaft

Toi-Tempel
Postministerium
nkenhaus
Députes
See
Boulevard Mangé Bell
Rue Mpondo Akwa
Boulevard Réunification
Quartier
du Lac
Plateau
d'Atemengue
Rue Université
R. Paul Martin Samba
Rue Nguélé Emndouga
Place
Melen
M e l e n
Rue Melen
University
Rue Joseph Tchoungui Akoi
N
Avenue Rou...

YAOUNDÉ
0                    500
m

1  Informations- und Kulturzentrum
2  Prisunic und kanad. Botschaft
3  amerik. Kulturzentrum
4  Intervoyages Reisebüro und
   Bar Josette
5  deutsches Kulturzentrum
6  Apotheke

7  BIAO Brunch
8  Antoniades Reisebüro
9  Kunsthandwerkszentrum
10 Marché Central
11 BIAO Bank
12 Score Supermarkt
13 Hauptpost

H  Hotel
R  Restaurant
i  Touristeninformation
M  Museum
✚ Krankenhaus

Schulen (z.B. Postschule) und den wichtigsten Ausbildungsstätten Kameruns, umgeben von zahlreichen Studentenwohnheimen und immer wieder durchsetzt mit Baumbestand, vielen Grünanlagen und Teichen. 1993 wurde die **Universität** geteilt in den ursprüngliche Teil *Yaoundé I* und die neue und größere Universität *Yaoundé II*, die außerhalb in *Nsoa* untergebracht ist.

Noch immer ist das Ballungszentrum Douala die wirtschaftliche Metropole des Landes, doch im Rahmen von Dezentralisierungsmaßnahmen soll nun in Yaoundé ein zweites Wirtschaftszentrum wachsen. Erste Schritte hierzu sind das neueröffnete Hotel Hilton und **1993** die **Inbetriebnahme des internationalen Flughafens** *Yaoundé-Nsimalen*. Für das neu zu errichtende Airport-Hotel ist bisher nur der Standort festgelegt, die Mittel fehlen.

## Sehenswürdigkeiten
### ★ Panoramablick

Den besten Blick über die Stadt hat man vom **Mont Fébé** (ungefähr fünf Kilometer außerhalb), von wo aus man sich mit der Umgebung vertraut machen kann. Hier am Berghang, mitten in tropischer Vegetation liegt auch das Luxushotel *Mont Fébé*, ein riesiges, halbkreisförmiges Gebäude mit einer herrlichen Gartenanlage und einem eigenen Golfplatz. Auch wenn diese Luxusherberge für viele zu teuer ist, lohnt sie doch einen Ausflug, schon wegen der Aussicht.

### ★ Musée d'Art Camerounais

Folgt man der Straße, die hinter dem *Hotel Mont Fébé* in kleinen Kurven weiter ansteigt, erreicht man das **Benediktinerkloster Mont Fébé**, in dessen Inneren sich ein wirklich sehenswertes Museum *(Musée d'Art Camerounais)* verbirgt. Hier wird eine Sammlung an Kunstschätzen vor allem aus dem Kameruner Grasland aufbewahrt, darunter *Tikar*-Bronzen, *Bamoun*-Masken/-Statuen und Töpfereien. **Öffnungszeiten**: Do, Sa, So von 15 – 18 Uhr, Eintritt frei.

## PRAKTISCHE INFORMATIONEN

 UNTERKUNFT

Yaoundé verfügt über eine sehr gute Hotelinfrastruktur mit Unterkünften in allen Kategorien und Preisklassen.

### *Hotels der Luxusklasse*
#### Hotel Mont Fébé

B.P. 711, Tel. 23 40 02, Tx: 82 63; sechs Kilometer außerhalb der Stadt am Hang des *Mont Fébé* (s. Panoramablick oben). Inmitten üppiger Vegetation gelegenes Luxushotel mit elf Etagen und weitem Rundblick über die Stadt. 220 Zimmer, mit Klimaanlage, Bad und WC ausgestattet, sind ab CFA 80 000 (für in Kamerun Ansässige CFA 36 000) erhältlich. Es gibt mehrere Restaurants mit internationaler Küche, einen Nachtclub, Konferenzräume, einen großen Swimmingpool, Tennisplätze und einen 18-Loch-Golfplatz. Die **Hertz-Autovermietung** hat hier ein Büro. Es besteht eine regelmäßige Busverbindung zum Flughafen. Das Hotel ist sehr abgehoben, der Standard, den es noch bietet, wird allerdings dem überteuerten Preis nicht gerecht (z.T. Klimaanlage nicht funktionsfähig usw.).

#### Hotel Hilton

B.P. 11852, Tel. 23 36 46, Fax 22 32 10, Bd du 20 Mai. Zentral gelegenes Luxushotel gleich neben dem Postministerium und in unmittelbarer Nähe von Geschäften und Ministerien. Es gibt 257 klimatisierte Zimmer (und Suiten) mit Minibar, Telefon und TV (ab ca. CFA 135 000), mehrere Bars und Restaurants, einen Nachtclub, eine Sauna und ein Gesundheitszentrum sowie einen Swimmingpool, 2 Tennisplätze und einen Golfplatz in der Nähe.

### *Mittelklassehotels*
### Hotel Indépendance

B.P. 474, Tel. 22 29 24 und 23 32 65; relativ zentral gelegen in der Nähe des Rathauses. Es gibt 40 klimatisierte Zimmer ab ca. CFA 25 000, ein Restaurant und eine Bar. Das Hotel entspricht der gehobenen Mittelklasse, ist jedoch zu teuer.

### Hotel Central

B.P. 6, Tel. 23 36 11; zentral zwischen den Gebäuden der Ministerien gelegen. Im Hotel Central gibt es 30 klimatisierte Zimmer ab ca. CFA 22 500, ein gutes Restaurant und eine Bar.

### Hotel des Députés

B.P. 24, Tel. 23 15 55 und 23 13 63, Fax 23 37 10; direkt am See in der Nähe des Postministeriums zentral gelegen. Es gibt 145 klimatisierte Zimmer ab ca. CFA 20 000, ein Restaurant, eine Terrasse, eine Bar, ein Schwimmbad, einen Tennisplatz und einen Nightclub.

### Hotel Royal

B.P. 466, Tel. 22 44 28 oder 23 19 53. Das Royal ist ein zentral gelegenenes Mittelklassehotel mit 42 Zimmern ab CFA 20 000, einem Restaurant und einem bewachten Parkplatz.

### Hotel Mansel

B.P. 2060, Tel. 21 00 07 und 21 38 92, Fax 20 63 73; in der Nähe des Sportstadions. Das relativ neue, saubere Mittelklassehotel verfügt über ein gutes Restaurant, ein Schwimmbad und

einen Nachtclub (Zimmer ab ca. CFA 19 000).

### Hotel Les Boukarous

B.P. 1295, Tel. 22 47 48; im Verwaltungsviertel an der Rue de Narvick. Das Hotel bietet 20 klimatisierte Zimmer ab ca. CFA 18 000, einen schönes, tropischen Garten, ein Restaurant in kleinen Boukarous im Freien und eine Bar.

### Hotel Makombe

B.P. 4750, Tel. 23 38 75 oder 20 08 44. In dem empfehlenswerten, gut geführten Mittelklassehotel (unter gleicher Leitung wie *Seme New Beach Hotel* in Limbe und *Palace Garden Hotel* in Bafoussam) gibt es 40 Zimmer mit Dusche/WC und Klimaanlage.

### *Preiswerte Unterkünfte*
### Hotel de l'Unité

B.P. 1034, Tel. 23 18 26; gute Lage gleich neben dem Rathaus am Place de l'Indépendance (in der Nähe der deutschen Botschaft). In dem einfachen, empfehlenswerten und relativ preiswerten Hotel gibt es 34 Zimmer (ohne Klimaanlage) mit Dusche/WC (ab ca. CFA 14 000), ein Restaurant mit guter Küche, eine Bar und einen Garten. Das Hotel ist Treffpunkt der Reisenden. Wasser gibt es nicht durchgängig.

### Hotel Meumi

Tel. 20 02 21, 20 28 37, Fax 20 67 46; nahe der *Presbyterian Mission*. Das Hotel mit gutem Preis/Leistungs-Verhältnis wurde mir von Reisenden empfohlen.

### Hotel de la Paix

Tel. 22 32 73; kleines Haus am Boulevard de l'OCAM. Es ist sauber, aber laut und heiß. Es gibt einen Parkplatz im Hof und einfache Zimmer mit Dusche ab ca. CFA 5000.

Zentrum & Osten

*Blick auf Yaoundé*

**Benediktinerkloster Mont Fébé**
Übernachtung in schöner Umgebung,
in einfachen, aber sauberen Zimmern
möglich. Das Kloster ist jedoch 6 km
vom Stadtzentrum am Mont Fébé gelegen (s. auch Museum S. 404).

**Centre d'acceuil protestant**
Im Viertel *Djoungolo* (hinter dem Was-
serturm), sehr weit vom Zentrum. Das
Centre d'acceuil ist eine preiswerte
Unterkunft in kleinen Schlafsälen. Hier
findet Sonntag morgens eine schöne
Messe statt.

*Camping*
Fragen Sie bei *Donatos Autogarage*,
in der Nähe des Stadions Omnisport
(die Straße an der Tankstelle den Hügel hinunter und nach ca. 300 m links
in eine kleine Seitenstraße abbiegen).
Camping ist eingeschränkt eventuell
auch am Benediktinerkloster möglich.

**ESSEN UND TRINKEN**
*Restaurants*
Wie in allen großen Städten findet man
die typische, lokale Küche in den unzähligen **Circuits** der Wohnviertel, die
an allen Ecken öffnen und schließen.

Internationale Gerichte erhält man
in den Restaurants der großen Hotels
(s.o.). Die guten Restaurants in der
Stadt haben ein gehobenes Preisni-
veau nach französischem Standard,
man rechnet pro Mahlzeit etwa noch-
mal so viel, wie für eine Übernachtung
pro Person. Oft sind die angebotenen
Menüs preiswerter als das Essen à la
Carte. Eine kleine Auswahl an Restaurants unterschiedlicher Kategorien, die
derzeit (u.a.) empfehlenswert sind:

**Le Fébé** (im Hotel Mont Fébé)
Teuerstes und bestes Restaurant der
Stadt.

## Restaurant de l'Unité
Hier gibt es gute französische Küche, einen schönen Garten und von Do bis Sa ab 20 Uhr Live-Musik.

## Hotel des Députes
Gute französische Gerichte.

## Hotel Les Boukarous
Pizzeria mit einer Auswahl an italienischen Gerichten; abends im Freien unter Boukarous. Es ist relativ teuer.

## Grand Hotel
Kamerunische Spezialitäten.

## Snack Bar du Caveau
Viertel Elig-Essono. Es gibt warme Küche bis Mitternacht.

## Aux Baguettes d'Or
Gute chinesische Küche.

## La Trappola
Route de Mont Fébé. Das La Trappola bietet italienische Spezialitäten und Meeresfrüchte (relativ teuer) an.

## Le Cintra
Av. J.F. Kennedy. Hier können Sie französische Gerichte in angenehmer Atmosphäre essen.

## Chez Wou
Stadtviertel Bastos. Hier gibt es chinesische Spezialitäten.

## Chez Cécile
Stadtviertel Djoungolo, gegenüber des Supermarkts Tigre. Es wird preiswerte afrikanische Küche angeboten.

## La Brochette
Im Zentrum. Es gibt afrikanische Küche.

## Bambou Sun 7
Viertel Basos. Bei gutem Essen (z.B. Pfeffersteak ca. CFA 3500) gibt es montags auch eine afrikanische Band mit Live-Musik.

## Parallel Bar
Hier gibt es günstige, landestypische Gerichte ab 19 Uhr; außerdem wird ab 20 Uhr Musik (auch Live-Musik mit wechselnden Gruppen) gespielt.

 NACHTLEBEN

### Kinos
Die modernen, klimatisierten Kinos in Yaoundé zeigen europäische und amerikanische Filme in franz. Sprache:

## Abbia
Tel. 22 31 66

## Le Mefou
Tel. 22 25 01

## Le Capitole
Tel. 22 49 77

## Le Djoungolo
Tel. 22 21 86

## Le Fébé
Tel. 22 41 10

## Rex
Tel. 22 29 89

### Discos/Nachtclubs
Yaoundé hat mehrere Diskotheken mit meist guter westlicher und afrikanischer Musik (einige mit Live-Musik) zum Tanzen und Zuhören; u.a.:

## Les Balafons
Im Sofitel Mont Fébé; schickster Nachtclub Yaoundés.

## Le Black and White
Eleganter Nachtclub.

## Disco-Club im Hotel Hilton
Schick und teuer.

## Caveau
nahe Bahnhof

## Le Parisienne
neben Caveau; hauptsächlich afrikanische Musik.

## Oxygene
Rue Gocker; afrikanische Musik.

Erkundigen Sie sich am besten bei einem Taxi-Chauffeur nach den aktuellen Empfehlungen.

Jedes Jahr im Feb. findet in Yaoundé 2 Wochen lang ein **internat. Jazz-Festival** mit guten Gruppen statt (Veranstaltungen verstreut über die Stadt).

Zentrum & Osten

**Hinweis:** Ein großer Prozentsatz der Prostituierten in Yaoundé und Douala sind HIV-Positiv.

 NOTFALL

*Krankenhäuser*
**Polyclinique Yaoundé**
Tel. 22 23 37
**Polyclinique André Fouda**
Route de Ngousso, Tel. 22 24 64; zu empfehlen.
**Clinique Bon Secours**
Tel. 22 24 20
**Clinique Dr. Lagrange**
Tel. 22 45 23
**Hôpital Central**
Rue H.-Dunant, Tel. 23 40 20.
**Clinique Semmelweis**
Dr. Edou (spricht deutsch, hat lange in Berlin gearbeitet), Tel. 20 18 56

*Notarzt*
Tel. 23 40 20

*Apotheken*
**Pharmacie française**
Tel. 22 14 76
**Pharmacie de l'Intendance**
Av. Kennedy, Tel. 23 38 12
**Pharmacie du Marché**
Tel. 22 27 25

*Zahnärztliche Behandlung*
**Clinique Dentaire Adventiste**
Tel. 22 11 10
**Mr. Conner**
(Amerikaner), Rue du Cercle Municipal (gegenüber dem Restaurant Chez Joelle).

 VERKEHRSVERBINDUNGEN
*Stadtbusse/Taxis*
Stadtbusse gibt es keine innerhalb Yaoundés. Die preiswerten **Stadttaxis** verkehren nach dem gleichen Prinzip

wie in allen anderen Städten Kameruns nach dem Einheitstarif (ohne Taxameter):
♦ **Taxi ramassage:**
    tagsüber CFA 140
    nachts (22–5 Uhr) CFA 200
♦ **Taxi course:**
    CFA 2000 / Stunde
♦ **Taxi zum Flughafen:**
    tagsüber CFA 2500
    nachts CFA 3500

Ein Taxi von *Bastos* zum *Mt. Fébé* kostet ca. CFA 800 (verhandeln).

*Flugzeug*
Seit 1993 ist der neue, internationale Flughafen *Yaoundé-Nsimalen* fertiggestellt (22 km außerhalb der Stadt Richtung *Mbalmayo*).
    Am Flughafen werden nur CFA, FF oder US-Dollars zur Bezahlung von Flugscheinen akzeptiert, keine Kreditkarten oder andere Währungen.
    Linienflüge der *Cameroon Airlines* verbinden die Stadt täglich mit *Douala, Garoua, Maroua:*

**Cameroon Airlines**
Av. Monseigneur Vogt (hinter der Kathedrale), B.P. 1186, Tel. 23 40 01 und 23 06 11.

*Eisenbahn*
Der **Transcamerounais**, die einzige Eisenbahnverbindung des Landes, verbindet *Yaoundé* mit *Douala* im Westen und *Ngaoundéré* im Norden.
    Der **Bahnhof** liegt am *Place Elig-Essono* im Stadtviertel *Djoungolo*. Die Tickets für die 1.Klasse werden am Bahnhof im erstenStock verkauft, die für die zweite Klasse im Erdgeschoß.
    Eine **Autoverladung** mit dem Zug ist möglich. Nachts verkehren **Liege-**

**wagen**. Die Züge haben eine erste und zweite Klasse. Der Fahrkartenkauf ist im voraus am Bahnhof erforderlich, dort erfolgen auch Reservierungen für Autoverladung und Liegewagen (am besten 24 Std. vorher). Richtung Ngaoundéré empfiehlt sich die Reservierung des Liegewagens; achten Sie bei Fahrkartenkauf darauf, daß ein Platz im Wagen mit Beleuchtung reserviert wird. In der Zweiten Klasse muß man mit Stehplatz rechnen.

➠ *Yaoundé – Douala*
In Richtung Douala verkehren drei Züge täglich: 7.40 Uhr (an 11.13 Uhr), 8.30 Uhr, 13.30 Uhr (an 17.24 Uhr); 300 km, ca. 3½ Std. Fahrtdauer.

Es gibt zwei 1.Klasse Waggons mit wirkungsloser Klimaanlage. Im Zug werden Snacks verkauft. Der Zug hat durchschnittlich eine Stunde Verspätung. Preis 1.Klasse: CFA 4135.

➠ *Yaoundé – Ngaoundéré*
In Richtung Ngaoundéré verkehrt ein Zug täglich: der Nachtzug (ein Wagon Lits sowie ein Couchette mit jeweils 4-Bett-Abteilen, sonst 2.Klasse) fährt um 18.10 Uhr und kommt um 5.43 Uhr in Ngaoundéré an (622 km, bis zu 15 Std. Fahrtdauer).

Auch die 1.Klasse ist ständig überfüllt. Tickets am Besten mindestens einen Tag vorher reservieren! Preis 1. Klasse: ca. CFA 13 500. Durchschnittlich ca. 2 Stunden verspätete Ankunftszeiten.

➠ *Yaoundé – Belabo*
Laut Leserbrief verkehren Navettes nach Belabo: Abfahrt 7.10 Uhr (an 12.24 Uhr) und 13.50 Uhr (an 18.54 Uhr).

**Preisbeispiele:**
*Yaoundé – Ngaoundéré*
◆ Liegewagen ca. CFA 18 000
◆ Erste Klasse ca. CFA 14 000
◆ Zweite Klasse ca. CFA 13 000

Genaue **Auskunft** über Fahrplan und Preise erhalten Sie bei:
**Gare Voyageurs**
am Bahnhof, Tel. 23 40 03.

**Busse/Sammeltaxis**
Busse und Sammeltaxis verkehren von Yaoundé aus in alle Richtungen:

➠ *vom Gare routière du Centre*
Dieser Bahnhof liegt hinter der Hauptpost. Es herrscht Verkehr nach *Mbalmayo, Sangmélima, Akonolinga, Ebolowa, Douala.*

➠ *vom Gare routière de Messa*
Der Bahnhof liegt im Stadtviertel Messa. Es gibt Abfahrten in den Westen Kameruns *(Bafoussam, Foumban etc.).*

Erkundigen Sie sich auch bei Ihrem Stadttaxi-Fahrer nach dem Bahnhof in die jeweilige Richtung.

**Überlandbusse**
Für Fahrten in großen **Überlandbussen** können Sie Fahrkarten direkt bei Abfahrt kaufen (Vorbestellungen nicht nötig). Neben den Bus/Sammeltaxi-Bahnhöfen existieren eine Reihe von *Agences de Voyages*, private Busgesellschaften, die in der Regel sehr zuverlässig arbeiten. Hier erhalten Sie nähere **Auskünfte**, z.B.

**S.O.A.E.M. Cameroun**
Tel. 23 38 54
**CPE** *(Cameroun Publi-Expansion)*
Tel. 22 33 65 oder 23 39 21

**Zentrum & Osten**

**Garanti Express**
gegenüber der Brasserie. Es herrscht eine gute Verbindung im Halbstundentakt nach Douala (ca. CFA 3500).

 RUND UMS AUTO

*Autovermietungen*
**Hertz**
Büro im Hotel Mont Fébé, Tel. 23 40 02
**Delta Voyage**
B.P. 2699, Tel. 22 22 00 und 22 15 32
**J.Despotakis**
Immeuble Shell, B.P. 141, Tel. 23 28 33
**P.Z. Motors**
Tel. 22 33 44

*Autoreparaturen*
Eine gute Werkstatt ist **Garage Auto-Tech**, Inhaberin: *Zeina Hatiyd* (Libanesin), Tel. 22 58 19.

Außerdem gibt es eine hervorragende Peugeot-Werkstätte, Toyota-Werkstätte (Garage Intercar, nahe der Post) und VW-Werkstätte.

 SONSTIGES

*Kulturzentren und Buchläden*
**Librairie St.Paul**
Av. Monseigneur Vogt, Tel. 22 34 04.
**Centre Culturel Français**
Tel. 22 09 44
**Centre Culturel Américain**
Rue de Nachtigal, Tel. 23 04 16.
**Centre Culturel Camerounais**
Tel. 22 45 99
**Goethe-Institut**
Av. John F. Kennedy, Tel. 23 38 77; deutsche Bibliothek und neuere Zeitschriften.

*Einkaufen*
Im **SCORE-** oder **TIGRE-Supermarkt** gibt es hervorragende Versorgungsmöglichkeiten, besonders auch für diejenigen, die in den Südosten weiter-

fahren (die Versorgung in der Zentralafrikanischen Republik ist teurer!).

In *Bastos* gibt es mehrere Supermärkte direkt an der Hauptstraße *(Pavillon Vert, Bravo, Presto),* die sehr viel preiswerter sind als *Score* und *Tigre* und fast gleichwertiges Angebot haben.

Zu empfehlen ist auch: **Leader Price** (Nahe Place *John F. Kennedy*).

*Post*
**Hauptpost (P.T.T.)**
Place Ahmadou Ahidjo, Tel. 22 21 03. Das neue Postamt befindet sich direkt gegenüber der alten Post. Internationale Telefonate (Durchwahl) vom Büro der *INTELCAM* nahe der Hauptpost funktionieren sehr gut (nach Europa kostet die Minute etwa CFA 3500).

*Banken*
**Credit Lyonnais**
nimmt Traveller Cheques.
**B.I.C.I.C.**
Bank in der Av. Ahmadou Ahidjo, Tel. 23 40 07.

Sie können Sich auch Geld an die Banken überweisen lassen (vor Ort über die Formalitäten informieren). Bargeldumtausch ist in der Regel nur schwer und mit hohen Gebühren möglich; Kreditkarten werden in Yaoundé gar nicht akzeptiert.

Es empfiehlt sich, die ersten 5 Tage im Monat nicht zur Bank zu gehen (lange Wartezeiten). **Öffnungszeiten**: Mo–Fr 8–14.30 Uhr.

*Botschaften und Konsulate*
**Deutschland** *(Ambassade de la République Fédérale d'Allemagne)*
Av. Charles de Gaulle, B.P. 1160, Tel. 21 00 56, 20 05 66, Fax 20 73 13

*Korbverkäufer in der Innenstadt von Yaoundé*

**Österreich**
*(Ambassade d'Autriche)*
c/o Trap Cameroun, 5803 Yaoundé,
Tel. 20 38 26, Fax 20 00 94
**Schweiz**
Botschaft geschlossen, bis zur Neu-
auflage des Buches keine Aussicht auf
Wiedereröffnung.
**Äquatorial-Guinea,** Tel. 22 41 49
**Belgien**, Tel. 22 05 16
**Elfenbeinküste**, Tel. 22 09 69
**Frankreich**, Tel. 23 40 13
**Gabun**, Tel. 22 29 66
**Großbritannien**, Tel. 23 16 96
**Italien**, Tel. 22 33 76
**Nigeria**, Tel. 22 34 55
**Niederlande**, Tel. 22 05 44
**Spanien**, Tel. 22 35 43
**Tschad**, Tel. 23 06 24
**U.S.A**, Tel. 23 05 12
**Zaïre**, Tel. 22 51 03
**Zentralafrikanische Republik**
Tel. 22 51 55

*Visa*
**Zentralafrikanische Republik**
Das Visum für die Zentralafrikanische
Republik erhält man in der Botschaft
im Quartier Bastos (für Deutsche
ca. CFA 30 000 für 3 Monate, ein Tag
Wartezeit, zwei Paßbilder erforderlich).
**Gabun**
Gültigkeit bis 15 Tage ca. CFA 30 000,
bis 30 Tage CFA 40 000, bis drei Monate CFA 70 000, zzgl. CFA 10 000
„Telefongebühr"; 1–2 Wochen Wartezeit, Personal nicht besonders freundlich.
**Kongo**
Visum für Kongo innerhalb 24 Stunden (ca. CFA 35 000), Gültigkeit von
einem Monat.
**Nigeria**
Kein Visum für Touristen in der Botschaft erhältlich; nur evtl. Transitvisum
für 2 Tage (Preis ca. CFA 30 000, Wartezeit 2 Wochen).

Zentrum & Osten

### Adressen und Telefonnummern
**Polizei**, Tel. 17
**Telefonauskunft**, Tel. 12
**Nachrichten**
in engl. (Tel. 22 90 00) oder franz.
(Tel. 22 80 00) Sprache.

**Hinweis:** Vorsicht vor Trickdiebstahl,
vor allem auf den Märkten!

 AUSFLÜGE
In der Umgebung von Yaoundé gibt es
nicht sehr viele Sehenswürdigkeiten,
dafür aber lohnt die schöne Landschaft
mit Flüssen, Hügeln und Wäldern den
ein oder anderen Ausflug.

### ★ Nachtigal-Fälle
Ein Halbtages-Ausflug führt von Yaoundé aus zu den 68 km entfernten
Nachtigal-Fällen am Sanaga-Fluß, benannt nach dem deutschen Afrika-Rei-
senden *Gustav Nachtigal*, der 1884
nach Kamerun kam.

Verläßt man Yaoundé auf der Teerstraße in Richtung *Bafia*, fährt man
zunächst durch eine bewaldete und
hügelige Landschaft, bis bei km 31 die
Abzweigung (ausgeschildert) rechts
nach *Obala* erreicht ist. Ab der Kreuzung geht es 6 km in den Ort **Obala**,
den **Gemüsegarten der Hauptstadt**.
Von hier kommen fast alle landwirtschaftlichen Produkte, die auf den
Märkten Yaoundés verkauft werden.
Die Straße ist in schlechtem Zustand
und von vielen Holzlastern befahren.
Geradeaus weiter führt die Straße
nach *Batchenga* (62 km), in deren Umgebung große Tabakplantagen gedeihen. Gleich am Eingang des Ortes
zweigt links eine kleine Piste (Richtung *Ntui*) zu den Wasserfällen ab.
Nach 3 km an einer Gabelung rechts
halten. Ein Schild auf der rechten Seite weist dann nach kurzer Zeit auf die
Wasserfälle hin, hier sind es nochmals
3 km zu fahren. Die Nachtigal-Fälle

*Am Sanaga*

sind eigentlich größere Stromschnellen und (vor allem in der Trockenzeit) nicht sehr bedeutend. Umso schöner ist jedoch die Umgebung mit dem breiten Sanaga-Fluß (es gibt hier angeblich Krokodile!) mit seinen bewaldeten Inselchen und der reichlichen Vegetation rundherum. Nehmen Sie sich Trinkwasser und Brotzeit mit, denn unterwegs gibt es keine Versorgungsmöglichkeiten.

★ *Plages de la Sanaga*
Falls sie einen ganzen Tag zur Verfügung haben, können Sie zurück an der Hauptstraße Richtung Bafia noch einen weiteren Ausflug zu den *Plages de la Sanaga* unternehmen. Dazu fahren Sie weiter nach Westen, bis 72 km hinter Yaoundé eine riesige Brücke über den Zusammenfluß von *Sanaga* und dem *Mbam*-Fluß führt. Von der Brücke hat man einen schönen Ausblick. Hier kehrt man um und nimmt die erste Waldpiste nach rechts in Richtung *Monatélé*. Sie sind wieder am Sanaga, hier jedoch mit **schönen Sandbänken**.

Die Piste nach *Saa*, die von der Hauptstrecke *Yaoundé–Bafia* abzweigt, führt zum **Mont Loua** (2000 m), der schöne Wandermöglichkeiten bietet.

★ *Akono*
Für Liebhaber von alten **Kolonialbauten** bietet sich ein (Tages-) Ausflug nach *Akono* (60 km Piste) an.

Von Yaoundé aus in Richtung Douala auswärts, dann links auf die Piste nach *Ngoumou* abzweigen. Geradeaus weiter führt der Weg, gesäumt von Kakaoplantagen, nach Akono. In diesem kleinen Dorf steht mitten im Busch die große **Kathedrale** „*Notre Dame des Sept Douleurs*", die Sie auch von

innen besichtigen können. Entweder nehmen Sie von hier aus den gleichen Weg zurück oder fahren die Route über *Mbalmayo*. Auf letzterer Strecke kommen Sie vorbei an der *Grotte d'Akok* (Pygmäen-Grotte). Hier sehen Sie zwar keine Grotte, dafür aber einen riesigen Felsen, der auf einer Stütze zu stehen scheint. Die Anwohner feiern hier unter dem Stein ihre Gottesdienste. Von Mbalmayo aus geht es auf guter Teerstraße zurück nach Yaoundé.

---

Von **Yaoundé** gibt es gute Straßenverbindungen in alle Richtungen:

## Yaoundé – Douala

➡ 179 km Teerstraße
Eine gut ausgebaute, fast autobahnähnliche Strecke führt über Edéa nach *Douala*. Es herrscht viel Verkehr und man fährt häufig mit überhöhter Geschwindigkeit (stark unfallgefährdet). Etwa **80 km** hinter Yaoundé führt eine gute Piste nach **Eséka**, dort findet ein sehenswerter Sonntagsmarkt statt. In der Umgebung von Eséka (am Bahnhof Piste nach links), erreichen Sie nach 6 km die Fabrik *SOCAPALM*, die besichtigt werden kann.

Die Hauptstraße von Yaoundé nach Douala führt durch dichten, tropischen Regenwald mit üppiger Vegetation, Palmen und vielen kleinen Siedlungen der Volksgruppen *Eton Bassa*, *Basso*, *Mabéa*. Auf etwa halbem Weg liegt Sombo, eine kleine Ansammlung von Einkaufsständen und kleinen Garküchen. Hier halten die Überlandbusse an zu ihrer Mittagsrast. Auf der weiteren Strecke bis Edéa keine Tankstelle.

## Yaoundé – Bangangté

➡ 258 km Teerstraße

Die **Straße in den Westen** ist durchgehend geteert und führt über *Bafia* und *Bangangté* (s. Seite 341) nach *Bafoussam* (s. Seite 343).

Nach Yaoundé führt die Straße durch hügeliges Waldland durch die Ortschaften **Olembe** und **Olembe II** bis nach ca. 33 km eine Seitenstraße nach **Obala** abzweigt. Hier geradeaus weiter entlang einiger Siedlungen. Der Wald wird nun lichter und Palmen, blühende Flamboyants und kleines Buschwerk wachsen entlang der Straßen.

Ca. **73 km** hinter Yaoundé führt eine **Brücke über** den **Sanaga** und es geht weiter durch leicht hügeliges Buschland und nur wenige Ortschaften, ab und zu wird Obst entlang der Straßen verkauft, Kinder fahren auf lustigen selbstgebauten Holzrollern auf der Straße (siehe Farbteil). 28 km nach der Sanagabrücke ist **Ombessa**, ein größeres Straßendorf erreicht. Danach wird die Gegend wieder etwas waldiger.

**127 km** nach Yaoundé erreicht man den großen Straßenort **Bafia**. Hier gibt es eine **Tankstelle** und Lebensmittel; (die nächste Tankstelle ist erst wieder in *Makanene*).

Nach Bafia wird die Landschaft hügeliger und große dunkle Steinbuckel ragen aus dem Grasland. Nach weiteren 70 km ist **Makanene** (Mittwoch Markt) erreicht.

Entlang der weiteren Strecke wachsen viele Büsche, Baobabs, Palmen und Bananensträucher, dazwischen liegen vereinzelt Felder, und von der konstant bergauf führenden Strecke

hat man schöne Ausblicke auf das Bergland. Unterwegs gibt es alle Varianten von Buschfleisch, sei es Affe oder Bisamratte zu kaufen.

Bei **km 224** ist **Tonga**, ein kleiner, hübsch zwischen Palmen, Akazien und schattigen Alleebäumen gelegener Ort erreicht, in dem noch zahlreiche Ziegelbauten und eine Art Jugendstilvilla auf die Kolonialzeit verweisen.

Weiter durch bergiges Grasland bis Bagangté, das nach ca. 258 km erreicht ist (Ortsbeschreibung und weitere Strecke siehe S. 341ff.)

## Yaoundé – Bertoua

➡ 348 bzw. 350 km, Piste bzw. Teer

Bisher gibt es **kaum Teerstraßen in den Osten** Kameruns. Zum einen, weil dort der äquatoriale Regenwald den größten Teil der Fläche beherrscht, zum anderen, weil das Gebiet vergleichsweise spärlich bevölkert ist (und wohl auch keine großen Wirtschaftsressourcen bietet, sieht man von der möglichen Holzausbeute einmal ab). Auch in touristischer Hinsicht ist nicht viel geboten, es sei denn für Leute mit viel Abenteuergeist und gutem Geländewagen, die hier abseits der großen Routen noch tiefstes Afrika entdecken und erleben wollen.

Mit **öffentlichen Verkehrsmitteln** ist hier nur ein Weiterkommen von einem größeren Ort zum nächsten möglich, (z. B. *Obala, Nanga Eboka, Bertoua* oder auf der südlichen Route nach *Ayos* und *Abong Mbang,* nur dort sind einfache Übernachtungsmöglichkeiten geboten. Die Eisenbahn nach *Ngaoundéré* fährt über *Nanga Eboko* und *Bélabo* (von beiden Orten ist ein Weiterkommen nach *Bertoua* mit einem Sammeltaxi möglich). Entlang der Routen gibt es in den Orten kaum Versorgungsmöglichkeiten und auch **kein Nachtquartier** (außer Sie fragen beim jeweiligen Dorfchef nach einer Schlafstätte, dann muß man sich allerdings auf ein sehr einfaches Nachtlager, ohne jegliche sanitäre Einrichtungen einstellen und ist auf die Gastfreundschaft der jeweiligen Bewohner angewiesen, die selbst häufig nicht das nötigste zum Leben haben).

Als **Grundregeln** für **Selbstfahrer** in diesem Gebiet sind zu beachten:

♦ **volltanken**, wo immer möglich;
♦ zusätzlich **Reservekanister** mitnehmen;
♦ genügend **Trinkwasser** für lange Überlandfahrten bei sich führen.

Erfragen Sie von Ort zu Ort den aktuellen Pistenzustand und rechnen Sie mit einer maximalen **Fahrleistung von 30 km in der Stunde**. Die Strecke nach Bertoua, vor allem über *Abong Mbang* wird sehr stark von Holztransportern befahren, so daß diese durch ihre Grösse sowohl in der Gegenrichtung als auch beim Überholen sehr hinderlich sind. Von einer Tour in den Osten während der Regenzeit wird dringend abgeraten, da die Pisten dann kaum oder gar nicht befahrbar sind.

Verläßt man Yaoundé auf der Teerstraße Richtung *Bafia*, zweigt bei km 31 rechts die Piste nach *Obala* ab. Nach weiteren 31 km bietet sich in *Batchenga* der Besuch der *Nachtigal-Fälle* an (s. o.). Geradeaus geht es auf der Hauptpiste, dem Flußlauf des *Sanaga* und der Eisenbahnstrecke folgend, nach **Nanga Eboko** (**169 km**), hier gibt es ein kleines Hotel, einen Bahnhof (der *Transcamerounais* hält hier) und einfache Versorgungsmöglichkeiten sowie ein kleines Kunsthandwerkszentrum.

Von hier trennen Sie noch 179 km (Asphaltstraße über *Minta* im Bau) von **Bertoua**, der einzigen größeren Stadt im Osten.

### Alternativroute

Eine Alternativroute führt über eine Asphaltstraße nach **Ayos**, weiter auf breiter, guter, kurvenreicher Piste nach **Abong Mbang** (ebenfalls einfache Versorgungsmöglichkeiten, s.a. S. 417) und **Bertoua** (in Abong Mbang sollte man aufpassen und sich nicht von der allgemeinen Straßenführung der Hauptstraße beirren lassen: diese führt nämlich nach **Lomié**).

## Bertoua

Die Hauptstadt der Provinz *Est* (Ostkamerun) mit ca. **30 000 Einwohner**n ist das einzige wichtige **Wirtschaftszentrum der Region**. Aufgrund fehlender Städte in der weiteren Umgebung ist Bertoua auch zum Verwaltungszentrum des Bezirks *Lom-et-Djérem* und zu einem Handelsmittelpunkt geworden. Die Stadt liegt in der Übergangszone zwischen der weiten Savanne im Norden und den dichten Urwäldern im Süden. Die Straßen sind geteert, es gibt eine Radiostation und sogar einen Flughafen, den *Cameroon Airlines* jedoch (infolge geringer Flugastzahlen) derzeit nicht mehr anfliegt.

Im übrigen lebt die Stadt neben der Verwaltung von der **Landwirtschaft mit Tabakanbau**, etwas Forstwirtschaft und vom Handel auf dem Markt, der von den weit verstreuten Walddörfern aus besucht wird. In *Bertoua*, das sich sehr lang erstreckt, gibt es einen künst-

**Zentrum & Osten**

lichen See, eine Missionsstation mit dazugehöriger Kirche am Ortseingang und einige Hotels. Reisende werden hier jedoch nicht länger bleiben, es sei denn, Sie haben geschäftlich zu tun, denn der Ort hat **keinerlei touristische Anziehungspunkte**.

## PRAKTISCHE INFORMATIONEN

 UNTERKUNFT

*Hotels*

**Mansa Hotel**

B.P. 285, Tel. 24 13 33. Das Mansa ist ein mittelmäßiges (wenngleich das beste) Hotel mit Bar und Restaurant und 48 Zimmern mit Klimaanlage für ungefähr CFA 8500.

**Hotel de l'Est**

B.P. 48. Tel. 24 15 18. Im Hotel de l´Est gibt es zwölf nichtklimatisierte Zimmer (ungefähr CFA 7500), ein Restaurant und eine Bar.

Es gibt mehrere **Missionsstationen**, die angenehmste ist die *katholische Mission* (eventuell Unterkunft für CFA 8500/zwei Personen) am Ortsausgang mit freundlichen Zimmern in sympathischer Atmosphäre.

VERKEHRSVERBINDUNGEN

*Sammeltaxi*

Am Sammeltaxi-Bahnhof verkehren Fahrzeuge nach *Yaoundé* (348 km), *Batouri* (90 km) und *Belabo* (83 km, Asphaltstraße) und in die kleineren Orte der Umgebung.

*Eisenbahn*

In Belabo (80 km von Bertoua entfernt) besteht Anschluß an den *Transcamerounais*, die Eisenbahnverbindung zwischen *Douala* und *Ngaoundéré*.

➡ *Belabo – Yaoundé*

Es verkehrt zweimal am Tag ein Zug: einer um 8.10 Uhr (Ankunft 12.50) und einer am Nachmittag (Abfahrt ca. 16 Uhr, Ankunft 20.45 Uhr).

### Straßenverbindung nach Belabo

Die Straße von Bertoua nach Belabo, der Bahnstation am *Transcamerounais* (siehe oben), ist neu geteert und gut befahrbar. Im Ort arbeitet ein großes Sägewerk, das Holz wird mit der Eisenbahn von hier aus abtransportiert. Unterwegs begegnet man vielen Holzlastern, oft mit überhöhter Geschwindigkeit.

SONSTIGES

In Bertoua gibt es außerdem eine **Tankstelle**, eine **Apotheke**, ein **Krankenhaus** (Tel. 24 12 07) und eine **Bank** (Geldwechsel nur bei der *BICIC*-Bank möglich). Die **Lebensmittelversorgung** ist **schwierig!**

Am östlichen Ortsausgang steht ein schikanöser **Kontrollposten**. Die Strecke sollte man wegen der Holztransporter nicht in der Dunkelheit befahren.

## Bertoua – Abong Mbang – Lomié

➡ 241 km, Teerstraße und Piste Hervorragende, neue Asphaltstraße bis *Abong Mbang* (weiter nach *Ayos* in Richtung *Yaoundé*); erhöhte Unfallgefahr wegen der zahlreichen, sehr schnell fahrenden Holzlaster! Die Route führt durch dichten Wald. Übernachtungsplätze sind schwer zu finden.

Nach **57 km** erreicht man das Dorf **Doumé.**

## Doumé

Doumé war der frühere Hauptort der Provinz *Est* und ist Sitz einer wichtigen Missionsstation. Im Dorf gibt es ein kleines **Campement-Hotel** und **Treibstoff.** Selbst hier in dieser abgelegenen Region findet man noch Spuren der Kolonialzeit: es gibt ein von Deutschen erbautes Fort.

Nach **114 km** ist **Abong Mbang** erreicht.

## Abong Mbang

Abong Mbang ist ein großes Dorf mit einem kleinem **Hotel** und **Treibstoff.** Die **Lebensmittelversorgung** ist **schwierig.** Der Ort liegt an der Kreuzung der Strecken nach Yaoundé (westlich) und Lomié (Süden).

Die **katholische Mission** in Abong Mbang kümmert sich um die Betreuung der Pygmäen in den verstreuten Dörfern und der Pater dort erzählt Ihnen gerne etwas von seinem Alltag in dieser isolierten Region. Wie immer ist die Mission nicht verpflichtet, Übernachtungsgäste aufzunehmen.

Von Abong Mbang aus führt eine Piste (nur in der Trockenzeit zu befahren) Richtung Südosten nach Lomié (km 241 ab Bertoua). Etwa 20 km hinter Abong Mbang liegt **Ntimbé**, eines der Dörfer, in denen Pygmäen von der Regierung seßhaft gemacht werden. Hinter den viereckigen Häusern der Bantu verstecken sich die traditionellen Pygmäen-Hütten aus Astwerk und Zweigen. Die Weiterfahrt auf der Urwaldpiste ist gesäumt von einigen weiteren Pygmäen-Siedlungen.

Eine kleine Anmerkung zum **„Pygmäen-Tourismus":** Der Besuch dieser Dörfer ist im Hinblick auf einen sozialverträglichen Tourismus einigen Bedenken unterworfen. Wer darauf nicht verzichten will, sollte mit sehr viel Respekt und Feingefühl auf die Menschen zugehen. Es empfiehlt sich, einen Führer mitzunehmen, schon allein wegen der Verständigung und als Vermittler. Vor Betreten des Dorfes den Dorfchef begrüßen. Als Gastgeschenk eignet sich keinesfalls Geld, hingegen wird das Mitbringen von Naturalien (Salz, Zündhölzer etc., keine T-Shirts!) gerne gesehen, erkundigen Sie sich beim Führer. Persönlich bin ich der Ansicht, daß man von Fotografieren in den Dörfern Abstand nehmen und dafür durch Fragen und Gespräche etwas über die Traditionen und das Leben dieses sehr interessanten Volkes in Erfahrung bringen sollte (siehe auch Seite 194).

Nach insgesamt **241 km** ist der Ort **Lomié** am Rande des *Dja-et-Lobo Reservats* (s. Kastentext) erreicht.

### Weitere Informationen:

◆ *UNESCO*
7, Place de Fontenoy
75352 Oarus 07-SP
Tel. (1) 45 68 10 00
◆ *Commission Nationale du Cameroun pour l'UNESCO*
B.P. 1600
Yaoundé
◆ *Ecole pour la Formation de Spécialistes de la Faune*
B.P. 271, Garoua
◆ *Parc National du Dja*
c/o Sécretariat d'Etat au Tourisme
Yaoundé

**Zentrum & Osten**

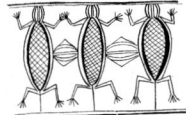

## Natur- und Tierreservat Dja-et-Lobo

*Das größte Primärwaldgebiet Kameruns, Dja-et-Lobo, erstreckt sich westlich von Lomié und ist für den Tourismus noch vollkommen unerschlossen. Bereits seit 1950 als Naturreservat geschützt, steht das Gebiet heute in der Welterbe-Liste der UNESCO und wurde als Nationalpark vorgeschlagen.*

*Seine Fläche von rund 526 000 ha wird fast vollständig vom Dja-Fluß umschlossen, der entlang seiner Nordgrenze nach Westen fließt, dann nach Süden und Südosten, um dann später in den Kongo zu münden. Der Flußlauf des Dja wird immer wieder unterbrochen von Stromschnellen und Wasserfällen. Die Landschaft des Reservats ist flach (Höhe 400 bis 800 m) mit einigen wenigen Hügeln und wird von dichtem Kongo-Regenwald bedeckt. Dieser immergrüne, tropische Regenwald ist vermutlich noch weitgehend unberührter Primärwald. Der größte Teil seines Baldachins liegt in 30 bis 40 m Höhe, überragt von bis zu 60 m hohen Baumriesen. Die Artenvielfalt seiner Vegetation ist sehr groß, nur in der Umgebung der im Wald liegenden kleinen Dörfer breitet sich Sekundärwald aus bzw. Kaffee- und Kakaoplantagen.*

*Obwohl das Reservat Dja-et-Lobo noch wenig erforscht wurde, ist bekannt, daß hier viele Arten von Primaten leben, darunter Flachland-Gorillas, Mandrill-Affen, schwarz-weiße Colobus-Affen und Schimpansen. Auch Waldelefanten, Sitatunga-Antilopen, Leoparden, Warzenschweine, Riesenwaldschweine und Büffel finden in diesem Regenwaldgebiet ihren Lebensraum. Zu den hier vorkommenden Reptilien zählen Python-Schlangen, Echsen und zwei verschiedene Arten von Krokodilen.*

*Innerhalb des Reservates leben einige wenige Pygmäen in ihren kleinen, verstreuten Camps. Sie können hier auf traditionelle Art jagen, obwohl sonst die Jagd im Schutzgebiet verboten ist.*

*Bisher gibt es im Dja-et-Lobo keinerlei touristische Infrastruktur wie Camps oder Wege, jedoch liegen hierzu bereits Vorschläge vor. Bei deren Verwirklichung sollen die Bewohner der angrenzenden Dörfer einbezogen werden, wie es bereits im Korup-Nationalpark geschieht.*

*Ziel der UNESCO ist es, die Natur und Dörfer (Pygmäen) zu schützen sowie den Bau von Trails, Brücken und kleinen Touristencamps zu fördern.*

*Zwar wurde bereits 1986 von der Ecole de Faune in Garoua ein Plan für den künftigen Nationalpark erstellt, jedoch fehlt es an den nötigen Mitteln zur Umsetzung. Es sind nur einige wenige Ranger-Posten an den Park-Grenzen vorhanden und die Wilderei kann nicht ausreichend kontrolliert werden. Besonders gefährdet sind hiervon die Waldelefanten.*

*Bleibt zu hoffen, daß der Dja-et-Lobo – als eines der letzten unberührten Regenwaldgebiete mit einer einzigartigen, absolut schützenswerten Tierwelt – schon bald den Status eines Nationalparks erhält.*

## Bertoua – Batouri – Berbérati (ZAR)

➠ 303 km Piste
Recht gute Piste, durchschnittlich 30 km Fahrgeschwindigkeit.

Fährt man von *Bertoua* aus weiter in **Richtung Osten**, erreicht man nach 90 km die kleine Stadt

### Batouri

Batouri beherbergt ca. 10 000 Einwohner. In der Umgebung sind viele Tabakplantagen. Anziehungspunkt in dieser verlassenen Gegend sind die **Goldgräber** sechs Kilometer außerhalb des Ortes in Richtung Grenze. Hier schürfen einige Arbeiter unter teils gefährlichen Bedingungen nach dem wertvollen Metall. Sie leben in einem kleinen Baracken-Dorf gleich nebenan. *Haussa*-Händler verkaufen das Gold dann auf dem Markt in Yaoundé oder gleich vor Ort.

Vorsicht, die Polizeikontrolle am Ortsausgang erwartet einen Obulus, ist jedoch nicht prinzipiell unfreundlich.

### Versorgung
Im Ort gibt es neben **Lebensmitteln** auch **Treibstoff**, eine **Werkstätte** und **eine Post**.

### Unterkunft
Übernachten kann man in mehreren **kleinen Hotels** oder in der Missionsstation. Die **Auberge de Luxe** des *Club des Planteurs de Tabac* ist einfach, hat aber ordentliche Zimmer (pro Person ungefähr 5500 CFA)

Unterwegs gibt es meist nur noch Buschfleisch (in diesem Fall ein Alligator) zu kaufen

Zentrum & Osten

Weiterfahrt auf schlechter Piste Richtung Grenze ZAR durch das Dorf

## Kenzou

Im Ort gibt es Lebensmittel, Treibstoff und ein Resthouse. Hier müssen Sie die Formalitäten zur Ausreise in die Zentralafrikanische Republik (problemlos) erledigen. Am Sonntag ist die Grenze geschlossen! Vor Grenzübertritt lohnt es sich, vollzutanken, da der Treibstoff in der ZAR etwa doppelt so teuer ist.

Ab der Grenze führt eine hervorragende Piste zum Grenzort **Gamboula** (Treibstoff). Hier sind die Einreiseformalitäten zu erledigen. Ein Übernachtungsplatz befindet sich gleich außerhalb des Ortes in Richtung *Berbérati* (auf dem Flugfeld, einsame Graspiste). Weiter nach **Berbérati** existiert eine hervorragende, breite Piste; eine Brücke führt über den *Lom.*

### Yokadouma

Entlang dieser Route, 29 km hinter Batouri links, führt die Piste in Richtung Süden tiefer in den Urwald hinein bis nach Yokadouma und sogar bis an die Grenze zum Kongo, wo Endstation ist. Entlang dieser Route gibt es keine weiteren Grenzübergänge in den Kongo oder die Zentralafrikanische Republik.

Von Batouri oder Bertoua aus führt eine Piste in nördlicher Richtung zum Grenzort **Garoua Boulaï**, dies ist ein weiterer Grenzübergang in die ZAR (s. Seite 503). Die schwierige Savannenpiste weist einige Wellblechpassagen auf, unterwegs viele Steine, Staub und tiefe Löcher. Von dort aus

besteht auch die Möglichkeit weiter nach *Ngaoundéré* zu fahren (S. 430ff.).

## Yaoundé – Ngaoundéré

Wer sich die lange und anstrengende Fahrt von Süden nach Norden (oder umgekehrt) ersparen will, kann von Yaoundé aus viel bequemer **mit der Eisenbahn**, dem *Transcamerounais*, in den Norden reisen (s. Seite 408f.). Der Zug verfügt auch über eine **Autoverladung**. Die teuerste und schnellste Variante, um von Yaoundé aus nach Ngaoundéré oder weiter nördlich zu gelangen, falls man nicht im eigenen Fahrzeug unterwegs ist, bietet das **Flugzeug**.

**Mit dem Fahrzeug** dauert die Fahrt auf teilweise schlechter Piste von Yaoundé mindestes zwei bis drei Tage. Am sinnvollsten erscheint es mir – aus touristischer Sicht – die Strecke über den Westen zu wählen, da, falls der Westen noch nicht von Douala aus besucht wurde, sich nach dem Besuch des Südens und Yaoundés eine Rundreise durch den Westen problemlos einplanen läßt und von dort die Route über den Norden fortgesetzt werden kann.

**Es gibt ab Yaoundé drei Routen:**

### Route I

➡ *Yaoundé – Bafoussam – Foumban – Tibati – Ngaoundéré*
Beschreibung bis Tibati s. Seite 375f.

### Route II

➡ *Obala – Ntui – Yoko – Tibati – Ngaoundéré*
Dies ist die alte deutsche **Karawanenstraße** von **470 km** bis Tibati. Hier gibt es ab Yaoundé zwei Möglichkeiten auf

die Route zu gelangen. Entweder über *Batchenga* – *Ntui* vorbei an den *Chutes de Nachtigal* (s. auch Ausflug Nachtigal-Fälle S. 412), hier muß man mit der **Fähre** den *Sanaga* überqueren. Oder man wählt die weitere Strecke über die **Sanagabrücke** auf der Strecke *Saa* – *Koussé*. Man muß hier kurz vor dem Fluß von der Hauptstrecke *Yaoundé* – *Bafia* nach Saa rechts abbiegen und fährt über die Brücke nach **Ntui.**

Von Ntui geht es durch Sekundärwald und dünn besiedelte Gegend bis **Matsari**, dann wird die Landschaft gebirgiger. Es handelt sich bei der Strecke um eine einspurige Piste, die im Großen und Ganzen in gutem Zustand ist, aber gefährlich bei Gegenverkehr. Vor allem sei gewarnt vor großen Holzlastern, Buschtaxis und Rinderherden, die unvermittelt auftauchen. Ein Ausweichen ist oft kaum möglich, da die Gegend links und rechts dicht bewachsen ist und die Piste wie eine Art Hohlweg durch das hügelige Land führt. Der Verkehr ist aber glücklicherweise gering.

Nach **256 km** ist der kleine Ort **Yoko** erreicht. Es gibt keinen Treibstoff. In Yoko steht ein großes Gefängnis, in dem früher vor allem politische Häftlinge saßen. Wegen des Gefängnisses soll im ganzen Ort nicht fotografiert werden.

Weiter auf mittelmäßiger Gebirgspiste bis **Tibati**. In der etwas trostlosen kleinen Fulbe-Stadt Tibati können Sie im Lebensmittelladen nach *Chambres de Passage* fragen (nur Bett, kein Wasser/WC, ca. CFA 3000). Im Ort gibt es **Lebensmittel, Treibstoff** (nicht gesichert), ein **Krankenhaus** und eine Polizeistation. In der Umgebung kann man den *Mbakaou*-Staudamm besuchen.

**Ab Tibati (Route I u. II) bieten sich vier verschiedene Möglichkeiten:**

### 1. Tibati – Doualayel – Tignère – Ngaoundéré

Dies ist eine **schlechte Strecke**, die kaum mehr benutzt und von der auch abgeraten wird. Es gibt steile Steigungen, zahlreiche kleine Holzbrücken und manchmal riesige Felsen am Pistenrand (zur Regenzeit nicht befahrbar). Es herrscht kaum Verkehr und nur wenige Dörfer sind anzutreffen. In **Tignère** (1130 m) gibt es manchmal Treibstoff (und kl. Campement-Hotel).

### 2. Tibati – Ngaoundal – Meïganga – Ngaoundéré

Das ist die sehr viel **weitere Strecke**, allerdings ist diese bis *Meïdougou* asphaltiert. Es besteht Unfallgefahr wegen Lkws mit überhöhter Geschwindigkeit.

Diese **landschaftlich reizvolle Gebirgsstrecke** schlängelt sich in engen Kurven über das Hochplateau, zwischendurch bieten sich schöne Ausblicke. **59 km** hinter Tibati liegt der **Lac Assom**, ein hübscher Kratersee.

Im Dorf **Ngaoundal** (ca. 100 km hinter Tibati) gibt es neben der Bahnlinie eine Tankstelle. Auf dieser Route kann es schon einmal passieren, daß man einem großen Lastwagen begegnet, auf der einen Seite der Hang, auf der anderen der steile Abgrund. Vorsicht ist besonders bei Regen und Nässe geboten.

Bei **km 279** erreicht man den Ort **Meiganga** auf 1030 m Höhe. Eine **Übernachtung**smöglichkeit bietet sich evtl. im *Womens Center* (auch für Männer) der *Église Lutherienne*. Eine **Campingmöglichkeit** besteht in der Nähe der Polizeistation (vorher fragen). Die

**Zentrum & Osten**

**Bank** wechselt keine Reiseschecks.

Nach rechts zweigt die Piste Richtung *Lokoti* ab (s. u.), nach links weiter auf mittelmäßiger Lateritpiste, teils Wellblech, über zahlreiche Gefällstrecken und Bachdurchquerungen weiter nach Ngaoundéré. Es herrscht wenig Verkehr und es gibt einige wenige Polizeikontrollen.

### 3. Tibati – Doualayel – Martap – Lewa – Ngaoundéré

Hier führt eine **relativ gute**, in der Regenzeit allerdings glitschige und nur mit Vorsicht zu befahrende (sehr gebirgig und unübersichtlich), **Piste** nach Ngaoundéré .

### 4. Tibati – Maribal – Tékel – Lewa – Ngaoundéré

Dies ist die mittlerweile **am häufigsten benutzte Route** die durch hügeliges, dünn besiedeltes Buschland (viele Vögel, wenn man Glück hat sieht man Paviane) nach Norden führt.

Ab Tibati die Straße nach *Meiganga* wählen bis man nach 57 km (von der Kreuzung hinter Tibati in Richtung Meiganga gerechnet) den Ort **Maribal** erreicht. Hier leben viele Fulbe, deren Frauen besonders farbenprächtig gekleidet sind.

Nach weiteren 9 km beim Ort **Fibadi** links nach **Tekel** und Ngaoundéré abbiegen. Man durchquert einige Strohhüttendörfer, die Piste ist über weite Strecken ausgezeichnet, dann gibt es wieder riesige Löcher. Zur Regenzeit sollte nur mit Allradfahrzeugen gefahren werden. Nach 126 km mündet die Piste bei *Lewa* in die Strecke von *Doualyel* nach Ngaoundéré ein.

Danach geht es durch hübsche Steinhügellandschaft, wo man gelegentlich Paviane beobachten kann, und

durch ursprüngliche Dörfer auf meist guter Piste bis nach Ngaoundéré.

### Route III

➠ *Obala – Bertoua – Garoua Boulaï – Meïganga – Ngaoundéré*

Dies dürfte die **mühsamste** der drei **Strecke**n sein, da sie doch über weite Gebiete über schlechte Pisten und einsame Strecken ohne touristische Höhepunkte führt.

---

In der **Regenzeit** sind die beschriebenen Pisten fast nicht befahrbar. Die Treibstoffversorgung unterwegs ist nicht immer gesichert, Werkstätten findet man kaum. Dafür erlebt man jede Menge Natur, die dichte Vegetation bleibt zurück und man nähert sich über das rund 1200 m hohe *Adamaoua-Plateau* dem Sahel.

Es ist zu bedenken, daß es wenige Siedlungen und Verpflegungsmöglichkeiten gibt und so gut wie keine Übernachtungsquartiere gibt.

## Lokoti – Garoua Boulaï

➠ 98 km Piste

Es führt eine Wellblechpiste bis zur Grenze der ZAR, mit spärlichen Asphaltresten nach Überquerung des Flusses *Lom*. In **Lokoti** gibt es keine Versorgungsmöglichkeiten.

Nach **98 km** kommt man in die **Grenzstadt**

### Garoua Boulaï

Die Versorgung mit Lebensmitteln ist hier möglich, die mit Treibstoff nicht immer gesichert. Wer in die ZAR weiterfahren will, sollte dennoch versuchen, hier zu tanken, da der Treibstoff

### Unterwegs im „Transcamerounais"

**Yaoundé 8.4.1991 – 6.50 Uhr**
*Der Transcamerounais nach Ngaoundéré ist zur Abfahrt bereit. In Yaoundé streiken heute die Taxis, weil die Treibstoffpreise gestiegen sind. Ausnahmsweise fährt der Zug pünktlich um 6.50 Uhr ab – er wartet nicht auf die Leute, die es mangels Taxis nicht zu Fuß zum Bahnhof geschafft haben. Fliegende Händler verkaufen am Bahnsteig Beignets, Wasser, gebratenen Fisch und Kekse, um die Reisenden mit einem Frühstück und Verpflegung für die lange Fahrt zu versorgen.*

*Töpfe, Säcke, Kisten und Proviant – alles ist in der Zweiten Klasse verstaut und im Abteil breiten sich exotische Düfte aus. Außer mir haben sich noch zwei weitere Europäer in den Zug gesellt. Die Bahnwaggons haben schon bessere Zeiten erlebt und schaukeln gemächlich hin und her, als sich der Zug in Fahrt setzt. Durch den Streik in der Stadt gibt es heute morgen relativ wenige Passagiere. Mammis beruhigen ihre schreienden Kinder, Fulbe-Hirten behüten ihr weniges Hab und Gut. Auffälligerweise sitzen im Waggon der Ersten Klasse nur Männer im Nadelstreifenanzug mit Krawatte und in ihre Zeitungen vertieft. Einige davon führen eine lautstarke Diskussion über die Politik im Land. Es kriselt derzeit an allen Ecken: Der Präsident hat zwar eingewilligt, das Mehrparteiensystem einzuführen, doch jetzt fordern die Leute eine Nationalkonferenz und Neu-*

Zentrum & Osten

wahlen. Alles eine Frage der Zeit, aber Geduld haben die Kameruner momentan nicht in Sachen Politik. Die Diskussion eskaliert, allgemeines Gelächter und Beifall, man ist sich einig – für einen Augenblick! Gesprächsstoff gibt es genug, nicht nur in der Hauptstadt Yaoundé. Die Diskussionen setzen sich bis in die kleinsten Dörfer fort.

Der Zug fährt inzwischen durch die letzten Randgebiete Yaoundés, dann breitet sich ein herrliches Regenwaldgebiet im ersten Morgenlicht aus. Ein neues Thema erregt die Gemüter: Das Brot am Bahnhof heute morgen war zu teuer, das sollte man nicht akzeptieren! „Jeder soll zu essen haben, dann wäre die Politik in Ordnung!". In Afrika ein essentielles Thema.

Eine halbe Stunde sind wir bereits unterwegs, kein Dorf, kein Haus, nur dichter, herrlich grüner Wald. Dann hält der Zug das erste Mal an. Mitten auf einer Waldlichtung steht ein kleines Wartehäuschen mit Wellblech gedeckt. Einige wenige Fahrgäste, ihre Waren auf dem Kopf balancierend, steigen zu. Nur langsam setzt sich der Zug wieder in Bewegung, er hat Zeit, denn Fahrpläne – das wissen auch die Passagiere – haben eher symbolischen Charakter. Nach einer weiteren Stunde ist Obala erreicht. Stapelweise Bierkisten und ein häßliches, modernes Betongebäude. Einer der Mitreisenden klärt mich auf, daß wir im Ramassage sitzen, dem „Sammelzug", der auch im kleinsten Dörfchen noch hält. In Yaoundé hatte man mir vor Abfahrt schon geraten, den schnelleren Nachtzug zu nehmen, aber schließlich will ich ja was sehen vom Land und außerdem habe ich keine Eile. So wie die kleinen Kinder, die in den Armen ihrer Mütter bereits in tiefen Schlaf gesunken sind und sich nicht stören lassen vom lautstarken Angebot der Marktfrauen an jedem kleinen Bahnhof. In Batchenga gibt es hauptsächlich Avocados. Der Wald hat inzwischen Platz gemacht für zahlreiche Plantagen entlang der Schienen. Die Händler am Bahnsteig bieten Bâton de Manioc an, ihren in Blätter gekochten Maniokteig, eine Spezialität in den südlichen Regionen Kameruns.

Ab Ndjoré beginnt bereits die Strauchsavanne, der Wald zieht sich zurück. In Mbandjok dann die Fabrik SOSUCAM. Hier wird Zuckerrohr gepflanzt, das am Bahnhof auf die Waggons verladen wird. Leben kommt auf am Bahnhof, als der Zug gemächlich einfährt. Verkäuferinnen tragen ihre Schalen mit gekochtem Mais auf dem Kopf. Mein auskunftsbereiter Zugnachbar weiht mich ein in die Spezialitäten der kamerunischen Küche. Affenfleisch riecht zwar nicht besonders gut, ist aber sehr schmackhaft. Er persönlich zieht jedoch das Stachelschwein vor!

Entlang der Bahnstrecke nun Zuckerrohrfelder, die Umgebung ist nicht besonders aufregend. Unter die Fahrgäste haben sich nun viele Händler gemischt, die ihre Waren unterwegs in den Dörfern günstig kaufen, um sie dann in der Stadt auf dem Markt mit Profit weiter zu veräußern. Aber schon im Zug herrscht reges Feilschen um die frische Ware. Und wer kein Ticket hat, weil er es sich nicht leisten kann, und das Glück hat, einen netten

*Schaffner zu treffen, der darf halt weiterfahren. Armut wird hier nicht bestraft.*

*Wir sind im Bezirk des Haute Sanaga und auf der linken Seite zeigt sich ab und zu das breite Flußbett des mächtigen Sanaga. Einige Zeit folgt der Zug seinem Flußlauf, bis der Wald die Sicht wieder versperrt.*

*Für die Bewohner der zentralen Landesteile bildet die Bahn eine sehr wichtige Transportmöglichkeit. Da die Straßenverbindungen über das Adamaoua-Plateau fehlen, müssen sich die Buschtaxis über schlechte, kurvenreiche Pisten von Obala nach Tibati mühen oder gar den Umweg über Bertoua und Meïganga nach Norden nehmen, was gut und gerne mehrere Tage in Anspruch nimmt. So ist der Zug noch immer die schnellste und bequemste Verbindung zwischen Süd und Nord.*

### Nanga-Eboko, 11.10 Uhr

*Wir laden wieder ein paar Bierkisten zu, sehr wichtig hier im Land der großen Brauereien. Händlerinnen bieten Melonen und andere frische Feldfrüchte an. Unterdessen ist es sehr heiß geworden, die Temperaturen steigen, je weiter wir nach Norden kommen. Und auch die Landschaft steigt jetzt stetig an hinauf auf das rund 1200 m hohe Adamaoua-Plateau. Die alte Lok kämpft sich nun stundenlang mühsam bergan.*

### Ka'a, 12 Uhr

*– ein kleines Holzgebäude am Schienenrand. Chef de Gare, Sécurité und Télécommunication steht in Kreide über den Türen geschrieben. Der Zug steht noch kaum, als schon Plantains, die grünen Kochbananen, und gebratenes Affenfleisch, in Blätter gewickelt, durch die Fenster hereingereicht werden. Nur wer schnell ist, kann etwas verdienen. Die Fahrgäste holen sich hier ihren Mittagsimbiß und verzehren die Leckerbissen genüßlich im Zug. Das Abteil der Zweiten Klasse ist voller geworden.*

*Zum ersten Mal treffen wir auf einen Gegenzug, vollbeladen mit Rindern. Das Adamaoua-Hochland ist als gutes Weideland zur Aufzucht von Rindern bekannt.*

*Hinter Ka'a nähern wir uns wieder dem Fluß. Überflutete Schienen sind hier in der Regenzeit keine Seltenheit. Der riesige, breite Sanaga, dessen Ufer von herrlichen Galeriewäldern gesäumt sind, begleitet uns für eine Weile. Es ist Mittagszeit, die größte Hitze, sehr schwül! Die meisten Passagiere machen ein Nickerchen.*

### Ouassa Bamvélé, 12.30 Uhr

*Erst kurz vor diesem Bahnhof das erste Mal ein Dorf am Wegrand. Wie Ruben, mein ständiger Begleiter und Zugnachbar, erzählt, leben hier hauptsächlich Kleinbauern und Jäger, die ihre Dörfer im Busch haben. Ouassa, ein bunter, fröhlicher Bahnhof mit kleinem Holzhaus und schrei-*

*enden Händlern: „Bâton, bâton, plantain, plantain". Es herrscht eine leb-
hafte und sehr schöne Atmosphäre. Der Schaffner pfeift, der Zug tutet, die
Händler wickeln noch schnell ihre Geschäfte ab, und ihre Kunden springen
auf den abfahrenden Zug. In letzter Minute werden die Groschen oft
schnell noch aus dem Fenster gereicht und trödelnde Fahrgäste manchmal regelrecht auf dem Bahnsteig eingesammelt, um die Abfahrt nicht
weiter zu verzögern. Wenn allerdings das Geld den Adressaten nicht
rechtzeitig vor Abfahrt erreicht, dann läuft die Marktfrau schimpfend hinter
dem Zug her, zum allgemeinen Gelächter der Reisenden.*

*Es ist mittags und wir sind erst eine Stunde hinter dem Fahrplan, also
wirklich planmäßig! Am Ende des Zuges hängt nun ein Lastenwaggon für
die Waren der Händler, die dafür eine kleine Gebühr bezahlen (oder auch
nicht) – das Gewicht wird einfach geschätzt.*

*Die Landschaft ändert sich erneut. Nun wird die Gegend trockener, der
Wald, durchsetzt von Ölpalmen und Buschland, lichtet sich allmählich.
Kurz vor Bélabo erreichen wir die Provinz Est, eine der am dünnsten
besiedelten Gegenden des Landes.*

### 15.15 Uhr Bélabo
*– endlich ist der Ort erreicht, knapp zwei Stunden zu spät. Die Neuigkeit:
Irgendwo im Busch vor uns sind die Schienen kaputt, der Gegenzug aus
Ngaoundéré steht auf der Strecke, wartet bis die Arbeiten beendet sind,
fährt gemütlich nach Bélabo, weil es ja hier nur eine Spur gibt! Und erst
dann – vielleicht noch heute – können wir wieder weiterziehen. Schon die
letzten 100 km vor Bélabo waren die Gleise vollkommen deformiert und
bei einer maximalen Geschwindigkeit von 50 km/h hopste man ständig auf
und ab!*

*Die Hitze im Zug wird langsam unerträglich und einige Fahrgäste hei-
tern mich optimistisch auf, die Fahrt würde bald weiter gehen. Wie überall
im ländlichen Afrika verhalten sich die Frauen hier sehr zurückhaltend
gegenüber einer europäischen Frau. Erst über ein Gespräch mit ihren
Kindern löst sich die anfängliche Scheu.*

*Der Durst der Passagiere ist groß während der Wartezeit im heißen
Hochland und Kinder machen ein gutes Geschäft mit dem Wasser, das sie
in einem Eimer auf dem Kopf balancieren, um es dann in Schüsseln zu
servieren. Dazu gibt es Eier, Fleisch, Bâton de Manioc.*

*17 Uhr, noch immer in Bélabo. Endlich kann es weitergehen. Der Zug ist
startklar, nur der Zugführer unauffindbar – na, wenn es nur das ist! Er hat
die Zeit genutzt, um ein paar Freunde zu besuchen.*

*Ab jetzt wird die Bahn zum Maniok-Express, schon auf freier Strecke
wird angehalten und der Waggon wird mit Maniokknollen vollgeladen.
Draußen leuchten Wald und Buschland schön im Abendlicht, es wird
allmählich kühler.*

Der Transcamerounais ist eigentlich ein „Buschtaxi auf Schienen", aber gerade das ist so schön an einer Zugfahrt durch Afrika. Die Fahrgäste vertreiben sich die Zeit mit angeregten Gesprächen, oft über die ganze Länge des Waggons hinweg, und Themen gibt es genug. Die Wagen der Ersten Klasse, in denen es sich nur wenige Passagiere bequem machen, haben recht komfortable, verstellbare Sitze mit Kunststoffbezügen – zwei links, zwei rechts. Auf den Bänken der Zweiten Klasse herrscht dagegen ein dichtes Gedränge. Hab und Gut einschließlich Kinder werden auf den Schoß gepackt, denn schließlich gibt es Platz genug für alle!

Zwischen Bélabo und Goyoum halten wir an schönen verschlafenen Dörfern aus Lehmhütten mitten im Busch, die von der letzten Abendsonne angestrahlt werden. Ich möchte es nicht missen, dieses Erlebnis hier im schaukelnden Bummelzug!

Bei uns im Abteil sitzt ein Polizist. Der Schaffner hat ihm soeben einen „Schwarzfahrer" präsentiert, ohne Ticket, ohne Ausweis. Ein längeres Palaver kündigt sich an, doch am Ende einigt man sich gütlich. Draußen zieht immer noch schönes Wald- und Buschland vorbei, es wird langsam Abend.

Eine sehr gepflegte, aufgeschlossene Dame im Abteil spricht mich an. Sie ist auf dem Weg zu einer politischen Versammlung in Garoua und ihr

Zentrum & Osten

*Auftreten macht mir klar, daß es einigen Frauen hier in Kamerun an Emanzipation nicht mangelt.*

*Draußen erregt ein Fußballplatz in Mbaki II, direkt an den Schienen, unsere Aufmerksamkeit. Roger Milla hätte seine Freude an den kleinen Jungs, die sich hier um den Ball rangeln. Fußball ist der Nationalsport Nummer Eins in Kamerun.*

*Um 18 Uhr geht die Sonne hinter mächtigen Bäumen am Sanaga-Fluß unter, welch' schöne Stimmung! Die Schienen folgen auf weiter Strecke dem Fluß, um dann in das Pangar Djérem Reservat einzudringen.*

**18 Uhr – Goyoum.**
*Einer der neueren Bahnhöfe auf der Strecke, wenn auch scheinbar irgendwo im Busch gelegen. Palmwein, das beliebte Getränk, und frischer Fisch aus dem Sanaga werden angepriesen. Der Speisezettel ist sehr abwechslungsreich auf dieser Fahrt durch die unterschiedlichen Regionen. Hinter Goyoum sind die Gleise defekt, wieder einmal! Erneut heißt es warten – das kennen wir nun ja schon – bis die Reparaturen erledigt sind. Da die gesamte Bahnstrecke von Yaoundé nach Norden nur einspurig ist, wird erst noch der Gegenzug vorbeigelassen. Es ist bereits dunkel und nach ca. zwei Stunden – die Passagiere schliefen auf dem Bahnsteig oder beteten auf ihren Teppichen – zuckeln wir weiter. Nächste Station ist „La Tête d'Eléphant" mitten im Pangar-Djérem-Reservat.*

*Zur Abwechslung ist die gesamte Lichtanlage im Zug defekt und wir behelfen uns mit Taschenlampen. Es regnet die ganze Nacht und ist unheimlich kalt – ich schlafe von Bahnhof zu Bahnhof (oder versuche es zumindest). Denn auch nachts wird lebhaft be- und entladen. An einem der Bahnhöfe kommt uns ein weiterer Zug aus Norden entgegen, etwas neidisch blicken wir auf seine hell erleuchteten Abteile. Es scheint sehr viel Verkehr zu sein auf dieser Strecke und die Züge können jeweils nur an den Bahnstationen aneinander vorbeifahren. Es ist also nicht verwunderlich, daß der Fahrplan sehr großzügig gehandhabt werden muß.*

*Endlich dann um 4 Uhr früh Ngaoundéré, nach immerhin 21 Stunden!*

*Vorgesehene Ankunft: 22 Uhr – also nur sechs Stunden Verspätung, beruhigt man mich. Nichts Ungewöhnliches, so scheint es, das ist eben l'heure africaine!*

*Die verbleibende Nacht verbringe ich im Bahnhofsgebäude und warte auf die Dämmerung, so wie es alle Passagiere hier machen. Dann bringt mich ein Taxi zum Hotel. Eine unvergeßliche, ereignisreiche Fahrt liegt hinter mir – und ich habe ja genug Zeit...*

im Nachbarland wesentlich teurer ist. Die Bank wechselt keine Reiseschecks.

Die **Grenzformalitäten** zur Ausreise beziehungweise Einreise in die ZAR sind relativ **unproblematisch und schnell.** Achten Sie darauf, daß die Polizei Dauer und Gültigkeit des Visums korrekt beachtet (und nicht das Ausstellungsdatum des Visums mit dem Einreisedatum verwechselt).

## *Das Adamaoua-Plateau*

In der Mitte des Landes, zwischen der Grenze zu Nigeria im Westen und dem Tschad bzw. der ZAR im Osten, erstreckt sich das Adamaoua-Hochland, im Westen davon die kamerunische Gebirgskette. Die Landschaft ist hügelig und vulkanisch geprägt, mit Kraterseen und vielen Flüssen. Hier sind *Fulbe* und *Haussa* zuhause. Viele von ihnen haben Zebuherden, die – gehütet von Nomadenfamilien – durch die Savanne streifen. Entlang der Flußläufe bieten die immergrünen Galeriewälder ein schönes Bild. Dank vieler Wasserreserven und des guten Weidelandes eignet sich dieses Hochland besonders zur Viehzucht. Selbst in der Trockenzeit, wenn der staubige Harmattan über die versengte Savanne bläst, finden die Rinderherden hier noch genug Wasserstellen und Gräser auf den Weiden. Das Adamaoua-Hochland endet nördlich der Stadt *Ngaoundéré* an einer Steilkante, von dort aus hat man einen Blick in die weite Bénoué-Ebene. Das Höhenklima auf dem Adamaoua-Plateau ist angenehmer und milder als im Norden, nachts wird es sogar frisch. Durch das dünn besiedelte Hochland führen kaum Pisten.

*Manch ein Fahrzeug bleibt in Richtung Ngaoundéré auf der Strecke*

Zentrum & Osten

## Ngaoundéré

Ngaoundéré ist die Hauptstadt der Provinz *Adamaoua* und gleichzeitig Hauptort des Départements *Vina*. Durch die Lage auf 1200 m Höhe am Rande des Adamaoua-Plateaus herrscht ein **angenehmes Klima.** Ngaoundéré verfügt über eine **gute Infrastruktur.**

Die Stadt ist Endpunkt der *Transcamerounais*-Eisenbahn, die der Bevölkerung nicht nur als (nahezu) einzige Verkehrsverbindung im Süden dient, sondern auch als Transportstrecke von Handelsgütern eine große wirtschaftliche Rolle spielt und damit das Wachstum der Stadt in den letzten Jahren beeinflußte.

Schon gleich nach Ankunft wird man die sehr **angenehme Atmosphäre** der Stadt mit ihren freundlichen Bewohnern spüren. Wer aus dem Süden kommt, wird hier eine ganz neue Seite Kameruns kennenlernen, die des islamischen Nordens. Es lohnt sich also, hier einige Tage Aufenthalt einzulegen.

## Geschichte

Die Geschichte der Stadt reicht weit zurück. Bis zur Eroberung durch die islamischen *Fulbe*-Reiter war Ngaoundéré ein Dorf der naturgläubigen *Mboum* (auch heute leben noch Angehörige dieser Ethnie hier). Die Einwanderer aus dem Norden unter dem *Lamido Ardo Njobdi* setzten die ansässigen Oberhäupter ab und gründeten 1835 in Ngaoundéré ein *Lamidat*, dessen Palast sich heute gegenüber der großen Moschee befindet.

Auch die **deutsche Kolonialzeit** hat hier Geschichte gemacht. 1915 vollzog sich in der Umgebung von Ngaoundéré das Schicksal der Kolonie.

Nachdem die Franzosen und Engländer bereits beim Ausbruch des ersten Weltkrieges von Nigeria und Tschad aus nach Kamerun vorgedrungen waren, mußten die Deutschen hier nach Ende des Krieges trotz heftigen Widerstands gegen die Alliierten aufgeben. Doch daran denkt heute kaum noch jemand.

## Sehenswürdigkeiten
### ★ *Der Lamido-Palast*

Ngaoundéré breitet sich um den großen, von hohen Lehmmauern umgebenen *Lamido-Palast* herum aus. Gegen eine Gebühr von CFA 2000 (inkl. Führung) kann der Palastbezirk auch von innen besichtigt werden. Im Eingangsbereich dieser schönen Lehmarchitektur spendet ein weit herabgezogenes, 15 Meter hohes Strohdach, das von Pfeilern gestützt wird, Schatten vor der Mittagshitze. Der Innenhof ist umgeben von Rundhütten aus *Banco* (Lehm-Stroh-Gemisch; siehe Foto S.138) mit spitzigen Dächern. Der Palastbereich ist umgeben von einer sechs Meter hohen Lehmmauer. Am Freitag, dem islamischen Feiertag, gegen Mittag, zieht der *Lamido* aus seinem Palast in die Moschee *(Sortie de la mosquée)*, begleitet von seinem Gefolge. Heute ist dieses Schauspiel nicht mehr so farbenprächtig wie früher, doch an hohen muslimischen Feiertagen, wie dem Ende des Ramadan, erlebt man in Ngaoundéré ein wirklich außergewöhnliches Schauspiel. Dann ziehen die Reiter, seit alters her angeführt von ihrem Lamido, im Festgewand mit ihren wunderschön geschmückten Pferden durch die Stadt und feiern das Fest der *Fantasia*, ein traditionelles Reiterspiel. Dazu spielen sie mit Trommeln und Trompeten.

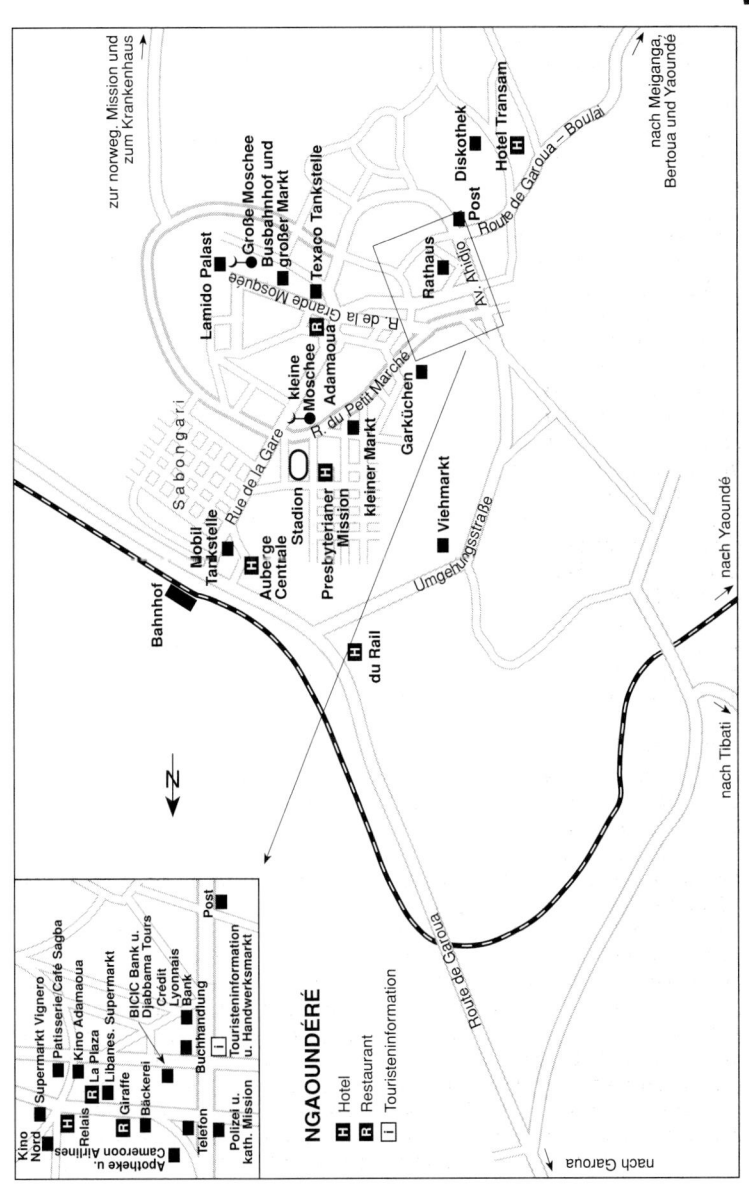

zur norweg. Mission und zum Krankenhaus

Lamido Palast

Große Moschee

Busbahnhof und großer Markt

Texaco Tankstelle

R. de la Grande Mosquée

kleine Moschee

Adamaoua

R. du Petit Marché

Garküchen

kleiner Markt

Presbyterianer Mission

Stadion

Auberge Centrale

Mobil Tankstelle

Bahnhof

Rue de la Gare

Sabongari

Diskothek

Hotel Transam

Post

Rathaus

Av. Ahidjo

Route de Garoua – Boulaï

nach Meiganga, Bertoua und Yaoundé

Viehmarkt

Umgehungsstraße

du Rail

nach Yaoundé

nach Tibati

Route de Garoua

nach Garoua

**NGAOUNDÉRÉ**

Supermarkt Vignero

Patisserie/Café Sagba

Kino Adamaoua

La Plaza

Relais

Libanes. Supermarkt

BICIC Bank u. Djabbama Tours

Crédit Lyonnais Bank

Buchhandlung

Bäckerei

Girafe

Cameroon Airlines

Apotheke u. kath. Mission

Kino Nord

Telefon

Polizei u. kath. Mission

Touristeninformation u. Handwerksmarkt

Post

**H** Hotel

**R** Restaurant

**1** Touristeninformation

Zentrum & Osten

Gegenüber vom alten Palast liegt im Kontrast dazu das moderne Gebäude der **Großen Moschee**. Von hier aus ruft der *Muezzin* fünfmal am Tag die Moslems zum Gebet.

### ★ *Grand Marché*

Neben der Moschee liegt der **Grand Marché** in einem Gebäude mit Innenhof und Arkaden im Zentrum der Stadt. Der Markt findet täglich statt und bietet neben allen wichtigen Dingen des Alltags auch lokales Kunsthandwerk an. Gleich daneben dann der Sammeltaxi-Bahnhof.

### ★ *Die Alt- und Neustadt*

Besonders schön sind auch die alten Viertel der Stadt, die sich an das Zentrum mit dem Palast anschließen, und durch die sich ein Spaziergang lohnt. Hier findet man noch die traditionellen *Sarés*, Gehöfte mit mehreren Rundhütten mit kegelförmigen Strohdächern. Die Gebäude sind zur Straße hin mit Lehmmauern umgeben, meist ist nur der Eingang zu sehen. Dazwischen die üblichen Wellblechhütten und enge, staubige Gassen mit schattenspendenden Mangobäumen.

In der Altstadt herrscht eine sehr ruhige Atmosphäre: Die älteren Männer in ihren weiten *Boubous* liegen mittags in Gruppen im Schatten der großen Bäume und halten Siesta, Ziegen und Schafe ziehen durch die Sträßchen und Kinder spielen mit ihren selbstgebastelten Blechautos.

Die **Neustadt** besteht aus zwei großen Vierteln, die durch Baumalleen voneinander getrennt sind: Das Verwaltungszentrum liegt auf einer Anhöhe, das Handelszentrum am Eingang der Stadt.

Darüber hinaus bietet Ngaoundéré keine Sehenswürdigkeiten, doch die Gastfreundlichkeit, die hier herrscht, die Ruhe, die sich die Stadt trotz ihrer Größe bewahrt hat, und die Tradition, die hier noch weiterlebt, verleiten zu immer neuen Entdeckungstouren.

## PRAKTISCHE INFORMATIONEN

 TOURISTENINFORMATION
Ein Touristeninformationsbüro befindet sich gegenüber der Shelltankstelle im Zentrum.

UNTERKUNFT
*Hotels*
**Hotel du Transcam**
B.P. 179, Tel. 25 10 41 und 25 13 32; etwas außerhalb des Zentrums. Hier gibt es 50 Zimmer (10 in Boukarous) mit Dusche/WC (ab CFA 24 000); außerdem verfügt das Hotel über eine Bar, ein Restaurant mit europäischer Küche (Pizzas vom Holzofen und Grillgerichte im Freien) sowie einen Nachtclub. Das schon ältere, teuerste Hotel der Stadt ist in ruhiger Lage, Service und Standard entsprechen jedoch nicht dem Preis.
**Ranch von Ngaoundaba**
34 km von Ngaoundéré entfernt an der Piste nach Meïganga; die Abzweigung vor dem Ort Dibi nach rechts ist gut beschildert, von hier noch 3 km. Die Ranch ist ein idealer Ort zum Ausruhen und Entspannen und liegt sehr schön im Grünen, auf 1360 m Höhe inmitten des Adamaoua-Hochlandes, am Ufer eines kleinen Kratersees (mit Krokodilen, nach Angaben eines Lesers), weit entfernt von einer Hauptstraße. Es herrscht eine familiäre und gemütliche Atmosphäre, an kühlen Abenden Kaminfeuer. Das Haupthaus

*Moschee von Ngaoundéré*

ist ein richtiges Kleinod, fast wie ein Museum, mit Bamoun-Schnitzereien, Jagdtrophäen, rustikaler Architektur aus Stein und Holz im Stil einer Gästefarm und geschmackvoller Inneneinrichtung. Es gibt 30 Zimmer mit Dusche in Boukarous für ca. CFA 16 000 und gute und teure Küche. Die Ranch ist ein Paradies für Ornithologen, in der Umgebung zählte man über 200 Vogelarten.

### Hotel du Rail

B.P. 319, Tel. 25 10 13, Fax 25 14 97; Quartier Baladji II an der Straße von Ngaoundéré nach Garoua. Das Hotel ist 1 km vom Bahnhof und 2 km vom Stadtzentrum entfernt in ruhige Lager. Es verfügt über 18 Zimmer (ab ca. CFA 8000) mit Dusche/WC (heißes Wasser), ein Restaurant mit guter Küche und eine Bar. Alles ist sehr sauber, komfortabel und für den Standard des Hotels relativ günstig; man wird freundlich empfangen. Mietwagen und Ausflüge können arrangiert werden.

### Hotel Le Relais

B.P. 47, Tel. 25 11 38, hinter dem Kino „Le Nord". Im Hotel Le Relais gibt es 34 Zimmer mit Dusche und Klimaanlage (ab ca. CFA 8000). Es ist einfach, sauber und empfehlenswert.

### Auberge du Gare

Tel. 25 14 27, vom Bahnhof aus zu Fuß rechts, dann über die Teerstraße und durch den Schulhof der *Ecole publique* (ca. 200 m). In der einfachen, freundlichen, ruhigen und saubereren Unterkunft gibt es Zimmer mit Dusche/WC (ca. CFA 5000).

## ESSEN UND TRINKEN

Neben den (relativ teuren) Restaurants der Hotels gibt es in der Stadt eine Reihe von kleinen **Circuits**, z.B.

**La Plaza**
In der Innenstadt neben dem Supermarkt. Das Circuit ist von einem Libanesen betrieben und sehr gut.
**Patisserie-salon de thé-glacier Sabga**
Zwischen dem Kino „Le Nord" und dem Kino „L' Adamaoua". Hier gibt es Kaffee, Tee, Gebäck und gutes Frühstück.

 NOTFALL
*Krankenhaus*
**Hopital de la Mission Norvégienne**
Tel. 25 22 95

*Apotheke*
Gegenüber der *BICIC*-Bank im neuen Stadtteil.

 VERKEHRSVERBINDUNGEN
*Mobylettes/Stadttaxis*
Innerhalb der Stadt ist man üblicherweise mit kleinen Mobylettes unterwegs, die es an vielen Ecken zu mieten gibt. Sie dienen neben den normalen Taxis auch als Stadttaxis. Auch die Ausflugsziele in der Umgebung sind per Mofa gut zu erreichen.
   Für weitere Ausflüge kann man sich ein Wagentaxi für einen halben oder ganzen Tag anmieten (Preis nach Vereinbarung).

*Sammeltaxis*
Es existieren Verbindungen von/nach:
➠ *Ngaoundéré – Garoua*
Bis Garoua sind es 296 km und 5 bis 6 Std. Fahrzeit auf relativ schlechter Teerstraße mit vielen Schlaglöchern; Preis ca. CFA 4000.

➠ *Ngaoundéré – Maroua*
Bis Maroua sind es mit dem Sammmeltaxi 570 km und ca. 8–9 Std. Fahrzeit (ca. CFA 6800).

Außerdem bestehen noch Verbindungen nach *Tcholliré* (233 km), *Tibati* (281 km), *Meïganga* (156 km) und die kleineren Orte der Umgebung. Letztere sind alle über (teils schlechte) Piste zu erreichen.
   Der **Sammeltaxi-Bahnhof** befindet sich neben dem Markt.

*Eisenbahn*
Das relativ moderne **Bahnhof**sgebäude befindet sich am Stadtrand von Ngaoundéré; Tel. 25 12 30. Taxis stehen direkt am Bahnhof bereit. Dieser ist Endstation des *Transcamerounais Douala – Yaoundé – Ngaoundéré* (s. a. Seite 423):

 *Ngaoundéré – Yaoundé*
Täglich verkehrt ein Zug in/aus Richtung Yaoundé (622 km). Die Abfahrt ist um 20.20 Uhr, Ankunft in Yaoundé 7.20 Uhr. Der Zug hat 2 Liegewagen, sonst 2.Klasse. Preis 1.Klasse: ungefähr CFA 13 450.

SONSTIGES
*Banken*
**S.C.B. Crédit Lyonnais**
Im Zentrum. Die Bank tauscht Devisen; hier kann man evtl. auch DM wechseln

*Einkaufen*
**Buchladen**
Neben der Apotheke.
**Supermarkt**
Es gibt einen guten libanesischen Supermarkt mit Käse, Tiefkühlkost, Butter, Gemüse, Obst etc. in der Hauptstraße (s. Stadtplan).

Es gibt in Ngaoundéré außerdem **Tankstellen**, ein **Postamt** und eine **Polizei**station (Tel. 17).

AUSFLÜGE

Die Region um Ngaoundéré bietet einige Ausflugsmöglichkeiten zu vulkanischen Kraterseen und zu Wasserfällen (nicht besonders herausragend).

★ *Lac Tizon*

Der See liegt auf der Piste in Richtung *Meïganga*. Nach 7 km Abzweigung nach links wählen, dann 3 km zum Lac Tizon auf schlechter (Wellblech-)Piste fahren.

Früher war der See eine Opferstätte, auch heute noch gießen die traditionsbewußten Alten Tierblut in den Kratersee, um die Ahnen freundlich zu stimmen. Neben dem rituellen Tabu ist Baden auch wegen **Bilharziose-Gefahr** nicht möglich. Es besteht **Campingmöglichkeit.**

★ *Chutes de la Vina*
*(Vina-Wasserfälle)*

Die Piste nach *Meïganga* führt von der Abzweigung zum *Lac Tizon* aus nach weiteren 9 km Wellblech auf das *Vina*-Plateau zu den gleichnamigen Wasserfällen (kein unbedingtes „Muß"), die kurz vor der Fabrik *TANICAM* (professionelle Gerberei/Lederfabrikation) liegen. Die Wasserfälle sind mit etwa 30 m Höhe etwas kleiner als die Wasserfälle von Tello.

★ *Chutes du Tello*
*(Tello-Wasserfälle)*

Die Fälle liegen auf der Piste in Richtung *Bélel*, etwa 50 km von *Ngaoundéré* entfernt.

Von der Stadt aus zunächst die Piste nach *Mbalang* (nicht einfach zu

*Die Vina-Fälle bei Ngaoundéré*

Zentrum & Osten

finden, vor Ort fragen) fahren; nach 20 km führt links ein Abstecher (2 km) zum *Lac de Mbalang*, einem kleinen **Kratersee** mit Insel. Auf der obengenannten Piste weiter, nach 2 Kilometer an der Gabelung rechts abbiegen. Kurz darauf überqueren Sie den Fluß *Vina*.

48 km hinter Ngaoundéré zweigt dann eine winzige Piste (schwer erkennbar, verrosteter Wegweiser) nach rechts. Nach nochmals 2½ km führt von dort aus ein kleiner Fußweg zum Fuß der 50 m hohen Wasserfälle (orientieren Sie sich am Rauschen des Wassers). Die Fälle sind schöner als die Vina-Fälle und fließen in mehreren Kaskaden über eine Felsplattform. In die Grotte hinter dem „Wasservorhang" kann man hineingehen. Hier bietet sich auch eine **Campingmöglichkeit.**

Auf der gesamten Strecke sind schöne traditionelle *Sarés* und die typische *Adamaoua*-Landschaft mit riesigen Rinderweiden anzutreffen. In der weiteren Umgebung von Ngaoundéré bieten sich noch einige Wander-, Trekking-, oder Exkursionsmöglichkeiten:

*Wasservogel bei der Nahrungssuche*

### ★ Massiv von Nganha

Bei gutem Wetter sieht man schon von Ngaoundéré aus das Massiv von Nganha (1923 m), einem heiligen Ort der *Mboum*-Urbevölkerung.

Zu Fuß oder mit einem guten Gelände-Motorrad kann man von Ngaoundéré aus eine Tour über *Mbalang – Nganha – Nyassar – Mbang Mboum* und zurück über *Borongo* machen.

### ★ Bouba Ndjidda Nationalpark

Ab *Nyassar* führt eine „Baumwollpiste" durch menschenleeres Land in nordöstlicher Richtung bis *Ndok*, von wo man über *Gaba* schnell zum Bouba Ndjidda Nationalpark kommt. Der Park (geöffnet von Dez.– Mai) ist auch ein **Jagdreservat**, wo man zahlreiches afrikanisches Wild jagen kann. Giraffen und Nashörner dürfen nicht gejagt werden. Betrieben wird es von *Joaquin Morales*, einem Spanier, der als Pächter fungiert. Geschlafen wird in runden Steinboukarous (ohne Klimaanlage), schön über dem Fluß gelegen. Es gibt gutes Essen, Wasser ist aus tiefen Brunnen erhältlich; Zelten ist mit Erlaubnis möglich; Sprit gibt es im Lager. Ostern und Weihnachten sollte man sich auf jeden Fall anmelden (Tel. über *Patricia Morales* in *Garoua*). (Siehe auch Beschreibung des Bouba Njidda-Nationalparkes im Routenteil „Der Norden" auf den folgenden Seiten.)

### ★ Chutes de Faro

Ein weiteres Ausflugsziel sind die Fälle des *Faro* bei *Mandourou:* Auf der Höhe von *Mounguel* biegt man links von der Asphaltstraße nach Norden ab und fährt mehr als 50 km durch fast menschenleeres Land bis zum Ort *Mandourou*. Hier sollte man sich nach den Chutes du Faro erkundigen.

## Der Norden

Der Norden teilt sich auf in die Provinzen *Extrême Nord* und *Nord*.

Im Kontrast zur üppigen Vegetation des Südens ist der **Norden das Land der Savanne**. Vom *Adamaoua*-Hochland, das die natürliche Grenze nach Norden hin bildet, wird das Land immer trockener und staubiger. Hier liegt die heiße Sudan-Sahel-Zone, und nur mehr eine einzige Regenzeit, die immer kürzer wird, je näher man dem Tschad-See kommt, erfrischt die nach langen Sonnenmonaten ausgetrocknete Erde.

**Touristisch** gesehen ist der Norden **eine der interessantesten Regionen des Landes**: An der Grenze zu Nigeria erstrecken sich die *Mandara*-Berge, das letzte Glied der Kamerunkette, mit bizarren Gesteinsformationen, terrassenförmig bebauten Hängen und Mondlandschaften aus erodierten Vulkanschloten in der Gegend um *Roumsiki*. Die Ethnien der sogenannten Kirdi, Anhänger des Ahnenkultes, leben in kleinen, von Lehmmauern umgebenen Rundhüttendörfern noch ganz ihren alten Traditionen verhaftet. Die Ernte, die die Bewohner dem kargen Boden abgewinnen, wird in großen, strohgedeckten Hirsespeichern aufbewahrt.

In Städten wie *Maroua* oder *Garoua* lebt der Islam; aus den vielen Moscheen ruft der Muezzin zum Gebet, und an hohen Festtagen werden farbenprächtige Reiterspiele gefeiert.

Überall finden sich lebhafte, bunte **Märkte**, auf denen traditionsreiches Handwerk und die landwirtschaftlichen Produkte der Saison angeboten werden und auf denen man die vielen, hier beheimateten Ethnien trifft.

Auch das **tierreichste Wildreservat** Kameruns liegt hier im Norden, der *Waza-Nationalpark*, in dem fast alle Steppen- und Savannentiere Afrikas beheimatet sind. Das Reservat läßt sich zwar nicht mit denen Ostafrikas vergleichen, dennoch kann man in der Trockenzeit oft große Elefantenherden und andere Tierarten in ihrer natürlichen Umgebung beobachten und auf Fotosafari gehen.

Der **Norden ist drückend heiß und trocken**, die Temperaturen erreichen nicht selten über 40° C und die meisten Flüsse sind oft das ganze Jahr über ausgetrocknet.

Nur wenige geteerte Straßen führen durch die Savanne, und die staubigen Pisten entwickeln sich in der Regenzeit zu Rutschpartien. Tankstellen sind rar und Hotels gibt es abseits der Städte kaum. Ideal ist ein Geländewagen, aber mit dem Buschtaxi gelangen Sie ebenso in die entlegensten Dörfer (wenngleich etwas langsamer!).

Die meisten Reiseveranstalter bieten einwöchige Rundfahrten durch den Norden an, auf denen man nur die wichtigsten Höhepunkte erlebt.

Ich empfehle Ihnen, mehr Zeit „einzupacken", um hinter die Kulissen der „touristischen Folklore" blicken zu können, denn es gibt viel zu entdecken in dieser an Traditionen, schöner Landschaft und freundlichen Menschen reichen Gegend.

Bester Ausgangspunkt für Reisen und Ausflüge im Norden ist *Maroua*,

**Der Norden**

das über eine gute Infrastruktur und über ein ausreichendes Hotelangebot verfügt.

## Ngaoundéré – Bénoué-Nationalpark

➠ ca. 100 km Teerstraße

Verläßt man *Ngaoundéré* in Richtung Norden, fährt man auf einer guten, schnurgeraden Teerstraße durch weite Landschaft mit vereinzelten Vulkankegeln. In der Trockenzeit ist es manchmal etwas dunstig durch den *Harmattan*, den Wüstenwind, der den Sand und Staub bis hinauf auf das Adamaoua-Plateau wirbelt. Unterwegs trifft man vielleicht Fulbe-Hirten mit ihren Rinderherden. Auf riesigen Feldern wächst Mais, der später zu Mehl verarbeitet wird, das vor den Häusern in der Sonne trocknet. Im März/April ist Mangozeit, die Früchte werden überall angeboten und kosten nur Pfennige. Bei den vielen Mangobäumen erstaunt das nicht. Das kühlere Klima des Hochlandes läßt die Früchte besonders gut gedeihen. Entlang der Straße liegen kleine Rundhüttendörfer, teils von schön geflochtenen Strohzäunen umgeben. Die Dächer aus Raphiastroh sind weit ausladend und reichen fast bis hinab zum Boden.

Nach etwa **35 km** erreicht man **die Falaise**, den Steilabhang des Hochlandes; die Straße schlängelt sich von hier aus über die Steilstufe abwärts bis in die 700 m tiefere *Bénoué*-Ebene. Das Dorf **Wak** liegt bereits unterhalb der Falaise. War es auf dem Hochplateau noch relativ kühl, wird es im Tiefland merklich wärmer. Blickt man zurück, bildet die Falaise eine Art Schranke, die den Horizont begrenzt.

Auf der Höhe des Dorfes **Mbé** (**70 km**) liegen links die Ausläufer des *Manga*-Berges (1449 m). Etwa 5 km hinter dem Ort zweigt links die Piste ab zum

### Campement du Faro

Für die 34 km Piste, die mehrere Mayos durchquert, benötigt man Vierradantrieb. Es geht durch schöne hügelige Savanne, am felsigen Flußbett des *Faro* leben zahlreiche Flußpferdkolonien, am Horizont sieht man die Bergketten der Mangaberge (1449 m). Die Selbstversorger-Hütten des Campements werden auf Reservierung geöffnet, jedoch zieht es kaum einen Touristen in diese einsame Gegend. Nähere Auskünfte hierzu erhalten Sie in Mbé.

Die **Route nach Norden** ist gesäumt von einigen kleinen *Sarés*. In jedem dieser Rundhüttendörfer lebt ein Familienverband. Die gesamte Umgebung ist flaches Grasland mit vereinzelten Bäumen. Der Verkehr besteht in der Hauptsache aus einigen Sammeltaxis (schlechter, älter und überladener als im Süden).

**Hinweis:** Auf der *Macmillan*-Karte ist bei *Mayo Alim* das *Campement Kobas* vermerkt: Es ist geschlossen!

Rechts entlang der Straße, auf halbem Weg zwischen Ngaoundéré und *Garoua,* beginnt der **Bénoué-Nationalpark**, nach dem *Waza* das bekannteste Tierreservat Kameruns.

## Bénoué-Nationalpark

**Öffnungszeiten** des Parks: 1. November bis 31. Mai.

**Parkeintritt:** CFA 3000/Person für die Dauer der Saison, zu bezahlen im *Campement Buffle Noir.*

## Die Fantasias im Norden

*Die schönsten Reiterspiele werden in den islamischen Zentren wie z.B. Ngaoundéré, Maroua, und Bogo (Richtung Maga) gefeiert, etwa am Ende des Fastenmonats Ramadan oder zum Hammelfest. Hier leben alte Traditionen der stolzen Fulbe wieder auf. Die Pferde werden mit prächtig bestickten Decken und bunten Wollbommeln geschmückt. Der oberste Würdenträger der Stadt, der Lamido, reitet mit seinem Gefolge in prunkvollen Gewändern durch die Stadt, überall ertönen Trommeln und Trompeten, und die Menge versammelt sich am Rande der Straßen, um diesem Schauspiel beizuwohnen. Der Festzug endet auf einem großen Platz, meist etwas außerhalb, wo dann die kühnen Reiterspiele stattfinden, die Fantasias. Wenn Sie an einem der folgenden Termine im Norden sind, sollten Sie es nicht versäumen, an diesem traditionellen Fest teilzunehmen.*

**11. Februar, Fête de la Jeunesse:** *Fantasia und Pferderennen*
**20. Mai, Fête Nationale** *(Nationalfeiertag): Fantasia und Treffen aller Chefs aus der Umgebung, Pferderennen.*
**Tabaski** *(Hammelfest)*
**Ende des Ramadan**
*Jährlich wechselnde Feiertage zum Ende des Fastenmonats Ramadan, an denen die Gläubigen sich zum „Großen Gebet" vor der Moschee versammeln, um dann an der Fantasia teilzunehmen.*

Der Norden

**Führer:** ca. CFA 4000/Tag. Ein Führer ist nicht Pflicht, sollte aber unbedingt mitgenommen werden, da man sich im Park leicht verirren kann.

Der Park ist gut zugänglich. Wer mit öffentlichen Verkehrsmitteln unterwegs ist, hat allerdings keine Chance, in den Park zu gelangen; Fahrzeuge gibt es dort nicht zu verleihen.

Bei *Mayo Alim* (90 km ab *Ngaoundéré*) zweigt rechts die Piste ab zum *Campement Buffle Noir* im Nationalpark. Weitere Zufahrten (ausgeschildert) existieren bei *Banda* und *Guidjiba* (siehe Route *Tcholliré*).

Der Nationalpark hat eine Fläche von **180 000 ha**, die Landschaft ist vorwiegend hügelig, seltener bergig, mit Strauchsavanne und einigen *Mayos* (ausgetrockneten Flußbetten). Höchste Erhebung ist der *Hosséré Garna* (1100 m).

Die **beste Zeit** für einen Besuch sind die Monate Dezember bis April (Trockenzeit), wenn die Flüsse ganz ausgetrocknet sind und sich die Tiere an den Wasserstellen einfinden. Am leichtesten sieht man das Wild im Januar/Februar, da dann das kurze Gras die Sicht nicht verstellt.

Für die Hauptstrecken der insgesamt 250 Kilometer Pisten im Park wird kein Allradantrieb benötigt. Das Fahren abseits der Pisten oder nach 18 Uhr, das Picknicken oder Übernachten im Park sind untersagt. Während der Regenzeit werden die Wege schlammig und die Chancen, Tiere zu sehen, sinken; der Park ist dann aber ohnehin geschlossen. Die große Durchgangsstrecke nach *Tcholliré* (Abzweig 57 km nach Mayo Alim) ist jedoch offen und auch zur Regenzeit praktikabel (siehe Beschreibung ab Seite 442).

Der Park wurde 1932 als *„Réserve forestière et de chasse"* (Wald und Jagdreservat) eingestuft und 1968 zum Nationalpark erklärt. Der *Bénoué*-Fluß, der den Park im Osten begrenzt, gab ihm seinen Namen. Er ist der größte Nebenfluß des *Niger*, führt ganzjährig Wasser und an seinen Ufern wachsen mitunter dichte Galeriewälder. Charakteristisch sind die kleinen Sandbänke zwischendurch und die felsigen Flußbettabschnitte mit den „Hippo-Pools".

Die Tiere sind im Bénoué-Nationalpark zwar nicht so zahlreich wie im bekannteren *Waza-Park* im äußersten Norden, doch es gibt hier einige Arten, die Sie dort nicht beobachten können.

Die **besten Chancen zur Tierbeobachtung** haben Sie früh morgens und abends vor dem Sonnenuntergang, in der Mittagshitze rasten die Tiere im Busch. Am markantesten sind wohl die **Flußpferde**, die den ganzen Tag über grunzend im Flußbett liegen. Besonders ihre helleren Hautpartien sind sonnenbrandgefährdet, ein Grund mehr für die wuchtigen Tiere, von Zeit zu Zeit abzutauchen. Nachts gehen sie dann an Land und legen auf Futtersuche weite Strecken zurück. Die größte Antilopenart Afrikas, die *Riesen-Elen-Antilope* (frz. *Elan de Derby*), ist eher selten. Doch andere **Antilopenarten**, wie die *Cobe de Buffon*, *Pferdeantilopen* oder aber *Gazellen* und *Wasserböcke* kreuzen ab und zu den Weg. Nehmen Sie sich in acht vor den gefährlichsten Tieren im afrikanischen Busch, den **schwarzen Büffeln**. Sie können auch angreifen, ohne sich bedroht zu fühlen. Die zahlreichen **Affen** dagegen, darunter *Patas* und *Paviane*, sind eher verspielt und neugierig. Am weitesten verbreitet sind die Hundskopfpaviane (frz. *Cynocéphale)*, die den Bauern der Umgebung mit ihren Raubzügen durch die reifen Hirsefelder arg zu schaffen machen. Auch die witzigen **Warzenschweine** sind zahlreich anzutreffen. Angeblich soll es sogar Löwen im Park geben, doch kann ich das nicht aus Erfahrung bestätigen. Trotzdem ist dringend davon abzuraten, aus dem Fahrzeug zu steigen und auf „Fußpirsch" zu gehen.

Offiziell ist der Bénoué ein gutes Revier für Sportfischer (dort, wo sich die Flußpferde nicht aufhalten!), z.B. in der Nähe des *Campement Grand Capitaine.* Hier werden *Kapitänfische* bis zu 50 kg gefangen. Sollte er in einer Lodge vorrätig sein, probieren Sie, er schmeckt wirklich ausgezeichnet.

### *Unterkunft*
### Campement Buffle Noir

Das Campement ist in schöner Lage direkt am Bénoué-Ufer und von Dezember bis Ende Mai geöffnet. Es gibt einfache Zimmer in *Boukarous* (Rundhütten) und einige moderne Bungalows mit Dusche/WC (ab ungefähr CFA 19 000) sowie eine Bar und ein Restaurant (Kapitänfisch!) mit Blick auf das felsige Flußbett, in dem oft Hippos baden. Es ist das einzige Campement im Park, in dem man Verpflegung erhält. Hier kann man außerdem für ca. CFA 2500 pro Person (Dusche/WC) campen.

### Campement Grand Capitaine

Auf der Piste nach Tcholliré. Das schön auf einem Hügel über dem Flüßchen *Mayo Oldiri* (Badeplätze) gelegene Campement verfügt über acht Zimmer

*Im Bénoué-Tal bei Buffle Noir*

in Boukarous (ab ca. CFA 24 000 für 2 Personen); es werden gute Mahlzeiten angeboten. Hier finden sich am Wochenende gerne die Sportfischer ein.

**Hinweis:** Die *Campements de Chasse du Bel Elan, Mayo Sala, des Kobas* (bei Mayo Alim) sind auf der Karte teilweise noch verzeichnet, existieren aber nicht mehr.

*Auskünfte und Reservierungen*
**Service Provincial du Tourisme**
B.P. 50, Garoua, Tel. 27 10 20 und 27 13 64.

## Weiterfahrt in Richtung Garoua

Vom Bénoué-Nationalpark führt die Hauptroute (gute Teerstraße) nach Norden bis **Garoua** (s. Seite 449). Unterwegs entlang des Tierreservates kreuzen manchmal Affen oder Antilopen den Weg. Man sieht kaum mehr Dörfer am Wegrand, endlos scheint das Buschland. Der kleine Ort **Guidjiba** lebt von der Schaf- und Rinderzucht, es wird Gemüse für den Eigenbedarf angepflanzt.
*Ngaoundéré – Garoua:* 296 km
*Mayo Alim – Garoua:* 196 km

## Bénoué-Nationalpark – Bouba Ndjidda-Np.

➡ 110 km Piste
Zweigt man in **Guidjiba** (Treibstoff) nach Westen ab, führt die breite und gute Piste (ganzjährig praktikabel) quer durch die Strauchsavanne des *Bénoué-Nationalparks* in Richtung *Tcholliré*. Auf der Strecke braucht man keinen Parkeintritt zu bezahlen. Der

Ausbau dieser Verkehrsverbindung dient in erster Linie den großen Lastwagen zum Transport der Baumwolle. Zur Erntezeit im Februar und März schimmern die Baumwollfelder im Norden, in den Bezirken *Bénoué* und *Diamaré*, überall weiß. In Karren bringen die Dorfbewohner die Baumwolle zum Markt, wo sie dann auf Lastwagen verladen und in die Städte abtransportiert wird (s. a. Baumwollfabrik Garoua).

Die Piste nach Tcholliré ist mit normalem Pkw bis zu einer Geschwindigkeit von 80 km/h befahrbar.

Aus der Ebene ragen immer wieder die *Hosséré* (Fulfulde: Berg) hervor.

Bei **km 22**, kurz vor dem Dorf **Boukma**, überquert man an der östlichen Grenze des Nationalparks den Bénoué-Fluß auf einer langen Brücke. Während der Trockenzeit führt der Fluß an dieser Stelle kaum Wasser. Geht man zu Fuß ein Stück flußaufwärts, kann man mit Glück Flußpferde sehen.

Nach **24 km** geht es links zum *Campement Grand Capitaine* (s. o. unter Bénoué-Nationalpark).

Bei **km 54** ist man im Ort **Taparé** angekommen: einige wenige Häuser und Gabelung der Pisten nach Norden (*Garoua, Rey Bouba,* s. u.) bzw. Süden/Osten. In Richtung Süden nach **68 km** ist der Ort **Tcholliré** erreicht.

## Tcholliré

Diese kleine Stadt (Hauptort des Verwaltungsbezirks *Mayo-Rey*) liegt schön am Fuße des *Hosséré Tcholliré* (1025 m), die Überreste einer doppelten Steinmauer zeugen noch von einer alten Festung. Der Name bedeutet „Dorf der Vögel"; der Ort war ursprünglich von den Sudan-Völkern *Dourrou* und *Pape* bewohnt. Im Zuge der Eroberungen der Fulbe Ende des 18. Jahrhunderts entstand auch in dieser Gegend ein **Fulbe-Lamidat** mit der Hauptstadt *Rey Bouba*. Tcholliré gilt als zweite Residenz des *Baaba* (Vater), wie der Lamido hier genannt wird. *Bouba* (Sohn der) *Ndjidda,* der Begründer dieses Lamidats lag schon ziemlich bald in Fehde mit seinem Lehnherrn, dem *Emir von Yola*. Doch Tcholliré war eine gut zu verteidigende Stadt. Der große **Palast** des Lamido ist genauso imposant wie der von Rey Bouba. Er liegt am Fuße des Felsmassivs, von hier aus gehen alle Straßen sternförmig in die Außenbezirke. Die Stadt wirkt außerordentlich grün mit ihren Alleen von Neem-Bäumen.

Soweit möglich sollte man hier seine Vorräte ergänzen. Zwar sind die Einkaufsmöglichkeiten eher dürftig (außer auf dem Markt am Sonntag), doch findet man in Tcholliré eine **Tankstelle**, einige **Bars**, ein einfaches **Restaurant**, eine **Bank**, ein kleines **Hospital**. Hier ist der letzte Polizeiposten in Kamerun; Formalitäten zur Ausreise aus Kamerun können beim Grenzübergang in den *Tschad* (nicht unbedingt zu empfehlen) erledigt werden.

### Unterkunft
**Hinweis:** Das auf der *Macmillan*-Karte eingezeichnete *Campement de Djiré* ist geschlossen.

In Ausnahmefällen kann man in der **Evangelisch Lutherischen Mission** (Zimmer CFA 7000, gute Küche) übernachten. Die Mission ist eine Bibelschule (Übersetzung der Bibel in Fulfulde) mit Katechetenausbildung.

In Tcholliré finden Sie keine Ausschilderung der Piste zum *Bouba Ndjidda Nationalpark*, fahren Sie vorbei an der Bank zum östlichen Ortsausgang. Die schlechte Piste führt von hier aus 40 km durch Grassavanne und viele Baumwollfelder bis nach **Koum**. Kurz hinter dem Ortsausgang zweigt nach links die kleine Piste (unbeschildert) zum Eingang des Bouba Ndjida Nationalparks ab. Erkundigen Sie sich in *Koum* nach dem Zustand der Piste (40 km) bis zum *Campement de Bouba Ndjidda*, die nur in der Trockenzeit befahrbar ist.

## Bouba-Ndjidda Nationalpark
**Öffnungszeiten** des Parks: Dezember bis Mai.

**Eintrittsgebühr:** CFA 3000, zu entrichten am Parkeingang bzw. im Campement. Dort finden Sie auch einen **Wildhüter** (CFA 2400/Tag), der Sie auf Pirsch begleitet (obligatorisch!).

Der Nationalpark mit einer Fläche von **220 000 Hektar** ist eines der isoliertesten Wildreservate des Landes. Es liegt an den Ufern des Flusses *Mayo Lidi* und erstreckt sich im Norden bis zur Grenze zum Tschad.

Wie das *Bénoué*-Reservat wurde auch dieser Park 1968 zum Nationalpark erklärt, aber Teile davon als Jagdreservat verpachtet (s. dazu auch Ngaoundéré: Ausflüge, S.436), der Park wird jedoch **von Touristen kaum besucht**. Sein Relief ist sehr hügelig, felsig und abwechslungsreich, zahlreiche *Mayos* durchziehen die Savanne mit Gras- und Buschland.

Die Tierwelt gleicht der im Bénoué-Nationalpark, doch sind die Tiere im Bouba Ndjida durch die teils dichte Vegetation und durch die Hügellandschaft nicht so einfach zu beobachten. Allerdings ist der Park eines der letzten **Rückzugsgebiet**e **der** seltenen,

vom Aussterben bedrohten **Nashörner**, schätzungsweise 60 (!) davon soll
es hier noch geben. Auch die *Elen-
Antilope*, die schönste und größte aller Antilopenarten, sowie Elefanten,
Büffel, Flußpferde und Wasserböcke
sind hier beheimatet. Die wenigen Pisten im Park sind in passablem Zustand.

### Unterkunft
**Campement de Bouba-Ndjidda**
Das Campement hat vom 1. Dezember bis 30. April geöffnet und ist im
Zentrum des Parks direkt am Ufer des
*Mayo Lidi* gelegen. Es gibt 16 einfache und saubere Zimmer in Boukarous mit Dusche/WC und ein Restaurant. Die Unterkunft wird von dem Spanier *Joaquin Morales* betrieben, der
auch das Jagdgebiet gepachtet hat
(s. S.436). An Ostern und Weihnachten unbedingt reservieren!

### Auskünfte und Reservierungen
*Patricia Morales* (die Schwester von
*Joaquin)* in *Garoua* oder über
**Service Provincial du Tourisme**
B.P. 50, Garoua, Tel. 27 10 20 und
27 13 64. Dort gibt es auch aktuelle
Auskünfte über Öffnungszeiten, Prei-
se etc.

### Weiterfahrt in Richtung Tschad
Am Nationalpark vorbei auf einer
schlechten Piste geht es geradeaus
weiter, durch die Dörfer **Mayo Djarendi** und **Madingrin** über die Grenze in
den Tschad nach **Beïnamar** (siehe
Detailkarte *IGN Garoua*, Blatt NC-33).
Dort sind die Einreiseformalitäten zu
erledigen (zum Tschad siehe Anhang
Nachbarländer, ab Seite 500).

➠ 212 km Piste

In *Taparé* (14 km nördlich von *Tcholliré)* zweigt die (mittelmäßige) Piste
nach Norden in Richtung *Rey Bouba*
und *Garoua* ab. **Die Gegend ist sehr
heiß**, und je mehr man sich Rey Bouba nähert, um so staubiger und wü-
stenhafter wird die Landschaft, ringsum wachsen Dattelpalmen. Kurz vor
Rey Bouba (34 km von *Tcholliré)*
durchquert man das sandige Flußbett
des Mayo Rey. Eine Brücke gibt es
nicht und die Durchfahrt ist nur in der
Trockenzeit möglich, Vierradantrieb ist
nicht erforderlich. In der Regenzeit führt
der Mayo Wasser und die Zufahrt nach
Rey Bouba ist nur von Norden her und
über große Umwege *(Garoua – Pitoa
– Bibémi)* möglich. Rey Bouba selbst
liegt sehr isoliert und ist mit dem
Buschtaxi nicht zu erreichen.

## Rey Bouba
Die Atmosphäre dieses Ortes läßt sich
kaum mit Worten beschreiben, man
muß sie selbst erleben. **Rey Bouba
ist das bedeutendste und angese-
henste Lamidat Kameruns**, man fühlt
sich hier zurückversetzt in die Vergangenheit der alten Fulbe-Städte der vorkolonialen Zeit.

Die kleine Ortschaft liegt am Ost-
rand des *Lac de Lagdo* in einer Senke
zwischen den Nationalparks *Bouba
Ndjidda* und *Bénoué*. Sie unterscheidet sich völlig von allen anderen Orten
in der Umgebung. Eine derart **authentische, traditionelle sudanesische
Lehmbauweise** kannte ich zwar aus
Mali oder Niger, vermutete sie aber
nicht so weit südlich hier in Kamerun.
Das Lamidat Rey Bouba wurde be-

reits im Jahre 1804 vom Lamido *Bouba Njidda* gegründet, der zunächst die Festung Tcholliré (s. o.) innehielt und viele Jahre lang gegen die Ureinwohner der Gegend Krieg führte, um seine Einflüsse geltend zu machen. Auch heute noch herrscht hier der Lamido uneingeschränkt und in seiner Autorität absolut respektiert.

Der Lamido bildet in der **muslimischen Gesellschaft Nordkameruns** das oberste Glied der Hierarchie und ist ihr religiöses Oberhaupt. Hier in „Rey" (ausgesprochen *Ray)* wird dies besonders deutlich. Nirgendwo sonst hat der Lamido größeren Einfluß über ein so ausgedehntes Gebiet. In einer Art traditioneller Justiz wird nach Gewohnheitsrecht geurteilt und sogar ein eigenes Gefängnis im Palast unterhalten. Der Lamido regiert auf sehr konservative, traditionelle Art, z.B. wird

kein Wert gelegt auf den Schulbesuch der Kinder. Die kamerunische Regierung bemüht sich um eine Zusammenarbeit mit dem Oberhaupt und seine Integration als Abgeordneter in die staatliche Politik. Da dies aber den Notabeln – Anhänger alter Traditionen – widerstrebt, muß der Lamido mit der staatlichen Einflußnahme mehr und mehr um seine eigentliche Autorität fürchten.

Das durch und durch islamische Rey Bouba besteht aus vielen *Sarés,* Gehöften mit Rund- und Flachbauten aus *Banco* (Lehm-Stroh-Gemisch), durchzogen von unzähligen schmalen, staubigen Gassen. In der Ortsmitte liegt der festungsartige **Palast des Lamido**, ein großes Areal, ringsum von einer vier Meter hohen Lehmmauer umgeben und von Palastwächtern beschützt.

*Der Lamido-Palast von Rey Bouba*

Der Norden

Die Gunst, in den imposanten Sultanspalast eingelassen zu werden, wird Fremden nur äußerst selten gewährt. Zunächst muß bei den Notabeln angefragt und um höchste Zustimmung gebeten werden. Dazu bedarf es einiger Beziehungen, eines gehörigen Maßes an Diplomatie oder guter Gründe für die Notwendigkeit einer Audienz. Nach längerer Diskussion mit den Sekretären des Lamido reichen sie die Anfrage im Palast ein, erscheinen erneut, um nochmals Gespräche zu führen usw. Es kann möglicherweise Tage dauern, bis der Lamido sich die Ehre gibt. Ein formelles Schreiben des *Service du Tourisme* aus Garoua mag hilfreich sein, ist jedoch keine Garantie. Doch sollte der Besuch beim Lamido nicht der alleinige Anlaß sein, den Ort zu besuchen. Schon die gespannte, besondere Atmosphäre, die Rey Bouba umgibt, ist einen Besuch des Ortes wert. Traditionelle Kleidung, Männer in *Boubous* und Frauen in bunten afrikanischen Stoffen, dominiert. Grundsätzlich sind die Leute im Ort sehr freundlich und offen für Gespräche, jedoch sollte man nicht fotografieren, ohne vorher um Erlaubnis gefragt zu haben.

Während der nationalen und traditionellen Feiertage (z.B. Ende des Ramadan) werden hier die **schönsten Fantasias** des Nordens veranstaltet. Die *Fulbe*-Edlen reiten dann in traditioneller Kleidung auf schön geschmückten Pferden durch den Ort und begleiten den Lamido zur Moschee. Hier wird die Tradition noch am besten bewahrt.

**Fremde kommen in Rey Bouba selten vorbei** und der Ort bietet sich nicht an für einen längeren Aufenthalt. Besonders dann, wenn eine Audienz vom Lamido abgelehnt wurde, wird man freundlich gebeten, den Ort wieder zu verlassen. Es gibt weder Unterkunft noch Bank, Tankstelle oder Einkaufsläden (Markt am Freitag).

Von Rey Bouba aus führt eine **gute Piste nach Norden**, die für den Baumwolltransport ausgebaut ist. Entlang der Route, teilweise sehr nahe der Grenze zum Tschad, wechseln sich monotones Buschland, viele Baumwollfelder und einige Gehöfte ab. Immer wieder kreuzen große Rinderherden den Weg.

Von Rey Bouba sind es 110 km nach **Bibémi** (kürzer als auf der Macmillan-Karte eingetragen). Nach **128 km** erreicht man das kleine Dorf **Adoumri**, hier findet donnerstags ein schöner und großer Markt statt, auf dem die Hirtennomaden ihre Zeburinder verkaufen. Neben dem Markt liegt der Sammeltaxi-Bahnhof, der Transport nach *Garoua* erfolgt nur an Markttagen.

Etwa 30 km vor *Pitoa* überquert man den *Mayo Kébi* auf einer großen, modernen Brücke, die Straße ist hier ein Stück lang geteert. Dieser Nebenfluß des *Bénoué*, der auch in der Trockenzeit nicht ganz versiegt, dient großen Rinderherden als Tränke. Die Brücke kurz vor *Pitoa* kann während der Regenzeit überflutet sein (vorher erkundigen). 161 km hinter Rey Bouba erreicht man dann in **Pitoa** (s. Seite 455) wieder die Hauptstraße nach Norden. Von Rey Bouba bis hierher bestehen **keine Versorgungsmöglichkeiten**, weder Lebensmittel noch Treibstoff.

## Bénoué-Nationalpark – Monts Alantika

Auf der Hauptroute aus Richtung Süden zweigt kurz hinter dem Dorf *Gouna* links die Piste nach *Poli* und zum *Faro-Nationalpark* ab. Bis Poli (36 km) ist die Piste relativ gut, doch von hier aus weiter in den Westen benötigt man bisweilen **Vierradantrieb**. Zunächst fährt man durch relativ eintönige Savanne, bevor man die ersten felsigen Ausläufer des Berglandes erreicht und sich die Strecke auf eine Anhöhe schraubt. Die Gegend des nördlichen *Hosséré Vokré* ist besonders zu Beginn der Regenzeit landschaftlich äußerst reizvoll. Dahinter, in einer Senke, liegt **Poli**, der Hauptort des Verwaltungsbezirks *Faro*. Die Region ist sehr ländlich, Wellblechdächer haben die traditionellen Strohdächer verdrängt und **Versorgungsmöglichkeiten gibt es** – außer an Markttagen – **kaum**. Auch Treibstoff ist Mangelware.

Kurz hinter Poli gabelt sich die Piste: Geradeaus geht es weiter nach *Finyolé* (siehe nächste Seite), links führt der schmale Weg zum *Vallée des Rôniers*. Dieses Gebiet, nur selten von Touristen besucht, liegt am *Mayo Yélé* mit seinen zahlreichen Nebenflüssen. Viele der kleinen Brücken sind kaputt und machen ein Weiterkommen unmöglich. Das breite Tal selbst ist mit vielen schönen Borassuspalmen *(Borassus aethiopium)* bestanden und wird gesäumt von den Ausläufern der *Hosséré Godé* (1665 m), *Otéré* und *Mouta*. Von Dezember bis Februar bläst hier der Wüstenwind Harmattan und überzieht das Land mit einer feinen Staubschicht.

*Im Faro-Tal*

**Der Norden**

Man kann nun auf dieser Piste weiterfahren zum *Faro-Nationalpark*, den man von Poli aus auch über die (bessere) Piste via Finyolé erreicht. Im Dorf **Voko** (38 km hinter Poli) zweigt rechts die Staubstraße zum *Campement des Hippopotames* (16 km, siehe unten) ab.

## Faro-Nationalpark

**Anmeldung:** Die Anmeldung erfolgt beim *Gardien de Chasse* in *Voko* (oder beim *Service Provincial du Tourisme* in Garoua, Tel. 27 10 20).
**Führer:** Die Begleitung durch einen **bewaffneten Wildhüter** ist obligatorisch.

Mit einer Fläche von **330 000 Hektar** ist der *Faro* der **größte Nationalpark Kameruns**. Aufgrund seiner Abgeschiedenheit etwa 100 km westlich der Hauptroute *Ngaoundéré – Garoua* wird das Reservat nur selten besucht. Es dominiert die Strauchsavanne, durchsetzt von Hügeln, und mangels Pisten im Park ist die Pirsch mehr oder weniger nur zu Fuß möglich. Der Tierbestand gleicht dem des *Bénoué-Nationalparks* mit Antilopen, Büffeln, Affen und wenigen Elefanten. Da dieses Reservat jedoch lange Zeit für die Jagd geöffnet war, ist die Zahl der Tiere stark dezimiert.

Nachts kann es – vor allem zwischen Dezember und Februar – in dieser Region sehr kalt werden (10 bis 12° C), daher neben Verpflegung und Trinkwasser auch warme Kleidung mitbringen.

### Unterkunft

Informieren Sie sich in Garoua oder Voko über den aktuellen Zustand des **Campement des Hippopotames** (Altes Jagdcamp aus Stein gebaut, mit vier Zimmern, Selbstversorgung; in der Nähe des *Faro*-Flusses gelegen).

Von Poli aus folgt man der Piste nach **Finyolé**. Dieses relativ isolierte kleine Dorf an der Pistenkreuzung besteht aus wenigen *Sarés*, einem Markt, einer wichtigen Missionsstation mit Schule und Krankenstation.

Hier ist die **Ethnie der Dowayos** beheimatet. Sie sind Anhänger einer Naturreligion; ihre Traditionen und Kultur, besonders ihr einzigartiger Toten- und Ahnenkult, werden höchst leserlich in *René Gardis* berühmtem Buch *Alantika* (siehe unten) geschildert. Der Autor gehörte 1955 zu den ersten Europäern, die in die unwegsame Gebirgslandschaft der Alantika-Berge wanderten, und auf sehr einfühlsame Weise erzählt Gardi von der Lebensweise, dem Alltag und den Riten der hier beheimateten Stämme, die er auf seinen verschiedenen Reisen dorthin kennen- und schätzen lernte. Noch heute leben die Dowayos in relativer Zurückgezogenheit, obwohl ihnen bereits einige Touristengruppen die „Zivilisation" näherbrachten.

Eine aktuelle und sehr witzige Beschreibung der Dowayos und ihres Lebens findet man in den Büchern „*Traumatische Tropen*" und „*Die Raupenplage*" des britischen Anthropologen *Nigel Barley* (in deutscher Übersetzung erhältlich und unbedingt lesenswert, s. Bücher/Landkarten).

Von Finyolé aus führt eine einigermaßen praktikable Piste (Schlaglöcher) bis zum Faro-Fluß.

Die Brücke – oder Sanddamm – über den Fluß, der die Alantika-Berge von der Savanne trennt, wird regelmäßig in der Regenzeit zerstört und in der Trockenzeit wieder instandgesetzt.

Ab hier führt eine **extrem schlechte Piste** über **Tchamba** nach **Wangay**, dem Ausgangspunkt der Wanderungen in die felsigen Alantika-Berge (höchste Erhebung: *Aiguille de Saptou*, 1885 m).

Von *Voko* aus führt seit Mitte der 80er Jahre eine Straße zur Brücke über den Faro bei Wangay. Sie benötigen einen Führer (Pfadfinder und Übersetzer), den Sie in Wangay oder bereits in Poli finden.

## Wanderungen in die Alantika-Berge

Wer einen Besuch der Alantika-Berge plant, sollte sich gut vorbereiten und ausrüsten. In dieser Region gibt es **keinerlei touristische Infrastruktur**, die ein- oder mehrtägigen Wanderungen im Gebirge sind anstrengend. Sie benötigen Zelt, Kochzubehör, Schlafsack (kalte Nächte!), Verpflegung, Trinkwasser und gute Trekkingschuhe. Außerdem ist für Fahrten nach Wangay auf dem Weg über Tchamba unbedingt **Vierradantrieb** nötig.

Jeder, der ein Trekking in diesem Gebirge plant, sollte zur **Information** über die Kultur der Bevölkerung unbedingt vorher *René Gardis* Buch lesen: *Alantika, Bergland in Kamerun*, 1981, 3004 Bern, Schweiz, ISBN 3-7165-0291-X, Neuauflage 1993.

## Benoué-Nationalpark – Garoua

➡ ca. 170 km Teerstraße

Ab *Banda* (Abzweig zum *Camp Buffle Noir*) bis *Guidjiba* sind es 36 km, hier zweigt die Route zum *Bouba Njidda Nationalpark*, nach *Tcholliré* und *Rey Bouba* ab (s. Seite 442 u. 444). 28 km weiter liegt der Ort **Gouna**, dort gibt es keine Versorgungsmöglichkeiten.

Kurz vor dem Ort **Ngong** zweigt rechts eine Asphaltstraße ab nach **Lagdo** (19 km) am gleichnamigen **Stausee**.

## Lagdo-Stausee

Der Stausee wurde 1964 von den Chinesen erbaut. Hier werden der *Bénoué*-Fluß und mehrere Mayos, die vom *Adamaoua-Plateau* herabkommen, zu einer riesigen Wasserfläche gestaut. Der See dient der Energie- und Wasserversorgung von Garoua und Umgebung. Das Fischerdorf Lagdo liegt in sehr schöner Landschaft, die Einwohner sind freundlich. Mit Piroge oder per Segelboot kann man Ausflüge auf dem See unternehmen. Es bietet sich außerdem eine schöne **Camping**möglichkeit (ca. CFA 2500 pro Person) am Privatstrand eines Franzosen (mit Bademöglichkeit). Dort werden auch Zimmer vergeben (der Beschilderung ab Ngong folgen). Von der Piste N1 in Richtung Lagdo zweigt rechts eine Piste ab zur Auberge du Lac (ca. 10 km).

**Hinweis:** Das weiter südlich liegende *Campement des Elephants* (siehe Macmillan-Karte) existiert nicht mehr.

Von Ngong sind es noch 43 km nach *Garoua*. Man erreicht die Stadt auf einer Brücke über den Benoué-Fluß.

**Der Norden**

## Garoua

Garoua ist Hauptstadt der Provinz *Nord* und **administratives und politisches Zentrum Nordkameruns** (religiöses Zentrum hingegen ist *Maroua).* Die Stadt liegt 235 m ü.NN. und ist mit über **180 000 Einwohner**n drittgrößte Stadt Kameruns (nach Douala und Yaoundé).

**Für Touristen hat Garoua eher praktischen Wert** als Ankunftsort (internationaler Flughafen), Ausgangspunkt für Reisen in den reizvollen Norden *(Waza-Nationalpark, Mandara-Berge)* oder Süden *(Bénoué-Nationalpark, Ngaoundéré)* und auch als Versorgungsstation mit guten Einkaufs- und Unterkunftsmöglichkeiten. Attraktive Sehenswürdigkeiten gibt es dagegen kaum. Die extreme, trockene Hitze hier ist oft unerträglich, nicht selten hat es über 40° C im Schatten.

Garoua ist der **Geburtsort des ehemaligen Präsidenten** *Ahmadou Ahidjo,* daher wurde hier schon in den 60er Jahren viel gebaut und investiert. So hat der Ort am rechten Ufer des Bénoué-Flusses heute ein sehr modernes, großzügiges und lebhaftes Stadtbild mit Geschäfts- und Behördenvierteln, guten Straßen, vielen Büros und Läden.

Von Süden her erreicht man Garoua auf der großen Brücke über den Bénoué-Fluß. Am und im Wasser tummeln sich Wäscherinnen, badende Kinder und Fischer in ihren Pirogen.

Garoua ist der einzige **Binnenhafen** Kameruns. Bereits im Jahre 1890 begann hier der Handel auf dem Schiffsweg mit *Yola* in Nigeria und weiter zum Fluß *Niger*. Stoffe, Salz und Zucker wurden getauscht gegen El-

fenbein und Kautschuk. Der Flußhandel unterliegt heute jedoch erheblichen Einschränkungen, da die Bénoué acht bis neun Monate im Jahr so wenig Wasser führt, daß die Schiffe lediglich während der kurzen Regenzeit von Juli bis Oktober verkehren können. Die wichtigsten Handelsgüter sind Baumwolle, Erdnüsse und Zement. Zu jeder Zeit aber sind die Fischer in ihren Pirogen auf dem Fluß unterwegs.

Daneben spielt Garoua als wichtiger **Industriestandort** eine große wirtschaftliche Rolle für den Norden. Hier ist der Sitz der **Brasserie du Cameroun** (Bier und alkoholfreie Getränke). Das Gebäude der Brauerei kann besichtigt werden, fragen Sie nach einer Führung. Das ausgezeichnete Bier wird nach ursprünglich deutschem Rezept und mit deutschen Einrichtungen gebraut.

Die landwirtschaftliche Haupterwerbsquelle der Region ist der **Anbau von Baumwolle** (bereits seit 1951). Während der Pflückzeit wird in allen Dörfern der Bezirke *Bénoué* und *Diamaré* mit Baumwolle gehandelt (Erntezeit Februar/März). Zu den Aufgaben der großen Firma *SODECOTON* (*Société de Développement du Coton*) in Garoua zählen die Anbauförderung von Baumwolle und die technische Unterstützung der Betriebe. In der Fabrik *C.I.C.A.M.* wird die Baumwolle gesponnen und zu Textilien weiterverarbeitet, aus den Kernen der Baumwolle wird Öl gewonnen, eine Besichtigung ist möglich.

Durch diese Industriebetriebe werden zahlreiche Arbeitsplätze geschaffen, die Folge ist ein hoher Bevölkerungszuwachs und eine sich immer mehr ausdehnende Stadt. Dabei bilden die geometrisch angelegten, modernen Stadtteile einen Kontrast zum Labyrinth der verwinkelten Gäßchen in den wenigen traditionellen Vierteln. Nur hier zwischen den vereinzelten Sarés spürt man noch etwas von der charakteristischen, islamischen Atmosphäre des Nordens. Im Zentrum liegt der moderne Palast des *Lamido*, gegenüber davon die alte, weiße Moschee. Am Ortsausgang in Richtung Maroua befindet sich die neue, gelbe **Moschee** mit ihrem hohen Minarett in einem weitläufigen Gelände.

Im *Quartier* der Südleute, dem Viertel in der Umgebung der Kreuzung *Yelloa*, befinden sich die meisten preiswerten Kneipen und Restaurants, kleine Bars und typische *Circuits*. Viele Musikläden, die *Discothèques*, bieten eine bunte Mischung lokaler, moderner afrikanischer Musik an, meist in schlechter „Raubkopie"-Qualität.

Auf der Straße in Richtung Maroua, kommt man zunächst zum großen **Markt**, der täglich stattfindet. Dahinter liegt das Gebäude des Ex-Präsidenten *Ahidjo* und etwa 1 km außerhalb der Stadt der neue *Gare Routière*, von dem aus Busse und Sammeltaxis in alle Richtungen verkehren. Gleich gegenüber befindet sich eine kleine *Auberge;* weiter in Richtung *Maroua* folgt links die Abzweigung zum Flughafen.

## PRAKTISCHE INFORMATIONEN

**i** TOURISTENINFORMATION
*Service Provincial du Tourisme*
B.P. 50, Tel. 27 10 20

 UNTERKUNFT
*Hotels*
**Hotel de la Bénoué**
B.P. 291, Tel. 27 12 04 und 27 15 15. Außerhalb des Stadtzentrums (ruhig) gelegenes, gehobenes Mittelklassehotel in europäischem Stil mit 100 klimatisierten Zimmern (mit Dusche/WC ab ca. CFA 16 000). Es gibt ein klimatisiertes Restaurant, eine Bar, eine Terrasse, einen Nachtclub und einen Swimmingpool im Garten. Der Pool ist auch der Öffentlichkeit zugänglich (ca. CFA 1600). Die **Hertz-Autovermietung** ist im Hotel vertreten.
**Tourist Motel**
B.P. 1169, Tel. 27 27 78, 27 32 44; etwas außerhalb an der Straße Richtung Nigeria. Gepflegtes, sehr modern gebautes Mittelklassehotel (1989 eröffnet) mit 52 klimatisierten Zimmern (Bad/WC) in Reihenhäuschen im Garten (ab ca. CFA 18 500). Es gibt ein klimatisiertes Restaurant, eine Bar und einen Swimmingpool.
**Relais St. Hubert**
B.P. 41, Tel. 27 13 21. Im Relais St. Hubert gibt es 24 Zimmer (meist klimatisiert) in kleinen, sauberen Rundbungalows ab CFA 12 000, eine Bar, ein Restaurant, einen schönen Garten und freundlichen Service in angenehmer Atmosphäre.
**Hotel le Saré**
B.P. 437, Tel. 27 22 11; am *Carrefour Fédéral* im Quartier *Bamiléké*. Hier gibt es kleine und sehr einfache Zimmer mit Dusche/WC und kaltem Wasser ab ca. CFA 12 000. Es existiert kein Restaurant (nur Bar); zu teuer für den gebotenen Standard.
**Hotel Le Figaro**
B.P. 408, Tel. 27 28 88. Das relativ neue Hotel im Industriegebiet nahe *Centre Culturel Français* und *CICAM*. Es gibt Zimmer mit Klimaanlage (Dusche/WC), ein Restaurant mit guter afrikanischer Küche (*Ndolé* etc.). Der Preis beträgt ca. CFA 10 500/Zimmer (in der Nebensaison ab CFA 8000). Das Ho-

**Der Norden**

tel ist nachts bewacht; es besteht keine Campingmöglichkeit.

### *Preiswerte Unterkünfte*
**Auberge de la Cité**
In der Nähe des Carrefour Carnaval. Die Auberge ist einfach und preiswert.
**Auberge de la Mosquée**
Gegenüber vom Busbahnhof. Es gibt preisgünstige Zimmer mit Dusche.
**Procure**
Rue du Mgr. Yves Plumey; ortsauswärts rechts nach der kath. Kirche und vor der Schule.

 **ESSEN UND TRINKEN**
Hervorragend speisen läßt es sich in den relativ teueren Restaurants der größeren Hotels, z.B. im *Hotel de la Bénoué* und *Relais St. Hubert*.
    Außerdem gibt es viele kleine **Circuits** im Quartier, z.B. *Le Berry* (gegenüber dem Kino *Ribadou*).

**Café-Club le Paris**
Kleines Restaurant mit abwechslungsreicher, afrik. Küche *(Ndolé* etc).
**Chez Patrick Simon**
Im Viertel Plateau (u.a. Kapitänfisch, teuer); Snackbar.
**Le Marengo**
Gegenüber vom Supermarkt CGD.
**Les Falis Bergères**
Tel. 27 13 71; in Pitoa (17 km nördlich). Restaurant auf dem Land mit angenehmer Atmosphäre; man ißt im Freien. Spezialität ist gegrilltes Hühnchen.

**NOTFALL**
*Krankenhaus/Notruf*
Tel. 27 14 14

*Apotheken*
**Pharmacie de la Bénoué**
Tel. 27 11 64

**Pharmacie du Nord**
Tel. 27 13 79

 **RUND UMS AUTO**
*Autowerkstätten*
**Cami Toyota**
Tel. 27 12 98
**Renault Cameroun**
Tel. 27 11 34
**S.E.A.C. Mercedes Benz**
Tel. 27 12 67

Eine gute Werkstätte mit Ersatzteilen gibt es gegenüber der protestantischen Mission.

*Autovermietung*
**Hertz**
im *Hotel La Bénoué* (s. o.).

 VERKEHRSVERBINDUNGEN
*Flüge*
**Internationaler Flughafen**
Tel. 27 14 81; Straße in Richtung Maroua, Abzweigung links. Es geht einmal wöchentlich ein Flug mit *Cameroon Airlines* von *Paris* direkt nach Garoua und zurück.

**Inlandsflüge**
Es herrscht Flugverkehr von Garoua nach (je nach Zwischenlandungen):
➡ *Douala*
    täglich (Flugzeit 2 Std.)
➡ *Yaoundé*
    täglich (1–3 Std.)
➡ *Maroua*
    4 x wöchentlich (30 Min.)
➡ *Ngaoundéré*
    4 x wöchentlich (40 Min.)

**Flugbüro**
*Cameroon Airlines*
B.P. 66, Tel. 27 10 55 (Reservierungen); Büro am Flughafen: Tel. 27 14 81.

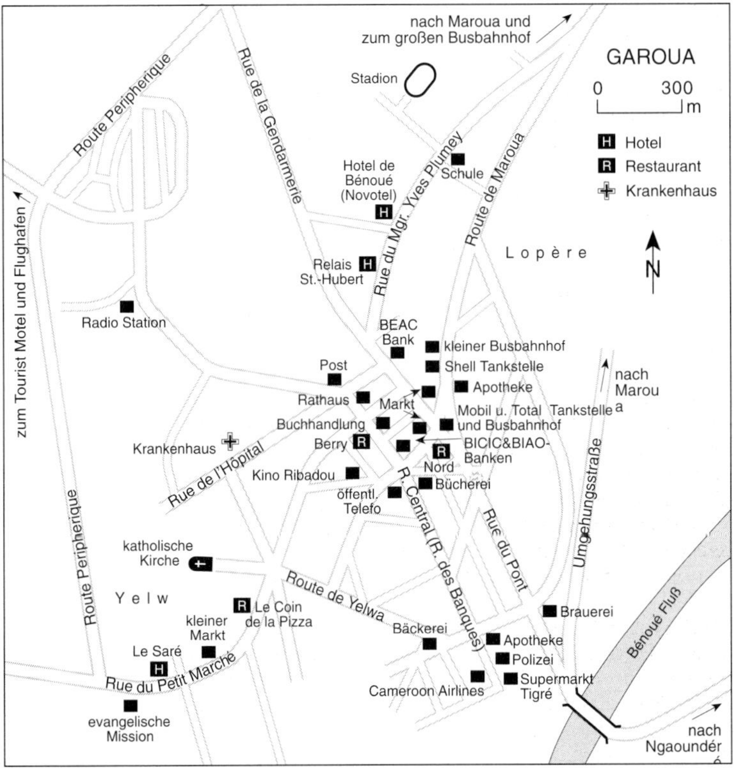

nach Maroua und
zum großen Busbahnhof

GAROUA

0          300
|————————|m

**H** Hotel
**R** Restaurant
**✚** Krankenhaus

Route Peripherique

Rue de la Gendarmerie

Stadion

Hotel de
Bénoué
(Novotel) **H**

Schule

Rue du Mgr.-Yves-Plumey

Route de Maroua

L o p è r e

N

zum Tourist Motel und Flughafen

Relais
St.-Hubert **H**

Radio Station

BEAC
Bank

kleiner Busbahnhof

Post

Shell Tankstelle

Rathaus

Apotheke

nach
Marou
a

Markt

Buchhandlung

Mobil u. Total Tankstelle
und Busbahnhof

Krankenhaus ✚

Berry **R**

BICIC&BIAO-
Banken

Rue de l'Hôpital

Nord **R**

Kino Ribadou

Bücherei

R. Central (R. des Banques)

öffentl.
Telefo

katholische
Kirche ✚

Route de Yelwa

Umgehungsstraße

Rue du Pont

Y e l w

Le Coin **R**
de la Pizza

kleiner
Markt

Bénoué Fluß

Le Saré **H**

Bäckerei

Brauerei

Rue du Petit Marché

Apotheke

Polizei

evangelische
Mission

Cameroon Airlines

Supermarkt
Tigré

nach
Ngaoundér
é

Route Peripherique

---

### Busse/Taxis

Es gibt Bus-/Sammeltaxi-Verbindungen nach *Ngaoundéré* (286 km); *Maroua* (212 km) via *Figuil* (93 km); *Guider* (103 km) und in die umliegenden, kleineren Orte.

Der **Busbahnhof** liegt an der Straße Richtung *Maroua*, kurz außerhalb der Stadt.

Es verkehren außerdem überall in Garoua **Stadttaxis** *(Ramassage* und *Course)*.

### Straßenverbindungen

Garoua liegt an der **Hauptverkehrsverbindung** (sehr gute Teerstraße) von *Ngaoundéré* über *Maroua* nach *Kousséri* (Grenze Tschad). Ein Weiterkommen entlang dieser Straße ist kein Problem. Die direkte Route von Garoua in die Mandaraberge (via *Dourbeye)* ist bis Dourbeye wegen Überfällen gesperrt. Deshalb muß der Umweg über Guider eingeschlagen werden (s. Seite 456).

SONSTIGES

*Reisebüro*
**Nord Safari**
Immeuble Cerealier,
B.P. 1053, Tel. 27 23 26.

*Polizei*
Tel. 17 und 27 14 00

*Buchhandlung*
**Librairie Universelle**
Tel. 27 18 08

*Supermarkt CDG*
Der Markt ist gut sortiert und von einem Deutschen betrieben; es gibt dort Campinggas-Kartuschen.

Außerdem gibt es in Garoua ein **Postamt** (Tel. 27 23 01) und **Banken**.

 AUSFLÜGE

★ *La mare aux hippopotames*
Zu deutsch der „Flußpferd-See", 22 km hinter Garoua. Hier gibt es lange schon keine Flußpferde mehr. Die große Wasserstelle dient jetzt als Tränke für die Viehherden. Es gibt viele Vögel in der Umgebung. Ein Ausflug ist jedoch nicht unbedingt lohnend!

★ *Markt von Gashiga*
17 km entfernt auf der Piste von Garoua nach *Mokolo* liegt das kleine, sehr authentische Dorf Gashiga mit einem pittoresken **Markt am Montag** (ähnlich dem Markt von *Pitoa).*

★ *Mont Tinguelin*
Die Anhöhen am Mont Tinguelin (745 m) sind bewohnt von der Ethnie

![Am Straßenrand in Garoua]

*Am Straßenrand in Garoua*

der *Fali*. Um die kleinen Dörfer zu erreichen, zweigt man 15 km hinter *Gashiga* rechts auf eine Piste ab (unbeschildert). Es empfiehlt sich, einen Führer mitzunehmen. Nach weiteren 15 km läßt man den Wagen stehen und läuft zu Fuß. Für den Ausflug benötigt man einen Tag. Die Fali sind Fremden und vor allem Kameras gegenüber sehr distanziert.

★ *Markt von Pitoa*
An der Hauptstrecke Richtung *Maroua*, 17 km hinter Garoua, liegt das Dorf *Pitoa*. **Jeden Sonntag versammeln sich** hier den ganzen Tag über (am schönsten morgens) auf einem riesigen, schattigen Platz **die Ethnien der Umgebung zu einem der reizvollsten Märkte Nordkameruns.** Neben den *Fulbe* kommen vor allem *Fali* über weite Strecken zu Fuß hierher, um ihre Produkte anzubieten. Diese Volksgruppe lebt noch ganz in ihren alten Traditionen, die Frauen fallen auf durch wunderschöne Haartrachten und reichen Schmuck. Sammeltaxis fahren von Garoua aus nach Pitoa. Hier gibt es das Restaurant *Les Falis Bergères* (siehe Restaurants Garoua).

## Garoua – Maroua

➟ 197 km Teerstraße
Von Garoua nach Maroua führt eine sehr gute Teerstraße; die Fahrzeit (direkte Route) beträgt ca. drei Stunden.

Hinter Garoua beginnt allmählich der staubige und trockene Sahel. Zunächst herrscht eine flache Landschaft mit vielen kleinen Rundhüttendörfern vor, zeitweilig Buschland. Im November/Dezember werden die zahlreichen Baumwollfelder des Umlands abgeerntet. Die

weißen Baumwollballen, die zum Transport fertiggemacht sind, leuchten aus der braun-gelb-getönten Landschaft.

In **Pitoa** (17 km) gibt es Treibstoff.
Bei **km 76** ist **Sorawel** erreicht. In der Umgebung der Ortschaft finden sich die ersten Berge entlang der Straße, ab hier wird die Landschaft etwas interessanter.

In Sorawel gabelt sich die Straße: rechts Abzweigung nach *Figuil* (km 88) und Maroua, geradeaus nach *Guider* (siehe unten).

### *Abstecher nach Peské Bori*
Eine Fahrt nach Peské Bori ist ein lohnender Umweg, jedoch zeitaufwendig. Einige 100 m vor der Gabelung der Teerstraßen (siehe oben) zweigt in Sorawel links eine Piste ab (schlechter Zustand, in der Trockenzeit mit Pkw passierbar) in Richtung *Boussoum*. Interessante Landschaft auf etwa 800 bis 1000 m Höhe mit kahlen Hügeln, von riesigen Felsblöcken übersät wie ein großer Geröllhaufen. Hier lebt die Ethnie der *Fali* recht abgeschieden in ihren Dörfern. Bei der ersten Gabelung der Piste links fahren. Danach kommt nochmals eine Gabelung (beschildert): rechts geht es nach Peské Bori, links nach *Babouri*. Fahren Sie rechts weiter, bis nach 39 km (ab Sorawel) Boussoum erreicht ist. Unterwegs sind teils felsige Streckenabschnitte anzutreffen, einige Mayos sind auf Furten zu überqueren; oft ist die Fahrt nur im Schritt-Tempo möglich.

Die Verbindungsstraße *Dourbeye – Guider* ist geteert; ab Boussoum rechts sind es nach Guider noch 31 km.

Von Boussoum aus links, geht es über *Mayo Oulo* in Richtung Norden nach *Douroum* (57 km, extrem schlechte Piste, auch in der Trockenzeit mit Pkw nur sehr langsam befahrbar).

### Abstecher zu den Gorges de Kola

Am Ortsausgang von Sorawel links Teerstraße Richtung *Guider* (21 km). Einige km vor der Stadt rechts Piste zu den *Gorges de Kola* (ausgeschildert), die (wenige km) zum *Mayo Louti* führt. Von hier aus geht es zu Fuß im ausgetrockneten Flußbett (Trockenzeit!) zu den schwarzen Felsen, die man von ferne sieht. Schon bald befindet man sich in einer Schlucht, eingerahmt von bis zu 20 m hoch aufragenden Felsmauern, die das Wasser in vielen Jahren hier ausgewaschen hat.

### Guider

Guider ist der Hauptort des Verwaltungsbezirks *Mayo Louti*. In diesem größeren Ort gibt es einen interessanten **Markt am Freitag**. Neben Vieh werden hier vor allem Töpferwaren angeboten, die Frauen von Guider sind bekannt für ihre geschickte Handwerkskunst. Berühmt sind auch die Feste und Tänze der *Guidar* (Ethnie), die jährlich im Oktober nach der Ernte stattfinden.

Es gibt ein **Postamt**, einen **Arzt** (Tel. 27 51 98), eine **Apotheke,** eine **Katholische Mission** und einen **Busbahnhof** (Sammeltaxis nach *Maroua, Mokolo, Garoua* u.a.).

Über die Piste Richtung *Bidzar* (21 km) erreichen Sie nach den Abstechern wieder die Hauptstrecke von Garoua

nach Maroua, die weiterhin durch steinige und trockene Landschaft entlang einiger Dörfer führt. Im Dorf **Figuil** es Wasser am Brunnen direkt hinter der **Tankstelle** (Treibstoff).

In Figuil geht es rechts ab in Richtung Tschad. Nächster Ort hinter der Grenze ist *Léré.* Dieser Übergang empfiehlt sich für Reisen in den Süden des Tschad.

In *Salak* befindet sich der **Flughafen** von Maroua.

## Maroua

Maroua ist Hauptort der Provinz *Extrême Nord* und des Verwaltungsbezirks *Diamaré.* 400 m ü.NN gelegen ist Maroua mit ca. **150 000 Einwohner**n viertgrößte Stadt des Landes (nach Douala, Yaoundé und Garoua).

Maroua ist das **Herz des Nordens**, **touristischer Hauptanziehungspunkt** und idealer Ausgangsort für Erkundungen in die nähere und weite Umgebung: *Waza-Nationalpark, Mandara-Berge* und *Roumsiki* sowie die Ebenen am *Logone*-Fluß können von hier aus an einem Tag erreicht werden. Aber auch die Stadt selbst hat viel zu bieten: Neben ihren guten Unterkunfts- und Versorgungsmöglichkeiten bietet sie auch einige Sehenswürdigkeiten.

Die Stadt liegt an den Ausläufern der Mandara-Berge und an beiden Ufern des *Mayo Kaliao*. In der kurzen **Regenzeit von August bis November** spült der Fluß das Wasser aus den Mandara-Bergen herunter in die Ebene. Während der lange anhaltenden Trockenzeit führt der Fluß jedoch kein Wasser und es bleibt ein breites, sandiges Flußbett zurück, das bis auf

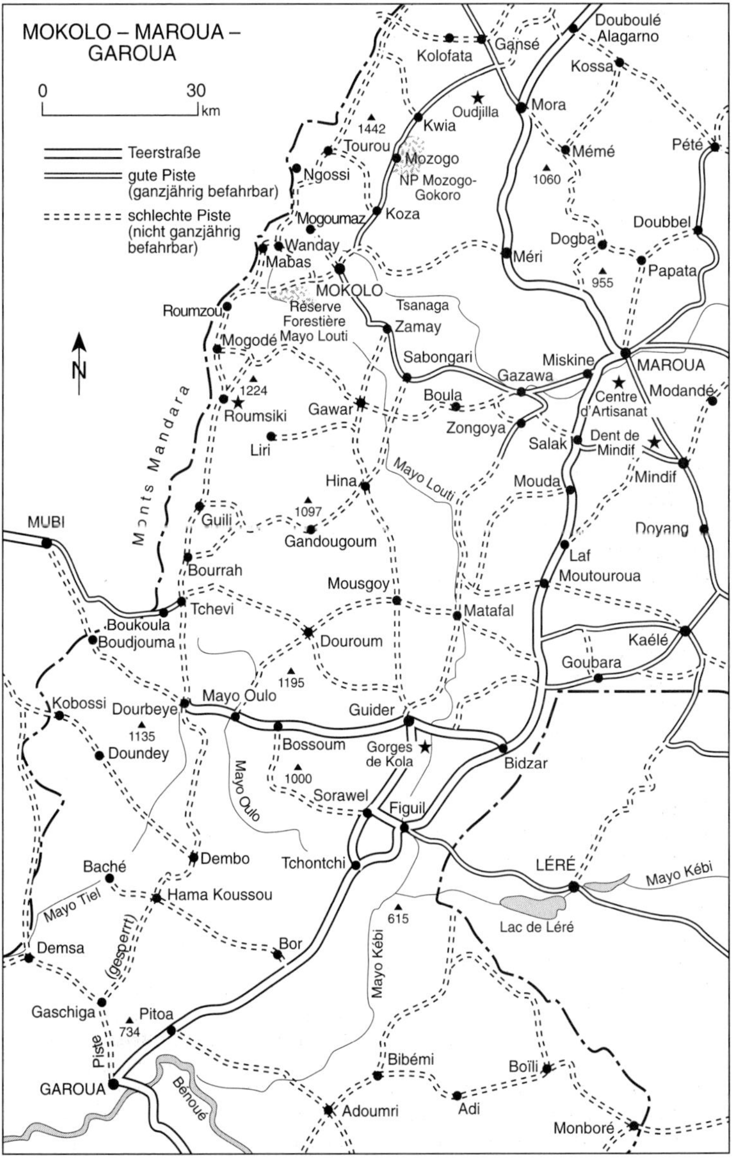

# MOKOLO – MAROUA – GAROUA

```
0          30
|_____| km
```

════════ Teerstraße

──────── gute Piste
         (ganzjährig befahrbar)

= = = = = schlechte Piste
         (nicht ganzjährig
         befahrbar)

**N** ↑

Doubaulé Alagarno
Kolofata   Gansé
Kossa
Mora
Kwia   Oudjilla
▲1442
Tourou   Mozogo
Ngossi   NP Mozogo-Gokoro
Mémé
Pété
▲1060
Mogoumaz   Koza
Doubbel
Wanday   Méri   Dogba
Mabas   ▲955   Papata
Roumzou   MOKOLO
Réserve   Tsanaga
Forestière   Zamay
Mogodé   Mayo Louti
Sabongari   Miskine   MAROUA
Gazawa   Modandé
▲1224   Boula   Centre
Roumsiki   Gawar   Zongoya   d'Artisanat
Liri   Salak   Dent de
Mindif
Hina   Mouda   Mindif
Guili   ▲1097   Mayo Louti
Gandougoum   Doyang
MUBI   Bourrah   Laf
Mousgoy   Moutouroua
Tchevi   Matafal
Boukoula   Douroum   Kaélé
Boudjouma   Goubara
▲1195
Kobossi   Mayo Oulo
Dourbeye   Guider
▲1135   Bossoum   Gorges   Bidzar
Doundey   de Kola
Mayo Oulo   ▲1000   Sorawel   Figuil
Baché   Dembo   Tchontchi   LÉRÉ
Mayo Tiel   Hama Koussou   Mayo Kébi
Demsa   Bor   ▲615   Lac de Léré
Gaschiga   Pitoa
Piste   ▲734
(gesperrt)
GAROUA   Bibémi   Boïli
Bénoué   Adoumri   Adi
Monboré

**Monts Mandara**

**Mayo Oulo**

**Mayo Kébi**

wenige Rinnsale ausgetrocknet ist. Mit Kalebassen schöpfen Frauen daraus ihre Eimer und Schüsseln voll und balancieren sie auf den Köpfen nach Hause. Einige waschen ihre Wäsche gleich vor Ort. Hirten treiben Rinder und Ziegen zum Schlachthof oder zu neuen Weiden. Den ganzen Tag über herrscht ein lebhaftes Hin und Her im breiten, sonnenverbrannten *Mayo Kaliao*.

Mit seinen schattigen Alleen (hauptsächlich Neem-, einige Mango- und Zedrach-Bäume), den einfachen Lehmhäusern der *Quartiers* und den vielen kleinen Handwerksbetrieben hat sich Maroua trotz seiner Größe einen ländlichen Charakter und eine recht **gemütliche Atmosphäre** bewahrt. Kaum ein Gebäude ist mehr als zwei Stockwerke hoch. Viele Verkehrswege sind nicht geteert, und Autos und Mofas wirbeln den ganzen Tag Staub auf. Es herrscht eine trockene Hitze, die aber angenehmer ist als z.B. in Garoua.

Maroua gehört zu den wichtigsten islamisch geprägten Städten des Landes, der Einfluß der *Marabouts* ist hier noch sehr lebendig. Die Moscheen sind wie überall im Norden Mittelpunkt des Stadtbilds. Aber auch wirtschaftlich und kunstgewerblich spielt die Stadt eine herausragende Rolle. Nirgendwo sonst im Land gibt es ein so ausgeprägtes Handwerk wie hier, es werden Stoffe gewebt, Leder gegerbt, es wird geschnitzt, getöpfert und geschmiedet.

## Sehenswürdigkeiten

### ★ Diamaré-Museum

Direkt am Haupteingang des Marktes befindet sich links das Diamaré-Museum (Eintritt frei). Hier finden sich neben viel verstaubtem Ramsch auch einige interessante kunsthandwerkliche Gegenstände der Ethnien im Norden: Schmuck der *Massa* und *Mousgoum*, Tonpfeifen der *Kapsiki*, verzierte Kalebassen und alte Musikinstrumente. Verglichen mit anderen Museen (z.B. Yaoundé oder Foumban) ist dieses Museum jedoch nicht besonders sehenswert.

**Öffnungszeiten:** Mo bis Sa 8 bis 12 Uhr und 14.30–17.30 Uhr.

### ★ Kunsthandwerkszentrum

Im rechten Flügel der Arkaden am Markteingang ist das Kunsthandwerkszentrum untergebracht, ein großes „Lager", in dem man Schmuck, Leder- und Holzarbeiten kaufen kann. Es scheint dort alles **speziell für Touristen** gefertigt zu sein. Schönere Gegenstände findet man (nachmittags) bei den Händlern auf der Terrasse des Hotels *Porte Mayo*. In jedem Fall sollte man kräftig um die Preise handeln.

Es lohnt sich, auf den Turm des Markteingangs zu steigen: von oben eröffnet sich ein schöner Ausblick auf die Stadt.

### ★ Der Markt

Der Hauptanziehungspunkt Marouas ist der Markt, **einer der wichtigsten Kameruns**, der **täglich** stattfindet (großer Markttag am Montag). Man kann sich hier gut mehrere Stunden aufhalten und vor allem auch ausreichend mit Reiseproviant eindecken. Auf dem riesigen Areal befindet sich eine Vielzahl von Ständen, teilweise nach Waren geordnet. In kleinen Gäßchen, in die nur wenig Licht fällt, bieten die Händler bunte afrikanische Stoffe, Kleider, Gewürze, Töpfe und Elektrogeräte, Musikkassetten, Möbel, Früchte und Gemüse, Getreide und Fleisch an. Unzählige Kleinstunternehmer haben an

*Fulbemädchen in Maroua*

allen Ecken und auf engstem Raum ihre Werkstätten: Töpfer, Mechaniker, Friseure, Metzger, Schneider, Schmiede, Gerber, Radioverkäufer, Fahrradvermieter. Viele der angebotenen Produkte stammen aus Nigeria und werden daher preiswerter angeboten als in anderen Städten des Landes. Jungen mit ihren *Pousse-Pousse*, den zweirädrigen Karren, haben sich am Rande des Marktes angesiedelt und fungieren als „Transportunternehmen". Der Markt wird vorwiegend von Fulbe besucht, aber auch von den verschiedensten Ethnien der Umgebung.

### ★ *Die traditionellen Apotheken*
Außerhalb des großen Marktes, entlang der Straße unter großen, schattigen Bäumen, haben die Naturheiler ihre traditionellen Apotheken aufgebaut. Kräuterhändler und Pflanzenmediziner bieten „magische Arzneimittel" an: Kräuter, getrocknete Wurzeln, Rindenstücke, Pulversäckchen, Flaschen mit farbiger Flüssigkeit oder ungewöhnliche „Gris-Gris". Jedes Amulett hat seine besondere Wirkung, die der Apotheker gerne erklärt. Maroua ist bekannt für seine traditionelle Medizin und die vielen *Marabouts*.

### ★ *Kooperative der Weber*
Die Kooperative der Weber befindet sich nahe dem Hotel *Le Saré* hinter der Tankstelle rechts in einem modernen Gebäude. Hier arbeiten die Weber nach traditionellen und modernen Methoden, zum Verkauf (zu festen Preisen) werden bestickte Servietten, Kleider, Hemden und vieles mehr angeboten.

**Öffnungszeiten:** Mo bis Sa 9 bis 12 Uhr und 14.30–17 Uhr.

**Der Norden**

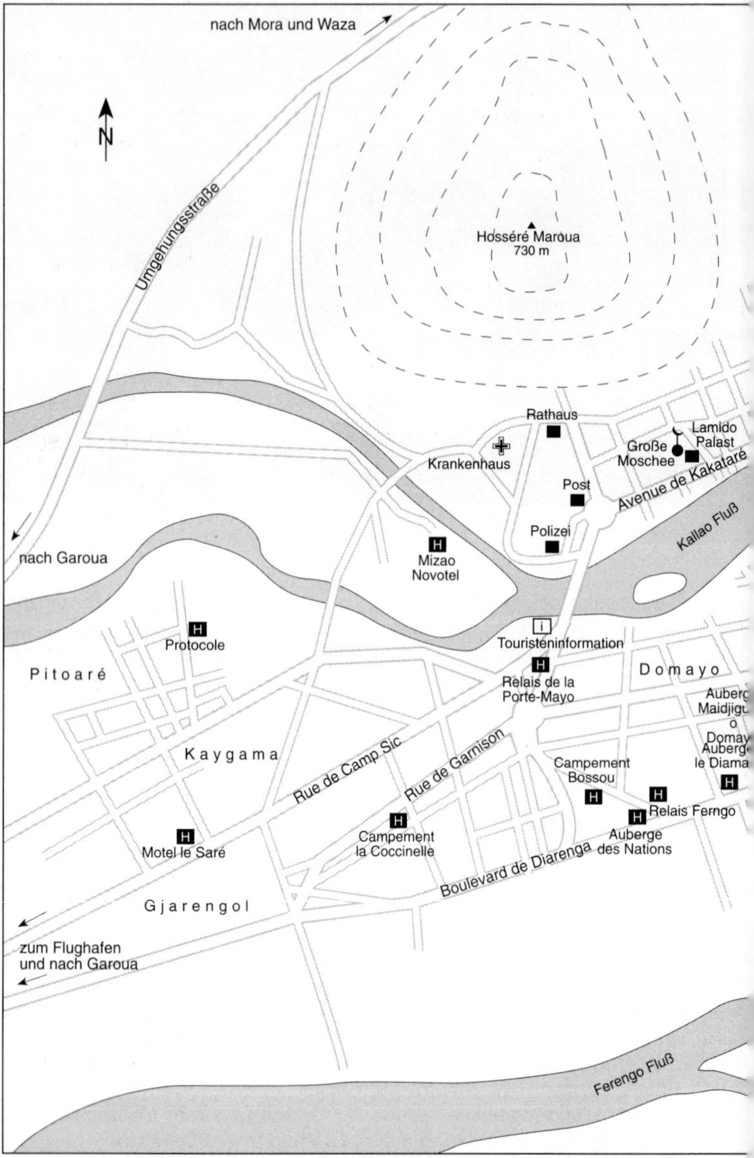

nach Mora und Waza

N

Umgehungsstraße

Hosséré Maroua
730 m

Rathaus

Lamido
Palast

Große
Moschee

Krankenhaus

Post

Avenue de Kakataré

Polizei

Kallao Fluß

nach Garoua

Mizao
Novotel

Touristeninformation

Protocole

D o m a y o

P i t o a r é

Relais de la
Porte-Mayo

Auberg
Maidjigu
o

Domay
Auberge
le Diama

K a y g a m a

Rue de Camp Sic

Rue de Garnison

Campement
Bossou

Campement
la Coccinelle

Relais Ferngo

Motel le Saré

Auberge
des Nations

Boulevard de Diarenga

G j a r e n g o l

zum Flughafen
und nach Garoua

Ferengo Fluß

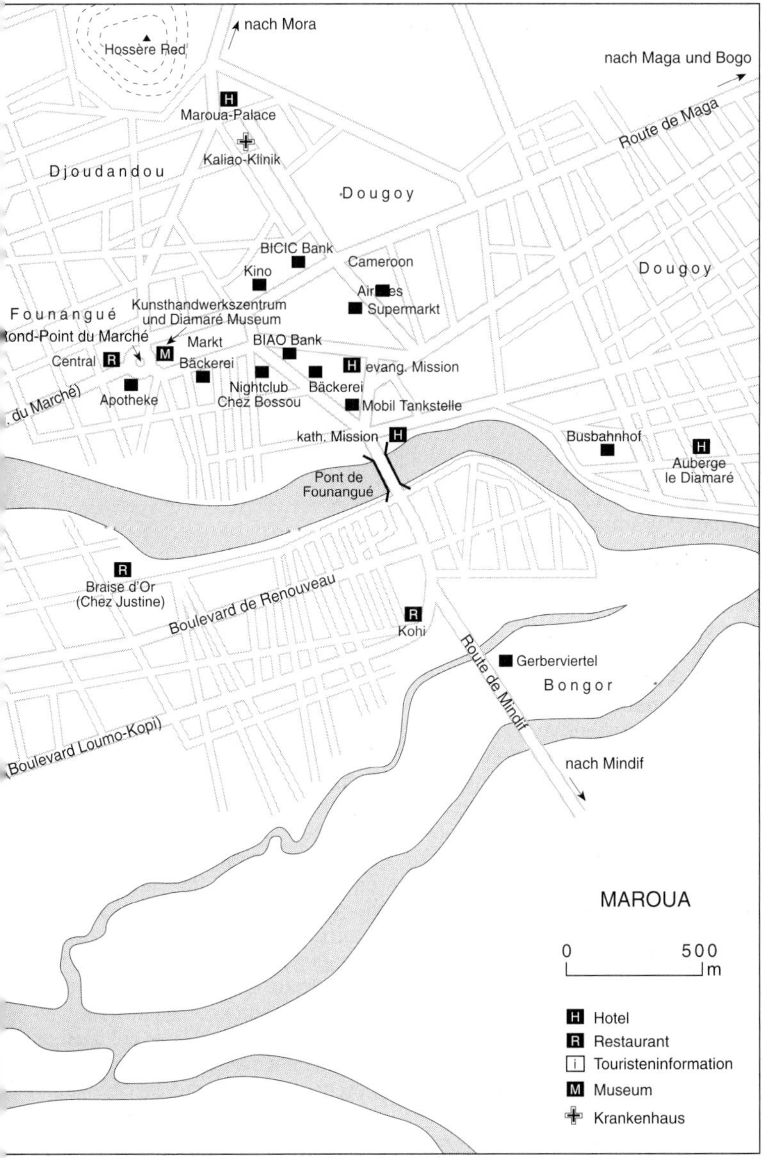

nach Mora

Hossère Red

nach Maga und Bogo

Route de Maga

Maroua-Palace

Kaliao-Klinik

Djoudandou

Dougoy

Dougoy

BICIC Bank

Kino

Cameroon

Air ...es

Supermarkt

Founangué
Rond-Point du Marché

Kunsthandwerkszentrum
und Diamaré Museum

Markt

BIAO Bank

Central

Bäckerei

evang. Mission

, du Marché)

Apotheke

Nightclub
Chez Bossou

Bäckerei

Mobil Tankstelle

kath. Mission

Busbahnhof

Auberge
le Diamaré

Pont de
Founangué

Braise d'Or
(Chez Justine)

Boulevard de Renouveau

Kohi

Gerberviertel

Route de Mindif

Bongor

Boulevard Loumo-Kopi)

nach Mindif

MAROUA

0          500
└─────────┘ m

Hotel

Restaurant

Touristeninformation

Museum

Krankenhaus

Der Norden

*Gerber in Maroua*

### ★ Das Viertel der Gerber

Viel interessanter noch ist das Viertel der Gerber, die sich (wegen des penetranten Gestanks dieser Arbeit) draußen am südöstlichen Stadtrand niedergelassen haben. Vom Markt kommend fährt man zur Brücke über den Kaliao (Richtung *Mindif*), überquert diese und nimmt die dritte Abzweigung nach links. Nach etwa 500 m sieht man die große Baracke und den Eingang zum Gerberviertel. Gegen eine kleine Gebühr wird Ihnen ein Führer **die einzelnen Arbeitsgänge** genau erklären und Sie auf dem weitläufigen Gelände herumführen. Fürs Fotografieren werden u. U. nochmals kleine Trinkgelder erwartet. Bis zu den Knien stehen die Gerber in mit stinkender Gerbflüssigkeit gefüllten Erdlöchern und bearbeiten die verschiedenen Häute von Rindern, Schafen, Ziegen,

Waranen, Python- und andere Schlangen sowie Krokodilen in verschiedenen Arbeitsgängen. Dazu ist die Flüssigkeit mit unterschiedlichen Naturprodukten versetzt, z.B. Holzkohle, Kalk, dem Mist bestimmter Vögel oder den zerstampften Samenkörnern einer Akazienart. Die Tierhäute werden eingeweicht, gewaschen und abgeschabt, die Arbeit der Gerber ist überaus mühsam. Auf Gestellen oder an Leinen aufgehängt trocknen die Häute dann in der Sonne. Erst nach Tagen oder Wochen ist das jeweilige Stück fertig. Aus den gegerbten Häuten stellen die Handwerker in der Stadt Brieftaschen, leichte Sandalen, Schuhwerk, Taschen, Koffer und Gürtel her. Maroua ist weit über die Stadt hinaus für seine geschickte Lederverarbeitung bekannt. Wer sich mit Lederarbeiten eindecken will, der ist bei der Handwerkergenossenschaft am Zentralmarkt an der richtigen Adresse. Aber auch die kleinen Sattlerbetriebe in den *Quartiers* lassen sich bei Ihrer Arbeit zusehen und fertigen auf Bestellung.

Am anderen Ende der Stadt arbeiten die **Schmiede**. Unter wellblechbedeckten Ständen wird gehämmert und gefeilt. Das Rohmaterial, Blattfedern oder anderes Alteisen, wird in einem Ofen geschmolzen. Die verarbeiteten Produkte werden gleich zum Kauf angeboten, zum Beispiel Hacken und Schaufeln, Sicheln, Messer, Nägel usw.

Davon gleich gegenüber liegt der **Schlachthof** Marouas, auf dem von morgens bis zum frühen Nachmittag gearbeitet wird. Das Vieh wird im Freien geschlachtet, an großen Haken sind die Fleischstücke aufgehängt und werden gleich vor Ort an die Händler verkauft.

Maroua ist **ideal zum Ergänzen des Reiseproviants** (es gibt sogar einen großen Supermarkt mit dt. Besitzer, der Tiefkühlkost (!), Eis etc. führt, s. Praktische Informationen unter Sonstiges), zum Beschaffen von Ersatzteilen (gute Werkstätten!), für Ausflüge und Wanderungen in die Umgebung, für Begegnungen mit den freundlichen Menschen hier im Norden und zum Eintauchen in den afrikanischen Alltag. Doch sollte das quirlige Treiben der Märkte, das gute europäische Warenangebot und die üppige Vegetation mit großen Mangobäumen entlang der Straße nicht darüber hinweg täuschen, daß der **Norden sehr arm** ist, der ausgelaugte Boden der Savanne und Steppe nur noch die genügsamsten Tiere ernährt und die Bewohner der dürren, rissigen Erde nur mit Mühe die karge

Hirseernte abgewinnen. Je weiter man nach Norden kommt, um so kürzer wird die Regenzeit. Maroua hat nur noch ein Fünftel der Niederschläge von Douala und Temperaturen um die 40 Grad. Flußläufe, die Mayos, sind die meiste Zeit des Jahres ausgetrocknet.

## PRAKTISCHE INFORMATIONEN

### TOURISTENINFORMATION
***Touristenbüro***
Ein Touristenbüro befindet sich gleich gegenüber dem *Hotel Porte Mayo*; Tel. 29 11 65

***Touristenführer***
**Jean-Remy Zra Feu Teri**
Guide No 001, B.P. 507, Maroua (oder via Porte Mayo). Jean-Remy begleitet Touren in Maroua, Mokolo und Roumsiki, im Sammeltaxi, mit dem Mofa, zu Fuß oder mit dem Pferd. Er gibt ausgezeichnete Informationen zu Tradition und Kultur der Ethnien in den Mandara-Bergen und kennt schöne Plätze. Sie sollten jedoch kräftig um den Preis verhandeln, denn Jean-Remy ist nicht bescheiden.

### UNTERKUNFT
***Hotels der Mittelklasse***
**Motel Le Saré**
B.P. 11, Tel. 29 12 95 und 29 11 94. Im besten Hotel Marouas (unter französisch-kanadischer Leitung) gibt es zwölf klimatisierte Zimmer (ab ungefähr CFA 20 000) mit Bad/WC, die hübsch mit Rattan eingerichtet und dekoriert sind. Außerdem verfügt das Le Saré über ein Restaurant, eine Bar und ein großes Schwimmbad in einem schönen, üppig grünen Garten. Es ist etwas außerhalb gelegen; zum Zentrum sind es 45 Min. zu Fuß. Der Ser-

**Der Norden**

vice im Hotel ist freundlich und es herrscht eine angenehme Atmosphäre in absolut ruhiger Lage.

## Mizao

B.P. 205, Tel. 29 13 00, Fax 29 13 04, etwas außerhalb des Zentrums. Das Hotel ist in ruhiger Lage am Ufer des Mizao Flusses, 3 Min. vom Markt entfernt. Es gehört zur gehobenen Mittelklasse, ist jedoch schon etwas älter. Die weitläufige Anlage beherbergt einen Garten, einen Swimmingpool, einen Tennisplatz, eine Bar, ein Restaurant, einen Nachtclub und 54 Zimmer mit Klimaanlage, Dusche/WC ab ca. CFA 19 000. Die Mietung von Fahrzeugen ist möglich.

## Maroua Palace

B.P. 381, Tel. 29 12 24 und 29 14 24, Fax 29 15 25, etwas außerhalb des Stadtzentrums. Relativ neues, etwas steriles, großes Hotel mit 53 geräumigen Zimmern mit Klimaanlage, Dusche/WC (ab ca. CFA 19 000). Es gibt ein Restaurant (gutes Essen), eine Bar und einen schönen Swimmingpool. Offiziell hat das Hotel 3-Sterne, aber eigentlich entspricht es mehr. Die Mietung von Geländewagen und Organisation von Ausflügen ist möglich.

## Hotel Relais de la Porte Mayo

B.P. 112, Tel. 29 33 56; im Quartier Kaygama (zentral), kurz nach der Brükke über den Kaliao. Das Hotel unter deutsch-französischer Leitung bietet 22 klimatisierte Zimmer mit Dusche und WC (ab ca. CFA 14 000), eine Bar, eine Telefonkabine (auch für Auslandsgespräche, funktioniert fast immer) und Mahlzeiten für ca. CFA 4000 im gemütlichen Restaurant mit großer Terrasse. Auch wenn man nicht im Hotel wohnt, sollte man die ausgezeichnete Küche einmal probiert haben. *Reinhard Visse*, der Leiter des Hotels, gibt gerne Tips für Unternehmungen in und um Maroua, vermittelt Führer und Autos. Im Garten des Hotels stellen Kunsthandwerker ihre Waren (u.a. Leder, Schmuck, Decken, Masken) aus. Hier macht man oft bessere Funde als auf dem Markt, jedoch sollte man kräftig verhandeln! Ein gemütliches Hotel mit freundlichem Service, das als Treffund Anlaufpunkt eine der besten Adressen von Maroua ist. Herr Visse betreibt außerdem eine Autowerkstatt und vermittelt Ausflüge nach Roumsiki und Umgebung. Geldwechsel ist im Hotel gegen Gebühr möglich.

## *Preiswerte Unterkünfte*
### Relais Ferngo

B.P. 220, Maroua (kein Telefon); im Stadtteil *Domayo* gelegen. Das Hotel ist eine Dépendance des Hotel Porte Mayo; ebenfalls unter deutscher Leitung. Es gibt zehn einfache und saubere Zimmer in Rundbungalows (ab ca. CFA 7500) mit Klimaanlage, Dusche/WC sowie eine Bar und ein Restaurant mit kleiner Terrasse. Reservierungen erfolgen über das Hotel Porte Mayo. Das Ferngo ist gut erreichbar an der Einfallstraße nach Maroua (von Garoua kommend) gelegen. Hier besteht auch die Möglichkeit zum **Campen** (ca. CFA 1500 pro Nacht).

### Auberge des Nations

B.P. 384, Tel. 29 25 49, gleich in der Nähe des Relais Ferngo. Hier gibt es sechs klimatisierte Zimmer mit Dusche und WC ab ca. CFA 7500. Das Hotel ist sehr sauber und günstig; es gibt ein kleines gemütliches Restaurant mit Terrasse.

### Auberge du Diamaré

B.P. 519, Tel. 29 26 68, im Quartier Dougoy. Die Auberge wurde im September 1990 eröffnet; es ist eine kleine, einfache, sehr saubere und recht ordentliche Unterkunft mit 14 Zimmern (davon zehn ventiliert, kaltes Fließwasser, Zimmer ab CFA 5500) und einem Restaurant. Dieses afrikanische Quartier ist eine gute Alternative zu den teuren Unterkünften der Stadt!

### Hotel Protocole
B.P. 429, Tel. 29 14 39. Im Hotel Protocole gibt es 5 klimatisierte, schöne und saubere Zimmer mit Dusche und WC (ab ca. CFA 10 000), eine Bar und ein Restaurant (gute Küche, der italienische Besitzer braut einen ausgezeichneten Kaffee). Es wurde 1988 eröffnet, hat wenig Atmosphäre und ist etwas ungünstig gelegen, wenn man kein eigenes Fahrzeug hat (etwas außerhalb).

### Auberge Maidjiguilao Domayo
B.P. 353, im Quartier Domayo (gut beschildert).

### Chez Justine
Im Chez Justine gibt es 18 sehr einfache und nicht besonders saubere, kleine Zimmer mit Dusche (ohne Ventilation oder Klimatisation, ab ungefähr CFA 4500).

### Baptistenmission
neben dem Marché Central. Die Mission gibt evtl. auch an Reisende Quartier (Zimmer ab ca. CFA 3000).

### *Campements*
### Campement La Coccinelle
B.P. 299, (kein Telefon). Im Campement gibt es acht einfache und saubere Zimmer mit Ventilation oder Klimaanlage ab ca. CFA 4500.

### Campement Boussou
B.P. 13, im Quartier Domayo gegenüber der *Ecole publique*. Das Campement bietet acht strohgedeckte Boukarous mit Dusche (kalt) in einem kleinen Innenhof. In der sehr preiswerten

und einfachen Unterkunft ohne Restaurant kosten Zimmer ca. CFA 4500.

### ESSEN UND TRINKEN
### *Restaurants*
### Restaurant Hotel Porte Mayo
Im Hotelrestaurant des Porte Mayo gibt es eine schöne Gartenterrasse mit ausgezeichneter europäischer Küche; hier treffen sich viele Europäer.

### „La Braise d'Or" (Chez Justine)
An der Straße vom Relais Ferngo zum Stadion. Im Circuit mit kleinem Innenhof wird man sehr nett empfangen. Es gibt kamerunische Küche: Poulet braisé, Capitaine (Fisch), Ndolé (Gerichte zwischen CFA 800 und CFA 3500). Justine erzählt gerne die letzten Neuigkeiten aus Maroua.

### Restaurant Kohi
Nahe der Brücke von Founangue. Das Circuit ist sauber, preiswert und serviert afrikanische Küche (keine alkoholischen Getränke).

### Restaurant Central
Hier (gegenüber dem Centre Artisanal am Markt) gibt es gute afrik. Küche.

### Restaurant des Relais Ferngo
Das Essen (europäische und afrikanische Gerichte, in der Regenzeit nur sofern Gäste da sind) wird auf der Terrasse serviert; abends gibt es manchmal lokale Musik.

### Restaurant des Hotels Le Saré
Ein Haus im Kolonialstil, geschmackvoll dekoriert mit lokalem Kunsthandwerk, ausgezeichnete Küche, aber sehr teuer.

### Jardin Djarengol
Der Jardin Djarengol liegt etwas außerhalb der Stadt in Richtung Mora und ist empfehlenswert.

### New Style
Das New Style ist Restaurant und Bar; es wird auch getanzt.

**Der Norden**

### Snack Bar Le Marengo
Die empfehlenswerte Snackbar liegt schräg gegenüber von *Cameroon Airlines* und hinter dem CGD Supermarkt.

 NACHTLEBEN
*Nightclubs*
**D A C**
Der Club der gehobeneren Art hat ab 22.30 Uhr geöffnet (Eintritt CFA 1600).
**Chez Boussou**
Bar-Dancing, hinter dem großen Markt (hat einen üblen Ruf!).
**Soko Village**
Tanz im Innenhof, Nachtbar.
**Mizao**
Nachtclub

Erkundigen Sie sich vor dem Besuch eines Nachtclubs über dessen aktuellen Ruf.

 NOTFALL
*Apotheken*
**Pharmacie du Centre**
Tel. 29 12 09
**Pharmacie Ferngo**
Tel. 29 15 43

*Krankenhaus/Notarzt*
Tel. 29 10 10

 VERKEHRSVERBINDUNGEN
*Flüge*
**Flugverbindungen**
Es herrscht eine regelmäßige, nahezu tägliche Flugverbindungen mit *Cameroon Airlines* von Maroua nach *Douala, Yaoundé, Garoua* und jeweils in die umgekehrte Richtung.
**Flughafen**
Tel. 29 10 21 (Cameroon Airlines Flughafenbüro); ca. 20 km außerhalb Marouas. Es fahren Zubringerbusse des Hotels *Relais de la Porte Mayo* (für

Gäste kostenlos) zum Flughafen; ansonst ist es schwierig dorthin zu gelangen, da Taxis rar sind.
**Flugbüro**
*Cameroon Airlines*
Tel. 29 10 50 (Reservierungen)

*Busse/Sammeltaxis*
Es gibt einen *Gare routière* mit Bus-/Sammeltaxi-Verbindungen nach *Garoua* (197 km), *Ngaoundéré* (493 km), *Mora* (60 km), *Kousséri* (260 km), *Mokolo* (80 km), jeweils auf guter Teerstraße und von/nach *Yagoua, Guider, Bogo, Kaélé, Maga, Méri* u.a. Orte.

**Preisbeispiele:**
➟ *Maroua – Garoua:* ca. CFA 3000
➟ *Maroua – Kousséri:* ca. CFA 3500
➟ *Maroua – Ngaoundéré:* ca. CFA 6500
➟ *Maroua – Mora:* ca. CFA 1000

*Stadttaxis/Mofas*
Innerhalb Marouas gibt es **Stadttaxis**, am einfachsten erreicht man sein Ziel mit den **Mofa-Taxis**. Mofas und Taxis können auch für einen halben oder ganzen Tag angemietet werden (Preis vereinbaren).

*Straßenverbindung*
Maroua liegt an der **Hauptverkehrsverbindung** (Teerstraße) von *Ngaoundéré* über *Garoua* nach Norden. Nach Norden und Süden gibt es also einen guten Verkehrsweg, in Richtung Osten und Westen dagegen nur Pisten.

 SONSTIGES
*Banken*
Die Banken wechseln keine US-Dollar in bar.
**BICIC**
Tel. 29 11 96

*Dent de Mindif*

### CGD Supermarkt

Der Supermarkt ist unter deutscher Leitung; es gibt Gaskartuschen, Campingausrüstung, Lebensmittel u.a. was das westliche Herz begehrt. Geldwechsel von FF 1:100 ist ohne Gebühr schnell und problemlos möglich. Auch für Informationen ist dies eine gute Adresse.

### Autovermietung

Erkundigen Sie sich im Hotel *Porte Mayo* bei Herrn *Reinhard Visse*. Ein Auto mit Fahrer kostet pro Tag ungefähr CFA 40 000.

In Maroua gibt es außerdem noch ein **Postamt**.

 AUSFLÜGE

Maroua ist durch seine Lage idealer Ausgangspunkt für verschiedene Unternehmungen. Wer kein Fahrzeug zur Verfügung hat, kann sich ein Auto mieten (z.B. im *Hotel Porte Mayo* oder in der Stadt). (Karte: *IGN NC-33, Garoua*, 1:1 Mio.)

### ★ Hosséré Maroua

Vom Stadtviertel *Zokok* aus bietet sich die Möglichkeit zu einer Wanderung auf den 730 m hohen Hosséré Maroua; hin und zurück sind ungefähr drei Stunden einzuplanen. Der schöne Blick über die Stadt und die *Diamaré*-Ebene, bei gutem Wetter bis zum *Dent de Mindif,* lohnt die Exkursion.

### ★ La Dent de Mindif

Dieser kleine lohnende Ausflug in das 25 km entfernte Mindif dauert etwa einen halben Tag. Die Bergspitze, die völlig allein stehend aus der weiten Ebene ragt, ist schon von weitem erkennbar. Sie hat die Form eines „Wolfszahnes", daher auch der Name *Dent*

**Der Norden**

*de Mindif.* Kommt man diesem vulkanischen Felsen näher, erkennt man, daß er großenteils aus riesigen, zusammengewürfelten Felsbrocken besteht. Es gibt keinen Pfad auf den Berg, jedoch ist eine Wanderung bis zum zweiten Gipfel möglich (Vorsicht vor losem Gestein!).

Am Fuß des Berges liegt der kleine Ort Mindif. Die **Auberge de Mindif** (etwas außerhalb des Dorfes in Richtung Maroua) bietet einfachste Unterkunft.

In der Umgebung dominieren Strauchsavanne und viele Felder das Bild, neben Hirse wird hauptsächlich Baumwolle angebaut.

**Ausflüge in die Mandara-Berge und** in das **Tal des Logone** (s.u.) entweder als Tagesausflüge oder als mehrtägige Fahrten möglich. Für Rundfahrten im Norden sollte man sich unbedingt **an den Markttagen orientieren** (s.a. Seite 84) – es lohnt sich!

## Die Logone-Ebene

Die Rundfahrt von Maroua über *Bogo*, *Maga*, *Pouss* und zurück über *Yagoua* und *Mindif* (s. unten) ist mit über 300 km für einen Tagesausflug zu weit. Empfehlenswert und lohnend ist aber ein eintägiger Abstecher von Maroua nach Maga und Pouss.

## Maroua – Maga – Pouss – Yagoua
**Bester Tag** für diese Tour ist **Dienstag** (**Markttag** in Pouss). Unterwegs gibt es keine Tankstelle und keine Versorgungsmöglichkeiten (Trinkwasser und Proviant mitnehmen!).

Man verläßt Maroua auf der guten Piste nach *Bogo* (36 km), einer von

Bäumen bestandenen Allee durch recht eintönige, flache Landschaft. In **Bogo** wird der dort stattfindende schöne **Sonntagsmarkt** (Pferde und Rinder) hauptsächlich von *Fulbe-* und *Kirdi*-Händlern besucht.

Hinter Bogo finden sich kaum mehr Bäume, in der weiten Ebene öffnen sich große Hirsefelder bis zum Horizont, die kleinen Dörfer sind von Lehmmauern umgeben. Zwischen Bogo und *Guirvidig* verläuft eine Teerstraße (aufgrund der Anbindung an die Reisfabrik).

In **Guirvidig** (**km 67**) findet samstags ein schöner, bekannter **Fischmarkt** statt, auf dem sich Fulbe und einige wenige *Mousgoum* (Ethnie) aus der Region versammeln. Das Dorf selbst mit Lehmmauern und vielen Bäumen ähnelt denen der Umgebung.

Die Piste führt nun weiter durch eine weite Überschwemmungsebene in Richtung *Logone-Fluß*, der von Yagoua bis hinauf zum Tschad-See die Grenze zum Tschad bildet. Hier wachsen viele Bäume mehr, entlang der Route sind zahlreiche, riesige Reisfelder zu sehen. Nach etwa 70 km erreicht man rechts einen Damm, der den *Maga*-See begrenzt. Die Piste, die sich oft in vielen einzelnen Wegen verliert, führt auf der vom Damm geschützten Seite entlang. Es ist auf Teilstücken auch möglich, oben auf dem Damm zu fahren. Keinerlei Beschilderungen, daher notfalls nach dem Weg fragen. In dieser Region ist es nützlich, einige Worte Fulfulde zu sprechen, denn Französisch wird kaum verstanden.

### Maga-See und Maga
Der Maga-See ist ein künstlich überflutetes Gebiet (s. auch Foto Farbteil)

und dient der kontrollierten **Bewässerung von Reis**. Der Logone wird hier zu einer riesigen Wasserfläche angestaut, die durch Schleusen je nach Jahreszeit regulierbar ist und deren Ausdehnung entsprechend schwankt. Vor dem Bau dieses Stausees wurde die Region jährlich in der Regenzeit vollkommen überflutet, heute ist hier ein Reisanbau mit zwei Ernten im Jahr und guten Erträgen möglich.

Kurz vor dem Ort **Maga** (**km 83**) befindet sich linker Hand die Reisverarbeitungsanlage *S.E.M.R.Y.*, in der der Reis geschält wird.

Der **Ort selbst ist nicht sehenswert**, die Häuser sind relativ modern mit vielen Wellblechdächern; nur noch zwei ziemlich verfallene *Cases obus* stehen hier. Schönere Bauten finden sich hinter Pouss.

Nahe Maga kann man sich am See eine **Piroge mieten** (Preis verhandeln) und mit den Fischern hinausfahren zu kleinen Inseln. Überprüfen Sie die Piroge vorher auf ihren Zustand. Dieser lohnende Ausflug dauert etwa drei bis vier Stunden (Trinkwasser und Proviant mitnehmen).

Vom Ufer aus vermutet man nur eine endlose Wasserfläche, es finden sich jedoch viele kleine Fischerdörfer auf hübschen, grünen Inseln. Der See ist meist sehr flach, unterwegs trifft man viele Fischer. In diesem **Vogelschutzgebiet** beobachtet man Reiher, Kraniche, Pelikane, Ibisse und andere Vogelarten, ab und zu lassen sich ein paar Hippos blicken. Während der Regenzeit sind die Inseln zum Teil überflutet, dann ziehen die Bewohner weiter und bauen sich anderswo ihre saisonalen Hütten. Sie gehören zur Volksgruppe der *Mousgoum*, einige wenige darunter tragen noch ihren traditionel-

len Mund- und Nasenschmuck. Früher „schmückten" sich die Frauen diverser Ethnien entlang des Logone, so die Mousgoum und *Massa*, mit **Lippenpflöcke**n. Von Jahr zu Jahr setzten sich die Frauen größere Pflöcke ein, so daß ihre Lippen mit der Zeit Tellergröße erreichten. Die französische Kolonialregierung verbat Mitte der 50er Jahre diesen Brauch. Heutzutage sieht man nur noch selten ältere Frauen mit kleineren Pflöcken. Es wird angenommen, daß man sich durch diese Art der Verunstaltung ursprünglich vor den islamischen Sklavenjägern aus *Bornou*, *Baguirmi* (Tschad) und den Fulbe-Staaten schützen wollte.

Am gegenüberliegenden Ufer liegt das Dorf **Woulgoumadji**. Von Maga ist mittwochs ein Transport per Boot möglich, denn mittwochs findet dort den ganzen Tag ein großer **Fischmarkt** statt. Woulgoumadji ist von Guirvidig aus auch über Piste zu erreichen (vor Ort nach dem Weg fragen). Der Maga-See ist recht fischreich (Welsen, Karpfen, „Capitaine"-Fische), gefischt wird in der Regel mit Netzen (Fischverbot von Mai bis Juli).

### Unterkunft

Einen Übernachtungsplatz findet man evtl. im **Campement de la Semry** *(Centre d'accueil)* oder in der **Auberge de la Paix** in Maga.

Von Maga aus führt die Piste 12 km weiter nach Pouss. Auch hier verliert sich der Sandweg oft im Nichts, ggfs. muß man sich nach dem Weg erkundigen. Unterwegs sind viele Dattel-Palmen, kleine Siedlungen mit Rund- und Vierkanthütten, meist strohgedeckt und von Lehmmauern umgeben, zu sehen. Die Lehmspeicher haben hier die Form

**Der Norden**

von großen Krügen. Die Landschaft ist extrem flach und weit, belebt durch das intensive Grün der Reisfelder.

Bei **km 93** ist **Pouss** erreicht.

## Pouss

Pouss ist ein hübsches Dorf unter Palmen und das Zentrum der *Mousgoum*. Dienstags findet hier der große, farbenfrohe und sehenswerte Markt statt. Hier finden sich interessante Volksgruppen ein, darunter die von weit kommenden *Mbororo, Massa, Tpuri* und die hier beheimateten *Mousgoum*. Letztere fallen besonders auf durch ihre Körpergröße (die Männer erreichen oft zwei Meter), ihre feinen Gesichtszüge und die Schmuckfarben im Gesicht.

Der **Markt von Pouss** ist einer der belebtesten des Nordens, interessant vor allem wegen der verschiedenen Ethnien. Das Angebot besteht aus Gewürzen, Hirse, Reis, traditioneller Medizin, Fischen und auch Vieh, es herrscht vor allem in den Morgenstunden ein reges Treiben.

Sehenswert ist auch der **Lamido-Palast** in Pouss. Der *Saré* ist großräumig gebaut mit vielen Zimmern und Durchgängen, die mit Strohmatten verhängt sind. An der Außenwand wurden verschiedene, aus Lehm geformte Motive, stilisierte Tiere und Symbole angebracht. Auf Anfrage kann man evtl. das Innere des Palastes besichtigen.

Von Pouss geht es über ein Labyrinth von Pisten weiter in Richtung *Mourla*. Auf dieser Strecke entdeckt man unterwegs noch einige vereinzelte **Cases obus**, die bemerkenswerten, kunstvollen **Kuppelbauten** der Mousgoum. Dieser Haustyp (siehe auch Seite 231), der wegen seiner Form „Obus" ( = Granate) genannt wird, ähnelt einem erdfarbenen Kegel; die Häuser sind aus einem Lehm-Stroh-Gemisch gebaut. Die auffälligen Ausbeulungen an der Außenwand dienen als „Leitern" zur Konstruktion des Gebäudes, als Wasserrillen und als Strebepfeiler. Die bis zu sieben Meter hohen Hütten sind weder durch Fundamente noch durch Verstärkungen gestützt, der Zusammenhalt erfolgt lediglich durch die Mischung von Stroh und Pflanzenmasse mit der lehmhaltigen Erde, die von der Sonne gebrannt wird. „**Baumeister" sind die Frauen**, die das Gebäude wie eine Töpferarbeit formen und später ständig reparieren. Die Luft- und Lichtzufuhr erfolgt durch eine winzige Tür und eine runde Öffnung an der Spitze des Gewölbes, die auch den Kamin für die Feuerstelle im Inneren darstellt. Wenn es regnet, wird sie mit einer Matte verschlossen. Der Boden besteht aus gestampfter Erde. Der Bau einer Case obus benötigt mindestens einen Monat harte Arbeit.

Die wenigen verbleibenden traditionellen Mousgoum-Häuser verfallen oder werden heute nur noch als Hirsespeicher benutzt. Ihren Platz als Wohnhäuser nehmen gewöhnliche Vierkant- oder Rundhäuser mit Stroh- oder Wellblechdach ein, deren Bau nur wenige Tage erfordert und die außerdem dem Regen besser standhalten.

Richtung **Mourla** (km 97) führt die Piste entlang des Bewässerungskanals, in dem die Bewohner der kleinen umliegenden Dörfer baden und fischen.

Hier gibt es keine weiteren Cases obus mehr und die Strecke ist nicht besonders interessant. Im Gewirr der verschiedenen Pfade verfährt man sich leicht, immer wieder muß der Weg in

Erfahrung gebracht werden. Folgt man dieser Piste, erreicht man entlang des Logone-Flusses den Ort **Logone-Birni** und etwas später **Kousséri**, die Grenzstadt zum Tschad (s. Seite 494).

Von Pouss aus Richtung Süden folgt die Piste dem schönen Logone-Fluß, den man allerdings von der Straße aufgrund eines kleinen Dammes kaum sieht. Vom Damm aus blickt man hinab auf den riesigen Strom, der während der Trockenzeit von großen Sandbänken eingesäumt wird. Im Dorf **Zébé** zweigt rechts die 8 km lange Piste nach *Yagoua* ab (Distanz *Pouss – Yagoua*: 69 km).

**Hinweis:** Man kann die Strecke von Pouss nach Yagoua auch mit einer angemieteten Piroge auf dem Logone zurücklegen, von Yagoua verkehren Sammeltaxis nach Maroua.

## Yagoua

Yagoua ist Hauptort des Verwaltungsbezirkes *Mayo-Danay* und Grenzort zum Tschad *(Bongor)*. Die Grenze ist generell passierbar, jedoch benötigt man im Tschad eine Reisegenehmigung, die man nur in der Hauptstadt *N'Djaména* erhält. Ein Grenzübertritt ist daher nur bei *Kousséri* (s. Seite 494) möglich.

Die Stadt Yagoua liegt auf zwei Hügeln zu beiden Seiten des Flusses *Mayo-Danay*. Dieser Fluß mündet 15 km östlich der Stadt in den Logone. Hier leben die Ethnien *Massa*, *Mousgoum* und *Tpuri*, die zumeist naturgläubig sind. Die Massa sind bekannt für ihr **gemeinschaftliches, traditionelles Fischen**, das **im Mai** stattfindet. Zu diesem jährlich stattfindenden Spektakel versammeln sich einige Tau-

*Case Obus in Pouss*

sende, um mit Reusen, Netzen und Harpunen auf Fang zu gehen.

Unter der Woche ist es recht ruhig in Yagoua, das vom Reisanbau lebt (auch hier eine Reisfabrik *S.E.M.R.Y.*). In der Umgebung des Ortes dominieren folglich weite Flächen von Reisfeldern. Am Donnerstag, dem Markttag, lebt die Stadt auf und im regen Pirogen-Verkehr werden Händler und Güter transportiert. Im Ort gibt es (außer dem Markt) noch eine **Tankstelle** (manchmal ohne Treibstoff!) und einen **Gare routière**.

### Unterkunft

In Yagoua sind **Missionen** ansässig, bei denen man eventuell übernachten kann.

45 km südlich von Yagoua (Piste via *Dana* und *Bangana)* liegt der schöne **Fianga-See** bei *Guiri* an der Grenze zum Tschad.

Sehr lohnend ist der Besuch des Wochenmarktes am Mittwoch in **Doukoula** und vor allem in **Datchéka** (65 km ab Yagoua). Die Umgebung ist trocken und sandig, die Vegetation spärlich. Die Piste via *Bougay* (Markt donnerstags) ist in der Trockenzeit mit Pkw passierbar.

Die beiden Orte Datchéka und Doukoula bilden die Zentren der *Tpuri* in Kamerun. In Datchéka versammeln sich am Markttag viele Tpuri (Volksgruppe) zum Kauf und Verkauf ihrer Waren. Obwohl der Einfluß des Islam in dieser Gegend groß ist, halten die *Tpuri* noch immer an ihrem Ahnenglauben und ihren Traditionen fest. Im übrigen handelt es sich bei ihnen um ausgesprochen schöne Menschen mit feinen Gesichtszügen und besonderem Schmuck.

**Übernachtungsmöglichkeiten** gibt es in Doukoula in *Chambres de passage* oder in der *Katholischen Mission.*

**Hinweis:** Das in der Nähe von Yagoua gelegene, auf der Karte eingezeichnete *Kalfou-Reservat* ist keinen Ausflug wert. In der gesamten Umgebung, vor allem in Flußnähe, ist allerdings eine sehr interessante Vogelwelt zu bestaunen.

## Die Mandara-Berge

**Eine der schönsten und ursprünglichsten Landschaften des Nordens** liegt westlich von Maroua: Die *Monts Mandara*, die bis zu 1500 m aufragende Berg- und Felslandschaft entlang der Grenze zu Nigeria. Hier leben die interessantesten Ethnien des Nordens, etwa 44 verschiedene, in ihren Rundhüttendörfern über die Hänge verstreut. Den steinigen, trockenen Boden bearbeiten sie in Terrassenkultur für ihren Hirseanbau und haben große Mühe, das nötige Wasser zu finden. Die Ernte lagern sie während der langen und heißen Trockenzeit in weithin sichtbaren, strohgedeckten Hirsespeichern. Von Dorf zu Dorf ändert sich hier die Sprache, von Hügel zu Hügel die Ethnie, die Kultur und Tradition.

Der **Tourismus** hat in den Mandara-Bergen schon seine Spuren hinterlassen. *Roumsiki*, inmitten einer unwirklich erscheinenden vulkanischen Mondlandschaft plaziert, ist Ziel jeder Rundreise, so daß sich die Kinder gleich bei Ankunft in Scharen um den Besucher drängen und um „cadeaux" rufen. Besonders schlimm gebärden sich allerdings die Kinder in den Dörfern südlich und nördlich von Roumsiki. Das geht soweit, daß die Touristen durch Winken, Schreien, Steine werfen etc. zum Halt genötigt werden; in die Schlaglöcher der Straßen geworfene Grasbüschel und Zweige, als „Reparatur" ausgegeben, sollen die Entrichtung eines Wegezolls rechtfertigen! Allerdings: Roumsiki verdient wenigstens an den Touristen, die anderen Dörfer werden nur durchfahren, außer Staub und womöglich ein paar überfahrenen Hühner bleibt nichts. Die traditionellen „Sicheltänze" der Frauen des Dorfchefs von Oudjilla sind mittlerweile zur Touristenfolklore verkommen. Doch gibt es für Reisende, die sich dieser Region einfühlsam nähern, noch genügend zu entdecken. Besonders wer zu Fuß im Bergland unterwegs ist, kann vieles über den Alltag im Dorf erfahren, über Ahnenglauben und Naturheilkunde, überlieferte Traditionen, Handwerk und die Mühen, die das Leben in dieser unwirtlichen Region zeitigt.

Wer nicht im eigenen Fahrzeug, sondern per Sammeltaxi unterwegs ist, sollte sich an den Markttagen orientieren, an denen Transportmöglichkeiten relativ zuverlässig gegeben sind (Hin- und Rückfahrt meist am gleichen Tag). An anderen Tagen sind besonders die kleinen Ortschaften nur schwer zu erreichen.

**Hinweis:** Das vielerorts in Flaschen abgefüllte, am Straßenrand angebotene **Benzin** ist Schmuggelware aus Nigeria und qualitativ schlecht. Tankstellen gibt es in Mokolo und Mora.

Eine sehr detaillierte **Karte** dieser Region ist die *IGN Mokolo*, Blatt NC-33-XIV, 1:200 000; sie ist evtl. im Geographischen Institut in Yaoundé erhältlich (oder fragen Sie *Reinhard Visse* im *Hotel Porte Mayo* in Maroua, ein

Bekannter von ihm ist Geograph und hält einige Karten vorrätig).

## Maroua – Roumsiki

➠ 126 km Teerstraße und Piste
Die Strecke über *Gazawa* ist empfehlenswert, die Strecke über *Méri* ist eine schlechte Piste und, außer am Markttag (Freitag), nicht sehr interessant.

Man verläßt Maroua in Richtung *Garoua* und zweigt nach 8 km rechts ab. Eine gute, neu ausgebaute Teerstraße führt in das 20 km entfernte Dorf **Gazawa** (freitags großer Rindermarkt), das von zahlreichen Seen und Felsen umgeben ist. Hier zweigt auch die Piste nach *Guider* in Richtung Süden ab. Auf der Weiterfahrt säumen Hirse- und Baumwollfelder den Weg, die ersten *Mafa*-Hütten tauchen auf und die bizarren Fels- und Geröllberge der Mandara rücken näher. Kurz vor Mokolo steigt die Straße in einigen Kurven an, von der Anhöhe öffnet sich ein weiter Blick auf die schöne Landschaft mit Gebirgszügen am Horizont. Die Vegetation ist spärlich: etwas Grasland und wenige Bäume.

In **Zamay**, 18 km vor Mokolo, ist nochmals eine Abzweigung nach Süden Richtung Guider (via *Hina*), die Piste ist schlecht, aber befahrbar. **78 km** hinter Maroua erreicht man **Mokolo** (durchwegs gute Teerstraße).

## Mokolo

Die kleine, ruhige Stadt ist Hauptort des Verwaltungsbezirks *Mayo-Tsanaga* und liegt in 700 m Höhe. Mokolo breitet sich weitläufig in einer Ebene aus, die von den Hügeln und Felsber-

*Dorf in den Mandara-Bergen*

gen der Mandara-Kette umgeben ist. Hier liegt das Zentrum der *Mafa* (Ethnie), deren kleine *Sarés* sich an die umliegenden Hänge schmiegen und mit ihren erdfarbenen Lehmmauern und spitzen Hirsestroh-Dächern kaum von der Landschaft abzeichnen.

Trotz seiner Größe hat Mokolo nichts von seinem ländlichen Charakter verloren, und in den kleinen Gassen abseits des Ortszentrums findet man noch traditionelle Lehmarchitektur.

Meist wird der Ort nur auf der Durchreise aufgesucht, denn Mokolo bietet **nichts sonderlich Interessantes für Reisende**. Die Ausnahme ist – wie üblich – der **Markttag (Mittwoch)**, wenn sich eine bunte Menschenmenge mit Händlern aus nah und fern trifft. Sehenswert ist auch das kleine **Museum** (in der Nähe des Marktes).

## PRAKTISCHE INFORMATIONEN

###  UNTERKUNFT

**Campement le Flamboyant**
B.P. 22, Tel. 29 51 16; von Maroua aus kommend, sieht man rechts eine Tankstelle, dahinter Abzweigung auf Piste nach rechts, gleich hinter der Tankstelle liegt das Campement. Im Campement gibt es einige Boukarous mit Dusche/WC (ab ungefähr CFA 15 000, keine Klimaanlage), ein Restaurant und eine Bar. Auf dem Gelände ist **Camping** für ca. CFA 8000/zwei Personen möglich.

**Chez Joseph**
Fährt man die Straße am Flamboyant vorbei geradeaus weiter, liegt an der nächsten Kreuzung rechts die Bar Chez Joseph, hier nach der Unterkunft erkundigen. Es gibt Chambres de passage (ohne Dusche CFA 4500, mit Dusche CFA 6000).

### ESSEN UND TRINKEN

**Caféteria Beau-Lieu**
Gleich neben dem Gare Routière. In der preiswerten Caféteria werden kleine Gerichte (größere Mahlzeiten nur auf Vorbestellung) in einfacher und guter afrikanischer Küche angeboten.

**Campement le Flamboyant**
Im Restaurant des gleichnamigen Hotels gibt es gute Küche zu angemessenen Preisen.

### VERKEHRSVERBINDUNGEN

*Sammeltaxis*
Es verkehren Sammeltaxis von/nach *Maroua* (78 km) und *Roumsiki* (48 km), jeweils auf guter Teerstraße sowie nach *Mora* (67 km) und *Guider* (110 km), jeweils auf Piste.

Der **Gare routière** liegt gleich neben dem Markt.

SONSTIGES

**Tankstelle**
Kurz nach dem Ortseingang rechts an der Hauptstraße.

Außerdem gibt es in Mokolo ein **Postamt,** einen **Arzt** (Tel. 29 51 86) und Lebensmittel.

AUSFLÜGE

★ *Das bergige Umland*
Das bergige Umland von Mokolo bietet sich an für interessante Wanderungen (von einigen Stunden bis zu Mehrtagestouren). Als **Führer** kann ich *Jean Rémy Zra Feu Teri* (Guide No. 1, B.P. 27, Mokolo) empfehlen, er stammt aus Mokolo und spricht die Sprache der Mafa. Die Dörfer in dieser Bergregion sind noch sehr ursprünglich und kaum besucht. Die Begegnung mit den Bewohnern der Region sollte daher auf sehr behutsame Weise erfolgen. Die Höflichkeit gebietet es fremden Besuchern, sich in jedem Dorf beim Chef vorzustellen, so wird man überall sehr gastfreundlich empfangen. Verteilen Sie kein Geld, überreichen Sie Gastgeschenke nur in Absprache mit dem Führer in Form von Naturalien (Salz, Zündhölzer, Tabak etc.) und fotografieren Sie nur zurückhaltend und nach Rückfrage. Nehmen Sie außerdem auf jeden Fall, aufgrund der Hitze, genügend Trinkwasser und bei mehrstündigen Touren auch Proviant mit.

Die schmalen Pfade, auf denen die Dorfbewohner zum Markt hinabgehen, sind ohne Mühe zu bewältigen, nur manche felsigen Stellen erfordern Trittsicherheit. Von der Anhöhe aus bietet sich ein schöner Blick hinab in die Ebene und auf Mokolo.

Auf meiner Tageswanderung in Begleitung von Jean Rémy erlebte ich ein ganz ursprüngliches Afrika, wie man es nur noch selten findet. Wir begegneten Töpferinnen, die Krüge und Schalen aus Ton formten, um sie auf dem Markt gegen Hirse und Erbsen zu tauschen. In einem anderen Dorf wurden Körbe geflochten. Über abgeerntete Terrassenfelder kletterten wir bergan, die Hirse war für die kommende Trockenzeit schon in den Lehmspeichern eingelagert. Überall waren Ziegen, die frei herumliefen. Oft begleiteten Kinder unseren Weg, die hier (noch) nicht nach „cadeaux" fragten. Mittags brannte die Sonne gnadenlos herab und wir verbrachten unsere Rast unter einem Strohdach, das den Dorfbewohnern als Palaver-Platz dient. Sehr rasch kamen die Frauen und boten uns Wasser an, das hier sehr kostbar (weil selten) ist. Die **Gastfreundschaft** in dieser abgelegenen Region ist bemerkenswert. Unvergeßlich bleibt mir der Besuch bei einem alten Mann, der mir stolz seine Krieger-Utensilien zeigte, die noch während der Kolonialzeit zum Einsatz gekommen waren. Oder die Arbeit des *Sorciers*, der in seinem traditionellen „Hospital" die Kranken mit Kräutern und Essenzen gesund pflegt und Besucher empfängt, um ihnen mit einem Häufchen runder Steine ihr Schicksal vorherzusagen. Gerne war er auch bereit, mir von den besonderen Heiratsritualen der Mafa zu erzählen, vom Brautpreis, dem Brauen des Hirsebiers und den anderen Vorbereitungen zum Fest. Und eine besondere Freude bereitete es ihm, mein Staunen zu sehen, als er mit zwei Steinen und einer winzigen Feder eine Flamme entzündete, was mir trotz seiner Erklärungen auch nach mehreren Versuchen nicht gelingen wollte.

### ★ Mogoumaz
Der Ort, 11 km auf sehr schlechter, steiniger Piste von Mokolo entfernt, ist Ausgangspunkt für Wanderungen in das Gebirge von *Ziver*, das bis zu 1400 m ansteigt. Führer dazu gibt es im Ort.

### ★ Mabas
Von Mokolo Piste in Richtung *Roumsiki* wählen, dann führt nach 5 Kilometern rechts ein kleiner Weg (unbeschildert) nach Mabas und *Tourou*. Nach weiteren elf Kilometern ist das Dorf *Wanday* erreicht, von dort sind es geradeaus vier Kilometer bis nach Mabas.

Wenn es regnet, wird die Piste extrem schmierig, ansonsten handelt es sich um eine praktikable Wellblechpiste.

Von Mabas, das an der Spitze einer steil abfallenden Flanke liegt, öffnet sich ein weiter Ausblick bis zum Horizont, auf die *Bornou-Ebene* in *Nigeria*. Aus diesem „Adlernest" haben die „Kirdi" jahrhundertelang potentielle Eindringlinge belauert.

Unten in der Ebene, bereits jenseits der Grenze, liegt der Ort *New Mabas*. Dort herrscht reger (legaler und illegaler) Handel, gefragt sind vor allem Elektrogeräte, Radios und alles, was in Nordkamerun schwer oder nur teuer aufzutreiben ist.

Am Dorfeingang von Mabas stehen riesige, alte Feigenbäume. Hier lag früher der Hochofen, der von den Schmieden in alter Tradition bedient wurde. So wird Mabas bis heute das „Dorf der Schmiede" genannt, wenngleich dieses Handwerk nicht mehr ausgeübt wird.

In Mabas sind die *Matakam* (Ethnie) beheimatet. Es gibt hier eine Schule, doch die Lehrer bleiben aufgrund der Abgeschiedenheit nicht gerne. Nach den Regeln des Dorfchefs muß jede Familie mindestens ein Kind zur Schule schicken, sonst fällt eine Strafe in Höhe von fünf Ziegen an.

Von Mabas aus besteht eine direkte Verbindung (Piste) nach Roumsiki (35 km): es sind 12 km bis zur Kreuzung mit der Piste *Mokolo – Roumsiki*, dann wie unten beschrieben weiter.

### ★ Tourou
Fährt man in Wanday (siehe oben) nicht nach Mabas, sondern nimmt die Abzweigung rechts (unbeschildert), erreicht man direkt entlang der nigerianischen Grenze nach 17 km den Ort Tourou (35 km von Mokolo oder 56 km von *Roumsiki* entfernt). Die Piste ist mit normalem Pkw befahrbar (Wellblech, teils sehr schmal), in der Regenzeit wird Vierrad benötigt. Die Strecke, die teilweise direkt die Grenze zu Nigeria bildet, führt durch schöne Berglandschaft und einige kleine Dörfer.

Der **Markt am Donnerstag**, mit Sicherheit einer der interessantesten und außergewöhnlichsten Nordkameruns, ist unbedingt empfehlenswert! Man sollte schon sehr früh morgens auf dem Markt sein, denn er endet bereits um elf Uhr.

Nur hier tragen die Frauen auf dem Markt glänzend polierte, rot bemalte **Kalebassen-Hälften wie Helme auf dem Kopf.** Es handelt sich um *Goudour*-Frauen, Angehörige einer Ethnie, die dies- und jenseits der nigerianischen Grenze beheimatet ist. Die Kopfbedeckung dient als Zeichen für verheiratete, verlobte oder einem Bräutigam versprochene Frauen und Mädchen. Ist die Frau verwitwet, wird die

Kalebasse eingeschlitzt und wieder zugenäht. Keine Kalebasse gleicht der anderen, jede ist individuell mit geometrischen Mustern in rotbrauner Farbe bemalt und wird sorgfältig mit Öl eingefettet, damit sie in der Sonne glänzt. Sehr schön sind auch die Frauen, die riesige *Canaris*, irdene Krüge, vollgefüllt mit Wasser, auf ihrem Kopf balancieren.

Obwohl Tourou direkt an der Grenze zu Nigeria liegt, sieht man weit und breit **keinen Grenzposten**. Die Anwohner kreuzen die Grenze hier frei zu Fuß, denn Autopisten nach Nigeria gibt es von Tourou aus nicht. Der nigerianische Einfluß wird vor allem spürbar durch das Geld, das hier die Besitzer wechselt: CFA-Francs werden nicht angenommen, auf dem Markt gilt der nigerianische *Naira* als einzige Währung.

Getauscht wird in den Wechselstuben am Marktplatz.

**Das Angebot** ist groß, bunt und vielfältig: Es gibt Gewürze, Öle, traditionelle Arzneien, Kleider, schöne Stoffe, Hirse und Gemüse aus der Umgebung, Kapsiki-Bohnen und vor allem das traditionelle Hirsebier zu kaufen. Ausschließlich Frauen schöpfen dieses beliebte Getränk aus großen, tönernen Krügen in kleine Schüsseln, aus denen die Marktbesucher trinken. Man darf dort gerne einmal probieren!

Und auch die bemalten Kalebassen, die originellen Hüte, werden zum Kauf angeboten.

Von Mokolo nach Tourou verkehren jeden Donnerstag um fünf Uhr morgens **Sammeltaxis** zum Markt, Rückfahrt gegen 14 Uhr. Es handelt sich um Pick-ups, eng beladen mit Fahrgä

*Donnerstagsmarkt in Tourou*

sten, Waren, Ziegen u.a., die Fahrt ist relativ anstrengend. Man kann sich ab Mokolo (oder Maroua) auch ein Mofa mieten. Die Querverbindung *Tourou – Koza* ist selbst mit Vierradantrieb nicht befahrbar.

Die **Piste Mokolo – Roumsiki** (48 km) ist in teils schlechtem Zustand. Doch die Landschaft, durch die man kommt, läßt nichts zu wünschen übrig. Bereits ab der Abzweigung der Piste nach *Mabas* erkennt man von Ferne die markanten, verwitterten Felsnadeln von Roumsiki. Ab hier sind es noch 27 km bis zum Ort (ca. zwei bis drei Fahrstunden ab Maroua).

Immer wieder ändert sich die Perspektive der Landschaft, je mehr man sich nähert. Die Straße folgt dem Hügelkamm und bietet herrliche Ausblicke auf die Berge am Horizont, die je nach Tageszeit in anderem Licht erscheinen. Aus dem *Matakam*-Land gelangt man nun in das Gebiet der *Kapsiki*, der hier beheimateten Ethnie. Vorbei am Dorf **Roumzou** erreicht man **Mogodé**, wo der *Chef du Canton*, das Oberhaupt der gesamten Kapsiki-Region, zuhause ist. Man erzählt sich, daß die Bewohner hier in einem großen Felsen auf der Anhöhe vor den islamischen Eindringlingen Zuflucht suchten. Heute ist dieser Felsen ein heiliger Initiationsplatz und kann nicht besichtigt werden.

In Mogodé zweigt auch die Piste nach *Sir* ab (Geländewagen empfehlenswert).

Die **Ethnie der Kapsiki** (übersetzt: „Die Großgewordenen") bewohnt das Gebiet ab Roumzou bis hinab nach *Haou* (südlich von Roumsiki, etwa Höhe *Amsa*). Der Name dieser Volksgruppe wird stellvertretend auch für die typische Berglandschaft der Region verwendet.

Die meisten Kapsiki bekennen sich zum Ahnen- und Naturglauben, nur die jüngeren, die eine Schule besucht haben, treten allmählich zum Christentum über. Dabei erzählte mir einmal ein junger Mann in Roumsiki stolz, daß er „**Christ-Animist**" sei. Er gehe zwar regelmäßig zur Kirche, auf die Polygamie wolle er aber dennoch nicht verzichten.

Wie riesige Finger ragen die **bizarren Felsnadeln** bis zu 100 m in den Himmel und verleihen dieser wohl berühmtesten Landschaft Kameruns den Charakter eines fremdartigen Mondgebirges. Oft stehen die Felstürme auf einem Hügel, manchmal in einer Vertiefung. Was ist hier mit der Erdkruste passiert? Die Geologen erklären es so: Dieses vulkanische Relief wurde sehr langsam durch Erosion herausgearbeitet. Die Vulkankrater sind zu Staub zerfallen, der vom Wind abgetragen wurde, so daß die Vulkankamine freigelöst worden sind und die verhärtete, erkaltete Lava heute diese außergewöhnlichen Basalt-Nadeln bildet.

Die Menschen der Mandara-Berge haben diese rauhe, herbe und felsige Landschaft zu ihrem Vorteil genutzt. Jede der Felsnadeln bot ihnen einen sicheren, festungsartigen Schutz vor den islamischen Eindringlingen, den *Fulbe*-Reitern. An den steilsten Wänden haben sie ihre Höhlen gegraben.

Heute gehören diese Höhlenrefugien der Vergangenheit an und werden nur noch von „Geistern" und Adlern heimgesucht. Die sanften Täler ringsum sind nur in der kurzen Regenzeit grün, sonst aber karg und sonnenverbrannt.

## Roumsiki

Das Dorf Roumsiki auf 1100 m Höhe fügt sich vollständig in die großartige Landschaft ein und ist zu einem **Anziehungspunkt für Touristen** geworden. Am **Sonntag** wird der große **Wochenmarkt** abgehalten.

Schon gleich nach Ankunft wird man von einer großen Kinderschar empfangen, aus der sich jeder einzelne lautstark als Führer anbietet. Ein Rundgang durch das Dorf auf eigene Faust oder ganz allein gelingt dem Ankömmling hier selten. Das scheint im ersten Moment relativ nervenaufreibend, doch sollte man sich gleich anfangs an den Gedanken gewöhnen, daß der Tourismus in Roumsiki seine Spuren hinterlassen hat und das Wort „cadeaux" zum wichtigen Sprachschatz gehört. Die kleinen Jungen, die alle sehr gut französisch sprechen, geben sich „Künstlernamen" wie *Christopher Columbus, Victor Hugo, Karl der Große* oder *Jean Paul Belmondo*. Als Touristenführer verdienen sie sich ein paar Groschen Taschengeld oder Stifte, jedenfalls scheint dies einträglicher zu sein, als in die Schule zu gehen. Immerhin träumen manche unter ihnen vom Leben in der Stadt als Ingenieur oder gutverdienender Beamter.

Die Führer geben jedoch umfassende Informationen über den Ort, seine Geschichte und die Traditionen, das Leben in der Familie, und sie erzählen einige Sagen aus der Vergangenheit. Als „Guide" empfehlen kann ich (u.a.) *Victor Zra;* nehmen Sie nur offizielle Führer und meiden Sie selbsternannte Guides.

Victor erzählt die **Geschichte von der Entstehung Roumsikis:** Ein alter Jäger namens *Siki* kam vor etwa 200 Jahren in diese Gegend und bestieg einen Berg, um sich zu orientieren. Da ihm der Ort gefiel, ließ er sich mit seiner Familie an diesem Berg – in der Sprache der Kapsikis übersetzt „*Roum*" – nieder. So wurde aus dem „Berg von Siki" der Ort Roumsiki.

Trotz des ersten „touristischen" Eindrucks hat sich das Dorf noch sehr viel Authentisches bewahrt und ein Rundgang lohnt sich.

Gleich am **Ortseingang** stehen zwei große „*Arbre de Palabre*", unter denen – Männer und Frauen getrennt – die wichtigsten Angelegenheiten des Dorfes beraten und ab und zu ein Streit geschlichtet wird. Die kleinen Pfade, vorbei an Lehmhäusern, vor denen die Frauen Hirse stampfen, sind von Euphorbienhecken gesäumt. Immer wieder bieten sich schöne Ausblicke auf die Fels„zähne" und die weite Ebene bis hinein nach Nigeria.

Auf einem kleinen Platz in der Mitte des Dorfes demonstrieren die Bewohner ihre **verschiedenen Handwerksarten**. Das Weben ist Arbeit der Männer, die an einem traditionellen Webstuhl lange, schmale Baumwollstreifen fertigen, die später zu Decken und Kleidern zusammengenäht werden (s. auch Foto Farbteil). Die Frauen sind mit dem Spinnen von Garn und der Herstellung von Töpferwaren beschäftigt. Das angefertigte Kunsthandwerk der Kooperative wird am **Ortsrand** in einem kleinen Ausstellungsraum auf einem Hügel verkauft. Hier findet man Arbeiten aus Hirsestroh, verzierte Kalebassen, Musikinstrumente, Töpfereien, einige Bronze- und Lederarbeiten. Alle Gegenstände sind relativ neu und werden speziell für Touristen gefertigt, darunter auch sehr schöne Stücke.

**Der Norden**

Bekannt ist das rote, besonders gehaltvolle Hirsebier Roumsikis, das man probieren sollte. Fragen Sie nach der „traditionellen Brauerei", die man Ihnen dann evtl. zeigt.

Berühmt wurde der Ort aber vor allem durch das **Krabbenorakel**. Der *Krabbenzauberer* gehört – zusammen mit dem Dorfältesten, dem politischen und dem religiösen Oberhaupt – zu den vier wichtigsten Persönlichkeiten Roumsikis. Nach uralten Riten und mittels seiner seherischen Fähigkeiten gibt er Auskunft über wichtige Angelegenheiten im Dorf und wird vom Dorfchef jährlich nach den Ernteaussichten befragt. Natürlich steht er den vorbeikommenden Touristen Rede und Antwort. Zu diesem Zweck setzt er sich neben eine große Kalebassenhälfte, die mit Sand gefüllt ist. Unter dem Murmeln von Zaubersprüchen hebt er eine lebende Süßwasserkrabbe aus einem Krug und setzt sie in die Schale. Im Sand stecken verschiedene kleine Holz- und Kalebassenteilchen. Die Kalebasse wird zugedeckt und die Krabbe einige Minuten im Dunkeln gelassen. Nach einiger Zeit öffnet der „Wahrsager" die Schale wieder und deutet aus der Lage der Stöckchen und der Krabbe die Antworten auf die ihm gestellten Fragen. Bevor man wieder geht, erteilt er seinen Segen, indem er die Schuhe der Besucher mit Wasser aus der Kalebasse besprizt. Selbstverständlich erwartet er für seine Dienste einen kleinen Obulus...

Lohnend, jedenfalls bei gutem Wetter und für Frühaufsteher, ist der **Sonnenaufgang** (ca. 5.30 Uhr) von einem der umliegenden Hügel aus. Fragen Sie ein Kind nach der schönsten Aussichtsstelle, die in etwa 15 Min. zu Fuß zu erreichen ist.

Ein Besuch Roumsikis und seiner Umgebung lohnt aber nicht nur wegen der landschaftlichen Eindrücke, sondern besonders auch wegen der Menschen und ihrer interessanten Traditionen.

Jährlich im Oktober wird in Roumsiki das **Erntedankfest** gefeiert. Dabei werden Opfertiere geschlachtet, Hirsebier gebraut und die gesamte Bevölkerung beteiligt sich an der Zeremonie mit Tanz und Musik.

Auch im April und Mai werden in den umliegenden Dörfern schöne Feste gefeiert, etwa die Initiation der jungen Männer oder Hochzeiten.

Eine außergewöhnliche Stellung nimmt der **Totenkult** bei den Kapsikis ein. Beim Tod eines Angehörigen wird der Verstorbene eingekleidet und mit Federn geschmückt im Saré der Familie aufgebahrt. Mehrere Tage lang dauern die Tänze der Familie zu den Rhythmen der Trommeln, bevor die Beerdigung stattfindet. Der Verstorbene wird, eingehüllt in Tücher, in runden Erdgräbern (Hockgräber) mit einer Tiefe von 1½ m bestattet. Zuvor wird der Tote im Dorf herumgetragen, zu den Orten und Häusern, wo er sich zumeist aufgehalten hat. Als Bezug zu den Lebenden gibt man ihm Gegenstände mit, die für ihn eine wichtige Rolle gespielt haben. Das Grab wird mit Steinen zu einem kleinen Hügel aufgehäuft, die winzige Öffnung oben mit einem flachen Stein abgedeckt, damit der Körper jederzeit „entweichen" kann.

Besonders viel alte Tradition erlebt man noch in den umliegenden Ortschaften (z.B. auf Wandertouren, s. Ausflüge). Die gute Straßenanbindung von Roumsiki hat – auch zum Vorteil seiner Bewohner – **„zivilisato-**

![](Die Vulkanschlote von Roumsiki)

*Die Vulkanschlote von Roumsiki*

**rische Errungenschaften"** mit sich gebracht. Schon mehrere Häuser haben Elektrizität, kühle Softdrinks und Flaschenbier ersetzen immer mehr das traditionelle Hirsebier und die Stadt ist durch die Asphaltstraße um einiges „näher" gerückt.

## PRAKTISCHE INFORMATIONEN

 UNTERKUNFT

### Campement de Roumsiki

B.P. 143, Maroua (Postadresse), Tel. 29 12 07; gleich am Ortseingang. Das Campement ist sehr schön gelegen, mit einem herrlichen Ausblick, einem Restaurant (gutes Essen), einer Bar und freundlichem Empfang. Die gute aber relativ teure Unterkunft bietet strohgedeckte Boukarous mit Du-

sche/WC (Zimmer ab ca. CFA 17 000). Von Zeit zu Zeit fällt Wasser oder Strom aus. **Camping** ist dort erlaubt und kostet ca. CFA 2500/Person inklusive Duschen.

### Auberge Le Kapsiki (La Casserole)

B.P. 27, Mokolo (Postadresse); vom Campement ca. 300 m der Hauptstraße folgen. Hier gibt es sechs einfache, sehr preiswerte Zimmer (chambres de passage) mit je zwei Betten, Dusche (WC außerhalb) und Strom (manchmal kein Wasser, keine Elektrizität, Zimmer ab ungefähr CFA 5000). Auf dem Areal der Auberge besteht eine **Campingmöglichkeit** (ca. CFA 1500 inkl. Benutzung der Dusche). Der Besitzer *Victor Yama,* dem auch das Restaurant *La Casserole* untersteht, organisiert mehrtägige Wanderungen durch das Gebiet der Kapsikis inklusive Führer und Verpflegung für ca. CFA 10 000 pro Person und Tag.

 ESSEN UND TRINKEN

**Restaurant des Campements**
Die Küche ist sehr auf Touristen eingestellt und relativ teuer.

**Restaurant La Casserolle**
Gleich in der Nähe der Auberge. Es gibt afrikanische Küche, aber auch Steak und Pommes. Eine Mahlzeit kostet ca. CFA 2500 (z.B. Hühnchen in Erdnußsauce, Brochettes, Couscous etc.).

Probieren Sie die Bohnenkrapfen. Vermeiden Sie alle Produkte „made in Nigeria"! Bier, Öl zum Kochen etc. kommen meist aus Nigeria und sind teilweise von fraglicher Qualität.

VERKEHRSVERBINDUNGEN

*Sammeltaxis*
Es herrscht Sammeltaxiverkehr von/nach *Mokolo* auf mittelmäßiger Piste; es fahren offene Kleinlaster bei Bedarf, vor allem am Sonntag (Markttag).

*Straßenverbindungen*
**Achtung:** Die Fahrt in Richtung Süden ist derzeit nur bis *Dourbeye* möglich, weiter in Richtung *Garoua* ist gesperrt (wegen Überfallgefahr). Ab Dourbeye geht es nur über *Guider* nach Garoua.

AUSFLÜGE

Lohnend ist ein Aufstieg auf den Berg westlich des *Campements de Roumsiki* für den Sonnenuntergang (herrlicher Blick auf die bizarre Felslandschaft) sowie östlich des Campements für den Sonnenaufgang.

★ *Besuch beim Schmied von Amsa*
Sechs Kilometer südlich von Roumsiki liegt das Dorf *Amsa* mit einem schönen **Markt am Mittwoch** (s. Foto Farbteil). Südlich von Roumsiki ist mit sehr lästigen Kindern zu rechnen, die wutentbrannt, teilweise steinewerfend den Autos hinterherlaufen und „Cadeaux" fordern.

Das Dorf Amsa ist bekannt für sein traditionelles Schmiedehandwerk. Hier arbeitet der Schmied nach der Technik des *Gelbgusses* oder der *„Verlorenen Form"*, eine Tradition, die man nur noch selten findet (s. Seite 223).

Der Schmied läßt sich gerne über die Schulter schauen und freut sich über Besucher, die er zum kleinen „Hochofen" 250 m abseits seines Sarés mitnimmt. Mit einem Blasebalg wird das Feuer entfacht und die Glut ständig heiß gehalten. Auf Wunsch fertigt er einen kleinen Bronzegegenstand an, den der Besucher kaufen kann. Für die Erklärungen und Vorführungen des Gelbgusses wird eine kleine Anerkennung erwartet.

Wie bei den *Matakam* nimmt der Schmied auch bei den Kapsikis einen besonderen Platz in der Gesellschaft ein. So sind viele Schmiede bei den Bergvölkern gleichzeitig Wahrsager; dazu werfen sie Kieselsteine, sie befragen Vögel oder deuten die Bewegung von Buschkrabben.

Unweit von Amsa liegt **Haou**, ein kleines Dorf mit einem recht lebhaften Markt am Dienstag.

★ *Wanderungen um Roumsiki*
Das Dorf ist Ausgangspunkt für herrliche Wanderungen (von einigen Stunden bis zu einem mehrtägigen Trekking), z.B. drei Stunden zum Dorf **Sina**, ein Tag nach **Mala**, zwei Tage nach

*Zu Besuch in den Dörfern unterhalb Roumsikis*

**Kili** oder von Amsa aus in einem Tag nach **Ya/Meheu**.

Die angegebene Dauer gilt jeweils für den Hin- und Rückweg. Sie sollten lieber etwas mehr Zeit einplanen, um unterwegs die Möglichkeit zu Gesprächen im Dorf zu haben. Gastgeschenke und kleine Mitbringsel sind willkommen.

Da Sie sich im **Grenzgebiet** befinden, sollten Sie Ihren Paß mitführen, auch wenn üblicherweise keine Kontrollen erfolgen. Die Bewohner der umliegenden Dörfer stehen fremden Besuchern zunächst distanziert gegenüber. Daher sollte man sich unbedingt einem Führer anvertrauen, der als Vermittler und Übersetzer wichtig ist.

**Grundsätzliche Regeln** – Begrüßung des Dorfchefs, Zurückhaltung beim Fotografieren (Erlaubnis einholen) – sind einzuhalten. Die oft in diesem Gebiet herrschende **extreme Hitze** macht die Mitnahme von ausreichend Trinkwasser und Proviant zur Voraussetzung jeglicher Aktivität. Weniger anstrengend sind die Wanderungen während der Regenzeit.

Der Fußmarsch auf und ab durch die trockene und steinige Berglandschaft ist anstrengend. Umso mehr entschädigt der Blick über die emporragenden, schwarz verwitterten Vulkanschlote bis weit hinein in die Ebene nach Nigeria. Die Dörfer auf den Hügeln, mit ihren spitzigen Dächern von weitem sichtbar, sind von den typischen Terrassenfeldern umgeben. Meist liegt die Hütte des Dorfoberhauptes etwas oberhalb des eigentlichen Dorfes. Oft sind die Wege von hohen Kakteen-Hecken gesäumt, die die ein-

**Der Norden**

zelnen kleinen Gehöfte voneinander trennen.

### ★ Pic de Roumsiki/Pic du Zivi

In unmittelbarer Nähe von Roumsiki liegen **zwei hohe Felstürme**. Den Pic de Roumsiki *(Mchirgue)* kann man bis zum Gipfel, den Pic du Zivi kann man nur bis zur Hälfte besteigen. Schwindelfreiheit und sehr gute Trittsicherheit werden vorausgesetzt. Ein Führer für die schon etwas anspruchsvollere Tour sollte nicht fehlen. Achten Sie auf loses, brüchiges Gestein, das sehr schnell zur Stolperfalle werden kann.

## Mokolo – Mora

➠ 67 km Piste

**Die Route von Mokolo** über den *Col de Koza* nach Mora **gehört zu den landschaftlich schönsten Strecken Kameruns**. Die Fahrt auf der teils felsigen und steinigen Piste ist recht holprig und läßt nur eine geringe Geschwindigkeit zu, doch ist sie während der Trockenzeit mit einem normalen Pkw möglich (in der Regenzeit ist allerdings auf den Steigungen Vorsicht geboten, zeitweise kann die Strecke auch unpasierbar werden). Unterwegs gibt es **keine Tankmöglichkeiten**, daher vor Abfahrt in Mora oder Mokolo volltanken. Zwischen Mokolo und Mora verkehrt ein einziges **Buschtaxi** am Morgen, erkundigen Sie sich nach den Abfahrtszeiten.

Die ersten 20 km (relativ gute Piste) sind häufig frequentiert von Lastwagen, die Waren von und nach Nigeria befördern (Koza ist Zollgrenzposten).

Unterwegs gibt es einen Abzweigung nach *Méri* (46 km). Dort ist ein schöner Markt am Freitag; die Strecke ist allerdings weniger interessant. In Méri existiert keine Übernachtungsmöglichkeit. Von Méri aus führt bis zur Hauptstraße Richtung Maroua eine schwierige Piste.

Die **Route nach Mora führt durch** das Land der *Mafa*, **eine unvergleichliche Gebirgslandschaft**, die mit ihren „lose" aufeinanderliegenden Felsblöcken oft an einen riesigen Geröllhaufen erinnert. In der Sprache der Fulbe heißen die Mafa *Matakam*, die „Unbekleideten", ein ursprünglich eher negativ behafteter Name.

Schon bald wird die Straße steil und kurvenreich, der **Col de Koza** (Koza-Paß, **18 km**) ist erreicht.

## Col de Koza

Von dieser Anhöhe (1100 m) aus bieten sich **herrliche Ausblicke** in die weite Umgebung: An den Hängen zu beiden Seiten der Piste begrenzen Steinmauern die kunstvoll angelegten Terrassenfelder, jedes Fleckchen der kargen Erde wird für den Anbau von Hirse genutzt. Der Boden ist porös, er kann die Feuchtigkeit der Regenzeit lange in der Tiefe speichern und ist ungewöhnlich fruchtbar. Zur Regenzeit sind die Gebirgshänge mit grünen Hirsestengeln bedeckt. Diese Terrassen dienen nicht nur der Landwirtschaft, sondern waren früher, durch Steinwälle und Reihen von Akazienbäumen ergänzt, auch eine Art Schutz vor Eindringlingen. An den steilen Flanken der Hänge „kleben" die kleinen **Rundhüttendörfer der Mafa** mit ihren spitzen Dächern. Die Sarés, die einzelnen Gehöfte, werden von jeweils einer Familie bewohnt. Je mehr Frauen ein Mann hat, umso mehr Hütten gruppieren sich zusammen. Mit ihren Mauern aus getrocknetem Lehm und Steinen

*Mafadorf*

und den spitzen Dächern aus Hirse-stroh, deren Farbe sich der Umgebung absolut anpaßt, gleichen sie kleinen Festungen oder „Adlernestern". Jeder Saré hat nur einen Eingang, meist zur Hangseite. Große Speicher bieten der Familie die Möglichkeit, sich über lange Trockenperioden mit Hirse, Nüssen, Bohnen etc. zu versorgen.

Unweit des Koza-Passes befindet sich die **Handwerkergenossenschaft** von Djingliya:

## Djingliya

Diese Kooperative umfaßt mehrere Hütten, in denen Handwerker arbeiten, eine Bar und einen Laden mit Kunsthandwerk. Djingliya ist das ganze Jahr hindurch geöffnet und dient der Veranschaulichung des traditionellen Handwerks und der Architektur der Bergbewohner. Da die Gegend relativ arm an Einnahmequellen ist, wurden in Djingliya auf gemeinschaftlicher Basis einige Arbeitsplätze mit kleinen Einkommen geschaffen. Hier arbeiten Weber an ihren Webstühlen, Korbmacher flechten Körbe und Kleinmöbel, Töpferinnen formen Hausgeräte und auch Gerber und Holzschnitzer gehören dieser Gemeinschaft an.

**Ein traditionelles Mafa-Gehöft** *(Gay)* wurde hier zum **Museum** umgestaltet. Bei einem Besuch erhält man Informationen über die typische Bauweise der Bergdörfer. Zum Empfang der Gäste dient ein kleines Vordach, darunter werden aber auch Streitigkeiten aus „palavert". Durch den *Gay* betritt man das Männerhaus. Dieser Raum dient als Schlafzimmer des Familienoberhaupts; hier werden auch Bogen und Giftpfeile sowie „Helme" aus Korbgeflecht aufbewahrt. Eine Ansammlung von *Canaris*, rituelle Tongefäße, dient der Aufbewahrung von Hirsebier für Feierlichkeiten.

**Der Norden**

Im kleinen Laden, der gemeinschaftlich betrieben wird, findet man zwar modernes und speziell für Touristen gefertigtes Handwerk, darunter aber auch – je nach Geschmack – einige schöne Gegenstände. Die Preise sind hier günstiger als z.B. in Roumsiki.

### Unterkunft
In der Kooperative von Djingliya gibt es eine einfache Übernachtungsmöglichkeit in den *„Cases de passage"* für ca. CFA 3500. Die Häuschen sind nur mit einem Bett ausgestattet und verfügen weder über Strom noch über Wasser. Fragen Sie im Artisanat.

Von hier aus geht die Fahrt wieder hinunter in die Ebene von *Mozogo*. Im Dorf **Koza** steht ein **Krankenhaus** der Adventisten. Von Koza aus nordwestlich bis hinab in die Ebene von Mora leben die *Mandara*. Sie wurden relativ früh im 18. und 19. Jahrhundert islamisiert und haben sich daraufhin gegen die naturgläubigen Bergvölker aufgelehnt. Heute leben sie von Viehzucht und Ackerbau.

Die riesigen Baumwoll- und Erdnußfelder in dieser Gegend zeugen von den Bestrebungen des Staates, dem Norden des Landes landwirtschaftlich auf die Beine zu helfen.

Auf etwa halbem Weg zwischen Mokolo und Mora liegt der **Parc National de Mozogo-Gokoro**, der mit seinen 1400 ha Größe nur botanische Bedeutung als **Waldschutzgebiet** hat. Ab und zu kreuzen Affen den Weg.

Von der Ebene aus führt eine Piste kurz vor Mora in steilen Serpentinen etwa 5 Kilometer hinauf zum Dorf *Oudjilla*, einem der Höhepunkte einer Fahrt durch die Mandara-Berge. Die Kinder, die am Straßenrand ihre kunstvollen Lastautos und Häuschen aus Maisstroh oder Hirsestengelmark verkaufen und den ankommenden Fahrzeugen schreiend und lachend folgen, deuten darauf hin, daß Touristen hier zum gewohnten Anblick gehören. Je höher man hinauf kommt, umso beeindruckender wird das Panorama der weiten Berglandschaft. Man befindet sich nun im Gebiet der *Podoko*, einer zahlenmäßig relativ kleinen Ethnie, deren Dörfer und Sarés sich wie bei den Mafa an die umliegenden Hänge schmiegen. Nur scheinen die Gebäude hier höher und enger zu sein, die Dächer noch spitzer. Auffällig ist auch, daß man in den Dörfern meist nur Frauen, Kinder und ältere Männer sieht. Die Jugend verläßt das Dorf und zieht das Stadtleben der traditionellen Dorfgemeinschaft vor.

## Oudjilla
Das Dorf Oudjilla, bekannt für seine traditionellen **Sichel-Tänze,** „thront" in etwa 800 Metern Höhe auf einem Berg. Die Ankunft von Fremden erfüllt das Dorf mit reger Aktivität. Der Besuch dieses Ortes ist mittlerweile **fester Bestandteil aller Touristen-Rundfahrten** geworden. Das mag den einen oder anderen enttäuschen. Meiner Ansicht nach erscheint es vorteilhafter für die Podoko, einen Saré als „Musterdorf" zu deklarieren, als wenn die Fremden in jedes beliebige Dorf spazieren. Und Oudjilla ist keinesfalls ein „Museumsdorf", sondern vollkommen authentisch und voller Leben.

Nirgends sonst hat der Besucher besser Gelegenheit, die lebendige Tradition, reiche Kultur und außergewöhnliche Architektur dieses Volkes kennenzulernen. Das lassen sich die Dorfbewohner selbstverständlich bezahlen.

Den Preis für die Besichtigung sollte man vorher aushandeln.

In Oudjilla wohnt das Oberhaupt der Podoko. Er bewohnt mit seinen rund 50 Frauen und den unzähligen Kindern einen riesigen Saré, der von außen wie eine Zitadelle wirkt. Durch einen schmalen Gang gelangt man in das Innere des großen Anwesens, das von hohen, hundertjährigen Lehmmauern umschlossen ist. Diese dienen nicht nur als Schutz vor fremdem Zutritt, sondern spenden auch Schatten und halten die Hitze ab, so daß es im Inneren des Sarés angenehm kühl bleibt.

**Die erste Hütte** dient den Besprechungen des Dorfoberhauptes mit den Familienchefs der Nachbardörfer. **In der zweiten und dritten Hütte** befinden sich das Grab des Vaters des Chefs und der dunkle Gebetsraum, in dem neun Terrakottakrüge mit Hirsebier eingelagert sind. Nur die Witwen des verstorbenen Chefs dürfen in diesem Raum schlafen. In einem Winkel des Raums wird ein Ochse gefangengehalten, der am Tage des grossen Podoko-Fests im April geschlachtet wird.

**Jede Ehefrau** verfügt über eine eigene Hütte, zwei Speicher und eine Küche mit einem Mühlstein zum Mahlen der Hirse, einer Feuerstelle an der Wand und mehreren großen Wasserkrügen. Die Haushaltsgeräte sind nicht zahlreich: Flaschenkürbisse, Tontöpfe, ein kleiner Handfeger für das Hirsemehl. Alle Hütten stehen zum Schutz vor Ungeziefer auf kleinen Stelzen.

**Die Sarés der Mandara-Völker** in den Bergen und Ebenen sind alle in diesem Stil gebaut (nur viel kleiner als der des Chefs von Oudjilla). Die Gebäude des Familienoberhauptes und

seiner Frauen umgeben die hohen Speicherhütten aus Lehm. Die Silos enthalten Vorrat für mehrere Monate: Hirse, Erdnüsse, Bohnen, Erbsen u.a. Jeder Speicher hat nur eine schmale, runde Öffnung am oberen Ende, die durch ein Brett verschlossen ist. So ist der Inhalt vor Ratten und Ungeziefer geschützt. Über einen schmalen Steg, der als Leiter dient, gelangen die Frauen in das Innere des Speichers, um die Vorräte zu entnehmen. Die Hälfte der Frauen kocht das Mittagessen, die andere Hälfte dann das Abendessen für die gesamte Großfamilie.

Wer interessiert ist (und dafür bezahlt), kann am Ende der Führung den **„Tanz der jungen Frauen"** (Sicheltanz) sehen. Die Ehefrauen des Dorfchefs erkennt man an ihren enganliegenden, weiß-gelb-roten Perlenkappen, aus denen ein Wieselhaarbusch herausragt. Mit diesem Kopfschmuck und mit bunten Tüchern bekleidet tanzen sie im Kreis, über den Köpfen eine Sichel schwingend. Jeder ihrer Schritte ist vom Klang der Rasseln begleitet, die sie an ihren Beinen befestigt haben.

Von Oudjilla geht die Fahrt auf dem selben Weg zurück ins Tal und durch die Ebene weiter nach **Mora** (11 km). (Detaillierte **Karte**: *Mora*, *IGN*, Blatt NB-33-XXI, 1:200 000, Mora und nördliche Region bis *Djilbe*, östlich bis zum Logone-Fluß.)

## Mora

Die Kleinstadt Mora, Hauptort des Verwaltungsbezirks *Mayo-Sava*, liegt in der Ebene und bildet das nördliche Eingangstor zu den Mandara-Bergen.

**Der Norden**

Grundlage der Landwirtschaft dieser Region ist der Baumwollanbau. Der Ort ist durch seine Lage an den touristischen Hauptrouten idealer Ausgangspunkt für Ausflüge nach Oudjilla (12 km), Djinglia am Col de Koza (50 km), Mokolo (70 km) bis hin zum Waza Nationalpark (60 km).

Früher war das Mandara-Gebiet eine Provinz des Reiches *Bornou*, bevor es im 19. Jahrhundert unabhängiges Königreich – auch bekannt als *Wandala* – mit der Hauptstadt Mora wurde.

Hier leben die *Mandara*. Noch im 19. Jahrhundert standen sie in großer Konkurrenz mit den Fulbe von Maroua und machten sich gegenseitig die verschiedenen Ethnien der großen Ebenen als „Sklavenreservoirs" oder Einflußsphären streitig.

Mora ist eine langgestreckte, ruhige Stadt mit schattigen Alleen aus Neem- und Feigenbäumen. Die Häuser sind im Gegensatz zu den Rundhütten in den Bergen viereckig, von kleinen Lehmmauern umgeben und meist mit Wellblech gedeckt.

Von besonderem Interesse ist hier der **Sonntagsmarkt.** Dieser Markt gehört zu den farbenprächtigsten und schönsten Kameruns, besonders weil sich hier die verschiedensten Volksgruppen der ganzen Region, sowohl aus der Ebene als auch aus dem Bergland, treffen.

In erster Linie werden in Mora viele **nigerianische Produkte** angeboten, als Währung gilt (wie in *Tourou*) bisweilen schon der *Naira*, denn die Grenze zu Nigeria ist nicht weit.

Viele der Händler brechen bereits in der Nacht auf und legen weite Wege zu Fuß zurück, um morgens den Markt zu erreichen. Hier begegnen die animistischen Völker aus dem Bergland allwöchentlich den islamischen Bewohnern der Ebene: Hochgewachsene *Fulbe, Mandara, Bournouans* und *Choa-Araber.*

**Die beiden großen Glaubensgemeinschaften** erkennt man nicht nur durch ihre streng getrennten Marktzeilen, sondern auch am Aussehen der Frauen: Die muslimischen Frauen fallen durch ihr geflochtenes Haar, den reichen Schmuck und die weiten, farbigen Kleider auf. Die anderen Frauen gehen eher in schlichter Kleidung, manche gar „oben ohne".

Die Mandara bieten die verschiedensten Waren an, auch Plastik- und Aluminiumwaren. Außerdem sind sie die größten *„Féticheurs"* und haben viele traditionelle „Apotheken" *(Pharmacies).* Die *Bournouans* (die aus *Bournou* in Nigeria stammen) verkaufen Hirse und Zwiebeln, die in ihrer Ebene gedeihen.

Im Gegensatz zu den stolzen Fulbe-Frauen sind die *Podoko*-Frauen aus den Bergen um Oudjilla nur spärlich bekleidet. Einige wenige unter ihnen tragen auf traditionelle Weise noch ein Holzstäbchen in der Unterlippe und ihr Kopf ist kahl rasiert. Der Inhalt ihrer Kalebassen besteht aus Milch, Tomaten, getrockneten Kräutern zur Herstellung von Soßen; ebenso bieten sie Handfeger aus Stroh, ein Huhn oder Kautabak an. Oftmals kommen die Frauen nur mit wenigen Litern Milch zum Markt, um im Gegenzug etwas Trockenfisch, Petroleum und Seife zu kaufen.

An einer Ecke des Marktes werden Esel verkauft, an einer anderen bearbeiten die Schmiede das Metall. Alle Arten von Hirse, Salz für die Tiere, Gemüse und Früchte, Töpfereien, Silberschmuck aus Maroua ist erhältlich – wie überall auf den Märkten im Norden ist das Angebot reichhaltig.

## PRAKTISCHE INFORMATIONEN

 UNTERKUNFT

**Campement Sônga' le Podoko**
B.P. 34, Tel. 29 21 15; am Ortseingang von Mora an der Straße Richung Kousserie. Im Campement Sônga' gibt es sehr einfache Zimmer in 6 traditionellen Boukarous ab ca. CFA 5000, ein Restaurant und eine Bar.

**Campement du Safari**
Das Campement ca. 5 km außerhalb von Mora ist zur Zeit geschlossen; eine Wiedereröffnung ist geplant.

**Campement du Wandala**
Zur Zeit der Drucklegung geschlossen.

 ESSEN UND TRINKEN

**Restaurant Wandala Club**
Nicht zu verwechseln mit der Unterkunft! Das Restaurant ist in der Nähe des Marktes, preiswert und in Ordnung.

**Restaurant des Campements Wandala**
Das Restaurant ist eher bescheiden.

 VERKEHRSVERBINDUNGEN

***Bus-/Sammeltaxi***
Es bestehen folgende Bus-/Sammeltaxi-Verbindungen:

➠ *Mora – Mokolo*
Von/nach Mokolo führen 67 km Piste.

➠ *Mora – Garoua*
Nach Garoua sind es 290 km (via Maroua) auf guter Teerstraße.

Außerdem verkehren Sammeltaxis nach *Maroua* (60 Kilometer) und *Kousséri* (200 Kilometer), jeweils auf guter Teerstraße.

***Straßenverbindungen/Weiterfahrt***
Von Mora aus geht es auf guter Teerstraße 60 km nach *Maroua*.

**Hinweis**: Die Route *Maroua – Mora – Oudjilla – Koza – Meri – Maroua* eignet sich auch als Tagestour (früh losfahren, es gibt viel zu sehen).

 SONSTIGES
In Mora gibt es ein **Hospital**, einen **Arzt, Treibstoff** (Achtung: Billigware aus Nigeria!) und **Lebensmittel**.

## Maroua – Waza Nationalpark

➠ 120 km Teerstraße
Von Maroua aus geht die Fahrt über eine recht gute Asphaltstraße in Richtung Norden. **Vor der Abfahrt** sollten Sie **volltanken** (Reservekanister mitnehmen!), denn unterwegs ist nur selten Treibstoff zu haben. Die Fahrtdauer beträgt zwei bis drei Stunden. Evtl. auch Getränke aus Maroua mitnehmen, in *Waza* und weiter nördlich ist abgefülltes **Trinkwasser nur schwer erhältlich** oder sehr teuer.

**Hinweis:** Verschiedentlich kann es zu Polizeikontrollen kommen (in der Regel freundlich). Teils wird auf den Asphaltstrecken Straßenbenutzungsgebühr von CFA 500 erhoben.

Zunächst sieht man nach Maroua noch einige kleine Gebirgszüge, dann wird die Busch- und Steppenlandschaft sehr flach und nur noch gelegentlich von einzelnen Felsbuckeln unterbrochen. 40 km nach Maroua liegt links von der Straße die **Kunsthandwerkskooperative Mayo Oujeme** (*Coopérative Artisanal*), hier kann man günstig nach Souvenirs Ausschau halten,

**Der Norden**

**489**

deren Erlös der Kooperative zukommt. Die Straße nach Waza ist schmal und schnurgerade. Entlang der Teerstraße schlängelt sich eine endlose Reihe von Stromleitungen, hier und da steht eine Wasserpumpe mit Chrompedalen. Sonst erinnert kaum etwas an „Zivilisation". Umgeben von Bäumen oder am Fuß der Hügel stehen kleine Sarés. Hier wohnen die *Guiziga*, etwas weiter die *Mofou*. Die Anzahl der Hütten gibt auch hier einen Hinweis auf die Zahl der Ehefrauen des Hausherren. Nach außen sind diese Dorfgemeinschaften mit kleinen Mauern oder Strohmatten abgeschirmt. Strom und Fließwasser gibt es in dieser Gegend nicht, die Stromleitung führt zum *Waza-Camp*.

## Parc National de Waza

**Öffnungszeiten:** von November bis Mai (Trockenzeit)
**Beste Besuchsmonate:** März und April (kurzes Gras – gute Sicht!).
**Anmeldung:** Am Parkeingang trägt jeder Besucher seine Personalien ein und bezahlt den Eintritt.

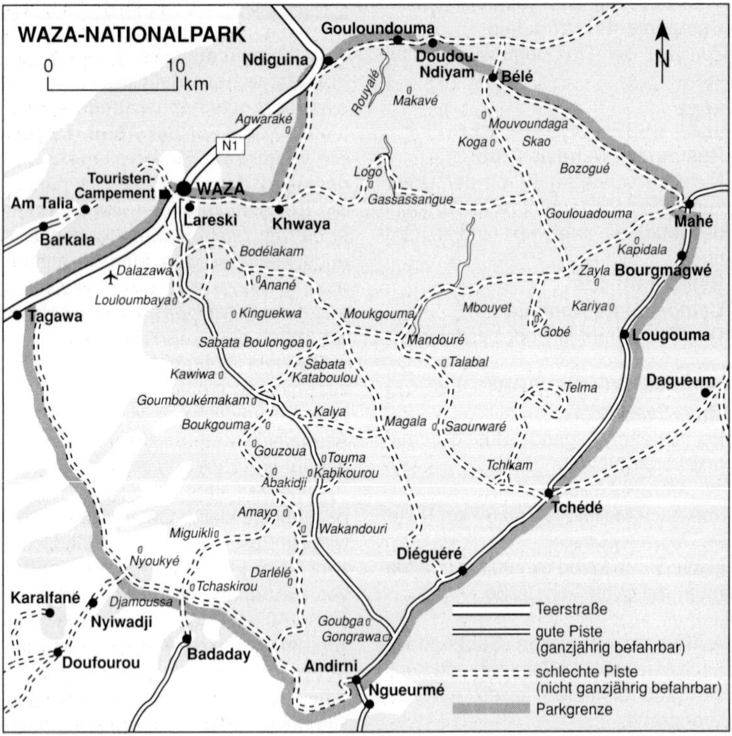

**WAZA-NATIONALPARK**

0 — 10 km

Goulondouma · Ndiguina · Doudou-Ndiyam · Bélé · Makavé · Agwaraké · N1 · Mouvoundaga · Koga · Skao · Logo · Bozogué · Touristen-Campement · WAZA · Gassassangue · Goulouadouma · Mahé · Am Talia · Lareski · Khwaya · Kapidala · Barkala · Bodélakam · Zayla · Bourgmagwé · Dalazawa · Anané · Moukgouma · Mbouyet · Kariya · Louloumbaya · Kinguekwa · Mandouré · Gobé · Lougouma · Tagawa · Sabata Boulongoa · Talabal · Sabata Kataboulou · Kawiwa · Telma · Dagueum · Goumboukémakam · Kalya · Magala · Saourwaré · Boukgouma · Gouzoua · Tchikam · Touma · Kabikourou · Abakidji · Amayo · Wakandouri · Tchédé · Miguikli · Diéguéré · Nyoukyé · Darlélé · Tchaskirou · Karalfané · Djamoussa · Goubga · Nyiwadji · Gongrawa · Doufourou · Badaday · Andirni · Ngueurmé

—— Teerstraße
—— gute Piste (ganzjährig befahrbar)
===== schlechte Piste (nicht ganzjährig befahrbar)
▓▓ Parkgrenze

**Parkeintritt**: ca. CFA 5000 pro Person (eine Woche gültig) und zusätzlich für den **Führer** CFA 3000.

Der Waza-Nationalpark mit einer Fläche von **170 000 ha** ist der bekannteste und **tierreichste Nationalpark Kameruns** und kann sich, was die Artenvielfalt anbelangt, mit manchen Parks Ostafrikas messen. Nirgends in Westafrika gibt es eine größere Anzahl von Tieren in einem Wildreservat. Gleichzeitig ist der Waza der einzige Park Kameruns, der in den Rundreisen der Veranstalter seinen festen Platz hat (der *Bénoué*-Nationalpark wird seltener besucht).

Der Eingang des Nationalparks liegt gegenüber dem *Campement de Waza*, vis à vis der Hauptstraße. Wer bisher noch nicht Gelegenheit hatte, die *Mousgoum*-Häuser in *Pouss* (s.u.) zu besichtigen, kann hier gleich neben dem Parkeingang ein nachgebautes *Case obus* begutachten.

Auf den relativ guten Pisten des Nationalparks benötigt man während der Trockenzeit keinen Geländewagen, eine Fahrt im normalen Pkw ist möglich (Treibstoff!). Achten Sie auf die Reifen, es gibt viele Dornbüsche.

Der *Pisteur* (Führer) kennt jeden Weg, die besten Beobachtungsplätze, die Stimmung der Elefanten und auch die Stellen, an denen man zum Fotografieren aussteigen darf. Bei Dunkelheit muß der Park verlassen werden.

Für eine **Foto-Safari** ist Frühaufstehen angesagt. Gleich nach Sonnenaufgang ist die beste Zeit, Tiere zu beobachten. Auch am späten Nachmittag, wenn die Sonne schon tiefer steht und die Tiere ihre schattigen Verstecke verlassen, lohnt es sich, auf Pirsch zu fahren. Die Chancen auf Wildbegegnungen variieren sehr stark je nach Jahreszeit und Trockenperiode. So hat man z.B. auf dem Höhepunkt der Trockenzeit eher mittags Chancen, eine Elefantenherde bei einer der Tränken (die sog. *mares)* zu sehen.

Bei einer langanhaltenden Dürre wandern die Tiere auf der Suche nach Nahrung über die Parkgrenzen hinaus. Im Dezember sieht man in der Regel wesentlich weniger Tiere als im März und April kurz vor der Regenzeit.

Im Park gibt es **zwei Ökosysteme:** Im **Westen** durchquert man eine Region, die aus Waldgebieten, vereinzelten Gruppen mit Schirmakazien und dichtem Buschland besteht. Im **Osten** dagegen erstreckt sich eine große Feuchtlandschaft mit Sumpfebenen *(Yaérés)* bis zum Horizont.

An verschiedenen Stellen des Reservates wurden **künstliche Wasserstellen** in die Landschaft integriert, an denen man die zur Tränke kommenden Tiere aus nächster Nähe beobachten kann. Wenn der Regen längere Zeit ausbleibt, werden diese Tränken mit Tanklastern versorgt, die das Wasser aus dem Süßwasserbrunnen von Waza-Ort hierher transportieren.

Der **Artenreichtum** im Waza ist erstaunlich. Wenn man Glück hat und sich ruhig verhält, entdeckt man verschiedene Antilopenarten, darunter die seltenen Pferdeantilopen, auch Wasserböcke und Giraffen. Die langbeinigen Strauße halten sich am liebsten in den weiten Grasebenen auf, die Warzenschweine sind ständig am „buddeln", um wertvolle Mineralien aus der Erde zu graben. Ganz schön aufdringlich können die verspielten Affen werden, wenn Sie auf dem Auto herumturnen. Aber auch Vogelliebhaber kommen in Waza auf ihre Kosten. Die

**Der Norden**

Vielfalt an farbenprächtigen Vögeln ist eindrucksvoll: Adler, Kronenkraniche, Marabus, Pelikane, Enten, Gänse, Perlhühner, Eisvögel, Silber-Reiher, Ibisse und auch unsere europäischen „Zugvögel" können hier in Ruhe und aus der Nähe beobachtet werden. Manchmal sind die Baumkronen voll mit einem riesigen Vogelschwarm. Nur auf Löwen gibt es im Park keine Garantie, sie sind nur mit sehr viel Glück zu finden. Allerdings habe ich bei meinen Safaris in den verschiedenen Nationalparks Kameruns nur im Waza-Park überhaupt Löwen gesehen.

Doch eigentlich dreht sich in diesem Wildreservat alles um die **Elefanten**. Nicht morgens oder abends, sondern ausgerechnet in der größten Mittagshitze treten die grauen Kolosse aus dem Akazien-Dickicht hervor, nicht selten Herden von 50 bis 60 Tieren,

die fast lautlos zur Wasserstelle ziehen. Dann ist Badezeit. Meist kann man hier das Fahrzeug verlassen, wenn der *Pisteur* sich sicher ist, daß die Tiere keine Witterung aufnehmen können. Es ist ein unvergeßliches Schauspiel, wenn die riesigen Tiere im Wasser spritzen und plantschen und die Mütter sich um ihre meist noch recht unbeholfenen Kleinen kümmern; man könnte stundenlang zusehen. Für mich war das eines der schönsten Safari-Erlebnisse in Afrika. Es sollte jedoch nicht unerwähnt bleiben, daß die Population der Elefanten in Waza sehr stark zunimmt und dadurch die Vegetation und das Ökosystem ernstlich gefährdet sind.

*Verkehrsverbindungen*
Der Park liegt **direkt an der Hauptverbindungsstraße** nach *Kousséri*.

*Giraffen an einer Wasserstelle*

Es empfiehlt sich, für einen Ausflug in den Waza Nationalpark in Maroua ein **Fahrzeug** zu **mieten**. In Waza selbst gibt es keine Mietautos für einen Besuch des Parks. Die Chancen, von anderen Reisenden mitgenommen zu werden, sind recht gering.

Von Maroua aus verkehrt ein **Sammeltaxi** nach Waza.

### *Unterkunft*
### Campement de Waza
B.P. 134, Maroua (Postadresse), Tel. 29 12 07. Das Campemant ist in sehr schöner Lage (kurz vor dem Ort Waza links auf dem Hügel) schon von weitem sichtbar. Mit seinen 20 kleinen Rundhütten-Bungalows (Boukarous) aus Stein, die gut in die Landschaft integriert wurden, sieht das Campement aus wie ein Dorf am Hang. Es gibt dort Zimmer mit Klimaanlage, Dusche/WC ab ca. CFA 18 000 (ohne Klimaanlage ca. CFA 14 800). Beim Duschen (falls diese funktionieren) ist Wasser zu sparen; in der ganzen Gegend herrscht während der Trockenzeit große Wasserknappheit! Dennoch ist der Swimmingpool des Campements auch während der Trockenzeit häufig mit Wasser gefüllt. Für Hotelgäste ist die Benutzung gratis, Besucher zahlen ca. CFA 1000. Im Campement gibt es außerdem noch eine Bar und ein Restaurant (gut, aber nicht gerade preiswert – Menü ca. 5000 CFA, Frühstück 1700 CFA). Tagsüber wird der Generator abgeschaltet, so daß es zeitweise keinen Strom gibt.

Vom kleinen Felshügel oberhalb des Campements, der gleichzeitig das Revier einiger Affen ist, hat man eine gute Aussicht auf die weite Ebene.

Rechts der Straße steht das neu gebaute, sehr moderne Hotel, das seit einigen Jahren fertiggestellt ist, jedoch bisher nicht geöffnet wurde. Wenn es öffnet, soll das wesentlich landestypischere Campement geschlossen werden.

### Auberge Chez Susanne
Am Nordausgang des Ortes Waza, an der Hauptstraße. Die Auberge bietet nicht sehr saubere Chambres de passage ohne Wasser (Zimmer ab ca. CFA 4000). Es gibt ein kleines Restaurant mit afrikanischen Gerichten.

**Eine Campingmöglichkeit** existiert unterhalb des Wazacampements, aber ohne sanitäre Einrichtungen (Toiletten des Campements können benutzt werden). Es werden dafür ca. CFA 2000 pro Person verlangt.

## *Waza – Koussérí*

➠  138 km Teerstraße
(Detailkarte: *IGN Koussérí*, Blatt ND-33-III, 1:200 000; ab Koussérí nach Norden). Für die Strecke braucht man ca. zwei Stunden Fahrzeit und sie ist von Waza bis zur Grenzstadt Koussérí durchgehend geteert und in gutem Zustand. Die Landschaft ist relativ monoton und absolut flach, eine baumlose Ebene und Grassteppe bis zum Horizont. Die Hitze nimmt immer noch mehr zu, je weiter man nach Norden fährt.

Kurz nach Waza kommt das kleine Dorf **Ndiguina**, hier zweigt rechts die Piste nach *Logone Birni* (s. u.) ab. Wer nach Koussérí möchte, sollte besser die Teerstraße über *Maltam* nehmen. Auf halber Strecke erreicht man das kleine Dorf **Djilbé** *(*Markt am Mittwoch). Nun beginnt die **Sudan-Sahel-Zone,** die Landschaft wird staubig; auffällig sind die großen Kuppeldächer aus Stroh in den Dörfern der Choa-Araber am Wegesrand. In **Maltam** (**112 km** hinter Waza) gabelt sich der Weg: In Richtung Nordwesten geht es weiter zum *Tschad-See* (auf Piste, s. S. 497), östlich führt die Teerstraße nach Kousséri und über die Grenze in den Tschad. Ab Maltam führt die Strecke nun auf der südlichen Seite des *Kalamaloué-Nationalparks* (26 km vor Kousséri) entlang.

## Kalamaloué-Nationalpark

Auch wenn es praktisch kaum Touristen in dieses nahezu unbekannte Reservat zieht, kann man hier Elefanten, Giraffen, Antilopen, Affen und all die anderen Tiere beobachten, die auch im Waza beheimatet sind. Mit ca. 4500 ha ist das Reservat an den Ufern des *Chari*-Flusses zwar recht klein und der Tierbestand ist viel geringer als in Waza, doch wird es Ornithologen interessieren, daß der Kalamaloué **eines der vogelreichsten Gebiete Kameruns** ist. Die Landschaft ist wesentlich buschiger und grüner als im trockenen Waza und oft zieht es in Dürre-Perioden die Elefanten von dort hier herauf. Deshalb hat man wohl auch die Verkehrsschilder mit der Abbildung eines Dickhäuters am Straßenrand aufgestellt.

**Pirschfahrten** im eigenen Fahrzeug (obligatorisch mit Führer) sind möglich, man kann mit dem *Pisteur* auch zu Fuß gehen und sich Krokodilen und Flußpferden vorsichtig nähern. Am interessantesten ist die Region direkt entlang des Flußufers am Chari.

### Unterkunft/Campement

Das Campement liegt ca. zwei Kilometer von der Teerstraße entfernt, in der Nähe eines kleinen Sees. Es gibt zwei Zimmer in einem Boukarou in sehr einfachem und schlechtem Zustand (ca. CFA 3500 pro Person). Es besteht die **Möglichkeit zum Campen**, man darf WC und Wasser des Campements mitbenutzen. Die Leute, die das Campement leiten, sind sehr freundlich.

Im übrigen kann man auch in Kousséri oder in Waza übernachten.

Vor Kousséri durchquert die Straße große Hirsefelder, die an den Nationalpark Kalamaloué grenzen. Kousséri ist aufgrund der Asphaltstraße ganzjährig zugänglich.

## Kousséri

Kousséri ist Hauptort des Verwaltungsbezirkes *Logone-et-Chari* und Grenzstadt zum Tschad.

Bei Kousséri fließen die beiden großen Flüsse **Logone**, der vom Süden herauf die Grenze zum Tschad bildet, und **Chari**, der aus dem Tschad kommt, zusammen. Ab hier bestimmt der große Chari weiterhin direkt den gesamten Grenzverlauf zwischen Kamerun und Tschad bis hinauf zum Tschad-See. Die Grenzstadt liegt direkt am Flußufer gegenüber von N'Djaména, der Hauptstadt des Tschad. Eine Brücke etwas außerhalb der Stadt, den Logone aufwärts, verbindet die beiden Flußufer, hier erfolgt auch der Grenzübertritt (Einreiseformalitäten s. Seite 500). Die **Grenze** ist derzeit **geöffnet**.

Die weiten Ebenen um Kousséri sind Schwemmland, da die Flüsse jährlich zur Regenzeit über die Ufer treten. Zu dieser Zeit sind die Pisten schlammig und kaum mehr befahrbar (z.B. nach *Logone Birni*).

Die Stadt Kousséri ist nicht von besonderem Interesse. Aufgrund der Grenzlage herrscht ein dichtes Gedränge, viel Verkehr (Transporter und Lastwagen) und ein hohes Polizeiaufkommen. An der Landungsstelle der **Fähre**, die vor dem Bau der Brücke den einzig möglichen Grenzübergang bildete, werden immer noch Waren verladen, um sie vom und ins Nachbarland zu bringen. Da nicht jeder hier ein Auto besitzt, wird die Fähre auch jetzt noch von vielen als Transportmittel über den Fluß benutzt. Dazwischen verkehren Dutzende von Pirogen zwischen den Ufern. Überall bieten „Fliegende Händler" ihre legalen oder „illegalen" Waren an und der Handel blüht hier an der Grenze. Fischer trocknen und räuchern ihren Fang, der Logone ist der fischreichste Fluß Kameruns.

In Kousséri leben viele Leute aus dem Tschad. Als das Nachbarland noch von einem langjährigen Krieg erschüttert wurde, strömten Tausende von Flüchtlingen nach Kamerun herüber. Nicht alle sind wieder zurückgekehrt.

Der **Markt** in Kousséri findet täglich statt, besonders reges Treiben herrscht am Donnerstag und Samstag. Die Leute aus den umliegenden Dörfern kommen im Buschtaxi, in der Piroge oder zu Fuß nach Kousséri, vor allem wegen der begehrten Trocken- und Räucherfische, die überall vor den Händlern auf dem Boden ausgebreitet sind, begleitet von einem intensiven Fischgeruch. Die hübschen und kunstvoll frisierten Frauen der *Choa-Araber*-Nomaden verkaufen die Milch ihrer Viehherden aus Kalebassen, die sie elegant auf dem Kopf balancieren.

## PRAKTISCHE INFORMATIONEN

 UNTERKUNFT

**Hotel Moderne**
B.P.10, Tel./ Fax 29 44 02; an der Route National No. 1, ca. 5 Min. entfernt vom Grenzübergang Tschad. Im Hotel gibt es 20 Zimmer mit Klimaanlage, Dusche/WC ab ca. CFA 10 000, ein Restaurant, ein Bar und eine Terrasse. Die Mietung von Geländewagen ist möglich.

**Relais du Logone**
Tel. 29 41 57. Im Relais gibt es zwölf sehr einfache und preiswerte Zimmer mit Dusche/WC.

 VERKEHRSVERBINDUNGEN

*Busse/Sammeltaxis*
Es herrscht Bus- und Sammeltaxiverkehr von/nach: *Mora* (215 km) und *Maroua* (275 km), jeweils auf Teerstraße sowie von/nach *Logone Birni* (35 km) und *Goulfey*, jeweils auf Piste.

**Busbahnhof**
Tel. 29 40 06

*Grenzübertritt*
Der Grenzübergang in den Tschad ist derzeit ohne Probleme möglich; für den Tschad ist ein **Visum** erforderlich.

 NOTFALL

*Arzt*
Tel. 29 42 42

*Apotheke*
Tel. 29 42 93

 SONSTIGES
Es gibt ein **Postamt, Banken** (u.a. *BICIC*), **Polizei** (Tel. 17) und eine **Tankstelle.**

**Hinweis**: Kousséri ist Grenzstadt, daher Vorsicht und absolute Zurückhaltung beim Fotografieren (keine Mi-

**Der Norden**

litäranlagen, Polizisten, Verwaltungsgebäude etc.)!

---

### Abstecher nach Logone Birni und Zina

Zu diesem Ort **führen 43 km schlechte Piste** von Kousséri nach Süden; in der Regenzeit ist die Strecke nicht befahrbar. Es verkehren Sammeltaxis von/nach Kousséri.

Die Piste verläuft mehr oder weniger entlang des Logone-Flusses.

Anfang des 19. Jahrhunderts war Logone Birni (übersetzt: „Befestigte Stadt am Logone") ein einflußreiches Königtum. Es gehörte nicht, wie das umliegende *Kotoko-Land*, zum *Reich Bornou*, doch war der König von Logone Birni ein Vasall dieses Reiches. König *Saleh V.* überfiel Ende des 19. Jahrhunderts seine Nachbarn, um dieser ständigen Abhängigkeit zu entkommen. Er bat *Rabah*, einen berühmten Eroberer aus dem Niltal (siehe Kapitel Geschichte), zu Hilfe, doch dieser setzte den König ab und übernahm dessen Position. Im April 1900 wurde Rabah dann seinerseits von den französischen Kolonialtruppen in Kousséri besiegt. Damit war die Glanzzeit dieser Stadt zu Ende.

Heute ist Logone Birni eine eher unbedeutende, jedoch **sympathische Kleinstadt mit ca. 20 000 Einwohnern**. Viele der Häuser im „arabischen" Stil sind verlassen und verfallen allmählich. Auch die Mauern des **Sultanspalast**es lassen nicht mehr viel von der einstigen Blüte erahnen. Die *Kotoko*, die hier ansässige Volksgruppe, lebt in der Hauptsache von der Fischerei. Am frühen Morgen bei Sonnenaufgang fahren die Pirogenbesitzer los und holen die Netze ein. Der Fang wird auf Holzfeuer in Tonöfen geräuchert, der starke Geruch ist in der ganzen Stadt wahrnehmbar.

Jedes Jahr zur Regenzeit tritt der Logone über die Ufer und überschwemmt weite Landstriche. Die Feldbestellung ist in dieser Region also kaum möglich, die Regierung fördert den Anbau von Reis. Durch die Feuchtigkeit bedingt, wimmelt es in dieser Region von Insekten, die früher auch die Schlafkrankheit verursachten. *Dr. Jamot*, der Begründer des Gesundheitsdienstes in Kamerun, hat zwischen 1922 und 1926 Maßnahmen zur Bekämpfung der Schlafkrankheit, u.a. auch in Logone Birni, eingeleitet. Noch heute steht am Flußufer eine Tafel, die daran erinnert (mehr zu Dr. Jamot unter *Yaoundé*).

### Unterkunft/Campement

Das ziemlich verwahrloste Campement liegt direkt am Ufer des Logone-Flusses und verfügt über zwei Boukarous mit je zwei Zimmern (ungefähr CFA 3500). Es gibt kein Fließwasser und Strom, weder ein Restaurant noch eine Bar.

Die Weiterfahrt Richtung Süden erfolgt auf schlechter Piste entlang des *Waza-Nationalparks* bis in das kleine Dorf **Zina**. Der Waza-Park kann von einer der offiziellen Parkstationen aus besucht werden *(Mahé, Tchédé, Andirni)*. In Zina wird von einem Schweizer Arzt ein **Landkrankenhaus** geleitet. Die Bevölkerung in dieser Region ist sehr freundlich. Von hier aus ist die Piste nach *Maroua* befahrbar (in d. Trockenzeit).

## Maltam – Tschadsee

➡ 101 km Piste
(Detailkarte: *Carte du Cameroun, Kousséri,* Blatt ND-33-III, 1:200 000, zu beziehen über: *Centre Géographique National,* Yaoundé.)

Für eine Fahrt in das spitze Eck Kameruns, in den äußersten Norden zum Tschadsee, genügt in der Trockenzeit ein normaler Pkw. Vor Abfahrt sollte man sich dennoch nach der aktuellen Situation erkundigen, von Zeit zu Zeit ist diese Gegend etwas unsicher. Fragen Sie am besten Herrn *Reinhard Visse* vom *Hotel Porte Mayo* in *Maroua,* er vermittelt auch Autos mit Fahrer.

**Die Region am kamerunischen Ufer des Tschadsees wird nur selten von Touristen besucht.** In der Regenzeit ist die ganze Region versumpft und kaum passierbar. Während der übrigen Zeit herrscht Dürre und Trockenheit, und der Staub dominiert.

Die zum Teil versandeten Pisten sind nur während der Trockenzeit befahrbar, von einer Tour in der Regenzeit rate ich ab. Das Gebiet am Tschadsee verfügt über **keinerlei** touristische **Infrastruktur**, für Proviant, Trinkwasser und genügend Treibstoffreserven haben Sie selbst zu sorgen.

Die Fahrt von Maroua zum Tschadsee und zurück ist nicht an einem Tag zu schaffen (einfache Strecke ca. vier bis fünf Stunden Fahrzeit), unterwegs bieten sich **Übernachtung**smöglichkeiten in *Waza* oder *Kousséri.* Nachtfahrten sollten Sie vermeiden; man verfährt sich leicht, auch tagsüber!

Eigentlich glaubt man sich hier eher in Nordafrika, so wüstenhaft ist die Landschaft. Die kleinen Ortschaften erwecken den Eindruck von Befestigungsanlagen mit ihren Lehmmauern, den teils zweistöckigen Häusern und den vielen staubigen Gäßchen.

Hier sind die *Kotoko* und *Choa-Araber* zuhause, die sich vorwiegend vom Mais-, Gemüse- und Hirseanbau und von der Viehzucht ernähren, direkt am Tschadsee kommt der Fischfang hinzu. Die Vegetation ist extrem spärlich, etwas dürres Gras und die widerstandsfähigen Akazien, die den Ziegen- und Schafherden während der Mittagshitze Schatten spenden. Weite Landstriche sind versandet, ausgedörrt und heben sich in ihren Grautönen kaum vom staubigen Himmel ab. Das Tschad-Becken leidet extrem unter der jährlich viele Monate anhaltenden Trockenheit; Wasser ist Mangelware. Dies ändert sich schlagartig an den üppig grünen Ufern des *Chari*-Flusses und des Tschadsees, der von einem breiten Schilfgürtel umgeben ist und dessen Uferausdehnungen saisonal erheblich schwanken.

Die **Orientierung auf den Routen zum Tschadsee** wird erschwert durch das Labyrinth aus (unbeschilderten) Fahrspuren – die Pisten sind teilweise nicht zu erkennen oder versandet. Nur selten trifft man auf Gegenverkehr (meist Lastwagen zum Gütertransport, die zwischen Nigeria und Tschad wechseln), jedoch immer wieder auf umherziehende Nomaden, die man nach dem Weg fragen kann. Die Auskünfte, die wir erhielten, waren jedoch sehr ungenau.

Die Route von Maltam über Makari nach *Blangoua* ist etwa ebenso lang wie über *Goulfey* und *Woulki.* Das Fischerdorf **Blangoua** (in der Detailkarte *Blangwa,* in der Macmillan-Karte gar nicht verzeichnet – nahe *Massaki)* ist

Ausgangspunkt für eine Pirogenfahrt auf die *Insel Kofia*. Beide Routen weisen keine großen Unterschiede auf und sind ohne weiteres zu bewältigen.

Von Waza oder Kousséri **bis Maltam** ist die **Straße asphaltiert**. In diesem Ort zweigt links die breite Piste (Sandauflage, fester Untergrund) Richtung Tschad-See (Makari) ab. Es gibt keine Beschilderung!

Vor den Hütten verkaufen die Bewohner große Korbflaschen mit einer rötlichen Flüssigkeit – Benzin aus Nigeria (schlechte Qualität, nur für Notfälle).

Nach **46 km** ab Maltam ist eine **Abzweigung** nach rechts erreicht; Makari ist ausgeschildert. Weiter geht es auf breiter Piste.

Bei **km 73** ist Makari, der Hauptort dieser Region erreicht; dort sollten Sie nach dem Weg Richtung *Blangoua* fragen, denn es gibt keine Ausschilderung.

Nach insgesamt **81 km** (ab Maltam) ist man im Dorf **Mada** mit einem bekanntem **Schweizer Hospital** angelangt (hier wieder nach dem Weg fragen). Auf der Weiterfahrt nicht von der Hauptpiste abzweigen; die Strecke wird nun etwas schlechter und sandiger, in der Trockenzeit (bis März/April) ist sie jedoch ohne Probleme zu befahren.

Nach **101 km** kommt man in **Blangoua** an.

**Hinweis:** Auf der gesamten Strecke ab Makari existieren viele kleine Buschpisten, man verfährt sich leicht. In manchen Reiseführern wird angegeben, daß man einige Flüsse mit der Fähre überqueren muß. Dies ist nicht mehr der Fall (Brücken oder Furten). Es gibt einige Polizeikontrollen unterwegs.

## Blangoua

Blangoua wird auch das „Far End" Kameruns genannt, die **letzte Stadt im äußersten Norden**. Hier endet die Piste. Der Ort ist auf den meisten Straßenkarten nicht eingezeichnet. Es ist sehr heiß. Blangoua liegt am Ufer des Chari-Flusses, unweit des sehr fischreichen Tschad-Sees. Hier fischen die *Kotoko* von ihren Booten aus.

Auf dem **Markt am Freitag** werden vor allem Fische, frisch oder geräuchert, aber auch Gemüse, Gewürze, Hirse und Stoffe angeboten. Die Händler kommen oft von weit her, darunter sind die schönen Choa-Araber.

### Unterkunft

Es besteht eine Übernachtungsmöglichkeit in einem **Campement-Hotel**.

## Auf dem Tschadsee zur Insel Kofia

Für eine Fahrt zur Insel Kofia kann man sich in Blangoua eine Piroge mieten, ein langes Flachboot mit Außenbordmotor. Die Fahrt ist bei Hochwasser, und damit zu starker Strömung, nicht möglich. Der Bootsausflug dauert ca. vier bis fünf Stunden (für die Hin- und Rückfahrt; der Weg zurück ist etwas länger, da es dann flußaufwärts geht).

Vor der Abfahrt ist es erforderlich, sich bei der Polizei einzutragen, da der Chari-Fluß hier die Grenze zum Tschad bildet. Außerdem befinden sich mitten im Tschadsee die Grenzen zum Tschad und zu Nigeria. **Touristen** sind hier sehr **selten**, auf der Polizeistation ist man recht freundlich. Der Preis für den Ausflug in der Piroge ist Verhandlungssache (ca. CFA 32 000). Achten Sie darauf, daß das Boot gut in Schuß ist!

Zunächst fährt man etwa zwei Stunden entlang des Chari-Flusses: Auf der rechten (tschadischen) wie auf der linken Uferseite säumen kleine, verschlafene Dörfer in Lehmbauweise das Ufer. Die vorbeifahrenden Pirogen dienen zum Transport von Waren und Passagieren, die auf den Inseln oder in den Dörfern am Ufer wohnen. Nachdem die lange Autofahrt schon zu einer Gewöhnung an den staubigen, von der Sonne ausgebrannten Sahel geführt hat, erscheint die Landschaft hier erstaunlich grün und den Augen als eine wahre Wohltat. Teilweise werden sogar Bananen angebaut, nachmittags kommen die Rinderherden zum Flußufer zur Tränke. Die Leute machen einen recht zufriedenen Eindruck.

Nach gut zwei Stunden Fahrt weitet sich der Fluß, man erreicht den dichten, grünen **Schilfgürtel des Tschadsees**. Dieser ist so breit, daß der See zunächst gar nicht ins Blickfeld rückt; doch schließlich breitet sich die endlose, ruhige Wasserfläche bis zum Horizont aus, nur von kleinen grünen Inseln unterbrochen. Nach einer weiteren halbe Stunden landet das Boot an der

### Insel Kofia

Hinter Papyrus-Stauden versteckt liegt ein **großes Fischerdorf** aus Lehm- und Strohhütten (Schilfmattenhäuser). Hier ist noch kamerunisches Staatsgebiet, doch die Bewohner sind Fischer aus Nigeria, Tschad und Kamerun. Schon gleich nach Ankunft empfängt den Besucher ein beißender Fischgeruch. Alles dreht sich hier um Fisch: Auf großen Stellagen aus Ästen wird er getrocknet, über breiten Kohlenbecken geräuchert und in Jutesäkke gefüllt zum Verkauf gebracht.

Neben dem Fischfang spielt in diesem Grenzgebiet auch der **Handel** eine bedeutsame Rolle: Auf dem relativ großen Markt ist alles zu haben, was man in dieser abgeschiedenen Region gerade nicht erwartet: Radios, Kühlschränke, Zigaretten, kühle Cokes – natürlich zu extrem niedrigen Preisen!

**Der Norden**

# *Die Nachbarstaaten*

Ist eine Reise in die benachbarten Länder Kameruns geplant, so sollte bereits im Heimatland das jeweilige Visum eingeholt werden. Außerdem empfiehlt es sich, bei den afrikanischen Botschaften in Deutschland, beim Auswärtigen Amt in Bonn und den Deutschen Botschaften in den afrikanischen Ländern Erkundigungen über die aktuelle politische Lage und die derzeit passierbaren Grenzübergänge einzuholen. Dabei ist auch wichtig, sich vor Ort über die Straßen- und Pistenzustände zu erkundigen.

Nachstehend ein kurzer Überblick über die Nachbarländer Kameruns.

## *Tschad*

### *Diplomatische Vertretungen*
**Vertretung in der BRD**
◆ *Botschaft der Republik Tschad*
mit Konsularabteilung
Basteistraße 80, 53173 Bonn
Tel. (02 28) 35 60 26, Fax 35 58 87
Sprechzeit:
Mo bis Do 9 – 15, Fr 9 – 12 Uhr;
Honorarkonsulate in Bad Breisig, Stuttgart und Wilhelmsburg.

### *Vertretung der BRD*
◆ *Deutsche Botschaft*
Avenue Félix Eboué
B.P. 893, N'Djaména/Tschad
Tel. (00 235) 51 62 02, 51 56 47
Fax (00 235) 51 48 00

### *Impfbestimmungen*
Im Tschad sind **keine Impfungen vorgeschrieben.** Empfohlen werden Impfungen gegen Gelbfieber, Hepatitis A, Typhus und eine Malariaprophylaxe. Zusätzlich sollten sich Individualreisende einer Meningitis-Impfung unterziehen. Auskünfte erhalten Sie bei den Tropeninstituten (s. S.64). Ärztliche Hilfe in N'Djaména leistet *Dr. J. Pagel* (spricht französisch), Boulevard de Paris, Tel. 51 36 80.

### *Einreiseformalitäten*
Es ist für alle europäische Staatsangehörige ein **Visum erforderlich.** Erkundigen Sie sich bei der Botschaft oder Konsulaten auch, ob für Reisen im Land irgendwelche Reise-Einschränkungen bestehen.

Die erforderlichen **Antragsunterlagen** sind: Zwei Antragsformulare, zwei Paßbilder, gültiger Reisepaß, Nachweis der bezahlten Hin- und Rückreise (vom Reisebüro), Einschreiben-Freiumschlag und Visagebühren (Herbst 1996: DM 70).

### *Währung*
Im Tschad wird mit CFA-Franc bezahlt.

### *Sprache*
Amtssprache ist **Französisch**, weitere offizielle Sprache ist **Arabisch.**

### *Reisen im Land*
Jeder Reisende muß eine **Genehmigung für Reisen innerhalb des Tschad** beim *Ministère de l'Intérieur* in N'Djaména beantragen. Für den Aufenthalt in der Hauptstadt N'Djaména und die Gebiete bis zum Tschadsee gilt diese Einschränkung nicht. Für Reisen in den Norden des Landes wer-

den wieder Genehmigungen erteilt. Vor Reisen auf eigene Faust, speziell in das *Tibesti*-Gebirge, wird allerdings gewarnt, da es dort noch zahlreiche Minenfelder gibt. Die Prozedur für die Genehmigung zu Reisen ins Tibesti-Gebirge ist sehr aufwendig und langwierig. Organisierte Reisen mit Spezialgenehmigung in das Tibesti-Gebiet werden von einigen deutschen Veranstaltern angeboten, Auskunft z. B. bei

◆ *Hauser Exkursionen*
 Marienstr. 17
 80330 München
 Tel. (0 89) 2 35 00 60

**Als unsicher gelten** das Grenzgebiet zum Sudan (östlich von *Goz-Beïda*) und die Region *Guéra*.

Falls Sie eine Reise durch den Tschad planen, sollten Sie vorher Kontakt mit der Deutschen Botschaft in N'Djaména aufnehmen. Auskünfte erteilt auch der Därr-Expeditionsservice GmbH (s. S.35). Klaus Därr gibt in seiner Reisesprechstunde am Donnerstag nachmittag Infos zur Genehmigung von Tibesti-Reisen. Nähere Infos sind auch in der neuesten Auflage von „Durch Afrika", REISE KNOW-HOW Verlag Därr GmbH.

## Flugzeug
Flugmöglichkeiten in die Nachbarländern: zweimal wöchentlich Flugverbindungen von/nach *Bamako*/Mali, *Bangui*/Zentralafrikanische Republik, *Brazzaville*/Kongo, *Douala, Garoua oder Maroua*/Kamerun.

Der **Flughafen** von N'Djaména ist vier Kilometer außerhalb der Stadt.

## Straßen
Nur in und um N'Djaména gibt es einige **wenige Asphaltstraßen,** sonst existieren häufig Pisten in schlechtem Zustand. Die meisten Pisten sind in der Regenzeit nicht passierbar.

**Hauptrouten:** Von N'Djaména nach *Bongor* (Grenze Kamerun), nach *Massakori, Mao* und *Moussoro* (Nordwesten), nach *Sarh* (Südosten), nach *Abéché* (Richtung Osten/Sudan).

## Busse und Taxis
Während der Trockenzeit von Oktober bis Juni verkehren zwischen N'Djaména sowie den größeren Orten Buschtaxis. Taxis gibt es in N'Djaména nur wenige und auch nur tagsüber.

## Grenzübergangsstellen
Offiziell ist der Grenzübergang gestattet von Kamerun, Niger und der Zentralafrikanischen Republik. Da jedoch vor Reisen durch den Tschad eine Genehmigung in der Hauptstadt einzuholen ist, bleibt nur die Einreise mit dem Fahrzeug von *Kousséri*/Kamerun aus, das direkt gegenüber von N'Djaména liegt.

**Ausnahme:** Die Genehmigung wurde bereits vor Einreise schriftlich eingeholt.

## Reisen im eigenen Fahrzeug
Man benötigt für Reisen mit dem eigenen Fahrzeug ein **Carnet de Passages,** einen **Internationalen Führerschein** und eine **internationale Kfz-Zulassung.** Sie sollten unbedingt Ersatzreifen, Werkzeug und Reservekanister mitführen; die Treibstoffversorgung im Landesinneren ist nicht sichergestellt. Das Übernachten in Campingfahrzeugen in N'Djaména ist nicht empfehlenswert – das Fahrzeug kann im Garten des Hotels La Tchadienne geparkt werden.

**Nachbarstaaten**

*Holzsammlerinnen am Tschadsee*

**Mietwagen** mit und ohne Fahrer sind in N'Djaména zu bekommen, die Preise sind jedoch hoch (ca. 200 DM/Tag mit Fahrer).

## Hotels
### Novotel La Tchadiennne
B.P. 109, Tel. (00 235) 51 43 12, Fax 51 43 97. Das Novotel ist das beste Hotel in der Stadt. Es gibt dort Doppelzimmer ab ca. 60 000 CFA, ein gutes Restaurant – auch im Garten und einen Swimmingpool (sehr schön, Benutzung auch für Nichthotelgäste ca. 2 000 CFA).
### Hotel du Chari
B.P. 118, N'Djaména, Tel. (00 235) 51 53 50, Fax 51 22 61. Das Hotel du Chari ist das zweitbeste Hotel der Stadt. Es gibt Doppelzimmer mit Dusche/WC ab CFA 45 000, ein Restaurant und einen Swimmingpool (Benutzung für Nichtgäste CFA 2 000).

**Team Guest House der ev. Mission**
B.P. 127, Tel. (00 235) 51 26 57.
In der Mission erhält man saubere und geräumige Zimmer, kann die Küche benutzen und hat eine Parkmöglichkeit im geräumigen Vorgarten (Wächter). Die Mission wird von einem sehr freundlichen amerikanischen Pastorenehepaar geleitet, die Betreuerin des Gästehauses ist Deutsche. Wenn Platz ist, wird man sehr freundlich aufgenommen; Voranmeldung ist günstig.

## Geographie
Die Republik Tschad liegt zwischen 7° südlicher und 24° nördlicher Breite und hat eine **Fläche von 1 284 000 km²**. Die Bevölkerung umfaßt ca. **sechs Mio Einwohner**.

Die größten Städte sind die Hauptstadt *N'Djaména* mit ca. 830 000 Einwohnern, *Sarh* mit ca. 130 000 Einwohnern, *Moundou* mit ca. 112 000 und *Abéché* mit ungefähr 96 000 Einwohnern.

## Klima
**Im Norden** des Landes herrscht heißes, trockenes Wüstenklima, es kommt häufig zu Sandstürmen. **Die südlichen Landesteile** mit Steppen- und Savannenklima unterscheiden Trocken- und Regenzeiten. In N'Djaména dauert die Trockenzeit von November bis März, die Regenzeit von Juni bis September, dabei ist der August der regenreichste Monat. Teilweise bleibt die Regenzeit auch aus. Der wärmste Monat ist der Mai mit Temperaturen um 40° C, die kühlsten Monate sind Dezember und August mit ca. 25° C.

## Fotografieren
**Film-/Fotoerlaubnis** muß in N'Djaména beantragt werden (ca. 60 DM).

## Strom
Es gibt im Tschad (nur in Städten) **220 V** Wechselstrom.

---

## Zentralafrikanische Republik

---

## Diplomatische Vertretungen
### Vertretung in der BRD
◆ *Botschaft der Zentralafrikanischen Republik*
(mit Konsularabteilung)
Rheinaustraße 120
53225 Bonn
Sprechzeit: Mo bis Fr 9 – 15 Uhr
Die Botschaft ist telefonisch nicht erreichbar; alle Anfragen sind schriftlich mit frankiertem Rückumschlag einzureichen.

### Vertretung der BRD
◆ *Deutsche Botschaft*
Avenue du Président Gamal Abdel Nasser, Bangui/R.C.A.
Tel. (0 02 36) 61 47 65, 61 07 46
Fax (0 02 36) 61 19 89

## Informationen
◆ *Office Centralafricain du Tourisme (OCATOUR)*
B.P. 655, Bangui/République Centralafricain
Tel. (0 02 36) 61 45 66

## Impfbestimmungen
Die **Gelbfieberimpfung** ist vorgeschrieben, *Hepatitis A-Impfung* und *Malariaschutz* werden dringend empfohlen.

## Einreiseformalitäten
Es ist ein **Visum erforderlich** für alle europäischen Staatsangehörigen (außer Schweiz). Die **Antragsunterlagen** umfassen folgende Dokumente: Zwei Visaformulare, zwei Paßbilder, gültiger Reisepaß, Einschreiben-Freiumschlag und Visagebühren. Das Visum gestattet einen Aufenthalt von 30 Tagen bis maximal drei Monate (Verlängerung innerhalb der ersten vier Wochen im Land möglich). Es ist von Kamerun aus möglich, die südlichen Landesteile der ZAR auch ohne Visum zu bereisen, da das Visum nur für Bangui benötigt wird. Um Bangui bereisen zu können, müssen die Pässe ins Innenministerium der ZAR zur Bearbeitung geschickt werden.

Alle Reisenden benötigen eine **Ausreisegenehmigung**, die vor Ausreise bei den Polizeistellen zu beantragen ist.

**Hinweis:** Europäische Reisende erhalten in Bangui bei den Botschaften von Kamerun und Zaïre keine Visa für diese Länder (daher rechtzeitig im Heimatland besorgen!).

## Währung
Es gilt die Währung CFA-Franc.

## Sprache
Amtssprache ist **Französisch**, die Nationalsprache ist *Sangho*. Außerdem werden noch verschiedene andere afrikanische Sprachen gesprochen.

## Reisen im Land
### Flugzeug
Es herrscht ein Nachbarschaftsflugverkehr von/nach N'Djamena/Tschad.

### Straßen
Es gibt derzeit **nur ca. 500 km Asphaltstraßen** im Land, darunter die Hauptstrecken von *Bangui* nach *Sibut*, nach *M'Baiki* und nach *Bossembélé*. Die Haupt-Pisten sind meist gut befahrbar, dennoch empfiehlt sich ein Ge-

**Nachbarstaaten**

ländewagen. Die unbefestigten Pisten können nur in der Trockenzeit befahren werden. Es herrscht **Rechtsverkehr**.

## Grenzübergangsstellen
### Von Kamerun:
Von Kamerun aus kann man über die Route *Yaoundé – Bertoua – Garoua Boulaï /Baboua* (Zentralafrikanische Republik) – *Bouar – Bangui* in die ZAR gelangen.

### Von Zaïre:
Von Zaïre kann man über die Routen *Buta – Bongo – Ndu* (Zaïre)/*Bangassou* (Zentralafrikanische Republik) – *Bambari – Sibut – Bangui* und *Buta – Lisala – Libenge – Zongo* (Zaïre)/*Bangui* die Grenze zur ZAR übertreten.

### Vom Sudan:
Der Grenzübertritt ist von *Yambio* bzw. *Tamburu* (Sudan) nach *Obo* (Zentral-afrikanische Republik) möglich – der **Südsudan** ist jedoch derzeit **Sperrzone!**

### Vom Tschad:
Da eine Genehmigung für Reisen innerhalb des Tschad notwendig ist (s. o.), sind die Grenzübergänge abhängig von der erlaubten Strecke.

## Reisen im eigenen Fahrzeug
Für Reisen mit dem Auto benötigt man ein **Carnet de Passages**, einen **Internationalen Führerschein** und eine **internationale Kfz-Zulassung**. Die Reise sollte nur in einem gut ausgerüsteten Geländewagen erfolgen. Es gibt **kaum Tankstellen** und **häufig keinen Treibstoff**.

## Flußschiffahrt
Der Fluß *Oubangui* ist ab der Hauptstadt flußaufwärts mit Schiffen befahrbar. Die Passagierschiffahrt ist jedoch

*Kleiner Kiosk am Straßenrand*

sehr unplanmäßig und erfolgt nur in der Regenzeit (Juni bis September/Oktober).

Es ist möglich, die Strecke von *Bangui* nach *Brazzaville*/Kongo zu befahren (ca. 600 km auf dem Oubangui, weitere 600 km auf dem Kongo).

## Geographie

Die Zentralafrikanische Republik ist mit **622 984 km²** knapp doppelt so groß wie Deutschland und trennt das Kongobecken im Süden vom Tschadbecken im Norden. Das Land besteht hauptsächlich aus einem ca. 600 bis 700 m hohen Plateau. Im äußersten Westen und Osten erheben sich Gebirgszüge bis 1400 m Höhe. Große Tropenwälder bedecken das Land in weiten Teilen und gehen im Norden in Savanne über. Die zwei größten Flüsse *Oubangui* und *Chari* werden von zahlreichen Nebenflüssen gespeist. So zählen auch die vielen Wasserfälle zu den landschaftlichen Sehenswürdigkeiten des Landes, zu erwähnen sind die *Boali*- und *Kembé*-Fälle. Zum Schutz der Tierwelt wurden mehrere Reservate geschaffen, darunter als größtes der *Manovo-Gounda St. Floris Park* mit 17 400 km², der als sehr tierreich gilt. Die **Hauptstadt** der Zentralafrikansichen Republik ist **Bangui**, sehenswert ist das völkerkundl. Museum dort.

## Klima

**In der Zentralafrikanischen Republik herrscht tropisches Klima** mit einer Trockenzeit von November bis Mai und einer Regenzeit von Juni bis Oktober. Aufgrund der dichten Regenwälder ist der Süden des Landes feuchtheiß. Die wärmsten Monate sind Mai und Juni mit durchschnittlich 31° C.

## Fotografieren

Es ist nicht gestattet, öffentliche Gebäude, den Flughafen, militärische Anlagen und unbekleidete Personen zu fotografieren. Im allgemeinen wird respektvolle Zurückhaltung erwartet, besonders bei Aufnahmen von der Bevölkerung.

## Strom

**220 Volt** Wechselstrom, 50 Phasen; Strom nur in den Städten.

## Äquatorial-Guinea

## Diplomatische Vertretungen

◆ *Ambassade de la République Guinée Equatoriale*
6, Rue Alfred de Vigny
F-75008 Paris / Frankreich
Tel. (00 33 1) 47 66 44 33
Fax (00 33 1) 47 64 94 52
Zuständig für Deutschland, Österreich und die Schweiz.

### Vertretung in der BRD

◆ *Honorarkonsulat Äquatorial-Guinea*
Flinger Richtweg 60
40235 Düsseldorf
Tel. (02 11) 2 30 51 99
Fax (0 21 04) 5 37 48
Sprechzeiten nach telefonischer Vereinbarung. Zuständig für Deutschland (Visumbeantragung).

### Vertretung der BRD

Da Äquatorial-Guinea keine eigene Deutsche Botschaft hat, ist die Deutsche Botschaft in Yaoundé/Kamerun zuständig (s. S. 410).

## Impfbestimmungen

Derzeit sind **keine Impfungen vorgeschrieben** (außer Gelbfieberimpfung, wenn man sich innerhalb der letzten sechs Tage in einem Infektionsgebiet aufgehalten hat). Empfohlen sind Impfungen gegen *Gelbfieber, Typhus, Hepatitis A* und *Malariaschutz.*

## Einreiseformalitäten

**Es ist** für alle Nationalitäten ein **Visum erforderlich.** Die Visabeantragung kann direkt bei der Botschaft in Paris oder beim Konsulat in Düsseldorf erfolgen. Als **Antragsunterlagen** sind erforderlich: Zwei Visaformulare (können gegen Freiumschlag in Düsseldorf angefordert werden), zwei Paßbilder, Reisepaß (mindestens noch sechs Monate gültig); bei Geschäftsvisa: Schreiben der Firma über Zweck und Dauer der Reise; bei Touristenvisa: Nachweis der bezahlten Hin- und Rückreise (vom Reisebüro); Einschreiben-Freiumschlag; Visagebühren DM 100 (bar oder Euroscheck). Die Bearbeitung des Antrags dauert ca. vier Wochen, es erfolgt eine Rückfrage in Äquatorial-Guinea (via Paris). Das Visum berechtigt zu einem Auf-

enthalt von max. 30 Tagen; eine Verlängerung vor Ort ist in dringenden Fällen möglich.

**Hinweis:** Alle ausländischen Reisenden müssen zwei Paßbilder für polizeiliche Zwecke mitführen.

## Währung

Die Landeswährung ist der **CFA-Franc.** Die Einfuhr von CFA ist bei der Einreise in angemessenem Umfang, bei der Ausreise bis zu CFA 25 000 erlaubt. Die Ein- und Ausfuhr von Devisen ist unbeschränkt möglich, muß jedoch deklariert werden.

## Sprache

Die Amtssprache ist **Spanisch,** jedoch wird mehr und mehr *Französisch* gesprochen. Darüber hinaus ist als Umgangssprache neben den verschiedenen *Bantu*-Dialekten auch *kreolisches Portugiesisch* bekannt. Auf *Bioko* wird auch *Pidgin-Englisch* gesprochen.

## Reisen im Land
### Flugzeug

Von Douala verkehren unregelmäßig Flugzeuge (ca. viermal wöchentl.) von und nach *Malabo (Insel Bioko).* Von dort aus gibt es ca. fünfmal wöchentlich Verbindungen nach *Bata* (Festlandsgebiet *Rio Muni)* mit der nationalen Fluggesellschaft *Equato Guineana de Aviación,* mit Flugverspätungen und Ausfällen muß jedoch gerechnet werden. Ebenso gibt es einen (unregelmäßigen) Bootsverkehr zwischen *Douala, Malabo* und *Bata.*

Von Europa aus bestehen direkte Flüge via *Madrid* nach Malabo.

Von Malabo aus bestehen Flugverbindungen nach *Cotonou* (Benin), *Libreville* (Gabun), *Sao Tome und Principe, Douala* und *Yaoundé* (Kamerun).

## Grenzübergangsstellen

Zum Festlandgebiet *Rio Muni* gibt es folgende Grenzübergangsstellen:

**Von Kamerun:**

*Ebolowa – Ambam* (Grenzposten Kamerun) – *Ebebiyin* (Grenzposten Äquatorial-Guinea) – *Niefang – Bata*

**Von Gabun:**

*Libreville – Médouneu* (Grenzposten Gabun) – *Accurenan* (Grenzposten Äquatorial-Guinea) – *Evinayong – Bata.*

Beide Grenzübergänge führen über z.T. schlechte (in der Regenzeit kaum befahrbare) Pisten.

## Reisen im eigenen Fahrzeug

Die Einreise mit dem eigenen Fahrzeug setzt ein **Carnet de passages,** eine **internationale Zulassung** und einen **Internationalen Führerschein** voraus.

## Straßen

Im Festlandgebiet Äquatorial-Guineas gibt es **eine Teerstraßenverbindung** zwischen *Bata* und *Mongomo* an der Grenze zu Gabun und in südliche Richtung nach *Mbini* und in Richtung Osten via *Niefang* nach *Ncue*. Bei den restlichen Verkehrswegen handelt es sich um Pisten, die teilweise in der Regenzeit sehr ausgewaschen sind. Es empfiehlt sich ein Geländewagen.

Das Verkehrsnetz auf der Insel *Bioko* ist relativ gut und es führen ganzjährig befahrbare Straßen von *Malabo* zu den wichtigsten Hauptorten.

## Fahrzeuge

In den Städten gibt es **Taxis**, die auch stunden- oder tageweise gemietet werden können.

## Geographie

Die Republik Äquatorial-Guinea besteht aus den Inseln *Bioko, Annobón* und dem Festlandgebiet *Rio Muni* mit den vorgelagerten *Elobey*-Inseln.

Von der Gesamtfläche des Landes mit **28 000 km²** entfallen ca. 2000 km² auf die Insel *Bioko* (ehemals *Fernando Póo*), die man vom Strand von *Limbe* (Kamerun) aus bei gutem Wetter erkennen kann. Auf dieser Insel liegt auch die **Hauptstadt Malabo** mit etwa **30 000 Einwohner**n. Insgesamt leben ca. 70% der Bevölkerung auf dem Festland.

## Klima und Reisezeit

Die **beste Reisezeit** für einen Besuch der Insel Bioko sind die Monate von November bis April/Mai, während der übrigen Monate herrscht Regenzeit. Auf dem Festland gibt es nur eine kurze Trockenzeit von Dezember bis Ende Januar und eine weitere im Juli/August.

In Äquatorial-Guinea herrscht das ganze Jahr über **tropisches, feuchtheißes Klima** mit durchschnittlichen Temperaturen um 26° C.

Leichte Baumwollkleidung, Regenschutz und ein gutes Mückenmittel sind empfehlenswert.

## Sonstiges

### Zeit

**GMT + 1** (wie in Deutschland, während unserer Sommerzeit wird eine Stunde abgezogen).

### Strom

**220 V** Wechselstrom, 50 Perioden. Strom ist allerdings nur in den Städten vorhanden, ein Adapter ist erforderlich. Es empfiehlt sich die Mitnahme von batteriebetriebenen Geräten.

**Nachbarstaaten**

# Anhang

## Glossar

**Animismus:** Glaube an die Beseeltheit der Natur; im westlichen Afrika wird der Begriff meist verwendet für die verschiedenen traditionellen Religionen (Naturreligionen), die in Verbindung mit Ahnen- und Fruchtbarkeitskult stehen.

**Banco:** Gemisch aus Lehm, Stroh, Mist und Sand, aus dem luftgetrocknete Ziegel hergestellt werden; das Material dient auch zu deren Befestigung.

**Bantu** („ba-ntu" im südlichen Afrika für „Menschen", „Personen"; Einzahl *Muntu):* Seit Mitte des 19. Jahrhunderts europäische Sammelbezeichnung für die der größten afrikanischen Sprachfamilie, dem sogenannten *Bantu,* zugerechneten Völker. Die Bantu besiedeln den größten Teil des Kontinents südlich einer von *Douala* in Kamerun bis etwa *Mombasa* in Kenia reichenden Linie.

**Boubou:** Weit fallendes, ärmelloses Gewand der Moslems, meist weiß oder hellfarbig, z. T. aufwendig bestickt; dazu wird als Kopfbedeckung in der Regel eine kleine runde Kappe getragen.

**Boukarou:** Ausdruck aus der Fulfulde-Sprache für eine kleine Hütte, die ganz aus natürlichen Materialien gebaut ist.

**Campement:** Geräumige, fest gebaute Rund- oder Rechteck-Häuser, die als Unterkunft dienen (meist mit Dusche, gelegentlich mit Klimaanlage).

**Chambres de passage:** Unterkunft in einfachsten Zimmern, die meist nur mit Bett und Stuhl möbliert sind; Duschen in der Regel als Gemeinschaftseinrichtungen oder als „Buschdusche".

**Chefferie:** Palastorganisation, in hierarchischen Strukturen gegliedert; Begriff vorwiegend in den westlichen Landesteilen Kameruns verwendet, im Norden Lamidat oder Sultanat.

**Circuit:** Kleines afrikanisches Restaurant mit landesüblicher Küche; häufig ißt man im Freien in kleinen Hinterhöfen. Die Speisekarte ist spärlich und bietet Gerichte aus den Zutaten, die gerade auf dem Markt sind.

**endemisch:** ortsgebunden/nur in bestimmter Gegend vorkommend.

**Ethnie:** Bevölkerungsgruppe gemeinsamer Abstammung, die eine einheitliche Sprache und Kultur hat. Dieser Begriff ist meist identisch mit dem undifferenziert gebrauchten Wort „Stamm".

**Fetisch** (Fetischeur, Fetischismus): Gegenstand (z. B. Holzfigur, kleine Tasche, Tonkrug), der einen magischen, glücksbringenden und kraftspendenden Stoff enthält. Diesen Fetischen werden oft Opfer dargebracht.

**Fon:** König, traditionelles Oberhaupt einer Chefferie. Der Begriff Fon wird vor allem im Westen Kameruns gebraucht (s. a. Sultan, Lamido).

**Geheimbund:** Soziale Organisation, welche die Rechte von sozialen Minderheiten vertritt (z. B. auch im Gegenzug zum Fon). Ihre Mitglieder, Zeremonien und Regeln werden geheimgehalten.

**Hackbau:** Im Gegensatz zum Ackerbau (Pflug) wird beim Hackbau der Boden auf traditionelle Art (mit Hakken) bearbeitet und kultiviert.

**Hosséré** (Fulfulde-Sprache, übersetzt „Berg"): Im Norden Kameruns verwendeter Begriff für Hügelkette, Gebirgszug.

**Halbnomaden:** Sie betreiben sowohl Viehzucht als auch Hack- oder Ackerbau, z. T. jahreszeitlich abhängig; im Gegensatz zu den *Vollnomaden*, die sich nur auf Viehzucht konzentrieren.

**Harmattan:** Trockener Wind aus der Sahara, der den Wüstenstaub und Sand nach Süden weht, manchmal bis an die Küste.

**Initiation:** Beim Heranreifen des Kindes zum Erwachsenen werden bei vielen Ethnien Initiationsriten abgehalten; dabei wird der junge Mensch auf das geistige und religiöse Leben in der Gemeinschaft vorbereitet. In einigen Fällen werden dabei noch Beschneidungen (bei Jungen die Entfernung der Vorhaut, bei Mädchen die der Klitoris) vorgenommen.

**Kalebassen:** Kürbisfrucht, die man ausgehöhlt und getrocknet als Gefäß

*Boukarou des Waza-Campements (und Restaurant)*

(Schüsseln, bauchige Flaschen) oder als Schöpfkelle benutzt. Oft sind die Kalebassen mit Brandmalerei verziert.

**Kauri:** Kleine, weiße Muscheln, die ursprünglich aus dem Indischen Ozean stammen. Lange Zeit waren diese Muscheln als Zahlungsmittel in Afrika bekannt; heute dienen sie als Dekoration an Masken, Statuen, Thronsesseln oder als Schmuckobjekte (als Halsketten, eingeflochten in die Haare als Kopfschmuck etc.). Sehr oft auf den Märkten zu finden.

**Lamido:** Religiöses, oft auch politisches Oberhaupt in islamischen Regionen, Ausdruck aus der Fulfulde-Sprache (s. a. Sultan, Fon).

**Lamidat:** Sitz des geistigen und religiösen Oberhauptes einer islamischen Region oder Stadt; Palastorganisation (auch Sultanat genannt).

*Markt in Amsa (bei Roumsiki)*

**Magie:** Riten oder Beschwörungen, durch deren Anwendung überirdische Kräfte ausgelöst werden (sollen). Unterscheidung in „Weiße Magie" (Heilung, Glück) und „Schwarze Magie" (Unglück, es wird Schaden zugefügt). Magische Riten gibt es bis heute noch bei den Geheimbünden (s. ebd.).

**Marabout:** Weiser, Alter, Heilkundiger, Gelehrter o. ä.; allg.: aufgrund seiner Fähigkeiten respektierter Mensch, der als Vermittler zwischen Menschen und Übergeordnetem auftritt.

**Mayo:** Fluß, der zeitweilig (während der Trockenzeit) kein Wasser führt; sandiges Flußbett.

**Mkem:** Rat der Adligen

**Muezzin:** Er ruft die Moslems vom Turm der Moschee fünfmal täglich zum Gebet; heute ist der Muezzin zum Teil schon ersetzt durch Tonband und Lautsprecher.

**Notabeln:** Vornehme Stammesangehörige; Gefolgschaft des Königs (oder Fons, Sultans, Lamidos).

**Pagne:** Bunter afrikanischer Stoff, der den Frauen als Wickelkleid dient.

**Piroge:** Ausgehöhlter Baumstamm (Einbaum), der als Boot dient; der Begriff wird aber auch benutzt für größere, aus Brettern gezimmerte Holzboote.

**Polygamie:** Begriff für die Verbindung eines Mannes mit mehreren Ehefrauen (im Gegensatz zur Monogamie); in ländlichen afrikanischen Kulturen noch häufig anzutreffen.

**Ramadan:** Fastenmonat im Islam (Neunter Monat im islamischen Kalender), dauert von einem Neumond zum folgenden. Während des Ramadan dürfen die Moslems von Sonnenaufgang bis Sonnenuntergang weder essen, trinken noch rauchen. Mahlzeiten sind nur während der Nacht erlaubt, z. T. wird dann auch nachts gearbeitet.

**Quartier:** Stadtviertel; der Ausdruck wird umgangssprachlich auch benutzt für das Kneipenviertel einer Stadt oder eines Ortes.

**Sahel:** (übersetzt „Ufer"), Gebiet südlich der Sahara im Übergang von Wüste zu Savanne.

**Saré:** Islamisches Wort (Fulfulde) für Hofgemeinschaft; eine einzelne Hütte heißt *Soudou*. Der Saré bezeichnet die traditionelle Wohnform des Nordens: eine Ansammlung von mehreren Hütten, die zu einer Einheit zusammengefaßt sind und von einer Lehmmauer oder einem Strohzaun umgeben sind. Ein Saré wird jeweils von einer Großfamilie bewohnt.

**Sorghum:** Großkörnige Rispenhirse; Stecklinge werden im September/Oktober gesetzt, Ernte im Dezember.

**Sudan:** Geographische Bezeichnung für das Gebiet zwischen Atlantik im Westen und Nil im Osten bzw. zwischen Wüste im Norden und tropischem Regenwald im Süden. Nicht zu verwechseln mit dem Staat Sudan.

**Sultan:** Geistiges und religiöses Oberhaupt in islamischen Regionen (s. a. Fon, Lamido).

*Kapsiki-Frau mit Enkel*

**Tabaski:** Hammelfest, islamisches Fest 40 Tage nach dem Ende des Ramadan. Die Gläubigen versammeln sich alle auf dem Platz vor der Großen Moschee zum Gebet. In den reicheren Familien wird ein Hammel geschlachtet.

**Taxi ramassage:** Sammeltaxi im Stadtverkehr; das Taxi befördert mehrere Personen mit unterschiedlichen Zielen gleichzeitig. Man fragt nach der Richtung, in der das Taxi fährt und zahlt nur einen Einheitstarif. Meist gelangt man mit einem kleinen Umweg an sein Ziel.

**Taxi course:** Das Taxi fährt auf direktem Weg zum Ziel des Fahrgastes. Unterwegs steigt niemand mehr zu. Preis meist Einheitstarif (teurer als ramassage), im Falle weiter entfernter Ziele Preis aushandeln.

*Anhang*

## Sach-, Orts- und Personenregister

### A

Abong Mbang 417
Adamaoua-Plateau 429
Adjap 393
Adoumri 446
Adressen 19
Ahmadou Ahidjo 168
Ahnenverehrung 214
AIDS 206
Ako Akas 395
Akom II 393
Akono 419
Akum 359
Alantika-Berge 449
Alkohol 249
Als Gast in Kamerun 14
Aluminium 257
Amsa 482
Analphabeten 209
André Gide 235
Anhang 508
Animismus 508
Anreise/Weiterreise 21
Antiquitäten 81
Äquatorial-Guinea 505
Arrondissement 175
Artenschutz 81
Ausrüstung 34
Außenhandel 261
Außenpolitik 173
Autorin 527
Ayos 415

### B

Babute 187
Bafang 338
Bafia 414
Bafoussam 343
Bafut 374
Baïgom 348
Baleng 347
Bali 364
Bambalang 367

Bamenda 359
Bamiléké 191
Bamoun 192
Bana 339
Banco 508
Bandjoun 343
Bangangté 341
Bangem 333
Bangui 505
Bantu 508
Banyo 376
Baobab 264
Barombi Koto 320
Batibo 364
Batôns de Manioc 244
Batouri 419
Baumwolle 251
Beignets 242
Beïnamar 444
Bénoué-Nationalpark 438
Bergbau 259
Bertoua 415
Beschneidung 214
Bevölkerung und Sozialwesen 178
Bibémi 446
Bidjoka 390
Bier 250
Bikutsi 240
Bimbia 297
Bipindi 390
Blangoua 498
Botschaften/Konsulate 19, 410
Bouba Ndjidda Nationalpark 436, 443
Boubou 508
Boukarou 508
Boukma 442
Bücher/Buchhandlungen 37, 43
Buea 300
Busse 104

### C

Campement 508
Campingplätze 101

Campo   388
Carrefour Bibia   391
Case obus   231
CFA-Franc   175
Chambres de passage   100
Chefferie de Mbot   371
Chefferie von Bafut   374
Chefferie von Bamena   340
Chefferie von Bandjoun   342
Chefferie von Bangwa   341
Chefferie von Laikom   367
Chefferien   201
Choa-Araber   183
Christentum   216
Chutes de Faro   436
Chutes de la Vina   435
Chutes du Tello   435
Circuit   508
Col de Batié   339
Col de Koza   484
Couscous   245

## D

Datchéka   472
Debundscha   298
Demographische Daten   196
Dent de Mindif   467
Département   175
Dibamba-Fluß   377
Dizangué   377
Dja-et-Lobo   418
Djilbé   494
Djingliya   485
Djoum   396
Douala   272
Douala (-Volk)   193
Doukoula   472
Doumé   416
Dowayos   448
Dschang   336, 355

## E

Ebolowa   394
Eboundja   387
Edéa   378

Einreiseformalitäten   47
Eisenbahn   107
Ekok   366
Ekom-Fälle   334
Ekombe 3 Corners   319
Ekondo Titi   319
Energie- und Wasserwirtschaft   258
Entwicklungsplanung   261
Erdöl   257
Erntezeiten   254
Eséka   420
Essen und Trinken   49
Essindi Mindja   241
Ethnien   178
Eyumojok   365

## F

Fahrrad   112
Falaise   438
Fang   193
Fantasias   439
Faro   438
Faro-Nationalpark   448
Feste   51
Fetisch   508
Fibadi   422
Finyolé   448
Fischerei   256
Flugzeug   27, 103
Fon   508
Forstwirtschaft   256
Fotografieren   52
Foumban   349
Foumbot   348
Frauen   205
Frauen allein unterwegs   54
Fulbe   180
Fulfulde   87
Fulfulde-Glossar   89
Fußball   210

## G

Garoua   450
Garoua Boulaï   422
Gashiga   454

Gazawa 473
Geheimbund 509
Gelbguß 223
Geld 56
Gesellschaft 204
Gesundheitsvorsorge 57
Gesundheitswesen 206
Getränke 249
Gewerkschaften 177
Gewürze 242
Glossar 508
Gorges de Kola 456
Gorillas 269
Gouna 449
Grenzstreitigkeiten mit Nigeria 174
Grenzverkehr 23
Griots 240
Grundnahrungsmittel 253
Guider 456
Guidjiba 442
Guirvidig 468

**H**
Handeln 82
Handwerk 218
Hargui 250
Harmattan 509
Haussa 183
Herrschaftsstrukturen 201
Holzschnitzerei 219
Hosséré 509
Hosséré Maroua 467
Hotels 99

**I**
Idenau 298
Impfungen 57
Industrie 257
Initiation 214, 509
Innenpolitik 171
Islam 215

**J**
Jakiri 367
Jean Miché Kankan 241

Jekejem 368
John Fru Ndi 171
John Ngu Foncha 168

**K**
Kakao 252
Kalamaloué-Nationalpark 494
Kalebassen 509
Kamerun heute 169
Kameruner Grasland 189
Kapsiki 185
Karten 42
Kartenverzeichnis 526
Kastentexte 526
Kauri 510
Kautschuk 253, 316
Kekem 336
Kenzou 420
Kimbi River Reserve 373
Kirdi 180
Kleidung 65
Kofia-Insel 499
Konsulate 19, 410
Korbmacherei 220
Korup Nationalpark 321
Kotoko 183
Kousséri 494
Koutaba 349
Kribi 381
Kriminalität 205
Küche 242
Kumba 317
Kumbo 368
Kunst und Kultur 218

**L**
Lac Assom 421
Lac de Bamendjing 349
Lac de Mbakaou 376
Lac de Mbalang 436
Lac de Mfou 349
Lac Ossa 377
Lac Tizon 435
Lagdo-Stausee 449
Lake Barombi Mbo 319

Lamidate 202
Landesstruktur 168
Landwirtschaft 251
Limbe 292
Literatur 234
Lobé-Fluß 386
Lobé-Wasserfälle 385
Logone Birni 496
Logone-Ebene 468
Lolodorf 392
Londji (Plage) 380
Louis Ferdinand Céline 236
Loum 330

## M

Mabas 476
Mada 498
Mafa 185
Maga 468
Magba 376
Makanene 414
Makari 498
Makossa 240
Mala 482
Malabo 507
Malaria 59
Mambila 187
Mamfé 364
Mamy Wata Wasserfälle 357
Mandara 186
Mandara-Berge 472
Manu Dibango 240
Marabout 510
Mare aux hippopotames 454
Maribal 422
Märkte 82
Markttage 84
Maroua 456
Massa 184
Massif du Manengouba 332
Massiv von Nganha 436
Mayo 510
Mayo Darlé 376
Mayo Djarendi 444
Mayo Oujeme 489

Mbalmayo 397
Mbé 438
Mbouda 355
Mefo 393
Meiganga 421
Melong 336
Menguemé 396
Mfum 366
Mietwagen 110
Mifi 347
Missionen 100
Mkem 510
Mogodé 478
Mogoumaz 476
Mokolo 473
Mongo Béti 238
Mont Fébé 404
Mont Loua 419
Monts Bamboutos 358
Moped 112
Mora 487
Mouanguel 333
Mouankeu 337
Mount Cameroon 303
Mourla 470
Mousgoum 184
Muezzin 510
Mundemba 320
Museen 45
Musik 240
Mvet 240

## N

Nachbarstaaten 500
Nachtigal-Fälle 412
Nanga Eboko 415
Nationale Einheit 168
Naturreligionen 213
Ndiguina 493
N'Djamena 500
Ndjombe 329
Ndolè 244
Ndop-Ebene 366
Ndu 371
Ngaoundéré 430

Ngong   449
Ngoulemakong   396
Ngovayang   391
Njoya   143, 351
Nkambe   372
Nkongsamba   331
Notabeln   510
Notfall   66
Noun-River   348
Ntem   395
Ntimbé   417
Nyab   393
Nyos   373

## O

Öffentliche Verkehrsmittel   103
Öffnungszeiten   68
Oku   368
Olembe   414
Ombessa   414
Orientierung   116
Oudjilla   486

## P

Pagne   510
Palmöl   253, 337
Palmwein   250
Paul Biya   169
Penja   330
Peské Bori   455
Pflanzen   263
Pic de Roumsiki/Pic du Zivi   484
Pidgin   86
Piroge   510
Pitoa   455
Plages de la Sanaga   417
Podoko   186
Politik   168
Polygamie   205
Post   69
Pouss   470
Preise   70
Prostitution   205
Provinzen   176
Pygmäen   194

## R

Ramadan   511
RDPC   170
Regenwald   265
Reis   251
Reiseapotheke   63
Reisebedarf   82
Reiseplanung   71
Reiseveranstalter   73
Reiseversicherung   74
Religion   213
René Philombé   236
Reserve de Campo   389
Rey Bouba   444
Rinder   254
Ring-Road   366
Rodung   263
Roumsiki   479
Roumzou   478

## S

Sahel   511
Sanaga   378
Sangmélima   396
Saré   511
Savanne   264
Schafe   255
Schiff   25
Schimpansen   269
Schmiedkunst   221
Schulbildung   208
Schweine   255
SDF   171
Sicherheit   76
Siedlungsgebiete   198
Sina   482
Sokolo   297
Sorghum   511
Souvenirs/Einkauf/Märkte   79
Sozialstruktur   200
Sprache/Sprachführer   85
Städte   199
Stadtverkehr   114
Straßen   95
Strom   98

Sudan   511
Sudanesen   180
Sultan   511
Sultan Mbouombouo   351

## T

Tabask   511
Taparé   442
Taxi   114
Tchamba   449
Tcholliré   442
Tekel   422
Telefonieren   98
Theater   237
Tibati   376, 421
Tierwelt   267
Tignère   421
Tikar   188
Tiko   292
Tinguelin   454
Tonga   414
Töpferkunst   220
Tourismus   259
Tourou   476
Tpuri   184
Transcamerounais   108, 423
Treibstoffpreise   113
Tropenmedizinische Institute   64
Tschad   500
Tschadsee   497, 498

## U

Übernachtung   99
Uhrzeit   102
UNC   170

## V

Vegetation   263
Verkehrsmittel/Reisen im Land   103
Verwaltungsstruktur   175
Viehwirtschaft   254

## W

Wak   438
Wangay   449

Waza-Nationalpark   490
Weberei   220
Wiedervereinigung   168
Wirtschaft   251
Woulgoumadji   469
Wum   374
Wute   187

## Y

Yagoua   471
Yaoundé   399
Yokadouma   420
Yoko   421

## Z

Zamay   473
Zeburinder   255
Zensur   236
Zentralafrikanische Republik   503
Zina   496
Zoll   116

*Am Strand bei Kribi*

## Kartenverzeichnis

Klimatabelle S. 131
Ethnien und Verteilung der wichtigsten Sprachen S. 179
Douala S. 277
Douala-Zentrum S. 281
Limbe S. 293
Korup-Nationalpark S. 324
Bafoussam S. 344
Bamenda S. 360/361
Edéa S. 378
Kribi S. 382
Yaoundé S. 402/403
Ngaoundéré S. 431
Garoua S. 453
Mokolo – Maroua – Garoua S. 457
Maroua S. 460/461
Waza-Nationalpark S. 490

Gesamtübersicht Kamerun – Norden: Vordere Umschlagklappe
Gesamtübersicht Kamerun – Süden: Hintere Umschlagklappe

## Kastentexte

Markttage S. 84
Fulfulde-Glossar S. 89 – 94
Klimatabelle S. 131
Die Fulbe Nordkameruns und ihre Geschichte S. 137
König Njoya S. 143
Kameruns Grenzen S. 153
Grenzstreitigkeiten mit Nigeria S. 174
Geschichte in Zahlen S. 165 – 167
Das Kameruner Grasland S. 189
Über den Fußball S. 210
Gelbguß oder die „verlorene Form" S. 223
Mongo Béti S. 238
Erntezeiten S. 254
Die Bedrohung der Gorillas und Schimpansen S. 269
Eine Besteigung des Kamerunberges S. 309
Kautschuk-Gewinnung S. 316
Das Paradies und seine Schlange S. 326
Traditionelle Palmölgewinnung S. 337
Oku S. 369
Natur- und Tierreservat Dja-et-Lobo S. 418
Unterwegs im „Transcamerounais" S. 423
Die Fantasias im Norden S. 439

## *Über die Autorin:*

**Regina Fuchs**, Jahrgang 1958, ist Reiseverkehrskauffrau und seit mehr als 15 Jahren auf Afrika spezialisiert. Sie unternimmt seit 1981 zahlreiche Reisen auf den Schwarzen Kontinent, vor allem nach Westafrika. Sechs Monate war sie zu Fuß und mit öffentlichen Verkehrsmitteln allein im Westen Afrikas unterwegs, verbrachte viele Wochen in Kamerun und lernte so den afrikanischen Alltag auf recht intensive Art und Weise kennen. Angesteckt vom „Bazillus Africanus" und fasziniert von Menschen, Kulturen und Landschaften zieht es sie immer wieder dorthin. Um ihre Vorstellungen von einem verantwortungsvollen Tourismus in die Praxis umzusetzen, lebt und arbeitet sie seit 1994 auf Cabo Verde. Dort erhielt sie zusammen mit ihren beiden Partnern im D-A-CH-Team die „Internationale Umweltauszeichnung 1995" des Deutschen Reisebüroverbandes verliehen.

Regina Fuchs ist bereits Autorin eines Reiseführers „Elfenbeinküste".

---

**HILFE!** Dieses Reisehandbuch ist gespickt mit unzähligen Adressen, Preisen, Tips und Informationen, die bei den schnellen Veränderungen in Afrika nicht immer aktuell bleiben können. Auch wenn Autoren und Verleger immer wieder in Afrika unterwegs sind, so sind wir doch auf die Mithilfe der Leser angewiesen! Schreiben Sie uns Veränderungen, Aktualisierungen und Ergänzungen. Für alle ausführlichen Leserbriefe gibt es ein kostenloses Exemplar der Neuauflage oder ein anderes Buch des Verlages. Schreiben Sie direkt an den Verlag:

REISE KNOW-HOW Verlag Därr GmbH
Im Grund 12
83104 Hohenthann
Tel. (0 80 65) 91 72
Fax (0 80 65) 91 73

### DANKE!

*Anhang*

## Fotonachweis:

**Erika Därr:** S. 3, 13, 17, 24, 31, 33, 48, 50, 59, 68, 72, 78, 81, 83, 87, 95, 97, 101, 105, 111, 115, 117, 120, 132, 166, 170, 178, 187, 198, 209, 211, 217, 221, 246, 248, 250, 255, 265, 275 (Archivpostkarte), 279, 280, 283, 284, 286, 291, 333, 334, 346, 350, 363, 371, 372, 380, 391, 393, 397, 398, 411, 412, 419, 429, 433, 436, 454, 459, 483, 502, 504, 509, 510, 511
**Hubertus von Lindeiner:** S. 237, 271, 317, 435, 441, 445, 447
**Archiv für Kunst und Geschichte (AKG):** S. 150, 152, 156, 164
**Bildarchiv preussischer Kulturbesitz (bpk):** S. 145
**DPA:** S. 169

**Peter Hammer-Verlag:** S. 238
**K. + A. Scheurich:** S. 268

*Farbteile:*
**Teil 1 (S. 192/193):**
S. 2 oben rechts: E. Därr
S. 5 oben rechts: E. Därr
S. 7 E. Därr
**Teil 2 (S. 336/337):**
S. 2 unten: E. Därr
S. 3 E. Därr
S. 4 oben rechts, Mitte rechts: E. Därr
S. 4 unten links: H. v. Lindeiner
S. 5 H. v. Lindeiner
S. 6 E. Därr
S. 7 unten: E. Därr
S. 8 oben: E. Därr
S. 8 unten: H. v. Lindeiner
Alle anderen Fotos von der Autorin!

## Interessante Internetadressen:

Es ist immer wieder erstaunlich wieviele Einträge, home-pages, offizielle Länderseiten, aber auch persönliche Erfahrungsberichte man inzwischen im Internet findet. Wer sich die Mühe gibt etwas herumzusurfen, findet praktisch zu jedem Land Informationen. Am einfachsten ist es, bei den Suchbegriffen den Namen des jeweiligen Landes einzugeben und es beginnt die Qual der Wahl: welche der vielen Einträge ist die ergiebigste Adresse? Deshalb sind hier einige interessante Adressen genannt, die grundlegende ausführliche Länderinfos bieten. Allerdings erhebt diese Liste keinen Anspruch auf Vollständigkeit. Für Ergänzungen sind wir dankbar.

◆ http://www.africaonline.co.ci
  Informationen zu afrikanischen Ländern
◆ http://www.auswaertiges-amt.government.de
  Sicherheitslage und Einzelinfos zu den Ländern
◆ http://www.odci.gov/cia/publications/nsodc/factbook
  Länderinformationen des CIA
◆ http://www.compufix.demon.co.uk/camweb/CIA WorldFactBook95-
  Cam.html: ausführliche Informationen zu Kamerun
◆ Reise-Know-How ist mit seinem Buchprogramm, aktuellen Infos, dem Nachtrag zu Durch Afrika etc. seit Oktober 1997 im Internet zu finden:
  http://www.reise-know-how.de.
◆ Därr Expeditionsservice GmbH finden Sie unter http://www.daerr.de
◆ Travel-Overland unter http://www.travel-overland.de

## REISE KNOW-HOW

REISE KNOW-HOW Bücher werden von Autoren geschrieben, die Freude am Reisen haben und viel persönliche Erfahrung einbringen. Sie helfen dem Leser, die eigene Reise bewußt zu gestalten und zu genießen. Wichtig ist uns, daß der Inhalt nicht nur im reisepraktischen Teil „Hand und Fuß" hat, sondern daß er in angemessener Weise auf Land und Leute eingeht. Die Reihe REISE KNOW-HOW soll dazu beitragen, Menschen anderer Kulturkreise näherzukommen, ihre Eigenarten und ihre Probleme besser zu verstehen. Wir achten darauf, daß jeder einzelne Band gemeinsam gesetzten Qualitätsmerkmalen entspricht. Um in einer Welt rascher Veränderungen laufend aktualisieren zu können, drucken wir bewußt kleine Auflagen.

### SACHBÜCHER:

Die Sachbücher vermitteln KNOW-HOW rund ums Reisen: Wie bereite ich eine Motorrad- oder Fahrradtour vor? Welche goldenen Regeln helfen mir, unterwegs gesund zu bleiben? Wie komme ich zu besseren Reisefotos? Wie sollte eine Sahara-Tour vorbereitet werden? In der Sachbuchreihe von REISE KNOW-HOW geben erfahrene Vielreiser Antworten auf diese Fragen und helfen mit praktischen, auch für Laien verständlichen Anleitungen bei der Reiseplanung.

### RAD & BIKE:

REISE KNOW-HOW RAD & BIKE sind Radführer von lohnenswerten Reiseländern bzw. Radreise-Stories von außergewöhnlichen Radtouren durch außereuropäische Länder und Kontinente. Die Autoren sind entweder bekannte Biketouren-Profis oder „Newcomer", die mit ihrem Bike in kaum bekannte Länder und Regionen vorstießen. Wer immer eine Fern-Biketour plant – oder nur davon träumt – kommt an unseren RAD & BIKE-Bänden nicht vorbei!

## Welt

Abent. Weltumradlung (RAD & BIKE)
DM 28,80   ISBN 3-929920-19-0
Achtung Touristen
DM 16,80   ISBN 3-922376-32-0
Äqua-Tour (RAD & BIKE)
DM 28,80   ISBN 3-929920-12-3
Auto(fern)reisen
DM 34,80   ISBN 3-921497-17-5
Die Welt im Sucher
DM 24,80   ISBN 3-9800975-2-8
Fahrrad-Weltführer
DM 44,80   ISBN 3-9800975-8-7
Motorradreisen
DM 34,80   ISBN 3-921497-20-5
Um-Welt-Reise (REISE STORY)
DM 22,80   ISBN 3-9800975-4-4
Wo es keinen Arzt gibt
DM 26,80   ISBN 3-89416-035-7
Outdoor-Praxis
DM 32,80   ISBN 3-89416-629-0

### Nehberg bei RKH

Das Yanomami-Massaker
DM 36,00   ISBN 3-89416-624-x

## Europa

Amsterdam
DM 26,80   ISBN 3-89416-231-7
Bretagne
DM 39,80   ISBN 3-89416-175-2
Budapest
DM 26,80   ISBN 3-89416-212-0
Bulgarien
DM 39,80   ISBN 3-89416-220-1
Dänemarks Nordseeküste
DM 24,80   ISBN 3-89416-634-7
England, der Süden
DM 36,80   ISBN 3-89416-224-4
Europa Bike-Buch (RAD & BIKE)
DM 44,80   ISBN 3-89662-300-1
Großbritannien
DM 39,80   ISBN 3-89416-617-7
Hollands Nordseeinseln
DM 24,80   ISBN 3-89416-619-3
Irland-Handbuch
DM 39,80   ISBN 3-89416-636-3
Island
DM 44,80   ISBN 3-89662-035-5
Kärnten
DM 29,80   ISBN 3-89622-105-x
Litauen mit Kaliningrad
DM 29,80   ISBN 3-89416-169-8
London
DM 26,80   ISBN 3-89416-199-x
Madrid
DM 26,80   ISBN 3-89416-201-5
Mallorca
DM 36,80   ISBN 3-89662-156-4
Mallorca für Eltern und Kinder
DM 24,80   ISBN 3-89662-158-0
Mallorquinische Reise (REISE STORY)
DM 29,80   ISBN 3-89662-153-x
Mallorca, Wandern auf
DM 29,80   ISBN 3-89662-162-0
Oxford
DM 26,80   ISBN 3-89416-211-2
Paris
DM 26,80   ISBN 3-89416-200-7
Polen: Ostseeküste/Masuren
DM 29,80   ISBN 3-89416-613-4
Prag
DM 26,80   ISBN 3-89416-204-x
Provence
DM 39,80   ISBN 3-89416-609-6
Pyrenäen
DM 39,80   ISBN 3-89416-610-x
Rom
DM 26,80   ISBN 3-89416-203-1

## Europa

Schottland-Handbuch
DM 39,80   ISBN 3-89416-621-5
Sizilien
DM 39,80   ISBN 3-89416-627-4
Skandinavien – der Norden
DM 36,80   ISBN 3-89416-191-4
Tschechien
DM 36,80   ISBN 3-89416-600-2
Ungarn
DM 32,80   ISBN 3-89416-188-4
Warschau/Krakau
DM 26,80   ISBN 3-89416-209-0
Wien
DM 26,80   ISBN 3-89416-213-9

### Deutschland

Berlin mit Potsdam
DM 26,80   ISBN 3-89416-226-0
Borkum
DM 19,80   ISBN 3-89416-632-0
Mecklenburg/Vorp. Binnenland
DM 19,80   ISBN 3-89416-615-4
München
DM 24,80   ISBN 3-89416-208-2
Nordfriesische Inseln
DM 19,80   ISBN 3-89416-601-6
Nordseeinseln
DM 29,80   ISBN 3-89416-197-3
Nordseeküste Niedersachsens
DM 24,80   ISBN 3-89416-603-
Oberlausitz/Zittauer Gebirge
DM 19,80   ISBN 3-89416-165-5
Ostdeutschland individuell
DM 36,80   ISBN 3-89622-480-4
Ostfriesische Inseln
DM 19,80   ISBN 3-89416-602-4
Ostharz mit Kyffhäuser
DM 19,80   ISBN 3-89416-228-
Ostseeküste/Mecklenburg-Vorpom
DM 19,80   ISBN 3-89416-184-
Ostseeküste Schleswig-Holstein
DM 24,80   ISBN 3-89416-631-
Wasserwandern Mecklenb./Brande
DM 24,80   ISBN 3-89416-221-
Rügen/Usedom
DM 19,80   ISBN 3-89416-190-
Sächsische Schweiz
DM 19,80   ISBN 3-89416-630-
Schwarzwald
DM 24,80   ISBN 3-89416-611-

## Afrika

anische Reise (REISE STORY)
26,80   ISBN 3-921497-91-4
benteuer Afrika (RAD & BIKE)
28,80   ISBN 3-929920-15-8
h Afrika
56,80   ISBN 3-921497-11-6
en individuell
36,80   ISBN 3-921838-10-x
ihrer Ägypten: Kairo
32,00   ISBN 3-921838-91-6
ihrer Ägypten: Luxor, Theben
29,80   ISBN 3-921838-90-8
r, Marrakesch
er Süden Marokkos
34,80   ISBN 3-89662-072-x
, Luxor, Assuan
29,80   ISBN 3-89662-460-1
erun
44,80   ISBN 3-89662-302-0
n
44,80   ISBN 3-89662-005-3
agaskar, Seychellen,
ritius, Réunion, Komoren
59,80   ISBN 3-89662-062-2
kko
44,80   ISBN 3-921497-81-7
bia
44,80   ISBN 3-89662-320-9
ia - hinter den Kulissen
STORY)
6,80   ISBN 3-921497-30-2
nia Handbuch
4,80   ISBN 3-89662-048-7
sien
4,80   ISBN 3-921497-74-4
siens Ferienzentren
29,80   ISBN 3-921497-76-0
afrika - Küstenländer
9,80   ISBN 3-89662-002-9
afrika - Sahel
9,80   ISBN 3-89662-001-0
olken der Wüste (REISE STORY)
4,80   ISBN 3-89416-150-7
abwe
49,80   ISBN 3-921497-26-4

Thüringen
4,80   ISBN 3-89416-189-2
arz mit Brocken
9,80   ISBN 3-89416-227-9

## Asien

Auf nach Asien
DM 28,80   ISBN 3-89622-301-x
Bali & Lombok mit Java
DM 39,80   ISBN 3-89416-604-5
Bali: Ein Paradies wird erfunden
DM 29,80   ISBN 3-89416-618-5
Bangkok
DM 26,80   ISBN 3-89416-205-8
China Manual
DM 49,80   ISBN 3-89416-626-6
China, der Norden
DM 39,80   ISBN 3-89416-229-5
Indien, der Norden
DM 44,80   ISBN 3-89416-223-6
Reisen mit Kindern in Indonesien
DM 26,80   ISBN 3-922376-95-9
Israel/Jordanien
DM 36,80   ISBN 3-89662-450-4
Jemen
DM 44,80   ISBN 3-89622-009-6
Kambodscha
DM 36,80   ISBN 3-89416-233-3
Komodo/Flores/Sumbawa
DM 36,80   ISBN 3-89416-060-8
Ladakh und Zanskar
DM 36,80   ISBN 3-89416-176-0
Laos
DM 36,80   ISBN 3-89416-637-1
Malaysia & Singapur mit
Sabah & Sarawak
DM 39,80   ISBN 3-89416-178-7
Mongolei
DM 39,80   ISBN 3-89416-217-1
Myanmar (Burma)
DM 36,80   ISBN 3-89416-600-0
Nepal-Handbuch
DM 36,80   ISBN 3-89416-193-0
Oman
DM 44,80   ISBN 3-89662-100-9
Phuket (Thailand)
DM 29,80   ISBN 3-89416-182-5
Rajasthan
DM 36,80   ISBN 3-89416-616-9
Saigon und der Süden Vietnams
DM 32,80   ISBN 3-89416-607-x
Singapur
DM 26,80   ISBN 3-89416-210-4
Sri Lanka
DM 39,80   ISBN 3-89416-170-1
Sulawesi (Celebes)
DM 36,80   ISBN 3-89416-635-5

## Asien

Taiwan
DM 39,80   ISBN 3-89416-614-2
Thailand Handbuch
DM 39,80   ISBN 3-89416-625-8
Thailand: Küsten und Strände
DM 29,80   ISBN 3-89416-622-3
Tokyo
DM 49,80   ISBN 3-89416-206-6
Vereinigte Arabische Emirate
DM 39,80   ISBN 3-89662-022-3
Vietnam-Handbuch
DM 39,80   ISBN 3-89416-620-7

## Amerika

Als Gastschüler in den USA
DM 24,80   ISBN 3-927554-27-8
Amerika von unten (REISE STORY)
DM 22,80   ISBN 3-9800975-5-2
Atlanta & New Orleans
DM 28,80   ISBN 3-89416-230-9
Argentinien/Urug./Parag.
DM 44,80   ISBN 3-921497-51-5
Barbados, St. Lucia ...
DM 24,80   ISBN 3-89416-639-8
Canada Ost/USA NU
DM 39,80   ISBN 3-89662-151-3
Costa Rica
DM 39,80   ISBN 3-89416-641-x
Durch Canadas Westen
mit Alaska
DM 39,80   ISBN 3-89662-157-2
Durch den Westen der USA
DM 39,80   ISBN 3-89662-155-6
Ecuador/Galapagos
DM 39,80   ISBN 3-921497-55-8
Guatemala
DM 36,80   ISBN 3-89416-214-7
Hawaii
DM 36,80   ISBN 3-89416-860-9
Honduras
DM 36,80   ISBN 3-89416-608-8
Kolumbien
DM 44,80   ISBN 3-89662-058-4
Mexiko
DM 42,80   ISBN 3-89662-310-9
Panama
DM 36,80   ISBN 3-89416-225-2
Peru/Bolivien
DM 42,80   ISBN 3-89662-330-3

## Amerika

Radabenteuer Panamericana
(RAD & BIKE)
DM 28,80   ISBN 3-929920-13-1
San Francisco
DM 26,80   ISBN 3-89416-232-5
Spuren der Maya
DM 39,80   ISBN 3-89416-623-1
Tobago & Trinidad
DM 24,80   ISBN 3-89416-638-x
Traumstraße Panamerikana
(REISE STORY)
DM 24,00   ISBN 3-9800975-3-6
„Und jetzt fehlt nur noch
John Wayne..." (REISE STORY)
DM 22,80   ISBN 3-927554-18-9
USA/Canada
DM 44,80   ISBN 3-89662-154-8
USA/Canada (RAD & BIKE)
DM 46,80   ISBN 3-929920-17-4
USA für Sportfans
DM 32,80   ISBN 3-89416-633-9
USA mit Flugzeug und Mietwagen
DM 39,80   ISBN 3-89662-150-5
USA-Westen mit CD
DM 59,00   ISBN 3-89662-159-9
Venezuela
DM 44,80   ISBN 3-89662-040-1

## Ozeanien

Neuseeland Campingführer
DM 24,80   ISBN 3-921497-92-2
Neuseeland (REISE STORY)
DM 24,80   ISBN 3-921497-15-9
Bikebuch Neuseeland
(RAD & BIKE)
DM 39,80   ISBN 3-929920-16-6

**REISE STORY:**
Reise-Erlebnisse für nachdenkliche Genießer bringen die Berichte der REISE KNOW-HOW REISE STORY. Sensibel und spannend führen sie durch die fremden Kulturbereiche und bieten zugleich Sachinformationen. Sie sind eine Hilfe bei der Reiseplanung und ein Lesevergnügen zugleich.

# Sowjetische Generalstabskarten **Westafrika**

## 1:1.000.000, 1:500.000, 1:200.000 und 100.000 (West-Sahara

Mehrfarbige topographische Landkarten hoher Informationsdichte. Durchgezogene Länge-/ Breite- Koordinaten sowie angerisser
Gauss-Krüger-Koordinaten. Entstehungsjahre 70er- bis 90er-Jahre. Beschriftung kyrillisch. Jeder Lieferung liegt eine deutsch
Beschreibung der Legende bei und die Übersetzung des kyrillischen Alphabets. Damit ist es sehr einfach, die Karten z
interpretieren und geographische Bezeichnungen zu lesen.
1: 1 Mio und 1:500.000 ab Lager lieferbar. 1: 200.000 und 1: 100.000 müssen beschafft werden. Wir empfehlen, zunäch
1:500.000 zu bestellen und bei intensivem Interesse für Teilgebiete 1:200.000 (1: 100.000), nachzubestellen.

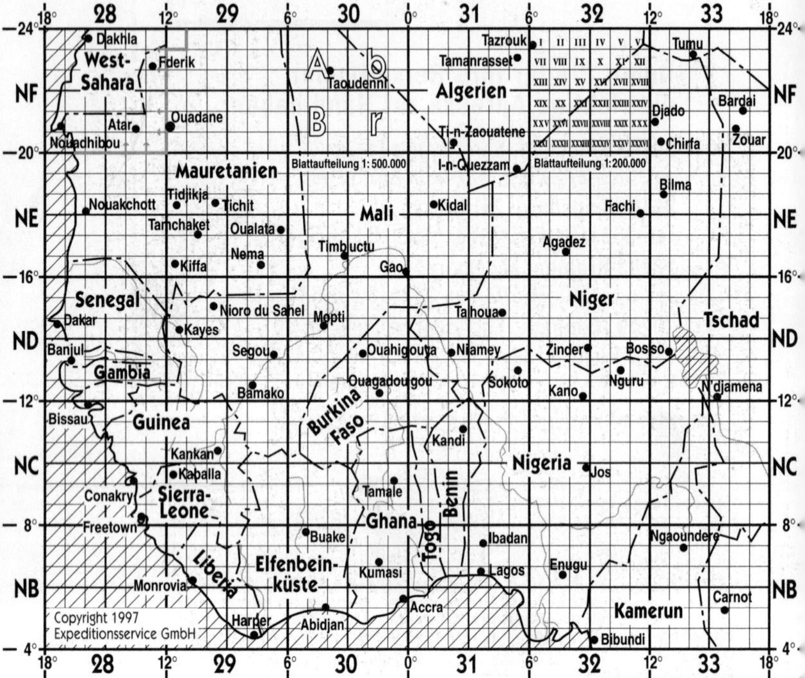

| Beispiele | 1:1 Mio | 1: 500.000 | 1: 200.000 | 1: 100.000 |
|---|---|---|---|---|
| Ouagadougou | > ND 30 | ND 30 **r** | ND 30 **XXXV** | nicht ersch. |
| Accra | > NB 30 | NB 30 **r** | NB 30 **XXIV** | nicht ersch. |
| Timbuctu | > NE 30 | NE 30 **B** | NE 30 **XXVII** | nicht ersch. |
| Dakhla | > NF 28 | NF 28 **A** | NF 28 **III** | erschienen |

| Westafrika | 1: 1 Mio | 1: 500.000 | 1: 200.000 | 1: 100.000 |
|---|---|---|---|---|
| Art.Nr. | 2 000 016 | 2 000 115 | 2 000 218 | 2 000 217 |
| einzeln | DM 24,00 | DM 24,00 | DM 26,00 | DM 26,00 |
| ab 10 St. | DM 23,00 | DM 23,00 | DM 25,00 | DM 25,00 |
| ab 20 St. | DM 22,00 | DM 22,00 | DM 24,00 | DM 24,00 |

DÄRR-Katalog gratis abholen oder gegen Voreinsendung von DM 3.- in Briefmarken anfordern.

**Expeditions-AUSRÜSTUNG**

DÄRR Expeditionsservice GmbH
D-80333 München, Theresienstr. 66
Tel. 089-28 20 32, Fax 089-28 25 25
http://www.daerr.de, info@daerr.de
Position: 48°08, 94' N, 11°34, 36' E

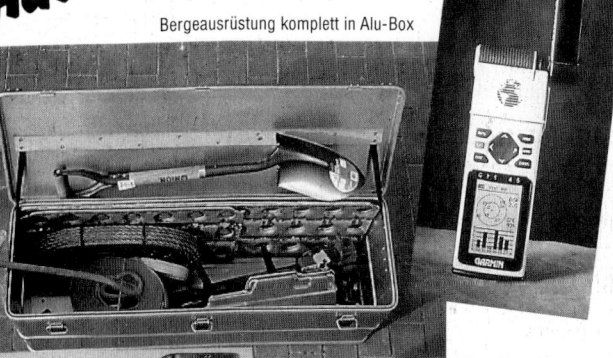

**Verlagsgruppe**
**REISE KNOW-HOW** ®

**Westafrika Band 1 – Sahel**
**Mauretanien, Mali, Niger, Burkina Faso, Senegal, Gambia**
*von Anne Wodtcke*
4. Aufl. Sept. 1997, 672 Seiten, ca. 200 s/w-Fotos, ca. 60 Farbfotos,
viele Stadtpläne und Übersichtskarten, DM 44,80, ISBN 3-89662-001-0

**Westafrika Band 2 – Küste**
**Guinea-Bissau, Guinea, Elfenbeinküste, Ghana, Togo, Benin**
*von Anne Wodtcke*
4. Aufl. Okt. 1997, 704 Seiten, ca. 200 s/w-Fotos, ca. 60 Farbfotos,
viele Stadtpläne und Übersichtskarten, DM 44,80, ISBN 3-89662-002-9

Aus dem bewährten Westafrika-Reisehandbuch, das zuletzt 1994 erschienen
ist, sind nun zwei Westafrika-Bände hervorgegangen. Der stetig wachsende
Umfang des Buches hat es notwendig erscheinen lassen, eine Trennung vorzunehmen, die sich auch geographisch/sachlich anbietet: Band 1 widmet sich den
Sahelländern, Band 2 behandelt die Küstenländer. Beide Bände enthalten
praktische Informationen zur Reisevorbereitung und für die Reise unterwegs,
jeweils ausführliche Kapitel zu den einzelnen Ländern und eine Broschüre
„Gesundheitstips für Fernreisen".

Westafrika ist (im Vergleich zu Ostafrika) vom Massentourismus bisher ver-
schont geblieben, Pauschalreisen gibt es nur wenige, und auch Rucksacktouristen entdecken nur sporadisch die Region. Aber das touristische Potential ist
groß, Sehenswürdigkeiten und Attraktionen bieten die westafrikanischen Länder in Hülle und Fülle: Senegal, Gambia, Guinea-Bissau, die Elfenbeinküste,
Ghana, Togo und Benin locken mit herrlichen Palmenstränden, die ohne weiteres mit den Stränden der Karibik konkurrieren können. In den Savannenländern
Mali und Burkina-Faso ist die einzigartige Lehmarchitektur zu bewundern – als
bekanntestes Beispiel die Moschee von Djenné. Die Dörfer an der Falaise de
Bandiagara (Mali) und die dort verwurzelte Dogon-Kultur mit ihrer besonderen
Mythologie wirken auf den westlichen Touristen wie ein Freilichtmuseum aus
einer anderen Welt. Im Senegal eröffnen die Sklaveninsel Goreé, in Ghana die
Forts entlang der Küste den Blick in eine leidvolle Vergangenheit. In Benin
verzaubern Voodoo-Zeremonien, die Großstädte Abidjan (Elfenbeinküste) und
Dakar (Senegal) reizen mit ihrem Mix aus kosmopolitischem Zuschnitt und
afrikanischer Folklore, im Urwald des Kakum-Nationalparks (Ghana) bewegt
man sich auf einer Hängebrücke in Höhe der Baumwipfel, und im Comoé-
Nationalpark (Elfenbeinküste) und im Mole-Nationalpark (Ghana) kann man
noch Löwen, Krokodile und Flußpferde bewundern, während im Taï-National-
park (Elfenbeinküste) noch die letzten Urwaldriesen und Schimpansen Westafrikas anzutreffen sind – all das und viel mehr stellen die zwei Westafrika-Bände
detailliert vor.